Karl H. Neufeld

Die Brüder Rahner

Karl H. Neufeld

Die Brüder Rahner

Eine Biographie

Herder
Freiburg · Basel · Wien

Alle Rechte vorbehalten – Printed in Germany
© Verlag Herder Freiburg i. Br. 1994
Umschlaggestaltung: Neil McBeath, Kornwestheim
Satz: Barbara Herrmann, Freiburg
Belichtung: Johannes Schimann, Ingolstadt
Druck und Bindung: Freiburger Graphische Betriebe 1994
Gedruckt auf umweltfreundlichem, chlorfrei gebleichtem Papier
ISBN 3-451-23466-1

Vorwort

Erinnerungen schwächen sich ab und verlieren sich, werden sie nicht schriftlich niedergelegt. Um so mehr, wo ein Wechsel der Generationen die noch unmittelbar persönliche Erfahrung zunehmend durch historisch erarbeitetes Wissen und Kennen ablöst, wo hier wie dort überdies Einzeleindrücke, die zunächst für sich das Bild bestimmten, im Horizont größerer Zusammenhänge bewußt werden. An dieser Kreuzung möchte die Biographie der Theologenbrüder Rahner eine umfassendere Information anbieten. In sie ging sowohl selbst Erlebtes wie das breiter angelegte Studium nicht allein dieser oder jener Frage aus ihrem Werk, sondern das längere Mühen um Gesamtübersicht ein.

Dankbar sei jetzt an die eigene Zeit mit Karl Rahner vor mehr als 20 Jahren zurückerinnert, an viele Erlebnisse und Gespräche mit anderen, an Informationen und Diskussionen, an Kritik und Zustimmung in Lektüre und Austausch, an Verteidigung und Erläuterung angesichts grundloser Angriffe oder Mißverständnisse. Die Initiative zur Biographie geht auf das italienische Verlagshaus S. Paolo zurück, wo man für die Reihe „i teologi del 20o secolo" einen entsprechenden Band wünschte. Die deutsche Fassung trägt freilich gegenüber der italienischen Bedürfnissen und Fragen in der Heimat und im unmittelbaren Wirkungsbereich der Brüder Rahner eigens Rechnung. Neben vielen, denen Dank zu sagen wäre, seien ausdrücklich mein Mitbruder A. Batlogg und Frau J. Geiler genannt. Der eine hat den Text sorgsam gelesen und manche wertvolle Verbesserung angeregt, die andere hat tatkräftig bei der Gestaltung der Druckvorlagen mitgewirkt. Im Jahr der Erinnerung an den 90. Tag der Geburt von Karl Rahner sowie des 25. Todestages von Hugo und des 10. Todestages seines Bruders sei der Band ihrem Andenken gewidmet.

Innsbruck, 31. Juli 1994 *Karl H. Neufeld*

Inhalt

Vorwort 5

Einleitung 9

1. Die Fünfziger Jahre 21
2. Die Familie Rahner 30
3. Die Familie väterlicherseits 38
4. Die Familie mütterlicherseits 43
5. Jugend und Schule 49
6. Erste Schritte in der Gesellschaft Jesu 60
7. Philosophische Studien 65
   a) Carl Frick (1856–1931) 72
   b) Carl Frank (1875–1950) 75
   c) Johannes B. Schuster (1887–1952) 76
   d) Bernhard Jansen (1877–1942) 77
   e) Joseph Maréchal (1878–1944) 80
   f) Erich Przywara (1889–1972) 82
   g) Albert Steger (1884–1958) 82
8. Praktischer Einsatz 86
9. Theologie in Innsbruck und Valkenburg 90
10. Übergänge 104
11. Karl Rahners Studien in Freiburg (1934–1936) 110
12. Hugo Rahners Beginn in Innsbruck (1934–1939) 124
13. Karl Rahners Beginn in Innsbruck (1936–1939) 130
14. Das Ende des Jesuiteneinsatzes in Innsbruck 1938/39 . 138
15. Ein Rahner in der Schweiz (1938–1945) 145
16. Ein Rahner in Wien (1939–1944) 159
17. Dogmatik – ein Projekt 178
18. Neuanfang in Innsbruck 187

19. Provisorischer Neuanfang –
Von der Seelsorge zur Theologie im Nachkriegsdeutschland 200
20. Wieder in Innsbruck 204
   a) Maria und die Kirche 206
   b) Ignatius und die vertiefte Erneuerung 214
   c) Ausblicke in der Bilanz 220
   d) Auf das Konzil zu. 227
21. Das Zweite Vatikanische Konzil 237
   a) Die Erste Konzilsperiode 1962
      Klärungen 241
   b) Die zweite Konzilsperiode 1963
      Die Kirche 248
   c) Die dritte Konzilsperiode 1964
      Verhältnis zur Welt von heute 256
   d) Die vierte Konzilsperiode 1965
      Ende und Anfang. 264
22. Von München nach Münster 272
23. Wieder in der Theologie
    Dogmatiker und Dogmenhistoriker in Münster 279
24. Unruhen und Umbrüche 285
25. Innere Erschütterungen 292
26. Schwerpunkt Ortskirche – Auf die Deutsche Synode zu 297
27. Die Deutsche Synode 304
28. Ausklang der Lehrtätigkeit in Freiheit 312
29. Auseinandersetzungen und Suchen 321
30. Abschied von München 331
31. Die Vollendung des 75. Lebensjahres 343
32. Deutung und Wirkung 352
33. Entschiedene Vertiefung der eigenen Herkunft 360
34. Innsbruck 1981–1984 – Herbst eines Lebens 373
35. Erneute Zuwendung zur Jugend 379
36. Der „Grundkurs" in Frankreich und Ungarn
    Das Jahr 1983. 386
37. Die Aktivitäten der letzten Monate 393
38. Ostern, die Stunde des Glaubens 401

Material und Belege 407

Einleitung

Biographie – Beschreibung eines Lebens will ganz einfach einen Überblick über Vorkommnisse und Ereignisse bieten, die im Laufe von Jahren eine Menschenexistenz ausmachten. Gesammelt werden dabei Daten, die sich zu einem Rahmen für das geistige Bild einer Person und eines Werkes fügen. Interesse besteht daran, sofern die Bedeutung der behandelten Personen oder dessen, was sie leisteten, in ihren sachlichen Voraussetzungen und Bedingungen auf diese Weise klarer zu sehen und zu beurteilen ist. Bisweilen hat der Lauf eines Lebens selbst schon Gewicht, bisweilen erhält er sein Interesse von einem Werk, das selbständig im Leben dessen betrachtet werden kann, der es erbrachte.

Lebensbeschreibung ist freilich nicht nur im Blick auf das Ergebnis von Bedeutung. Unterschiedliche Gesichtspunkte orientieren den Sinn einer Biographie. Wer das Leben eines Menschen darzustellen unternimmt, spricht ihm damit schon Bedeutung zu. Er entscheidet sich, einen konkreten Mächtigen – etwa Napoleon – zu skizzieren und dessen Rolle samt ihren Hintergründen zu verdeutlichen; oder er wählt jemanden wegen seiner Gruppenzugehörigkeit aus – ohne daß es auf die konkrete Person so sehr ankäme –, etwa um die Eigenart des Deutschen, des Italieners, des Franzosen ... einer bestimmten Zeit und unter gewissen Umständen zu illustrieren. Es gibt einzelne, die so sehr aus dem Rahmen der Durchschnittserwartungen herausfallen, daß sie deswegen Interesse erregen: Genies, Unglücksraben, Verbrecher und Wohltäter, allesamt „Helden". Und es gibt Beispiele für die vielen, die allgemein anzutreffende Erscheinungen in der Brechung eines Schicksals besser einordnen lassen.

Aber Lebensbeschreibung kann – und darum ist es im Fall der beiden Rahnerbrüder Hugo und Karl in erster Linie zu tun – Vermittlung des Rahmens sein, in dem ein theologisches Werk seinen Platz hat, das bislang eher unabhängig von Rahmen und Hintergrund bekannt und wirksam war. Die so angedeutete relative Eigenständigkeit von Leben und Schaffen bietet hier den Vorteil, Erklärungs- und Deutehilfen herauszuarbeiten, die für Erfassung und Wertung des wissenschaftlichen Beitrags nützlich und oft unerläßlich sind. Mag sich auch seltener von daher eine positive Interpretation für diesen oder jenen Text nahelegen, es lassen sich im Blick auf das Leben der beiden Theologen eine Reihe theoretisch möglicher Deutungen entschieden ausschließen, weil für sie in den entsprechenden Lebensläufen kein Anhaltspunkt gegeben ist. So kann Biographie Werke verständlich machen, was nicht heißen muß, sie sei das einzige Mittel dazu. Aber sicher gehört sie unter die zu berücksichtigenden Umstände, soll ein geistiger Beitrag im Zusammenhang erfaßt werden. Kontexte sind angesprochen und erörtert, die sich mindestens indirekt auf die geistige Leistung auswirkten. Das heißt: sie gelten im Moment ihres Geschehens oft als selbstverständlich, werden thematisch kaum wahrgenommen und bleiben dementsprechend unbedacht. Für die Rahners wie für andere bestand der tagtägliche Lauf der Dinge in einer Fülle von Kleinigkeiten, an die man gewohnt war, denen keine besondere Aufmerksamkeit zuteil wurde. Und dennoch wirkten sie mit.

Beschreibung des Lebens ist also nicht Beschreibung des Werkes. Und die eben angedeutete Aufgabe läßt sich mit einer Bio-Biblio-graphie, also einer Erfassung des Lebens ausgehend von den literarischen Zeugnissen nicht wirklich erfüllen. Da dreht man sich rasch im Kreise. Wo es hingegen gelingt, Daten und Verläufe in Unabhängigkeit von der literarischen Produktion festzulegen und zu einem Lebenszusammenhang zu bündeln, da ist die Verständnishilfe erstellt und benutzbar. So wird es in diesem Buch um eine Erfassung des Lebens der jesuitischen Rahnerbrüder gehen, die gerade nicht von ihrem jeweiligen Werk her entwickelt wird, sondern dem Lauf ihrer Jahre nachgeht, wie er sich aus eigenen Spuren, Hinweisen und Zeugnissen zusammenstellen läßt. Allerdings wird die Darstellung so angelegt, daß sie auf das theologische Werk beider offen bleibt, ja geradezu einen Zugang erschließt, der bisher nur summarisch und allgemein, darum aber auch nicht sehr aussagekräftig versucht wurde. So konnte gar von anti-biographischer Existenz gesprochen werden, als gebe es kaum Erwähnenswertes in den Lebensläufen der Rahnerbrüder. Um ihrer Gemeinsamkeit willen sind von vornherein beide berücksichtigt, eine Entscheidung, die sich auf die Tatsache stützt, daß sie ihr Leben nicht nur in der Familie über 15 Jahre hin zusammen führten – Jahre, die für die Entwicklung eines Menschen grundlegend und prägend bleiben –, sondern daß sie ihr wissenschaftliches Werk über Jahrzehnte hin an den gleichen Orten, in den gleichen Institutionen sowie unter erstaunlich ähnlichen Voraussetzungen und Ansätzen erbrachten. Es ist also eine Doppelbiographie in einer einzigen Darstellung untergebracht, was besondere Möglichkeiten birgt. Bei allen Unterschieden zwischen beiden ist ja einfach zu sehen, daß sie auf gemeinsamem Fundament aufbauen, auf einer Basis von Christsein, von Ordensleben aus gleicher Herkunft und Prägung, von Einsatz im gleichen Bereich, ja von erstaunlich ähnlicher geistiger Struktur, Ausrichtung und Zielerwartung. Gewiß mag das nach Lage der bisherigen Diskussion überraschend klingen, weil es kaum beachtet, geschweige denn entsprechend gewürdigt wurde. Andererseits handelt es sich auch nicht um Selbstverständlichkeiten, die jeder einsieht, wenn er darauf hingewiesen wird. So muß es Aufgabe der folgenden Darlegung sein, dies eigens nachzuweisen.

Sind jedoch die Unterschiede nur dann richtig erfaßt, wenn der gemeinsame Grund klar im Blick bleibt, verbietet sich jeder Versuch, sie so zuzuspitzen, daß sie sich als Gegensatz darstellen. Das wäre grundlos künstliche Konstruktion. Die Vermutung spricht vielmehr von Anfang an dafür, daß Eigenheiten, die am Denken des einen gelobt werden, beim anderen nicht einfach fehlen, daß Beiträge des einen Korrespondenz im Werk des anderen besitzen, daß also echte Gemeinsamkeit zu erwarten steht, die für die Betrachtung der theologischen Beiträge beider als hermeneutigen Schlüssel eine Art des Lesens verlangt, die jeweils die Texte in Konkordanz mit dem Denken des Bruders angeht.

Doch selbst dann bleibt der Erklärungswert der Biographie beschränkt, auch wenn weitere Vorteile zu nennen wären. Im einzelnen soll ja nicht behauptet sein, dieser oder jener mehr oder minder nebensächliche Vorgang habe eine bestimmte Sachaussage eines theologischen Beitrags unmittelbar und direkt verursacht. Das mag es geben und ist in Einzelfällen zu sehen. Das Leben als Gesamterscheinung, erarbeitet aus anderen als den wissenschaftlichen Dokumenten im strengen Sinn, steckt lediglich ein Feld ab, auf dem die wissenschaftliche Leistung unterzubringen ist. Alles andere würde die Möglichkeiten unverantwortlich überschreiten und ließe für die Behauptungen Willkür vermuten. Geschehnisse, Ereignisse, Gegebenheiten usw. erhellen, bestätigen oder korrigieren, präzisieren und kären Gesagtes, geben Äußerungen oft konkreten Inhalt und ihr eigentliches Relief. Im ganzen ist so eine Vertiefung möglich, die allein mit Texten nicht erreichbar ist.

Für diese Sicht bieten die Rahnerbrüder insofern selbst einen Anhalt, als ihnen unverkennbar bis zum eigenen Ende an einer in der Lebenspraxis begründeten und verankerten Theologie lag, an einem Bedenken des Christseins, das aus gelebtem Glauben erwächst und mit ihm untrennbar verbunden bleibt. Das Stichwort „Verkündigungstheologie" oder jenes von der „Theologie aus Erfahrung des Geistes" – wohlgemerkt aus praktischer Erfahrung des Geistes und nicht aus einer Rede über ihn – belegt das schon. Damit ist ein Element in ihrer Theologie wirksam, das selbst nicht mehr theoretisch ist und direkt als theoretisches zu erfassen und zu behandeln wäre. Umgekehrt besagt diese Beobachtung auch, daß die Unterscheidung der beiden Bereiche nicht absolut zu treffen ist, sondern in der Art und Weise einer prinzipiell positiven Zuordnung, zu deren Gunsten gerade auf der relativen Eigenständigkeit des Lebens und des Denkens bei den Rahnerbrüdern bestanden werden muß. In diesem Sinn ist es angezeigt oder hier und da sogar nötig, ihr theologisches Denken und seine Äußerungen heranzuziehen, um den Sinn und die Bedeutung eines Geschehens in ihrem Leben ansichtig zu machen. Manches aus Studium und Ausbildung erschließt sich voll und klar erst von diesem oder jenem Ergebnis in ihrem theologischen Beitrag.

Theologiegeschichtlich ist mit der Biographie eine nötige Ergänzung geliefert, ohne die sich die Theologie der beiden Rahners kaum zutreffend einordnen läßt, weil ihr Denken entscheidend im Leben wurzelt. Das zeigt ein erster Blick auf ihren Einsatz in Innsbruck, der vor wie nach dem Zweiten

Weltkrieg nicht allein akademisch, sondern in vielfältig praktischer und spiritueller Weise charakterisiert ist. Davon hat ihre theologische Arbeit erkennbar Anregungen bekommen, Aufgaben bezogen, Vorgehensweisen prägen lassen. Beide sind Denker, wenn auch deutlich für den einen die historische Betrachtungsweise, für den anderen die theologisch-systematische Sicht vertrauter ist. Als gemeinsames Element verbindet darin die spirituelle Existenz. Als Denker ordneten sie sich im weiten Sinn unter die Geisteswissenschaftler ein, die in seriöser Weise mit der geistigen Situation der Zeit befaßt sind. Selbst ein Karl Rahner hat bei aller Vielfalt seiner Äußerungen diesen Gesichtspunkt nie aus den Augen verloren. Der Geisteswissenschaftler sah sich damals schärfer noch als heute im Gegenüber zum Naturwissenschaftler. Dennoch blieben die einschlägigen naturwissenschaftlichen Perspektiven weder Hugo noch Karl Rahner fremd, wie sich für den einen aus der Mitarbeit im Eranos-Kreis, für den anderen aus seinem Anteil an den Arbeiten der interdisziplinären Wissenschaftlergruppe in der Görres-Gesellschaft belegen läßt. Schließlich ist die Paulus-Gesellschaft zu erwähnen, die zunächst um des Dialoges mit den Naturwissenschaften willen ihre Arbeit aufnahm; Hugo Rahner hatte daran seinen Anteil. Neben den literarischen Ergebnissen, die sich diesen Gesprächen verdankten, ist ihre Tatsache und ihr unmittelbarer Einfluß von Wert, die Begegnung von Menschen unterschiedlicher Denkart, ihr Austausch und Bemühen um Verständigung, ihr Vergleichen und Suchen nach gemeinsamen Grundlagen und Anhaltspunkten sowie das Mühen um eine gemeinsame Sprache. Diese Umstände finden nur unzulänglich ihren Niederschlag in Referaten und Protokollen, bestimmen aber um so nachdrücklicher das Verhalten eines Forschers mit.

Biographie als Rahmen eines geistigen Beitrags, das heißt Erarbeitung des Kontextes von Text, des Hinweisens auf Vorgegebenheiten, Bedingungen, Möglichkeiten. Freilich bleibt es nicht beim Sammeln statischer Daten, die sich dann so oder so arrangieren ließen, von Gegebenheiten, die einfach im voraus zum Beitrag festliegen. Lebensbeschreibung stellt ein Werden, eine Entwicklung, bewegte Vorgänge dar, Änderungen von zum Teil dramatischer Dichte oder ruhiger Abläufe, die schließlich doch folgenreiche Verschiedenheiten bedingen. Gerade die Naturwissenschaften sind heutzutage dabei, evolutive genetische Fragestellungen und Sichtweisen zu integrieren. Diese aktuelle Diskussion modifiziert das ererbte Grundmodell naturwissenschaftlichen Denkens und Arbeitens beträchtlich, ohne daß sich alle Konsequenzen absehen ließen. Immerhin scheint sich eine Annäherung der bislang eher als gegensätzlich eingestuften Denktypen in Natur- und Geisteswissenschaften anzubahnen.

Gehen wir vom Leben der Gebrüder Rahner aus, dann stehen die entscheidenden Bezüge sofort im Vordergrund: Eltern, Geschwister, Lehrer ... Mitbrüder im Orden, Tageslauf und Lebensregeln, Wohnbedingungen, Orte, Zusammenarbeit ... Angesichts so vieler gemeinsamer und entscheidender Faktoren ist eine Auswahl oder gar die isolierte Betrachtung dieses oder jenes Elements unzureichend. Man erinnere sich nur an M. Heidegger. Nicht deshalb, weil er ein bekannter Philosoph ist, muß sein Einfluß auf Karl Rahner außerordentlich gewesen sein. Beide Rahners hatten viele Lehrer, und die Bedeutung dieses oder jenes unter ihnen hat nicht unbedingt mit seinem Bekanntheitsgrad zu tun. Große Namen führen biographisch eher in die Irre. Umgekehrt wäre es ebenso lückenhaft, für das zu zeichnende Bild tatsächlich wirksame Lebenseinflüsse zu übergehen oder zu verschweigen. Hugo und Karl Rahner sind Brüder. Wie läßt sich da vom einen sprechen als habe es den anderen nicht gegeben? Sie sind einen weithin gemeinsamen Weg gegangen. Darum dürfte es kaum angehen, diesen Umstand nicht nach Gebühr zu berücksichtigen. Trotz der wenigen Jahre, in denen sie an unterschiedlichen Orten lebten und wirkten, blieb ihre Verbindung so intensiv, daß sich das schwerlich überschätzen läßt.

Für die längste Zeit bleibt die biographische Beschreibung für den einen wie den anderen gleich. Schon von daher lag es nahe, beide miteinander zu betrachten und ihr Leben in einem nachzuzeichnen. Biographie folgt dem natürlich vorgegebenen Lauf, dem von der Geburt bis zum Tod, der Zeitlinie einer Existenz. Dadurch ergibt sich ihre Ganzheit gegenüber allen möglichen denkbaren Ausschnitten, Fragmenten, Stücken, Episoden ... Und solch ein Ganzes hat so etwas wie einen Höhepunkt, von dem aus das Vorher und Nachher in seiner eigentümlichen Bedeutung beleuchtet wird. Der Einsatz bei den 50er Jahren, als beide Rahners an der Katholisch-Theologischen Fakultät der Leopold-Franzens-Universität Innsbruck in vollem Schaffen tätig waren, meint diesen Höhepunkt ihres Wirkens. Damals tat sich für beide Wichtiges. In der Öffentlichkeit hatte zunächst Hugo die größere Resonanz, während Karl nach und nach an Anerkennung gewann. Noch ist nicht deutlich, wer von beiden auf Dauer die theologisch durchschlagendere Bedeutung haben wird. Ihre Zusammenarbeit läßt sich sowohl bei der Studentenmission in der Heimatstadt Freiburg am Anfang dieser Zeit wie in der Arbeit für die Neuauflage des „Lexikon für Theologie und Kirche" gegen Ende dieser Periode greifen. In all den Jahren wird von jedem schlicht und einfach der Beitrag in der gleichen Fakultät an der Bildung und Forschung von Theologiestudenten geleistet. Sie sitzen in den gleichen Gremien, haben die gleichen Studierenden vor sich, sind in Examina und bei Gutachten miteinander engagiert. Mangels genauer und übersichtlicher Unterlagen ist davon nicht viel zu berichten; es würde seiner Alltäglichkeit wegen kaum große Aufmerksamkeit verdienen, davon im einzelnen zu berichten. Man wird diese Wirklichkeit jedoch im Auge behalten müssen, um eine öfter behauptete Rivalität zwischen den Brüdern sachlich beurteilen zu können. Offensichtlich hing das gegenseitige Verhältnis ein wenig mit dem Altersunterschied zusammen. Hugo war vier Jahre älter als Karl. Wichtiger noch, zwischen beiden gab es weder Schwester noch Bruder, d. h. die anderen Geschwister waren entweder älter als Hugo, so ein Bruder und eine Schwester, oder sie waren jünger als Karl, so eine Schwester und zwei

Brüder. Der Abstand zwischen beiden stellt sich derart dar, daß er nicht zu verwischen ist; die gemeinsame Berufung und die doch sehr ähnlichen Einsatzfelder lassen jedoch den Jüngeren wachsam darauf achten, nicht im Schlepptau des großen Bruders zu erscheinen. Es soll keine psychologische Studie des geschwisterlichen Verhältnisses versucht werden. Die Tatsachen so zu beschreiben, daß sich solche Untersuchungen an die gebotenen Daten halten können, dürfte schon genügen.

Es geht also um zwei Lebensläufe mit erstaunlich viel Gemeinsamkeiten, die dennoch in ihrer Eigenheit bewußt werden sollen. Zur Nachprüfbarkeit stützt sich die Darstellung in der Regel und durchgängig auf Zeugnisse und Dokumente, die grundsätzlich zugänglich sind, mag es im einen oder anderen Fall nicht immer leichtfallen, sich des Nachweises zu versichern. Jedenfalls wurde vermieden, die Beschreibung auf unzugänglichen privaten Unterlagen aufzubauen. Natürlich hat jemand, der über Jahre hin mit Karl Rahner im gleichen Haus lebte und arbeitete, direkte Informationen und unmittelbare Kenntnisse, für die es keines weiteren Belegs bedarf. Dennoch ging das Bestreben dahin, nur Umstände und Tatsachen zur Sprache zu bringen, die das öffentliche Leben der beiden Rahners betreffen. Der Leser, der auf Enthüllungen gespannt ist, wird nicht auf seine Kosten kommen; wenn er aber bereit ist, die vielen kleinen Informationen im Zusammenhang zur Kenntnis zu nehmen, erlebt er vermutlich doch Entdeckungen und Überraschungen.

Das Gesamtbild soll als solches mit heute greifbaren Mitteln verifizierbar bleiben. Das scheint um so wichtiger, als manche bislang unbeachtete Information, mancher übersehene Hinweis, manche verdeckte Beziehung einbezogen werden konnte. Viel Bekanntes rückt in eine eher ungewohnte Konstellation und erhält dank der neuen Beleuchtung einen anderen als den bisher vielfach angenommen Stellenwert. Vor allem das Werk Karl Rahners hat ja in seiner breiten Streuung seit Jahren Forscher gereizt, den inneren Faden und Zusammenhang systematisch herauszuarbeiten. Es sind recht unterschiedliche Thesen herausgekommen. Nicht wenige von ihnen wurden nur möglich, dank der Ausblendung von mehr oder minder großen Bereichen in Karl Rahners Tätigkeit und durch die Festlegung auf angebliche Grundaussagen, die sich bei genauerem Zusehen als weit weniger zentral herausstellen. Nicht voll beachtet wurde zudem das Milieu, in dem Hugo wie Karl Rahner ihre theologische Leistung erbrachten. Natürlich hat der theologische Einsatz auf dieses Milieu auch zurückgewirkt. Wieviele Studierende wurden nicht durch den Namen Rahner nach Innsbruck, später nach München und Münster gelockt! In besonderer Weise gilt das für die Nachkonzilszeit mit ihren mannigfachen Änderungen.

Hugo und Karl Rahners Leben als Ablauf im Fluß von Tagen und Jahren läßt sich bei aller Verflochtenheit relativ unabhängig darstellen, was jedoch den Zusammenhang von Existenz und Tätigkeit, alltäglicher Lebensführung und Einsatz nicht beeinträchtigt oder gar auflöst.

Das literarische und wissenschaftliche Werk gibt also auch der menschlichen Existenz Gewicht, doch fordert oft der praktische Lauf der Ereignisse zu Stellungnahmen und Äußerungen heraus, nachdem Fragen gestellt, Nachrichten gesammelt, Einsichten gewonnen waren. Ob man daraus mit J. B. Metz „Karl Rahner – ein theologisches Leben" eine „Theologie als mystische Biographie eines Christenmenschen heute"[1] werden läßt, mag auf sich beruhen, weil es da um lebensgeschichtliche Dogmatik geht, die an anderer Stelle ihren Ort hat. Immerhin ist das „Lebensgeschichtliche" thematisiert. Die Verbindung verdient Aufmerksamkeit im Sinne der umgekehrten Blickrichtung auf dogmatische Lebensgeschichte, um es einmal so zu formulieren, nämlich von einer Biographie her, die sich auf eine Dogmatik Rahnerschen Zuschnitts perspektivisch öffnet. Ähnliches ließe sich für die Kirchengeschichte sagen. Worin besteht der Vorteil solcher Betrachtung? Entworfen ist eine Art Geographie, mittels derer sich der Stellenwert von Gedanken und Äußerungen bestimmen läßt. Es gibt Nähe und Ferne, Zusammenliegendes und Auseinandergerücktes, Verbundenes und Getrenntes auf dieser Landkarte. Und bleibt man nicht nur bei der kartographischen Flächigkeit, werden weiter Höhen und Tiefen unterscheidbar, gibt sich ein Oben und ein Unten zu erkennen sowie dazwischen eine gar nicht absehbare Fülle möglicher Abstufungen, die zugleich verbinden und unterscheiden. Die Rahnerbrüder haben von ihrer eigenen Lebensgeschichte direkt nicht viel berichtet; nicht weil sie bedeutungslos gewesen wäre, sondern weil sie ihnen selbstverständlich vorkam. Sie lebten diese Geschichte. Die Alltäglichkeit des Faktischen hat die Gewöhnung in sich. Außerdem hebt sie sich wenig vom Lebensgang anderer ab, zumal wenn man in Gemeinschaft existiert, wie es die „socii Iesu" namens Rahner taten.

Der spätere Karl Rahner stieß gleichwohl auf die Frage nach dem Besonderen und wunderte sich mehr als einmal, wieso sein Leben etwas erbracht haben sollte – nach Meinung anderer –, was im Leben sovieler Mitbrüder, die er gekannt und geschätzt hatte, nicht aufgefallen war. Letztlich drängte sich eine Frage vor, auf die es keine befriedigende Antwort gab. Die Bedeutsamkeit eines Lebens liegt in der Leistung, mag die Ansicht des vordergründigen Beobachters sein. Doch bei ehrlicher Prüfung stellt sich oft heraus, daß solch eine Formel in vielem zu einfach ist und häufig nicht stimmt. Die eigene Geschichte als Erfahrung von Fragen und Suchen annehmen, die ebenfalls in der Richtung auf das Geheimnis des unbegreiflichen Gottes orientiert sein kann und sollte, das steckt wohl hinter den biographischen Erinnerungen, die von den Rahnerbrüdern auf Befragen nicht verweigert wurden. Insofern kommt einem Leben theologisch Gewicht zu wie ihm zuvor schon christlich Gewicht zufällt. Wie wächst in der bescheidenen Unauffälligkeit des Vergänglichen jenes entscheidend Große einer ewigen Bestimmung? Offensichtlich hat, was in Gottes Augen letztlich zählt, keinen

---

[1] StZ 192 (1974) 305–316; (Bibliographische Angaben in den Fußnoten verstehen sich als Kurztitel, die auf das detaillierte Literaturverzeichnis am Ende des Bandes verweisen).

anderen Wurzelboden als diese Alltäglichkeit und Normalität des Christlichen, das die Rahners in Treue und Dienst lebten. Das war nur möglich, weil dieser Glaube nicht horizontalistisch oder aktualistisch in präsentischer Eschatologie den gerade gegebenen Augenblick der Geschichte verabsolutiert und meint, darin schon zu haben, zu genießen und zu erleben, was den endgültigen Sinn des Menschenlebens ausmacht. Ebensowenig dachten sie, die Erfahrung jetzigen Glücks oder heutiger Freude sei christlich gesehen etwas, das schlechterdings vergeht, so daß anschließend erst das Eigentliche komme, was das Christentum als Heil verkündet. Nein: „unsere heutige Geschichte ist dasjenige, was in dem, was wir Ewigkeit nennen, seine eigene, endgültige Wirklichkeit erhält. Es kommt nicht etwas danach, was ganz anders ist, sondern die Zeit, die Geschichte, mein Leben kommt zu seiner eigenen und vollen Erfülltheit und Gestalt, ohne etwa unterzugehen. Ich sehe nicht, wieso man sich dieses Lebens eigentlich freuen könnte, wenn man deutlich und ehrlich der Überzeugung wäre, daß es einfach schlechterdings wieder untergeht ... Dann ist die Erreichung dieses Untergangs das Eigentliche, worauf wir hinstreben, und die sogenannte Großartigkeit des menschlichen Lebens mit seinen Aufgaben, mit seiner Liebe, mit seiner Freude usw., auch mit dem bewältigten Schmerz, wäre dann eigentlich das, was letztlich eben durch sein endgültiges Vergehen seine Sinnlosigkeit demonstriert. Wenn jemand sagt: Nein, in diesem Augenblick der Zeit erlebe ich die absolute Bedeutung eben dieses Augenblicks – dann würde ich sagen: Dann hast du eben mit Recht etwas erfahren, was, richtig verstanden, eben gerade die christliche Ewigkeit ist oder werden wird oder in sich trägt – oder wie man das ausdrücken will."[2] Diese Bemerkungen von 1979 gelten selbstredend auch für Karl Rahners Leben. Wenn es darin eine Erfahrung der Ewigkeit gab, weil es in all seinen gewöhnlichen Kleinigkeiten doch in der Spannung auf das Geheimnis Gottes zu sich vollzog, dann macht es wirklich theologisch Sinn, dieses Leben nachzuzeichnen – über alles vordergründige und neugierige Interesse hinaus.

„Contra facta non valent argumenta", lautet ein Grundsatz der Argumentationskunst. Selbst wenn Tatsachen in geistiger Auseinandersetzung mit Wirklichkeit immer nur als Feststellungen vorkommen, stellen sie unvermeidlich ein Stück Argumentation dar. Umgekehrt hängt die Kraft des Gedankens davon ab, wieviel Tatsächlichkeit ihm zukommt. In diesem Licht wäre die Formel von den „Facta" und den „Argumenta" mit „Leben" und „Denken" wiederzugeben. Das Leben der Rahnerbrüder hat in jedem Fall – wie immer es ablief – mit ihrem Beitrag zum Denken zu tun, aber auch das Umgekehrte gilt, ehe noch über Art und Wert dieses Einflusses Näheres gesagt ist. Insofern wird die Korrespondenz, das gegenseitige Sich-Entsprechen oder Nicht-Entsprechen von „Leben und Denken" entscheiden.

---

[2] Aus einem Gespräch mit K. H. Weger und H. Lüning, in: P. IMHOF – H. BIALLOWONS (Hrsg.), Karl Rahner – Im Gespräch 2, München 1983, 114.

Durchführen läßt sich die angezeigte Aufgabe an dieser Stelle nicht, müßte dazu doch – was vom vorgenommenen Ziel ausgeschlossen wird – das geistige Werk beider Rahnerbrüder ausführlich vorgestellt werden. Doch auch ohne einen Versuch in dieser Richtung muß ein weiterer Aspekt ins Auge gefaßt werden, wenn ihr Lebenslauf ausgesprochen der von Christen, Ordensleuten, Priestern war, so daß die Formel von den „facta" sich auf das Verhältnis von „Glaube" und „Denken" hin präzisiert, deutlicher noch als „Glaubensleben", „priesterliche Existenz" aus der Lebensform einer bestimmt benennbaren und kontinuierbaren Tradition auf die theologische Denkarbeit unter systematischer und kirchenhistorischer Rücksicht durchschlägt. Mit dem bekannten Titel eines seiner Bücher stellte sich Karl Rahner der Aufgabe, denkerisch zur „Einübung priesterlicher Existenz" beizutragen, lehnte es also keineswegs ab, unter dieser Rücksicht die „Existenz" zum ausdrücklichen Thema denkerischen Mühens zu machen. So wenig ihm und seinem Bruder vordergründig an positivistisch gefaßten „facta bruta" lag, d. h. an Belanglosem, an lediglich Unterhaltendem, an amüsantem Geschwätz, leichtfertigem Austausch im gängigen Jargon, was sonst nicht selten als Ausdruck von „Leben" gilt, so sehr war ihm priesterliche und schon christliche Existenz Aufgabe, wo sie sich „einüben" ließ. Gemeint ist Unterstützung eines Prozesses, der unfertig ist und noch offene Perspektiven besitzt, die Verantwortung und Mut auch auf theologischer Ebene herausfordern. Da stellt sich Leben nicht als Sammelsurium von diesem und jenem, als bloßer Markt von Möglichkeiten für geistreiche Spielereien dar, sondern als lohnende und nötige Bemühung um geistige Herausforderung gläubigchristlichen Seins, der Ordens- und der Priesterexistenz. Karl Rahner hat es 1982 in ein paar dichten Aussagen zu Alfred Delp und dessen Schicksal erläutert. Aus seiner Freundschaft mit Delp liest er für sich die Pflicht brüderlicher Solidarität heraus, zwar kein „gleichmäßig genaues Lebensbild" Delps zu skizzieren, das schon von einem anderen „zuverlässig und genau und liebevoll gezeichnet"[3] sei, aber in die geistlichen Zeugnisse des Freundes mit ihrer eigenen Problematik raschen Überholtwerdens einführen. „Geistliche Schriften (ganz im allgemeinen) sind sehr stark der existentiellen Situation verhaftet, in der sie geschrieben wurden"[4]. Nach fast einem halben Jahrhundert habe sich die politische, geistige und kirchliche Lage gegenüber der Zeit Delps tiefgreifend gewandelt. „Wenn es zur Zeit ihrer Abfassung gerade ein Vorzug ist, daß geistliche Schriften aus ihrer eigenen Zeit heraus denken und sprechen, dann ist mehr als eine Generation danach eben dieser Vorzug von früher ein erheblicher Nachteil für jetzt. Ich würde es einem Leser der jungen Generation von heute nicht verargen, wenn er mindestens zunächst den

---

[3] KARL RAHNER, Einleitung zu den Texten, in: Alfred Delp – Gesammelte Schriften, Bd. I: Geistliche Schriften, Frankfurt a.M. 1982, 43–50; Zitate 43. Gemeint ist R. BLEISTEIN, Lebensbild Alfred Delps, ebd. 11–42. Mittlerweile hat R. BLEISTEIN mit „Alfred Delp – Geschichte eines Zeugen", Frankfurt a.M. 1989, eine ausführliche Biographie vorgelegt.
[4] Ebd. 43.

Eindruck hätte, diese Texte seien veraltet, angestaubt und könnten einem heute kaum noch etwas sagen. Ist dieser Eindruck auch selbst noch einmal problematisch, weil das Ungewohnte aus einer vergangenen Zeit einem unter Umständen bei williger Bereitschaft des Lesers mehr sagen kann, als das gewohnte Tagesgerede von heute, so möchte ich als grundlegende Apologetik ... zunächst folgendes sagen: diese geistlichen Texte sind von einem Mann geschrieben, der das, was in diesen Texten angesprochen wird, durch eine sechsmonatige Kerkerhaft und durch seinen Tod durch Erhängen, dem er vermutlich hätte entrinnen können, besiegelt hat. Natürlich erwächst diese letzte Lebenstat Delps, in der er nicht bloß ein politischer Held, sondern auch nach meiner Überzeugung ein Märtyrer im religiösen Sinn geworden ist, aus einer Tiefe seiner christlichen Persönlichkeit, aus einer Treue zu Gott, Christus und der Kirche, die auch in diesen geistlichen Schriften sich nicht in ihrer letzten Höhe und Tiefe darstellen können. Aber diese Texte legen doch Zeugnis ab für das, wofür Delp lebte und starb. Als solche Zeugnisse sind sie auch heute noch wert, gedruckt und gelesen zu werden. Wenn man sie so liest, liest man eben nicht nur bedrucktes Papier. Nur wenn man sie so liest, kann man sie wirklich verstehen und gerecht würdigen."[5]

Diese Aussagen lassen sich in fast allen Elementen auf die Beiträge und das Leben der Rahnerbrüder selbst anwenden, selbst wenn ihr Endschicksal nicht das Martyrium eines Delp war. Sie haben einen beträchtlichen Teil geistlicher Schriften hinterlassen und in ihren anderen Zeugnissen den spirituellen Einschlag nie vergessen. Sie haben überdies wie Delp zu leben versucht, was sie schrieben. Weiter treffen die Beobachtungen über den Zusammenhang von Existenz und Text auf manche Züge am Werk der Rahnerbrüder zu, etwa die Sorge, daß manches Wertvolle, weil in einer bestimmten Zeit niedergelegt, rasch als verstaubt und veraltet erscheinen könnte. Die Einladung, sich um solche Zeugnisse gleichwohl zu mühen, hat auch angesichts der mit den Autorennamen Rahner gezeichneten Bücher und Schriften einen guten Sinn. Auch bei ihnen ist es so, daß sie gegenüber vielem Schmissigen und Gängigen von heute mehr zu bieten haben.

„Der religiöse Jargon von heute und die unreflektiert wirkenden Auswahlprinzipien, mit denen wir denken, verhindern in der geistlichen Literatur von heute sehr oft und leicht Themen, die Delp noch wie selbstverständlich aus früherer Zeit vorträgt und die gerade in ihrer uns ungewohnten und manchmal naiv anmutenden Unmittelbarkeit uns etwas zu sagen haben. Delp erschrickt nicht, wenn er das Wort Gott in den Mund nimmt. Er redet unbefangen von Demut, Dienst, Opfer, Nachfolge des Gekreuzigten usw."[6] Könnte diese Bemerkung nicht auch in Bezug auf Hugo und Karl Rahner neue Leuchtkraft und Aussagekraft gewinnen? Waren nicht auch sie bereit, ihr Wort durch ihren Einsatz glaubwürdig werden zu lassen? Betrachtet man

---
[5] Ebd. 44.
[6] Ebd. 45.

das Leben des einen wie des anderen unter dem Vorzeichen von Sterben und Tod, dann stößt man unwillkürlich auf eine Fülle von Anhaltspunkten dafür, selbst wenn beide als „professores" eher „confessores" und erst dann „martyres" wurden. Leben als Zeugnis (Martyrium) kann bekanntlich sehr verschiedene Gestalten annehmen, jedoch nur, wenn es vorbereitet, eingeübt, angegangen wird, eine Voraussetzung, die selbst da gefordert ist, wo faktisch dann das letzte Hinhalten des eigenen Kopfes nicht buchstäblich gefordert wird. Die Erinnerung an Delp zeigt auch, daß „unsere heutige Mentalität kein absoluter Maßstab (sein kann), sondern sich selber in Frage stellen lassen muß." Rahner selbst wundert sich, wie „selbstverständlich Delp von der Theologie her denkt, die wir beide noch in Valkenburg gelernt haben", um dann verallgemeinernd zu sagen: „Die Mentalität einer späteren Epoche ist kein guter Zugang und kein gerechter Maßstab für die Beurteilung einer früheren Epoche. Hinterdrein ist man immer gescheiter als vorher"[7]. Es geht in all diesen Beobachtungen darum, was das Leben für die Aussagen und was diese für das Leben bedeuten. Dabei ist sich Rahner bewußt, nur ein paar Hinweise zu geben, was besonders wichtig wird, wo er auf die Bedeutung des Ordens und seiner Lebenstradition zu sprechen kommt, die ja auch für Delp ihr Gewicht gehabt haben. Dessen Aufzeichnungen aus den Großen Exerzitien am Ende seiner Ausbildung lassen Karl Rahner mahnen, niemand solle „meinen, er könne aus diesen kurzen Notizen eine Vorstellung gewinnen über den genaueren Gang und die inhaltliche Tiefe der Exerzitien, so wie sie Ignatius gedacht hat. Das alles hat Delp erfahren und brauchte es sich nicht noch einmal schriftlich zu sagen."[8]

Fragen wir im gleichen Sinn: Was haben die Rahnerbrüder erfahren, ohne es sich noch einmal schriftlich sagen zu müssen, gerade auch im Blick auf Jahre und Jahrzehnte nach den Regeln der Gesellschaft Jesu? Und Karl Rahner faßt zusammen: „Was jemand schreibt, erhält seinen letzten Sinn und sein wahres Gewicht durch das, was er lebt"[9]. Dieses Wort formuliert kurz und knapp, warum eine solche Biographie nötig ist, mag auch ihre konkrete Durchführung Wünsche offen lassen; als erster Versuch dürfte sie eine Hilfe im angedeuteten Sinn sein.

Karl Rahner machte diese Aussage in der Überzeugung: „Mindestens von Gott her hat alles in einem menschlichen Leben eine letzte Einheit, in der alle Einzelheiten eines Lebens sich gegenseitig mitbestimmen und jede Teilwirklichkeit aus dem einen Ganzen des Lebens herkommt. Das muß man bedenken, wenn man diese geistlichen Schriften Delps liest. Sie sind wahre und gelebte Überzeugung, die zur letzten Tat seines Lebens führte."[10]

---
[7] Ebd. 48.
[8] Ebd. 49.
[9] Ebd. 50.
[10] Ebd.

1. Kapitel

Die Fünfziger Jahre

Am 30. Juni 1949 wurde Karl Rahner zum ordentlichen Professor der Katholisch-Theologischen Fakultät der Leopold-Franzens-Universität zu Innsbruck ernannt. Von diesem Zeitpunkt an sollte er hier fast fünfzehn Jahre in der wissenschaftlichen Ausbildung von Theologen wirken, eine Zeit, die auch seinen Aufstieg zu einem der bekanntesten Theologen im deutschen Sprachraum sah. Aber schon im Juli 1950 schrieb Hans Urs von Balthasar in einem Brief an Henri de Lubac: „Wenn sie Zeit haben, schreiben Sie mir mehr. Wer muß Fourvière verlassen? Rondet? Bouillard? Ich fürchte, Karl Rahner wird jetzt sehr entmutigt sein, er, der fast unsere einzige Hoffnung ist. Man wird ihn unterstützen müssen ..."[1] Sehr viel später kehrt sich in dieser Wertschätzung manches um. Zu Beginn der wichtigen, bis heute nur wenig gewürdigten 50er Jahre gab es jedoch Verbindungen, die nicht ohne Bedeutung blieben für das, was damals in jener Aufbauarbeit geleistet wurde, von der dann das Konzil zehren konnte. Allerdings dachte an ein Konzil kaum jemand. Die Not der Nachkriegsjahre zwang dazu, sich auch als Theologe den unmittelbaren Herausforderungen und Nöten zu stellen und einer bereitwilligen Generation jenes Rüstzeug mitzugeben, das sie für einen echten Dienst der Kirche damals nötig hatte. Um die Bedeutung dessen zu würdigen, was in dieser Phase getan wurde, ist auf das Kriegsende, die Zerstörungen und Umwälzungen in den deutschsprachigen Ländern zu schauen. Gewiß, mancher Kirchenvertreter war der Meinung, die katholische Kirche habe sich so gehalten, daß sie einfach dort wieder beginnen könne, wo sie vermeintlich bis zum Beginn der Unterdrückung stand. Daß in den Menschen durch die Erfahrungen dieser Jahre vieles grundlegend anders geworden sein könnte, daß die Situation sich total gewandelt hatte und darum ein solcher Anknüpfungsversuch illusorisch sein mußte, das wollten viele nicht wahrhaben. Hatte nicht der Katholizismus recht gehabt? Hatte er nicht Opfer und überzeugende Widerständler aufzuweisen? So sehr die unmittelbare Alltagsnot und ihre unabweisbaren Schwierigkeiten die Kirche damals zusammenschloß, für den sensiblen Beobachter waren jene Spannungen zu spüren, die erst sehr viel später voll zum Ausbruch kommen sollten. Es ging um die christliche Einstellung zur Moderne. Das vorherrschende Modell des vergangenen Jahrhunderts war auf Verurteilung und Ablehnung aufgebaut

---

[1] H. DE LUBAC, Théologie dans l'histoire II, Paris 1990, 399.

gewesen. Der Katholizismus hatte sich in jene Festung zurückgezogen und eingeigelt, deren Bastionen H.U. von Balthasar Anfang der 50er Jahre schleifen wollte. Der katholische Aufbruch der 20er Jahre signalisierte demgegenüber ein neues Selbstverständnis in aufgeschlossenen Kreisen. Man wollte sich mit der Moderne wirklich auseinandersetzen, überzeugt davon, daß auch sie Positives und Brauchbares zu bieten habe, das nicht einfach bei einer pauschalen Ablehnung verloren gehen durfte. War nicht durch den Nationalsozialismus und den Faschismus deutlich geworden, welche zerstörerischen Kräfte wohl auch deshalb zum Zuge gekommen waren, weil die christlichen Kräfte sich abgesondert hatten und den neuen Ideologien ziemlich widerstandslos das Feld überlassen oder sie vielleicht sogar noch begrüßt und unterstützt hatten?

Die Frage, in welchem Sinn ein Neuaufbau zu leisten sei, stand 1945 schon im Raum. Manche Christen nahmen sie gar nicht recht wahr, andere wollten – wie schon erwähnt – einfach beim früher einmal Bewährten weitermachen, und nur wenige merkten, daß wohl mehr verlangt sei, nämlich eine tiefgreifende Besinnung auf alle geistigen Kräfte der Zeit mit dem Ziel, das Gute zu sammeln, wo es zu finden war, und eine gemeinsame Grundlage herauszuarbeiten, auf der unterschiedlichen Sichtweisen mit einem gewissen Respekt begegnet werden konnte, auf der ein Gespräch möglich blieb und dennoch nicht alles in ein unverbindliches Vielerlei oder Gegeneinander auseinanderfiele.

Karl Rahner brachte seine Arbeitskraft vor allem als „Schulmeister" ein, mit dieser Bezeichnung auch auf ein Stück seines Familienerbes anspielend, wo man seit längerem schon im Lehren auf verschiedenen Ebenen geübt war. Schule meinte dabei zunächst einen festen Rahmen, einen Stundenplan, ein Pensum, eine Disziplin, der sich auch der Lehrer zu unterwerfen hat.

Karl Rahner hat diese Disziplin nicht erst seit seiner Ernennung zum Ordinarius in Innsbruck gelebt; sie war ein Stück seines ganzen Lebens und bildet in aller Freiheit seiner Anregungen den Boden, auf dem er seine nicht selten überraschenden Vorschläge entwickelte. Die Rückbindung an die Lehrverpflichtungen erhellt nicht zuletzt vieles aus Rahners Wirken und erlaubt es, manchem daran seinen echten Stellenwert zuzuweisen.

Schule war für ihn dann eine Aufgabe an den Menschen, die ihm dort begegneten. Er hatte sie im Auge, suchte das Gespräch mit ihnen, ließ sich anfragen und herausfordern. Sein Lehren war nicht in erster Linie an Weitergabe abstrakten Wissens orientiert, sondern besaß schon in früher Zeit einen ausgesprochen seelsorgerischen Charakter. Das heißt nicht, er hätte um dieser Praxis willen den Inhalt von Offenbarung und Glaube manipuliert oder einem Effekt auf kurze Sicht untergeordnet. Vielmehr war er überzeugt, daß ihn christliche Wahrheit von sich aus dazu verpflichte, jene Menschen nicht aus dem Auge zu verlieren, denen er diese Wahrheit auf was für immer eine Weise auch vorlegen wollte.

Die ersten Nachkriegsjahre hatte Karl Rahner, an der Rückkehr nach Österreich gehindert, in Pullach bei München Theologie doziert.

Anfang August 1948 konnte er wieder an die Universität der Landeshauptstadt Tirols übersiedeln, an der er im Sommer 1937 habilitiert worden war. Und er stieg gleich voll in die neuen Möglichkeiten ein, die in München wegen der Bombenschäden und wegen einer drückenderen menschlichen Not nicht so ungestört gegeben waren wie in Innsbruck. Vom 24. August bis zum 5. September 1948 finden wir ihn als Teilnehmer auf den Alpbacher Hochschulwochen. Er sprach dort in einem Trialog mit L. Soukup und G. Molin über den „Gesetzesbegriff in der christlichen Offenbarung"[2]. Mit dem Winter-Semester begann sein Einsatz in der Katholisch-Theologischen Fakultät; nach Ausweis der Vorlesungsverzeichnisse wirkt er als Privatdozent. Der Auftakt im Sommer-Semester 1949 wird mit der großen Vorlesung über das Bußsakrament gemacht, vierstündig mit einstündiger Übung.

Daneben ist für das dogmatische Seminar das Thema „Existentialphilosophie und Gnadenlehre" einstündig angekündigt. Das Verzeichnis für das folgende Winter-Semester (1949/50) wurde wohl vor seiner Ernennung zum ordentlichen Professor gedruckt; es führt K. Rahner immer noch als Privatdozent. Er liest jetzt über den „Schöpfergott", dreistündig mit einstündiger Übung, und bietet ein Seminar „Übungen zur Bußgeschichte" an. An der Medizinischen Fakultät spricht er über „Arzt und Hirte". Erst im Sommer-Semester 1950 belegen die Unterlagen, daß er mittlerweile ordentlicher Professor wurde; er gehört auch dem Senat der Universität an.

Seine Lehrverpflichtung erfüllt er mit der Vorlesung „De Deo elevante et peccato originali", während er im Seminar die „Übungen zur Bußgeschichte" weiterführt. Im Winter 1950/51 liest er dann „Über die Gnade Christi", eine Vorlesung, die er im nachfolgenden Semester fortsetzt. Er hat in diesem Studienhalbjahr auch das Angebot „Probleme heutiger Mariologie" gemacht. Das verweist auf die große Untersuchung, die er damals im Zusammenhang mit der Verkündigung des Dogmas von der leiblichen Aufnahme Mariens in den Himmel erstellt hatte, die aber wegen Schwierigkeiten in Rom nicht erscheinen konnte.

Es wäre nun leicht, mit Hilfe der Vorlesungsverzeichnisse das Lehren Rahners auch in den folgenden Jahren vorzustellen. Das ist aber an dieser Stelle nicht unbedingt erforderlich, weil es an der Innsbrucker Fakultät üblich war, daß die Dogmatiker einen bestimmten Teil des Stoffes in regelmäßigen Abständen wiederholten. Und Rahners Pflichten haben wir mit den genannten Vorlesungen erfaßt, das heißt: die Themen tauchen im dreijährigen Rhythmus immer wieder auf. Solange er an der Innsbrucker Universität wirkte, trug er also nie etwas anderes vor, zum Beispiel die Lehre von Gott dem einen und dreifaltigen, die Christologie, die anderen Sakramente ...

---

[2] In: S. Moser (Hrsg.), Gesetz und Wirklichkeit. Internationale Hochschulwochen des Österreichischen College. Alpbach-Tirol 21. August bis 9. September 1948, Innsbruck 1949, 247–254.

Das mag im Blick auf Rahners reiche Bibliographie gerade zu ganz anderen Fragen erstaunen. Dennoch wäre der Eindruck falsch, er habe als Professor alle dogmatischen Traktate gelesen und alle würden in gleicher Weise in seinem Denken und Lehren präsent sein.

Die lehrmäßige Grundlage des Werkes von Karl Rahner ist in den genannten Bereichen „Schöpfung, Urstand, Sünde", „Buße" und „Gnade" zu sehen. Er hat sie überdies in einem inneren Zusammenhang betrachtet und dargestellt und daraus auch seine Stellungnahmen zu dogmatischen und fundamentaltheologischen Fragen sonst entwickelt, das um so mehr als er zum Thema „Buße" schon seit längerem ein umfangreiches Forschungsprogramm betrieb, in dem er aus der Geschichte des Bußinstituts Vorschläge zur Bewertung und zu einer möglicherweise sinnvollen Neuordnung der kirchlichen Buß- und Beichtpraxis entfaltete. Viele seiner Einsichten in die Voraussetzungen und Bedingungen dogmatischer Entwicklungen sind in diesem Bereich gewonnen worden, um dann auf andere Wahrheiten entsprechend übertragen zu werden.

Daß Karl Rahner nach Innsbruck zurückkam, verdankt sich auch dem Einsatz seines Bruders Hugo, mit dem zusammen er bis in die 60er Jahre an der Fakultät wirkte. Hugo, vier Jahre älter, war schon 1937 zum ordentlichen Professor der Kirchengeschichte an der Universität Innsbruck ernannt worden. Er siedelte 1938 mit dem Ausländerteil der Facultas Pontificia Canisiana, die Papst Pius XI. nach der gewaltsamen Schließung der staatlichen Theologischen Fakultät Innsbruck als kirchliche Einrichtung geschaffen hatte, nach Sitten in die Schweiz über und verbrachte dort die Jahre bis 1945. Aus der Schweiz war im Sommer 1945 die Rückkehr nach Innsbruck unter dem Schutz der Militärbehörden problemlos möglich. Hugo Rahner wurde der erste Dekan der wiedererrichteten Fakultät an der Universität und bekleidete später das Amt des Universitätsrektors, kurz nachdem sein Bruder erneut in Innsbruck tätig geworden war. Offensichtlich hatte Hugo Rahner auch gute Beziehungen zum Vorgänger seines Bruders auf dem Lehrstuhl, Prof. P. Dr. F. X. Mitzka (1895–1950; 1948 aus seinen Lehrverpflichtungen geschieden) gepflegt, der sich aus Gesundheitsgründen ein wenig vorzeitig hatte emeritieren lassen und bald darauf verstarb[3]. Im Senat der Universität wirkten die Rahnerbrüder gemeinsam.

Hugo Rahner war damals der Bekanntere. Seine Antrittsrede bei der Inauguration als Rector magnificus am 3. Dezember 1949 „Vom ersten bis zum dritten Rom" war angewandte Geschichte zur Deutung der geistigen Situation der Zeit. Sie hatte Aufsehen erregt und den neuen Rektor als beeindruckenden Interpreten der Gegenwart aus lebendigem historischem Bewußtsein erwiesen. Daß er in den folgenden Jahren wiederholt bei katholischen Großveranstaltungen wie Katholikentagen gebeten wurde, die Festrede zu halten,

---

[3] Vgl. HUGO RAHNER, P. Franz Xaver Mitzka S.J., in: Nachrichten der österreichischen Provinz S.J., Wien, September 1950, 11–13.

ergab sich fast von selbst, auch wenn man heute der Sprache dieser Darlegungen eher etwas befremdet gegenübersteht. Hugo Rahner vertrat die alte Kirchengeschichte, die Patrologie und die Kirchengeschichte des Mittelalters mit Einschluß der Reformation und der katholischen Reform. Dennoch war er, das läßt sich schon aus den genannten Einsätzen ersehen, nicht in seine Geschichte versponnen, sondern ausgesprochen bedacht, die Bedeutung historischer Kenntnisse und Einsichten für die Gegenwart herauszustreichen. Er selbst hatte in jungen Jahren „Eine Theologie der Verkündigung" veröffentlicht und sich auch während des Exils, etwa im Eranos-Kreis von Ascona, um das Gespräch mit anderen geistigen Strömungen bemüht. Als Schwerpunkt seiner historischen Forschung ist denn auch die Begegnung von Kirche und Staat, von Mensch und Kirche, von Antike und Christentum..., kurz: das Problem der Vermittlung greifbar, das ihn auch zu seinen Ignatiusforschungen und zu anderen Arbeiten anregte. Hier liegt übrigens ein gemeinsamer Punkt im Denken der beiden Rahners, der gerade während des Neuaufbaus nach dem Kriege wichtig wurde.

Als Voraussetzung steckt die Annahme darin, daß solch eine Vermittlung möglich und nötig ist, daß also die dazu unerläßlichen Vorbedingungen gegeben sind. Karl Rahner hat darüber mehr systematisch und mit philosophischem Instrumentar nachgedacht, Hugo Rahner hat sich an die Mittel des Historikers gehalten. Doch darf nicht übersehen werden, wie gleich das Anliegen beider war. Wenn Hugo seinen Bruder förderte, dann in der Überzeugung, daß sie beide ein Ziel theologischer Bildung verfolgten: Menschen für die Vermittlung aufgeschlossen zu machen und für die eigenständige Weiterführung dieser Aufgabe auszurüsten.

Die beiden Rahners waren zusammen mit J. A. Jungmann für das Image der Katholisch-Theologischen Fakultät Innsbrucks und ihre Wirkung nach außen bis zur Konzilszeit prägend. Nicht die Einsätze in Innsbruck und Tirol, sondern die weiteren Möglichkeiten im deutschen Sprachraum und darüber hinaus bedingten den Beitrag. Hauptthema war die Kirche und ihr Selbstverständnis aus einer lebendigen Auffassung des Heilswerkes in der jeweils gegebenen Zeit. Am Ende der Periode, als Karl Rahner und kurz nach ihm auch Hugo Rahner 1964 Innsbruck verließen, war der erstere durch seinen Einsatz auf dem Zweiten Vatikanum und durch eine überreiche Publikationstätigkeit der bekanntere der Brüder. Hugo Rahner, von seiner Krankheit gezeichnet, die ihn 1968 an das Ende des Lebens führte, trat zurück, ohne daß dies seine Bedeutung schmälern könnte. Karl wäre nicht der Theologe geworden, der er ist, ohne seinen Bruder, und dieser wäre am Ende ohne Karl noch rascher vergessen worden.

Erst in der weiteren Darstellung wird ganz deutlich werden, warum diese Behauptung zu Recht aufgestellt wird, selbst wenn es nur wenige Gelegenheiten gab, bei denen beide gemeinsam öffentlich auftraten. Sie lebten auch nicht im gleichen Hause zusammen, weil Hugo Rahner von 1950–56 als Rektor das Collegium Canisianum leitete, während Karl Rahner seine Wohnung im Jesuiten-Kolleg hatte. Dennoch sahen sie sich oft und konnten all die Jahre direkt und rasch miteinander in Kontakt treten, selbst als Hugo nach 1956 im Canisianum wohnen blieb. Im Nachruf auf ihn schrieb J. A. Jungmann 1969: „Die Kirche, oder allgemeiner: das Erlösungsgeheimnis, in der symbolisierenden Sprache der Väter dargestellt, war von Anfang an sein erstes Lieblingsthema. Hugo Rahner hat sein Fach, die Geschichte der Kirche, nicht im Sinne einer vor allem nur konstatierenden und registrierenden Darstellung äußerer Vorgänge gesehen. Daß ihm, der in Bonn u. a. durch die Schule von Franz Joseph Dölger gegangen war, die nüchterne Aufhellung und Inventarisierung des Tatsächlichen, die aus den Quellen schöpfende und alle Literatur heranholende Kleinarbeit durchaus geläufig war, zeigen u. a. die weit über hundert Artikel in den ersten acht Bänden (bis 1963) des Lexikons für Theologie und Kirche. Aber seine Liebe galt dem inneren Geheimnis der Kirche, dem ihr Sein und Wirken beherrschenden Nachbild des Gekreuzigten und Auferstandenen, ihrem Leben aus dem Heiligen Geiste, wie es sich vor allem in den Dokumenten der Frühzeit offenbarte. Er wollte das Leben erfassen, das unter der Decke der Erscheinungen und unter den oft rätselhaften Bildern und Allegoresen ihrer Verkündigung verborgen war."[4]

Mit dem Stichwort „Lexikon für Theologie und Kirche" ist eines der großen Werke genannt, das Karl Rahners Namen weltweit bekannt werden ließ. Zusammen mit Prälat J. Höfer war er der eigentlich engagierte Herausgeber der zweiten Auflage dieses Nachschlagewerkes. Daß ihn sein Bruder nicht im Stich ließ, belegt Jungmanns zitierte Bemerkung. Man hat später diesem Lexikon vorgeworfen, es trage zu stark die Prägung von Karl Rahner. Dieses Pauschalurteil hätte allerdings eine genaue Prüfung nötig, weil das Werk in einem Augenblick konzipiert wurde, in dem Karl Rahner – selbst wenn er das gewollt hätte – gar nicht daran denken konnte, einer unabsehbaren Fülle von Mitarbeitern, einer ganzen Reihe von Schriftleitern und den Mitarbeitern eines großen Verlagshauses in dieser Hinsicht Vorschriften zu machen. Das Lexikon war und ist ein Gemeinschaftswerk, das den Stand katholischer Theologie gegen Ende der Phase des Neuaufbaus seit dem Zweiten Weltkrieg dokumentiert und widerspiegelt. Die drei Ergänzungsbände mit den Konzilstexten und mit den eingehenden Kommentaren wichtiger theologischer Mitarbeiter an der Kirchenversammlung markieren in besonderer Weise den Stellenwert dieses Nachschlagewerkes.

Was sich im „Lexikon für Theologie und Kirche" findet, stellt eine Art Summe oder Bilanz dar. Diese Perspektive war um eine andere zu ergänzen, die ebenfalls für die Konzilsarbeiten von entscheidender Bedeutung werden sollte. Gemeint ist die Öffnung auf neue Möglichkeiten, die unbefangene Beschäftigung mit Fragen, die ungelöst sind, das Aufgreifen von Problemen, für die noch kein anerkanntes Ergebnis vorliegt: mit der Reihe „Quaestiones disputatae", die Karl Rahner zusammen mit Heinrich Schlier

---
[4] ZKTh 91 (1969) 77.

von 1958 an herausgab und die noch heute fortgesetzt wird. In der „Einführung" sagten die Herausgeber: „Wir wollen wissenschaftliche Theologie treiben als katholische Theologen. Das und sonst gar nichts. ... wir sind allen Ernstes der Überzeugung, daß auch nach zweitausend Jahren christlicher Theologie deren wissenschaftliche Arbeit in ihrem Kern nicht ihrer eigenen Geschichte, sondern ihrer Sache gelten muß. ... [Man kann] auch heute noch Theologie treiben, die sich sofort mit der Sache und der von ihr aufgegebenen Frage selbst beschäftigt und auf die Vergangenheit der Theologie nicht um ihrer selbst willen blickt, sondern nur in dem Maße und Umfang, als dies für die Frage nach der Sache wirklich zwingend notwendig ist. ... praktisch ist die Schrift immer der für uns erste Ausgangspunkt der neuen theologischen Arbeit dort, wo wir nicht schon durch das kirchliche Lehramt und seine Verkündigung belehrt werden, also dort, wo der Theologe neue Fragen stellt und zu beantworten sucht: ... Diese bibeltheologische Arbeit rechnen wir zu unserer Aufgabe auch darum, weil wir nicht meinen, aus der Heiligen Schrift sei heutzutage nichts mehr neu zu erkennen, was nicht auch schon im Denzinger enthalten ist und von dort her seine Beglaubigung erfährt. ... Alle Fragen, die in der gängigen Theologie der Schule verhandelt werden, sind uns willkommen, soweit jemand dazu etwas Förderliches zu sagen hat. Aber darüber hinaus und vor allem jene Fragen, die durchaus ‚Quaestiones disputandae' wären, die aber in der landläufigen Theologie zu wenig ausdrücklich thematisch werden (ach, wie viele solche gibt es!). ...Und wenn (darf man das sagen?) einer solchen Arbeit sogar einmal gelänge, geistlich zu ‚erbauen' (im Sinne der Schrift), ohne eigens fromm zu reden, dann würden wir es als Gewinn betrachten und nicht als Grund, die ‚Wissenschaftlichkeit' solcher Theologie anzuzweifeln"[5].

Diese Bemerkungen richteten sich gegen eine Theologie, die nicht mehr bei der Sache, sondern nur noch bei der Geschichte der Sache war. Sie richteten sich gleichermaßen gegen eine Theologie, für die alle Fragen gelöst sind oder zu den unverbindlichen Meinungen gehören, so daß nur noch Schulbücher jeweils besser den Stoff zusammenfassen. Karl Rahner und H. Schlier betrieben eine Öffnung auf theologischer Ebene, die durchaus dem Öffnen der Fenster entsprach, für das sich Papst Johannes XXIII. bald darauf einsetzte.

Und noch ein Drittes ist von Karl Rahners Wirken in diesen Jahren zu sagen. Schon 1954 kamen die ersten Bände seiner „Schriften zur Theologie" heraus, die es im Laufe der Jahre auf 16 Bände brachten. Anfangs schien es sich nur um Sammelbände zu handeln, wie sie auch sonst vor allem bei Jubiläen immer wieder einmal veröffentlicht wurden. Aber wohl wegen der auch hier vorwaltenden Orientierung an der Sache, wegen der Beziehung zur gelebten Notsituation, wegen des vielfach ‚erbauenden' Charakters im oben erwähnten Sinn wurden diese Bände zu so etwas wie einem neuen Typ theolo-

---

[5] KARL RAHNER, Über die Schriftinspiration (Quaestiones disputatae, Bd. 1), Freiburg i.Br. 1958, 5–10.

gischer Publikationen. Man könnte von wirksamen Diskussionsanregungen und -beiträgen sprechen, von Äußerungen, die unmittelbar ein Gespräch einleiten, mit denen man sich auseinandersetzen kann, die betreffen und betroffen machen.

Auch der Band „Sendung und Gnade" ist hier nicht zu vergessen, der in den gleichen Zeitraum gehört.

Hugo Rahner hatte in den Nachkriegsjahren die Entwicklungen in Frankreich und die Debatte um die „Théologie nouvelle" verfolgt. Er sah sich trotz seines Rektorats im Sommer 1950 veranlaßt, über die Enzyklika „Humani generis" als Hemmschuh des Fortschritts in „Stimmen der Zeit" und „Schweizerische Rundschau" zu schreiben. Zugleich trat er im Zusammenhang mit der Definition des Dogmas von der leiblichen Aufnahme Mariens mit dem Büchlein „Maria und Kirche"[6] an die Öffentlichkeit. Damals predigte er zusammen mit seinem Bruder in der Heimatstadt Freiburg eine Mission für die Universitätsstudenten. Die Gebete dieser Woche erschienen später ebenfalls im Druck. Hugo leistete einen Beitrag zu dem bekannten Sammelwerk „Das Konzil von Chalkedon"[7], zu dem auch sein Bruder später einen wichtigen Aufsatz beisteuerte. Und schon machen sich die Vorbereitungen auf das Ignatiusjahr 1956 deutlich bemerkbar. J. A. Jungmann stellte ja fest: „Das zweite Lieblingsthema war Ignatius. Zur Lebensgeschichte des Heiligen hatte Hugo Rahner schon seit 1935 einzelne Beiträge geliefert. Dazu war 1947 das Buch ‚Ignatius von Loyola und das geschichtliche Werden seiner Frömmigkeit'[8] gekommen, mit dem das bedeutsame patristische Gedankengut aufgewiesen wurde, das in Ignatius fortlebt. Die Kraft der Einfühlung und die Kunst der Darstellung, die Hugo Rahner eigen waren, zusammen mit der treuen Hingabe, mit der er an seinem Orden hing, ließen ihn als den Mann erscheinen, der wie kein zweiter ein längst vermißtes Lebensbild des Ordensstifters würde schaffen können. Es war eine Lücke, deren man sich angesichts des nahenden Jahrhundertgedenkens von dessen Tode (1556–1956) schmerzlich bewußt wurde. Das Anliegen wurde frühzeitig an den Verstorbenen herangetragen und gerne aufgegriffen.

Es war zunächst nur eine Kostprobe der biographischen Kunst und der umfassenden Quellenkenntnis des Verfassers, was in dem mit Leonhard von Matt gleichzeitig in mehreren Sprachen herausgegebenen Bildband ‚Ignatius von Loyola'[9] sich offenbaren konnte. Die kurzen, lebensprühenden Skizzen, ganz in der Zeit stehend und ganz mit den Augen von heute gesehen, voll Frömmigkeit und feinem Humor, gehören zum Köstlichsten, was aus Hugo Rahners Feder geflossen ist. Wohl noch als Vorarbeit für das von vielen erwartete größere Werk war die 1956 erschienene Sammlung ‚Ignatius

---

[6] Innsbruck 1951.
[7] Band I, Würzburg 1951, 323–339.
[8] Salzburg 1947; 2. Auflage 1949; Übersetzungen.
[9] Würzburg und Zürich 1955.

von Loyola, Briefwechsel mit Frauen' gedacht ... Aber das größere Werk kam nicht mehr zustande."[10]

Die Hinweise auf das Wirken der beiden Rahners während des Jahrzehnts nach der Mitte unseres Jahrhunderts gemeinsam in Innsbruck mögen im Licht von Einzelfällen noch einmal die entscheidende Bedeutung dieser Zeit für die katholische Theologie und ihre Entwicklung herausstellen. Nach den ersten Nachkriegsnöten markierte dieses Jahrzehnt eine relativ ruhige, wenn auch teilweise gewaltsam erzwungene Zeitspanne vor den großen Aufbrüchen der folgenden 60er Jahre. In der Rückschau wirkte sich diese Ruhe, die noch durch die räumliche Lage in Innsbruck verstärkt wurde, förderlich aus, wo man die geistigen Herausforderungen spürte und behutsam aufzunehmen suchte. Es war aber anderswo auch eine verführerische Kraft dieser Ruhe wirksam, einfach so weiterzumachen wie bisher, als sei nichts geschehen. Die Enzyklika „Humani generis" (DS 3875–99) hatte in manchen Kreisen lähmend gewirkt; nur wenige wurden von ihr stimuliert, jetzt aufs neue die anstehenden Probleme zu betrachten und anzugehen. Aber die sogenannte „pianische Epoche" sollte in diesem Jahrzehnt zu Ende gehen. Den Übergang in die 60er Jahre bestimmte die Gestalt Papst Johannes' XXIII. Sein Einfluß, zusammen mit jenem des Vorgängers, scheint nicht so einfach zu verbinden; und doch prägen sie gemeinsam den Charakter der damals vor sich gehenden geistigen Entwicklung des Katholizismus. Der bremsenden Festlegung eines für die Gegebenheiten sensiblen und aufgeschlossenen Bischofs von Rom einerseits und dem offen ungeschützten Vorgehen seines eher traditionell und einfach empfindenden Nachfolgers ist zugleich Rechnung zu tragen. Bis heute dürfte es schwerfallen, dieses Miteinander plausibel zu formulieren und theologisch zu vermitteln. Aber bloße Gegenüberstellungen alternativer Art werden weder dem einen noch dem anderen gerecht.

Was sich zwischen 1945 und 1962 theologisch tat, das könnte etwas deutlicher ins Licht treten, wenn die Arbeit der beiden Rahners, ihr Leben und Wollen beispielhaft betrachtet werden. Sie gehören viel enger zusammen, als es in der Regel bisher gesehen und dargestellt wurde. In ihrer Gemeinsamkeit und in ihren Unterschieden wirken sie symptomatisch für die katholische Theologie, die sich ohne Vorahnung auf das vorbereitete, was schließlich zwischen 1962 und 1965 auf dem Zweiten Vatikanischen Konzil an Erneuerung Wirklichkeit wurde.

---

[10] ZKTh 91 (1969) 77f.

2. Kapitel

Die Familie Rahner

Hugo und Karl Rahner stammen aus dem Land Baden. Sie waren Söhne der Familie eines Mittelschulprofessors. Die Eltern Karl Rahner und Luise, geb. Trescher, heirateten am 20. Oktober 1896 in Freiburg i.Br. Dabei wird der Bräutigam als Lehramtspraktikant bezeichnet. Die Familie wuchs in den folgenden Jahren um sieben Kinder, nämlich *Anna* Maria Charlotte (13.8.1897), *Georg* Karl Leopold (27.1.1899), *Hugo* Karl Erich (3.5.1900), *Karl* Josef Erich (5.3.1904), *Rudolf* Ernst (11.1.1907), *Elisabeth* (31.8.1909) und *Albrecht* Julius Helmut (20.7.1914).

Die beiden Jesuitentheologen nehmen in dieser Reihe Platz 3 und 4 ein im Abstand von vier Jahren. Nach den Worten Hugos war er von den Älteren der Jüngste und Karl von den Jüngeren der Älteste. Daß dabei Albrecht ein wenig vergessen wurde, liegt auch daran, daß Hugo schon 1918 das Elternhaus verließ.

Der Vater übte den Lehrerberuf bis 1901 an der Realschule der kleinen badischen Amtsbezirksstadt Pfullendorf im Kreis Konstanz an der Grenze zu Oberschwaben aus. Seine Fächer waren Deutsch, Französisch und Geschichte. Hier wurden die drei ältesten Kinder auch geboren. Erinnerungen an Pfullendorf hielten sich nicht, weil die Familie schon 1901 nach Emmendingen im Kreis Freiburg, etwa 15 km nördlich der Metropole des Breisgaus umziehen mußte. Mit ihren 5000 Einwohnern hatte diese Amtsbezirksstadt etwa die doppelte Größe wie Pfullendorf. An der Höheren Bürgerschule wirkte Vater Rahner für sieben Jahre. Karl Rahner erblickte während dieser Jahre in Freiburg das Licht der Welt, während der ihm folgende Bruder Rudolf in Emmendingen geboren wurde. Die beiden jüngsten Geschwister kamen ohnehin erst nach der Übersiedlung der Familie nach Freiburg dort zur Welt. Die Lehrerbildungsanstalt in Freiburg wurde dann bis 1928 das Arbeitsfeld von Prof. Karl Rahner sen. Nach dessen Umwandlung zum Friedrichs-Gymnasium unterrichtete er die letzten Jahre an dieser Schule. Die Hauptstadt des Breisgaus zählte damals über 50000 Einwohner und bot mit Münster, Bistumsverwaltung, Universität, Verlagen, alten Traditionen und kulturellen Einrichtungen einen ganz anderen Hintergrund für die Entwicklung der Rahner-Kinder. Die Wohnung der Familie befand sich zunächst in der Rosastraße. Hugo Rahner war noch in Emmendingen eingeschult worden, während Karl Rahner seine Schulzeit in Freiburg begann und dort bis zum Eintritt in die Gesellschaft Jesu seine ganze Ausbildung erhielt. Die nicht gerade üppigen Bezüge des Vaters wurden dadurch aufgebessert, daß Mutter Rahner aus einem großen Garten in Merzhausen vieles für den täglichen Unterhalt Nötige besorgen konnte. Außerdem nahm man immer wieder Kostgänger in die Familie auf, junge Gymnasiasten oder Studenten, denen Vater Rahner Unterricht erteilte.

Nicht nur der Kinder wegen war es eine Großfamilie. Auch die Großmutter mütterlicherseits und eine unverheiratete Tante lebten zeitweilig im Hause mit. Karl Rahner beschrieb den pädagogischen Einfluß der eigenen Familie gegen Lebensende: „Die Erziehungsweise vergangener Zeiten, die ich noch erlebt habe, war einfach die: Man hatte einen bestimmten Lebensstil, eine bestimmte Arbeit, eine bestimmte Aufgabe, bestimmte Geldmittel; es war vorgegeben, was man aß, große Reisen konnte man von vornherein nicht machen. In einem solchen Lebensstil und Familienbetrieb wurden die Kinder aufgenommen. Wenn sie frech waren, bekamen sie eine Ohrfeige, und wenn sie nicht rechtzeitig nach Hause kamen, gab es vielleicht einen Familienkrach. Doch im großen und ganzen bestand die Erziehung einfach in der dem Alter entsprechenden Mitbeteiligung der Kinder am konkreten Leben. Die Kinder lernten so, daß man sonntags in die Kirche geht, was man anzieht, welche kleinen Vergnügungen man sich leisten kann, wie man mit dem Geld umgehen muß."[1]

Und er erinnerte sich auch, daß für Liebesbezeugungen nicht viel Raum war, „weil viel Zärtlichkeit und ähnliches teils vom Alemannischen, teils von der Arbeitslast her einfach nicht drin waren. Es lag uns, glaube ich, auch nicht. Ich erinnere mich, daß mir meine Großmutter einmal 50 Pfennig geben mußte, damit sie mir einen Kuß hat geben dürfen. Dann durfte sie. Meine Großmutter hat ihre Enkel schon ganz gern gehabt. Sie ist 91 Jahre alt geworden und war eine altmodische, tapfere Frau. Gleichzeitig mit ihr lag eine Tante in der Nähe von Freiburg im Sterben. Da sagte meine Großmutter: ‚Sag doch Toni: mach voran, ich häng' mich dann an deine Beine beim Flug in den Himmel.'"[2] Und er stellte lapidar fest: „ich bin natürlich in einer ganz normal-christlichen, nicht bigotten Familie katholischen Bekenntnisses aufgewachsen, zusammen mit sechs anderen Geschwistern"[3]. Gesellschaftlich ordnete er sein Elternhaus als mittelständisch ein. „Mein Vater war – heute sagt man Studienrat, damals hießen sie Badener Professoren. Er war die längste Zeit seines Lebens Professor am Lehrerseminar von Freiburg. ... Man hatte immer zu essen. Man hatte immer etwas anzuziehen. Die Beamtengehälter der damaligen Zeit waren sehr bescheiden. Mein Vater mußte zum Beispiel etwa 1904/05 ein Drittel seines Gehaltes nur in die Mietswohnung stecken, die wir zunächst in Emmendingen in der Nähe von Freiburg hatten, das war noch zu der Zeit, in der ich geboren wurde. Wir

---
[1] G. Sporschill (Hrsg.), Karl Rahner – Bekenntnisse. Rückblick auf 80 Jahre, Wien 1984, 19.
[2] Ebd. 20.
[3] Karl Rahner – Erinnerungen – im Gespräch mit M. Krauss, Freiburg i. Br. ²1984, 16f.

hatten keine Möglichkeit, große Sprünge zu machen. Meine Mutter nahm noch Jungen aus anderen Familien in unsere Familie auf, um auf diese Weise noch etwas hinzuzuverdienen. Mein Vater mußte Nachhilfestunden geben, damit schließlich und endlich sieben Kinder leben konnten, die auf die Höheren Schulen gingen. ... In solch einer Familie wuchs man eigentlich relativ problemlos auf. Die Dinge, die man zu tun und zu lassen hatte, waren irgendwie von vornherein klar. ... Die Familie war irgendwie selbstverständlich katholisch und christlich-praktizierend christlich. Vielleicht hat meine Mutter ursprünglich mehr den Ton angegeben als mein Vater, aber das waren eigentlich auch keine besonderen Probleme."[4]

In den „Erinnerungen" ist gelegentlich davon die Rede, daß diese Familie nicht klerikal gewesen sei, daß sie aber auch keine Vorbehalte gegen Kleriker hatte. Man sei ohne große Schwierigkeiten in die Verhältnisse eingebunden gewesen mit einem Vater, der großherzoglich-badischer Beamter war. Man habe Kaisers Geburtstag gefeiert und blaue Kornblumen angesteckt. „Meine Eltern waren normale Freiburger Alemannen. Ich glaube, dieses Erbe ist auch im großen und ganzen auf ihre Kinder übergegangen ... Zumindest habe auch ich versucht, die Maxime meines Bruders Hugo, der ebenfalls Jesuit und Professor in Innsbruck war, zu erfüllen. Er sagte nämlich einmal zu mir: ‚Weißt du, Karl, ich bin nicht normal, aber ich tu' so'. Ich glaube, ich habe die Mentalität dieser Gegend mitbekommen.

In meiner Familie herrschte eine nicht ausgesprochen klerikale, aber selbstverständlich katholische Atmosphäre. Von daher ... hatte ich auch keine ‚ungeheuerlichen' Glaubenskämpfe zu bestehen. Man kann vielleicht sagen: Im großen und ganzen gab es einen fast nahtlosen Übergang aus dieser normal-katholischen Mentalität heraus in meine Theologie hinein"[5]. Und auf die Frage: Wer hat Sie im Laufe Ihres Lebens stark beeinflußt, antwortete Karl Rahner kurz vor seinem Tod: „Mein Elternhaus und der Orden, wobei hier die Gesamtatmosphäre im religiösen und theologisch-wissenschaftlichen Sinn wichtiger war als bestimmte Einzelpersonen; daneben eine Reihe von Theologen und Philosophen"[6].

Nach seiner Lieblingsmusik gefragt erzählte er dann weiter: „Ich muß gestehen, daß in unserer Familie, in der es sieben Kinder gab, ich der einzige war, der aufgrund einer vermeintlichen oder tatsächlichen musikalischen Unbegabtheit von meinem Vater davon dispensiert wurde, ein Instrument zu lernen. Auch wenn ich zugebe, nicht gerade übertrieben musikalisch zu sein, behaupte ich aber noch lange nicht, daß etwa ein Mozart für mich völlig unzugängliche Wirklichkeit wäre."[7]

Natürlich konnte eine solche Familie nicht an den großen Ereignissen jener

---

[4] Ebd. 21–24.
[5] P. IMHOF – H. BIALLOWONS (Hrsg.), Karl Rahner – Glaube in winterlicher Zeit. Gespräche mit Karl Rahner aus den letzten Lebensjahren, Düsseldorf 1986, 27.
[6] Ebd. 40.
[7] Ebd. 42.

Jahre am Anfang unseres Jahrhunderts vorbeileben. Vor allem der Erste Weltkrieg mußte sich auswirken, so daß es nicht verwunderlich ist, wenn sich Karl Rahner erinnert: „Als ich zehn Jahre alt war, fing der Erste Weltkrieg an, und an den kann ich mich natürlich auch noch sehr gut erinnern. Meine zwei älteren Brüder waren doch Soldaten im Ersten Weltkrieg. Der älteste ist ziemlich schwer verwundet worden, und meine Mutter holte ihn in eigener Initiative irgendwo aus einem Lazarett nach Freiburg. Andere aus der Verwandtschaft fielen. Es kamen Soldaten aus dem Krieg zurück, die natürlich auch ihre Erfahrungen – so ungefähr nach: ‚Im Westen nichts Neues' von Remarque – hatten, aber das Ganze blieb eben doch in einer größeren Weise selbstverständlich. Ich erinnere mich noch ganz gut an die patriotische Begeisterung. Ich weiß, wie wir auf Landkarten die Westfront mit einem Faden markierten. Ich war als Pennäler einer von den Buben, die dem Freiburger Soldatenrat 1918 helfen mußten, Magazine zu räumen und ähnliche Dinge ... man hat schon gemerkt, wie das Leben auch düstere Seiten haben kann"[8].

Solche Lebenserfahrungen gab es nicht nur von draußen. Gelegentlich erwähnt Karl Rahner auch Tod und Krankheit in der eigenen Familie, die bei den Kindern einen tiefen Eindruck hinterließen und zum Nachdenken anregten, zumal das einer Neigung des Alemannen zum Grüblerisch-Melancholischen entsprach. Über die geistige Atmosphäre der Familie hat er direkt nur wenige Aussagen hinterlassen, darunter diese: „Zunächst einmal war natürlich durch meine Familie ... ein gewisses, religiöses, vielleicht auch sogar apologetisches Interesse von vornherein da, und das war nicht etwas, was abseits der Familie lag. Mein Vater las u. a. auch Chamberlain: ‚Die Grundlagen des Neunzehnten Jahrhunderts'; das Buch ist sicherlich nicht mehr bekannt (H.St. Chamberlain, Die Grundlagen des 19. Jahrhunderts, 2 Bände, München 1899). Damals diskutierte man dann über den ‚Untergang des Abendlands' von Spengler usw.; dann war die ganze Jugendbewegung, sowohl Quickborn, bei dem ich war, wie meinetwegen auch Hochland, bei dem meine älteste Schwester war. All' das bildete eine Atmosphäre eines religiösen Interesses, das gleichsam automatisch in das eigentlich philosophische und theologische Interesse überging."[9] Zu den religiösen Fixpunkten der Kinder- und Jugendtage hat sich Karl Rahner später in einer Liste den Tauftag, Samstag, den 19. März 1904, in der St. Martinskirche zu Freiburg notiert; dann den 19. März 1915 als Tag der Erstkommunion und den 24. Mai des gleichen Jahres als Tag der Firmung durch Erzbischof Nörber. Schließlich ist Donnerstag, der 27. Januar 1921 notiert als Datum des Briefes an den Bruder Hugo „wegen S.J.". Die Aufnahme in den Orden bekam er am 14. November 1921, noch vor dem Abschluß des Abiturs.

Hugo Rahner hat neben der Betonung seiner alemannischen und in der väterlichen Linie auch tirolischen Herkunft vor allem an kulturelle Ein-

---
[8] Karl Rahner – Erinnerungen, 26.
[9] Karl Rahner – Im Gespräch 2, 148f.

flüsse erinnert. „Vom Vater erbte ich die Vorliebe für Geschichte, und die vielen Bände von Fr. Ch. Schlossers ‚Weltgeschichte' verschlang ich mit Heißhunger. Ein ausgezeichneter Lehrer weckte in mir die Liebe zur lateinischen Dichtung, vor allem des Horaz und des Ovid"[10].

Ohne jetzt schon auf Einzelheiten näher einzugehen, ergibt sich aus den Bemerkungen das Bild einer aufgeschlossenen, aber durchaus normalen Familie, bescheiden in der Lebensführung, bedacht darauf, den Kindern eine gute Ausbildung mitzugeben und sie so in die Gesellschaft hineinwachsen zu lassen, daß sie selbständig und verantwortlich ihren Weg machen konnten. Alle Kinder konnten studieren. Die Älteste heiratete später einen Juristen, der älteste Bruder starb relativ früh unverheiratet; er war Lehrer gewesen und hatte bei der Mutter gelebt. Hugo und Karl wurden Jesuiten und Theologen. Die beiden jüngeren Brüder wurden Ärzte und die „jüngere Schwester heiratete einen Mathematiker, der lange an der Technischen Hochschule in Aachen tätig war"[11]. Für die beiden Jesuiten sagte Karl gegen Ende seines Lebens: „Es war natürlich so, daß mein Bruder Hugo, der vier Jahre vor mir geboren war, der am Schluß des Ersten Weltkrieges noch Soldat war, wenn er es auch nur bis Belgien gebracht hat, und nicht mehr in den eigentlichen Kampf kam, auch im Januar 1919 schon Jesuit wurde. Wenn Sie mich fragen: Was hat ihn bewogen?, dann muß ich sagen: Das weiß ich nicht so ganz genau. Er hat zum Beispiel ein Buch gelesen von Moritz Meschler ‚Die Gesellschaft Jesu. Ihre Satzungen und Erfolge', so hat es, glaube ich, geheißen. Das hat ihm sehr imponiert. Aber Näheres weiß ich auch nicht. Alemannen reden über solche Dinge, auch wenn sie Brüder sind, die sich durchaus gernhaben, nicht sehr viel. Er war Jesuit geworden. Ich würde sagen, daß das sicher meinen Entschluß irgendwie erleichterte. Aber eine große Bedeutung erkenne ich diesem brüderlichen Vorbild für diesen Entschluß nicht zu. Ich habe ihm dann – ich erinnere mich noch – brieflich, als er schon im Orden war – er ist drei Jahre vor mir eingetreten –, mitgeteilt, daß ich auch Jesuit werden will, zitternd und schüchtern. Aber ich habe ihn ... auch einmal in dieser Zeit seines Noviziats und auch in Valkenburg in Holland, wo er Philosophie studierte, gesehen ... ich würde trotzdem behaupten, daß das keine nähere, entscheidende Rolle gespielt hat"[12].

Der Vorblick auf den Ordenseintritt sollte lediglich aus einer anderen Perspektive noch einmal das Familienleben der Rahners in Freiburg beleuchten, in dem die beiden späteren Theologen heranwuchsen. Begegnungen mit Jesuiten gehörten ja nicht zu den Erfahrungen, die damals ein Junge im Deutschen Reich machen konnte. Die Mitglieder des Ordens waren seit dem Kulturkampf aus dem Reichsgebiet verbannt und konnten dort – wenn überhaupt – nur einzeln incognito wirken. Der Hinweis auf das Buch von

---

[10] HUGO RAHNER, in: Forscher und Gelehrte, Stuttgart 1966, 15.
[11] Karl Rahner – Erinnerungen, 22.
[12] Ebd. 36f.

Moritz Meschler macht einen Weg der nötigen Kenntnis deutlich, ohne die weder Hugo noch Karl in diese Gemeinschaft gefunden hätten. Die erwähnte Weltgeschichte dürfte ebenfalls einiges über die Jesuiten berichtet haben, ähnlich wie der Religionsunterricht bei M. Vogelbacher, der am Collegium Germanicum et Hungaricum in Rom unter jesuitischer Leitung seine Ausbildung erhalten hatte.

Vor allem aber muß in der Familie in diesem Punkt ein Geist geherrscht haben, der sich nicht einfach der öffentlichen Meinung anglich. Das Jesuitwerden und Jesuitsein war eine positive Möglichkeit. Karl Rahner meinte in den letzten Jahren, es sei für jeden nach langen Ehejahren etwa schwierig, darüber Auskunft zu geben, warum er gerade diese und nicht eine andere Frau geheiratet habe. Ähnlich waren ihm die Motive für die Wahl des Ordens nach so langer Zeit nicht mehr ganz präsent. Natürlich sei es wohl Voraussetzung, katholisch zu sein, Verständnis für das Priestertum zu haben und die Nähe Gottes zu suchen. Das seien selbstverständliche Gesichtspunkte gewesen.

„Aber ich hätte auch Weltpriester werden können oder ein für religiöse Dinge interessierter Akademiker im Stil von Walter Dirks. Was ganz spezifisch motivierend gewirkt hat, weiß ich nicht mehr. Ich glaube mich zu erinnern, daß ich mir so etwas wie Studentenseelsorge als konkretere Aufgabe innerhalb des Ordens vorgestellt habe. Nach der Philosophie wurden manche meiner Kursgenossen nach Brasilien geschickt – das hätte auch mir passieren können. Ich glaube jedenfalls nicht, daß ich damals an eine theologische Professur gedacht habe, sondern man stellte sich dem Orden einfach zur Verfügung, basta."[13] Ernsthaft scheint Karl Rahner keinen anderen Weg im Auge gehabt zu haben als den, den er tatsächlich ging; denn auf die Frage nach möglichen anderen Berufen antwortete er 1984: „Ich wollte weder Lokführer noch sonst etwas anderes werden. Das weltanschauliche, metaphysisch-theologische Interesse war schon sehr früh da, ebenso der Wunsch, Priester und Jesuit zu werden. Ich wüßte nicht, daß ich jemals eine andere Berufsentscheidung in Erwägung gezogen hätte."[14] Kein Wort fällt bei all diesen Fragen darüber, daß die Eltern die dazu nötige Freiheit gewährten, was um die Jahrhundertwende ja weithin noch nicht selbstverständlich war. Doch war es den Rahners so vertraut, in dieser Beziehung von den Eltern nicht unter Druck gesetzt zu werden, daß sie darüber kein Wort verloren. Und so beteuert Karl Rahner: „Ich wollte Priester werden. Ich hatte ein gewisses lebendiges Interesse an weltanschaulichen Fragen. Ich weiß jetzt wirklich nicht mehr genau, wieweit der Ruf des Ordens, viele gelehrte Leute unter seinen Mitgliedern zu haben, auf mich einen Eindruck gemacht hat. Ich glaube, er war nicht übertrieben stark"[15].

---
[13] Karl Rahner – Bekenntnisse, 49.
[14] Karl Rahner – Glaube in winterlicher Zeit, 41.
[15] Ebd. 12.

Gewiß hat der Eintritt Hugos für die Entscheidung von Karl mitgespielt, mag er sich auch immer betont auf die Selbständigkeit der eigenen Berufswahl berufen haben. Abgesprochen war da kaum etwas. Jedesmal, wenn die Rede auf das Verhältnis zu Hugo kam, versuchte Karl zu differenzieren. „Ich darf sicherlich behaupten, daß es einen Einfluß seitens meines Bruders gab. Er darf aber nicht überschätzt werden – so, als ob ich gleichermaßen nur die Nachfolge meines Bruders angetreten hätte. Dafür waren wir, bei aller Verwandtschaft, auch in der psychologischen Mentalität doch wieder zu verschieden. Jeder, der meinen Bruder kannte, weiß, daß er ein ganz anderer Mensch war als ich. Er war fröhlicher, witziger und vielleicht auch historisch interessierter. Aber die Verehrung unseres gemeinsamen Ordensvaters Ignatius von Loyola war uns von Anfang an gemeinsam. Für die Ignatius-Forschung hat Hugo viel geleistet. Er war ein wirklicher Historiker unseres Ordensgründers. Er hat ausgezeichnete Bücher über ihn verfaßt, während ich vielleicht mehr den Versuch gemacht habe, manches, was bei Ignatius unmittelbar greifbar ist, unter einem existentialphilosophischen Aspekt zu sehen. Ich habe einmal in der Festschrift ‚Ignatius von Loyola' (Würzburg 1956) zu seinem 400. Todestag einen Beitrag geschrieben über die Logik der existentiellen Erkenntnis, wie sie bei Ignatius gegeben war. Ich habe in meiner Theologie gegen eine gewisse barock-scholastische Tradition meines eigenen Ordens, damit auch meiner eigenen Lehrer, immer wieder darauf aufmerksam gemacht, daß es eine Erfahrung der Gnade gibt ... Das war es auch, was mich Ignatius und seiner einfachen, aber fundamental tiefen Theologie in den Exerzitien nahegebracht hat. Zugegeben, ich bin nicht ganz sicher, aber zumindest der festen Überzeugung, daß neben Luther und Calvin Ignatius von Loyola als einer der ganz Großen am Anfang der christlichen Neuzeit steht."[16]

Selbstredend stand die zuletzt formulierte Überzeugung nicht am Anfang des Weges von Hugo und Karl Rahner in den Orden. Ein Gespür, auf diesem Weg im Sinne einer echt christlichen Neuzeit etwas für Menschen und Welt tun zu können, wird indes klar erkennbar. Und so war etwas begonnen, das in einer wirklichen Kontinuität, allen Umwegen zum Trotz, zu so etwas wie einer Erfüllung führen sollte. Die Frage nach der Neuzeit und der Möglichkeit christlichen Umgangs mit ihr, brauchte in den Jahren der Modernismuskrise kein aufgeschlossener Katholik zu suchen. Wenn Karl Rahner gegen Ende seines Weges die Ruhe und Selbstverständlichkeit des familiären Lebens in der ersten Periode dieses Jahrhunderts hervorhob, dann nicht, um die auch damals heftigen Auseinandersetzungen in der Kirche zu verschweigen. Aber der Durchschnittskatholik bekam davon ausdrücklich nur wenig mit. Um so stärker wirkten sich diese Spannungen unterschwellig aus, wie sich etwa an der Jugendbewegung zeigte, die auch katholische Kreise ergriff und dort eine durchaus eigene Prägung annahm.

Noch ein Wort zur Stadt, in der die Familie Rahner seit 1908 lebte. In Karl

---
[16] Ebd. 28f.

Rahners Erinnerung: „Freiburg war eine mittelgroße Stadt mit einer Universität, mit vielen Schulen, mit vielen Beamten. Es herrschte eine geistige Atmosphäre, die auf der einen Seite, glaube ich, weder bigott noch kleinbürgerlich, aber auf der anderen Seite doch von einer ruhigen Selbstverständlichkeit, auch religiöser Art, geprägt war. Freiburg war und ist ja heute noch der Sitz eines Erzbischofs. Kurz und gut, vom Freiburger ‚Milieu' her war es nicht gerade etwas Besonderes, Priester werden zu wollen. Hinzu kam natürlich, daß auch mein älterer Bruder Hugo drei Jahre vor mir dem Jesuitenorden beigetreten war"[17].

---

[17] Ebd. 11f.

3. Kapitel

Die Familie väterlicherseits

Hugo Rahner hat als Historiker auch die Ursprünge der eigenen Familie zu ergründen versucht, vor allem als sich zeigte, daß die Rahners ursprünglich von Tirol aus in das spätere Baden gekommen waren. Auch Karl Rahner ist dem gelegentlich nachgegangen und hat entsprechende Notizen gesammelt und hinterlassen. Der 1685 in Kössen in der Kufsteiner Gegend geborene Josef Raner heiratet Anna Maria Horers am 13. September 1711 zu Hörden im Murgtal. Die Braut dürfte der alten Hördener Familie des 1689 erwähnten Michel Horres entstammen. Der Vater des Bräutigams in Tirol war Wolfgang Raner (1642–1702), der mit Katharina Ebersberger verheiratet war, und seine Großeltern väterlicherseits ein weiterer Wolfgang Raner (1599–1660) mit seiner Ehefrau Katharina Schenpergerin. Der Tiroler Josef Raner faßte bald im Murgtal Fuß, wo es seit alters Holzarbeit und entsprechende Flößerei gab. Er wurde Stammvater der alemannischen Rahners. Holzarbeiter, Wirtsleute, Schultheissen..., kurzum Menschen der ländlichen Gegend, die ihre Pflicht taten, aber nicht aus dem Rahmen fielen.

Der Schultheiß Philipp Jakob Rahner (1724–1785) in Hörden, der sich um die Errichtung des alten Kirchls verdient machte, hinterließ den Sohn Sebastian Rahner (1771–1835), dessen Sohn Heinrich Rahner (1798–1839) mit Katharina Krieg (1798–1873) verheiratet war. Von ihnen stammte Leopold Rahner, der am 23. Juli 1830 in Hörden geboren wurde. Seit dem 18. April 1863 war er Lehrer in Horben bei Freiburg, wo er auch als Gemeindeschreiber wirkte. Mit dieser Stellung konnte er am 23. April des gleichen Jahres in Zell bei Offenburg Karoline Spitzmüller heiraten, die aus diesem Ort stammte (geb. 10. Januar 1837). Es sollten die Großeltern unserer Rahners werden.

Sie hatten fünf Kinder, von denen ein Mädchen und ein Junge in frühen Jahren starben. Die älteste Schwester Maria Karoline (1864–1935) heiratete in Horben auf dem Bauernhof von August Asal ein, Karl wurde der Vater unserer Rahners; er kam am 17. Januar 1868 zur Welt, und sein Bruder Hugo wurde am 25. Juli 1875 in Horben geboren. Dieser Onkel wirkte später als Musikdirektor in Karlsruhe, wo er am 27. Oktober 1953 verstarb. Auch er hatte als Lehrer und Ausbilder von Lehrern begonnen. Der Jesuit Karl Rahner erzählte von diesen Verwandten: „Mein Großvater war Lehrer in einem kleinen Dorf ganz in der Nähe von Freiburg. Er mußte noch als Gemeindeschreiber tätig sein, damit er einigermaßen etwas verdienen konnte, um seine drei Kinder zu ernähren und zwei davon studieren zu lassen. Meine Tante, die Schwester meines Vaters, war in demselben Dorf eine richtige Bäuerin auf einem Schwarzwaldhof"[1]. Die Hinweise stellen uns vor eine Familie, in der eine große Unbefangenheit im Umgang mit den Wirklichkeiten der Welt auffällt. Man fügt sich in die gesellschaftlichen Vorgegebenheiten ohne Probleme ein, läßt sich aber von ihnen nicht vereinnahmen, sondern sucht daraus zu machen, was möglich ist. Eine gewisse Flexibilität und Bereitschaft, anderswo hinzugehen und neu anzufangen, scheint selbstverständliches Erbteil der Rahners, so daß ein Einsatz in anderer als der gewohnten und vertrauten Umgebung nicht zu Tragödien führt. Natürlich ist das in Landstrichen Badens, die ärmlich waren und ihre Bewohner nur mit Mühe ernähren konnten, für viele eine gewisse Selbstverständlichkeit gewesen. Ohne Zweifel begünstigte dieser Zug die Jesuitenexistenz der beiden Rahners.

Über den Onkel in Karlsruhe wird auch eine gewisse musische Seite der Rahners greifbar, die indes bei dem jungen Karl wenig Resonanz fand, während sie im Temperament Hugos durchaus aufscheint.

Aufs ganze gesehen hat freilich die Familie des Vaters einen schwächeren Einfluß in der Rahnerfamilie gehabt als die der Mutter und deren Verwandten. Dazu trug auch bei, daß der Vater am 13. Juni 1934 in Freiburg verstarb, während die Mutter ihren Mann um 42 Jahre überlebte. Zwar war der Vater im Haus, als die Kinder heranwuchsen, aber bestimmender wirkte schon damals die Mutter.

Pier Giorgio Frassati, der inzwischen seliggesprochene Sozialapostel Turins, lebte im Herbst 1921 einige Wochen bei der Familie Rahner, wo er Deutsch lernte und zugleich mit der Lebensart einer deutschen Familie vertraut wurde. Über ihn wird später noch zu berichten sein. Nach Hause schrieb er damals unter anderem von einem Konzert mit Werken Beethovens und Chopins, das er am 11. Oktober 1921 mit Vater Rahner besuchte. Er feierte am 20. Oktober die Silberne Hochzeit der Rahner-Eltern mit. Die Schwester Frassatis schrieb später: „Bei der Familie Rahner fühlte sich mein Bruder in jener Stadt völlig zu Hause. Zwei Söhne dieser Familie sind die bekannten Jesuiten P. H. und P. Karl Rahner geworden. Hugo war damals schon im Noviziat und lernte Pier Giorgio nicht kennen. Aber mit Karl Rahner war er viel zusammen. Karl hörte ihn von den ersten Abenden an in seinem Zimmer laut den Rosenkranz beten."[2]

Von Vater Karl Rahner ist seine Vorliebe zur Geschichte schon erwähnt worden. Daß sich unter seinen Büchern die „Weltgeschichte für das deutsche Volk" in 19 Bänden des langjährigen Heidelberger Historikprofessors Friedrich Christoph Schlosser (1776–1861) fand, war mindestens Hugo später eine Erwähnung wert. Es war eine Darstellung, die aus mehr aufkläreri-

---

[1] Karl Rahner – Erinnerungen, 22.
[2] L. FRASSATI, Das Leben Pier Giorgio Frassatis, Freiburg i.Br. 1961, Geleitwort von Karl Rahner 7–12.

scher Sicht in großen Zusammenhängen erzählte und noch nicht die Standards eines Ranke oder Droysen erreichte, dafür aber um so nachhaltiger auf die Phantasie Eindruck machte. An diese Vorliebe des Vaters knüpfte die Festschrift „Sacra Historia" an, die Hugo und Karl Rahner „Unserem lieben Vater zum 60. Geburtstag 1868–1928" widmeten. Sie zählt 375 maschinenschriftliche Seiten, auf denen elf Beiträge der beiden Söhne gesammelt sind. Sie lassen erkennen, wie sie sich damals selbst sahen, aber ebenso lassen sie sehen, was sie dem Vater zutrauten. Offensichtlich war Hugo der Initiator und Betreiber des Unternehmens; das ergibt sich aus der Formulierung des gleichwohl von beiden unterschriebenen Vorworts. Die Gabe sollte Zeichen der Liebe und Dankbarkeit sein. Die Aufsätze seien entstanden aus der Beschäftigung mit der geliebten Wissenschaft, auch wenn sie nur anspruchsloses und schlichtes Zeichen der Verbundenheit mit dem Vater sein wollen. Und Hugo sagt dann wörtlich: „Eines aber, lieber Vater, ist in diesen Blättern von Dir: das ist die Liebe zur geschichtlichen Wahrheit, zur geschichtlichen Betrachtung des Wahren und Seienden. Meine ersten phantasmata aus der frühesten Kindheit sind zwei Bilder aus Deinen Büchern: die Schlacht von Salamis und die Bartholomäusnacht. Seither hat es mir die Geschichte angetan. Ob es Karl nicht auch so geht? Darum haben wir den Arbeiten zwei Aufsätze über die Metaphysik der Geschichte vorausgeschickt. Und wir wollen damit auch unseren Dank ausdrücken für die Gaben des Geistes, die Du uns mitgegeben hast, Du, dessen ganzes Leben der liebenden Sorge um unsere Zukunft gewidmet war. Der ewige Vater, der über allem Geschehen steht und unser wartet, sei Dein Lohn. Das wünschen Dir, lieber Vater, Deine Söhne Hugo und Karl."[3]

Von Hugo stammen für diesen Band die folgenden Texte:
 Die Metaphysik der Kirchengeschichte.
 Grundgedanken des hl. Paulus über das geistliche Leben.
 Corpus Christi. Urchristliche Heilandbilder.
 Das teleologische Gottesargument bei den Apologeten des zweiten Jahrhunderts.
 Thomas von Aquino als Lehrer des geistlichen Lebens.
 Die Anwendung der Sinne in den Exerzitien des hl. Ignatius.

Und Karl verfaßte seinerseits diese Beiträge:
 Geschichte und Geschichtserkenntnis im Geiste thomistischer Metaphysik.
 Die Lehre von der Glückseligkeit bei Aristoteles und Thomas.
 Ist Origenes ein Zeuge für den Herz-Jesugedanken?
 Die Illuminationstheorie des heiligen Augustinus.
 Geschichte der Lehre von den fünf geistlichen Sinnen.

---

[3] Nach dem Original im Karl-Rahner-Archiv Innsbruck.

Die einzelnen Texte wurden offensichtlich nicht für den väterlichen Geburtstag abgefaßt, sondern entstanden zuvor in verschiedenen Zusammenhängen. Auffällig bleibt, daß die jungen Jesuitenstudenten der Meinung waren, mit der Zusammenstellung dem Vater eine Freude machen zu können. Immerhin sparten sie nicht an griechischen und lateinischen Zitaten, zogen allerlei Literatur heran, die dem Vater kaum besonders vertraut gewesen sein kann, ebenso wenig wie manches Thema, das damals unter Jesuiten diskutiert wurde. Philosophische, theologische und spirituelle Bemühungen schlugen sich hier nieder, die nicht nur aus den Studien, sondern aus der Arbeit besonderer Gruppen lebten.

Die Reaktion des Vaters ist nicht bekannt; es dürfte aber für ihn ein Beweis des wissenschaftlichen Interesses der Söhne gewesen sein, der auch ein wenig vorblicken ließ auf deren späteren Einsatz. Frappierend bleibt, was hier alles schon an Elementen greifbar wird, die in den folgenden Jahren für die Prägung des einen wie des anderen entscheidend wurden, für ihre gemeinsame Verankerung in der Ordensspiritualität ebenso wie für ihre persönlichen Unterschiede in inhaltlicher und methodischer Schwerpunktsetzung.

Die Liebe zur Wissenschaft führten beide auf den Vater zurück. Und auch das Zeichen der Anerkennung, nämlich diese „Festschrift", war etwas, das sich in den Alltag des Ordenslebens fügte. Als andere meinten, es habe sich doch um eine außergewöhnliche Gabe gehandelt, die in einem entsprechend feierlichen Rahmen überreicht worden sein müßte, antwortete Karl Rahner lediglich: „Soviel ich mich erinnern kann, hat mein Bruder diese Festschrift – schön gebunden, getippte Aufsätze von uns beiden – meinem Vater eben mit der Post geschickt"[4]. Dieser Vater mochte sich entrüstet haben, wenn einmal ein Zeugnis nicht so ausfiel, wie es in der Familie erwartet wurde, „aber die Eltern haben sich, obwohl mein Vater ja selber Lehrer war, praktisch nicht darum gekümmert, was ihre Kinder in der Schule leisteten oder welche Beziehungen sie zu den Lehrern hatten und so weiter. Alle diese Dinge hat es damals noch nicht gegeben. Man ging in die Schule. Man ließ sich da pauken und die Noten geben und schaute, wie man da durch- und weiterkam."[5]

Das alles heißt nun ganz und gar nicht, der Vater habe keinen Einfluß auf die Ausbildung genommen, nur daß dieser Einfluß viel weniger thematisch geübt wurde und vielmehr indirekt wirksam war durch das gemeinsame Leben, durch gemeinsame Gespräche, im Respekt voreinander und darin, daß eben das Leben mit seinen Aufgaben und Erfolgen, mit seinen Alltäglichkeiten und seinen Freuden geteilt wurde.

Dieser Vater hatte vollauf zu tun, seine Pflichten zu erfüllen. Er tat es, ohne daß ihm daraus ein besonderes Problem erwachsen wäre. Gleiche unkomplizierte Bereitschaft und Unbefangenheit lernten die Kinder gerade

---

[4] Karl Rahner – Erinnerungen, 29f.
[5] Ebd. 31.

auch in jenen Dingen, die sie für ihr Leben prägen sollten. Karl Rahners Nüchternheit erinnert in eigener Weise an seinen Vater. Auf die Frage, welche Eigenschaften er bei Mitmenschen am meisten schätze, wußte er nur zu sagen: „Anständigkeit, Mut, Fröhlichkeit, Hilfsbereitschaft, Treue"[6]. Damit fällt man kaum auf und ist doch um so unentbehrlicher. Vater Rahner erlebte die Priesterweihe der beiden Jesuitensöhne 1929 und 1932, aber als er starb, waren beide noch im Studium, selbst wenn sich absehen ließ, daß die Wissenschaft ihr Einsatzfeld werden würde. Und auch die anderen Kinder waren noch auf dem Weg. Die folgenden Jahre des Naziregimes und des Zweiten Weltkriegs änderten soviel, daß die Gestalt dieses Vaters mehr und mehr zurücktrat. In den späteren gelegentlichen Erwähnungen der Söhne spürt man durch, daß eine gewisse Ferne eingetreten ist. Auch die Lebenszeit gehört zum Gewicht, das ein Mensch für andere haben kann. Der Vater begleitete seine Familie nicht mehr in den Zeiten der großen Umwälzungen. So stand er denn für die selbstverständliche und fast problemlos scheinende Festigkeit der Anfänge, für die Geordnetheit nicht nur der zwar bescheidenen, aber sicheren äußeren Verhältnisse, sondern ebenso des Denkens und Reagierens, des Planens und Durchführens im Geistigen. Eine gewisse Gelassenheit und Sicherheit im Leben und im Beitrag der Rahners erklärt sich am besten von ihm her.

---

[6] Karl Rahner – Glaube in winterlicher Zeit, 41.

4. Kapitel

Die Familie mütterlicherseits

Luise Trescher, geboren am 13. Februar 1875 in Günterstal und gestorben am 27. Juni 1976 im nahen Freiburg, war eine der bemerkenswertesten Frauengestalten, denen der Autor begegnen durfte. Seit sie 1896 Karl Rahner geheiratet hatte, galt ihr Leben der Familie, dem Mann, den sie 1934 verlor, und den Kindern. Sie war gewiß eine einfache Frau, aber lebendig, verständig und vielfach aufgeschlossen, von einer natürlichen Autorität bis ans Ende, die ihre Kinder noch am Tage des Begräbnisses – sie waren alle damals über 60 Jahre alt – doch als Kinder ohne Mutter erscheinen ließ. Ihr jüngerer Jesuitensohn hat einmal davon gesprochen, sie habe seinen Lebensweg ängstlich begleitet. Er erwähnte: „Ich war natürlich immer wieder regelmäßig bei meiner Mutter in Freiburg auf Besuch, besonders nach dem Tod meines ältesten Bruders, mit dem zusammen sie gelebt hat ... ich habe ihr auch einmal einen Band gewidmet. Wieweit sie das verfolgt hat, weiß ich nicht. Meine Mutter war trotz aller Initiative eine eher depressiv-ängstliche und entsetzlich gewissenhafte Frau. Sie hat das Leben mehr von der schweren, schwermütigen Pflichtseite empfunden und sich vielleicht auch noch Pflichten angeknobelt, die sie sich hätte schenken können. Insofern hat sie auch meinen Lebensweg eher ängstlich begleitet, etwa, daß ich nicht hochmütig werde. In dieser Richtung ging es eher, als daß sie begeistert gewesen wäre, oder es großartig gefunden hätte – das ist nie vorgekommen."[1]

Nach ihrem Tod fand man unter ihren Papieren einen Zettel, auf dem sie selbst mit der Hand das Gebet P. Teilhard de Chardins um einen guten Tod aufgezeichnet hatte. Es lautet:

„Nachdem ich Dich als Den erkannt habe, Der mein erlöstes Ich ist, laß mich, wenn meine Stunde gekommen ist, Dich unter der Gestalt jeder fremden oder feindlichen Macht wiedererkennen, die mich zerstören oder verdrängen will. Wenn sich an meinem Körper oder an meinem Geist die Abnutzung des Alters zu zeigen beginnt, wenn das Übel, das mindert oder wegrafft, mich von außen überfällt oder in mir entsteht, im schmerzlichen Augenblick, wo es mir plötzlich zum Bewußtsein kommt, daß ich krank bin und alt werde, besonders in jenem letzten Augenblick, wo ich fühle, daß ich mir selbst entfliehe, ganz ohnmächtig in den Händen der großen

---
[1] Karl Rahner – Bekenntnisse, 19f.

unbekannten Mächte, die mich gebildet haben, in all diesen düsteren Stunden laß mich Herr verstehen, daß Du es bist, Der – sofern mein Glaube groß genug ist – unter Schmerzen die Fasern meines Seins zu Seite schiebt, um bis zum Mark meines Wesens einzudringen und mich in Dich hineinzuziehen". Dieses Gebet ist in Abbildung der Handschrift von Mutter Rahner auf ihrem Sterbebildchen abgedruckt worden als Zeichen der inneren Auseinandersetzung, aber auch der geistigen Bewußtheit und Überzeugung dieser Frau.

An ihrem Geburtsort Günterstal bei Freiburg findet sich heute noch die Familiengruft der Familie Rahner. Günterstal war bis 1890 eine Enklave in Freiburger Gebiet und wurde dann in die Stadt eingemeindet. Überwiegend Kleinbauern, Handwerker und Tagelöhner lebten hier, 626 Einwohner. 1864 hatte Georg Anselm Trescher, der mütterliche Großvater der Rahners, auf einer Wiese hinter dem Dorf eine mechanische Werkstätte für Mühlenbau eingerichtet, die er bald darauf zu einer Korn- und Getreidemühle umbaute. 1876 stellte er den Mühlenbetrieb ein und eröffnete daneben eine Gaststätte, die spätere „Kyburg, Hotel-Pension mit Restaurant und Café". Der weitsichtig denkende Mühlenbauer und Gastronom hatte sich 1886, die Wasserkraft des Bohrerbaches nutzend, seine eigene Stromversorgung für zwölf Glühlampen und eine Bogenlampe eingerichtet, eine Attraktion seines Hauses. Vom gleichen Jahr an ließ der erfinderische Mann einen „Tram-Wagen" mit 2 PS, mit Kutscher und Kassierer, zweimal täglich oder nach Bedarf mehrmals zwischen dem Holzmarktplatz und der Kyburg hin und her pendeln, eine für die Gäste und für die Bevölkerung höchst willkommene Einrichtung[2]. Die Eltern der späteren Mutter Rahner hatten dort also das Hotel und Restaurant Kyburg. Georg Anselm Trescher (1836–1902) stammte aus Ebringen und hatte Anna Rees (1839–1930) aus Günterstal geehelicht. Aus der Ehe gingen fünf Kinder hervor, nämlich Georg Adolf (geb.1870), Emil Bernhard (geb. 1872), Luise (geb. 1875) – die spätere Mutter Rahner –, Rudolf Friedrich Wilhelm (geb. 1876) und Wilhelm Heinrich (geb. 1877). Aus der Familie des ältesten Bruders stammt Luise Sophie Trescher, die 1926 Benediktinerin der Abtei St. Ehrentraut wurde und ihr später als Äbtissin Mutter Agnes vorstand. Karl Rahner hat den Namen seines mütterlichen Großvaters, den er gar nicht gekannt hat, 1949 für sein Büchlein „Heilige Stunde und Passionsandacht" als Pseudonym verwandt. Die Urgroßeltern mütterlicherseits heißen Alois Trescher aus Munzingen (geb. 1791) und Agatha Meyer aus Schlatt (geb. 1791) sowie Benedikt Rees, Mühlenmacher in Günterstal, und Theresia Großwerker. Aus den Familien Rees und Trescher wanderten im 19. Jahrhundert verschiedene Mitglieder in die Vereinigten Staaten aus; das Elternhaus konnte sie auf Dauer nicht

---

[2] Vgl. H. MÜLLER-SCHILLING, Alte Photos erzählen Freiburger Stadtgeschichte 184o-1944, Freiburg i.Br. 1976, 90.

alle ernähren. Das Hotel in Günterstal war für die Rahner-Kinder jedoch ein Ort, an den man immer wieder zurückkehrte und wo man die Familien der Brüder der Mutter kennenlernte. Karl Rahner erwähnte einmal nebenher: „Auch der Bruder meiner Mutter hatte sechs Kinder, und so unter drei, vier, ist es ja damals praktisch kaum einmal gegangen"[3].

Im gleichen Zusammenhang sagt er von seiner Mutter: „Wenn die Mutter um sechs Uhr morgens aufstehen muß und schauen, daß die Wäsche gewaschen wird, und nicht nur sieben Kinder hatte und einen Mann und, wenn auch meinetwegen mit Hilfe von Dienstboten, noch für vier oder noch mehr andere Menschen sorgen mußte, oder, wenn in meiner Familie zum Beispiel ein französischer Hauptmann lebte, der, um in den Generalstab zu kommen, Deutsch lernen wollte, oder ein Sohn eines englischen Lords, der auch Deutsch lernen wollte – warum, weiß ich nicht mehr –, dann hat man gar keine Zeit, Gefühle zu pflegen und auch gar kein besonderes Bedürfnis danach. Die Kinder lebten ganz selbstverständlich zusammen. Die Altersunterschiede waren ja bis zu sechzehn Jahren zwischen den Kindern. Meine älteste Schwester war die Patin meines jüngsten Bruders. Man balgte sich als Kinder, nicht wahr, oder man stritt. Man liebte sich, wenn man dieses wichtigtuende Wort nehmen will, selbstverständlich. Aber da war nicht viel an Problematik vorhanden."[4]

Die Mutter hielt diese Familie nicht nur praktisch-geschickt zusammen. Sie gab in indirekter Weise den Kindern mehr mit als sich später in der Erinnerung feststellen ließ, weil es unauffällig, nebenher und nicht aufdringlich geschah. Gelegentlich formulierte sie ihre Beobachtungen und Gedanken jedoch auch sehr direkt. Auf Fragen der Schwester Pier Giorgio Frassatis hin erzählte sie 1935 selbst: „Als ich eines Morgens früh mit Pier Giorgio in die Kirche St. Martin ging, fragte ich ihn, was er werden möchte. Er antwortete mir, daß er gern Priester geworden wäre, aber er fügte hinzu: ‚Ich will auf jede Weise meinen Leuten helfen können, und das kann ich besser als Laie denn als Priester, weil die Priester bei uns nicht so mit dem Volk in Berührung kommen wie in Deutschland. Als Bergwerksingenieur kann ich durch das gute Beispiel viel wirksamer handeln'."[5] Und Frassatis Schwester faßte die Zeit ihres Bruders im Haus Rahner in Freiburg so zusammen:

„So verband Pier Giorgio echte Zuneigung mit allen Mitgliedern der Familie, er nahm ganz an deren Leben teil, er feierte die Familienfeste mit – noch heute ist eine Vase in ihrem Besitz, die er den Eltern, mit Rosen gefüllt, zur silbernen Hochzeit schenkte –, und er half der Hausfrau bei ihren häuslichen Arbeiten oder brachte Gemüse aus einem entfernten Garten nach Hause. Was hätten unsre Beamten in Berlin wohl gesagt,

---
[3] Karl Rahner – Erinnerungen, 28f.
[4] Ebd. 30f.
[5] L. FRASSATI, Das Leben Pier Giorgio Frassatis, Freiburg i.Br. 1961, 171.

wenn sie den Sohn des amtierenden Botschafters dabei gesehen hätten! Was hätten wir gesagt, wenn wir gehört hätten, wie er, mit Kartoffeln beladen, mit Frau Rahner über seinen Wunsch sprach, Priester zu werden."[6] Ein wenig Abrundung wird diese Formulierung mit beeinflußt haben. Daß aber die Mitarbeit der Kinder in der Familie ohne Frage erwartet und geleistet wurde, ergibt sich aus diesem Zeugnis ganz klar. Weder Hugo noch Karl Rahner haben sich je dazu geäußert, wie sie selbst solche Hilfe sahen. Natürlich gab es die beiden Schwestern, doch achtete man darauf, daß die Unterschiede nicht zu groß wurden.

Bei aller alemannischen Verschlossenheit wird auch deutlich, daß die Mutter mit ihrer gesunden Frömmigkeit das Leben der Kinder bestimmt hat, wenn auch das Christsein wie alles andere selbstverständlicher Teil des Lebens war und kein besonderes Problem darstellte. Man sprach wenig eigens darüber, man lebte es. Immerhin wirkte an der erwähnten St. Martinskirche in Freiburg bis 1913 als Pfarrer der bekannte Schriftsteller Dr. Heinrich Hansjakob (1837–1916), ein Haslacher, der als unbequemer Zeitkritiker und Demokrat einen Namen hatte[7]. Er veröffentlichte einen ganzen Teil seiner Predigten in der Freiburger Stadtkirche. In den Erinnerungen der Rahnerbrüder freilich spielen Pfarrgeistliche keine Rolle. Festgesetzt haben sich da Eindrücke im Zusammenhang mit besonderen Ereignissen des Familienlebens, so etwa der tragische Tod einer Großtante Anfang Mai 1916. Karl Rahner berichtete: „Wir beteten nach diesem Tod viele Tage den sogenannten ‚Armenseelenrosenkranz'. Ich gestehe, daß ich nicht mehr weiß, was da genau gebetet wurde. Aber eines daraus habe ich nie vergessen, den 130. (129.) Psalm ‚De profundis ...', ‚Aus der Tiefe rufe ich zu Dir, o Herr ... wenn Du, Herr, achten wolltest auf unsere Sünden, wer könnte dann bestehen ... Beim Herrn ist die Huld, ja, er wird Israel erlösen von all seinen Sünden'. Als Priester betet man im Brevier diesen Psalm immer wieder. Wenn aber eine fromme Mutter mit ihren Kindern in einer schweren und bitteren Stunde solch ein Wort der Heiligen Schrift betet und es wie die letzte Interpretation über diese traurige Stunde schreibt, dann bleibt dem Kind ein solches Wort unvergeßlich. Ein solches Wort begleitet durch das ganze Leben."[8]

Neben solchen seltenen Einzeleindrücken steht das allgemeine Urteil im Vordergrund: „Bei allem weltanschaulichen Interesse, aller Problematik und all den geistigen Bewegungen, die es so zwischen 1915 und 1925 gab, war ich eben doch ein ganz normaler katholischer Christ mit einem üblichen Religionsunterricht. In unserer Familie herrschte ein Interesse an religiösen, weltanschaulichen Fragen. Ich hatte einen durchaus christlichen Vater und eine sehr fromme Mutter, die 101 Jahre alt wurde; so bin

---

[6] Ebd. 170f.
[7] Vgl. NDB 7, 636f.
[8] P. IMHOF – H. BIALLOWONS (Hrsg.), Karl Rahner – Bilder eines Lebens, Freiburg i. Br./Zürich 1985, 12.

ich aufgewachsen"⁹. Die verschiedenen Hinweise fügen sich zusammen. Von der Mutter, die auch Hugo Rahner sehr verehrte und bei der er, wenn immer es ging, in den Ferien nach dem Zweiten Weltkrieg eine Zeit verbrachte, haben die Rahnerbrüder die Initiative mitbekommen, die auch vor schwierigen Situationen nicht zurückschreckt und die zu Aktionen bereit ist, die überraschend wirken können.

Solche Initiativen werden nicht lange diskutiert; wenn sie sich aus der Situation ergeben, vielleicht gar aufzwingen, werden sie angepackt und durchgeführt, mit einer Geradlinigkeit und Zielsicherheit, die den Beobachter verblüffen kann. Damit verbunden ist als zweites Erbstück dieser mütterlichen Familie der Sinn für die Lebenspraxis, für ein Sich-Zurechtfinden gerade in Lagen, die manchen anderen kopfscheu werden ließen. Bis in ihr sehr hohes Alter bewahrte sich Mutter Rahner diesen Sinn. Sie stellte sich rasch auf neue Menschen ein, die in ihren Lebenskreis traten, ließ sich interessiert informieren und schenkte Vertrauen, wo ihr Offenheit begegnete. Ihre letzten Worte: „Bleibt treu!" fassen noch einmal zusammen, was sie in ihrem langen Leben geleitet hat. Schließlich war sie es, die in ihrem Heim und in der großen Familie ganz selbstverständlich das religiöse Leben trug. Das Wort von der „frommen" Mutter hat seinen guten Grund, gerade weil diese Frau nicht eng und bigott war.

Zur Vollendung ihres 75. Lebensjahres – das war im Heiligen Jahr 1950 – sorgte Hugo sich darum, daß er mit Karl zusammen auch für die Mutter eine Festschrift zusammenbrachte. Unter dem Titel „Das Heilige Jahr Deiner Kinder" überreichten sie ihr zum Februar 1951 die Sammlung „Predigten und Vorträge gehalten am Radio zu Innsbruck 1950 von Hugo und Karl". Es sind acht Texte, von denen Hugo sechs und Karl zwei beisteuerten, insgesamt 90 Seiten, auf denen vom „Segen über das Heilige Jahr 1950", vom „Neujahrsfest im christlichen Altertum", „Von der seligen Reise des gottsuchenden Menschen" (Karl), über „Sonnenverehrung in Antike und Christentum", „Altchristliche Weihnachtslyrik" und „Vom weihnachtlichen Schenken" sowie „Weihnacht, die bleibet in Ewigkeit" (Karl) und einem „Rückblick auf das Heilige Jahr 1950" gesprochen ist.

Von Hugo Rahner kann es denn auch später noch heißen:

„Begreiflicherweise ist Freiburg auch heute noch der magische Punkt, zu dem es Hugo Rahner zieht und wo er alljährlich seine Ferientage, umhegt von seiner Mutter, und sie wieder umhegend, im Kreise der Familien seiner Geschwister verbringt, um sich neue Kraft für sein universales Schaffen zu holen. Gerne kommt er dann auch mit Schulfreunden aus

---

⁹ Karl Rahner – Im Gespräch 2, 270.

dem ‚RG' (Realgymnasium) zusammen und frischt Erinnerungen aus der geruhsamen Zeit vor 1914 auf, an harmlose Jugendstreiche, an den Kriegsschulbetrieb in den Räumen der Universität, an eine brennende Anatomie und an den Soldatendienst."[10] Als Hugo Rahner nach langer heimtückischer Krankheit am 21. Dezember 1968 in München sein Leben endete, da war die 93jährige Mutter von Freiburg gekommen und hielt am Sterbebett bis zum Ende aus.

---

[10] G. WAGNER, Um eine neue Verkündigung, gottbezogene Innerlichkeit und christliche Weltoffenheit, in: Religion, Wissenschaft, Kultur 13 (Wien 1962) III/IV, 227.

5. Kapitel

Jugend und Schule

Über die ersten Schuljahre von Hugo und Karl Rahner ist nicht viel bekannt. Der Ältere begann seine schulische Laufbahn noch in Emmendingen, der Jüngere besuchte von Ostern 1910 an die Knabenbürgerschule Freiburg. Im Herbst 1913 kam er auf das „Realgymnasium Freiburg i.Br.", auf dem seine beiden älteren Brüder schon studierten. Georg Rahner absolvierte die Abiturklasse dieser Schule 1916/17 und Hugo Rahner 1917/18 zusammen mit 20 anderen Schülern, während Karl Rahner sie 1921/22 absolvierte. An der gleichen Schule, die heute Kepler-Gymnasium heißt, wurden auch der jüngere Bruder Rudolf und der Vetter Otto Trescher ausgebildet, die zusammen die Abiturklasse 1924/25 besuchten, sowie der Vetter Georg Trescher, der dieses Gymnasium 1927 abschloß. Direktor der Schule war von 1907–1932 Dr. Karl Martin. Die Schule war erst im Jahre 1907 gegründet worden und bekam bald nach Ausbruch des Ersten Weltkriegs die Notwendigkeiten der Zeit zu spüren. Freiburg war nicht nur Universitäts-, sondern auch Garnisonsstadt, was sich während des Krieges dahin auswirkte, daß man bald alle verfügbaren Gebäude für Lazarette anforderte. „Das ganze Schulgebäude wurde unmittelbar nach der Mobilmachung mit Hilfe der Schüler ausgeräumt und zu einem Reservelazarett umgestaltet. Nur die Turnhalle blieb noch eine Zeitlang dem Turn- und Gesangsunterricht vorbehalten. Als die Universität 15 Räume und das Berthold-Gymnasium (an der Ecke Berthold-Rotteckstraße) das Seitengebäude im Hof mit vier Klassenzimmern zur Verfügung stellte, konnte am 1. Oktober 1914 der Unterricht, allerdings nur mit verringerten Unterrichtsfächern, wieder begonnen werden. Auch einige Universitätsprofessoren hatten sich zur Verfügung gestellt, zum Beispiel der Philosoph Jonas Cohn, der nach 1933 emigrieren mußte, und der Germanist Sütterlin. Die Oberklassen erhielten Unterricht in den naturwissenschaftlichen Instituten der Universität. Mancher der alten Schüler wird sich wohl noch an die Stunden bei Geheimrat Oltmanns, Professor Dr. Doflein und Professor Dr. Meyer im Biologischen und Physikalisch-Chemischen Institut erinnern ... Der Unterricht litt vor allem darunter, daß die Schule auf viele Gebäude verteilt war..."[1] Aber diese Umstände spielten in späteren Erinnerungen Karl Rahners kaum eine Rolle; sie waren wohl für die damalige Zeit zu „normal". Nach seiner Schule gefragt, antwortete er: „Ich war

---
[1] Aus: K. KÜHN, Aus der Geschichte der Schule, in: 50–Jahr-Feier 1907–1957, Freiburg i.Br. 1957, 19f.

natürlich auf einer bürgerlichen Mittelschule, wo wir auch schon damals von der vierten Gymnasialklasse an Buben und Mädel in derselben Klasse hatten. Das war ... in Baden zumindest kein Problem. Wir hatten da natürlich auch Schüler aus den verschiedensten Sozialschichten und Milieus, natürlich auch Juden ... Ich erinnere mich besonders an einen, der in einer idealen Weise in einer solchen Klassengemeinschaft integriert war. Sein Vater war ein großer Lederwarenhändler in Freiburg. Natürlich waren auch die verschiedensten anderen Konfessionen vertreten ... Wir gingen in unseren katholischen Religionsunterricht, und wir hatten durch all diese Klassen hindurch einen sehr gescheiten, gebildeten, vernünftigen, wenn vielleicht auch etwas trockenen Religionslehrer, der in Rom auf dem Germanicum studiert hatte und dementsprechend geprägt war."[2] Über den Religionslehrer ist später noch eigens zu sprechen. Die Rahners taten sich allgemein nicht schwer in der Schule, das Lernen lag ihnen gewissermaßen im Blut, aber ihr Interesse konnte durchaus eigene Wege gehen und nicht immer mit den Erwartungen und Forderungen der Lehrer konform laufen. Ein besonderer Druck wurde von Daheim nicht geübt, wo man einfach gute Leistungen und Ergebnisse erwartete. Deshalb gab es durchaus Unterschiede im schulischen Erfolg. Klassenlehrer für Karl Rahner waren die Professoren Kornmeier, O. Bornhauser, Dr. J. Albrecht, F. Vogt und H. Schmuckle. Als Schüler war er 1917/18 der Erste seiner Klasse, sonst immer unter den Besten. Das Reife-Zeugnis vom 29. März 1922 belegt die Fächer Religion, Deutsch, Philosophie, Lateinisch, Französisch, Englisch, Geschichte, Chemie mit Biologie, Physik, Mathematik, Zeichnen, Turnen und das Wahlfach Griechisch. Das Turnen lag ihm offensichtlich am wenigsten; im übrigen zeichnet sich ein kleiner Unterschied ab zwischen den geisteswissenschaftlichen, den sprachlichen und den naturwissenschaftlichen Fächern. Als Mitabiturienten dieser „O I b" sind genannt: Maria Berger, Hans Bodie, Karl Frede, Hanna Freudenberg, Erich Freytag, Ingeborg Groth, Fritz Gruber, Klara Hauser, Otto Helfesrieder, Marianne Hempel, Reinhard Köllner, Alexander Krebs, Helmut Lünzmann, Berta Mayer, Erich Paravicini, Albert Scherer, Anneliese Taege und Fritz Weiß.

An Besonderheiten bleibt festzuhalten die erwähnte Koedukation der Klasse und das problemlose Miteinander von Angehörigen verschiedener Konfessionen und Schichten, das auch zu der Gesamtatmosphäre gehört, in der die Rahners aufwuchsen und die Karl Rahner in späten Jahren wiederholt in Erinnerung rief. „Es gab in meiner Klasse Juden, Protestanten, Katholiken, aber die Mitschüler und die Lehrer waren religiös kaum interessiert ... es gab keine antiklerikalen Tendenzen, sondern eine sozusagen vornehme Neutralität. Die Jugend in dieser konfessionell gemischten Klasse hatte hohe Ideale. So versammelten wir uns bei einem jüdischen Mitschüler, einem begeisterten Pfadfinder, um uns gegenseitig moralische Ratschläge zu erteilen. Das war in dieser Klasse nicht katholisch oder christlich,

---

[2] Karl Rahner – Erinnerungen, 23.

sondern humanistisch, wie es eben die damaligen Pfadfinder waren. Ähnlich wie man auf der einen Seite tolerant war, hatte die Schule auf der anderen Seite am Sonntag ihren eigenen Schülergottesdienst, der von dem an der Schule hauptamtlich tätigen Religionslehrer gestaltet und gefeiert wurde. Am Gottesdienst unserer Schule, der in der Kirche des Erzbischöflichen Konvikts hinter dem Münster stattfand, hat der spätere Reichskanzler Wirth, der an unserer Schule Professor war, oftmals teilgenommen. Es kam vor, daß die Klassenkameraden, wie auch ich, zur Kommunion gingen, was damals noch nicht selbstverständlich, wenn auch nicht außergewöhnlich war. Ich hatte die Idee, ich müsse nach der Messe für mich allein noch eine kleine Danksagung machen. Ich weiß, daß ich damals viel mit dem vierten Buch der „Nachfolge Christi" gearbeitet habe, dem Buch über die Eucharistie. Damals war ich sechzehn oder siebzehn Jahre alt. Ganz normal war es wohl nicht, daß ein Jugendlicher sich mit so etwas beschäftigte. Nach dem Gottesdienst bildeten die Klassenkameraden meist noch eine kleine Gruppe und bummelten gemeinsam durch die Stadt. In einer solchen kleinen Gruppe war ich sozusagen betont katholisch, obwohl ich keinem klerikalen Verein und keiner pfarrlichen Jugendgruppe angehörte – ich weiß nicht einmal, ob es die überhaupt gab. Trotzdem wurde ich in meiner Schulklasse Klassenvertreter, ein Amt, das damals mit einer demokratischen Welle gegenüber den Lehrern im Gymnasium auftrat."[3] Von da aus formulierte er einmal ganz einfach: „Ich war davon überzeugt, daß man Gott und den Nächsten lieben muß und dadurch ein ewiges Leben bei Gott gewinnt; und darin konnte ich den Sinn meines Lebens durchaus unbefangen und entschlossen erblicken. – Es ist natürlich klar, daß dieses Leben – wenn ich jetzt philosophisch oder theologisch darauf reflektiere – in den ersten zwanzig Jahren … auch von sehr vielen anderen ursprünglichen, harmlos entgegengenommenen Sinn-Erfahrungen der Freude, des Vertrauens, der Kameradschaftlichkeit, des Interesses an Wissenschaft, auch an Metaphysik und Theologie erfüllt war, und so möchte ich eigentlich von mir nicht den Eindruck erwecken, als ob ich in den entsetzlichsten, qualvollsten weltanschaulichen Perioden aufgewachsen wäre"[4]. In einem Überblick zu „Herkunft und Heimat" liest man über Karl Rahner:

„Für einen Siebzehnjährigen wirkte er ungewöhnlich reif und souverän … Karl Rahner war ernst geworden; das ganze Verhalten des Siebzehnjährigen drückte Entschlossenheit und Zielstrebigkeit aus. Seine Mitschüler wußten, daß er in den Jesuitenorden eintreten wollte. Unklar ist, wann er diesen Entschluß gefaßt hat. Der Chronist stellt lediglich fest, daß Rahners erster Deutschaufsatz in der Oberstufe dem Besuch des Noviziatshauses der Jesuiten in Feldkirch gewidmet ist. Nüchtern, fast als wolle er jede innere Beteiligung leugnen, schilderte Rahner den Tagesablauf der ‚Schüler' des heiligen

---

[3] Karl Rahner – Bekenntnisse, 15f.
[4] Karl Rahner – Im Gespräch 2, 270.

Ignatius."⁵ Offensichtlich gehen die hier beschriebenen Erfahrungen auf jenen Besuch beim Bruder in Feldkirch zurück, der Karl Rahner als etwas undeutliche Erinnerung geblieben ist. Die Reise muß 1919 stattgefunden haben, und da es in der Familie Rahner für Reisen sonst wenig Gelegenheit gab, dürfte es doch eine Fahrt gewesen sein, die über die Ausflüge in den nahen Schwarzwald hinaus eindrucksvoll war.

Als es um Karl Rahners Eintritt in den Orden ging, kam sein Religionslehrer deutlicher ins Spiel. „Ich hatte zunächst meinen Eltern von meinen Jesuiten-Berufsplänen nichts gesagt. Da ist der Alemanne eher verschlossen und kann nicht so leicht mit solchen Dingen heraus. Faktisch haben meine Eltern meine Absicht dann vom Religionslehrer erfahren. Der Religionslehrer hatte gesagt: ‚Nein, der Karl, der ist dafür nicht geeignet. Der ist viel zu kontaktarm und brummig. Laßt; der soll was anderes werden.' ... es ist also dann doch gegangen, und die Sache hat sechzig Jahre gehalten. Aber man sieht daraus auch, daß diese durchaus selbstverständlich christliche Familienatmosphäre doch wieder nicht so war, daß man irgendwie klerikal in einem engeren Sinne vorgeprägt war."⁶ Immerhin fühlte nach Karls Eintritt der älteste Bruder Georg, der unverheiratet blieb und früh starb, vorsichtig vor, ob auch er Jesuit werden könne. Der Provinzial P. Augustin Bea, der spätere Kardinal, winkte ab. Wörtlicher, vom Autor dieses Buches selbst mitgehörter Kommentar von Karl Rahner: Schade, denn Georg war viel gescheiter als wir beiden anderen. Dafür war er schon fast 20 Jahre früher im Himmel als Hugo ... Die Wege Gottes und die der Oberen sind nicht immer identisch.

Dr. Meinrad Vogelbacher (1879–1965) studierte als Germaniker von 1900–1907 in Rom. Dort hatte er Carl Sonnenschein kennengelernt und mit ihm Freundschaft geschlossen. Der spätere „Großstadtapostel" von Berlin hielt den Kontakt nach Freiburg aufrecht. Vogelbacher war 1906 in Rom zum Priester geweiht worden und wurde nach der Rückkehr nach Freiburg 1907 Präfekt am Erzbischöflichen Gymnasialkonvikt und Religionslehrer am Realgymnasium. Die Rahnerbrüder und ihre Familie waren ihm sehr gut bekannt. Im „Oberrheinischen Pastoralblatt" berichtete er 1919 über die Gründung einer Burse für Schüler, die nicht unbedingt Priester werden wollten, unter dem Titel „Ein verdienstvolles Werk für die studierende Jugend unserer badischen Heimat". Die Leitung dieser Burse nahm er 14 Jahre lang auf sich. 1949 trat er in den Ruhestand; bei seinem 50jährigen Priesterjubiläum 1956 waren die Rahnerbrüder, seine früheren Schüler, anwesend[7]. L. Frassati befragte Dr. Vogelbacher über den Freiburgaufenthalt ihres Bruders und erfuhr: „Sonnenschein bat mich, ihm eine Unterkunft zu besorgen, und schrieb mir, er sei ein äußerst wertvoller junger Mann. Ich hatte den Eindruck, daß er ein tiefreligiöser Mensch war. Pier Giorgio war völlig begeistert

---

[5] Karl Rahner – Bilder eines Lebens, 13.
[6] Karl Rahner – Erinnerungen, 24.
[7] Vgl. Korrespondenzblatt des Collegium Germanicum et Hungaricum (1966) Mai, 58–60.

vom Einsatz Sonnenscheins, weil dieser allen Leuten verschiedenster Art half."[8] Nach einem anderen Zeugnis blieb Frassati in Freiburg „zuerst in einer von Schwestern geleiteten Pension, später als Gast im Hause eines Professors, an den ihn Dr. Sonnenschein empfohlen hatte ... (um) die Deutschen und ihre Sprache durch den Umgang mit anderen Kreisen besser kennenzulernen".[9] Der Aufenthalt Frassatis reichte von September bis Ende Oktober 1921. Am 9.Oktober ist ein Ausflug mit Anna und Georg Rahner nach Waldkirch auf den 1200m hohen Kandel und nach St. Peter belegt. Frassati begegnete auch Dr. Eiffler, einem Freund Sonnenscheins, der beim Caritas-Verband arbeitete und Universitätsassistent war. In seinen Briefen erzählt er von einem Besuch bei einem Universitätsstudenten zusammen mit der Tochter und dem Sohn von Professor Rahner, von dem Besuch eines Vortrags über Dante und von einer Theateraufführung von „Mignon", die er besuchte. Am 17. November schrieb ihm Anna Rahner: „Dr. Sonnenschein hat gezeigt, wie sich ein junger Universitätsstudent innerlich entwickeln muß, um eine leitende Stellung im Volk einzunehmen; er hat den Kastengeist und den Stolz verurteilt, die nur zu oft in unserer Jugend stecken, trotz allen Elends."[10] Karl Rahner berichtete über die Begegnung mit Frassati später so: Der Vater Frassati, Senator des Königreichs Italien, wurde 1921 Botschafter seines Landes in Berlin. Die Familie zog mit in die deutsche Hauptstadt. Die Zeitung „La Stampa" in Turin, die ihm gehörte und die er leitete, gab er nicht auf. Der Sohn aber „lebte vergnügt und munter und nett und bescheiden in unserer Familie. Nicht lange, aber immerhin so, daß von da an eine gewisse bleibende Beziehung zum mindesten einmal mit meiner ältesten Schwester bestehen blieb. Dieser junge Mann war ein intensiver ... Caritas-Apostel in Turin und ist 1924 durch Kinderlähmung, die er sich bei dieser Arbeit zugezogen hatte, gestorben. Und er wird in Italien verehrt als ein heroisches Vorbild eines jungen Christen, und es scheint, daß er Aussicht hat, in Rom einmal seliggesprochen zu werden. Er ist wirklich in gewisser Weise ein seltsamer Mensch gewesen, sportlich, Bergsteiger, Skifahrer, Reiter, ein lustiger, fröhlicher Mann, der mit den übrigen Studenten in der lebhaftesten und wildesten Weise lebte und sich zum Beispiel, wie er mir selber erzählte, ganz in den Anfängen des Faschismus als katholischer Student mit den faschistischen Studenten in Rom auf der Straße raufte. Auf der anderen Seite war er ein ungewöhnlich frommer Mensch, der betete, der fast jeden Tag zur Feier der Eucharistie morgens in die Kirche ging, bevor die übrige Familie aufstand ... der also eine außerordentliche Tätigkeit ... gesellschaftlicher Art in bezug auf die Armen entfaltete und offenbar daran auch gestorben ist ... Ich erinnere mich noch, wie er italienisch mit großer Begeisterung das Gebet des heiligen Bernhard an Maria aus Dantes „Divina Commedia" deklamierte. Er

---

[8] L. FRASSATI, La fede, Rom 1954, 321.
[9] DIES., Das Leben Pier Giorgio Frassatis, Freiburg i. Br. 1961, 169.
[10] Vgl. L. FRASSATI, L'impegno sociale e giudizi sul carattere, Rom (Ediz. Paoline) 1953, 53.

betete selbstverständlich damals den Rosenkranz ... Man sagt, daß der Seligsprechungsprozeß ... sich doch allmählich seinem Ende nähert. Wenn ich das noch erlebe, hätte ich also einen beatifizierten Menschen in meinem Leben kennengelernt, mit dem ich im Wald Ringkämpfe veranstaltete."[11] Rahner erlebte die Seligsprechung Frassatis nicht mehr; sie erfolgte am 2o. Mai 1990[12]. Die Begegnung mit Pier Giorgio Frassati fällt in das letzte Schuljahr Karl Rahners und in die Zeit, in der er sich um die Aufnahme in den Orden bewarb. Sie macht aber noch einmal deutlich, daß es grundsätzlich auch andere Möglichkeiten gab, die bei der Berufswahl mit einer gewissen klaren Bewußtheit ausgeschlossen wurden. In den Erinnerungen Karls schwingt der Eindruck nach, den er von diesem jungen Studenten bekam, dessen Vorzüge in einem spürbaren Kontrast zu den Eigenschaften standen, die den jüngeren Rahner kennzeichneten.

Aus den Berichten und vor allem aus dem Vergleich mit Hugo ergibt sich deutlich, daß Karl eher für verschlossen und abweisend galt. Das sollte indes richtig verstanden werden, weil es nicht besagt, er sei ungesellig gewesen. Aber er nahm sich und vieles im Umgang mit anderen zurück; er ließ sich von Gedanken und Fragen so angehen, daß er geistesabwesend und grüblerisch erschien und bisweilen auch barsch-abweisend reagierte, wenn er sich gestört fühlte. Wer ihn näher kannte, der rechnete schon damit. Jedenfalls war der Kontakt und Umgang mit Hugo einfacher, dem von früh an eine eigene Liebenswürdigkeit und Noblesse nachgesagt wurde. Karl Rahner selbst hat das berichtet und anerkannt, damit aber auch den Unterschied begründet, den er immer zwischen seinem Bruder und sich selbst betonte. Man wird dem einen wie dem anderen abnehmen müssen, daß sie ihre Entscheidung für den Orden und für die theologische Wissenschaft selbständig gefällt haben. Der Stil ihres Arbeitens und Veröffentlichens belegt das auch; dennoch waren sie in ihrem Einsatz zutiefst verbunden: Es ging um die gleiche Sache, und auch in den Anliegen und im Vorgehen zeichnen sich eine ganze Reihe tiefgreifender Gemeinsamkeiten ab. Sie hatten ihren Grund im Elternhaus und in einer Berufung, deren Wurzeln z. B. beim gemeinsamen Religionslehrer aufweisbar sind.

Hugo Rahner erzählte Theologiestudierenden bei seinem 60. Geburtstag: „Als damals das Karlchen geboren wurde, führte mich unser Vater an die Wiege. Lange starrte ich das kleine häßliche Wesen an, ehe ich mich aufraffte und sagte: Papa, den behalten wir. Stellen Sie sich vor, ich hätte das nicht gesagt! Der Schaden für die Theologie und für Sie wäre unermeßlich!"[13] Von Karl Rahner gibt es eine ähnliche Anekdote, die sich bei ihm allerdings so anhört: „Als mein Bruder Rudolf drei Jahre nach mir geboren wurde, zeigte ihn mir mein Vater. ,Papa, behalten wir den?' fragte ich zögernd. Der Mensch ist immer Egoist, der an sich denkt" (Worte und Geschichten).

---

[11] Karl Rahner – Erinnerungen, 33f.
[12] Vgl. AAS 83 (1991) 919–921.
[13] Korrespondenzblatt des Collegium Canisianum Innsbruck (1964) 35.

Die beiden Fassungen beleuchten Gemeinsamkeit und Unterschied, vor allem die jeder Überzogenheit abholde Grundeinstellung alltäglicher Normalität. 1983 wurde Karl Rahner gefragt, ob sein Entschluß für die Gesellschaft Jesu nicht doch auf etwas ‚Umwerfendes', auf eine plötzliche ‚Eingebung' oder Ähnliches zurückgehe. Er sagte dazu: „Das ist eine interessante und intelligente Frage. Ich muß ehrlich gestehen, ich erinnere mich nicht an eine solche blitzhafte Erleuchtung oder ein plötzliches, beinahe mystisches Berufungserlebnis. Nein, so dramatisch ist es bei mir nicht gewesen. Es gibt natürlich Leute, die sich in ganz anderer Weise berufen fühlten. Denken Sie etwa an Georges Bernanos, der den Eindruck hatte, ganz plötzlich eine bestimmte Berufung gefunden zu haben. Oder denken Sie an Paul Claudel oder an Blaise Pascal. Solch plötzliche, gleichsam wie Blitze einschlagende Erfahrungen sind durchaus möglich. Wer solche Erfahrungen macht, dem kann man dazu gratulieren. Aber es geht auch anders: in ruhiger Überlegung und in einem länger dauernden Prozeß des Prüfens und Sich-Einfindens in eine bestimmte Lebensentscheidung."[14] Der Text erinnert den Rahner-Kenner an die entsprechenden Überlegungen zur Logik einer existentiellen Erkenntnis aus sehr viel späterer Zeit. Es läßt sich natürlich nicht ausschließen, daß solche Gedanken sich in die Erinnerungen an die frühen Jahre einmischen oder daß sich hier in der Wertung auch persönliche Erfahrungen aus langen Jahren bemerkbar machen. Man könnte z. B. fragen, ob nicht die Bemerkung über die blitzhaft wunderbaren Erfahrungen und die Gratulation dazu von einer eher skeptischen Reserve mitgetragen sind, die um die Häufigkeit entsprechender Einbildungen und um ihren Sinn weiß.

Für Karl Rahner stellte es sich nüchterner und alltäglicher dar. „Auch schon damals war die Laufbahn eines Jesuiten nicht gerade eine spektakuläre Karrierelaufbahn. Ich wollte Priester werden, und ich wollte in einer Gemeinschaft Priester werden"[15], heißt es lapidar. Dem steht gegenüber: „Früher hatte der junge Priester doch – auch wenn er es nicht in einem unmoralischen oder profanen Sinne anstrebte – eine Karriere vor sich: Er wurde Kaplan, dann Pfarrer, war ein angesehener Mann neben dem Bürgermeister in seiner Gemeinde; er gehörte zu den selbstverständlichen Bezugspersonen einer normalen Gesellschaft, der geachtet wurde, auch wenn man seine Dienste vielleicht nicht sehr intensiv in Anspruch nahm".[16]

Jesuiten waren in diesem Sinn unter den Vorzeichen einer nachwirkenden Kulturkampfgesetzgebung nicht geachtet und vor allem nicht in die allgemeine Gesellschaft eingebunden. Karl Rahner wollte das Priestertum nicht als Karriere, und er wollte es in einer Gemeinschaft.

Der Sinn für die Gemeinschaft scheint nach allem bei Hugo näher zu lie-

---

[14] Karl Rahner – Glaube in winterlicher Zeit, 117f.
[15] Ebd. 130.
[16] Karl Rahner – Im Gespräch 2, 284.

gen als bei Karl. Und doch machte Hugo statt des Aufbruchs der Jugendbewegung nach vorgezogener Reifeprüfung noch einige Monate den Ersten Weltkrieg mit, um dann im Januar 1919 im Moment des Zusammenbruchs Jesuit zu werden. Karl hingegen, dem man vom Temperament her den Gemeinschaftsbezug weniger zutrauen würde, wurde in den letzten Jahren seiner Schulzeit durch die Jugendbewegung mit dem neuen Gemeinschaftsgeist in lebendige Verbindung gebracht. Das Stichwort dafür lautet „Quickborn". Er selbst: „Ich gehörte damals dem Quickborn an. Das war eine mehr freie, von der Basis herkommende, nicht so ausdrücklich kirchlich-gesteuerte Jugendbewegung, aber doch katholisch und religiös, durchaus lebendig und intensiv sich betätigend. Und insofern habe ich da schon auch einige Eindrücke positiver Art für mein künftiges Leben bekommen. Zumal ich ja damals auch auf der Burg Rothenfels Romano Guardini zum ersten Mal begegnete."[17]

In den „Monatsblättern für den katholischen Religionsunterricht an höheren Lehranstalten" legte Romano Guardini 1919 „Prinzipielles und Praktisches zur Organisation von Schülern höherer Lehranstalten" vor[18]. Das stand im Zusammenhang mit dem 1. Quickborntag auf Burg Rothenfels am Main im Jahre 1919[19]. Aus Freiburg nahm daran Hubert Schiel teil. Offensichtlich wurde Anna Rahner, die ältere Schwester, schon bald von dieser Gruppe angezogen und übernahm in ihr Führungsaufgaben. Sie dürfte den jüngeren Bruder in diese Kreise gebracht haben, so daß er 1920 unter den anderthalbtausend Teilnehmern war, die sich zum zweiten Quickborntag auf Rothenfels versammelten. Zu Anfang und Ende dieses Treffens gab es für 250 Quickborner „Geistliche Übungen". Die beeindruckende Gestalt dieser Tage hieß damals schon Romano Guardini. Quickborn war von Schlesien ausgegangen; die Bewegung verpflichtete zu einem natürlichen Leben vor allem durch Verzicht auf Tabak und Alkohol. Sie hatte die Anregungen der Jugendbewegung umfassender aufgegriffen als der zur gleichen Zeit sich konstituierende „Bund Neudeutschland", um den sich besonders jene Jesuiten mühten, die in der herkömmlichen Marianischen Kongregation keinen für die aufgeschlossenere Jugend anziehenden Rahmen mehr sahen. Gegenüber den Aufbrüchen außerhalb des katholischen Raumes war „Quickborn" religiös interessiert, fromm und katholisch, wenn auch nicht ganz in die kirchliche Leitung nach damaliger Vorstellung eingebunden. Man hatte das Gefühl, eine neue Zeit sei angebrochen, neue Lebensformen müßten gefunden werden. Leben in der freien Natur, Wandern, Fahrten, einfache kulturelle Betätigungen, Singen und Werken füllten das Leben dieser Gruppen.

Von den theoretischen Streitigkeiten, die damals unter katholischen Erziehern über das Für und Wider der verschiedenen Bewegungen entbrann-

---

[17] Karl Rahner – Erinnerungen, 27.
[18] 20 (1919) 72–78.
[19] Vgl. HERMANN HOFFMANN, Die Tage auf Burg Rothenfels, Rothenfels/Main 1919.

ten, hat die Familie Rahner kaum etwas mitbekommen, jedenfalls fehlen dafür Zeugnisse. Sie führten aber dazu, daß etwa mit der Zeitschrift „Die Schildgenossen" (seit 1920) deutlicher greifbar wird, was die Quickborner an neuen Impulsen in das katholische Leben hineinbrachten. Mit dem Namen Guardini sind ja die Anfänge der liturgischen Bewegung verbunden, sind Neuaufbrüche in der geistlichen Begleitung markiert und ist ein Stil des religiösen Lebens gekennzeichnet, den etwa Karl Rahner im Sinn hatte, als er von den positiven Eindrücken für sein künftiges Leben sprach, die er aus dieser Zeit mitnahm. Der Charakter von Aufbruch und Erneuerung mag nicht groß diskutiert worden sein; er wurde gelebt in der Freiburger Gruppe, die über eine Hütte auf dem „Gerstenhalm", in der Nähe des Schauinslands über Freiburg, verfügte, wo man manches Wochenende verlebte. Ostern 1921 machte die Freiburger Gruppe eine Fahrt durch die Dörfer, bei der vor der Landbevölkerung abends mit Fackeln und in Kostümen ein Totentanz aufgeführt wurde. „Es waren damals arme Zeiten, belohnt wurden wir hauptsächlich mit Eiern. Studenten und Gymnasiasten, Buben und Mädel waren in einer Gruppe. Ich erinnere mich, daß der sogenannte Reigen heftig gepflegt wurde. Es gab Studenten bei uns, die noch im Krieg gewesen waren; es gab auch Querverbindungen zur damaligen Hochländergruppe an der Universität Freiburg.

Die Eltern hatten nichts gegen unsere Teilnahme. Alles blieb auf dem Boden der damaligen bürgerlichen Selbstverständlichkeit, die von allen fraglos und problemlos akzeptiert wurde. In diesem Rahmen gab es eigentlich eine große Freiheit. Wenn ich abends wegging – ich war in der Unter- oder Oberprima –, bekam ich den Schlüssel der Wohnung, und niemand fragte mich, wann ich heimkäme. Es war auf der anderen Seite aber auch völlig selbstverständlich, nicht zu saufen, keinen Krawall und auch sonst keinen Unfug zu machen, die Regeln im Verhältnis zum anderen Geschlecht zu respektieren. In meiner Klasse war von der Untertertia an immer ein halbes Dutzend Mädel; ich kann mich an keinen Fall erinnern, wo ein Mitschüler eine unanständige Bemerkung gemacht hätte."[20] Daß die Zeit beim Quickborn gerade einem Menschen wie Karl Rahner viel gab, ist im Blick auf die schon herausgestellten Charakterzüge klar. Der Sinn für die Gemeinschaft, für das einfache Leben in Rücksicht auf andere, der Unternehmungsgeist und auch die faktische Kritik an bestehenden verknöcherten Verhältnissen mittels einer reformerischen Lebenspraxis ist ihm hier existentiell lebendig geworden. Nur hätte all dies gegen die Jesuiten sprechen können.

„Ich war ... religiös interessiert und wollte Priester werden. Aber eigentlich – warum, weiß ich nicht von vornherein – selbstverständlich in einem Orden; und da kamen für mich – ich weiß auch nicht so genau, warum – eigentlich nur die Jesuiten in Frage ... Ich habe zum Beispiel nie, bevor ich im Orden war, Exerzitien gemacht. Ich war eigentlich in der links gerichteten ...

---

[20] Karl Rahner – Bekenntnisse, 14f.

katholischen Jugendbewegung des Quickborn Mitglied und nicht in dem mehr legal organisierten Neudeutschland. Das waren damals die zwei katholischen Jugendverbände für die studierende Gymnasialjugend. Ich war also beim Quickborn und bin trotzdem Jesuit geworden. Andere Leute, junge Leute damals, hatten vielleicht die Jesuiten sehr intensiv als relativ reaktionäre Kampftruppe des Papstes erlebt oder empfunden, doch das war bei mir nicht so."[21]

In diesen Bemerkungen tritt die sensible Erfassung der Situation deutlich zutage. In der Tat kamen damals die jungen Jesuiten mehrheitlich aus „Neudeutschland" oder aus den Marianischen Kongregationen. Die Frage, die sich damit stellte, ist Karl Rahner bewußt geworden, ohne daß er eine simple Antwort darauf hätte geben können. Um sich Klarheit zu verschaffen, konnte er auch einmal die einzelnen Orden durchgehen. „Ich konnte nicht singen und war deshalb sicherlich nicht gerade dazu prädestiniert, Benediktiner zu werden, obwohl ich damals gute Beziehungen zum Kloster Beuron hatte. Ein Lebensstil, wie ihn zum Beispiel ein Kapuziner oder auch Franziskaner pflegt, lag mir nicht. Dazu war ich vielleicht doch zu rational eingestellt. Darüber hinaus fühlte ich in mir sicher auch keine Berufung zu einem ganz bestimmten engeren Ordensziel, der Mission beispielsweise. Dann nämlich hätte ich zu den Steyler Missionaren gehen können. Ich war sicher auch nicht daran interessiert, nur in Schulen zu arbeiten; sonst hätte ich vielleicht zu den Schulbrüdern gehen können. Kurz und gut, mein Interesse war unbestimmter und weiter, es war von recht rationaler und intellektueller Art. Deshalb bin ich auf die Idee gekommen, Jesuit zu werden. Aber auch diese Entscheidung war anfangs sicherlich noch nicht von absolut fundamentaler Bedeutung für mich. Erst später habe ich mich in die eigentliche Spiritualität des Jesuitenordens, in die Geistigkeit des Ignatius von Loyola, eingelebt. Dann freilich war ich sehr froh, diese vielleicht am Anfang doch etwas vage Entscheidung getroffen zu haben."[22]

Aus der Schul- und Jugendzeit der beiden Rahnerbrüder ergeben sich eine Reihe von Anhaltspunkten für die Entscheidung, Jesuit zu werden. Die innere Logik ihres Weges stellt sich bei beiden als unterschiedlich heraus, hat aber auch Gemeinsames, das indes nicht unbedingt in die Gesellschaft Jesu führen mußte. Es läßt sich hier ein Spielfeld von Möglichkeiten nicht übersehen, in dem die Ausrichtung auf den Orden trotz aller geradlinigen Sinnhaftigkeit für den einen wie den anderen nichts Krampfhaftes an sich hat, nichts Gewaltsames und Forciertes, aber auch nichts sonderlich Dramatisches oder Problematisches. Weder Hugo noch Karl haben den Schritt in die Gesellschaft Jesu bereut. Der eine wie der andere waren froh darüber, die Kraft gehabt zu haben, in dieser Gemeinschaft zu leben und zu wirken. Gerade weil die Entscheidung anfangs etwas global war, haben sich

---

[21] Karl Rahner – Im Gespräch 2, 214.
[22] Karl Rahner – Glaube in winterlicher Zeit, 118.

beide intensiver, als es sonst der Fall war und ist, mit dem Wesen des Ordens, mit seinen Ursprüngen, Anlagen und Möglichkeiten, mit seiner Bedeutung in Raum und Zeit auseinandergesetzt. Und dieses Interesse hat für den einen wie für den anderen eine Prägung des Lebens und der Arbeit mitgebracht, die sich in ihrem ganzen Beitrag spürbar und entscheidend ausgewirkt hat. Jedenfalls ist für beide Rahners danach zu fragen, welchen Stellenwert das Jesuitische und Ignatianische für sie hatte; ob es dabei lediglich um ein Interessengebiet neben anderen, um einen Einsatzbereich wie manches sonstige Interesse handelte, oder ob es hier um eine Dimension zu tun war, die alles Verhalten, Entscheiden und Handeln mitbestimmte.

Ähnlich wie es Karl Rahner anmerkte, wird auch Hugo mit Vorstellungen und Erwartungen gekommen sein, die umfassend und unbestimmt waren und zu einer Konkretisierung und Präzisierung herausforderten. Dabei machten sie schnell die Entdeckung, daß auch für altgediente Mitbrüder da vieles nicht ganz klar und eindeutig sein konnte, daß es also einiges in der Gesellschaft Jesu zu entdecken gab und daß manches gängige Bild und Urteil nur Klischee sein konnte, Karikatur und oberflächliche Skizze, die sich bei genauerer Betrachtung sehr schnell als haltlos oder viel zu grob erwiesen.

6. Kapitel

Erste Schritte in der Gesellschaft Jesu

Am 11. Januar 1919 trat Hugo Rahner in Feldkirch/Tisis (Vorarlberg) in das Noviziat der Deutschen Provinz der Gesellschaft Jesu für deren „Regio meridionalis" ein. Es war noch die eine Provinz, die freilich schon in 's Heerenberg (Niederlande) ein Noviziat für die „Regio septentrionalis" besaß. Provinzoberer war seit 1915 Ludwig Kösters, in München seit 1917 durch den Vize-Provinzial Rembert Richard vertreten. Die Teilung des deutschen Gebietes in zwei Provinzen war seit 1917 beschlossen, nachdem im April dieses Jahres die vollständige Aufhebung aller Ausnahmegesetze gegen die Jesuiten im Deutschen Reich wirksam geworden war. Die freiheitliche Verfassung der Republik nach der Niederlage sollte indes für das Wirken der Jesuiten noch günstiger werden. Das Haus in Feldkirch/Tisis war 1896 eröffnet worden und hatte drei Schwerpunkte: Einmal diente es als Standort einer Gruppe von Volksmissionaren, dann als Exerzitienhaus, und schließlich war es Noviziat für jene, die sich dem Orden anschließen wollten. Als Hugo Rahner dorthin kam, lebte im Haus auch noch eine Gruppe von Schriftstellern. Das Ende des Krieges und die neue Freiheit ließ die Eintrittszahlen rasch steigen. 1918 kamen sechs junge Männer, 1919 waren es schon 23, jedoch über das Jahr verteilt. Die Gruppe vom Januar 1919 umfaßte sieben Kandidaten, zu denen in der ersten Jahreshälfte noch vier weitere hinzustießen. Um den 15. September herum traten dann noch einmal 12 junge Männer ein.

Novizenmeister war P. Otto Danneffel (1877–1958), ein Badener wie die Rahners. Als Helfer unterstützte ihn P. Paul Popp. Deren Einführung in das Leben der Gemeinschaft erfuhr Hugo Rahner bis zum Herbst 1920, als man ihn zum Philosophiestudium an die Ordensfakultät nach Valkenburg/Niederlande schickte. Ihm wurde wohl wegen des Kriegseinsatzes ein kleines Stück der sonst zwei Jahre umfassenden ersten Einführung sowie die Vertiefung in die humanistischen Sprachen und eine allgemeine kulturelle Weiterbildung – Juniorat genannt – erspart. Deutlich ist zu erkennen, daß die jetzt zu den Jesuiten Kommenden ihre Kriegserfahrungen mitbrachten. Daß ihnen aber außer der Zeit etwas geschenkt worden wäre, läßt sich nicht sehen. Die Ausbildung folgte den seit langem üblichen Regeln, die hier und dort vielleicht modifiziert, aber grundsätzlich beibehalten wurden. Ein fester Tagesablauf gehörte ebenso dazu wie die herkömmlichen Übungen und Experimente. Bewährung im Krankendienst, in der Unterrichtung von Kindern und in Erfahrung von Armut und Bedürftigkeit unterbrachen die gewöhnliche Tagesordnung im Haus. „Wenn gesprochen wurde, dann lateinisch. Fehlten die notwendigen Vokabeln, behalf man sich mit einem ‚ut germanice dicam' (um es deutsch zu sagen). Der Tag war streng eingeteilt, fast jede Minute geregelt. Dieser genaue Tagesplan der Novizen hatte schon den fünfzehnjährigen Karl Rahner beeindruckt. Nach einem Besuch in Feldkirch schrieb er ...: ‚Nach einem kurzen Morgengebet (in der Kapelle) kehren alle in ihr Zimmer zur Morgenbetrachtung zurück. Es ist ein gutes Stück geistige Arbeit, und es will gelernt sein, sich eine volle Stunde in Gedanken über einen von P. Magister bestimmten Gegenstand zu beschäftigen ... (Messe). Danach versammeln sich alle im Refektorium zum Frühstück.... Nach dem Frühstück machen sie einen Spaziergang im Garten, der aber nicht einer beliebigen Träumerei, sondern dem Nachdenken über das Ergebnis der Morgenbetrachtung gehört ... Nach einer halbstündigen Lektüre ... folgen für die Novizen die Opera (Arbeiten) ...'"[1]

Hugo Rahner hat schon in dieser Noviziatszeit das Unternehmen der „Monumenta Historica Societatis Iesu" kennengelernt, die große Quellenausgabe der Gründungs- und Ursprungsdokumente des Ordens. Seine Übersicht über die aszetischen Schriften dieser Sammlung entstand zwar erst 1922 – vermutlich in einer der Gruppen zu geistlichen Fragen bei P. E. Raitz von Frentz in Valkenburg –, belegt aber eine intensive Beschäftigung, in der sich die Bemühungen des Noviziats um eine ganze Dimension vertiefen. Karl Rahner hat diesen Text 1925 überarbeitet und ergänzt. So wurde er den Noviziaten zu Verfügung gestellt, in denen er vervielfältigt bis mindestens 1937 benutzt wurde[2]. Es handelt sich hier um das früheste Zeugnis eines verbreiteten Textes von Hugo Rahner, der zugleich ein Beleg für das frühe schriftstellerische Schaffen Karl Rahners ist.

Am 2. Februar 1921 wurde die Teilung des deutschen Gebiets der Gesellschaft Jesu in zwei neue Provinzen endgültig vollzogen. Seit diesem Tag wirkte P. Ludwig Kösters als Provinzial für die Westprovinz mit Sitz in Köln und P. Rembert Richard als Vize-Provinzial der Südprovinz mit Sitz in München. Da P. Richard aus Norddeutschland stammte, löste ihn nach der Übergangsphase am 18. September 1921 P. Augustin Bea als erster Provinzial der Südprovinz ab. Er ließ keine zwei Monate später Karl Rahner ins Noviziat zum Ostertermin 1922 zu. „Mögen Sie selbst in unserer Gesellschaft glücklich werden und recht viele andere glücklich machen!" schrieb er ihm. Als Karl Rahner am 20. April 1922 nach Feldkirch/Tisis kam, studierte sein Bruder Hugo im zweiten Jahr die Philosophie in Valkenburg. Karl fand sich mit 56 anderen Novizen unter Leitung von P. Otto Danneffel zur Einführung in das Leben des Ordens. Er hatte den gleichen Novizenmeister wie sein Bruder, und auch sonst hatte sich außer dem erheblichen Zulauf kaum etwas geändert. Allerdings waren die Novizen von 1922 keine Kriegsteilnehmer mehr,

---

[1] Karl Rahner – Bilder eines Lebens, 15f.
[2] Vgl. ZKTh 108 (1986) 422–433.

sondern z.T. schon von der Jugendbewegung geprägte Idealisten. Karl Rahner indes scheint eher den Eindruck eines konservativen Vertreters des Überkommenen gemacht zu haben, dem es vor allem darauf ankam, sich die Ordenswirklichkeit so zu eigen zu machen, wie sie war.

Er konnte dafür auch Auseinandersetzungen riskieren, die dem einen oder anderen seiner Mitnovizen im Gedächtnis haften blieben. Erstaunlich ist dieser Zug ganz und gar nicht; denn auch später lag Karl Rahner alles daran, zunächst einmal zu erfassen, was gegeben war. Erst auf dieser Grundlage meldeten sich dann seine Fragen und Einwände, bisweilen auch Kritiken und neue Vorschläge. Es blieb typisch für ihn, so unbefangen er mit Quellen umgehen konnte und umgehen ließ: die Grundlage mußte stimmen.

Die äußere Tagesordnung des Noviziats kam ihm offensichtlich entgegen. Bis in seine späten Jahre hat er das frühe Aufstehen, die Morgenmesse usw. treu beibehalten. Diese Disziplin schätzte er, weil sie einen Rahmen bot, der funktionierte und in dem er seine Arbeit gut unterbrachte. Er war ein Mensch, der am Morgen seine eigentliche Arbeitskraft entfaltete und dabei keine Störungen liebte. Wie er mit einem in viele kleine Beschäftigungen aufgeteilten Tag auskam, ist nicht überliefert, aber es war nun einmal so: „normal" und „selbstverständlich".

Otto Danneffel wirkte seit 1918 als Novizenmeister. Die Zahl der Novizen war zunächst sehr gering, wuchs aber rasch auf jährlich 20–30. Seine Leitsätze: „mit Großmut alles hingeben, mit Demut alles hinnehmen, mit Gleichmut alles ertragen, mit Starkmut alles einsetzen"[3].

Er liebte klaren und einfachen Aufbau sowie einprägsame Worte, entfaltete seine Gedanken mehr in assoziativer Verbindung als in logischer Entwicklung, wirkte mehr affektiv und impulsiv auf Gemüt und Willen als auf den Verstand. Seine Ideen über das Beten zum Beispiel faßte er in vier Merkworte zusammen: Beten ist Reden mit Gott, Rufen zu Gott, Ringen mit Gott, Ruhen in Gott.

Die Einführung der zahlreichen Novizen jener Jahre mit regelmäßigen Instruktionen, Betrachtungsimpulsen und persönlichen Gesprächen füllte ihn jedoch noch nicht aus. Außerhalb des Noviziats übernahm er gern und oft seelsorgerische Einsätze, Predigten, Vorträge, Exerzitien ... „Das bringt in das stille Magisterleben manche Abwechslung, Anregung und Freude", meinte er. Da er diese Erfahrungen bereitwillig weitergab, weckte er als Seelsorger, der er war, vor allem die praktische Einsatzbereitschaft.

Der spätere Provinzial Anton Stricker, selbst vor allem Seelsorger, machte zusammen mit Karl Rahner von 1922–1924 das Noviziat. Er urteilte über den Novizenmeister: „Er besaß eine Tiefe und kindliche Frömmigkeit mit einem stark affektiven Gepräge. Seine Erziehung und Einführung ins Ordensleben war positiv, wohlwollend, ermutigend, begeisternd und anfeuernd. Was er den Novizen besonders beibrachte, war Liebe zum Beruf und

---

[3] F. HÄUSSLER, in: Mitteilungen aus den Deutschen Provinzen der Gesellschaft Jesu 20 (1963/65) 259.

zur Gesellschaft Jesu, Eifer und Streben nach solider, nüchterner Tugend. Was er empfahl, hat er selbst getan."[4]

Das erinnert an einige Züge, die schon aus dem Leben der Familie Rahner bekannt sind. Es erklärt auch, wieso der Übergang für die Rahnerbrüder letztlich ohne eigene Probleme vor sich ging; sie fanden im Orden manches wieder, was ihnen längst vertraut war.

Was fehlte, aber wohl in dieser Einführungszeit auch gar nicht erwartet war, das war die Wissenschaft. Über 12 Jahre hat P. Danneffel Kandidaten der Gesellschaft Jesu herangebildet und eingeführt; dann ging er ganz in die Seelsorge.

Karl Rahner erinnerte sich: „Eine besonders kulturkämpferische oder eine kulturkampfabwehrende Mentalität würde ich eigentlich nicht empfunden haben. Wir gehörten natürlich damals, gerade auch als Jesuiten, zu jener kirchlich, römisch-katholischen Mentalität, wie sie sich sicher im 19. Jahrhundert nach der Französischen Revolution langsam gebildet hatte, und wie sie durch den Kulturkampf auch sicher verstärkt wurde, eine – ich meine das jetzt nicht abwertend – gettohafte Mentalität. Das alles hat seine verschiedenen Nuancen bei uns natürlich auch gehabt. Aber die moderne Welt und das geistige, kulturelle Leben der übrigen deutschen Gesellschaft wurde doch bis zu einem gewissen Grad mindestens mit Vorsicht und mit einer gewissen Zurückhaltung und kämpferischen Absetzung davon betrachtet und erlebt."[5] Diese Spannung war aber für die Rahners kein fremdes Element; aus der Schule zum Beispiel kannten sie die Unterschiede, die sich dennoch nicht in eifernde Alternativen auswuchsen. Man war bereit, für die eigene Überzeugung einzustehen, und rechnete damit, daß einem die anderen dazu auch die Gelegenheit einräumten. Es kam dann alles darauf an, wer die besseren Gründe hatte. Eine Grundkultur des Gesprächs war vorausgesetzt und wurde selbstverständlich in Anspruch genommen. Um so schlimmer war es, wenn die Rahners auf Intrigen und politische Tricks zu stoßen glaubten, auf Verhaltensweisen, die diese Voraussetzung untergruben und in Frage stellten. Die Erfahrungen der beiden Rahners im Noviziat endeten mit ihrer Bindung an den Orden in den Gelübden. Diese sind nach dem Verständnis der Gesellschaft Jesu gleich auf Dauer verpflichtend, während die Gemeinschaft eine gewisse Freiheit behält, auch später noch jemanden zu entlassen, der ihr in dieser Weise angehört. Hugo Rahner legte diese Gelübde Anfang 1921, Karl Rahner im April 1924 ab, doch hat der Jüngere eigens notiert, daß er sie am 15. August 1923 schon als privates Versprechen vorweggenommen hatte, wie es bei jenen üblich war, für die sich keine Bedenken oder Hindernisse zeigten. Beide haben diese Bindungen durch ihr Leben eingelöst, sie in feierlicher Form später noch einmal dokumentiert und sind zu ihnen, wenn sie danach gefragt wurden, gestanden.

---

[4] Ebd. 260.
[5] Karl Rahner – Erinnerungen, 37f.

Hatte Hugo Rahner bei den ersten Schritten in den Jesuitenorden einen kleinen Rabatt erhalten, so mußte Karl nach den Gelübden bis zum Herbst 1924 noch eine Zeit der Auffrischung in den Humaniora, in Literatur und Kunst absolvieren, bis die Philosophie begann. Hatte Hugo für die philosophischen Studien in das niederländische Valkenburg wechseln müssen, so blieb Karl in Feldkirch/Tisis. Denn da die geplante Fakultät in Pullach bei München mit der Grundsteinlegung am 24. August 1924 gerade in den baulichen Anfängen steckte, richtete man das erste Jahr des neuen Studiums in dem Haus ein, wo Noviziat und Juniorat zugleich ihr Domizil hatten.

7. Kapitel

Philosophische Studien

Ab Herbst 1920 studierte Hugo Rahner scholastische Philosophie, wie sie damals für die jungen Jesuiten vorgesehen war. Nach den Katalogen muß die Ordnung dieser Studien noch dem alten Modell in der Gesellschaft Jesu entsprochen haben, insofern es für jedes Jahr dieses dreijährigen Kurses einen zuständigen Professor gab, der ausdrücklich als Professor des ersten, des zweiten und des dritten Jahres bezeichnet wurde. Professor des ersten Jahres war P. Carl Frick (1856–1931), der mit längeren Unterbrechungen seit vielen Jahren die Logik und Ontologie doziert hatte. Während des Ersten Weltkriegs gab der mittlerweile über 65 Jahre alte Mann die „Institutiones logicae et ontologicae" von T. Pesch aus der Reihe „Philosophia Lacensis" neu bearbeitet heraus. Selbst hatte er schon 1893 eine „Logica" veröffentlicht, die bis 1931 sieben Mal aufgelegt wurde, und 1894 eine „Ontologia", die bis 1926 in sechs Auflagen vorlag. Diese Beiträge folgten der Valkenburger Tradition „einer dezidierten suarezianischen Neuscholastik", wie Karl Rahner später charakterisierte.

Als Studienpräfekt stieß Hugo Rahner im ersten Jahr noch auf P. Augustin Bea, bis dieser dann Provinzial in München wurde. Unter den Professoren der Philosophie sind zu erwähnen Carl Frank für Kosmologie und Biologie, Theodor Wulf für Physik, Josef Fröbes für Psychologie, Max Pribilla für Ethik und Bernhard Jansen für die Philosophiegeschichte. Da sich Hugo Rahner später über seine philosophischen Studien nicht äußerte, fällt es schwer zu sagen, ob ihn jemand beeindruckt hat, wer es war und wodurch. Auch über die zahlreichen Mitstudierenden, sei es in der Theologie, sei es in der Philosophie, ist für diese Zeit nichts Bestimmtes auszumachen. Immerhin lernte Hugo Rahner hier Otto Karrer kennen, mit dem er später zusammenarbeitete und der sich damals schon intensiv für die frühe Geschichte des Ordens interessierte. Er traf auf Erich Przywara, der zwar weit in der Theologie vor ihm war, aber immerhin noch im Studium. Er begegnete Alois Naber, der später Werke Karl Rahners in Rom zu begutachten hatte und ihre Drucklegung ermöglichte. Er sah hier Gustav Gundlach. Die Beziehungen zu den Theologen mögen weniger ausgeprägt gewesen sein. Unter den Philosophen der Zeit tauchen die Namen von August Brunner im dritten Jahr und von Josef de Vries im zweiten Jahr auf. Doch der eigene Kurs zählte allein schon über 30 Mitstudenten.

Im folgenden akademischen Jahr lebten im Haus von Valkenburg auch

Robert Leiber, der sich auf eine Dozentur in Kirchengeschichte vorbereitete, und der Ethiker Johannes Schuster, bei dem später Karl Rahner studieren sollte. Die Namen seien nur erwähnt, um ein wenig das Ambiente zu beleuchten, in dem Hugo Rahner die philosophischen Studien begann. Es fällt auf, daß er diesen Teil der Ausbildung nicht in Valkenburg beschloß, sondern das dritte Jahr in Innsbruck am dort neu betonten „Institutum Philosophicum" absolvierte. Er war dabei nicht allein. Mit vier anderen Studenten, die wie er diese Studien in Valkenburg aufgenommen hatten, übersiedelte er an den Inn. Verständlich wird dieser Wechsel, wenn man weiß, daß Innsbruck im Jahr zuvor einen Studienvisitator des Ordens gesehen hatte, der die wegen der Anbindung an die Universitätsfakultät etwas von den ordensinternen Regelungen abweichenden Gewohnheiten prüfte. Außerdem war die Zahl der Philosophiestudenten an dem vom Orden getragenen „Institutum Philosophicum" recht gering, während die Studentenzahlen in Valkenburg in diesen Jahren eher zu groß waren. Man versuchte, dem Innsbrucker Institut einen neuen Anstoß zu geben und zugleich die Planungen einer eigenen Philosophischen Fakultät im süddeutschen Raum zu konkretisieren. Am 7. März 1923 stellte sich das Institut in einer großen Festveranstaltung zum Gedenken an Thomas von Aquin betont dar, obwohl man hier in ganz eigener Weise auf den Aquinaten zurückgriff. Das mag auch durch die Theologie bedingt gewesen sein; denn nach Karl Rahners Urteil handelte es sich um die Tradition einer „relativ beruhigt neuscholastischen Philosophie ..., die nicht gerade allzuviel vom Geist eines Thomas oder gar eines Kants oder des deutschen Idealismus spüren ließ"[1]. Aber es war die Zeit erneuten römischen Insistierens auf der Bedeutung des Thomas auch für die philosophische Ausbildung. Kardinal Franz Ehrle hatte den Sinn durch einen Rückblick auf die Geschichte der Scholastik geklärt und in einer vom „Osservatore Romano" am 11. März 1924 abgedruckten Rede unterstrichen. Zum Jubiläum des Aquinaten kam eine eigene Enzyklika heraus, die benutzt wurde, um gegen angeblich abweichende Studientraditionen an kirchlichen Instituten erneut zu polemisieren. Mit den päpstlichen Empfehlungen sei keine Ausschaltung anderer Schulrichtungen beabsichtigt, machte Ehrle klar.

Die Bemühungen um den Aquinaten sind in Innsbruck greifbarer als in Valkenburg, wohl auch wegen des Öffentlichkeitscharakters, den das „Institutum" hatte und wegen der Nähe einer eigenen Philosophischen Fakultät, der gegenüber man sich mindestens auch profilieren mußte.

Der später langjährige Dekan der Hochschule in Pullach bei München, Josef de Vries, nuancierte die philosophische Mentalität in den Ausbildungsstätten der Jesuiten um die Mitte der 20er Jahre ein wenig durch den Hinweis: „Professoren wie der Ethiker Johannes B. Schuster, der Psychologe

---

[1] KARL RAHNER, Tradition im Wandel – 50 Jahre Hochschule für Philosophie, in: Hochschule für Philosophie München – Jahresbericht 1975/76, 3–10.

Alexander Willwoll, der Philosophiehistoriker Bernhard Jansen lehrten gewiß im Geist der klassischen Scholastik, waren aber ebensosehr auf Offenheit gegenüber den Fragen der Zeit und den Fortschritten der Wissenschaft bedacht."[2] Doch hier schieben sich die Dinge in der Rückschau schon etwas ineinander. In Innsbruck bot das Institut für scholastische Philosophie im Studienjahr 1922/23 für den dritten Jahrgang als Vorbereitung auf das Doktorat die Natürliche Theologie von Prof. Rochus Rimml, die allgemeine Ethik von Prof. O. Seywald und die spezielle Ethik von Prof. Max Küenburg an. Die Professoren Katzinger und Küenburg behandelten außerdem ausgewählte Fragen im Anschluß an die „Summa" des Aquinaten. Philosophiegeschichte dozierte Prof. A. Inauen. Im Seminar von Prof. Ferdinand Frodl wurde „Die materialistische Geschichtsphilosophie in der Neuzeit" bearbeitet, Prof. Michael Gatterer las Pädagogik und Prof. Franz Pangerl, der Kirchenhistoriker, dessen Nachfolger Hugo Rahner werden sollte, „Geschichte der christlichen Kunst". Außerdem nennt das Programm Religionswissenschaft bei Prof. Emil Dorsch, „Sozial-politische Fragen" und „Hebräische Lektüre" bei den Professoren Biederlack und Linder[3]. Direkte Zeugnisse Hugo Rahners über die Studien dieses Jahres sind bislang nicht bekannt. Immerhin dürfte der Kontakt mit Prof. Franz Pangerl schon in dieser Zeit angeknüpft worden sein. Der Akzent auf thomistischen Beiträgen war wohl durch das anstehende Thomasjubiläum bedingt, hatte aber in Innsbruck mit Johann B. Stufler eine eigene Tradition, mag sie auch vor allem theologisch gefärbt gewesen sein.

Karl Rahner hat es 1982 in einem Gespräch einmal so zusammengefaßt: Er habe sich „in all diesen Jahren ... nicht mehr mit Thomas von Aquin beschäftigt, als es damals für jeden einigermaßen wissenschaftlich interessierten Theologiestudenten meines Ordens normal war ... Während meiner Philosophie- und Theologiestudien habe ich jene Neuscholastik genossen, die bei uns Jesuiten in der ersten Hälfte des 20. Jahrhunderts gelehrt wurde. Diese Richtung ist, offen gestanden, sehr schwer zu charakterisieren. Sie basiert auf einer philosophischen Grundlage, die natürlich mit dem Thomismus etwas zu tun hatte. Aber zumindest bei uns in Deutschland war sie ein wenig ‚suarezianisch' bestimmt. Während also bei den Jesuiten in Rom der ‚Thomismus der 24 Thesen' gemäß der Studienkongregation von 1914 doziert wurde, wo zum Beispiel die Realdistinktion zwischen ‚esse' und ‚essentia' (Sein und Wesen) eine fundamentale Rolle spielte, lehrte man bei uns eine genauso selbstverständlich und indiskutabel mit allen kirchlichen Lehren konforme, dabei aber doch etwas dünne und blasse Neuscholastik suarezianischer Prägung, deutlich erkennbar zum Beispiel in der ‚philosophia lacen-

---

[2] J. DE VRIES, 1925–1975 Fünfzig Jahre Berchmanskolleg. Aus der Geschichte einer Philosophischen Hochschule, in: Hochschule für Philosophie München – Philosophische Fakultät S.J. – Rückblick 1925–1975 und Jahresbericht 1974/75, 3.
[3] Vgl. Korrespondenz des Priester-Gebetsvereines im theologischen Konvikte „Canisianum" zu Innsbruck 56 (1921/22) 141f.

sis'. Diese ‚Pluralität' war möglich, nachdem unser damaliger General Wladimir Ledóchowski nach dem Tod Pius' X. von Benedikt XV. die berühmt gewordene Erklärung erhalten hatte, daß die erwähnten 24 Thesen eines ‚cajetanischen Thomismus' – so müßte man wohl sagen – nicht für alle in der Kirche verpflichtend seien."[4] Mit diesen Bemerkungen ist der Hintergrund verdeutlicht, auf dem es 1923/24 zu einer neuen Frage nach Thomas von Aquin kam, die diesmal durch den erwähnten Einsatz von Kardinal Franz Ehrle im Sinne der Pluralität ihre Antwort fand. Den Unterschied zwischen Valkenburg und Innsbruck brachte Karl Rahner dann so zum Ausdruck: „Eine Art Spätkontroverse zwischen Johann Stufler SJ in Innsbruck und seinen thomistischen Gegnern banezianischer Prägung entbrannte"[5]. Und er führt als Beispiel näher aus: „So altmodisch, merkwürdig und beinahe staubig-scholastisch mein Vorgänger in Innsbruck, Pater Johann Stufler, war, mit seiner Arbeit ‚Divi Thomae Aquinatis doctrina de Deo operante in omni operatione naturae creatae praesertim liberi arbitrii' (1923) hat er in den zwanziger Jahren ein Buch verfaßt, in dem vielleicht etwas bei Thomas gesehen worden ist, was bis auf den heutigen Tag bei ihm nicht beachtet wurde und doch eine fundamentale, ja theologisch gesehen radikale Bedeutung haben könnte. Stuflers Buch war eine Kampfschrift gegen die Anhänger des Domingo Bánez mit seiner Lehre von der ‚praemotio physica'(wonach der Mensch nur aufgrund der unmittelbaren Einwirkung Gottes handeln könne). Nach Stuflers Thomas-Darstellung wirkt Gott auf die Welt nur dadurch ein, daß er geschöpfliche Potenzen setzt und nicht ein Einzelwirkfaktor innerhalb der Kette der Welt ist. Das ist vielleicht eine gefährliche, zumindest eine problematische, aber für mich auch fundamentale Plausibilität, beinahe eine Voraussetzung, die Thomas vielleicht gesehen hat, die von Schulthomisten aber übersehen und jetzt vielleicht wiederentdeckt wurde, so als würde jemand einen Schatz ausgegraben haben und gar nicht merken, welcher Sprengstoff da gefunden wurde."[6] Auf solche Untersuchungen und Diskussionen ließ man sich von Valkenburg, von Tisis und dann von Pullach aus in den 20er Jahren nicht ein. Dort stand die Ausbildung im Vordergrund, die Lehre und Einübung. Erst nach und nach gewöhnte man sich an das wissenschaftliche Gespräch in der Öffentlichkeit, das während des Exils vornehmlich von den Schriftstellern geführt worden war und auch in den 20er Jahren von Leuten wie Erich Przywara, Max Pribilla, Peter Lippert u. a. bestimmt wurde.

Am Anfang der neuen Hochschule in Tisis und dann in Pullach standen tatsächlich Carl Frick und neben ihm der Naturphilosoph Carl Frank, die beide schon in Valkenburg gelehrt hatten. Die Absicht, nach dem endgültigen Fall der Jesuitengesetze und der Aufhebung der Verbannung aus dem

---

[4] Karl Rahner – Glaube in winterlicher Zeit, 51.
[5] Ebd. 51.
[6] Ebd. 66.

Deutschen Reich, in Deutschland selbst mit einer Hochschule präsent zu sein und am geistigen Leben unmittelbar Anteil zu nehmen, ließ sich wegen der Ungunst der Zeiten nicht so rasch verwirklichen. 1923 gelang es, das Grundstück in Pullach bei München zu erwerben. Doch waren noch langwierige Verhandlungen nötig, bis es im Frühjahr 1924 zum Baubeginn kam und im August der Grundstein feierlich gelegt werden konnte. Unterdessen sollte schon eine Studentenschar gebildet werden, mit der ein Jahr später das neue Gebäude bezogen und seiner Bestimmung übergeben werden konnte. Dazu eröffnete man am 15. September 1924 in Tisis den ersten Jahrgang der Philosophie. Außer den deutschen Studenten, unter ihnen Karl Rahner, fanden sich 16 aus der österreichischen, vier aus der jugoslawischen und zwei aus der tschechischen Provinz zusammen. Der Rektor des Innsbrucker Kollegs P. Ersin war ebenfalls gekommen und feierte mit P. Provinzial Aug. Bea und P. Alb. Steger die Messe zu Ehren des Heiligen Geistes. Am Nachmittag gab es eine akademische Feier in der Aula des Exerzitienhauses, in dem das neue Institut beginnen sollte. Ein Vortrag „Die Scholastikate der Gesellschaft im südlichen Deutschland" beleuchtete den geschichtlichen Hintergrund, ein weiterer „Wissenschaft im Dienste der Liebe" markierte die Ausrichtung des Unternehmens. Zum Schluß sprach P. Ersin über die Freude für die süddeutsche Provinz über dieses eigene Ausbildungshaus und über den lang gehegten Plan einer engeren Zusammenarbeit der süddeutschen und der österreichischen Provinz in den Wissenschaften. Diesen Gedanken unterstrich auch P. Bea mit einem Dank an Valkenburg, wo die meisten Patres der neuen Provinz ausgebildet worden waren, und an Innsbruck, wo seit mehreren Jahren ein großer Teil der süddeutschen Scholastiker Heimat gefunden hatte. In der Hoffnung auf die Eröffnung des Kollegs bei München im folgenden Jahr begann die Arbeit[7].

Nach Karl Rahner ging es dabei um die Vermittlung „einer dezidierten suarezianischen Neuscholastik ..., bei der auch didaktisch die formulierte These am Anfang der Überlegungen aufgestellt wurde und die Unterlage der Examina ein Thesenzettel war, ganz abgesehen vom Schullatein, in dem vorgetragen, nach scholastischem Disputationsritual disputiert und auch examiniert wurde."[8] Die Erinnerung will nachdrücklich herausstellen, daß „diese Hochschule immer und auch heute nicht nur Philosophiegeschichte treibt, sondern Philosophie, nicht unphilosophisch den Schüler bloß in einen Sumpf von Meinungen versenkt, aus dem er herauszukommen allein meist ohne Erfolg versuchen muß, daß man noch Ja und Nein sagen, eine eigene Überzeugung bei aller kritischen Selbstbescheidung und in aller Freiheit für den Hörer vortragen kann."[9]

---

[7] Vgl. Im Wandel der Zeiten, in: Mitteilungen aus den Deutschen Provinzen der Gesellschaft Jesu 10 (1924/26) 76–78.
[8] KARL RAHNER, Tradition im Wandel, 4.
[9] Ebd. 5.

Die Bemerkung hat einen philosophischen Historismus im Auge, der auch in theologischer Variante vorkam und vorkommt. Den Professoren der Hochschule bezeugt sie – wenn auch nicht ohne jede Reserve –, sie hätten von Anfang an ihren Studenten einen Weg in lebendiges Philosophieren erschlossen, d. h. in eigenständige Reflexion christlicher, katholischer und jesuitischer Überzeugung. Man schloß dazu an bewährte Methoden an und suchte jeden Bruch zu vermeiden. Entsprechend waren die Professoren ausgewählt. Die ersten 46 Studenten in Feldkirch/Tisis unterstanden dem schon erwähnten Studienpräfekten C. Frick, dem A. Steger zur Seite stand. Die beiden haben offensichtlich die Hauptlast dieses Jahres getragen; denn das Programm sah nach einer Einführung in die Logik das Studium der Erkenntnistheorie und der Ontologie vor. Schaut man sich Fricks gedruckte Lehrbücher daraufhin an, was er wohl vortrug, dann versteht man, warum nach Karl Rahners Urteil hier eine etwas dünne und blasse Neuscholastik vorlag. Es ging um Begriffsklärung, um Einordnung dieser Begriffe in sehr einfacher Weise, um eine Theorie, die klar und kohärent war, aber kaum Bezüge zur Wirklichkeit und zu den Problemen der Zeit aufwies. Ein Beispiel dafür mag jener Zettel mit Thesen aus der Philosophie sein, die in der dritten Monatsdisputation am 28. Mai 1925 um 15.00 Uhr aus der „Ontologie" zu verteidigen waren.

Der offizielle Zettel nennt folgende acht Sätze:

1. Conceptus entis ut sic est unus, quo nullum ens determinatum ut tale comprehenditur, sed ea sola ratio, in qua omnia omnino entia realia inter se aliquo modo sunt similia.
2. Inter ens ut sic et primas differentias non est distinctio et compositio metaphysica, sed tantum logica; ideoque conceptus entis ut sic non est metaphysice unus seu univocus.
3. Conceptus obiectivus entis ut sic quoad ens a se et ens ab alio et quoad substantiam et accidens est metaphysice analogus analogia attributionis intrinsecae.
4. Possibile non habet ullam actualitatem internam, non tamen est omnino nihil neque merum ens rationis, sed est ens metaphysicum.
5. Interna rerum possibilitas neque a divina potentia neque a libera Dei voluntas pendet.
6. Intrinseca rerum possibilitas et impossibilitas immediate ipsis rerum essentiis constituitur.
7. Possibilia non sunt a se, sed ratio et radix ontologica possibilium est essentia divina.
8. Conceptus substantiae seu conceptus entis, cui competit esse per se et non in subiecto inhaesionis, est obiective realis, neque ulla ratione improbari potest divisio substantiae in substantiam completam et incompletam.

Zu verteidigen hatten diese Sätze die Fratres Karl Rahner und Franz X. Loidl, anzugreifen hatten sie die Fratres J. Junkes und Ant. Demsar[10]. Diese Disputation fand noch in Tisis statt. Sie gehörte zum offiziellen Studienprogramm, neben dem die Studenten in etwas freierer Art sogenannte Akademien veranstalteten, bei denen die Ergebnisse jener Arbeiten vorgetragen wurden, die aus persönlichem Interesse in entsprechenden Zirkeln entstanden. In Pullach hielt Karl Rahner am 16. Dezember 1926 in solch einem Rahmen den Vortrag über „Die Lehre von der Glückseligkeit bei Aristoteles und Thomas", der in die Festschrift zu Ehren des Vaters im Jahre 1928 einging. Das beleuchtet auch, woher die Texte dieser Sammlung ursprünglich kamen.

Der Übergang nach Pullach bei München im Jahre 1925 bedeutete einen neuen ersten Jahrgang. Über 50 Studierende kamen für diesen Beginn hinzu, so daß die Hochschule in den neuen Gebäuden mit über 100 Hörern ihre Arbeit aufnahm. 1926 trat Karl Rahners Kurs in das dritte Studienjahr, und wieder kam ein neues erstes Jahr hinzu. Jetzt war die Fakultät voll ausgebaut. Für das zweite Jahr erschienen 1925 die Professoren C. Frank aus Valkenburg für die Naturphilosophie und der Psychologe Alex. Willwoll, der nach Spezialstudien in Rom und Wien jetzt seine Lehrtätigkeit aufnahm. Zu C. Frank hat Karl Rahner später einige besinnlich-erheiternde Erinnerungen mitgeteilt. Er trug zu Ehren seiner fränkischen Heimat bei den Studenten den Spitznamen „Kilian". Die Naturphilosophie sei damals nicht sehr aufregend empfunden worden. Mit entsprechenden Erfahrungen ausgerüstet habe „der Kilian" so einmal beim Betreten des Vorlesungsraums einem Hörer gesagt: Gähnen Sie doch nicht, ich habe ja noch gar nichts gesagt. Und ein andermal habe dieser Professor jemanden gefragt: Haben Sie keine neue Prophezeiung? Möglichst kurzfristig, wahr braucht sie nicht zu sein. Sein etwas melancholisches Temperament hätten ihm Zukunftsprognosen wichtig gemacht. Und schließlich sei es mit den Argumenten bei ihm so gewesen, daß manchmal Zweifel blieben. Auf den Hinweis, sein erstes Argument in einer Frage schiene doch nichts zu beweisen, erklärte „der Kilian": Dann nimm halt das zweite. Und Karl Rahner schloß diese Anekdoten für Frau Hanna-Renate Laurien mit der Moral-Anwendung: der Mensch ist immer mehr als seine Wissenschaft, und nur wer das nicht vergißt, ist ein Philosoph[11].

Ein Jahr später traten in das Professorenkollegium J. B. Schuster für Ethik, der Philosophiehistoriker B. Jansen aus Valkenburg und als junger Dozent für Erkenntnistheorie und Metaphysik Al. Naber ein. Der letzte löste C. Frick im ersten Jahr ab, so daß dieser für das jetzt dritte Jahr die philosophische Gotteslehre übernehmen konnte. Karl Rahner hat so C. Frick in drei der sechs systematischen Disziplinen gehört.

---

[10] Nach der Kopie im Karl-Rahner-Archiv Innsbruck; vgl. den Index thesium, in: C. FRICK, Ontologia, Freiburg i.Br. 1929, Nr. I – XVIII.

[11] Vgl. KARL RAHNER, Der Kilian, in: M. SCHÄCHTER (Hrsg.), Schulbeispiele. Nachdenkliches und Heiteres zum 50. Geburtstag von Hanna-Renate Laurien, Mainz 1978, 41f.

Der stufenweise Aufbau und die Jahr für Jahr vollzogene Erweiterung des Lehrkörpers um bewährte Valkenburger Kräfte wie Frick, Frank, Jansen und in gewisser Weise Schuster sowie um junge Kräfte wie Willwoll, Naber, Steger vollzogen sich erstaunlich geradlinig, freilich nicht ganz ohne Spannungen und Schwierigkeiten. Pullach war nicht einfach die Kopie von Valkenburg, hatte aber starke Verbindungen mit der dortigen Tradition. Von diesem Ausgangspunkt aus suchte man zum lebendigen Philosophieren anzuleiten. Hinzu kam deutlich spürbar die Absicht, mit der gängigen Wissenschaft in ernsten Kontakt zu treten. C. Frank brachte unter dieser Rücksicht seine Bemühungen mit, die er im Anschluß an die Positionen von E. Wasmann um ein entsprechendes Verständnis der Evolution aufgewandt hatte. 1928 schloß die Aufbauphase der neuen Hochschule, als C. Frick – mittlerweile über 70 Jahre alt – nach Feldkirch übersiedelte und aus dem wissenschaftlichen Unterricht ausschied. A. Naber ging im gleichen Jahr nach Rom, von wo als junge Kräfte A. Maier für Erkenntnistheorie und Metaphysik sowie M. Rast für die philosophische Gotteslehre in den Pullacher Lehrkörper eintraten[12].

Die beiden Rahners studierten ihre Philosophie nicht nur an verschiedenen Orten, zu unterschiedlichen Zeiten, sondern auch in einer gewandelten Atmosphäre. Beide konnten den Kurs nicht an einem Ort absolvieren. Hugo studierte zwei Jahre in Valkenburg und ein Jahr in Innsbruck, Karl ein Jahr in Feldkirch/Tisis und zwei Jahre in Pullach bei München. Der Ältere erlebte in diesen Semestern die Kriegsgeneration und die Bedingungen der Nachkriegszeit, der Jüngere erfuhr schon prägend die Generation der Jugendbewegung und des katholischen Neuaufbruchs. Und doch haben beide in diesen Studien ganz wesentlich die gleiche Grundlegung mitbekommen, mögen auch Akzente und Schwerpunkte unterschiedlich sein. C. Frick war hier wie dort Professor, ähnlich C. Frank und B. Jansen, aber auch J.B. Schuster. Das Programm glich in Valkenburg dem, welches nachher in Pullach zugrundegelegt wurde, trotz unverkennbarer Nuancen. Bevor diese Änderungen – an den neuen Professoren festgemacht – betrachtet werden, sind jene Professoren näher vorzustellen, die sowohl Hugo wie auch Karl in ihre Fächer eingeführt haben.

a) Carl Frick (1856–1931)

Alemanne wie die Rahners, jedoch aus dem österreichischen Vorarlberg stammend, war C. Frick 1856 in Feldkirch geboren. Der Kontakt mit den deutschen Jesuiten ließ ihn 1872 in die deutsche Provinz der Gesellschaft eintreten, in dem Jahr also, als die Kulturkampfodyssee der deutschen Or-

---

[12] Vgl. K.H. Neufeld, Geschichte und Mensch, Rom 1983, 22–28: Anfänge einer Hochschule.

densangehörigen begann. Frick bekam seine Ausbildung in den Niederlanden, in den USA und in England. An eine wissenschaftliche Laufbahn war offensichtlich anfangs gar nicht gedacht; er sollte Volksmissionar werden. Doch 1890 fiel plötzlich der Logikprofessor im niederländischen Exaten aus; ersatzweise wurde C. Frick mit der Vertretung betraut. Da er den Studierenden sehr menschlich entgegentrat, war er allseits geschätzt und beliebt. Bis 1894 entstanden seine beiden schon erwähnten Lehrbücher zur „Logica" und zur „Ontologia". Dann wurde er in die Verwaltung der Provinz berufen und übernahm 1897 das Amt des Rektors von Valkenburg. Im Anschluß machte man ihn zum Oberen des Schriftstellerhauses in Luxemburg, ein Einsatz, der 1909 nicht ganz sanft endete, weil C. Frick an der damals umstrittenen Osterdienstagskonferenz in Köln teilgenommen hatte, die in den Modernismusschwierigkeiten auf die Seite der Inquisitoren getreten ist. Da sich daraus für den Gesamtorden Schwierigkeiten ergaben, wurde C. Frick nicht nur abgelöst. Er sollte einen Posten in Neapel übernehmen, mußte tatsächlich jedoch als Spiritual in das Priesterseminar von Luzern übersiedeln, wurde bald krank und kehrte 1911 nach Valkenburg zurück, ohne daß man ihm eine Aufgabe übertrug. Erst 1918 setzte man ihn dort im Zusammenhang mit personellen Engpässen aufgrund des Ersten Weltkriegs wieder als Professor ein. In der Zwischenzeit hatte er T. Peschs einschlägige Beiträge zur Logik und Metaphysik überarbeitet, ergänzt und neu veröffentlicht. Das Vertrauen von A. Bea vor allem ließ ihn 1924 nach Feldkirch/Tisis zur Grundlegung der neuen philosophischen Hochschule kommen. Wie erwähnt, hat er als Studienpräfekt und als Professor dort und ab 1925 in Pullach bis 1928 diese Aufgabe wahrgenommen. In Valkenburg war Hugo Rahner, in Feldkirch und Pullach Karl Rahner sein Schüler.

Obwohl Fricks Name im „Philosophen-Lexikon I", Berlin 1949, 361 angeführt wird, mag nach dem oben skizzierten Lebenslauf gefragt werden, ob er Philosoph war. Sicher hat er seine Lehraufgabe gewissenhaft und verantwortlich im Rahmen der ihm gegebenen Möglichkeiten wahrgenommen. Aber ihm war weder eine eigentliche Vorbereitung auf diesen Einsatz noch genügend Raum und Ruhe für eine selbständige Entfaltung vergönnt. Die längere Zeit seines Lebens waren ihm Leitungs-Aufgaben im Orden übertragen, und darüber kam es zu Fragen und Unsicherheiten, was sein Urteil betraf. Mißverständnisse haben mitgespielt, die sich aus seiner großen Offenheit und seinen unbefangenen Mitteilungen nährten. Erwähnt wird, er habe wenig Sinn für Humor gehabt und sei Zeitfragen ein wenig hilflos gegenübergestanden. Im Grundsätzlichen billigte man ihm Klugheit und Besonnenheit sowie die Gabe der vereinfachten Darstellung zu. Durch sein Verhalten indes hat er gewisse Reserven geweckt, auf die zurückzuführen ist, was er selbst als Verkannt- und Brachgelegtwerden empfand. Die Jahre zwischen 1909 und 1918 müssen für ihn schwer gewesen sein.

Den Einstand in Feldkirch/Tisis markierte er am 17. Oktober 1924 mit dem Vorwort zur sechsten Auflage seiner „Logica". Er erwähnt, schon in der zweiten Auflage von 1896 sorgfältiger und ausführlicher dargelegt zu haben, was die menschliche Autorität und das historische Zeugnis betrifft. Die fünfte Ausgabe sei nachhaltiger überarbeitet worden, so seien die Thesen gegen den Relativismus und den absoluten Subjektivismus hinzugefügt worden. In der Lehre vom Urteil sei gezeigt, daß alle diese Urteile a priori analytisch und nicht a priori synthetisch seien. „Quia vero, postquam doctrina vera positive declarata et demonstrata est, facilius intelligitur tum expositio tum refutatio erroris contrarii, ideo ad finem capitis translata est thesis de idealismo transcendentali, quem Kant statuit in sua Critica rationis purae"[13]. Ebendort wird dann angemerkt, das Buch sei durch diese Überarbeitung so gewachsen, daß es bei der weiteren Überprüfung für die sechste Auflage nötig gewesen sei, auf Kürze zu achten. Umfangreicher würden die Fragen behandelt in den von Frick herausgegebenen „Institutiones logicae et ontologicae quas secundum principia S. Thomae Aquinatis ad usum scholasticum accommodavit Tilmannus Pesch S. J." (Philosophia Lacensis).

Die Namen des Aquinaten und des Königsbergers spielen in den Lehrbüchern Fricks, wie sie um 1925 in Gebrauch waren, eine vorherrschende Rolle. In der „Logica" ist etwa 50 Mal ausdrücklich auf Thomas Bezug genommen, in der „Ontologia" über 30 Mal. Kant ist in der „Logica" 10 Mal herangezogen, abgesehen von den Abschnitten 390 bis 402, die einer Darlegung und Prüfung seines Systems der reinen Vernunft gewidmet sind. Eine genauere Untersuchung dieser Bezüge läßt sich hier nicht anstellen; da sie noch nicht gemacht ist, kann auch nicht in kurzen Worten ein begründetes Ergebnis zusammengefaßt werden. Jedenfalls kamen die beiden Rahners bei Frick sowohl mit dem Aquinaten wie mit Kant in Berührung. Es läßt sich aber leicht erkennen, in welchem Geist das geschah. Suárez wird ja durchaus herangezogen, und in der Behandlung Kants ist das Urteil über den Idealismus maßgebend, wie es in katholischen Kreisen damals lebendig war. Immerhin ist zu spüren, daß die Positionen nicht einfach selbstverständlich hingenommen oder ohne weiteres abgelehnt werden. Der Weg zu einer lebendigeren Auseinandersetzung ist geöffnet. Darüber können auch blumige Lobesworte auf der einen oder harsche Verurteilungen auf der anderen Seite nicht hinwegtäuschen. Frick mag sich die Sache zu einfach vorgestellt haben, Ansätze jener Aufgaben, die in den kommenden Jahrzehnten die jüngere Generation beschäftigen würden, sind nicht zu verkennen. In den letzten Lebensjahren bis 1931 wirkte C. Frick in Feldkirch, seiner Heimat, als Spiritual[14].

---

[13] C. Frick, Logica, Freiburg i.Br. 1925, VI.
[14] Vgl. H. Krose, P. Karl Frick, in: Mitteilungen aus den Deutschen Provinzen der Gesellschaft Jesu 12 (1930/32) 438–444.

b) Carl Frank (1875–1950)

Der Naturphilosoph Frank war nach C. Frick der älteste der Professoren, denen Hugo und Karl Rahner in ihren philosophischen Studien begegneten. Er ist der einzige, dem Karl Rahner später wegen seiner Originalität eine eigene persönliche Erinnerung gewidmet hat. Oben wurde daraus schon einiges angeführt. 1926 veröffentlichte er als Teil des Valkenburger „Cursus Philosophicus in usum scholarum" seine „Philosophia naturalis"[15]. Im Vorwort wird erwähnt, dieses Lehrbuch baue auf jenem von H. Haan auf, wenn Frank auch im Blick auf die neueren naturwissenschaftlichen Erkenntnisse die früher benutzte Methode für unzureichend ansah. Er wollte induktiver vorgehen als sein Vorgänger. In seine Darstellung hat er die Evolutionstheorie einbezogen, während er andere Fragen ausdrücklich in die Erkenntnistheorie und in die rationale Psychologie verwies. In ausdrücklicher Weise dankt er J. Fröbes und C. Frick. Diese Naturphilosophie war das erste eigene Lehrbuch, das von Pullach aus veröffentlicht wurde[16].

Nach Karl Rahner hatte Frank „für seine Zeit gründlich Biologie in Löwen studiert"[17]. In der Arbeit „The theory of Evolution in the light of facts"[18] führte Frank das von E. Wasmann mit „Modern Biology and the Theory of Evolution"[19] gegebene Beispiel weiter. Eine besondere Frage sah Frank im Zeitproblem, dem er zunächst unter Rückgriff auf Aristoteles und Thomas von Aquin beizukommen suchte. Später gab er das auf. Zur Evolution der Organismen bot er einen eigenen Abschnitt. Ausgehend von den Veränderungen nimmt er in eingeschränktem Sinn Entwicklung an. Auch hier zeigt sich die Auswirkung der Kenntnis moderner Naturwissenschaft, ohne daß dieser einfach die dominierende Rolle zugebilligt würde. Der Ansatz bei den Phänomenen, das Vertrauen in die Induktion und die Annahme, die neuere Biologie vermittle durchaus richtige und deswegen ernstzunehmende Erkenntnis, über die sich der Naturphilosoph nicht hinwegsetzen darf, sind deutliche Elemente eines Umgangs mit der Natur, der philosophisch verbindliche Folgen hat.

---

[15] Freiburg i. Br. 1926.
[16] Das Vorwort endet: Pullachii prope Monachium, in Collegio S. Ioannis Berchmans, die 26 novembris 1925; ebd. VI.
[17] KARL RAHNER, Tradition im Wandel, 4.
[18] London 1913.
[19] London 1908.

c) Johannes B. Schuster (1887–1952)

Der Ethiker begann im Herbst 1926 in Pullach seine dortige Lehrtätigkeit. Er gehört mit einigen Abstrichen in die Valkenburger Tradition von Frick und Frank. Er war schon Priester, als er in die Gesellschaft Jesu eintrat. Deswegen erhielt er seine Grundausbildung nicht in jesuitischen Ausbildungshäusern. Zur Abrundung seiner Formung kam er 1914 nach Valkenburg, wo er sich je zwei Jahre in Philosophie und Theologie vertiefen konnte, bevor er sich 1919–21 auf die Dozententätigkeit in philosophischer Ethik vorbereiten durfte. In dieser Aufgabe löste er bis 1925 M. Pribilla ab. Dann ging er an das „Institutum Philosophicum" in Innsbruck und ein Jahr später nach Pullach. Auch danach arbeitete er noch mit Innsbruck zusammen. Hugo Rahner hat er nicht unterrichtet, weil dieser für das dritte Jahr in Innsbruck weilte, wohl aber Karl Rahner. Die Moralphilosophie Schusters wuchs langsam; anfangs hielt er sich an das Lehrbuch von Victor Cathrein, dem er aber einen eigenen Teil über die christliche Soziallehre beifügte. Damit gab er zu verstehen, in welcher Richtung er die Ethik zu entfalten gedachte. Die Veröffentlichungen kamen erst später heraus, als die Rahners längst ihre philosophischen Studien hinter sich hatten. Grund- und Prinzipienfragen einerseits, konkrete Herausforderungen durch die gegebene Welt anderseits bildeten für Schuster den Rahmen seines Lehrens. Die Naturrechtslehre bildete dafür das Rückgrat. In seiner „Soziallehre" (Freiburg 1935, 155) suchte Schuster die Überlegenheit der scholastischen Sozialtheorie dadurch zusammenfassend herauszustellen, daß sie gegenüber bloß soziologischen und sozialpsychologischen Untersuchungen auf die eigentlichen Tiefen menschlicher Gemeinschaftsstruktur dränge „zur Ethik und Naturrechtslehre, zur Wert- und Ziellehre, die in einem wohldurchdachten philosophischen Gesamtbild die eigentliche Stellung des Menschen in der Welt und vor dem Weltschöpfer umreißen".

Beide Rahners hatten Schuster kennengelernt; keiner von beiden hat aber ethisch-moralische Überlegungen als sein besonderes Arbeitsfeld angesehen. So ist denn nicht zu verwundern, daß Schuster wie Frank in den Äußerungen beider wenig genannt werden. Zu erwähnen und kurz vorzustellen sind sie hier dennoch, weil sich möglicherweise herausstellt, daß ihr Beitrag unterschwellig im Denken der beiden Rahnerbrüder nachgewirkt hat und vielleicht hier oder dort zutage tritt. Anders ist es wohl bei dem Historiker Bernhard Jansen, der in greifbarer Weise die beiden Brüder beeinflußt hat.

d) Bernhard Jansen (1877–1942)

Für die neue Hochschule in Pullach stand zuerst kein eigener Philosophiehistoriker zur Verfügung. B. Jansen kam jeweils von Valkenburg, um in den frühen Jahren die entsprechenden Vorlesungen und Übungen zu halten. Schon bald überlegten die Verantwortlichen, wer diesen Posten auf Dauer ausfüllen könne. Am 21. Januar 1927, noch vor dem Abschluß seiner philosophischen Studien, bestimmten sie Karl Rahner, sich auf die Professur der Geschichte der Philosophie in Pullach einzustellen. Rahner selbst hielt das für nicht unwichtig: „Ich wurde schon damals von meinen Oberen bestimmt, Geschichte der Philosophie in Pullach zu dozieren. Diese Destination begleitete mich sowohl durch die zwei Jahre, in denen ich Lateinschulmeister für die Novizen in Feldkirch war, wie durch die vier Jahre Theologie in Valkenburg und genauso durch das Tertiat. Mit dieser Bestimmung im Hintergrund ging ich schließlich für zwei Jahre nach Freiburg und nicht nach Rom, wie es damals eigentlich für angehende Jesuitenprofessoren üblich war. Obwohl ich also Philosophie dozieren sollte, habe ich mich in all diesen Jahren dennoch nicht mehr mit Thomas von Aquin beschäftigt, als es damals für jeden einigermaßen wissenschaftlich interessierten Theologiestudenten meines Ordens normal war. Im Gegenteil: Ich habe während der zwei Jahre zwischen dem Philosophie- und dem Theologiestudium sogar den Plan gefaßt: wenn schon Professor für Geschichte der Philosophie, dann mit dem Schwerpunkt Barockscholastik. Über diesen Zeitraum gibt es ja kaum Arbeiten ... Ich begann also, die Jesuitenphilosophen des 16. und 17. Jahrhunderts in den Blick zu nehmen; ‚studieren' wäre zuviel gesagt. Aber ich sammelte, was bereits darüber erschienen war"[20]. Dieser Ausgriff war nötig, weil es gerade B. Jansen ist, der das etwas merkwürdige Interesse Karl Rahners an der Barockscholastik erklärt. Offensichtlich spielte noch die Bedeutung der Gesellschaft Jesu für diese Aufmerksamkeit eine Rolle, ging es doch um ein Studium der Jesuitenphilosophen. Dieser zweite Gesichtspunkt findet sich so bei Jansen nicht und darf als Karl Rahners Akzent angesehen werden. Jansen charakterisierte seine Arbeit so, daß er „die neuere, nicht-scholastische Philosophie, besonders die grundlegende von der Renaissance bis Kant quellenmäßig zu bearbeiten" suchte, „mehr ideen- als literargeschichtlich, und ihre Problematik der der aristotelisch-scholastischen Philosophie" gegenüberstellte, „mehr die Zusammenhänge erfassend, als die Einzelheiten analysierend. Er wollte dabei bewußt die Schwächen beider wertend miteinander vergleichen, um so einer Verständigung und Annäherung beider zu dienen, soweit die wesentliche Verschiedenheit zwischen ihnen es gestattet"[21].

Jansen hatte in Straßburg und Bonn seine Ausbildung vertiefen können, bevor er 1910 Professor für Geschichte der Philosophie in Valkenburg

---

[20] Glaube in winterlicher Zeit, 49f.
[21] Philosophen-Lexikon I, Berlin 1949, 589. Diesem Text liegt eine Selbstdarstellung zugrunde.

wurde. Diese Aufgabe versah er bis 1932, doch brauchte er nur zeitweise in der Hochschule anwesend zu sein. Er wirkte nebenher in Breslau und Bonn sowie in Pullach zwischen 1926 und 1933. Seine Vorlesungen galten als schwierig, weil er den Ehrgeiz hatte, nicht nur Bekanntes zu bieten. Man sagte ihm „hohen Gedankenflug" nach. Mit einer Fülle von Anregungen überschüttete er die Studenten. Als junger Gelehrter hatte er auf Wunsch des damaligen Präfekten der Vatikanischen Bibliothek, des späteren Kardinals F. Ehrle, in mühsamer, ihm wenig liegender Kleinarbeit die „Quaestiones in Secundum Librum Sententiarum" des Johannes Olivi ediert (1922/26), aber sehr bald erkennen lassen, daß ihm viel mehr an der oben schon deutlich gewordenen Vermittlung zwischen scholastischem und modernem Denken lag. Karl Rahner erinnert sich: „Bernhard Jansen, der damals in Pullach Geschichte der Philosophie lehrte und junge Leute auf Kant, Maréchal, Heidegger usw. mit einem offenen Geist aufmerksam machte, war zwar ein verdienter Herausgeber Olivis und ein Kenner der neuzeitlichen Philosophie, zu der er eine merkwürdige Haßliebe hatte, konnte aber doch nicht die Kraft finden, die neuscholastische Philosophie dieser ersten Zeit entscheidend um- oder mitzuprägen"[22]. Doch nicht nur auf Kant, Maréchal, Heidegger usw. machte Jansen aufmerksam, unverkennbar trieb ihn ein lebendiges Interesse an den Beiträgen, die sachlich zum modernen Denken geführt hatten, eben an der Barockscholastik, der Aufklärung, Kant. Den Idealismus hingegen ließ er beiseite. Wichtig waren seine Untersuchungen zu Leibniz und Kant[23]. Intensiver noch faßte er seine Studien von der sachlichen Seite her an, so daß er eben über diesen Zeitraum etwa zur Religionsphilosophie oder zum Naturgedanken mit Untersuchungen hervortrat[24]. Besonders markante Themen waren bei ihm: Christentum angesichts eines durch die Naturwissenschaften gewandelten Weltbildes, Religion im säkularisierten Horizont. Auffällig ist schließlich Jansens unbedingte Hochschätzung der Metaphysik. „Aufstiege zur Metaphysik" hat er einen umfangreichen Aufsatzband betitelt[25]. Dem eigenen Fach, der Geschichte der Philosophie, brachte er merkwürdigerweise keine sonderliche Hochschätzung entgegen, selbst wenn er in seinem Vorgehen dem Rückgang auf die Quellen, der Frageklärung im historischen Kontext und der Anwendung historischer Kritik das Wort redete[26]. Im Blick auf Kant und sein Werk entfaltete er die Perspektive: „Das würde doch theoretisch den größten Triumph und praktisch die sieghafteste Werbekraft der Scholastik bedeuten, wenn sie mit denselben Methoden, mit denen ihr bedeutendster Gegner sie vernichten will, ihn

---

[22] Karl Rahner, Tradition im Wandel, 6f.
[23] B. Jansen, Leibniz, erkenntnistheoretischer Realist, Berlin 1920; ders., Gottfried Wilhelm von Leibniz, in: StZ 92 (1917) 160–177; ders., Leibnizens Weltbild, in: Wege der Weltweisheit, Freiburg i.Br. 1924, 191–223, und B. Jansen, Der Kritizismus Kants, München/Rom 1929.
[24] B. Jansen, Wege der Weltweisheit, Freiburg i.Br. 1924.
[25] Freiburg i.Br. 1933.
[26] Vgl. Wege der Weltweisheit, 233f.

selbst schlagen würde"[27]. Dieser Wunsch faßt in bezeichnender Weise Jansens ganzen Einsatz zusammen, dessen positive Absichten wie seine Grenzen hier deutlich werden. In diesem Zusammenhang dürfte ebenfalls Jansens Interesse an den Versuchen von Joseph Maréchal anzusiedeln sein, über den er sich etwas später mit dem Beitrag „Transzendentale Methode und thomistische Erkenntnismetaphysik"[28] äußerte. Offensichtlich hatte er sich schon seit längerem mit diesem Denker befaßt, was bei der lebendigen Aufgeschlossenheit und umtriebigen wissenschaftlichen Neugier Jansens nicht verwunderlich ist. Für Karl Rahner ist die Anregung, die mit dem Namen Maréchals verbunden bleibt, auf Jansen zurückzuführen. Daß Jansen auch auf Hugo Rahner eingewirkt hat, ist ohne Zweifel. Nur hat sich dessen philosophisches Studium wenig in seiner späteren Arbeit ausgewirkt und wegen seines doch relativ frühen Ausscheidens aus dem wissenschaftlichen Betrieb gibt es kaum Erinnerungen, die diese Jahre betreffen. Durch den Wechsel nach Innsbruck bedingt, dürfte sich auch später manches von den Valkenburger Eindrücken verwischt haben. Anderseits kann die historische Betrachtung der Philosophie für Hugo nicht gleichgültig gewesen sein, zumal er einen wachen Sinn für die Entfaltung geistiger Erscheinungen bewies und den Schwerpunkt seiner historischen Arbeit später gerade im Nachzeichnen und im Aufweis der eher geistigen Linien und Strömungen sah. Sein Verständnis der Geschichte war alles andere als von einem positivistischen Ideal des Faktensammelns, des Datenregistrierens und des Auflistens von Gegebenheiten bestimmt. Im Rückblick zeigen sich also Parallelen zu dem, was B. Jansen als seine Konzeption von Philosophiegeschichte ausdrücklich und praktisch bekundet hat.

Man darf hier die Vorstellung jener Professoren abbrechen, die Hugo und Karl Rahner in der Zeit ihrer philosophischen Ausbildung bestimmt haben. Es gab noch eine ganze Reihe anderer Lehrer; ihre Namen wurden zum guten Teil genannt. Da sich aber kein Anhalt ergab, daß sie besondere Bedeutung für das Denken der Rahners bekamen, muß es mit der Erwähnung genügen. Erst wenn sich eigene Gründe nennen lassen, wird dem möglichen Einfluß des einen oder anderen von ihnen eigens nachzugehen sein.

Hugo Rahner kam im Anschluß an seine philosophischen Studien zu einem praktischen Einsatz als Präfekt an das Jesuitenkolleg in Feldkirch. Das war im Herbst 1923. Er blieb in dieser Aufgabe bis zum Jahre 1926. Nun war Tisis ein durchaus eigenes Haus, aber es gehörte ebenfalls zur Gemeinde von Feldkirch.

Die beiden Rahners befanden sich also von Herbst 1923 bis zu Karl Rahners Übersiedlung nach Pullach im Herbst 1925 in räumlicher Nähe und hatten leicht Gelegenheit, einander zu sehen und zu kontaktieren. Die Haus-

---

[27] Ebd. 235.
[28] Scholastik 3 (1928) 341–368, mit einem Brief J. Maréchals.

ordnungen, die jeweiligen Aufgaben und die Gewohnheit damals mögen ein häufigeres Beisammensein der Brüder gehindert haben, dennoch fehlte es nicht an Gelegenheiten zur Begegnung. Zudem gab es für Karl Rahner nach dem Abschluß des Noviziats bis zum Beginn des philosophischen Studiums ein besonderes Interesse am Kontakt mit dem Kolleg, da die Aufgaben dieser Zeit in einer Vertiefung der humanistischen und sprachlichen Studien bestanden. Aber auch für den Einstieg in die ersten philosophischen Semester wird ihm der Rat des Bruders eine Hilfe gewesen sein, der ja C. Frick aus eigener Erfahrung kannte.

Um so mehr wird dem Jüngeren an jenen Akzenten gelegen haben, die über die Erfahrungen Hugos hinausführten, zumal er sein Leben lang sich bemühte, die Eigenständigkeit des eigenen Weges zu betonen. Einer dieser Akzente ist ohne Zweifel mit dem Namen J. Maréchals verbunden, der freilich auch erst in Pullach für Karl Rahner bedeutsam wurde.

e) Joseph Maréchal (1878–1944)

Der Name fiel wiederholt. Der Belgier war jedoch weder direkter Lehrer eines der beiden Rahner, noch übte er persönlich auf sie seinen Einfluß aus. Durch Publikationen, namentlich durch „Le point de départ de la métaphysique" und da wieder durch das sogenannte 5. Heft „Le Thomisme devant la Philosophie critique"[29] sollte er für das Denken Karl Rahners einen der entscheidenden Anstöße geben. Daran läßt Rahner selbst keinen Zweifel. „Von 1924 bis 1927 studierte ich, wie jeder Jesuitenscholastiker, Philosophie – vor allem an unserer Ordenshochschule in Pullach bei München. Eines meiner großen Erlebnisse war damals die Lektüre der Bücher von Joseph Maréchal aus Löwen. Maréchal war es gelungen, schöpferisch einen ganz bestimmten Typ von modernem Thomismus zu produzieren. Möglicherweise hat dieser Grundansatz ‚leider' bei mir gewirkt."[30]

Sogar den Zeitpunkt weiß er noch anzugeben: „An eines erinnere ich mich genau: Im dritten Jahr meines Philosophiestudiums in Pullach las ich mit außerordentlichem Eifer und mit großer Genauigkeit das fünfte Buch von Joseph Maréchal SJ: ‚Le point de départ de la métaphysique'. Ich habe lange Exzerpte davon angefertigt, die ich heute allerdings nicht mehr besitze. Während dieser Lektüre, so glaube ich, bin ich zum ersten Mal in einer persönlicheren und mich fesselnden Weise mit Thomas, natürlich vermittelt durch die Maréchalsche Methode, zusammengekommen."[31] Es war ein Erlebnis, eine Entdeckung, die zunächst rezeptiv gemacht wurde und

---

[29] Paris/Löwen 1926.
[30] Glaube in winterlicher Zeit, 28.
[31] Ebd. 51.

sich in Exzerpten, also in Auszügen aus dem Text niederschlug. Das wußten Studienkollegen Karl Rahners; R. Scherer, der später im Lektorat des Herder-Verlages eine wichtige Position einnahm, bestätigt es aus eigenem Erleben. Dennoch blieb es eigentlich erstaunlich. Denn in der Regel hatten die Jesuitenstudenten in diesen Ordenshochschulen keineswegs Zugang zu Neuerscheinungen. Und Maréchal war 1926 eine Neuerscheinung, die nicht gleich für die Bibliothek der Studenten angeschafft wurde. Der Autor hatte den Band im Vorwort am 19. März 1925 signiert; die Herausgabe dauerte ebenfalls ihre Zeit. Karl Rahner muß das Buch sehr bald nach seinem Erscheinen in Händen gehabt haben. Es ist in französischer Sprache abgefaßt, zu der er unter den modernen Sprachen noch den besten Zugang hatte, aber sie stellte ein zusätzliches Hindernis dar. Die Fragestellung und die Geistigkeit, in der sie aufgenommen wurde, machte tiefen Eindruck auf den jungen Philosophiestudenten. Es sollte nicht um irgendeine Geschichte gehen, nicht um Texte und Meinungen, sondern um Thomas selbst und zugleich um die kritische Herausforderung, die Kants Denken bedeutet. Maréchal will „l'objet en soi" erreichen, weil wir sonst „confinés à l'intérieur du sujet comme tel ... emmurés dans le relatif"[32] bleiben. Die Legitimität der kritischen Forderungen muß erneut überprüft werden, und der Nachweis ist zu versuchen, daß der metaphysische Realismus diesen Forderungen voll und ganz gerecht wird. Thomistische Erkenntnismetaphysik soll zur Lösung der Grundprobleme der kritischen Philosophie eingesetzt werden, was unter ganz bestimmten Bedingungen „transpose la méthode ontologique en une méthode transcendentale"[33]. Maréchal wurde schon 1923 von A. Inauen in Innsbruck vorgestellt, als er über die beiden ersten Hefte von „Le point de départ ..." berichtete. Er urteilte: „Die Auffassung ist in manchen Punkten recht originell, die Darstellung interessant und geistreich. Der Verf. besitzt eine hervorragende Konstruktionsgabe, die überall eine Menge von mehr oder weniger zutreffenden Analogien spielen läßt. Dadurch wirkt die Schrift sehr anregend zum Nachdenken."[34] Dort ist im Vorblick das „Cahier V" angekündigt, dessen Erscheinen dann der Literarische Anzeiger der Zeitschrift am 1. Juli 1926 meldete[35].

Maréchals Name ist weiter 1924 von E. Przywara in einem Aufsatz erwähnt[36]; er war als Jesuit in Kreisen seiner Mitbrüder durch frühere Arbeiten bekannt geworden, die vor allem mystischen und psychologischen Fragen gewidmet waren[37]. Damit tritt eine Verbindung von Erfahrung und

---

[32] J. MARÉCHAL, Le point de départ, VIII.
[33] Ebd. 1.
[34] ZKTh 47 (1923) 432.
[35] Vgl. ebd. Nr. 188, S. 27.
[36] Vgl. StZ 107 (1924) 161 Anm.
[37] Vgl. J. MARÉCHAL, Sur quelques traits distinctifs de la mystique chrétienne, Paris 1912; DERS., Étude sur la psychologie des mystiques I/II, Paris 1924/37; DERS., Réflexions sur l'étude comparée des mysticismes, Löwen 1926.

Reflexion in den Vordergrund, die in der Behandlung der Beiträge Maréchals bis heute noch nicht die ihr gebührende Aufmerksamkeit fand. Diese Verbindung wurde für Karl Rahner wichtig, weil sie dem jesuitischen Lebensstil in ganz besonderer Weise entspricht. Daß dies außerhalb des Ordens kaum oder nur unzureichend gesehen wird, ist nicht zuletzt Grund für manche Einseitigkeit und manches Mißverständnis. Darauf wird später noch genauer einzugehen sein. Während der philosophischen Studien gab es diesen Impuls und Anfang der Auseinandersetzung, aus der sich Karl Rahners Denkposition ganz wesentlich entwikeln sollte. Doch bis dahin war es noch ein gutes Stück.

f) Erich Przywara (1889–1972)

Genannt ist der Name von E. Przywara, der ohne Zweifel ebenfalls Karl Rahner nachhaltig beeinflußte. Daß dies jedoch schon in den 20er Jahren geschehen sei, ist nicht nur unbeweisbar, sondern auch unwahrscheinlich. Gewiß lebte Przywara im Münchener Schriftstellerhaus nicht sehr weit von der Pullacher Hochschule entfernt. Und doch war der Umgang damals nicht so intensiv, daß außer offiziellen Einladungen zu Besinnungstagen oder gelegentlichen, eher seltenen Einzelvorträgen kaum eine persönliche Präsenz Przywaras in der Hochschule anzunehmen ist. Natürlich lagen in den Jesuitenhäusern die Zeitschriften der Mitbrüder auf, also auch die „Stimmen der Zeit", so daß Przywara durch seine Veröffentlichungen bekannt war und Einfluß hatte. Es ist in Kenntnis der damaligen Lebensgepflogenheiten der deutschen Jesuiten nicht denkbar, daß ein Student aus Pullach von sich aus initiativ hätte werden können, um gewissermaßen neben den offiziellen Studien in der Fakultät her sich auf ein anderes Denken einzulassen.

g) Albert Steger (1884–1958)

Anders steht es mit dem weit weniger bekannten A. Steger, der als geistlicher Begleiter der Studierenden einer der wichtigeren Gesprächspartner im Hause selbst war. Zugleich wirkte er als Rhetorikprofessor. Steger „kannte die neue Zeit und ihre Strömungen ... Im Spätsommer 1924 übernahm er seinen neuen Posten ... in Tisis ... Der neue Spiritual kam uns mit seinen 40 Jahren verhältnismäßig jung vor ... Manchmal gab er Betrachtungspunkte, gut durchdacht und aufgebaut, in feiner Sprache, und immer so, daß sie entscheidende Fragen trafen ... Vielleicht noch größer war sein Charisma für die Einzelführung ... So klar er in seinen Grundsätzen war, so ging er auf die Eigenart jedes einzelnen ein ... Als Rhetorikprofessor begann er seine Vorlesungen mit einer lebensvollen Charakteristik dreier Wortgewaltigen aus der Heiligen Schrift: Jeremias, Paulus, Christus. Rhetorik nach altem Humanistenstil lehrte er nicht ... Ende September 1925 übersiedelte der ganze Kurs von Tisis in das neue, noch nicht ganz fertige Kolleg in Pullach ... Dem ersten Jahrgang gab er einige Stunden in der Woche Rhetorik. Den zweiten und später auch den dritten Jahrgang interessierte er für die Exerzitien. Eine Aufgabe war: Exerzitien und Heilige Schrift."[38]

A. Steger, der nachher lange Novizenmeister sein sollte, wirkte als Anreger für Karl Rahners Überarbeitung des oben erwähnten Textes seines Bruders Hugo über die aszetischen Schriften in der Sammlung der Dokumente der frühen Geschichte des Ordens und für jene Untersuchungen über die Sinnlichkeit und ihre Rolle in den Geistlichen Übungen, aus denen Karl Rahners erste größere Veröffentlichungen werden sollten. Seine Rolle entsprach in etwa jener, die in den Valkenburger Jahren P. E. Raitz von Frentz spielen sollte. Daß sich daraus ein neuer Blick auf Kant gewinnen ließ, wird ihm nicht bewußt gewesen sein. Der Königsberger Philosoph hatte das Erkenntnisproblem mit einer Betrachtung der Rolle der Sinnlichkeit angegangen, was für einen Jesuiten wie Karl Rahner etwas auslösen mußte, wenn er die eigene Spiritualität gerade in diesem Punkt vertiefte. Und das war nachweislich der Fall, wenn es auch zunächst ein Tasten und Suchen blieb. Ob Stegers Vorstellung vom Weg der Gnade Rahner beeinflußt hat, ist nicht auszumachen, da sich die entsprechenden Nachweise bei Steger erst sehr viel später belegen lassen.

Unter den bekannten Namen jener frühen Zeit taucht auch der des zeitweiligen Provinzials P. A. Bea auf. Doch dieser ging schon bald nach Rom, und künftig gab es nur gelegentliche Kontakte. Karl Rahner hat erwähnt, er habe „achttägige Exerzitien bei dem späteren Kardinal Bea und bei dem doch in Rom bedeutsamen Moraltheologen Franz Hürth gemacht ... und ... diese Exerzitien ... eigentlich enttäuschend traditionell"[39] gefunden. P. Bea sei für ihn als Konsultor des Hl. Offiziums, der heutigen Glaubenskongregation, Quelle von Schwierigkeiten gewesen. Von einem Einfluß Beas auf den geistigen Werdegang Karl Rahners kann jedenfalls keine Rede sein.

Als Fazit dieser Darstellung der philosophischen Studien von Hugo und Karl Rahner ergibt sich zunächst, daß für die beiden Rahnerbrüder diese Studien auf Dauer einen sehr unterschiedlichen Stellenwert haben. Neben den deutlichen Gemeinsamkeiten lassen sich Unterschiede nicht übersehen.

Als wichtige und für die Zukunft entscheidende Komponente ist das lebendige Interesse am Orden, seiner Spiritualität, seiner geistigen Entfaltung und Bedeutung beiden gemeinsam, mag auch die Art und Weise dieser

---
[38] A. Leicher, P. Albert Steger, in: Mitteilungen aus den Deutschen Provinzen der Gesellschaft Jesu 19 (1960/61) 383f.
[39] Karl Rahner – Im Gespräch 2, 51.

Beschäftigung nicht gleich sein. Das Jesuitsein wirkt sich auf diese Studien erkennbar aus und bleibt nicht nur Freizeitbeschäftigung. Etwa die Frage nach der Rolle der Sinne in den Geistlichen Übungen des Ignatius von Loyola beschäftigt beide und hat Verbindungen zur Psychologie und zur Erkenntnislehre. Auf das Bemühen um die aszetischen Schriften unter den Grunddokumenten des Ordens wurde aufmerksam gemacht. Karl Rahner veröffentlichte 1924 den Text, der seine Bibliographie als Nummer 1 einleitet: „Warum uns das Beten not tut"[40]. Die Jugendzeitschrift „Leuchtturm" stand in den 20er Jahren dem Jugendbund „Neudeutschland" nahe, war allerdings ein gutes Stück älter als dieser Teil der katholischen Jugendbewegung. Der nicht sehr lange Text enthält schon den Gedanken der Selbstmitteilung Gottes und bezeugt vor allem, wie stark sich Karl Rahner mit geistlichen Fragen und mit Problemen geistlicher Praxis befaßte. Er dürfte in der Zeit zwischen dem Noviziat und dem Beginn der Philosophie entstanden sein. Wie es zur Veröffentlichung kam, ist nicht mehr zu sehen. Schriftleiter der Zeitschrift war G. Habrich, dem der Text von Tisis aus zugekommen sein muß, möglicherweise über P. Steger.

Das geistige Interesse der beiden Rahners wurde durch die Studien wohl entsprechend ihrer Anlagen und ihrer späteren Beiträge, also bei Hugo historisch und bei Karl systematisch angesprochen, ohne daß damit mehr als ein deutlicher Schwerpunkt gegeben war. Jedenfalls schloß diese Färbung nicht aus, daß auch die andere Ausrichtung hervortreten konnte. Von Hugo Rahner ist bekannt, daß er sich in der „Verkündigungstheologie" später auch systematisch versuchte, aber nicht nur hier. Karl Rahner äußerte als etwa 23jähriger Philosophiestudent: „Eines sei zum Schluß noch gesagt: Der Metaphysiker kommt nicht nur zur Geschichte als einem Gegenstand seiner forschenden Erkenntnis. Er kommt zu ihr, um sie zu fragen, sich von ihr belehren zu lassen und von ihr geleitet zu werden ... Gerade der wahre Metaphysiker, in dem die Liebe lebt, die das All hinträgt zur ewigen Wahrheit, den es hungert nach Notwendigem, Unbedingtem, von dem so wenig in der Geschichte zu sein scheint – gerade er wird sich im Gefühl seiner Schwäche neigen vor jener Wahrheit, die sich in der Geschichte offenbart."[41]

Als Karl Rahner sich 1934 an der Universität Freiburg für die weiterführenden philosophischen Studien einschreiben wollte, mußte er seine Vorstudien nachweisen. In Pullach stellte man ihm dazu eine Übersicht aus, die folgende Disziplinen nachweist: Logik und Erkenntnistheorie, Allgemeine Metaphysik, Kosmologie, Metaphysische Psychologie, Experimentelle Psychologie, Theodizee, Ethik, Geschichte der Philosophie, Physik und Chemie, Biolo-

---

[40] Leuchtturm 18 (1924/25) 310–311. Der Text wurde offensichtlich als Predigtvorlage verfaßt und muß durch einen davon beeindruckten Mittelsmann zum Druck in dieser Zeitschrift gebracht worden sein.
[41] Karl Rahner – Bilder eines Lebens, 19.

gie, Pädagogik, Hebräisch, Physiologie, Rhetorik sowie ein Seminar aus der Ethik und Homiletische Übungen. Für Hugo hätte eine solche Übersicht nicht viel anders ausgesehen. Es war eine Grundlage, wie sie jedem Jesuiten in seiner Ausbildung mitgegeben wurde; was dann daraus wurde, hing nicht zuletzt vom einzelnen ab.

Für Hugo wie für Karl Rahner endete die Zeit der philosophischen Studien grundsätzlich offen, selbst wenn dem Jüngeren durch seine Oberen signalisiert war, daß er sich länger gesehen auf eine Dozentur in Geschichte der Philosophie einstellen sollte. Offensichtlich war diese Ausrichtung von einer äußeren Notwendigkeit diktiert, nicht aber von einer persönlichen Neigung oder Eignung bzw. von Nachweisen, die eine solche Bestimmung in besonderer Weise nahegelegt hätten. Der weitere Weg beider war noch nicht so klar und eindeutig festgelegt, weder äußerlich noch innerlich, daß sich gleichsam der Rest ohne weiteres voraussehen ließ.

8. Kapitel

Praktischer Einsatz

Die Ausbildung im Jesuitenorden sieht zwischen den philosophischen und den theologischen Studien eine Zeit praktischen Einsatzes, eine Gelegenheit zu einer ersten Bewährung vor. In der Regel übertrug man eine Erziehungsaufgabe in einem der Kollegien, wo zu zeigen war, wie einer mit Menschen umgehen konnte, wie er sich in schwierigeren Momenten zurechtfand, wie er die geistigen Möglichkeiten im alltäglichen Umgang einzusetzen wußte.

Gemäß dieser Gewohnheit findet sich Hugo Rahner vom Herbst 1923 bis zum Herbst 1926, also drei Jahre lang, als sogenannter Präfekt im Internat des Kollegs „Stella Matutina" in Feldkirch. Damit lebten die Rahnerbrüder zwei Jahre in räumlicher Nähe, was gegenseitige Kontakte erleichterte.

Karl Rahner erhielt nach dem Abschluß der philosophischen Studien in Pullach 1927 den Auftrag, den jungen Novizen in Tisis Unterricht in den Sprachen zu erteilen. Er versah diese Aufgabe bis 1929. Sie fiel ein wenig aus dem Rahmen, insofern diese Bewährungszeit normalerweise in der Jugenderziehung absolviert wurde. Der Einsatz ließ erkennen, daß die Verantwortlichen für Karl Rahner an eine wissenschaftliche Laufbahn dachten.

Über das eher den eingespielten Gewohnheiten entsprechende Wirken von Hugo Rahner ist nicht mehr viel festzustellen. Er war im ersten Jahr zusammen mit J.B. Dold für die 5. Abteilung im Internat verantwortlich, anschließend mit A. Körbling für die 3. Abteilung und im letzten Jahr mit J.B. Haas wieder für die 5. Abteilung. Den Präfekten war vor allem das Leben der Schüler außerhalb der eigentlichen Schulzeit anvertraut. Sie hatten sich darum zu kümmern, daß die Jungen die nötige Disziplin hielten, sie hatten das Studium und die Mahlzeiten zu beaufsichtigen, sie hatten aber auch für die Freizeit zu sorgen, Ausflüge und Spaziergänge zu organisieren; sie konnten sich in Theater, Spiel und Sport engagieren. Hugo Rahner hat diese Aufgabe erfüllt, ohne daß in ihm offensichtlich eine Berufung zum Jungenerzieher wachgeworden wäre. Zwar gibt es freundliche Verbindungen zu Treffen von ehemaligen Schülern, etwa während seiner späteren Studien in Bonn, aber ein dauerhaftes Interesse an der Internatserziehung von Jesuitenkollegien ist bei ihm nicht nachweisbar.

Auch über den Einsatz Karl Rahners in Feldkirch/Tisis blieben die Nachrichten spärlich, wäre nicht in diesen Jahren A. Delp sein Schüler gewesen.

Da Delp 1945 als Gegner des Naziregimes hingerichtet wurde und sein Zeugnis aus verschiedenen Gründen öffentlich bekannt ist, gab es auch Nachfragen an Karl Rahner. Die Antworten lassen Licht auf seine Bemühungen im Noviziat fallen. Zunächst ist aber die Erinnerung nicht sehr ergiebig. Indem er von Delp als Freund spricht, sagt Rahner nur: „Ich war also der, der ihm noch etwas sein Latein im Noviziat aufpolieren mußte."[1] Unter seinen Schülern fand sich aber auch Fr. Meßbacher (1908–1980), dem die Zeit deutlicher vor Augen stand und der später ezählte: „Wir hatten im zweiten Noviziatsjahr Fr. Karl Rahner als Lehrer, der seine Stunden, besonders Deutsch, mit riesigem Fleiß vorbereitete und sehr gehaltvoll gestaltete, aber auch von den Novizen eine gehörige Mitarbeit verlangte. Fr. Delp verwickelte ihn öfters mit seinen geistreichen Fragen und Schwierigkeiten in einen längeren Disput. Wir suchten daraus Nutzen zu ziehen und baten ihn, wenn wir ungenügend vorbereitet waren, direkt Schwierigkeiten vorzubringen, so daß fürs Abfragen keine Zeit mehr blieb."[2] Es war also nicht nur Latein, ja, auch nicht nur zusätzlich Deutsch, sondern ebenso Griechisch, was für den Unterricht gefragt war. Karl Rahner hatte auf dem Realgymnasium zwar Griechisch als Wahlfach studiert, besaß aber keinen anerkannten Abschluß. Den absolvierte er in dieser Zeit an der Universität Innsbruck; am 22. Oktober 1928 legte er mit sehr gutem Erfolg an der Philosophischen Fakultät die Ergänzungsprüfung in Griechisch ab. Das wird eine Gelegenheit geboten haben, den Bruder zu besuchen. Es ist Karl Rahners erster Kontakt mit der Innsbrucker Alma Mater.

Karl Rahners Unterricht in Feldkirch/Tisis umfaßte mithin Latein, Griechisch und Deutsch. Er hat damals eine Liste der Bücher aufgezeichnet, die er „für Junioratszwecke gelesen" hatte. Die Notizen präzisieren das bislang Bekannte um einige hoch interessante Aspekte. Denn sie führen vor allem drei Gruppen von Veröffentlichungen an: Bibelkommentare zu Schriften des Neuen Testaments und zugehörige Literatur mit einem klaren Schwerpunkt auf den paulinischen Schriften, dann Bücher zur Literaturgeschichte, zum deutschen Stil und zu Beispielen verschiedener Literaturgattungen sowie schließlich als dritte Gruppe religiöse Literatur – von Theologie zu sprechen, wäre zuviel. Unter diesen letzten Titeln sind die vier ersten Bände der Papstgeschichte von Pastor aufgeführt. Es fällt auf, daß kein philosophisches Buch genannt ist, weil nach späteren Erinnerungen doch gerade in dieser Zeit der Plan konkretisiert wurde: „wenn schon Professor für Geschichte der Philosophie, dann mit dem Schwerpunkt Barockscholastik. Über diesen Zeitraum gibt es ja kaum Arbeiten ... Ich begann also, die Jesuitenphilosophen des 16. und 17. Jahrhunderts in den Blick zu nehmen; ‚studieren' wäre zuviel gesagt. Aber ich sammelte, was bereits darüber erschienen war, fertigte vom ‚Sommervogel' (‚Bibliothèque de la Compagnie de Jésus') lange

---

[1] Karl Rahner – Erinnerungen, 40.
[2] R. BLEISTEIN, Alfred Delp, Frankfurt a.M. 1989, 42.

Exzerpte an und legte mir eine Kartei über die entsprechenden Jesuiten an. Sie ist mir allerdings verloren gegangen."[3]

Natürlich hatte dieses Interesse mit „Junioratszwecken" nichts zu tun, sondern war die private Konsequenz Rahners daraus, daß ihm die Oberen als Aufgabe die Dozentur in Geschichte der Philosophie in Aussicht gestellt hatten. Inhaltliche Vorgaben waren damit nicht verbunden, wie er an anderer Stelle ausdrücklich betont hat. Das aber hieß, er mußte selbst sehen, wie er künftig diesem Auftrag gerecht werden konnte. Im ganzen umfassen also die beiden Jahre zwischen Philosophie- und Theologiestudium ein gutes Stück mehr, als einzelne fragmentarische Hinweise vermuten lassen. Es war eine Arbeit zu tun, die ihren Einsatz verlangte: Bibelgriechisch, deutscher Ausdruck in Wort und Schrift und Latein, wie es für die Vorlesungen und Disputationen der Studien damals erwartet wurde. Diese Voraussetzung muß im Gedächtnis bleiben, will man die Ordensstudien richtig einordnen: „Die Vorlesungen waren alle lateinisch. Die Examina waren lateinisch. Die Schulbücher waren lateinisch. Ich selber habe ja hier auch noch nach 1938 bis gegen 1964 – zum Teil mindestens – lateinische Vorlesungen gehalten. Heute denkt kein Mensch mehr daran. Heute könnte kein Professor mehr lateinische Vorlesungen halten."[4] So Karl Rahner gegen Ende seines Lebens. In den Jahren zwischen 1927 und 1929 sollte aber der eigene künftige Lebensweg klarer werden, und er behielt das im Auge. Im Rückblick mag es verwundern, daß nicht Maréchal oder die von ihm angestoßene Aufgabe einer möglichen Vermittlung zwischen scholastischem und modernen Denken kontinuierlichere Spuren in Rahners damaligen Bemühungen hinterließen. Genau betrachtet, zeigt sich dann doch, wie diese Aufgabe auf anderer Ebene durchaus präsent blieb: nämlich auf der geistlichen Ebene der Ordensspiritualität und in diesem Zusammenhang auf der Ebene von Pastoral und Seelsorge bzw. des Interesses an einer vertieften Kenntnis der zeitgenössischen Lage als Kontext für eine fruchtbare Hilfe gegenüber den aktuellen Nöten der Menschen. Beide Rahners zeichnet von Anfang an ein seelsorgerisches Interesse aus, das ihr Selbstverständnis vom Beruf eines Jesuiten grundlegend prägt. Natürlich ist ihnen bewußt, daß dieser Dienst auf recht unterschiedliche Weise gelebt werden kann und muß. Nur darf niemand darüber die prinzipielle Intention vergessen, so sehr er sich in die Erfordernisse und Bedingungen seines Weges einzubringen hat. Gerade die Zeit des praktischen Einsatzes sollte im alltäglichen Umgang mit Menschen, für die Verantwortung zu tragen war, die seelsorgerische Seite des Jesuitenberufs in Erinnerung rufen, lebendig einüben lassen und so vertiefen. Ob damit die wissenschaftliche Entwicklung unterbrochen wurde und ob dies negative Auswirkungen hatte, wäre anderswo zu diskutieren. Die beiden Rahners wußten aus dieser Unterbrechung etwas zu machen; sie fühlten sich in der

---

[3] Karl Rahner – Glaube in winterlicher Zeit, 50.
[4] Karl Rahner – Erinnerungen, 39.

selbständigen Verantwortung an je ihrem Platz herausgefordert und nutzten die gebotenen Möglichkeiten. Eine gewisse Festlegung ist unverkennbar, aber die große Offenheit für künftige Entwicklungen, die greifbare Flexibilität gegenüber unvorhersehbaren Umständen und Notwendigkeiten läßt sich ebenfalls nicht übersehen. Und das war gewollt. Insofern dürfen diese drei bzw. zwei Jahre nicht als verlorene Intermezzi betrachtet werden, als Einsätze, die für die eigentliche Bedeutung der beiden Rahners bedeutungslos gewesen wären. Eine Anekdote aus diesen Jahren, die Hugo berichtete, mag die knappen Bemerkungen über den praktischen Einsatz der beiden zwischen Philosophie und Theologie abschließen. Hugo Rahner hatte damals schon sehr viel Haare verloren, eine teilweise Glatze kündigte sich deutlich an. Karl konnte es sich nicht verkneifen, den Bruder damit zu necken. Er selbst besaß bis zu seinem Tode eine ansehnliche Haarpracht. Hugo, amüsiert und ein wenig verärgert, sagt darauf: „Bei Dir ist das natürlich ganz anders, weil da soviel Mist darunter ist" (Worte und Geschichten).

9. Kapitel

Theologie in Innsbruck und Valkenburg

Im Herbst 1926 ging Hugo Rahner an die Theologische Fakultät der Universität Innsbruck, um dort seine theologischen Studien zu beginnen. Der Kursus umfaßte acht Semester, also vier Jahre, und endete mit dem Lizentiat, das unter bestimmten Voraussetzungen bis zur päpstlichen Erklärung „Deus scientiarum Dominus" von 1931 zum Doktorat werden konnte. Tatsächlich sollte Hugo Rahner fünf Jahre lang in der Tiroler Hauptstadt die theologischen Studien absolvieren. Karl Rahner weilte zu dieser Zeit in Pullach, wo ein Jahr zuvor die neue Hochschule ihre Arbeit aufgenommen hatte. Als er 1927 wieder nach Feldkirch kam, studierte sein Bruder in Innsbruck im dritten Semester Theologie. Die Kontaktmöglichkeiten, wie sie zwischen 1923 und 1925 für beide in Feldkirch gegeben waren, änderten sich, und erst 1936 kamen beide wieder gemeinsam an einem Ort zusammen. Die räumliche Trennung stellte kein großes Problem dar, lag sie doch im Horizont jener Erwartungen, die mit der Zugehörigkeit zum Orden selbstverständlich waren.

Karl Rahner begann 1929 im Herbst seine theologische Ausbildung an der Fakultät im niederländischen Valkenburg und blieb dort bis 1933. Er hatte entsprechend andere Professoren als sein Bruder in Innsbruck, denn die beiden Fakultäten waren seit langem etabliert. Hier gab es keine Neugründung, wie sie für die philosophischen Studien beider eine Überschneidung von Personen, Schulbüchern und Einrichtungen mit sich gebracht hatte. Die etrachtung kann und muß deswegen parallele Wege gehen. Ganz verschieden waren ja die Studiengänge in Tirol und in Valkenburg auch nicht, weil sie der gleichen Ordenstradition verpflichtet blieben.

Die wichtigsten Professoren in der Theologie für Hugo Rahner waren J. Müller und der schon genannte J. Stufler. Beide lasen im Winter-Semester 1926/27 und im folgenden Semester über Themen aus der Fundamentaltheologie, nämlich Müller „De vera religione" und „De verbo Dei revelato", während Stufler „De ecclesia" und „De virtute fidei divinae" vortrug. Der Fundamentaltheologe Prof. E. Dorsch behandelte Fragen aus der Religionswissenschaft. Die beiden Dogmatiker Müller und Stufler begleiteten Hugo Rahners ganzen Weg durch die Theologischen Studien; Müller mit der Lehre über die Dreifaltigkeit, der Soteriologie und Mariologie, weiter mit der Vorlesung über die Eucharistie und den Opfercharakter der Messe, Stufler mit der Gotteslehre, der Schöpfung, der Gnadenlehre und der Lehre von der Buße, der Krankensalbung, der Priesterweihe und der Eschatologie. Wie es scheint, kommt zeitweilig auch noch der damals junge F. Mitzka zu diesen beiden gestandenen Professorengestalten hinzu; er las 1929/30 die allgemeine Sakramentenlehre sowie über die Taufe, die Firmung und die Ehe. Mit Mitzka sollten sowohl Hugo wie Karl Rahner später zusammenarbeiten. Erwähnt seien noch die beiden Exegeten Prof. Linder für das Alte und Prof. Holzmeister für das Neue Testament. Beim ersten nahm Hugo Rahner einiges über die Psalmen und die alttestamentlichen Hymnen mit, die ins Brevier eingingen. Er hat selbst wiederholt diese Breviertexte behandelt. Beim zweiten fand er Anregungen zu den Worten und Gleichnissen Jesu. Die Exegese als historische Wissenschaft kam seinen Interessen in manchem entgegen, dürfte aber mit der Art und Weise ihrer damaligen Innsbrucker Vertreter eher gute Vorsätze in ihm haben wachwerden lassen, es einmal besser zu machen. Die Kenntnis der Kirchenväter konnte in dieser Hinsicht besonders hilfreich sein.

Kirchenhistoriker dieser Jahre war P. Franz S. Pangerl, dessen Nachfolger Hugo Rahner werden sollte. Daß er, der zunächst zum Dogmatiker bestimmt war, zur Geschichte kam, hatte seinen Grund in dem vorzeitigen Ausscheiden von Prof. E. Michael gehabt. Zeitlebens behielt Pangerl das Interesse an der Dogmengeschichte bei, über die er eine Lehrveranstaltung für Fortgeschrittene anbot. Hugo Rahner mag vor allem hier seinen Platz gefunden haben.

Unter den älteren Professoren sind die Moraltheologen A. Schmitt und J. Umberg, der Kanonist A. Schönegger sowie der Katechet und Homilet M. Gatterer zu erwähnen. Zu den Jüngeren zählte neben Mitzka auch J. A. Jungmann, der später weltbekannte Liturgiker und Konzilstheologe.

Die Aufzählung vermittelt natürlich nur einen sehr vordergründigen Eindruck von den Studien und vor allem von der Bedeutung, die einzelne dieser Lehrer und ihrer Fächer für Hugo Rahner hatten. Im ganzen war es ein Studium klassischen Zuschnitts mit einigen Eigenheiten. Hugo Rahner blieb ja nicht nur vier, sondern fünf Jahre in Innsbruck. Am 2. Mai 1931 wurde er mit der Arbeit „Fons Vitae. Eine Untersuchung zur Geschichte der Christusfrömmigkeit in der Urkirche. 1.-3. Jahrhundert" zum Doktor der Theologie promoviert. Diese Arbeit war am 1. Februar 1930 abgeschlossen worden. Warum nach ihrer Einreichung am 7. Mai 1930 noch fast ein Jahr ins Land ging, bis das Verfahren zu Ende gebracht werden konnte, ist nicht bekannt. Wichtiger scheint der Inhalt dieser Untersuchung, deren Literaturverzeichnis bis zum Jahre 1930 reicht und Beiträge von J. A. Jungmann, N. Nilles, F. Pangerl und F. Schlagenhaufen, alles Innsbrucker, nennt. Im Vorwort sagt Hugo Rahner: Die Urkirche habe in Christus den Lebensquell gesehen, „in jenem wunderbaren Strom von Blut und Wasser, der aus der durchbohrten Seite des Herrn floß. In diesem Quell des Lebens wurde die Kirche geboren, die Domina Mater viventium"[1]. Diese Worte weisen voraus auf die theologische Doktorarbeit Karl Rahners, denn hier wie dort ist es um den Herz-Jesu-

---

[1] Archiv Katholisch-Theologische Fakultät der Leopold-Franzens-Universität Innsbruck, Dissertation Nr. 387, Vorwort VI.

Gedanken und seine Verankerung im Denken der Urkirche zu tun. Doch soll „das urchristliche Heilandsbild in seiner ganzen Pracht und Schönheit vor uns erstehen ... Damit haben wir aber auch einen grundlegenden Beitrag zur inneren Kirchengeschichte gegeben. Denn aus den Kraftquellen des Christusbildes, das sich der Seele der Gläubigen eingeprägt hat, steigen die Wasser auf, die das Antlitz der Erde erneuert haben."[2] Hugo Rahner fügt hinzu, er lege nur einen ersten Teil der ganzen Untersuchung vor, wenngleich den grundlegenden und entscheidenden, über die Entfaltung des Gedankens in den ersten drei Jahrhunderten. Der Begriff „innere Kirchengeschichte", den Hugo Rahner hier prägt, wird mit dem aktuellen Interesse verbunden, das ausdrücklich angesprochen ist. Die Kirche bete auch heute mit diesen Gedanken und Worten. Die Idee indes geht in ihrem Anspruch ein Stück weiter und berührt das Selbstverständnis der Kirchengeschichte und ihrer Rolle. Über Andeutungen geht Hugo Rahner an dieser Stelle freilich nicht hinaus, doch sind sie klar genug. Das kritische Potential dieser Gedanken richtet sich gegen ein bloßes Sammeln von Daten, ein Betrachten äußerer Tatsachen. Hier soll gewertet werden. Interessant bleibt, daß Hugo Rahner für den Schriftteil seiner Untersuchung den „Cursus S. Scripturae" und die „Bonner Bibel" heranzieht, mit denen sich sein Bruder während des praktischen Einsatzes in Feldkirch/Tisis besonders befaßt hatte. Für den weiteren Weg des Älteren der Rahnerbrüder dürfte der ausdrückliche Bezug auf Arbeiten von F.J. Dölger bezeichnend sein, für seine Einbindung in die Innsbrucker Fakultät die Kritik an Umberg oder ein Verweis auf Mitzka, die Erwähnung Stuflers und die Kenntnis von J.A. Jungmanns Arbeit „Die Stellung Christi im liturgischen Gebet"[3], die in ihrer Themenstellung nahe bei der Aufgabe liegt, die sich Hugo Rahner vorgenommen hat. Er kennt auch Odo Casel OSB. Aber mit diesem Blick auf das Ergebnis der theologischen Studien Hugo Rahners in Innsbruck wurden ein paar Etappen, die für das Verständnis des Weiteren nicht unwichtig sind, übersprungen.

Die Dissertation belegt deutlich erkennbar das historische Interesse, das sich allerdings schon früher zu erkennen gegeben hatte. Noch unter seinen bloßen Initialen, aber für Informierte fraglos, war ja in dem Festheft zum 100jährigen Jubiläum der Wiedererrichtung die „Geschichte der österreichischen Jesuitenprovinz" erschienen[4]. Zwei Punkte sind damit belegt: einmal, daß Hugo Rahner sich der Geschichte zuwenden sollte und dafür als geeignet erschien; zum anderen, daß dies innerhalb der österreichischen Provinz, konkret an der Innsbrucker Fakultät geschehen sollte.

Freilich hingen solche Aussichten immer von Vorbehalten ab. Der Kandidat hatte sich auszuweisen und zu bewähren. Dennoch stand er unter einer klaren Erwartung, wie sie für Karl Rahner die Orientierung auf die Ge-

---

[2] Ebd. VII.
[3] Münster 1925.
[4] Mitteilungen aus der österreichischen Ordensprovinz der Gesellschaft Jesu 2 (1929 Wien) 20–48.

schichte der Philosophie in Pullach war. Das erste Ziel der theologischen Ausbildung lag trotzdem beim Priestertum. Priester wurde Hugo Rahner am 26. Juli 1929 durch die Handauflegung von Bischof Sigmund Waitz, Generalvikar von Tirol und Vorarlberg, dem späteren Erzbischof von Salzburg. Die Weihe fand in der Jesuitenkirche von Innsbruck statt. In einem zeitgenössischen Bericht heißt es: „Die Festfeier zu Ehren der Neugeweihten fand heuer zum ersten Male im großen Hörsaal III der Theologischen Fakultät statt. Geladen waren die Eltern und Anverwandten der Scholastiker, die Bekannten und Freunde des Hauses, die Studenten der Kongregationen und die Kommunität. Alles war hochbefriedigt, besonders die Eltern der Neugeweihten. Diese fühlten sich ob des herzlichen Familientones, den sie da gewahrten, ganz glücklich."[5] Von diesem Tag an wirkte Hugo Rahner als Priester. Oft bekam er Gelegenheit, zum Ausdruck zu bringen, was ihm das bedeutete, weil er lange Jahre in Häusern lebte und arbeitete, die der Bildung künftiger Priester dienten. Wissenschaft sah er immer in Verbindung mit der priesterlichen Existenz und dem priesterlichen Einsatz für die Menschen.

Zwei kleine Ereignisse aus seinen Innsbrucker Studienjahren müssen noch erwähnt werden, weil er ihnen selbst Bedeutung beimaß. Im Juni 1927 beging die Leopold-Franzens-Universität Innsbruck die 250–Jahrfeier ihres Bestehens, eine Gelegenheit, an die entscheidende Rolle der Gesellschaft Jesu für das Zustandekommen und den langen Bestand dieser Universität zu erinnern. Das war in den 20er Jahren in ungewohnter Unbefangenheit möglich, nachdem die während der Kulturkampfzeit und später tonangebenden antiklerikalen Kräfte schwächer geworden und in den Hintergrund getreten waren. Daß es sie gleichwohl noch gab, zeigte sich jedoch 1938. Die Innsbrucker Jesuiten gewannen ein neues Selbstgefühl aus diesem Gedenken, was freilich dem damaligen allgemeinen Aufschwung des Katholizismus in Mitteleuropa entsprach.

Eine zweite Begebenheit war der Tod des bekannten Papsthistorikers Ludwig v. Pastor, der in Innsbruck lebte und starb. Am 30. November 1928 fand eine Gedenkfeier statt, auf der seine und seines Lebenswerks Bedeutung noch einmal mit Nachdruck gewürdigt wurde. Er war eine Gestalt geworden, die katholischen Kreisen weithin das Empfinden gab, in der Geschichtswissenschaft nicht nur den Stand der Zeit zu erreichen, sondern Vorurteile ausräumen, Angriffe parieren und Mission treiben zu können. Erwies nicht die Historie glänzend, wie sehr die katholische Kirche mit ihren Auffassungen im Recht war? Hugo Rahner lebte aus dieser Gewißheit und wurde von ihr zu seinen Beiträgen inspiriert. Die Möglichkeiten auch der Geschichte schienen vielversprechend. Hatte der Kampf gegen den Modernismus vor dem Ersten Weltkrieg unter dieser Rücksicht einen Rückschlag bedeutet, so glaubte man jetzt besser gegen die Gefahren gefeit mit der Geschichte umgehen zu können, um mit ihrer Hilfe einen überzeugenden Bei-

---

[5] Nachrichten der österreichischen Provinz S.J., Okt.-Dez. 1929, 14.

trag im Dienst der Kirche innerhalb der neuzeitlichen Welt leisten zu können. Die Aufschwungstimmung beflügelte nicht nur Hugo Rahner. Als er 1931 die Innsbrucker Semester abschloß, hatte der Bruder in Valkenburg annähernd die Hälfte seiner theologischen Studien absolviert. Aufgenommen hatte er sie im Herbst 1929. In der späteren Erinnerung charakterisiert Karl Rahner diese Studien: „Auch bei der Theologie, die ich in Valkenburg studiert habe, handelte es sich um eine neuscholastisch sorgfältig ausgearbeitete Richtung. Ehrlich gesagt, wenn ich sie vergleiche mit so manchem, was heute an unseren Fakultäten betrieben wird, dann würde ich sie sogar bevorzugen. Dabei handelte es sich zugegebenermaßen um eine Theologie, die sich hinsichtlich ihrer Fragen und auch Methoden nur in einem ganz bestimmten Rahmen bewegt hat. Mit der Moderne hatte man nicht viel zu tun. Natürlich hörte man etwas von Kant und Hegel, aber im großen und ganzen doch nur, um deren Mentalität abzulehnen. Dasselbe gilt für den Modernismus der ersten zwanzig Jahre unseres Jahrhunderts. Aber auch der Kontakt zu Thomas muß eigentlich als außerordentlich gering bezeichnet werden. Wenn Sie zum Beispiel in ‚De gratia' von Hermann Lange SJ, einem meiner Lehrer in Valkenburg, hineinschauen, dann werden Sie sehen, daß in einer historisch sehr genauen Weise auch von Thomas die Rede ist. Aber im Grunde handelte es sich doch um eine Art Reverenz, um eine bloße Verzierung. Ein lebendiger, inspirierender Kontakt mit Thomas hat damals gewiß nicht stattgefunden."[6] Gegen Ende seines Lebens sprach Karl Rahner öfter solche Erinnerungen an. Von seinem Bruder gibt es so etwas nicht. Karls Eindrücke könnten deshalb ein Ansatzpunkt sein, seine theologischen Semester näher zu charakterisieren. Daß sie für ihn, der dann als Dogmatiker einen Namen bekommen sollte, besondere Bedeutung gehabt haben müssen, liegt auf der Hand, wenn das auch negativ und/oder positiv zur Auswirkung gekommen sein kann. Er selbst hob später ausdrücklich immer wieder den Unterschied hervor, doch zugleich auch Wertschätzung und selbst ein Gefühl der Dankbarkeit.

Beim Vergleich der beiden Fakultäten ist zunächst zu sehen, daß Valkenburg eine private Hochschule des Ordens war, an der nur Jesuiten ihre Ausbildung erhielten. Sie umfaßte eine philosophische und eine theologische Abteilung. In den Jahren der theologischen Semester Karl Rahners zählte sie um die 100 Studierende der Theologie und um die 80 Studierende der Philosophie. Innsbruck war demgegenüber Theologische Fakultät als Teil einer Staatlichen Universität, wie es auch sonst im deutschen Raum üblich war. Dieser Fakultät war das „Institutum Philosophicum" des Ordens angeschlossen. Zur Zeit Hugo Rahners zählte die Studentenschaft der Innsbrucker Fakultät um die 400 Studenten, unter denen die Jesuitentheologen nur einen kleinen Teil ausmachten. Aber alle Studierenden waren Priesteramtskandidaten, die entweder im „Collegium Canisianum" oder auch frei in der

---

[6] Glaube in winterlicher Zeit, Düsseldorf 1986, 51.

Stadt lebten. In dieser Situation war natürlich der Kontakt über die eigene Ordensgemeinschaft hinaus weitaus intensiver als das im niederländischen Valkenburg der Fall war. Der Vorteil des geschlossenen Studienhauses lag vor allem darin, daß es kaum Ablenkungen gab.

Karl Rahners Studienjahrgang war nicht sonderlich zahlreich; zu Beginn finden wir 17 Studenten, von denen elf den ganzen Kurs miteinander absolvierten. Unter ihnen P. Wilhelm Flosdorf, der später als Provinzial und langjähriger Novizenmeister eine wichtige Rolle spielte, P. Albert Hartmann, der in St. Georgen/Frankfurt als Professor der Philosophie wirkte, P. Wilhelm de Vries, der sein Leben lang am Orientalischen Institut zu Rom als Professor eingesetzt war. Zwei weitere Namen gehören Mitbrüdern, die Karl Rahner auch in Zukunft näher standen. Da ist einmal aus seiner Heimatprovinz der spätere Münchener Prediger P. Georg Waldmann und zum anderen P. Alois Lieske, der ebenfalls Dogmatik und Dogmengeschichte studierte, während des Krieges eine Zeit in Wien neben P. Karl Rahner arbeitete und dann in Pullach nach dem Kriege sein Kollege war, bis er 1946 frühzeitig verstarb.

Unter den Professoren dieser Jahre ist in erster Linie der Studienpräfekt P. Hermann Lange zu nennen, der die Aufgaben eines Dekans wahrnahm, die freilich in solch einer Hochschule etwas anders aussahen als an einer Universitätsfakultät. Karl Rahner hat sein Lehrbuch „De gratia" 1937/38 in großem Umfang für seine erste Vorlesung in Innsbruck benutzt und daraus seine eigene Unterlage zusammengestellt. Wieviel er Lange verdankt, kann nur aus einem genauen Vergleich erhoben werden, der hier zu weit ginge. Das ist zu betonen, weil in den Äußerungen der letzten Jahre bei der Erwähnung Langes eher die Distanzierung, wenn nicht gar der Gegensatz unterstrichen ist. So etwa in der Bemerkung, im Lehrbuch „De gratia" von Lange sei zwar historisch genau von Thomas die Rede, doch sei das lediglich Verzierung gewesen. Rahner stellte sich als Thomist dar „und zwar im Gegensatz zu einer jesuitischen Grundströmung, die, angefangen eventuell mit Franz Suárez und Luis de Molina, sich hinaufzog bis zu meinem Lehrer Hermann Lange und seinem Traktat ‚De gratia'. Ohne mich historisch festzulegen, darf ich behaupten, daß die Jesuitentheologie, vielleicht angefangen bei der Barockscholastik, diesen … Zusammenhang geleugnet hat. Und ich finde, daß damit ein Hiatus zwischen Natur und Gnade ausgesagt, zumindest aber praktiziert wurde, der im Grunde genommen furchtbar ist. Aus Unverständnis der Lehre des heiligen Thomas gegenüber hatte man in einer modern humanistisch anmutenden Realdistinktion eine strikte Unterscheidung zwischen dem Humanum und dem gnadenhaft Übernatürlichen getroffen. Und ich meine, hierin liegt eine der Erb- und Todsünden der Jesuitentheologie"[7]. Was hier beschrieben wird, hat sich für Karl Rahner in einer langen Beschäftigung über Jahre hinweg geklärt. Es berührt Entwicklun-

---

[7] Ebd. 58f.

gen, die erst später greifbar wurden. Immerhin ist es gut, dies schon jetzt zu registrieren, weil es einen weiteren Unterschied einschließt, der für Karl Rahners Denken entscheidend wurde, den zwischen Ignatius und der Jesuitentheologie im gekennzeichneten Sinn. Auch dieser Unterschied wurde erst im Laufe der Jahre und zahlreicher weiterer Untersuchungen klar. Man verstehe das „immer wieder" im folgenden Zitat also „cum grano salis", wenn Rahner 1984 behauptet: „Ich habe in meiner Theologie gegen eine gewisse barock-scholastische Tradition meines eigenen Ordens, damit auch meiner eigenen Lehrer, immer wieder darauf aufmerksam gemacht, daß es eine Erfahrung der Gnade gibt. Mein Lehrer in Valkenburg, Hermann Lange SJ, hat so etwas radikal bestritten. Lange hat unerbittlich eine sogenannte ‚heiligmachende, seinshafte Gnade' verteidigt. Diese Gnade war jedoch nach seiner Auffassung absolut bewußtseinsjenseitig. Von ihr konnte man nach dieser Tradition nur durch die äußere Offenbarung, die Heilige Schrift, etwas wissen. Gegen diese Auffassung habe ich mit einer Begrifflichkeit, die zum größten Teil von Maréchal herrührt, heftig insistiert. Meiner Meinung nach gibt es so etwas wie eine ‚Gnadenerfahrung', auch wenn die eigentliche Schwierigkeit darin besteht, sie richtig auszulegen. Das war es auch, was mich Ignatius und seiner einfachen, aber fundamental tiefen Theologie in den Exerzitien nahegebracht hat."[8] Mit diesen Ausführungen Rahners, die alle seinen Valkenburger Lehrer H. Lange betreffen, sind die tieferen Bezugspunkte seines Denkens ausdrücklich geworden. Und der Lehrer scheint dafür eine unverkennbare Rolle gespielt zu haben.

Ein weiterer Lehrer, der über Valkenburg hinaus in Rahners Leben eine Rolle spielt, ist Karl Prümm, bei dem er Fundamentaltheologie studiert hat. Nach dem frühen Tod von H. Dieckmann hatte Prümm in Valkenburg dieses Fach übernommen. Rahner schildert ihn später als einen „Ausbund von katholischer Orthodoxie, dem Bultmann ein rotes Tuch war" und unterstreicht: „Natürlich bin ich in Anbetracht der Bestimmung des Verhältnisses von Fundamentaltheologie und Dogmatik anderer Ansicht als meine ehemaligen Lehrer, wie etwa Karl Prümm. Theologie impliziert notwendigerweise eine Philosophie"[9]. Gemeint war ein gewisser positivistischer Ansatz bei der Hl. Schrift. Nun war Prümm Religionswissenschaftler und auch Exeget des N.T., so daß er von daher die Aufgabe anders anging, als es Karl Rahner tat. Als der letztere im Herbst 1937 in Innsbruck mit seiner akademischen Tätigkeit begann, übernahm dort – offensichtlich ein wenig plötzlich und ungeplant – K. Prümm die Fundamentaltheologie. Beide wurden so Kollegen und blieben es auch noch während der Wiener Kriegsjahre. Der Verfasser kann sich aus dem Jahr 1972 an einen Besuch mit Karl Rahner im Päpstlichen Bibelinstitut in Rom erinnern, bei dem K. Prümm den ehemaligen Schüler und Kollegen während des Essens in einen heftigen Disput verwik-

---
[8] Ebd. 29.
[9] Ebd. 56f.

kelte, den er bis zum Weggang weiterführte und deswegen – laut diskutierend – Rahner bis zum Ausgang des Hauses begleitete.

Ein weiterer Valkenburger Lehrer, auf den Rahner wiederholt zu sprechen kam, war Franz Hürth, der in den 30er Jahren nach Rom berufen wurde als Moraltheologe und vor allem als Konsultor des Hl. Offiziums – der heutigen Glaubenskongregation – bis zum Tode Papst Pius' XII. eine entscheidene Rolle spielte.

Rahner lobte Hürth immer als ausgezeichneten Lehrer, als blitzgescheit und didaktisch hervorragend, „zu dessen Ruhm man sagen kann, was sich nicht von vielen Lehrern behaupten läßt – nicht einmal von Martin Heidegger –, daß einem seine Vorlesungen erst ungefähr nach zwei Jahren langweilig zu werden begannen ... In Valkenburg gab er zwischen 1929 und 1931 Sexualmoral und benutzte dabei einen Bildatlas zum Thema, der vor 40 Jahren sicher die höchste Entrüstung Roms hervorgerufen hätte" (Worte und Geschichten). Immerhin war die Erinnerung des Professors an den Schüler weit weniger ausgeprägt, obwohl auch Rahner von sich bekannte, trotz der ausgezeichneten Vorlesungen Hürths in den hintersten Bänken Kreuzworträtsel nicht gelöst, sondern erfunden zu haben, eine Bemerkung, die durch K. Prümms harsches Wort, Rahner habe in den Vorlesungen zur Fundamentaltheologie hinten gesessen und Kriminalromane gelesen, bei allen nötigen Abstrichen eine gewisse Bestätigung erhält.

1954 sagte F. Hürth, als Hugo Rahner bei ihm für seinen Bruder intervenieren wollte: „Man merkt eben ihrem Bruder an, daß er seine Theologie in Frankreich gemacht hat." Da er die „Nouvelle Théologie" bekämpfte, war Karl Rahner ihm verdächtig; er schloß messerscharf, Rahner müsse bei den Franzosen studiert haben. Vermutlich verwechselte er ihn mit H.U. von Balthasar. Der erstaunte Hinweis Hugo Rahners, sein Bruder habe doch die ganze Zeit in Valkenburg zu seinen Füßen gesessen, hat Hürth offensichtlich nicht aus der Fassung bringen können. Und auf die Sache gesehen gab es ja eine innere Nähe Karl Rahners zu den Bestrebungen, die durch die Enzyklika „Humani generis" 1950 abrupt beendet wurden. Sie hätten theologisch-wissenschaftlich kaum im Gespräch bleiben können, wenn ihnen nicht Karl Rahner in seiner Art eine Überlebensmöglichkeit gesichert hätte. Darauf ist später zurückzukommen.

F. Hürth hat den jungen Karl Rahner offensichtlich beeindruckt. Von keinem der Valkenburger Lehrer hat er mit solcher Achtung gesprochen wie von ihm. Dabei war klar, daß Hürth ganz sicher mit manchen Schwierigkeiten zu tun hatte, die ihn in den 50er Jahren von Rom aus trafen.

Heinrich Weisweiler findet als Mediävist gelegentlich Erwähnung; der weitere Dogmatiker J.B. Rabeneck hat keine direkten Spuren hinterlassen. Ähnlich haben die Exegeten A. Merk und nach dessen Berufung nach Rom G. Hartmann oder der Alttestamentler A. Rembold keine Eindrücke hinterlassen, die sich in Urteilen Rahners niedergeschlagen hätten. Es waren nicht so sehr die einzelnen Professoren als vielmehr der ganze Kurs in seinem systematischen Zusammenhang, auf den er anspielte, wenn er seine Theologie mit dem verglich, was so an manchen heutigen Fakultäten geboten werde. Auch der dann in Rom wirkende Kirchenhistoriker J. Grisar oder die Kirchenrechtler P. Schmitz und H. Keller haben ihn nicht weiter prägen können. Hingegen berichtete Karl Rahner aus dieser Zeit: „In Valkenburg war ich vier Jahre Bienenvater. Jedes Jahr war durch einen Theologen vertreten. So war man im 4. Jahr der Theologie Chef unter den vier Bienenvätern. Wir haben jedes Jahr einige Zentner Honig geerntet. Ein Privileg war das Rauchen im Bienenhaus. In diesem idyllischen Häuschen paukte ich mit Georg Waldmann auf das Gradusexamen (Schlußexamen über die gesamte Philosophie und Theologie am Ende des Studiums)" (Worte und Geschichten). Es wäre unzutreffend, in Karl Rahner nur den ständig Studierenden zu sehen, mögen selbst zwischen dieser Freizeitbetätigung mit nützlichem Effekt und seiner Art des Studiums leicht Parallelen zu ziehen sein.

Besondere Erwähnung verdient schließlich noch E. Raitz von Frentz, der zwar als Philosophenspiritual für Karl Rahner nicht zuständig war, aber in seiner Arbeit an den Exerzitien, in Zirkeln und als geschäftiger persönlicher Anreger manches förderte und auslöste, was den Interessen Karl Rahners am Orden, an seiner geistlichen Geschichte und Bedeutung entgegenkam. Daß Raitz auch Professor für Liturgik war, fällt kaum ins Gewicht. Bei Karl Rahner war unter der Rücksicht des Ignatius nichts zu wecken, doch gab es manches zu entfalten, zu diskutieren, zu vertiefen. Diese freiwillige Gruppenarbeit hatte vordergründig mit dem Studium nichts zu tun und wurde in den Disziplinen der Fakultät nicht beachtet, wie es jener Dichotomie entsprach, von der Rahner schon unter dem Stichwort „Gnadenerfahrung" berichtet hat.

Die Inhalte der Lehrveranstaltungen brauchen hier ebensowenig referiert zu werden wie das für Innsbruck versucht wurde. Gewiß wird es auf Dauer unerläßlich sein, zum besseren Verständnis der Rahnerschen Quellen den Studieninhalten der Ausbildung beider Rahners Aufmerksamkeit zu schenken. Die Lehrbücher der meisten Professoren, die wissenschaftlichen Beiträge und Besprechungen liegen aber gedruckt vor und sind jedem Interessierten zugänglich. Die Namen wurden gerade deshalb erwähnt, um solche Suche zu erleichtern. In einer Biographie geht es darum, den Rahmen zu erstellen und zu bieten, der sich sonst nicht so leicht erkennen läßt, der jedoch für die rechte Einordnung von Vorkommnissen und Meinungen wichtig bleibt. Je vager und unzuverlässiger er ist, desto weniger begründet werden die Behauptungen sein, die mit seiner Hilfe aufgestellt werden. Je besser und zutreffender hingegen er ausfällt, desto größer ist die Chance, zu gültigen und überzeugenden Ergebnissen zu kommen.

Für Karl Rahners Valkenburger Jahre steht wieder eine von ihm selbst geführte Lektüreliste zur Verfügung, die wohl ziemlich erschöpfend verzeichnet, was er an Literatur außer den direkten Lehrbüchern gelesen hat.

Eine erste Übersicht unter der Überschrift „Valkenburg 1929/30" bleibt ein wenig zu ordnen. Zuerst fällt eine Gruppe von Kirchenvätertexten ins Auge. Genannt sind: Ignatiusbriefe, Hirt des Hermas, Polykarp, Justin d. Märtyrer mit den Apologien und dem Dialog mit dem Juden Tryphon, Pseudojustin mit der „Oratio ad Graecos", der Barnabasbrief, Märtyrerakten des 2. Jahrhunderts, das „Fragmentum Muratorianum" und Irenaeus, „Adversus haereses" sowie seine „Demonstratio apostolicae Praedicationis"; dann Tertullian und Clemens Alexandrinus jeweils mit ihren „Opera omnia". Weiter kommen hinzu: Chrysostomus, „De sacerdotis", Gregor von Nyssas „Über das Gebet" und Augustins „De praedestinatione SS." und „De dono perseverantiae", aber auch Aponius „In Cant. cantic. comment.". Die letzten Schriften dürften eher Gelegenheitslektüre zu den jeweils angeschnittenen Sachthemen gewesen sein. Im übrigen kommt man nicht um den Schluß herum, daß sich Karl Rahner in diesem Jahr einen Überblick über den wichtigsten Bestand christlicher Zeugnisse aus dem zweiten Jahrhundert verschafft hat. Möglicherweise verteilt sich der Stoff über zwei Jahre, weil einerseits die Liste sehr viel mehr enthält und weil andererseits die nächste Jahresangabe auf der zweiten Vorderseite des dritten Blattes die Jahre 1931 und 1932 nennt. Aber wie dem auch sei, Karl Rahners Lektüre in dieser Zeit bleibt schon dem Umfang nach erstaunlich.

Das ignatianische Interesse ist in der Liste mit W. Sierps „Ignatianische Wegweisung"[10] belegt. Zusammen damit tritt eine breitere Bemühung um Spiritualität und geistliches Leben überhaupt in den Vordergrund. Namen wie Ruysbroeck, Seuse, Johannes vom Kreuz, Pascal, Surin, Scupoli, Colombière, Newman, Soloviev, Gaudier, Ludwig von Granada, Franz von Sales gehören in diesen Kontext. Man könnte von einer Phase der Aufdeckung möglicher Quellen und Parallelen, aber auch von Konsequenzen des ignatianischen Weges sprechen. Vielleicht wären noch einige Biographien in diese Gruppe zu rechnen.

Für die spezifisch theologischen Interessen Karl Rahners in dieser Anfangszeit seiner Theologiestudien ist außer der Lektüre der Kirchenväter die umfangreiche und intensive Beschäftigung mit Fragen der Buße und Umkehr wichtig. Eine ganze Gruppe von Veröffentlichungen nahm er sich dazu vor; so A. d'Alès, L'édit de Calliste; B. Poschmann, Die Sündenvergebung bei Origenes; Hat Augustinus die Privatbuße eingeführt?; Kirchenbuße und correptio secreta bei Augustin; Die abendländische Kirchenbuße im Ausgang des christlichen Altertums; K. Holl, Enthusiasmus und Bußgewalt; K. Adam, Die geheime Kirchenbuße nach dem hl. Augustinus; Die kirchliche Sündenvergebung nach dem hl. Augustinus. Das ist eine beeindruckende Reihe, die belegt, daß er sich gezielt in dieser Frage kundig zu machen suchte und die verschiedenen Stellungnahmen studierte. Für die Bedeutung der Bußfrage im Denken Karl Rahners überhaupt kommt der Tatsache eine Schlüsselstellung zu, daß er sich so umfassend und intensiv vor

---

[10] Freiburg i.Br. 1929.

1931 schon mit dieser Frage befaßte. Wenn er 1934 unter den ersten Veröffentlichungen Gedanken „Vom Sinn der häufigen Andachtsbeichte"[11] herausbrachte, dann handelt es sich nicht um Gelegenheitsüberlegungen, sondern um das Beispiel eines Punktes, der ihn tiefer und kontinuierlicher beschäftigte.

Die Liste seiner Lektüre in Valkenburg verrät für 1931–1932 einige weiterführende Aspekte bei Fortdauer der schon signalisierten Interessen. So tritt eine Beschäftigung mit Jesus Christus in den Vordergrund (de Grandmaison), aber auch – und das muß auffallen – mit Fragen der Philosophie, die bislang ziemlich fehlten. Newmans „Grammar of assent" in der Übertragung von Th. Haecker wird vorgenommen, das Buch von G. Sortais, „Le cartésianisme chez les Jésuites Français au 17e et au 18e siècle" wird studiert – eigentlich der einzige greifbare Anhalt für die Konzentration auf die jesuitische Barockscholastik –, J. Bernharts „Sinn der Geschichte" wird aufgenommen. Aber gewiß war die Auseinandersetzung mit H. Bremonds „L'histoire du sentiment religieux en France" damals eine der tiefergreifenden Erfahrungen. Karl Rahner notierte sich das Studium von Band VII und Band VIII dieses Werkes. Möglicherweise verdient auch die Lektüre eines Buches über die „Genesis und Keilschriftforschung" eigene Erwähnung.

Ähnliche Beobachtungen sind über den weiteren Abschnitt der Liste zu den Büchern der Jahre 1932/33 möglich. Der „Jesus Christus" von K. Adam ist notiert. Die Philosophie tritt mit M. Blondel in den Vordergrund, aber auch mit Fr. Kaufmanns „Geschichtsphilosophie der Gegenwart". Hier scheint eine Suche in eine Richtung zu zielen, die später völlig andere Wendung nahm, als Rahner sich voll den weiteren philosophischen Studien zuwenden konnte. Fragen der Mystik und des geistlichen Lebens bleiben nach wie vor präsent. Da Karl Rahner als Priester in der studienfreien Zeit eine Reihe von Seelsorgseinsätzen übernimmt, muß es um so mehr erstaunen, daß er sich mit einer beträchtlichen Literatur befaßt.

In diesen Jahren stand naturgemäß die Vorbereitung auf die Priesterweihe im Vordergrund. In Valkenburg empfing Karl Rahner zwischen dem 16. und 18. März 1930 die Tonsur und die damals üblichen vier niederen Weihen, dann am 9. und 10. März 1932 die Weihen zum Subdiakon und zum Diakon jedesmal durch den Kölner Weihbischof Hermann Josef Sträter. Die Priesterweihe hingegen fand in der St. Michaelskirche zu München in der eigenen Jesuitenprovinz am 26. Juli 1932 statt und wurde von Michael Kardinal Faulhaber, dem Erzbischof von München-Freising vorgenommen. Seine Heimatprimiz feierte er am Ignatiustag, dem 31. Juli 1932, in Freiburg. Zusammen mit ihm wurden drei Benediktiner, acht Franziskaner und 16 Jesuiten Priester, unter ihnen P. J.B. Lotz und P. G. Waldmann. Als Spruch zu diesen Tagen hatte sich Karl Rahner ein Wort aus dem 2 Timotheusbrief ge-

---

[11] ZAM 9 (1934) 323–336.

wählt: „Treu ist das Wort: Wenn wir mit ihm gestorben sind, werden wir auch mit ihm leben" (2,11) (nach dem Primizbild).

Wie wichtig die Weihe war, ergibt sich auch aus der Tatsache, daß Karl Rahner von diesem Tag an seine besonderen seelsorglichen Einsätze genau notiert hat. So verzeichnet er für den 29. Juli den Vortrag über „Corpus Christi mysticum" in der Benediktinerinnenabtei St. Ehrentraud zu Kellenried, wo er auf dem Weg nach Freiburg einkehrte und seiner Cousine einen Besuch machte. In der Heimatstadt hielt er nicht nur eine festliche Messe; er übernahm eine längere Ferienvertretung in der Gemeinde St. Urban und nützte die Gelegenheit gleich zu Vorträgen und Predigten. Den Abschluß dieses ersten Einsatzes bildete die Predigt zum Blutfest im Heimatort der Mutter, in Günterstal, Mitte September. Von Valkenburg aus gab es in der nächsten Zeit Vertretungen in der Aachener Gegend und in der Kar- und Osterwoche 1933 in der Nähe Bonns, wo damals der Bruder Hugo sein Domizil hatte. Er dürfte diesen Einsatz des Bruders ermöglicht haben.

Am Samstag, dem 1. Juli 1933, schloß Karl Rahner seine Studien in Valkenburg mit einem Gesamtexamen über die Philosophie und die Theologie ab. Die theologischen Studien hatten an seiner Orientierung auf die Dozentur für Geschichte der Philosophie nichts geändert, wenn auch in diesen Jahren das intensive theologische und spirituelle Interesse von Karl Rahner unübersehbar war. Das manifestiert sich nicht zuletzt durch einige größere Veröffentlichungen, die vor dem Abschluß seiner Ausbildung herauskamen, ein Umstand, der eigene Erwähnung verdient, sieht man auf die damals übliche Zurückhaltung in solchen Dingen. 1932 erschien in der französischen „Revue d'Ascétique et de Mystique" die lange Untersuchung über die fünf geistlichen Sinne nach Origenes, deren Ansatz zwar in frühere Zeiten zurückreicht, weil die erste Fassung dieses Beitrags schon in der erwähnten Festschrift für den Vater zu finden ist. Offensichtlich überzeugte dieser Beitrag Herausgeber und Leser so, daß die gleiche Zeitschrift 1933 den Beitrag zum gleichen Thema nach Bonaventura brachte, trotz der nötigen Übersetzungsarbeiten. Karl Rahner hatte seine Ausführungen ja in deutscher Sprache abgefaßt. Ein Auszug aus der Bonaventurauntersuchung erschien auch in der „Zeitschrift für Aszese und Mystik", dem deutschsprachigen Pendant zu dem französischen Organ. Mit diesen Beiträgen fand Karl Rahner Eingang bei den Publizisten, und sie erwiesen sich durchaus als Vorzeichen für das weitere Denken und Publizieren Rahners. Nicht von Philosophie und ihrer Geschichte sind seine Veröffentlichungen bestimmt – was dazu gehört, blieb Ausnahme –, sondern von spirituell geprägten theologischen Fragen, so offen auch diese Ausrichtung zunächst noch genommen werden muß.

In der Zeit der Studien – so die bekannten Quellen – gab es weder für Hugo noch für Karl Rahner besondere Probleme mit der studierten Theologie. Sie war ein Stück jener Selbstverständlichkeiten auf dem Weg zum Priestertum und zum wissenschaftlichen Einsatz, die sich erst nach und nach angesichts konkreter Erfahrungen und hier und da auch Enttäuschungen in Fragen verwandelten. Natürlich hatten die jungen Theologiestudenten ihre Kritik an den Professoren und ihrer Art und Weise der Darlegung. Sie brachten aus der Zeit Wünsche und Erwartungen für eine lebendigere Theologie mit. Aber im Grunde sah man die Bemühungen positiv und war überzeugt, auf der Basis des Gegebenen die notwendigen Verbesserungen erreichen zu können. Der Beitrag von R. Guardini, K. Adam, P. Lippert und E. Przywara, „der einen bedeutenden Einfluß auf die Generation vor mir ausgeübt hatte, einen Einfluß freilich, der sich weniger in Einzeldoktrinen als vielmehr in einer bestimmten Art des Denkens äußerte"[12], stand für diese Erneuerungsbestrebungen und -möglichkeiten. Karl Rahner nannte die Wirkung eine Umprägung der Mentalität des deutschen Katholizismus. Ihm selbst dürfte davon etwas in der Lektüre der „Stimmen der Zeit" vermittelt worden sein, die den jungen Jesuiten regelmäßig zugänglich war. Daß auch über die „Zeitschrift für Aszese und Mystik" (später: „Geist und Leben") Impulse in dieser Richtung kamen, die namentlich die Exerzitienbewegung der 20er und 30er betrafen, liegt auf der Hand. Die Mittel dieses Aufbruchs waren im besonderen die Vertiefung in die Quellen, die schon früh von den beiden Rahners gefördert worden war. Sie selbst sahen hier eine besondere Aufgabe und erlebten auf diesem Feld Erfolge, die weitere Ermutigung gaben. Für Hugo hatte das seine Bedeutung im Blick auf das von ihm ausgebildete Verständnis der Kirchengeschichte, während es für Karl auf den ihn bestimmenden Theologiebegriff durchschlug. Diese Bestrebungen haben deshalb mit ihren eher traditionell getönten theologischen Studien zu tun. Denn aus dieser „Nebenbeschäftigung" ergaben sich die neuen Akzentsetzungen für die historische und die theologische Arbeit des einen wie des anderen. Gemeint und praktiziert war das anfangs in keinerlei Gegensatz zum Gängigen, sondern als Weiterführung und Verlebendigung.

Auch aus diesem Grunde stellt die später eher kritische Einstellung beider Rahners zu einzelnen Theologen und zu gewissen Zügen der theologischen Ausbildung vor die Frage, wie es in der Folge zu dieser Entwicklung kam, wie sie aussah und wie sie heute zu beurteilen ist. Es handelt sich um einen feinen Differenzierungsprozess, der nicht grob auf einfache Alternativen zu reduzieren ist. Karl Rahners spätes Urteil über die Valkenburger Theologie: „wenn ich sie vergleiche mit so manchem, was heute an unseren Fakultäten betrieben wird, dann würde ich sie sogar bevorzugen"[13], signalisiert ja eine durchgängige Identifikation, die genauer zu bestimmen wäre.

Für Hugo Rahner hat es A. Rosenberg in einer zusammenfassenden Einleitung zu einem Lebensbild so formuliert: „Es hat symbolische Bedeutung, daß Hugo Rahner genau in der Jahrhundertwende geboren wurde. Denn sein eigenartiges, eigenwilliges Werk, das keine Revolution, sondern viel-

---

[12] Glaube in winterlicher Zeit, Düsseldorf 1986, 54f.
[13] Ebd. 50.

mehr eine Synthese von Altem und Neuem anstrebt, ruht gewissermaßen auf der Wasserscheide nicht nur zweier Jahrhunderte, sondern auch zweier Zeitalter. Einerseits lotet der Patristiker Hugo Rahner hinab bis zur Väterzeit, deren Theologie er nicht nur magistral beherrscht, sondern deren vergessene, noch nicht begrifflich verfestigte Bildtheologie er wiederentdeckt und zu neuem Leben erweckt hat. Aber andererseits ist er auch beteiligt an dem Werden der ‚nouvelle théologie‘, wie sie von H. de Lubac, Y. Congar, J. Daniélou und anderen in den letzten Jahrzehnten geformt wurde. Infolge dieser großen Spannweite zwischen der Theologie der Frühzeit der Kirche und der gegenwärtigen reformatorisch gesinnten, bildet das Werk Hugo Rahners gleichsam eine Mitte zwischen den Zeiten, zwischen den Extremen, zwischen der bildhaften und abstrakten Denkweise. Und diese, die Gegensätze lebendig einende Mitte ist für Rahner jene theologia cordis, als ein herzgeborenes Sprechen von Gott, die Versammlung der empfangenen Wahrheit im Herzen des Menschen. Diese theologia cordis ist das Herzstück des Denkens und Verkündens Hugo Rahners; sein unermüdliches Bemühen, die begrifflich gehärtete und geschliffene Schultheologie zu einer mit allen Sinnenkräften zu verkündenden umzuschmelzen."[14]

Über manche dieser Formulierungen ließe sich streiten, und nicht alle Informationen halten einer tieferen Nachfrage wirklich stand. Doch die Absicht dieser Gedanken geht ja auch auf die Zeichnung eines allgemeinen und umfassenden Eindrucks, und der trifft – wenn auch nuanciert – durchaus für beide Rahners zu. Die Anfänge solchen Verbindens liegen bewußt in den eigenen theologischen Studien in Innsbruck und Valkenburg. Die Ortsunterschiede bedeuten weniger, als es zunächst scheint; möglicherweise hat die Eingliederung der Fakultät in eine staatliche Universität in Innsbruck eine größere Offenheit und Auseinandersetzungsbereitschaft zur Folge, zumal das Klima dem Dialog in jenen Jahren, als Hugo Rahner dort studierte, nicht ungünstig gewesen zu sein scheint. Auch die zeitliche Verschiebung erweist sich als unerheblich, jedenfalls viel weniger bedeutsam als sie es für die philosophischen Studien der beiden Brüder gewesen war. Man könnte meinen, daß sich ihr geistiger Weg immer mehr annäherte, so daß dann in dem gemeinsamen Einsatz in Innsbruck so etwas wie eine Konvergenz erblickt werden könnte. Aber die äußeren Etappen des Weges bis dahin geben dieser Vermutung nicht unbedingt recht, so wahr es ist, daß diese Etappen formal einander sehr ähnlich sind: ein Jahr geistlicher Abrundung der Ausbildungsphase und Sonderstudien für den einen wie den anderen an deutschen Universitäten im Blick auf den Einsatz in der Wissenschaft. Bei näherem Zusehen stellen sich jedoch kleine, allerdings nicht unwichtige Unterschiede heraus.

---

[14] A. ROSENBERG, Hugo Rahner, in: Tendenzen der Theologie im 20. Jahrhundert, Hg. H. J. SCHULTZ, Stuttgart/Olten 1966, 447f.

10. Kapitel

Übergänge

Zu berichten ist jetzt kurz über den Abschluß der Ausbildung beider Rahners. Hugo ging 1931 an die Universität in Bonn, um seine wissenschaftliche Vorbildung zu Ende zu bringen. Dort studierte er bis 1933, um dann für ein weiteres Jahr spiritueller Formung nach Münster/Westf. überzusiedeln. Vom Herbst 1934 an finden wir ihn in Innsbruck in der unmittelbaren Vorbereitung auf den Einsatz als Kirchenhistoriker.

Karl Rahner hingegen schloß das Jahr spiritueller Formung gleich an seine theologischen Studien an, verbrachte es jedoch in St. Andrä/Lavanttal in Kärnten, um 1934 in seine Heimatstadt Freiburg für die weiterführenden philosophischen Studien zu gehen, für die er ebenfalls zwei Jahre bekam. Die beiden Brüder waren also zur gleichen Zeit in der vom Orden vorgesehenen spirituellen Schlußbildung. Karl Rahner kam dann im Sommer 1936 nach Innsbruck. Er selbst hat später zu erklären versucht, warum er seine Zusatzstudien nicht in Rom, sondern in Deutschland machte. Da er sich auf ein historisches Fach habe vorbereiten sollen, hätten die Oberen eine Ausbildung an einer deutschen Universität für angebrachter gehalten. Der gleiche Grund würde auch für Hugo Rahner gelten. Solche Fälle mögen dazu beigetragen haben, daß man sich um diese Zeit in Rom mit der Errichtung einer eigenen historischen Fakultät an der Päpstlichen Universität Gregoriana befaßte.

Das Jahr 1933/34 sah also beide Rahners im sogenannten dritten Probejahr, das einzige Mal, daß beide gleichzeitig dieselbe Phase der Formung durchmachten. In Münster war der Rektor P. Hermann Krose, der durch seine Arbeiten zur Statistik der Kirche in Deutschland bekannt wurde. Als Ausbildungsleiter für Hugo Rahner und seine Kollegen findet sich P. W. Sierp, ein Kenner der Exerzitien und der Konstitutionen des Ordens. Sierp war aus den Volksmissionen gekommen und hatte sich besonders um die Herz-Jesu-Frömmigkeit bemüht, zwei Züge, mit denen er bei Hugo Rahner auf offene Ohren stieß. Freilich hielt er von den Formen der Jugendbewegung wenig, was sich auch in der Frömmigkeit niederschlug, die er zu vermitteln suchte. Da er aber alles daransetzte, jede Enge zu vermeiden, nahm er manches hin, das er persönlich wohl anders gemacht hätte. Seine Exerzitiendeutung hielt sich in den Bahnen von M. Meschler und räumte den durch die Veröffentlichung der frühesten Dokumente neu erschlossenen Möglichkeiten wenig Raum ein. Er kam deswegen manchem als altmodisch und überholt vor, obwohl seine Veröffentlichungen Teil jener aufbrechenden Exerzitienbewegung sind, die mit zur Erneuerung des deutschen Katholizismus in den 20er Jahren gehört.

Karl Rahner begegnete in St. Andrä als Ausbildungsleiter P. F. S. Hatheyer, der in Österreich eine Bedeutung besaß, die der von W. Sierp in Deutschland durchaus vergleichbar war. Man lobte seine gründliche Kenntnis des Ordens und der ignatianischen Aszese, die Verbindung von Theorie und Praxis in Vorträgen und Exerzitien sowie die Vertrautheit mit dem Leben des Ignatius von Loyola. 1931 hatte er eine Biographie des Gründers von Genelli-Kolb neu herausgegeben, die freilich auch deutlich werden ließ, was an einer fundierten Darstellung dieses Lebens noch fehlte.

Karl und Hugo Rahner haben jeweils auf eigene Weise mit der gängigen Ignatius- und Exerzitienforschung in diesem Jahr intensiven Kontakt gehabt. Manches an Kritik und Einsicht in die künftigen Notwendigkeiten wird dabei gewachsen sein. Daß damals der Text beider „Über die Gnade des Gebetes in der Gesellschaft Jesu"[1] entstand sowie Hugos historische Studien „Vom Montmartre nach St. Paul"[2], ist Hinweis auf die Absicht, mittels gründlicher geschichtlicher Klärung von manchem wegzukommen, was sich zwar als fromm und gutgemeint vertreten ließ, was aber auf die tatsächlichen Verhältnisse gesehen unhaltbar war und für die Gegenwart schiefe, wenn nicht gar falsche Vorstellungen zur Folge hatte.

Hugo Rahner hat während der Monate in Münster weniger veröffentlicht als vorher; für Karl ist ein solcher Vergleich nicht möglich, weil er mit dem Publizieren ohnehin noch am Anfang stand. Interessant bleibt jedenfalls, daß der Jüngere kein besonderes philosophisches oder philosophiehistorisches Interesse erkennen läßt, wo er doch in dieser Richtung orientiert war. Für Hugo sah die berufsbezogene Tätigkeit insofern etwas anders aus, als er offensichtlich die Vorarbeiten zu seiner Bonner Dissertation weiterverfolgte, die 1935 herauskam. Mit diesem Jahr verbindet sich zudem das 400jährige Gedenken an die Gelübde der ersten Jesuiten auf dem Montmartre zu Paris, in denen der Anfang des Ordens gesehen wurde. In vier großen Beiträgen suchte Hugo Rahner die Mystik des Ignatius von Loyola zu deuten, auch wenn sie nicht am Ereignis von 1535 abzulesen war, sondern an der Vision von La Storta. In der „Zeitschrift für Aszese und Mystik" erschienen seine Ausführungen: „Die Vision des hl. Ignatius in der Kapelle von La Storta"[3], „Der tatsächliche Verlauf der Vision ..."[4], „Die Mystik des hl. Ignatius und der Inhalt der Vision ..."[5] und „Die Psychologie der Vision ..."[6] Diese vier, ohne Zweifel zusammengehörenden Texte umfassen über 70

---

[1] In: Mitteilungen aus den Deutschen Provinzen der Gesellschaft Jesu 13 (1935) 399–411.
[2] Ebd. 389–398.
[3] ZAM 10 (1935) 17–35.
[4] Ebd. 124–139.
[5] Ebd. 202–220.
[6] Ebd. 265–282.

Druckseiten; sie sind als Frucht des Jahres in Münster zu sehen, nimmt man an, daß er seine sonst intensive Rezensententätigkeit in dieser Zeit zurückgestellt hat. 23 veröffentlichte Besprechungen im Jahre 1935 stellen trotz allem ein gutes Stück Arbeit dar. So sehr es an direkten Notizen und Hinweisen auf den Abschluß der jesuitischen Ausbildung Hugo Rahners mangelt, so sehr erlauben die erwähnten, etwas späteren Beiträge das Urteil, daß er einen kräftigen und eigenständigen Akzent in seinem Selbstverständnis als Jesuit gesetzt hat, und helfen, eine Idee davon zu gewinnen, was ihn dabei vor allem beschäftigt hat: die Mystik oder die Geistlichkeit des Ordensvaters. Darum bemühte er sich, weil ihm schien, über diese Grundlagen bestünden Unklarheiten, die auch Folge einer nicht deutlichen Vorstellung über die tatsächlichen Vorgänge und Inhalte der entsprechenden Erfahrungen seien. Für seine Arbeit als Kirchenhistoriker hat er damit gleich zu Beginn ein Vorzeichen aufgestellt, dem er treu bleiben sollte und das sich in seinen Beiträgen durchaus auswirken sollte. Es war also nicht nur eine vorübergehende, gleichsam zufällige Frucht ohne länger dauernde Bedeutung.

Daß auch Karl Rahner in diesem Jahr über die gemeinsamen Forschungen zur Gnade des Gebetes hinaus sich in Jesuitica und Ignatiana persönlich vertiefte, fand seinen Niederschlag in dem 1937 publizierten Beitrag über „Die ignatianische Mystik der Weltfreudigkeit", der ebenfalls in der „Zeitschrift für Aszese und Mystik"[7] die Überlegungen und Hinweise des Bruders zur Mystik des Ignatius ergänzte und abrundete. Am Heiligabend 1933 hielt er in St. Andrä die Vorbereitungspredigt auf Weihnachten, predigte an den folgenden Festtagen, war im März 1934 bei der Mission in München als Beichtvater eingesetzt und gab gleich anschließend in Breisach Exerzitien, übernahm dann noch einmal in Kärnten allerlei Seelsorgsaushilfen – das nur als Hinweis, wie stark der praktische Einsatz war, dem sich auch Karl Rahner nicht entzog. Den Sommer über verbrachte er in München, bevor er im Herbst die Spezialstudien in Freiburg aufnahm. Ehe davon gesprochen wird, obschon diese Zeit häufiger ausführlich beschrieben wurde, sei auf die Studien von Hugo Rahner in Bonn eingegangen. Er selbst hat es in einer kurzen Selbstdarstellung im Jahre 1966 so verdeutlicht: „Schon im letzten Jahr des Philosophiestudiums erwachte in mir die Vorliebe für die Geschichte der alten Kirche, und jahrelang las ich vor allem nächtens in den Werken der griechischen und lateinischen Kirchenväter. Das gab mir beim Studium der Theologie in Innsbruck (1926–1931) schon die Formung meines wissenschaftlichen Interesses, und so schloß ich 1931 mit einer patristischen Dissertation meine theologischen Studien ab. 1931 bis 1934 folgten Studien und Doktorat an der Universität Bonn, wohin mich der Ruf F.J. Dölgers und W. Levisons zog. Die ganze Problematik, die Dölger in seiner damals beginnenden Zeitschrift ‚Antike und Christentum' anregte, und die Quellenkritik an manchen aus der christlichen Antike überlieferten Schrif-

---

[7] ZAM 12 (1937) 121–137.

ten, wie ich sie bei Levison lernte – bei diesen Gelehrten doktorierte ich mit einer Dissertation über gefälschte Papstbriefe aus dem 5. Jahrhundert –, formten mich nun endgültig und verursachten, daß ich mich an der theologischen Fakultät Innsbruck habilitierte (1935) für das Fach der alten Kirchengeschichte und der Väterkunde."[8]

Bevor der Blick auf diese Studien und ihre Sache fallen kann, ist zu unterstreichen, daß Hugo Rahner den Gelehrten Wilhelm Levison (1876–1947) zum Doktorvater wählte in einem Moment, als die Wogen des Antisemitismus hochzuschlagen begannen. W. Levison war anerkannter Mediävist und hatte über seine langjährigen Verdienste in der Wissenschaft viele Freunde. Dennoch entließ auch ihn das Regime 1935, nachdem er schon bei Kollegen und Schülern die neue Lage zu spüren bekommen hatte. Die Arbeit wurde ihm selbst in der Forschung immer mehr unmöglich, so daß er 1939 nach England ging. Hugo Rahner hat sich stets zu dem bekannt, was Levison für ihn bedeutete, wenn auch F.J. Dölger als renommierter Fachmann für die alte Kirchengeschichte ihm inhaltlich und formal für die eigenen Beiträge mehr direkte Herausforderungen geboten und abverlangt haben mag. Schon hier darf vorgreifend darauf hingewiesen werden, daß jene Konstellation von Lehrern, auf die einige Jahre später Karl Rahner in Freiburg stieß, eine umgekehrte Parallelität zu haben scheint als jene Hugos in Bonn. Mit Heidegger und Honecker war eine Perspektive auf die damals herrschenden politischen Verhältnisse eröffnet, die einen merkwürdigen Kontrast zu Dölger und Levison in Bonn abgibt. Heute mag man sich über die Unbefangenheit junger Jesuitenpatres um das Schicksalsjahr 1933 wundern, die in der Gestaltung ihrer weiterführenden Studien an deutschen Universitäten solche Wege einschlagen konnten. Hugo wurde in Bonn Zeuge dessen, was man „Machtergreifung" nannte und anschließend in Münster der ersten Auswirkungen, zu denen die Maßnahmen gegen Friedrich Muckermann SJ gehörten, der von dort aus in die Niederlande fliehen mußte.

Karl Rahner bekam von diesen Entwicklungen im eher stillen Valkenburg und dann in St. Andrä unmittelbar weniger mit; als er 1934 nach Freiburg kam, hatte er eine längere Zeit außerhalb des Deutschen Reiches hinter sich. Gewiß war er durch die ständigen Kontakte auf dem laufenden, doch waren diese Informationen vermittelt und trafen ihn in einer Umgebung, die als solche von den Vorgängen nicht berührt war. So kann es nicht verwundern, daß die beiden Rahners die neuen politischen Verhältnisse unter verschiedenen Blickwinkeln erfuhren, wie sie denn auch später in ganz unterschiedlicher Weise mit den Konsequenzen des Regimes konfrontiert werden sollten. Es war auch nicht üblich, daß sich junge Ordensleute politisch vorwagten, abgesehen von besonderen Fragen wie etwa dem Sozialproblem, auf das die Rahners über Carl Sonnenschein und Meinrad Vogelbacher schon früh aufmerksam wurden und das sich in der Lektüre Karl Rah-

---

[8] In: Forscher und Gelehrte, W.E. Böhm – G. Paehlke (Hrsg.), Stuttgart 1966, 15.

ners in den Ausbildungsjahren konstant verfolgen läßt, mag es auch nicht im Mittelpunkt gestanden haben. Aber abgesehen von solchen Themen war Politik damals eher ein fremder Bereich für beide. Nur zeigten sich eben die Vorboten eines Eingreifens von seiten der Politik in die Lebens- und Arbeitsbedingungen der Ordensmitglieder immer deutlicher, was nach den Erfahrungen der 20er Jahre auch nicht unerwartet gekommen sein kann. Von einer eigentlichen Beunruhigung ist bei den meisten von ihnen dennoch nichts zu spüren.

Im Sommer 1934 muß für beide der weitere Weg ziemlich klar und geradlinig erschienen sein: Hugo hatte alle Voraussetzungen, um sich in Innsbruck zu habilitieren und dort seine Aufgabe als Kirchenhistoriker anzutreten; Karl stellte sich auf die Dozentur in Geschichte der Philosophie an der Hochschule in Pullach ein. Dafür sollte er zwei weitere Jahre studieren, doch das schien nach den bisherigen Erfahrungen in der Wissenschaft kein sonderliches Problem. Gewiß, am politischen Horizont tauchten nach der Aufbruchsstimmung der 20er Jahre dunkle Wolken auf. Von ihnen jedoch ließ man sich nicht schrecken, hatte der Katholizismus doch mittlerweile sein Selbstbewußtsein so stärken können, daß man auf alles gefaßt zu sein meinte. Daß es ein Übergang und dazu ein prekärer war, stellte sich erst ein wenig später heraus. Die beiden Rahners sahen den Beginn ihres Einsatzes vor sich, der einerseits Teil des sich erneuernden und aufgeschlossenen katholischen Denkens sein würde, andererseits aber ganz fraglos die katholische Tradition weiterführen würde. Es gab etwas zu verbessern, es gab etwas zu erneuern. Man mußte den Menschen näherkommen, denen Kirche und Theologie spürbar fremder wurden. Die Ansätze des Ignatius von Loyola, die dank der intensiven historischen Studien seit einigen Jahrzehnten wieder entdeckt wurden, schienen dafür die nötige Hilfe und den brauchbaren Rahmen zu bieten.

Unter dieser Rücksicht erklärt sich der Einsatz und das persönliche Interesse der Rahnerbrüder in ihren damaligen Veröffentlichungen unschwer. Niemand konnte sie zum Publizieren zwingen. Es war eine Möglichkeit, die ganz weitgehend von eigener Initiative abhing. Darum bleibt interessant, daß Hugo Rahner seine ersten Beiträge in österreichischen Organen vorlegte, während Karl in deutschen und dann französischen Zeitschriften seine ersten Schritte auf diesem Boden machte. Das entsprach den Aussichten des einen wie des anderen, was den Einsatz betraf. Außerdem verraten diese Anfänge, daß sie eher unabhängig voneinander gewagt wurden. Möglicherweise hatte sich schon so früh das Bewußtsein vom Unterschied herausgebildet, das Karl Rahner anläßlich der Erzählung jener Anekdote, nach der Hugo Rahner sich für die ruhigen Tage seiner Pensionierung die Übertragung der Werke des Bruders Karl ins Deutsche vorgenommen habe, zu der Bemerkung veranlaßte: „Natürlich hat mein Bruder auch manchmal boshafte Dinge gesagt. Aber ich hätte genauso boshaft eine Retourkutsche geschickt und gesagt: ‚Lieber Hugo, das hättest du gar nicht fertiggebracht, denn du warst zwar ein guter und sehr interessanter Kirchenhistoriker, aber von moderner und sublimer Theologie hast du doch vermutlicherweise weniger verstanden."[9] Die Boshaftigkeit ist hier unter einigen abschwächenden Formulierungen noch zusätzlich versteckt. Sie macht aber deutlich, daß es neben allem Gemeinsamen auch Unterscheidendes gab, mag es nun wirklich so ausgesehen haben, wie das hier angedeutet ist, oder auch nicht. Tatsächlich hat sich Hugo Rahner intensiv mit geistesgeschichtlichen Entwicklungen und mit einer „Theologie der Verkündigung" befaßt, die doch einiges an Einsicht in die sublimeren Fragen moderner Theologie verrät. Umgekehrt hat Karl Rahner selbst die Geschichte immer als Aufgabe begriffen, die sich nicht einfach positivistisch erledigen läßt, sondern die gerade der Theologie eine der größten Herausforderungen vorlegt.

---

[9] Karl Rahner – Glaube in winterlicher Zeit, 13.

11. Kapitel

Karl Rahners Studien in Freiburg (1934–1936)

Bevor sich Karl Rahner zusammen mit Joh. Bapt. Lotz am 7. November 1934 an der Universität Freiburg einschrieb, verbrachte er den Sommer und den Frühherbst mit Seelsorgseinsätzen in München und Mainz. Die Zeit war unterbrochen durch die Teilnahme beider am internationalen Kongreß für Philosophie in Prag, der vom 2. bis 7. September 1934 stattfand. Daß Rahner und Lotz dorthin fahren konnten, dürften sie dem Umstand verdankt haben, daß P. E. Przywara zur deutschen Delegation dieses Kongreßes gehörte, die sich offensichtlich aus Fachphilosophen zusammensetzte, die untereinander Anerkennung genossen. Es waren alles politisch unverdächtige Hochschullehrer; keiner der bekannten regimefreundlichen oder nationalsozialistischen Philosophen gehörte zu dieser Gruppe, auffälligerweise auch Heidegger nicht. Deswegen liegt der Schluß nahe, daß dem Regime der Kongreß gleichgültig oder aber entgangen war. Das gab den anderen die Möglichkeit, den Freiraum zu nutzen, um die dem Regime nahestehenden Kollegen auszuschließen, so V. Farías[1].

Natürlich konnten die jungen Studenten an dem Kongreß nur schauend und aufnehmend teilnehmen; es war eine Gelegenheit, die Welt philosophischer Gelehrsamkeit auf internationalem Parkett kennenzulernen. Um so interessanter bleibt ihre Wahl von Freiburg als Studienort.

Die zwei Jahre haben in Äußerungen über Karl Rahner und sein Denken bislang sehr viel Aufmerksamkeit gefunden; zuviel könnte man meinen, wenn dieser Abschnitt isoliert betrachtet wird, wie das in der Regel der Fall ist. Aber der Name Heideggers wirkte auf Betrachter so faszinierend, daß sie hier den Schlüssel zu Rahners Beiträgen unbedingt finden mußten. Karl Rahner selbst hat dieser Phase eigentlich weniger Gewicht beigemessen, bis ihm in den 50er Jahren deutlicher wurde, was ein Bezug auf diese Ausbildung versprach. Später gingen ihm Behauptungen und Folgerungen doch oft zu weit, und er fühlte sich gedrängt, die Dimensionen der Freiburger Jahre auf das ihm richtig scheinende Maß zurückzustutzen. Nie hat er sich als Philosoph ausgegeben und das gegen anderslautende Äußerungen auch unmißverständlich unterstrichen. „Manche Leute, die über meine Theologie reden, übertreiben oft den Einfluß von Heidegger. Es ist schon insofern eine Übertreibung, als Heidegger keine Theologie dozierte und ich eigentlich ausge-

---

[1] Heidegger und der Nationalsozialismus, Frankfurt a.M. 1989, 329.

sprochener Theologe und nicht ‚Philosoph' bin. Aber in einem gewissen Sinn kann man durchaus von einem Einfluß Heideggers auf mich und meinen Mitbruder und damaligen Kommilitonen Johannes Baptist Lotz sprechen. Dieser Einfluß betraf eine bestimmte Weise des Denkens. Es ging weniger um eine Inhaltlichkeit als vielmehr darum, bestimmte Positionen zu hinterfragen."[2] Solche Bemerkungen haben nicht alle Beobachter überzeugt. War Rahner nicht zum Professor der Geschichte der Philosophie bestimmt, als er seine Studien in Freiburg aufnahm? Ist es nicht ein Anachronismus, für diese Zeit schon davon zu reden, er sei ein ausgesprochener Theologe gewesen? Bleibt die Unterscheidung zwischen Inhaltlichkeit und Denkweise nicht doch zu vordergründig, um das tatsächliche Verhältnis zu erfassen? Nun, diese und ähnliche Rückfragen werden nicht immer ganz ohne Interesse aufgeworfen. Wer von „Transzendentaltheologie" zu reden gewohnt ist und darunter eine Anwendung Heideggerschen Denkens auf theologische Sachverhalte versteht, der wird sich seine Deutung nicht so einfach aus der Hand nehmen lassen, nicht einmal von Rahner selbst. Und doch ist die Frage nach Heideggers Einfluß heute im Sinne der Rahnerschen Einschränkungen ganz ernst zu nehmen. Immerhin war da ein Mann von 30 Jahren, der zu diesen Schlußstudien nach Freiburg kam, also nicht mehr ein studentischer Anfänger, der einen Meister sucht und ihm in allem zu folgen bereit ist. Und Heidegger war nicht nur als Philosoph bekannt, sondern eben als der Universitätsrektor, der vom Nationalsozialismus eine Erneuerung nicht nur der Universität, sondern des ganzen deutschen Geisteswesens erhofft hatte und sich dabei in erster Reihe mitzutun erboten hatte. Rahner dazu kurz vor seinem Tode: „Als wir nach Freiburg kamen, war gerade das nicht eben sehr kuriose Rektorat von Martin Heidegger, das nur sehr kurz war, aber an die Anfänge der Nazizeit gehörte, zu Ende, und wir wußten nicht so genau, wie wir bei diesem, damals doch irgendwie mit dem Nazismus verbundenen Martin Heidegger als junge schwarze Kapläne ankommen konnten, und so haben wir uns vorsichtshalber gleich als Doktoranden bei Martin Honecker angemeldet."[3] Das mag 1934 so klar noch nicht bewußt gewesen sein, aber daß – ob gewollt oder nicht – junge Jesuiten wie Lotz und Rahner einem Heidegger in diesem Moment nicht ohne Reserve und Frage begegnen konnten, liegt eigentlich auf der Hand. Die Entscheidung, die Dissertation bei Martin Honecker zu machen, ist kein eigentliches Problem gewesen; denn der Lehrstuhl dieses Philosophen gehörte in die Theologische Fakultät. Die Einschreibung dort hatte den Vorteil, daß die Studierenden gewissen Auflagen des Regimes, die auch dank Heidegger in Freiburg wirksam geworden waren, entgehen konnten. Die Zugehörigkeit zur Theologischen Fakultät hinderte ja den Zugang zu den Lehrveranstaltungen anderer Professoren, also besonders denen der Philosophischen Fakultät, nicht. Und eben

---

[2] Karl Rahner – Glaube in winterlicher Zeit, 13.
[3] Karl Rahner – Erinnerungen, 43.

alle anderen der in diesen Jahren in Freiburg doktorierenden Katholiken wählten genau die gleiche Formel. Das Doktoratsstudium umfaßte neben den Vorlesungen und Übungen Heideggers, also „Hölderlin" (1934/35), „Einführung in die Metaphysik" (1935), „Grundfragen der Metaphysik" (1935/36) und „Schelling, Vom Wesen der menschlichen Freiheit" (1936) sowie „Hegel, Phänomenologie des Geistes" (1934/35 und 1935), „Leibnizens Weltbegriff und der deutsche Idealismus" (1935/36) und „Kant, Kritik der Urteilskraft" (1936), noch eine Menge anderes, so daß es nicht recht wäre, allein auf diese in Karl Rahners Studienbuch verzeichneten Titel zurückzugreifen und die anderen zu übergehen. Denn an erster Stelle finden sich dort durchaus die Angebote von Martin Honeker, also „Die griechische Philosophie und ihre Auswirkungen", „Colloquium über Grundfragen der Ethik" (1934/35 und 1935), „Übungen im Anschluß an Brentano" (1935/36) und „Colloquium über Grundbegriffe der heutigen Philosophie" (1936). Im ersten Freiburger Semester ist zudem noch die Vorlesung „Die konstruktiven und empirischen Systeme des 17. und 18. Jahrhunderts" bei Prof. Stieler belegt, im zweiten „Übungen über Husserl" bei Prof. Kaufmann und „Einführung in das Studium der mittelalterlichen Geschichte" bei Prof. Spörl, einem engen Freund Romano Guardinis, im folgenden Semester „Reichsgeschichte der Salier und Staufer" bei Prof. Phil. Funk, einem der interessantesten Historiker, den Karl Rahner gern als Prüfer im Rigorosum gehabt hätte, „Philosophie der Vorsokratiker" bei Prof. Bröcker und bei Prof. E. Wolf „Große deutsche Rechtsdenker" sowie „Gottesrecht und Naturrecht", während im letzten Semester 1936 nur noch Prof. Bröcker mit „Platon" hinzukommt. Für eine Festschrift E. Wolfs schrieb Rahner später einen Beitrag. Nun steht fest, daß Karl Rahner im Sommer 1936 verhältnismäßig früh nach Innsbruck übersiedelte. Im Mai hatte er den als Dissertation vorgesehenen Text abgeschlossen und Martin Honecker zu einer Vorbegutachtung übergeben, die sich bis zum Frühjahr 1937 hinzog und negativ ausfiel. Die Gründe dafür sind nie so klar und eindeutig vorgelegt worden, daß sich das Urteil, die zu große Nähe zu Heidegger habe die Ablehnung verursacht, bestätigt hätte.

Ein Anschluß an Heidegger war schon äußerlich schwierig wegen dessen damaliger Stellung zum Katholizismus. Die trat in dieser Zeit deutlich als Abneigung und Feindseligkeit hervor (s. Farias), wenn er auch diese Haltung in der Öffentlichkeit eher kaschieren mußte, da die katholischen Studenten in Freiburg 44 % der Gesamtzahl der Studierenden ausmachten und im Vergleich zu anderen Universitäten überrepräsentiert waren. Die Gründe für Heideggers antikatholische Einstellung sind nur zu vermuten, doch könnte darunter auch sein kurzer Versuch gewesen sein, selbst Jesuit zu werden[4]. „Heidegger beschloß 1909, in das Jesuiten-Noviziat von Tisis bei Feldkirch einzutreten. Im Eintrittsbuch ist nachzulesen, daß er sich dort nur kurze Zeit aufhielt: am 30. September eingetreten, verließ er das Noviziat am 13.

---

[4] VGL. V. FARIAS, Heidegger und der Nationalsozialismus, 248.

Oktober wieder"⁵. Andere Motive lassen sich hinzufügen, bleiben aber ebenfalls im Bereich mehr oder weniger wahrscheinlicher Vermutung. In Rahners Erinnerungen auf entsprechende Fragen ist die Teilnahme an den Seminaren Heideggers herausgestellt. Das Seminar sei anders gewesen als das, was heute darunter verstanden werde. „Damals waren es ... höchstens zwei Dutzend, und das waren bei Heidegger alles schon irgendwie philosophisch vorgebildete Leute."⁶ Genannt werden dann Max Müller, Gustav Siewerth u. a. als Teilnehmer. Heidegger schaute sich kritisch die Leute an, die sich zum Seminar anmeldeten, und fragte, was sie studiert hatten. Ein eigener Punkt der Erinnerung sind die Protokolle der Seminarsitzungen, die als schriftliche Dokumentation blieben. Rahner dazu: „Ein solches Protokoll war eine ziemlich schwierige und heikle Arbeit, weil man da nicht einfach mitstenografieren konnte, sondern die vorausgegangene Seminarsitzung noch einmal total verarbeiten und umkrempeln mußte, und wenn man dann ... von Martin Heidegger gesagt bekam, feierlich und würdevoll: ‚Das Protokoll war ausgezeichnet!', da fühlte man sich schon wie bei einer Ordensverleihung."⁷ Daß Rahner in dieser Zeit oft Seelsorgsaushilfen, vor allem in der Ohrenklinik übernahm, läßt sich erwarten. Im übrigen muß er sich ohne großen Verzug an die Abfassung der Dissertation gemacht haben. Zeit hat er nicht verloren. Sehr selbständig und zielstrebig ging er die Aufgabe an, für die sich dann im Sommer 1935 in Valkenburg eine zusammenhängende Zeit fand. „Als Thema wählte Rahner die Metaphysik der endlichen Erkenntnis oder des an die Sinne gebundenen Geistes ... Referent ... war Honecker, zu dem Heidegger als Korreferent trat."⁸ Und Joh. B. Lotz weiter: „Honecker ... verlangte eine wortgetreue Auslegung des Aquinaten, der nicht durch eine ihm fremde Sicht verfälscht werden dürfe, was natürlich auf Heidegger zielte. Grundsätzlich äußerte Honecker, er wolle keine Dissertationen mehr, die nicht von seinem Geist bestimmt seien. Dazu bemerkte Rahner lakonisch: ‚Als ob der überhaupt einen Geist hätte!'"⁹

Die Hinweise verraten eigentlich wenig über diese Untersuchung Rahners. Zwar hat er selbst in späteren Erinnerungen „Zur Rezeption des Thomas von Aquin"¹⁰ ebenfalls nicht viel über die Hintergründe seiner Dissertation zu sagen gewußt. „Warum ich aber gerade über die Erkenntnismetaphysik bei Thomas von Aquin gearbeitet habe, weiß ich heute nicht mehr ganz genau. Sicherlich hat es eine Rolle gespielt, daß vorher Gustav Siewerth ebenfalls in Freiburg mit einer Arbeit promoviert hatte, die auch im eigentlichen Sinne thomistisch inspiriert war."¹¹ Die Erwähnung von Siewerth führt auf eine

---

⁵ Ebd. 59.
⁶ Karl Rahner – Erinnerungen, 45.
⁷ Ebd. 45f.
⁸ In: Karl Rahner – Bilder eines Lebens, 26.
⁹ Ebd. 27.
¹⁰ Karl Rahner – Glaube in winterlicher Zeit, 49–71.
¹¹ Ebd. 52.

Spur, die ein Stück weiterbringt. Denn im Grunde behandelt Siewerth ein Thema, das sich ziemlich mit dem Rahners deckt. Von daher wäre es verständlich gewesen, die Arbeit mit dem Bemerken zurückzuweisen, sie wiederhole etwas, was gerade geklärt worden sei. Max Müllers Überlegungen „Zu Karl Rahners ‚Geist in Welt'"[12] reißen weitreichende Perspektiven auf, indem sie einerseits Martin Honecker vor persönlichen Verdächtigungen in Schutz nehmen, andererseits Martin Heidegger als jemanden ins Gespräch bringen, der aufgrund seiner damaligen philosophischen Überzeugung zu der Arbeit Rahners nicht hätte ja sagen können. Nun bleibt die Annahme einer Stellungnahme Heideggers gänzlich Vermutung, weil offensichtlich nie ein rechtlich relevantes Promotionsverfahren eingeleitet wurde. Die Arbeit blieb schon in der Vorbegutachtung durch Honecker stecken, was auch am besten zu den Angaben paßt, er habe die Arbeit als zu sehr von seinem Kollegen beeinflußt empfunden. Immerhin lassen Max Müllers Notizen erkennen, daß es nicht persönliche Spannungen gewesen sein können, die Honecker zur Ablehnung bewogen; denn erzählt wird, wie er auf Zureden Heideggers Arbeiten annahm, die seiner Art eher fern lagen, und das auch nach Karl Rahners Versuch, nämlich bei Müllers und Siewerths Habilitationen (1937/38), die mit einer gewissen Unterstützung Heideggers gegen nationalsozialistische Widerstände hätten durchgekämpft werden müssen. Mit diesen Arbeiten, die Honecker nicht lagen, konnte sich Heidegger also ein Stück weit identifizieren, was im Falle von Rahners Dissertation hingegen nicht möglich gewesen sein soll. Das ist hochinteressant, weil es eindeutig belegt, wer in der sogenannten katholischen Heideggerschule, wie J.B. Lotz, G. Siewerth, B. Welte, M. Müller, dem Meister nahekam. Karl Rahner von allen, wie H. Vorgrimler bemerkt, gewiß am wenigsten[13]. Und mit Max Müller gesprochen: „Man muß also festhalten: Karl Rahner ist nie ‚Schüler' Heideggers (auch in seinem Frühwerk ‚Geist in Welt' nicht) in *dem* Sinne gewesen, als ob eine inhaltliche (also ‚materiale') Übereinstimmung und Gemeinsamkeit irgendwelcher Art vorhanden gewesen wäre; aber die Art und Weise (‚formaliter' also), in der sich Heideggers Denken vollzog, hat aufs stärkste auf ihn gewirkt. Ein Rahnersches Grundproblem bei der Durchführung einer christlichen Theologie war immer die für die Theologie unentbehrliche ‚Philosophie in der Theologie'; für Heidegger dagegen ist damals ganz entgegengesetzt die Eliminierbarkeit oder Uneliminierbarkeit der ‚Theologie in der Philosophie' Fragemittelpunkt."[14] Die innere Beziehung harre noch der eigentlichen Untersuchung, Ausarbeitung und Darstellung. Allerdings wird sie kaum mit „Geist in Welt" argumentieren können; denn die von Max Müller erwähnten inneren Berührungspunkte, die es im Blick auf Themen der Metaphysik zwischen Heideggers damaligen Vorlesungen – die über Hölderlin ausgenommen – und

---

[12] In: Karl Rahner – Bilder eines Lebens, 28–31.
[13] Vgl. H. Vorgrimler, Karl Rahner verstehen, Freiburg i. Br. 1985, 79.
[14] In: Karl Rahner – Bilder eines Lebens, 30f.

Rahners „Geist in Welt" gebe, bleiben doch zu sehr im allgemeinen. So interessant Müllers Ausführungen klingen, so sehr wird man zu prüfen haben, was von ihnen wirklich zutreffen kann. Die von ihm behauptete Beeinflussung im Formalen ist ihrer Natur nach schwer zu greifen. Ähnlichkeiten können sich anders erklären lassen, zumal Rahner in seinem Denken eine ganze Reihe weiterer Anstöße und Anregungen aufgenommen hat. Was Sprache und Ausdrucksweise angeht, wäre zumindest ein Einfluß von Peter Lippert in Erwägung zu ziehen, der auf viele in den 30er Jahren „existentialistisch" wirkte, oder jener von E. Przywara, dessen unbefangener, wenn nicht eigenwilliger Umgang mit der Sprache in vielem dem Heideggerschen Sprachgebrauch nahekommt.

Wichtiger dürfte in diesem Zusammenhang sein, auf die Dissertation Siewerths zurückzukommen. Sie trug den Titel „Die Metaphysik der Erkenntnis nach Thomas von Aquin. 1. Teil: Die sinnliche Erkenntnis"[15]. Das Thema hatte Prof. M. Honecker dem Kandidaten gestellt, der in dieser Arbeit auch von Prof. M. Heidegger mit Anregungen gefördert worden war; so jedenfalls die Vorbemerkung. Die Zusammenarbeit Honecker – Heidegger für einen katholischen Doktoranden ist hier ebenso belegt wie bei den Untersuchungen von M. Müller und J.B. Lotz. Interessant klingt die Charakterisierung, die Siewerth für sein Unternehmen gibt:

„Die Erörterung nimmt bewußt Abstand von einer rein ‚historischen' Zugangsart ... eine genuin philosophische Betrachtung sieht sich vorab und wesentlich vor die Aufgabe gestellt, bei der Aufweisung und Enthüllung metaphysischer Lehren sich auf das volle Wesen dessen zu besinnen, was da als ‚Metaphysik' überhaupt begegnet ... Philosophisches Verstehen aber ist stets systematische Erkenntnis ... Man erwiese daher einem Denker einen schlechten Dienst, wollte man seine Lehren und Sätze akzeptieren, ohne sie zuvor aus der Ganzheit, Einheit und Notwendigkeit des Ausgangs her verstanden zu haben. Einem philosophischen Nachvollzug konnte es jedoch nicht erspart bleiben, die Ausarbeitung des Problems von seinen Ursprüngen her von neuem auf sich zu nehmen und die Fragestellungen entsprechend neu zu gestalten."[16] Mit diesen Worten im Kopf wird man Karl Rahners Frage verstehen, warum es Honecker nicht möglich gewesen sein sollte, auch seine Dissertation anzunehmen, deren Untertitel „Zur Metaphysik der endlichen Erkenntnis bei Thomas von Aquin" genau betrachtet sehr viel bescheidener daherkommt als das großspurig angelegte Opus Siewerths, dessen in Aussicht gestellter zweiter Teil nie als solcher erschien. Der erste Teil bestand nach einer einleitenden Klärung der Aufgabe als Entfaltung der ersten Wissenschaft von ihrem ‚Subjekt' her in einer Darlegung über „Die metaphysischen Voraussetzungen einer Metaphysik der Erkenntnis" und einer Beschreibung über „Das Wesen des sinnlichen Aktes"; das Ganze entfaltete

---

[15] München/Berlin 1933.
[16] Ebd. IVf.

sich auf 110 Druckseiten. Man ist nach Siewerths Ankündigung nicht verwundert, wenn er außer den Werken des Aquinaten selbst und denen des Aristoteles nur wenig Literatur heranzieht. Erwähnt sind Brentano (4x), Bäumker, Consbruch, Dempf, Garrigou-Lagrange, Geyser, Hertling, Hartmann, Manser, Plato, Roland-Gosselin, Rousselot, Siegmund und Simon je einmal. Die Mehrzahl dieser Namen gehört Historikern des Thomismus.

Dieser Punkt ist auch in der Arbeit Karl Rahners unschwer zu verifizieren, hat er doch der ersten Auflage nach dem Inhaltsverzeichnis eine eigene Übersicht „der angeführten Schriften" (IXf.) vorangestellt. Sie bringt die Namen Bardenhewer, Blanche, Carra de Vaux, Dunin-Borkowski, Forest, Geyer, Geyser, Grabmann (2x), Honecker, Horten, Hufnagel, Jolivet, Luyckx, Marc, Maréchal, Rousselot, Sertillanges, Siewerth, Sladeczek, Stein und Tonquédec. Gegenüber Siewerth fällt der starke Anteil französischsprachiger Beiträge sofort in die Augen; unter ihnen kommt sicher den Jesuitenautoren noch einmal ein eigenes Gewicht zu, wie sich aus der Reihe P. Rousselot, J. Maréchal, A. Marc gleich ergibt. Daß auch St. v. Dunin-Borkowski, Fr. Sladeczek und J. Tonquédec der Gesellschaft Jesu angehören, sei der Vollständigkeit halber nur erwähnt; sie lassen sich nicht ohne weiteres mit den genannten Namen um Maréchal zusammenstellen. Wenn Karl Rahner der Meinung war, zu diesem Thema nach so kurzer Zeit etwas Eigenes und Neues bringen zu können, dann unter Bezug auf die Gruppe um Maréchal. Aber er war wohl auch überzeugt, bei Thomas von Aquin selbst etwas entdeckt zu haben, was Siewerth entgangen zu sein schien; die Bedeutung des siebten Artikels der Quaestio 84 aus der „Summa Theologica" nämlich. Diesen Text ließ er am Anfang seiner Untersuchung (1–3) abdrukken. Für Siewerth hat dieser Text, der gelegentlich Erwähnung findet, keine Schlüsselrolle gespielt. Er hat sich für seine Untersuchung auf unterbrochene und verstreute Erörterungen bei Thomas gestützt[17]; man könne nämlich nicht behaupten, daß Thomas entscheidend und zielbewußt diese Frage erörtert habe, wiewohl er die Einzigartigkeit der metaphysischen Zusammensetzung der menschlichen Natur klar ausspreche[18]. Sinnlichkeit erscheine als eine analoge, in den spezifischen Merkmalen der Geistigkeit zwar herabgeminderte, material kontrahierte, aber doch echte Weise von Intellektualität[19]. Konzipiert ist die Sinnlichkeit in gewohnter Weise als rezeptive Passivität, ausgehend von der in sich geschlossenen tierischen Sinnlichkeit (*aestimatio*).[20]

In der Vorbemerkung zu seiner Untersuchung hat Karl Rahner das, was ihm als eigene Besonderheit seines Beitrags vorschwebte, ausdrücklich genannt: „Wenn Pierre Rousselot und Joseph Maréchal vor allem angeführt

---

[17] Vgl. ebd. 4.
[18] Vgl. ebd. 27.
[19] Vgl. ebd. 33.
[20] Vgl. ebd. 16.

werden, so soll damit zum Ausdruck gebracht sein, daß diese Arbeit sich dem Geist ihrer Thomasinterpretation vorzüglich verpflichtet fühlt"[21]. Zu Recht hatte er den Eindruck, damit gegenüber Siewerths Beitrag nicht nur etwas ergänzend Neues beizubringen, sondern die ganze Frage aus einer anderen Perspektive neu gestellt und behandelt zu haben. „Arbeiten, die sich in der Richtung der Fragestellung dieser Arbeit bewegen und auf die einfach zustimmend hätte verwiesen werden können, sind dem Verfasser über das Genannte hinaus nicht bekannt"[22]. Heute ist dem noch hinzuzufügen, daß offensichtlich die Bedeutung der Sinnlichkeit in den „Geistlichen Übungen" des Ignatius von Loyola die Überlegungen des Jesuiten weitgehend mitbestimmt haben.

Siewerth selbst dürfte das nicht zur Kenntnis genommen haben, als er im umfangreichen Vorwort zur zweiten Auflage seiner Habilitationsschrift von 1939 „Der Thomismus als Identitätssystem" auch „das von Karl Rahner später entwickelte Thema ‚Geist in Welt'"[23] ansprach und behauptete: „Um so nachhaltiger war die Wirkung des Identitätssystems wohl bei allen, die unvoreingenommen seinen Gedanken folgten. Arbeiten von Clemens Haliba, Karl Rahner, B. Welte, von Joh. Lotz, Caspar Nink, von Max Müller... sind offenbar von ihm direkt oder indirekt angeregt oder beeinflußt"[24]. Freilich fällt dieser Versuch einer Vereinnahmung, der jedoch interessant und erinnerungswürdig bleibt, im Blick auf eine dann sehr harsche Gegnerschaft und Feindschaft Siewerths und seines Gefolges gegenüber allen, die da nicht mitmachen wollten, schon insofern in sich zusammen, als Rahners „Geist in Welt" im Mai 1936 abgeschlossen wurde und wegen der Einwände M. Honeckers bewußt keine Änderung mehr erfuhr, damit die wissenschaftliche Öffentlichkeit über ihren Wert entscheiden möge, ohne daß Honecker nur der geringste Vorwand geboten wäre, seine Ablehnung als auf einen anderen Text bezogen hinzustellen. 1936 stand die Habilitation Siewerths noch aus; sie erfolgte 1937 im Zusammenwirken von M. Honecker und M. Heidegger, also zu der Zeit, als Honecker die seit fast einem Jahr bei ihm liegende Schrift Rahners zurücksandte. Die Arbeit Siewerths erschien 1939. Sie kann keine nachhaltige oder weniger nachhaltige Wirkung auf Karl Rahner ausgeübt haben. Zur Zeit ihrer Publikation war Rahner Dozent in Theologie, der inzwischen ein einschlägiges Doktorat und eine entsprechende Habilitation hinter sich gebracht hatte und auch aus äußeren Gründen keine Gelegenheit und keinen Anlaß sah, das neue Werk Siewerths zur Kenntnis zu nehmen.

Daß ihm hingegen Siewerths Dissertation bekannt war, geht aus seiner Schriftenliste zu „Geist in Welt" hervor. Ihre Bedeutung dürfte für Rahner

---

[21] KARL RAHNER, Geist in Welt, Innsbruck 1939, V.
[22] Vgl. ebd. V.
[23] G. SIEWERTH, Der Thomismus als Identitätssystem, Düsseldorf 1961, XXV.
[24] Ebd. XXVII.

darin liegen, daß er dazu im Rückgriff auf Maréchal und die neuere Thomasdeutung französischer und belgischer Ordensmitbrüder ein Gegenstück erstellt hatte, mit dem er seinen Doktorvater gezwungen hätte, zwischen einer bei ihm wenige Jahre früher eingereichten und akzeptierten Arbeit und einem anderen Entwurf zum gleichen Thema zu entscheiden. Damit tut sich für den Vorgang eine Deutung auf, die alle bislang bekannten Hinweise in Frage stellt. An einem zu großen Einfluß Heideggers, gegen den sich Honekker zur Wehr gesetzt hätte, kann es letztlich nicht gelegen haben, wenn zur gleichen Zeit beide im Blick auf die anstehenden Habilitationen Siewerths und Müllers einträchtig gegen nationalsozialistische Widerstände, wie es heißt, zusammenarbeiteten und diese positiv überwanden. Will man nicht Rahners Zugehörigkeit zum Jesuitenorden ins Spiel bringen, dann könnte es sein zu starker Rückgriff auf außerdeutsche Philosophen gewesen sein, der in dieser national aufgeheizten Zeit die Animosität gegen Rahners Beitrag genährt hätte. Jedenfalls läßt sich sagen, daß Rahners wiederholt geäußerte Vermutung, es habe in Honeckers Verhalten eine wachsende Reserve gegen Heidegger gegeben, die beim Promotionsverfahren für Joh. B. Lotz gerade noch einen positiven Abschluß erlaubt, bei ihm als Nächstfolgendem aber schon so stark gewesen sei, daß er ihr erstes Opfer wurde, nicht zutreffen kann. Insofern ist M. Müllers Versuch begründet, nach eventuellen Ablehnungsgründen bei Heidegger zu fragen. Nur geht diese Deuterichtung angesichts seiner eigenen Habilitationsarbeit und jener von Siewerth nicht auf, zumal mehr als fraglich ist, ob Heidegger in der Sache Rahners je als Korreferent angesprochen wurde. Akten liegen nicht vor; das Verfahren ist nach Lage der Dinge nie offiziell eingeleitet worden. Sinnvoll wäre hingegen die Frage, wer Honecker in der Vorbegutachtung beraten haben könnte, ob also er selbst wesentlich für die Ablehnung von Rahners Arbeit in der vorliegenden Form verantwortlich zu machen ist oder nicht.

Der Gedanke, daß er den sich unter seinem Patronat gerade habilitierenden G. Siewerth ins Vertrauen gezogen habe, liegt um so näher, als dieser ja von Honecker zum gleichen Thema etwas früher promoviert worden war. Wie dem auch sein mag: wer die beiden Arbeiten vergleicht, wird um einen Unterschied nicht herumkommen; sein Vorliegen kann es ein und demselben Gutachter schwer machen. Siewerth stützt sich weit stärker und engagierter auf den deutschen Idealismus als Rahner, seine Nähe zur heideggerschen Position – ob legitim oder nicht, tut nichts zur Sache – ist frappierend.

Rahner hingegen setzt mit Maréchal bei Kant an, wo es um die Moderne geht. Aber vor allem ist es die Art und Weise, wie der Belgier Thomas deutet, die Rahner seit seinen philosophischen Studien vertraut war. „Zwar weiß ich es heute nicht mehr ganz genau, aber es ist durchaus denkbar, daß meine Dissertation über Thomas in dieser Lektüre ihren Ursprung hatte. Ich glaube auch, daß ich von diesem Maréchalianismus damals deutlicher und früher beeinflußt war als Pater Lotz, der dann ja in Freiburg ähnlich wie ich arbeitete und dachte. Dieser Maréchalianismus gestaltete sich bei mir zu dem, was später von anderen Leuten als ‚Transzendentalphilosophie und -theologie' bezeichnet wurde."[25] Im gleichen Interview von 1982, in dem Rahner diese Gedanken äußerte, fügte er über Maréchal noch hinzu: „In meinen philosophischen Studienjahren war ja Maréchal für unsere jesuitische Schulphilosophie noch ein verdächtiger Mann. Besonders wurde gegen ihn der Verdacht gehegt, im Grunde leugne oder verdunkle er die strikte Übernatürlichkeit der ‚visio beatifica' ..., weil er das ‚desiderium naturale in visionem beatificam' ... bei Thomas von Aquin wieder ins Gespräch gebracht hatte. Mein einstiger Lehrer für Geschichte der Philosophie in Pullach, Bernhard Jansen, gehörte z. B. zu jenen Leuten, die solche Vorbehalte gegenüber Maréchal geltend machten."[26] Es handelt sich hier um einen theologischen Einwand, der schon früh in Rahners Beziehung zum Denken Maréchals auftauchte und ein Schlaglicht auf die Art fallen läßt, in der er Maréchal anging: mindestens auch theologisch.

Damit läßt sich aber die Frage nicht mehr umgehen, ob nicht „Geist in Welt" eine theologische Intention verfolgt, also recht verstanden unter solch einer Rücksicht zu betrachten wäre. Max Müller stellte als Problem Rahners heraus, die Frage der unerläßlichen „Philosophie in der Theologie" zu klären, während es damals Heideggers Anliegen gewesen sei, die Eliminierbarkeit bzw. Nichteliminierbarkeit der „Theologie in der Philosophie" zu bedenken. Wenn das stimmt, dann entspräche eine Rede, die „Geist in Welt" als philosophisches Jugendwerk Rahners hinstellen möchte, der Aufgabenstellung Heideggers, weil hier ganz unbefangen von einer Philosophie ohne Theologie ausgegangen wird, die dann nachträglich für Theologie fruchtbar gemacht werden kann.

Versucht man hingegen umgekehrt, „Geist in Welt" als theologischen Beitrag zu lesen, der die Rolle von Philosophie in Theologie beleuchten möchte, dann erklärt sich in dem Augenblick einiges, wo man – den wichtigsten Gewährsleuten Rahners in „Geist in Welt" entsprechend – die Spiritualität der Gesellschaft Jesu mit in die Überlegungen einbezieht. Daß diese Spiritualität als theologische Größe genommen und behandelt wurde, kann für die 30er Jahre nicht zweifelhaft sein, als E. Przywara seine „Theologie der Exerzitien" ausarbeitete und viele andere weniger Bekannte im ganzen und im einzelnen in die gleiche Richtung arbeiteten. Einer der wichtigsten Anreger gerade auf diesem Felde ist im französischen Raum J. Maréchal gewesen, so daß alle bekannten Faktoren für diese Perspektive sprechen.

Ein jesuitisches Thema in diesem größeren Zusammenhang war nun ohne jeden Zweifel das der „Anwendung der Sinne", des Gebrauchs der Sinnlichkeit gerade für das Leben des Glaubens. Damit war aber ein ganz anderes Grundverständnis von Sinnlichkeit als möglicher Ort göttlicher Offenbarung vorausgesetzt, als es etwa nach Aristoteles oder der rationalen schola-

---

[25] Karl Rahner – Glaube in winterlicher Zeit, 51f.
[26] Ebd. 53f.

stischen Psychologie zu gewinnen war. Man erinnere sich der „Augen des Glaubens" von P. Rousselot, ein Ausdruck, der im Gefolge des Antimodernismus um den Ersten Weltkrieg in Verdacht geriet, den aber das Zweite Vatikanische Konzil im eigentlichen Sinn aufnahm. Die von Rahner vertretene Wirklichkeit einer Gnadenerfahrung präzisiert sich hier als etwas, das auch die Sinne betrifft. Seine frühen Beiträge über die „geistlichen Sinne" bekommen in diesem Licht eine ganz andere Bedeutung und gehen weit über historische Ausarbeitungen hinaus.

Für Karl Rahner hatte schon zu Beginn seiner Zeit in Freiburg der Begriff „Sinnlichkeit" eine durch die geistliche Tradition des Ordens und durch ihre aktuelle Diskussion tief geprägte Bedeutung. Aus den Exerzitien war ihm der systematische Umgang mit den Sinnen auf ein klares Ziel hin – Entdecken des Willens Gottes – vertraut. Daß dies außerhalb der eigenen Tradition vielleicht anders sein könnte, mag ihm gar nicht voll aufgegangen sein. Jedenfalls gestaltete er die Arbeit an der Dissertation so, daß er sich hier einem Thema zuwenden konnte – wenn auch in philosophischer Gestalt –, das ihn als geistliches und theologisches schon seit längerem beschäftigt hatte. Anders gesagt: die Wahl des Themas von „Geist in Welt" erklärt sich im Kontext von Rahners Leben und bisherigem Wirken so, daß er etwas „Zur Metaphysik der endlichen Erkenntnis bei Thomas von Aquin" erarbeiten wollte, was die ihm vertraute Frage nach der Rolle der Sinne für das religiöse Erkennen weiterführen könnte. Der Rahmen einer philosophischen Dissertation bedingte einige Vorgaben, was die genaue Formulierung, die Art und Weise des Vorgehens und das mögliche Ergebnis betraf. Die entsprechenden Rücksichten ändern jedoch nichts an der grundsätzlichen Ausrichtung des Doktoranden.

Ein weiterer Punkt ist ebenfalls herauszustellen. Die Erkenntnisbewegung in Zuwendung und Rückwendung (*conversio – reditio*) schließt als unerläßliches Moment eine „Umkehr" in sich. Der Begriff „conversio" läßt es schon vermuten, weil er auch diesen Sinn haben kann. Ohne auf die ausführlichen Untersuchungen Rahners zum Buß-, nämlich Umkehrproblem vorgreifen zu wollen, ist bereits hier zu erkennen, daß die Rolle der Sinne im menschlichen Erfassen von Geistigem zu einem Modell führt, das nicht einlinig und einsinnig verläuft, das also auch nicht nur Bestätigung der Vorgaben von seiten des Erkennenden bedeuten kann, sondern dessen Wandel ebenso verlangt und ermöglicht. Damit ist die Aufgabe weder nach dem Schema des Aufstiegs noch nach dem Schema des Abstiegs konzipiert, sondern ganz allgemein auf der Ebene unmittelbarer Erfahrung. Insofern präsentiert sich die Untersuchung in der Tat als philosophische. Doch den zugehörigen philosophischen Eros als eigenständigen, von spirituellen und pastoralen Motiven unabhängigen Antrieb hat Rahner nicht gekannt. Aus diesem Grunde konnte er 1936 relativ problemlos und endgültig von der Philosophie als solcher Abschied nehmen. Man wird unter diesem Blickwinkel Rahners eigene Bemerkungen ernst zu nehmen haben, wenn er beteuert, der

Übergang in die Theologie habe ihm keine Schwierigkeiten gemacht. Auf eine entsprechende Frage reagierte er: „Im Gegenteil sogar, denn bedenken Sie, mein Bruder war bereits in Innsbruck Kirchengeschichtler. Und, offen gestanden, ich selbst habe keineswegs ein großes inneres Verhältnis zur Geschichte der Philosophie. Sicherlich, ich wäre ein ganz ordentlicher Philosophiegeschichtler geworden, aber mein Herz hat keineswegs geblutet, als ich von meinen Oberen umdestiniert wurde. Ich habe anschließend sehr rasch mein Doktorat in Theologie abgelegt, schon im Dezember 1936."[27] Dieses „Ich habe kein großes inneres Verhältnis zur Geschichte der Philosophie" erklärt heute ohne Zweifel, warum Rahner nicht als der geborene Philosoph hingestellt werden kann, der nur durch einen bösen Zufall Theologe werden mußte. Viel näher liegt die umgekehrte Betrachtung, nach der man den Wechsel zur Theologie als sachgerechte Korrektur einer Bestimmung anzusehen hat, die ursprünglich aus Veranlassungen zustande kam, unter denen die Rücksicht auf die Person und die Fähigkeiten Rahners keine Rolle spielten. Daß dies nicht als Aussage gegen die Philosophie zu werten ist, dürfte durch die inzwischen nötig gewordenen Informationen und Differenzierungen klar sein. Wenn Rahner Theologe ist, dann nicht gegen die Philosophie. Er hat diese als unverzichtbares Element von Theologie geschätzt und gepflegt, er hat sie in dieser Einordnung verteidigt und gefordert.

Diese Sachverhalte wurden erst im Laufe der weiteren Entwicklung genauer herausgestellt. Ihre Ansätze sind jedoch rückblickend schon im Text von „Geist in Welt" nicht zu verkennen. Manches an versuchter Rahnerinterpretation erweist sich im Licht dieser Beobachtungen als zu kurz gegriffen, als zu einseitig, als monokausal und eng, jedenfalls nicht der Weite der Erscheinung Rahners entsprechend. Um diese Weite in den Blick zu bekommen und auch für die Diskussion im Blick zu halten, ist die Sammlung des Gesamtwerkes nötig, ist seine Präsentation nach einheitlichen Kriterien unerläßlich.

Der Ertrag der Freiburger Jahre ist für Karl Rahner der Text des Buches, das unter dem Titel „Geist in Welt" bekannt wurde. Dieser Text war – das wurde erwähnt – im Mai 1936 fertig und wurde dem in Aussicht genommenen Doktorvater Prof. M. Honecker zu einer Vorbegutachtung überreicht. Dessen Ablehnung oder besser: dessen Verlangen, den Text in seinem Sinn neu zu überarbeiten, erreichte Rahner im Frühjahr 1937, als er schon zum Doktor der Theologie promoviert war und kurz vor dem Abschluß seiner theologischen Habilitation stand. Er brauchte das Freiburger philosophische Doktorat nicht. Die Einwände Honeckers stießen bei ihm auf entschiedenen Widerstand. Gegen diese im Blick auf andere angenommene Arbeiten inkonsequente, willkürliche und ungerechte Behandlung wollte er den Beweis antreten, daß es sich nicht um ein Elaborat handle, das in dieser Weise abgetan werden konnte. Deswegen betrieb Rahner die Publikation, die er 1939 auch

---

[27] Ebd. 53.

erreichte. Der Krieg hinderte ein nachhaltigeres Echo. Erst als er in den 50er Jahren als Theologe schon weithin bekannt geworden war, brach ein Interesse an dieser Untersuchung wieder auf. Wenn Rahner um die Mitte dieses Jahrzehnts die Neuausgabe des Buches seinem Schüler J.B. Metz überließ, dann unterstrich er damit nicht nur den eigenen Abschied von der Philosophie, seine Distanz zu Vorgängen, die mittlerweile 20 Jahre zurücklagen, sondern auch den Stellenwert, den er diesen Bemühungen nachträglich beimaß.

Gefreut hat ihn das Echo in Übersetzungen und Diskussionen, das seit 1957 sichtbar werden ließ, welche Bedeutung dieser Text für Philosophie und Theologie haben konnte. Mit ein wenig Stolz wies er darauf hin, daß diese als nicht ganz leicht geltende Darstellung später noch zweimal aufgelegt wurde und in die größeren modernen Sprachen übersetzt ist[28].

Aber es war auch eine Arbeit, die er später in dieser Form nicht wieder aufgenommen oder weitergeführt hat. Ihm genügte das Urteil: „Ich glaube, es war keine schlechte Arbeit, denn ich habe sie bei Felizian Rauch in Innsbruck so herausgegeben, wie ich sie in Freiburg eingereicht hatte. Nach dem Zweiten Weltkrieg wurde diese durchgefallene Doktorarbeit ins Französische, ins Spanische und ins Englische übersetzt. Ich kann also sagen, es war eine sehr gute Doktorarbeit. Aber man sieht daran, daß man auch mit einer guten Doktorarbeit bei einem schlecht gelaunten Professor durchfallen kann."[29]

Als Rahner Freiburg verließ, war der Ausgang noch offen und der Doktorand erwartete, nach einiger Zeit das Unternehmen erfolgreich abschließen zu können. Er wurde nach Innsbruck geschickt und nicht nach Pullach. Wer dafür verantwortlich ist, dürfte sich schwer ausmachen lassen. Gewiß bekam er von seinem Provinzial eine entsprechende Anweisung, doch die lag ja nicht auf der Linie der ursprünglichen Bestimmung. Er selbst hat erwähnt, daß sein Bruder Hugo schon als Kirchengeschichtler an der Theologischen Fakultät der Universität Innsbruck wirkte und daß im dortigen Lehrkörper kurz zuvor einige Stellen frei geworden waren. In seiner Erinnerung hört sich das so an: „Historisch gesehen ist ... die häufig vorgetragene Behauptung falsch, ich sei der Ablehnung wegen in die Dogmatik nach Innsbruck übergesiedelt ..., mußte ... nach Innsbruck, um, von den Oberen umdestiniert, in Dogmatik zu promovieren und mich zu habilitieren. Man brauchte in Innsbruck einen Professor, nachdem Johann Stufler und Joseph Müller, die Vorgänger von Franz Mitzka und mir, in Pension gegangen waren. Aus diesen Gründen also kam es zu meiner Umbestimmung. Und erst nachdem ich begonnen hatte, mein Doktorat in Theologie vorzubereiten, erhielt ich den Brief von Honecker, in dem ich erfuhr, er nehme meine Dissertation nicht an. Selbst wenn er sie also angenommen hätte, wäre ich Dogmatiker in Innsbruck geworden, und zwar gerne."[30] Diese Information erlaubt noch die Frage, ob es Honecker im Wis-

---

[28] Vgl. Karl Rahner – Erinnerungen, 44.
[29] Karl Rahner – Glaube in winterlicher Zeit, 14.
[30] Ebd. 53.

sen um die neue Situation seines Schülers leichter geworden ist, die Arbeit Rahners in der vorliegenden Form abzuweisen. Das wäre eine zusätzliche Möglichkeit.

In Rahners Beschreibung spiegelt sich die Sicht dessen, der zwar für eine Aufgabe in Aussicht genommen ist, aber nicht über alle Hintergründe informiert war, die vor Ort dazu veranlaßt haben könnten, um den jungen Doktoranden für die Theologie zu bitten. Eine klare Zusage gab es insofern nicht, als Rahner die Voraussetzungen für die neue Aufgabe in der Theologischen Fakultät noch erbringen mußte. Was sein würde, hing auch vom Ausgang der entsprechenden Verfahren ab. Auf diese Umstände ist später einzugehen. Zuvor wird es nötig sein, den Blick wieder auf Hugo Rahner und seine Anfänge an dieser Fakultät zu richten.

12. Kapitel

Hugo Rahners Beginn in Innsbruck (1934–1939)

Zu Anfang des Jahres 1935 verzeichnet der Katalog der in Innsbruck tätigen Jesuiten für Hugo Rahner, daß er sich auf die Dozentur an der Fakultät vorbereitete. In diesem Jahr konnte er sich für alte Kirchengeschichte und Väterkunde habilitieren. Das Vorlesungsverzeichnis der Universität für das Winter-Semester 1935/36 führt ihn in der Liste des Personalstandes als Privatdozent (S. 46). Das Korrespondenzblatt des Kollegs Canisianum hatte schon in seiner Aprilausgabe gemeldet: „P. Dr. Rahner Hugo S.J. hat sich an der theol. Fakultät habilitiert für Kirchengeschichte und Patrologie. Er schenkte uns für die Bibliothek seine ebenso interessante wie gründliche Abhandlung: ‚Die gefälschten Papstbriefe ...'" (S. 67). Als junger Dozent veröffentlichte er damals seine seitdem für die Kenntnis des patristischen Denkens grundlegend gewordene Schrift „Die Gottesgeburt, Die Lehre der Kirchenväter von der Geburt Christi im Herzen der Gläubigen"[1]. In dieser Untersuchung, „die auf eine erstaunliche Weise die Mystik und das Bilddenken der Väter ausschöpft und aufzeigt, wie sehr die Väthertheologie die Grundlage der großen christlichen Mystik bildet ..., erweist Rahner – wie später in noch reicher ausgefalteten Werken –, daß die bildhafte Theologie der Väter keinesfalls nur ein antikes Kuriosum ist. Denn der heutige Christ, Laie oder Theologe, wünscht die Wahrheit, an deren endgültiger begrifflicher Fixierung er zweifelt, wieder anschaulich zu erfahren. Und eben hierzu bietet die Erneuerung der patristischen Theologie durch Hugo Rahner einen wesentlichen Ansatzpunkt."[2] Die Zusammenfassung A. Rosenbergs streicht den entscheidenden Beitrag Hugo Rahners vom Ansatzpunkt an heraus und gibt damit einen Eindruck von den anfänglichen Bemühungen in Innsbruck, die allerdings auf früheren Studien und Ansätzen aufbauten.

Hugo Rahner hat sich unverzüglich mit allen Kräften an die Arbeit gegeben und über den wissenschaftlichen Bereich hinaus in Innsbruck seine Mitarbeit angeboten. So hielt er am 28. Juni 1935 im erwähnten Canisianum die Festrede „Die Kirche aus dem Herzen Jesu"[3]. Vor allem aber dürfte er in seinem Fachbereich eingesetzt worden sein, weil der Kirchenhistoriker Prof. Fr. Pangerl gerade in dieser Zeit durch andere Pflichten besonders bean-

---
[1] ZKTh 59 (1935) 333–418.
[2] A. ROSENBERG, in: Tendenzen der Theologie ..., Stuttgart/Berlin 1966, 448.
[3] Vgl. den Text im Korrespondenzblatt 69 (1934/35) 98–103.

sprucht wurde. Am 9. September 1934 hatte Prof. L. Fuetscher den P. Josef Metzger als Rektor des Jesuitenhauses in Innsbruck abgelöst. Kein Jahr später, am 24. August 1935, verstarb Rektor Fuetscher unerwartet und plötzlich. An seiner Stelle wurde Prof. Fr. Pangerl die Leitung des Hauses anvertraut, die er als Vize-Rektor bis zum 26. August 1936 versah. Daß dies möglich wurde, ohne die Veranstaltungen in Kirchengeschichte an der Fakultät merklich zu beeinträchtigen, dürfte seinen Grund darin gehabt haben, daß Prof. Pangerl in dem jungen Privatdozenten Hugo Rahner eine Kraft zur Seite stand, die einspringen konnte. In den Vorlesungsverzeichnissen der Universität wird das nicht ganz deutlich greifbar. Im Winter-Semester 1935/36 bietet Hugo Rahner erstmals je einstündig eine Vorlesung in Patrologie und eine solche in Dogmengeschichte an. Man tut gut daran, nicht zu übersehen, daß er Dogmenhistoriker war und sich selbst auch von daher verstand. Für das Winter-Semester 1936/37 kündigt das Vorlesungsverzeichnis wieder „Patrologie", „Dogmengeschichte: Die Geschichte der Lehre von der Kirche" und ein philosophisches Konservatorium: „Einführung in das wissenschaftliche Arbeiten" als je einstündige Veranstaltungen Hugo Rahners an. Das folgende Semester bietet für die Patrologie „Einführung in die patristischen Brevierlesungen" an, für die Dogmengeschichte „Geschichte von der Lehre der heiligmachenden Gnade", während das offizielle Programm der Kirchengeschichte unter dem Namen Pangerl läuft. Da Prof. Pangerl überdies als Studienpräfekt wirkte, während er Vize-Rektor war, mußte er sich Gedanken über mögliche Nachfolger für jene Professoren machen, die gerade in dieser Zeit ausschieden oder ausgeschieden waren. 1934 finden wir den Nachruf auf den Fundamentaltheologen E. Dorsch. Im gleichen Jahr treten die langjährigen Professoren der Dogmatik Josef Müller und Ludwig Lercher in den Ruhestand, denen 1935 der dritte Dogmatiker J. B. Stufler folgt. In dieser Situation kam zwischen F. Pangerl und Hugo Rahner die Idee auf, den jüngeren Bruder Rahners als Theologieprofessor für Innsbruck zu gewinnen. Der Vize-Rektor hatte diese Idee bei den Oberen zu vertreten und durchzusetzen. Das dürfte um so leichter gefallen sein, als es nicht so einfach war, den langjährigen Philosophiehistoriker der Hochschule in Pullach, Bernhard Jansen, zu verabschieden. Zwar standen in Innsbruck mit dem Dozenten Mitzka und dem a. o. Professor Schlagenhaufen Anwärter für die Nachfolge bereit. Auch Franz Dander und Franz Lakner brachten die nötigen Voraussetzungen mit. Aber die Erfahrung hatte gezeigt, daß es gut war, eine Reserve verfügbar zu halten. Wie oben schon erwähnt, war anfangs wohl nicht ganz klar, wie Karl Rahner einmal in Innsbruck eingesetzt werden könnte, aber Hugo dürfte schon damals überzeugt gewesen sein, daß sein Bruder besser als Theologe und nicht als Historiker der Philosophie einzusetzen sei. Außerdem mag er sich von einer möglichen Zusammenarbeit viel versprochen haben, zumal er in Innsbruck keine Gruppe hinter sich wußte.

Am 26. August 1936 wurde F. Pangerl als Vize-Rektor vom neuen Rektor Florian Schlagenhaufen abgelöst. Das Datum macht klar, daß zu diesem

Zeitpunkt Karl Rahner schon in Innsbruck weilte und daß die Frage seiner Ausrichtung auf die systematische Theologie entschieden war. Pangerl selbst muß bald darauf seine Krankheit gespürt haben, die ihn in wenigen Monaten sterben ließ. Um die Jahreswende 1936/37 war er am Ende, ein weiterer plötzlicher Sterbefall, durch den die ganze Last der Kirchengeschichte sofort auf Hugo Rahner fiel.

Im Sommer-Semester 1937 ist das Fach nicht mit dem Namen eines Dozenten benannt, aber das entsprechende Seminar und die Einführung in die altlateinische christliche Literatur sind als Veranstaltungen des Privatdozenten Hugo Rahner angezeigt. Das Vorlesungsverzeichnis des Winter-Semesters kündigt alles unter dem Namen Rahners an: die Kirchengeschichte I, Ausgewählte Fragen der altkirchlichen Geschichte, ein Seminar, die Patrologie und Christliche Kunstgeschichte. Zu diesem Zeitpunkt ist Hugo Rahner noch Privatdozent, muß aber vor Ende des Jahres 1937 offiziell zum Ordinarius für Kirchengeschichte als Nachfolger Pangerls ernannt worden sein. Diesem schrieb er den Nachruf, der ahnen läßt, daß er sich von Pangerl gefördert wußte und ihm Dank abstatten wollte.

Die etwas verschlungenen Einflußlinien waren nachzuzeichnen, damit das Verständnis für Karl Rahners Berufung nach Innsbruck deutlicher heraustritt. Sie hängt ganz eng mit Hugo Rahners Einsatz in diesen ersten Innsbrucker Jahren zusammen.

Dabei umfaßte dieser Einsatz noch allerlei mehr. Im Jesuitenhaus in Innsbruck beging man z. B. Anfang 1936 die Gebetswoche um die Einheit der Christen mit einem besonderen Blick auf den Osten und die Orthodoxie. Höhepunkt war eine sonntägliche Akademie, bei der Hugo Rahner zum Thema sprach: „Katholischer Trost im russischen Leid". Einige Tage später, am 2. Februar, legte er in der Innsbrucker Universitätskirche seine Letzten Gelübde ab und wurde endgültig in den Orden eingebunden.

Im Sommer 1935 hatte er auf den Salzburger Hochschulwochen in 14 Vorlesungen die „Grundlegung der abendländischen Kulturgemeinschaft durch die Kirche" dargelegt und das im Rahmen des Generalthemas der Bedeutung von Frömmigkeit und Mystik, in dem sein Mitbruder Böminghaus über „Wege der Frömmigkeit" und I. Kologriwof zum Verhältnis „Ostkirche und Abendland" sprach. in einer geschichtlichen Übersicht zu den Salzburger Hochschulwochen heißt es: „Der zweite Kurs dieses Sommers befaßte sich mit der ‚Kultur- und Religionsgeschichte des werdenden christlichen Abendlandes', bei dem P. H. Rahner SJ den Beitrag der christlichen Antike und P. Thomas Michels OSB den Beitrag der germanischen Völker für die christlich-abendländische Völker- und Kulturgemeinschaft darstellten. Beide Vorlesungen waren durch immenses Fachwissen und ausgewogene Darstellung gekennzeichnet."[4]

---

[4] F. PADINGER, Geschichte der Salzburger Hochschulwochen, in: Christliche Weltdeutung – Salzburger Hochschulwochen 1931–1981, Kevelaer/Graz 1981, 33.

Die Innsbrucker Jesuiten waren seit dem von P. E. Przywara mitgeprägten Beginn an den Salzburger Hochschulwochen beteiligt, so P. U. Holzmeister 1932, die PP. Mitzka und Fuetscher 1933, P. Hofbauer 1934, Hugo Rahner 1935, die PP. Kleinhappl und Bichlmair 1936 sowie in der Zeit zwischen dem 10. und 28. August des Jahres 1937 Karl Rahner mit 15 Vorlesungen zum Thema „Theologie und Religionsphilosophie" (nach dem Inhaltsverzeichnis) oder „Religionsphilosophie und Theologie" (nach der Textzusammenfassung), in jedem Fall unter der Sektion „Theologie als Wissenschaft". Der Weg für Karl Rahner war von den Mitbrüdern und namentlich von seinem Bruder Hugo gebahnt. In schöner Regelmäßigkeit entdecken wir den jüngeren Rahner auf Spuren, die vor ihm sein Bruder gezogen hatte.

Im Laufe des Jahres 1935 war Hugo Rahner zudem Mitarbeiter des Schriftleiters der „Zeitschrift für katholische Theologie" geworden. Das Amt hatte seit 1927 P. J. A. Jungmann inne, der zuvor Helfer von P. U. Holzmeister gewesen war. In der Zusammenarbeit an der Zeitschrift bildete sich zwischen dem Verantwortlichen und seinem Mitarbeiter Hugo Rahner ein besonderes Verhältnis aus, das bis zu Jungmanns Nachruf auf Hugo Rahner im Jahre 1969 ging[5]. P. Karl Rahner sollte seinen Bruder in dieser Aufgabe 1937 ablösen, also kaum, daß er in Innsbruck Fuß gefaßt hatte. Beide Rahners teilten sich mit unermüdlicher Schaffenskraft die Aufgaben und gewannen so ihre Position und Freunde, die sie schätzten, was jedoch auch Neid wach werden ließ. Wenn sich eine Reihe von Einsätzen außerhalb Innsbrucks nachweisen lassen, hatte das darin einen Grund, daß vor Ort zahlreiche Mitbrüder auf verschiedensten Feldern längst tätig waren. Die guten Beziehungen zu J. A. Jungmann zeigten sich besonders, als nach dem sogenannten Anschluß Österreichs im Frühjahr 1938 P. F. Schlagenhaufen die Verantwortung als Hausrektor niederlegte und Hugo Rahner, der Studienpräfekt für die Theologiestudierenden war, am 21. März 1938 Vize-Rektor wurde. Die Aufgabe versah er bis zum 31. Juli dieses Jahres, als P. J. A. Jungmann das Amt des Rektors übernahm. Von diesem Tag an fungierte Karl Rahner anstelle von P. Jungmann als Schriftleiter der „Zeitschrift für katholische Theologie". Niemand konnte absehen, daß P. Jungmann dieses Amt etwas mehr als ein Jahr später nach der Aufhebung des Innsbrucker Jesuitenhauses wieder antreten würde.

1936 hatte Jungmann mit der Veröffentlichung des Buches „Die Frohbotschaft und unsere Glaubensverkündigung"[6] jenen Anstoß gegeben, der Innsbruck in der theologischen Diskussion des deutschen Sprachraums und darüber hinaus besonderen Klang gab. Bekanntlich griff Hugo Rahner diesen Impuls auf, brachte ihn aber nicht in Innsbruck, sondern in einem ganz anderen Kreis zur Geltung.

Die Gruppe um das Seelsorgeamt in Wien und konkret um Prälat Karl

---

[5] Vgl. ZKTh 91 (1969) 76–78.
[6] Regensburg 1936.

Rudolf wurde damals immer aktiver und verlangte aus seelsorglichen Gründen nach einer „Theologie der Zeit". Im Sommer 1937 hielt Hugo Rahner deshalb im Stift Altenburg (Niederösterreich) vor einem Kreis junger Priester seine Vorlesungen „Eine Theologie der Verkündigung"[7]. In diesen Bemühungen unterschied Hugo Rahner bald zwei Gruppen. Die neuen Gedanken seien zunächst von seiten der praktisch gestaltenden Theologen vorgetragen worden, denen die Probleme der aktuellen Glaubensverkündigung und ihre Lösung durch die theologische Wissenschaft als drängende Aufgabe erschienen. Jungmanns Unterscheidung von Dogma und Kerygma habe dazu geführt, seine Anregungen in eine aus der Glaubensverkündigung der alten Kirche gestaltete Form theologischen Gesamtschauens zu bringen. Seitdem sei eine Innsbrucker Tagung im Sommer 1938 einerseits ähnliche Wege gegangen, habe anderseits jedoch theoretische Untersuchungen der Frage nach dem Sinn, der Berechtigung, der wissenschaftlichen Eigenständigkeit einer kerygmatischen Theologie in die Wege geleitet. Rahner berichtet über die einschlägigen Beiträge, um schließlich zum eigenen Unternehmen zurückzukehren. Er habe mit dem Titel „Eine Theologie der Verkündigung" zum Ausdruck bringen wollen, daß es bewußt um *Theologie* gehe, also nicht um einen Ersatz der Schultheologie oder um ein Gegenprojekt; das sei widersinnig. Dann gehe es um eine Theologie der betonten *Verkündigung*, also um eine eigenständige kerygmatische Form der Theologie vom Inhalt und von der inneren Ergriffenheit her, als *theologia cordis* in Wahrheit Auswirkung einer charismatischen Geistesgabe. Schließlich gehe es um *eine* Theologie der Verkündigung, neben der andere denkbar seien.

Hugo Rahner hat sich nicht nur als Dogmenhistoriker verstanden und als solcher wissenschaftlich gearbeitet; er hat auch seinen Beitrag zu einer systematischen Darlegung und Entfaltung der Glaubenswahrheit selbst geleistet. Karl Rahner sprach später davon so: „Ein gewisser Zusammenhang ist ... dadurch noch gegeben, daß mein Bruder in den dreißiger Jahren einmal über seine patristische Arbeit hinaus eine kleine Theologie der Verkündigung geschrieben hat. Eine Theologie, von der man damals meinte, daß sie eine unmittelbare Bezogenheit auf die Predigt, auf die Verkündigung haben müsse. Und so hat ... mein Bruder ... eine solche ... Theologie der Verkündigung vorgetragen und geschrieben, die sich von der neuscholastischen Schultheologie ziemlich deutlich absetzte, mehr also auch mit Schrift und Vätern arbeitete, mehr eine unmittelbare Beziehung auf das konkrete Leben von heute haben wollte. Da haben wir uns natürlich in der Sache ... irgendwie berührt."[8] Die Darstellung spielt ein wenig herunter, was bei der Herausgabe dieser Vorlesungen in Buchform auch an gemeinsamer Zusammenarbeit der beiden Brüder nötig war. Hugo bedankt sich im Vorwort: „Für

---

[7] Zunächst in der Zeitschrift „Theologie der Zeit" gedruckt, dann als zweite Auflage in Buchform Freiburg i.Br. 1939 erschienen.
[8] Karl Rahner – Erinnerungen, 50.

Rat und Hilfe bei der Neuausgabe des Buches bin ich meinem Bruder Karl Rahner S.J. zu großem Dank verpflichtet."[9] Diese Veröffentlichung trägt übrigens schon die Druckerlaubnis des Bischofs von Sitten im Schweizer Wallis vom 11. Mai 1939 auf der Rückseite des Titelblattes. Sie belegt die mittlerweile eingeleitete Unterdrückung jesuitischen Wirkens in Innsbruck durch die Nationalsozialisten und das teilweise Ausweichen ins Exil. Davon muß später gesprochen werden. Inhaltlich gehört diese Theologie der Verkündigung in den Sommer 1937; veröffentlicht wurde der Text zuerst 1938 in zwei vom Wiener Seelsorge-Institut herausgebrachten Heften der „Theologie der Zeit". An Inhalt und Wortlaut wurde später nur das Notwendigste geändert.[10]

Hugo Rahners Wirken in Innsbruck währte in dieser ersten Phase von 1934 bis zum Beginn des Jahres 1939. Von 1936 an lebten und arbeiteten die Brüder im gleichen Haus. Es ist hier nicht der Ort, inhaltlich darzulegen, was damals entstand und wie die Veröffentlichungen die gegenseitige Befruchtung und Unterstützung belegen. Dafür soll in den hier gesammelten Nachrichten ein Rahmen geschaffen werden, der eine zusammenhängende und wirklichkeitsnahe Deutung des frühen Denkens beider erlaubt. Eine isolierte Betrachtung des einen wie des anderen nach Leben und Werk dürfte manchen Ausblick verstellt haben, so daß wichtige Perspektiven von vornherein ausgeblendet blieben. Freilich gab es Unterschiede, freilich ist die von Karl Rahner immer so stark betonte Eigenständigkeit auch für diese gemeinsame Innsbrucker Anfangszeit nicht zu bestreiten. Aber eine Betrachtung wird nur dann die Verbindungen und Bedeutungen aufspüren, wenn sie den Bruder jeweils mit im Auge hat.

---

[9] Hugo Rahner, Eine Theologie der Verkündigung, Freiburg i. Br. 1939, 6.
[10] Zu den weiteren Auseinandersetzungen vgl. K. H. Neufeld, Theologiegeschichtliches zur Innsbrucker „Verkündigungstheologie", in: ZKTh 115 (1993) 13–26.

13. Kapitel

Karl Rahners Beginn in Innsbruck (1936–1939)

Mit der Aussicht, in der systematischen Theologie an der Universität Innsbruck eingesetzt zu werden, kam Karl Rahner im Sommer 1936 in die Tiroler Landeshauptstadt. Er hatte in Freiburg die philosophische Untersuchung zurückgelassen. Sie konnte nicht Grundlage für den jetzt in Aussicht genommenen Einsatz sein. Es ging also darum, möglichst unverzüglich ein theologisches Doktorat zu erwerben. Unter Rückgriff auf Vorarbeiten, die schon in die Valkenburger Theologenjahre zurückgingen, und in Anlehnung an entsprechende Untersuchungen Hugos machte sich Karl Rahner an die Abfassung der Dissertation, die am 15. Juli 1936 mit der Zahl 497 bei der Katholisch-Theologischen Fakultät der Universität Innsbruck eingereicht wurde. Sie trägt den lateinischen Titel „E latere Christi – Der Ursprung der Kirche als zweiter Eva aus der Seite Christi des zweiten Adam. Eine Untersuchung über den typologischen Sinn von Jo 19,34". Ohne näher auf den Inhalt dieser Ausführungen einzugehen, zeigt schon der bloße Titel eine auffällige Nähe zu den Arbeiten Hugo Rahners. Karl Rahner hat einmal auf die Frage, ob diese Dissertation veröffentlicht sei, mit folgender Bemerkung reagiert: „Nein, die wurde nicht veröffentlicht. Weil ich plötzlich umdestiniert wurde nach Innsbruck, war mir dann diese ganze philosophische Vergangenheit eigentlich ziemlich gleichgültig geworden; ich kniete mich in die Theologie hinein und bin dann bei diesem Metier mein ganzes Leben lang eigentlich auch geblieben, obwohl ich gleich dazu sagen darf – das habe ich auch immer ausdrücklich erklärt –, daß ich eigentlich kein theologischer Wissenschaftler war und auch gar nicht sein wollte."[1] Von Anfang an, so geben diese Worte zu verstehen, gab es andere und wichtigere Motive als eine eng aufgefaßte Wissenschaft für Rahners Tun. Er selbst charakterisiert es so, daß er immer Einzelfragen behandelt habe, die einen Menschen von heute interessieren, also Theologie um der Verkündigung, um der Predigt, um der Seelsorge willen.[2] Deswegen läßt er sich in Innsbruck gleich auf eine ganze Reihe pastoraler Engagements ein, so als habe er keine Aufgabe in der Wissenschaft. Am 6. Juni 1936 ist in seinen Aufzeichnungen noch eine Messe und Beichthören im Freiburger Münster erwähnt;

---

[1] Karl Rahner – Im Gespräch 2, 150.
[2] Vgl. ebd.

die nächste Notiz spricht für den 26.-30. August schon von viertägigen Exerzitien, die er im Stift Wilten/Innsbruck leitete. Vorträge für verschiedene Gruppen wechseln mit Anregungen zum geistlichen Leben für die eigene Hausgemeinschaft und mit Festreden, etwa die zum 6. Dezember 1936 im Kollegium Canisianum über „Weltgeschichte und Weltmission".

Auf diese Aktivitäten ist hinzuweisen, soll nicht verkannt werden, wie sehr Karl Rahner seine Zeit in Innsbruck nutzte. Hugo Rahner hat vom gemeinsamen Weg in die Wissenschaft gesprochen, natürlich auch angemerkt, daß sein Bruder gleich betont habe, nicht durch das Beispiel des Älteren zu seiner Entscheidung bewogen worden zu sein. Er fährt dann fort: „Wie dem auch sei, bald begann eine erste Zusammenarbeit in einigen schüchternen Versuchen, auch auf dem Feld der Wissenschaft die Präsenz Gottes in der Welt zu erspüren und darzustellen. Es folgten die Jahre unserer theologischen Studien, die darin gipfelten, daß wir beide, wiederum in gebührendem Abstand, das Doktorat der Theologie in Innsbruck erwarben. Unsere Dissertationen forschten auf dem gleichen Gebiet der Ekklesiologie der Kirchenväter. Die meinige trug den Titel ‚Fons vitae' (1931), die Deinige ‚Die Kirche aus dem Herzen Christi' (1936). Beide sind bis heute im Archiv der Fakultät verborgen und gehören doch wohl zu den Schriften, über die wir lächeln und die zur Prähistorie unserer Wissenschaft zu zählen sind."[3]

Bis zur Promotion Karl Rahners verging freilich noch einige Zeit. Sie erfolgte am 19. Dezember 1936 durch P. J. A. Jungmann unter dem Dekan P. F. Schlagenhaufen. Als Gutachter hatten zuvor die Professoren P. Gächter und F. Mitzka ihr Plazet dazu gegeben. Die nötigen Rigorosa waren von weiteren Professoren der Fakultät abgenommen worden. Der Weg zur Habilitation stand offen. Karl Rahner machte sich unverzüglich an dieses weitere Ziel, zumal er sich auf ein kleines Polster von Veröffentlichungen stützen konnte, die ihm diesen Schritt erleichterten. Das Verfahren lief im ersten Halbjahr 1937 und endete am 1. Juli mit der Bestätigung der Habilitation. Das Vorlesungsverzeichnis für das Winter-Semester war schon gedruckt, so daß sich dort noch keine namentliche Spur des neuen Dozenten entdecken läßt, obwohl er schon gelesen hat.

Das Vorlesungsverzeichnis des Sommer-Semesters 1938 führt ihn als Privatdozenten, der vierstündig über die Gnade Christi liest, und da es sich dabei um den zweiten Teil dieser über zwei Semester hinreichenden Vorlesung handelt, ist sicher, daß er auch schon im Winter-Semester den ersten Teil gelesen hatte. Doch scheint bis zuletzt offen gewesen zu sein, welche Aufgabe Karl Rahner genau übernehmen sollte. Seit einiger Zeit war auch ein Teil der Fundamentaltheologie vakant, und da Florian Schlagenhaufen zu dieser Zeit das Jesuitenhaus leitete, spricht einiges dafür, daß zeitweise daran gedacht war, Karl Rahner in der Fundamentaltheolo-

---
[3] HUGO RAHNER, Eucharisticon fraternitatis, 896.

gie einzusetzen. Unter dieser Rücksicht bekommt das Thema seiner Vorlesungen auf den Salzburger Hochschulwochen im August 1937 besondere Bedeutung. Dort ging es um die Theologie als Wissenschaft. Karl Rahner ging die Aufgabe mit vornehmlich philosophischen Mitteln an, weit weniger, um so Interessen aus der Freiburger Zeit weiter zu verfolgen, wie vielfach vermutet wurde, sondern weil dies Teil der Theologie war, in die er sich jetzt ganz hineinkniete. Freilich war das nicht im strengen Sinn Dogmatik, sondern genuin fundamental-theologisch in Fragestellung und Methode. Karl Rahner hat in diesen Jahren immer wieder gezeigt, wie zielgerichtet er seine Aktivitäten anlegte; Zeit hat er nicht verloren, er hat mit seinen Kräften ein Maximum im Auge gehabt.

Die Möglichkeit Fundamentaltheologie bestand also in Innsbruck. Sie wurde im Herbst 1937 faktisch dadurch gelöst, daß Rahners eigener Lehrer in der Fundamentaltheologie, P. K. Prümm, von Valkenburg nach Innsbruck kam und dort Fundamentaltheologie zu dozieren begann. Die Hochschule in den Niederlanden hörte unter dem seit Jahren dauernden Druck der Nationalsozialisten mit der Lehrtätigkeit auf; die Professoren gingen woanders hin. So wirkte der in Innsbruck habilitierte K. Prümm an der Tiroler Landesuniversität weiter. Erst damit dürfte sich für Karl Rahner definitiv entschieden haben, daß er Dogmatiker und Dogmenhistoriker sein würde. Neben den Kollegen Fr. Mitzka und Fr. Lakner hatte er einen Teil des größeren Kurses zu besorgen, und der verlangte unmittelbar, daß er die Gnadenlehre übernahm.

Dazu gehörten auch Übungen für zwei Gruppen. Als Sondervorlesung las er die zwei Semester zu „Existenzphilosophie und katholische Dogmatik", was eine Adaptation der Salzburger Ausführungen auf die konkrete Situation des jungen Dozenten gewesen zu sein scheint. Im Sommer-Semester 1938 findet sich weiter in Zusammenarbeit mit Prof. J. A. Jungmann das religionspädagogische Konservatorium zu „Natur und Übernatur", das deutlich für Karl Rahner die Bindung an den Jungmann-Kreis und sein Verständnis der „Verkündigungstheologie" verrät.

Da die Fakultät an der Leopold-Franzens-Universität Ende Juli 1938 durch die politischen Machthaber aufgelöst wurde, ist aus den weiteren Vorlesungsverzeichnissen über Karl Rahners Tätigkeit zunächst nichts mehr zu entnehmen.

Zu Beginn des Jahres 1937 war er in Wien mit einem Vortrag „Ignatianische Mystik der Weltbejahung" und einem weiteren über „Existentialphilosophie" eingeladen. Das bot Gelegenheit zu persönlichen Kontakten mit den Kreisen um das Wiener Seelsorgeinstitut und mit dem Spiritual des Wiener Priesterseminars, F. Wessely, der die Korrespondenz des Priestergebetsvereins für den Wiener Klerus herausgab. In dieser Zeitschrift erschienen im Laufe des Jahres die zehn Betrachtungstexte Karl Rahners über Gott, aus denen ein Jahr später sein erstes selbständiges Büchlein „Worte ins Schweigen" wurde. Die frühere Veröffentlichung nennt nicht den Namen des Verfassers[4]. Schon 1936 hatte Karl Rahner für die „Theologie der Zeit" einen Bericht über „Die protestantische Christologie der Gegenwart" vorgelegt, dem Hugos Bericht im gleichen Organ über „Die Christologie der alten Kirche im Licht heutiger Fragen" entspricht. Diese Beziehungen sind deshalb zu betonen, weil sie für die Kriegszeit und das Weiterwirken der Innsbrukker Jesuiten und unter ihnen Karl Rahners entscheidend wurden. Das ließ sich nicht voraussehen, fällt aber in der Rückschau um so deutlicher in die Augen.

Als Karl Rahner im Juni 1938 ein lateinisches Vorwort zu der Vorlesungsnachschrift über die Gnade verfaßte, sagte er, er sei durch äußere Umstände dazu gezwungen gewesen, daß Werk seines Lehrers H. Lange, ‚De gratia'[5], den eigenen Vorlesungen zugrunde zu legen. Was diese äußeren Umstände ausgemacht haben kann, wurde oben mit den Hinweisen auf die Unsicherheit über den genauen Einsatz in Innsbruck angedeutet. Immerhin bietet Karl Rahner nicht einfach einen Auszug aus Langes Buch, sondern legt einen eigenen Aufbau vor, fügt den Traktat über die theologischen Tugenden ein und bietet eine von Lange abweichende Fassung der aktuellen Gnade und des Formalobjektes für die Heilsakte. Außerdem hat er die neuere Literatur eingearbeitet. Das alles spricht noch einmal dafür, daß sich Karl Rahner auf diesen Traktat nicht eingestellt hatte, daß er aber dann alles daran gesetzt hat, der Vorlesung das eigene Gepräge zu geben.

Dieses Gepräge empfing nicht zuletzt aus der langen Beschäftigung mit Fragen des geistlichen Lebens Impulse und Anregungen. So kann es nicht wundern, wenn gerade in diese Richtung die Gedanken an größere Unternehmungen gehen.

Das gilt besonders für das Projekt, Marcel Villers Büchlein über die Spiritualität der Kirchenväter in deutscher Sprache zugänglich zu machen. Karl Rahner übernahm diese Aufgabe in dem Sinn, daß er eine Ergänzung des Stoffes, Berücksichtigung von in der Zwischenzeit vorgelegten neuen Ergebnissen und eine Umstellung auf Literatur plante, die dem deutschsprachigen Leser zugänglich war. Das beanspruchte die volle Kraft seiner ersten Innsbrucker Zeit nach der Habilitation. Es ist neben „Geist in Welt" die erste größere Publikation Karl Rahners, mit der er in die Diskussionen seit dem Ersten Weltkrieg eine fundierte Gesamtdarstellung einzubringen suchte. Der Streit, was Spiritualität, Frömmigkeit und Mystik von den Anfängen des Christentums her überhaupt sei, ob es eine spezifisch christliche Gestalt gebe und wie sie aussehe, welchen Einfluß schließlich die entsprechenden Einstellungen und Verhaltensweisen auf Glaube und Theologie hätten, war so verwirrend geworden, daß er vielen unlösbar schien. Die neu aufblühenden geistlichen Schulen der katholischen Frömmigkeitstradition vermochten

---

[4] Vgl. dazu K. H. NEUFELD, Worte ins Schweigen. Zum erfahrenen Gottesverständnis Karl Rahners, in: ZKTh 112 (1990) 427–436.
[5] Freiburg i. Br. 1929.

kaum etwas zur Lösung der Grundfrage beizutragen. M. Viller (1880–1952) hatte mit „La Spiritualité des premiers siècles chrétiens"[6] weitere Kreise mit diesen Grundfragen vertraut zu machen gesucht. Was Karl Rahner daraus erarbeitete, unterscheidet sich beträchtlich vom ursprünglichen Buch. Im Format ist es halb so groß wie die deutsche Ausgabe Rahners, im Umfang zählte es mit 189 Seiten nur einen Teil der fast 350seitigen Fassung Rahners. Man wird dem Urteil H.U. von Balthasars beipflichten, hier stehe „im Grunde fast ein Originalwerk des Bearbeiters vor uns, das umso dankenswerter ist, als es ... das erste umfassende und zuverlässige deutsche Werk über den Gegenstand darstellt"[7]. Bis heute hat sich das nicht geändert, obwohl zu so gut wie allen Einzelaspekten zahllose neue Ergebnisse und Einsichten bereitgestellt wurden. Die Bearbeitung verlangte Kenntnisse in fast allen Bereichen der Theologie und des christlichen und kirchlichen Lebens. Rahner unterzog sich der Mühe, durch ausführliche Literaturhinweise zu Beginn des Buches und am Anfang jedes Kapitels die Textaussagen dem damaligen Stand der Forschung entsprechend zu belegen. Diese Zusätze machen etwa 60 Seiten im Kleindruck aus. Er steuerte Anmerkungen bei, in denen weitere Perspektiven erschlossen und oft neue Fragen abgehandelt sind. Auf ihn gehen Verzeichnisse und Register zurück. Ein echtes Studienbuch ist entstanden.

Der Text selbst stellt zwar eine Übertragung der Villerschen Ausführungen dar, doch auch er ist durch bezeichnende Zusätze erweitert oder abgewandelt. Dazu macht Rahner im Vorwort einige Angaben. Er zeigt seine Vertrautheit mit Klemens von Alexandrien, mit Origenes, Evagrius Ponticus, Gregor von Nyssa, Johannes Klimakus und Augustinus. Das Ganze wird in die deutschsprachige Diskussion eingebettet, die er in wichtigen Teilen des Buches eigenständig weiterführte. Ein gerütteltes Maß an Kleinarbeit macht diese Bearbeitung aus. Wann hat Rahner sie geleistet? Der Dank an seinen Bruder Hugo und an Helfer der Universitätsbibliothek Innsbruck erlaubt eine ziemlich genaue Festlegung: Die Arbeit wurde im wesentlichen von 1937 bis 1938 geleistet, d. h. während des ersten Jahres seiner Lehrtätigkeit. Als er am 13. Juni 1938 das Vorwort unterzeichnete, war Österreich seit einem Vierteljahr an das Deutsche Reich „angeschlossen", und nur wenige Wochen später sollte die Fakultät, an der er lehrte, von den neuen Machthabern aufgehoben werden. Als der Ordensobere im November der Veröffentlichung zustimmte, gab es in Innsbruck nur eine kirchliche Studienanstalt für die Mitglieder des eigenen Ordens, die sich bis zum Herbst 1939 halten konnte. Im Januar 1939 erklärte sich die zuständige bischöfliche Stelle mit dem Druck des Werkes einverstanden; aus dem Sommer liegen die ersten Besprechungen vor, doch dann ließ der Zweite Weltkrieg diese Diskussion rasch in den Hintergrund treten. Die Veröffent-

---

[6] Paris 1930.
[7] In: StZ 136 (1939) 334.

lichung wurde eines der Opfer des Weltgeschehens. Die Bedeutung des Buches für das Gesamtwerk Rahners ist bislang kaum beachtet und untersucht worden. Immerhin hat er für diese Aufgabe anderes zurückgestellt und sie neben Verpflichtungen erfüllt, die für sich schon die Arbeitskraft eines Mannes hätten absorbieren können.

Versucht man deshalb Rahners Denken von „Aszese und Mystik in der Väterzeit" – so der deutsche Titel – her zu verstehen, wofür es gute Anhaltspunkte gibt, dann finden die anderen Beiträge seines Schaffens damals einen Rahmen von diesem Abriß der frühchristlichen Spiritualität aus, erhalten aber in ihrer Bedeutung bislang nicht beachtete Akzente.

Das Buch bietet nämlich bei aller positiven Information über die alten Zeugen christlichen Lebens eine eigenständige Anschauung des Verhältnisses zwischen Gott und Mensch, eine Sicht, in der die entscheidenden Themen Rahnerscher Theologie aufscheinen: die Gnade und die Sünde, die Schöpfung und die Erlösung, Erkennen und Wollen, Bindung und Freiheit, Wort und Sakrament, Geist und Welt ... Isoliert betrachtet mag es freilich schwer sein, das Buch so zu lesen. Als es 1939 erschien, gab es Rahners Theologie noch nicht. Heute ist das anders. Und seine Absicht, mit „Aszese und Mystik" wegzukommen von so manchem, was sich ‚Spiritualität' nennt, zurück zu jenen Zeugen und Grundlagen, aus denen christliche Geistigkeit und Frömmigkeit stammt, ist für die Lösungen jener Fragen entscheidend, die der Theologie der Neuzeit aufgegeben sind.

Ein innerer Zusammenhang zeigt sich zwischen der theologischen Dissertation und „Aszese und Mystik", insofern nicht nur das gleiche Material der Kirchenväter bearbeitet wird, sondern auch dem gemeinschaftlichen Aspekt von Frömmigkeit und geistlichem Leben die besondere Aufmerksamkeit gilt. Denn die Liturgie findet ebenso Beachtung wie das aufkommende Mönchtum in seinen unterschiedlichen Gestalten und dessen Bedeutung für die Spiritualität der Kirche des ersten Jahrtausends. Das spirituelle Verhältnis zwischen Gott und Mensch ist von Rahner ganz und gar nicht nach einem individualistischen Modell entworfen und nicht als Beziehung eines einsamen Ich zu Gott auf der Suche nach Selbstverständnis konzipiert. Der Hinweis belegt einmal mehr, daß Rahners theologische Arbeiten dieser ersten Innsbruker Zeit wesentlich von dem bestimmt waren, was sich in „Aszese und Mystik" exemplarisch ausdrückt. Nicht zuletzt wird das durch Karl Rahners Dank an seinen Bruder Hugo unterstrichen. „Danken für mannigfaltige Hilfe muß ich auch meinem Bruder Hugo ..."[8] In einem gewissen Sinn liegt es nahe, die „Theologie der Verkündigung" von Hugo Rahner mit „Aszese und Mystik in der Väterzeit" von Karl Rahner parallel zu setzen. Es wäre indes verfehlt, auf diese Weise das eine wie das andere Buch für das Gesamtwerk der Rahner-Brüder als Ausnahme beiseite schieben zu wollen. Vielmehr be-

---

[8] M. VILLER – K. RAHNER, Aszese und Mystik in der Väterzeit, Freiburg i. Br. 1939, am Ende des Vorworts des Bearbeiters.

legen diese Veröffentlichungen, wie stark die historische Ader im Systematiker und die systematische im Historiker lebendig war.

Interessant ist der Ausblick auf weitere Pläne, die z.T. keine Ausführung fanden, die aber etwas von Karl Rahners Denken in dieser Anfangsphase verraten. Im Sommer 1938 vor dem Eingriff des Staates kündigte man im Blatt des Canisianums wie seit langem die Lehrveranstaltungen des kommenden Winter-Semesters an, das dann gar nicht mehr so stattfinden konnte. Im Winter 1938/39 ist für Karl Rahner im großen dogmatischen Kurs vorgesehen: De poenitentia, vierstündig mit Übungen[9]. Dort wird noch einmal an den seit längerem vorbereiteten Ferienkurs „Priesterliche Theologie von heute" im Canisianum vom 25. August bis zum 4. September erinnert. Die Aufhebung der Fakultät im Juli 1938 hatte unmittelbar zur Folge, daß der Heilige Stuhl in sehr kurzer Zeit in den Häusern der Gesellschaft Jesu in Innsbruck eine doppelte „Facultas Pontificia" errichtete. Der „Vierteljahresbericht des Theologischen Konviktes zu Innsbruck" von Oktober 1938[10] sagt: „Die Pontificia Facultas Theologica ist im Canisianum errichtet; die Pontificia Facultas Philosophica (Institutum Philosophicum) im Collegium Maximum in der alten Sillgasse ...", und ein wenig weiter heißt es: „Dekan der Facultas Theologica ist P. H. Rahner... der Facultas Philosophica P. Kleinhappl."

Nach diesen Entscheidungen glaubte man sich vorerst in Sicherheit und konzentrierte sich auf den erwähnten Ferienkurs, der mit über 150 Teilnehmern ein großer Erfolg wurde. Täglich um 7 Uhr wurde in diesem Rahmen von P. Karl Rahner eine Gemeinschaftsmesse mit Homilie angeboten. Das Treffen brachte den Anstoß der sogenannten „Verkündigungstheologie" voll in die theologische Diskussion der Zeit ein, war aber auch Zeichen der Sympathie mit den Innsbrucker Jesuiten. Möglicherweise hat diese in der Öffentlichkeit nicht unbeachtete Demonstration die Gegenseite besonders gereizt und in ihrer Absicht bestärkt, dem jesuitischen Einsatz in der Tiroler Landeshauptstadt voll und ganz ein Ende zu setzen. Zunächst begann das Winter-Semester an den beiden Fakultäten wie geplant, d. h. konkret: Karl Rahner begann mit seiner Vorlesung über die Lehre von der Buße. Doch nach wenigen Wochen kam der weitere Schlag: das Gebäude des Collegium Canisianum wurde für die Bedürfnisse der Finanzverwaltung beschlagnahmt. Ursprünglich sollte die Maßnahme sehr rasch vollzogen werden; man erreichte es, daß sich für die Ausländer und eine Reihe von Professoren die Übersiedlung in die Schweiz doch etwas geordneter vollziehen konnte. Ab Ende 1938 finden wir Hugo Rahner in Sitten/Wallis. Die Brüder waren für ein Jahrzehnt voneinander getrennt. Karl Rahner mußte damals die Vorlesungen von P. Dander übernehmen, an seiner Stelle wurde der im

---

[9] Vgl. Korrespondenzblatt des Canisianums, das damals unter dem Titel „Vierteljahresbericht des Theologischen Konviktes zu Innsbruck" erschien, 72 (Juli 1938) 22.
[10] Ebd. Nr. 1, 14f.

Ruhestand lebende P. Stufler noch einmal reaktiviert. Man kann sich vorstellen, welche enorme Belastung diese zwangsweisen Umstellungen bedeuteten. Schaut man sich die Liste der Veröffentlichungen an, so macht sich das dennoch kaum bemerkbar.

Für Karl Rahner sollte es das Jahr der Veröffentlichung von „Geist in Welt" und „Aszese und Mystik in der Väterzeit" werden. Es wurde auch das Jahr gemeinsamer Sommertage mit Hans Urs von Balthasar auf dem Zenzenhof bei Innsbruck, wo der Entwurf einer Dogmatik entstand, der erst sehr viel später verbreitet wurde.

Es war der Wunsch des Herder-Verlages, vertreten durch den alten Freund Rahners Robert Scherer, eine zeitentsprechende Übersicht der dogmatischen Wahrheit herauszubringen. Und es wurde nicht zuletzt das Jahr der endgültigen Bindung Karl Rahners an den Orden: Am 15. August 1939 legte er die feierlichen Gelübde in St. Andrä/Lavanttal in Kärnten ab. Das Angebot, das in diesem Akt steckt, sollte bald in einer Form gefordert werden, die man hart nennen mag. Da sich in all diesen Zumutungen der nächsten Zeit immer auch die Hand Gottes erkennen läßt, der Segen und Schutz gibt, kann das Urteil und dementsprechend die Beschreibung in der Rückschau nicht einseitig ausfallen. Licht und Schatten mischen sich. Doch die Ereignisse zwischen dem Sommer 1938 und dem Zeitpunkt, als der eine wie der andere Rahnerbruder für die Kriegszeit seinen Platz gefunden hatte, bedürfen einer eigenen Darstellung. Nicht als hätten die Rahners gegen diese Widrigkeiten sonderlich viel tun können. Sie wurden wie viele andere Opfer; sie trugen ihren Teil an den Schwierigkeiten, die sich immer mehr häuften. Das hat Nachwirkungen gehabt. Zunächst aber schweißte es die Betroffenen stärker zusammen als vieles sonst und es machte sie zu Zeugen von Vorkommnissen, die deutlicher als manches andere den Charakter und die Ziele des Regimes entlarvten. Sie wurden gar nicht gefragt, ob sie dafür oder dagegen seien. Aufgrund ihrer Gruppenzugehörigkeit sahen sie sich zu Gegnern der Herrschenden gestempelt. Sie brauchten deshalb nicht lange nach ihrer Position dem Regime gegenüber zu fragen, das ihnen die Antwort schon vorgab.

14. Kapitel

Das Ende des Jesuiteneinsatzes in Innsbruck (1938/39)

Daß mit dem Nationalsozialismus für einen Jesuiten nicht zu spaßen war, wird Hugo Rahner von seinen Jahren in Bonn und Münster unmittelbar bekannt gewesen sein. Und Karl Rahner hatte während der Freiburger Zeit von mancher Anfeindung eine direkte Anschauung mitgenommen. Bei einigen Mitbrüdern, die nicht über solche konkreten Erfahrungen verfügten, kann eine illusorische Hoffnung genährt worden sein. Doch selbst sie erwies sich sehr schnell als Traum, nachdem Österreich im März 1938 an das Reich „angeschlossen" worden war, wie es hieß.

Die intensive Arbeit auf dem Feld der Wissenschaft und eine spürbare Abstinenz in politischen Fragen mögen ein übriges getan haben, daß dem einzelnen zunächst nicht die ganze Konsequenz der Veränderungen deutlich wurde. Andere hingegen rechneten mit Schlägen und suchten sich darauf vorzubereiten. Es gab Maßnahmen unterschiedlichster Art, die heute auch Untersuchungen darüber erlauben, welche Schritte vielleicht ein Zurückweichen, welche umgekehrt eine Verhärtung bei den Machthabern zur Folge hatten. Der Gegner suchte jedoch nichts zu kaschieren, sondern ging im Fall Innsbrucks offen und brutal vor. Ohne jede eigentliche Begründung erfolgte die Aufhebung der Katholisch-Theologischen Fakultät der Universität Innsbruck kurz, nachdem die Sommerferien begonnen hatten. An der Universität selbst waren Überlegungen in diesem Sinn erwogen worden, wie sich in den Erinnerungen R. Klebelsbergs nachlesen läßt. Man habe aber entsprechende Anträge verworfen, weil es besser sei, die Theologen in einer kontrollierbaren Fakultät zu haben als in rein kirchlichen Einrichtungen[1]. Gegen Ende Juli 1938 erfolgte die Aufhebung dennoch, mag auch die Initiative dazu nicht aus Innsbrucker Universitätskreisen gekommen sein. Es haben sich naturgemäß nicht sehr viele zeitgenössische Zeugnisse und Berichte erhalten. Hugo Rahner erfaßte sie in seiner großen Darstellung der Geschicke der Fakultät „Die Geschichte eines Jahrhunderts"[2]. Da heißt es: „Die neuen Machthaber entsetzten den Rektor der Universität, Professor Karl Brunner, seines Amtes und bald darauf erging auch an den Prodekan (es muß ‚Prorektor' heißen, Nf), den Theologen Albert Schmitt, der gemessene Befehl, jegliche Amtshandlung zu unterlassen. Wenn man sich an

---
[1] Vgl. R. KLEBELSBERG, Innsbrucker Erinnerungen 1902–1952, Innsbruck 1953, 126.
[2] ZKTh 80 (1958) 1–65.

die endlosen Senatsdebatten aus der Blütezeit des Liberalismus erinnert über die Teilnahme der Universität an der Fronleichnamsprozession, so versteht man die Herkunft des Ungeistes, der nun kleinliche Rache an den ‚Klerikalen' übte. Heißt es doch im Diarium vielsagend: ‚16. Juni. Zur traurigen Fronleichnamsprozession dieses Jahres am Pfarrplatz wurde dem Dekan vom Rektorat die goldene Kette verweigert. Doch nahm die Fakultät zahlreich daran teil. Der Pedell entschuldigte sich.' (D fol 332). Man war im übrigen auf der gegnerischen Seite ehrlich genug, dem Dekan zu versichern, der eigentliche ‚Stein des Anstoßes' sei die im Konkordat gewährleistete Sonderstellung. (D fol 333). Es war fast wieder wie ums Jahr 1870: die Theologische Fakultät wurde als Fremdkörper im akademischen Ganzen empfunden, und so war es in Berlin und Wien von Anfang an beschlossene Sache, diese Anstalt der Jesuiten endlich aufzuheben. In einem Erlaß des Berliner Ministeriums vom 11. Juni, der den Besuch ehemals österreichischer Hochschulen durch einen Numerus clausus zu regeln suchte, war die Theologische Fakultät von Innsbruck überhaupt nicht mehr genannt. (D fol 333). Trotz beruhigender Versicherungen, die man in Berlin einem eigens dorthin abgesandten Fakultätsmitglied gegeben hatte, wurde am 22. Juli der Fakultät mit der Post folgendes Dokument zugestellt, das einer ehrenvollen Geschichte von achtzig Jahren ein Ende bereiten sollte:

Zl. 13543/Ia Wien, 20. Juli 1938

Auflassung der theologischen Fakultät Innsbruck

An das Dekanat der theologischen Fakultät,
zu Handen des Herrn Dekans oder
seines Stellvertreters, Innsbruck

Im Zuge der Neuregelung des österreichischen Hochschulwesens wird die theologische Fakultät der Universität Innsbruck mit dem Tage der Zustellung dieses Erlasses aufgelöst.
    Über die dienstrechtliche Behandlung der Professoren werden gesondert Weisungen ergehen.

Der Staatskommissar:
Plattner (D fol 333).

Diese dienstrechtliche ‚Behandlung' der neun Ordinarii erfolgte im September 1938: sie bestand in der fristlosen Entlassung, unter Verweigerung einer Pension und unter Auszahlung einer kleinen Abfindungssumme. Der Text des jedem der Professoren zugestellten Dokumentes lautete:
‚Zur Vereinfachung der Verwaltung werden Sie auf Grund des § 6 der Verordnung zur Neuordnung des österreichischen Berufsbeamtentums vom 31. Mai 1938 RGBl. I, S. 607, mit Ende des Monats September 1938 in den Ruhestand versetzt. Ein Rechtsmittel gegen diese Entscheidung steht Ihnen nicht zu.'

Am gleichen Abend des 22. Juli wurden die Bestände der Seminarbibliotheken aufgenommen, die Fakultätsräume blieben unter Polizeiaufsicht, und am 4./5. August fand die Übergabe der ehemaligen Fakultät an die Leitung der Universität statt. Das schien das Ende zu sein. Es klingt wie ein wehmütiger Epilog, wenn der Dekan das altehrwürdige Diarium mit den Worten beschloß: ‚So fand die Theologische Fakultät Innsbruck ein unvorhergesehenes trauriges Ende, nachdem sie 81 Jahre in Ehren bestanden hatte. Sie hat in dieser Zeit unter Leitung der österreichischen Provinz der Gesellschaft Jesu Tausende von tüchtigen Priestern herangebildet, sie hat der Alma Mater nie Schande gemacht, sondern ihr zu Weltruf verholfen.' (D fol 334). Es war ein kühner Entschluß des Papstes Pius XI., die vom Machtstaat wider alles Recht aufgelöste Fakultät als kirchlich anerkannte theologische Fakultät im Theologischen Konvikt Canisianum, und zwar in einer unmittelbaren Rechtskontinuität, wieder zu eröffnen. So jedenfalls beginnt die am 15. August 1938 von der Sacra Congregatio de Seminariis et Studiorum Universitatibus ausgestellte Urkunde, die der Papst signierte mit dem Vermerk: Vidimus et probavimus Pius PP XI., und sie ist in diesem ihrem ersten Teil wie ein Kurzbegriff der Geschichte der Fakultät:

Catholicam Theologiae Facultatem in Studiorum Universitate Oenipontana, anno 1857 conditam atque Conventione Sanctae Sedis cum Foederata Austrorum Civitate anno 1933 sollemniter confirmatam (articulo V, § 1,4) a civili potestate die vigesima mensis Julii proxime elapsi suppressam esse, ut Beatissimus Pater ... comperit, in Conlegio ‚Canisianum' Oenipontis, curae Societatis Jesu concredito, ipsam restituere Apostolica auctoritate statuit. (Original im Archiv des Collegium Canisianum, Abschrift D fol 335).

Von November 1938 bis August 1945 konnte ein Teil der Professoren und Hörer, eingeladen von dem getreuen einstigen Schüler, Bischof Victor Bieler von Sitten (Wallis), dem die Fakultät schon 1925 das Ehrendoktorat verliehen hatte (D fol 303), im Alten Spital des Städtchens an der Rhône friedliche Jahre verbringen, während andere Mitglieder der zersprengten Fakultät an verschiedenen Orten Österreichs in Wissenschaft und Theologenerziehung die Ideale der Innsbrucker Schule weiterpflegten – Professor Jungmanns ‚Missarum Sollemnia' sind in dieser Stille entstanden."[3]

Das lange Zitat bietet die Geschehnisse in der Sicht Hugo Rahners, dem aus eigener Erfahrung die Jahre in Sitten besonders nah waren.

Sein Bruder blieb noch ein weiteres Jahr in Innsbruck und mußte anschließend nach Wien gehen. Er sah die Geschichte von daher in seiner eigenen Perspektive und äußerte das so: „Für den damaligen Nationalsozialismus des Gauleiters Hofer war eine Jesuitenfakultät in der Theologie eine absolut unerträgliche Sache. Diese Theologische Fakultät wurde also sehr bald aufgelöst. Das Internat für Weltpriestertheologen, das Canisianum, das wir geleitet haben, wurde enteignet. Sehr bald darauf wurde dann das

---

[3] Ebd. 62f.

Haus, in dem wir Jesuiten als Professoren der Theologischen Fakultät lebten, auch beschlagnahmt und enteignet. Wir wurden von heut' auf morgen in Innsbruck herausgeworfen, und dann bekamen wir natürlich auch das sogenannte Gauverbot. Das heißt, wir durften uns im Gau Tirol gar nicht aufhalten."[4] Die Unterlagen für das Wirken in Innsbruck bis zum Ausbruch des Krieges sind spärlich und schwer zu finden. Veröffentlicht wurden die Berichte der Sektion in Sitten; aber innerhalb des Machtbereichs der Nationalsozialisten war es gefährlich, solche Tätigkeiten zu dokumentieren und auch noch im Druck erscheinen zu lassen. Karl Rahner hat für seine Sondereinsätze weniger Notizen hinterlassen als für andere Jahre. Immerhin steht fest, daß er im Januar 1939 eine Besinnungszeit von drei Tagen in Pullach leitete. In Innsbruck hielt er für die studierenden Mitbrüder zur gleichen Zeit eine Homilie, und für die Akademische Marianische Kongregation sprach er über „Rasse und Religion". Im April fuhr er nach Preßbaum bei Wien zu einem Vortrag über die Theologie des Fundaments der Geistlichen Übungen des Ignatius von Loyola, und Ende des Monats sprach er bei einer religiösen Feier in Hall in Tirol. Dort hielt er im Mai die Sonntagabendpredigten.

Für den August ist eine Woche Einzelexerzitien vermerkt. Vom 10. bis zum 12. Oktober weilte Karl Rahner in Leipzig bei den dortigen Oratorianern, von denen viele ihre Studien in Innsbruck absolviert hatten, um sechs Vorträge zu halten. Da am 12. Oktober das Haus in Innsbruck besetzt und beschlagnahmt wurde, war Karl Rahner nicht direkt Zeuge des Gewaltaktes. Dafür ist auf das Zeugnis anderer zurückzugreifen. Betroffen hat es natürlich auch ihn, der, in Innsbruck zurück, rasch die nötigsten Sachen aus seinem Zimmer packen mußte. Der Vorgang ereignete sich nach Ausbruch des Krieges, als ganz andere Meldungen das öffentliche Interesse in Atem hielten. Der Moment war bewußt so gewählt worden.

Zudem war es ein Donnerstag, der traditionell studienfreie Tag, an dem der Großteil der Jesuitenstudenten schon früh morgens aufgebrochen war, um sich außerhalb der Stadt zu erholen. Der Rektor P. J. A. Jungmann weilte in Wien. Zwischen 8.30 und 9 Uhr drangen die Gestapo und SS mit etwa 60 bis 70 Mann ins Haus ein, besetzte das Büro des Prokurators und alle Ausgänge des Hauses und der Kirche. Das Telephon wurde an der Zentrale blockiert. Von auswärts konnte man den Rektor darüber noch verständigen, außerdem benachrichtigte man die Studierenden, die erreichbar waren. Der Leiter der Aktion, ein Kommissär der Staatspolizei, ließ alle Hausbewohner – es waren etwa 100 anwesend – im Speisesaal zusammenrufen. Niemand durfte das Haus verlassen. Den Versammelten wurde erklärt, aufgrund einer Verfügung des Innenministeriums sei das Haus und sämtlicher Ordensbesitz an den Gau Tirol übergegangen und alle hätten binnen einer Stunde das Haus zu verlassen. Man wolle in der Durchführung rücksichtsvoll vorgehen, jeder bekomme Zeit, sein Eigentum zu packen; Reisegeld, Lebensmittelmarken

---

[4] Karl Rahner – Erinnerungen, 51.

usw. würden zur Verfügung gestellt. Auch in den kommenden Tagen könne man noch durch Vertreter des Gaues im Hause Dinge abholen lassen. Den Professoren wurden zwei Tage zum Packen eingeräumt, ebenso den Oberen. Alle anderen wurden von je einem Beamten der Staatspolizei auf ihr Zimmer begleitet, um unter Aufsicht die eigenen Sachen zu packen und unverzüglich das Haus zu verlassen. Die Aktion dauerte bis zum Abend. Im allgemeinen verhielten sich die Beamten anständig und höflich. Kurz nach der Erklärung erschien Kommissär Hilliges von der Geheimen Staatspolizei und erklärte, er sei Leiter der Aktion. Auf die Aufforderung, die schriftliche Anweisung des Innenministers vorzuweisen, verweigerte er dies. Von seiten der Jesuiten wurde ein schriftliches Protokoll über den Vorgang verlangt. Das wurde – freilich ohne Erwähnung, die Maßnahme geschehe im Auftrag des Innenministers – zugestanden. Als Begründung für die Aufhebung ist im Protokoll „staatsfeindliche Haltung des Kollegs" genannt. Auf die Nachfrage, welche Tatsachen diese Begründung rechtfertigten, erklärte der Leiter nur, das könne er nicht sagen. Noch einmal wurde von Jesuitenseite betont, ohne Weisung des Oberen könne niemand das Haus verlassen. Antwort: Weisung sei unnötig, da die Staatspolizei für die Durchsetzung sorge. P. A. Schrott, der diesen Bericht aus dem Gedächtnis am 31. Oktober aufzeichnete, sagte gegenüber Hilliges: „Ich nehme diese Erklärung als offiziell, daß man gegen uns Gewalt anwendet". Der Kommissär darauf: „Das können Sie tun". Die Mehrzahl der Patres war ebenfalls der Auffassung, es handle sich hier um einen Gewaltakt, dem man vernünftigerweise nicht Widerstand leisten könne. P. Karl Prümm protestierte nicht nur, sondern fragte: „An wen müssen wir uns wenden, damit diese Tat zurückgenommen wird?" Er bekam keine Antwort; sein Einspruch hatte aber zur Folge, daß einigen älteren Patres unter SS-Bewachung mehr Zeit eingeräumt wurde.

Abends kam der Rektor nach Innsbruck zurück; außerdem erschien der Provinzial der Süddeutschen Ordensprovinz aus München, P. Augustin Rösch, während der österreichische Provinzial am 13. Oktober nach Innsbruck kam. An diesem Tag fand eine Unterredung mit Landesrat Dr. Lienert statt, der die Durchführung des Unternehmens zu organisieren hatte. Er gab nach Rücksprache mit der Gauleitung die Information, daß auch liturgische Geräte und theologische Fachbücher mitgenommen werden könnten. Das Eigentum jener, die damals in der Wehrmacht dienten, wurde am Freitag und Samstag unter Aufsicht von Beamten der Staatspolizei gepackt und in Sicherheit gebracht. In der folgenden Woche wurden noch Archivmaterialien des Rektors und andere Dinge aus dem Haus geholt. Die Betroffenen fanden für die erste Nacht bei Innsbrucker Privatleuten, bei den Kreuzschwestern, den Kapuzinern und in einigen Pfarrhäusern Unterkunft. Dann verteilten sie sich auf die Häuser in Feldkirch/Tisis, in Wien und anderswo[5].

---

[5] Vgl. M. D. SCHNEIDER, Verfolgung, Widerstand und Emigration der Innsbrucker Jesuiten in den Jahren 1938 und 1939, in: Die Erfahrung der Fremde, Forschungsbericht DFG, Weinheim 1988, 152–154. Wie

Es ist auch später nicht klar geworden, ob wirklich ein Befehl des Innenministeriums vorlag oder ob der Gauleiter eigenmächtig gehandelt hat. Bekannt ist ein Brief von Gauleiter Hofer an SS-Gruppenführer Dr. Heinz Kaltenbrunner, in dem die Rede davon ist, der Gauleiter habe beim Ministerium für kulturelle Angelegenheiten ein Einschreiten gegen die Jesuiten verlangt. Er fügte einen Artikel aus einer Schweizer Zeitung bei zum Beweis, daß Angehörige des Ordens systematisch Greuelpropaganda gegen den Nationalsozialismus betrieben, und berief sich auf das Jesuitenverbot der Schweiz, um den Orden als Staatsautorität zerstörende Organisation hinzustellen. Er hatte sich auch mit dem Reichsstatthalter Seyß-Inquart in Wien in Verbindung gesetzt, um seinen Wunsch durchzusetzen. Als mögliche Vorgangsweisen erwog man, entweder den Orden aufzuheben oder zumindest das dem Orden gehörende Vermögen zu nehmen. Dazu wird gleich eine Liste der Objekte beigelegt, neben Häusern und Grundbesitz auch die Bibliothek.

Karl Rahner erschien erst am 13. Oktober in Innsbruck. Er hat nie ausführlicher über seine Erfahrungen bei der Vertreibung gesprochen. Die unmittelbaren Sorgen gingen auf andere Fragen als darauf, das Geschehen möglichst genau zu dokumentieren. Sein nächstes Domizil fand er nach einigen Tagen auf Schloß Tratzberg in der Jesuitengruppe bei der „Kirche am Hof" in Wien.

Zu Beginn des Jahres 1939 gehörten zum Innsbrucker Kolleg unter dem Rektor J. A. Jungmann offiziell über 220 Jesuiten, von denen aber eine Reihe nicht tatsächlich dort anwesend war. Zunächst finden sich alle Namen der Mitbrüder, die nach Sitten in die Schweiz gegangen waren, so daß also auch Karl und Hugo Rahner aufgelistet sind. Freilich ist beim Namen Hugo Rahners der Klammerzusatz „extra dom" hinzugefügt – „außer Haus". Die gleiche Bemerkung steht bei den Namen der PP. Auer, Dander, Donat, Hofmann, Karlinger, Lakner, Plattner, Thalhammer, Umberg und Hertogh. Von den 104 verzeichneten Theologiestudenten lebten tatsächlich 99 in Innsbruck, von den 47 Philosophiestudenten 35. Manche leisteten den Arbeits-, andere den Militärdienst ab. Nach Kriegsausbruch waren eine Reihe eingezogen, denen dann Sonderurlaub gewährt wurde, um ihre persönliche Habe in Sicherheit zu bringen. Im ganzen waren im Moment der Aufhebung um die 190 Jesuiten im Innsbrucker Kolleg ansässig. Die Studierenden standen z.T. unmittelbar vor den Weihen, so daß die Verantwortlichen darauf sannen, wie möglichst viele ihre Studien zu einem guten Abschluß bringen könnten.

Die Erfahrung der Vertreibung und der Gegnerschaft der offiziellen Mächte wurde gemeinsam gemacht und schuf ein Zusammengehörigkeitsgefühl eigener Art. Die Bedrohung bestand ja weiter und konnte erneut wirksam werden. Vielleicht darf man die so entstandene Situation als geistige Emigration bezeichnen in dem Sinn, daß die Beteiligten ungefragt in die

---

sich aus den Schlußbemerkungen ergibt, muß dieser Bericht am 31. Oktober abgefaßt worden sein und nicht am 13. Oktober.

Reihe der Gegner des Nationalsozialismus gedrängt worden waren. Unsicherheit und Unmöglichkeit, sich mit der herrschenden Strömung in irgendeiner Weise wirklich identifizieren zu können, hatten eine Fremdheit zur Folge, die zu einem gewissen Rückzug einlud und an Sicherungen denken ließ. Um so stärker wurde die Rolle der Kirche als Heimat; ihr diente man, von ihr erwartete man Halt und Bestätigung, um so mehr, je weniger die allgemeine Öffentlichkeit so etwas bot. Die Arbeit von Hugo und Karl Rahner zwischen 1938 und 1945 stand unter diesen Vorzeichen, hatte damit viel Gemeinsames und unterschied sich doch beträchtlich, einfach weil die Schweiz und die österreichische Hauptstadt ein völlig anderes kirchliches und geistiges Klima sowie entsprechende Bedingungen zur Verfügung stellten. Die Jesuiten im Schweizer Wallis lebten zwar nicht ohne Schwierigkeiten, aber sie konnten viel unbefangener und kontinuierlicher in ihrer Arbeit fortfahren und standen moralisch auf der Seite der „Unschuldigen", insofern sie als Ausgewiesene eine klare Position hatten, während die innere Emigration ihre Wiener Mitbrüder nicht davor schützte, als in die Schuldgemeinschaft einbezogen zu erscheinen. Es konnte nicht anders sein: diese Gegebenheiten und Erfahrungen mußten sich zwangsläufig in Arbeit und Einsatz und Äußerungen auswirken.

15. Kapitel

Ein Rahner in der Schweiz (1938–1945)

Die Geschichte des Weiterwirkens eines Teils der Innsbrucker Fakultät im Walliser Sitten während der Kriegsjahre läßt sich nur als Abenteuer berichten. Nach dem Anschluß Österreichs hatte es schon bald Sondierungen in der Schweiz bei ehemaligen Innsbrucker Studenten und Bewohnern des Kollegium Canisianum gegeben, wie sich die gefährdete Stellung der Einrichtungen in der Tiroler Landeshauptstadt sichern ließe. Man hatte einen Verein gegründet und in den Vereinigten Staaten eine ähnliche Gemeinschaft zur Unterstützung gebildet. Promotor war der spätere Prälat Albert Oesch, der sich tatkräftig einsetzte. Auch der Altinnsbrucker und Ehrendoktor der Leopold-Franzens-Universität, der Diözesanbischof Victor Bieler von Sitten, war einbezogen. Das alte Spital in seiner Bischofsstadt konnte für eine eventuelle Umsiedlung in Aussicht genommen werden. Als dann Ende Oktober 1938 die Frage akut wurde, waren doch noch eine ganze Reihe von Problemen sehr rasch zu klären. Der eigentliche Umzug des Canisianums und der kirchlichen Fakultät Canisiana – er betraf wesentlich nur Nichtdeutsche, abgesehen von einigen Professoren – erfolgte zwischen dem 22. November und dem 12. Dezember auf dem Weg über den Brenner und Mailand. Am 1. März 1939 verließen die letzten Canisianer das Gebäude in Innsbruck, das jetzt völlig der Finanzverwaltung übergeben war.

Natürlich war dieser Umzug nur dank der Unterstützung von Beamten möglich. Offensichtlich wurden sie nicht behindert und hatten deswegen auch keine Nachteile. Den Machthabern lag vor allem an der Entfernung der Jesuiten und an der Unterbindung ihrer wissenschaftlichen Tätigkeit in Innsbruck.

In Sitten mußte umgekehrt noch manches vorbereitet werden, bevor die Arbeit weitergehen konnte. Nachdem die Mehrzahl der Studierenden und der Professoren im Wallis angekommen war, setzte man deswegen zunächst eine Woche Exerzitien im St. Jodernheim in Visp an. „Sie nahmen am 3. Dezember abends ihren Anfang und schlossen in der Frühe des 12. Dezembers; P. H. Rahner gab sie in seiner gründlichen, ansprechenden Art"[1]. Am 12. Dezember zog man in Sitten ein, am 14. Dezember 1938 wurde dort der Studienbetrieb aufgenommen. Mit 82 Studierenden, darunter 36 Amerikanern, 10 Ungarn, 10 Engländern, 10 Schweizern, Italienern, Rumänen, Ruthenen

---
[1] Sonderblatt zum Vierteljahresbericht 1938/39, 5: In adventu ...

und sogar einem Japaner sowie einigen, deren Nationalität nicht angegeben ist, begann die Hochschule. Die Organisation lag bei P. Felix Plattner, einem Schweizer.

Rektor des Kollegs und der Fakultät war die ganze Zeit über P. F. Lakner. Mit ihm waren aus Innsbruck die Professoren P. F. Dander, P. J. Donat, P. J. Hofbauer, P. H. Rahner, P. F. Schwendimann, P. D. Thalhammer, P. J. Umberg und P. M. Hofmann tätig. Aus der Schweiz ergänzten im Laufe der Zeit die Professoren J. Leibenguth, Wilh. Richter, A. Willwoll und M. Rast das Kollegium. Mit diesen beschränkten Kräften wurde das ganze Programm in Philosophie und Theologie vorgetragen. Doch die Ordnung des Studienbetriebs bereitete die geringsten Sorgen. Auch mit den Behörden der Stadt und des Kantons war das Verhältnis ausgezeichnet. Die größten Stürme gegen diese Hochschule kamen aus der Schweizer Öffentlichkeit, in der es Kräfte gab, die unter Berufung auf den Artikel der Schweizer Verfassung, der Jesuiten Aufenthalt und Wirksamkeit in der Eidgenossenschaft untersagte, die ganze Einrichtung unterbinden wollten. Sie firmierte aus diesem Grunde unter der Bezeichnung „Amerikanisches Seminar" oder „Faculté internationale de Théologie". Schließlich wurden sechs der Patres durch die Religiosenkongregation säkularisiert, so daß sie nicht mehr als Jesuiten gelten konnten. Sie werden konsequent in den späteren Katalogen bis nach dem Krieg, als sie wieder offiziell dem Orden zugeschrieben wurden, nicht geführt. Am 2. März 1939 gab der Bischof diese Tatsache dem Staatsrat des Kantons Wallis amtlich zur Kenntnis, indem er eine beglaubigte Kopie des Reskriptes der römischen Religiosenkongregation vom 21. Februar 1939 Nr. 310–B/39 und das Ausführungsdekret des bischöflichen Ordinariats Sitten vom 2. März überreichte und feststellte, daß die in den Dekreten genannten 6 Herren in keiner Weise mehr als Jesuiten behandelt werden können, sondern im vollen Umfang Weltpriester der Diözese Sitten seien. Der Bischof schrieb weiter: „Als im Herbst 1938 das mir bekannte Collegium Canisianum in Innsbruck beansprucht wurde, habe ich im Einverständnis mit Ihnen und der lokalen Behörde in Sitten die Herren eingeladen, in Sitten ihr Asyl zu nehmen. Dabei waren wir der Überzeugung, daß dies in keinerlei Widerspruch zur schweizerischen Verfassungsbestimmung stehe, sondern im Rahmen des schweizerischen Asylrechtes erlaubt sei. Dies um so mehr, als die Schüler der Fakultät bis auf wenige Ausnahmen ausländischer Nationalität waren und sind und wir eine Installierung des berühmten Institutes in Sitten aus Ihnen bekannten kulturellen und volkswirtschaftlichen Gründen als wertvoll und gewinnbringend erachteten.

In rechtlicher Hinsicht ist Ihnen bekannt, daß Eigentümer des Kollegs in Sitten nicht etwa die Professoren oder das bisherige Canisianum in Innsbruck wurde, sondern ein schweizerisch-amerikanischer Verein, dem kein einziger Pater der Gesellschaft Jesu als Mitglied angehörte oder angehört.

Nachdem nun infolge der Motion Reinhard im Nationalrat und der öffentlichen Preßpolemiken eine Überprüfung der Situation vorgenommen werden mußte, wurde mir zunächst vom Apostolischen Stuhl die volle Jurisdiktion über die Anstalt übertragen. Von sehr angesehenen juristischen Beratern wurde ich dann dahin orientiert, daß trotzdem den Erfordernissen der schweizerischen Bundesverfassung solange nicht Genüge getan sei, als die Herren, welche an der theologischen Fakultät dozieren, noch Jesuiten seien.

Ich wendete mich daher an den Apostolischen Stuhl und ersuchte um Exclaustration der Professoren. Neue Konsultationen mit den Rechtsberatern und mit Ihnen ergaben dann, daß auch dies nicht genügend sei, und daß eine volle Säkularisation der Professoren unumgänglich notwendig sei, sofern sie ihre Tätigkeit weiter auszuüben wünschten. Ich habe ursprünglich mich gegen eine derartige radikale Lösung gesträubt, dies namentlich deshalb, weil eine Säkularisation und damit eine Lösung von den Vota Sollemnia den in Frage kommenden Herren ein derart schweres, persönliches Opfer und einen so folgenschweren Verzicht auferlegte, daß eine Befürwortung dieses Schrittes in Rom von meiner Seite nur im allerdringendsten Falle gerechtfertigt werden konnte.

Nach langen Überlegungen und Beratungen mit den kirchlichen Oberbehörden haben sich diese und ich im Einverständnis mit den in Frage kommenden Patres schließlich doch zu dem schweren Schritte entschlossen; dies deshalb, um die Anstalt als solche zu retten.

Ich möchte eigens beifügen, daß diese Lösung vom verstorbenen Papst Pius XI. noch persönlich gebilligt worden ist, und zwar am Tage vor seinem Tode."[2] Der Sittener Bischof geht weiters auf eine Diskussion der rechtlichen Bestimmungen und der Bedeutung des beschriebenen Schrittes ein, um zu versichern, daß dies alles geschehen sei im Blick auf die Notwendigkeit des Asyls. „Sobald die Voraussetzungen gegeben sind, daß die Herren Professoren ihre Tätigkeit in Deutschland wieder aufnehmen können, und sobald die Voraussetzungen der Asylgewährung dahin fallen, wird die theologische Fakultät über ausdrücklichen Befehl des Apostolischen Stuhles anderswohin übertragen werden."[3]

Der Vorgang war deshalb so eingehend zu schildern, weil Hugo Rahner einer der sechs betroffenen Jesuiten war, die ihre Säkularisation nicht erbeten, sondern die angebotene um eines höheren Wertes willen akzeptiert hatten. Am 24. März 1939 wurde nach vielen Bemühungen des Staatsrats des Kantons Wallis erreicht, daß die Anstalt bis Juli 1940 ihr Werk in Sitten sollte fortsetzen können. Der Ausbruch des Krieges ging dann über diese Entscheidung hinweg. Was Hugo Rahner angeht, so schreibt ein Berichterstatter über die Periode allgemein: „Die Sittener Zeit erwies sich für Hugo Rahner als überaus fruchtbar. Nicht nur entfaltete sich seine Forschung, getrieben vom zentralen Anliegen der Verkündigung auf Grund frühchristlicher Quellen, vielmehr ging sein Wirken mehr und mehr in der für ein bedeu-

---

[2] Vierteljahresbericht des Theologischen Konviktes zu Innsbruck 73 (1939) Nr. 3, 20f.
[3] Ebd. 22.

tendes Mitglied der ‚Compania de Jesus' so typischen ‚dialogischen' Einheit von Repräsentation und Dienst auf. Nunmehr wurde immer klarer, wie sehr sein Wirken drei Themenkreisen verbunden ist, die aber in ihm selbst und seinem ‚Leben von den Quellen her' ihren Brennpunkt haben. Die reiche Palette seiner Publikationen zeigt diese drei Hauptrichtungen: seine Liebe zu den Kirchenvätern, seine besondere Liebe zu dem ‚Vater' der ‚Gesellschaft Jesu', Ignatius von Loyola, und seine weltoffene christliche Humanität. Gottbezogene Innerlichkeit und mitmenschbezogene Weltoffenheit (bei Verchristlichung des Weltstoffes) sind die zwei Aspekte einer einzigen Individualität und Unverwechselbarkeit: Hugo Rahner."[4] Die Eindrücke aus der Schweiz fehlen ebenfalls nicht, etwa wenn er 1939 unter dem Titel „Theologie des Barocken" von einer Ausstellung der Kunstwerke des Madrider Prado in Genf berichtet[5] und dadurch auf europäische Verbindungen hinweist, die unter dem vorherrschenden Nationalismus verschüttet zu werden drohten. Bis 1943 gelang es ihm, in Zeitschriften zu schreiben, die in Deutschland erschienen: in den „Stimmen der Zeit" bis zu deren Verbot, in der „Zeitschrift für katholische Theologie" und in der „Zeitschrift für Aszese und Mystik". Von 1941 an publizierte er in der „Schweizerischen Rundschau". Offensichtlich hielten sich die Sittener Professoren jedoch mit Veröffentlichungen in Organen des Gastlandes zurück, während einige Bücher wie die zusammen mit O. Karrer edierten Geistlichen Briefe des Ignatius, die Dokumente zur „Abendländischen Kirchenfreiheit" und „Mater Ecclesia" als Lobpreis der Kirche aus dem ersten Jahrtausend erscheinen konnten.

Die Haupttätigkeit war natürlich in Sitten selbst verlangt. Am Dreikönigsfest 1939 erschien der Diözesanbischof zu seinem ersten offiziellen Besuch im neuen Haus, wo man sich auf die erste Promotion eines Studenten rüstete, die am 21. Januar 1939 unter dem Vorsitz des Bischofs erfolgte. Der meinte, es sei wohl die erste in Sitten und im Wallis überhaupt. Die Studenten versahen bald auch liturgische Dienste in der Kathedrale. Über das genaue Semester-Programm im Winter und im Sommer war nicht viel auszumachen. Hugo Rahner hatte in der Kirchengeschichte des Mittelalters das Verhältnis von Kirche und Staat als Thema angekündigt, für das Seminar die Väterlesungen des Breviers und zusätzlich eine Vorlesung über die Kunstgeschichte des Hochmittelalters. Was er davon durchführen konnte, ist nicht genau zu sagen. Jedenfalls begann er im Winter-Semester 1939/40 erneut mit der Kirchengeschichte des Altertums und des Frühmittelalters, begleitete das Programm mit Patrologie und Christlicher Kunstgeschichte, mußte aber neben diesen schon vertrauten Pflichten auch noch kursorische Schriftlesungen aus dem Neuen Testament halten und Bibelgriechisch lehren sowie die Einführung in das wissenschaftliche Arbeiten im Proseminar

---

[4] G. WAGNER, Um eine neue Verkündigung ..., in: Religion, Wissenschaft, Kultur 13 (Wien 1962) III/IV, 229.
[5] StZ 137 (1939/40) 82–88.

einüben und aus der Geschichte der Philosophie über die Neuere und neueste Zeit lesen sowie die Rhetorik versorgen. Hugo Rahner hat also Geschichte der Philosophie gelesen, das Fach, auf das sein Bruder sich vorbereitet hatte, ohne es jemals wahrzunehmen. Im Juni 1939 fiel Hugo Rahner bei der Akademie zum Herz-Jesu-Fest die Ansprache „Herz-Jesu-Verehrung und heutige Weltgeschichte" zu.

Im folgenden Winter-Semester las er den zweiten Teil der Kirchengeschichte und die Patrologie, außerdem leitete er das Proseminar „Einführung in das wissenschaftliche Arbeiten". Inzwischen waren aus der Schweiz weitere Kräfte für die Exegese und die Philosophie zum Sittener Dozentenkollegium hinzugestoßen. Hugo Rahner fand jetzt Gelegenheit zu wissenschaftlichen Forschungen und zur Vorbereitung von Veröffentlichungen. Unterbrochen wurde dieses Arbeiten durch Feiern im Kolleg, etwa durch Weihen, wie im März 1939 oder im März und Juni 1940, durch gelegentliche akademische Feststunden und Doktorpromotionen, so mit einer festlichen Sitzung zu Ehren des hl. Thomas von Aquin am 7. März 1939. Der Ausbruch des Krieges veränderte die Lage insofern, als manche Studenten so rasch als möglich in ihre Heimat zurückkehren mußten und sich die Zahl der Hörer in Sitten verringerte; die Frage eines Verbleibs der Fakultät in Sitten wurde offenbar jetzt nicht mehr neu aufgeworfen. Das trug dazu bei, daß sich die Professoren auch außerhalb Sittens etwas unbefangener bewegen konnten. Im Sommer 1940 sorgte Hugo Rahner zusammen mit P. Hertogh für frohes Leben im Chalet Calpini auf den Mayens, wo die Studenten ihre Ferien verlebten. Im Juni zuvor reisten 39 Amerikaner in ihre Heimat zurück. Damit war eine der Stützen der Fakultät ausgefallen, und Pfarrer A. Oesch sah sich genötigt, mitten im Krieg eine Reise in die U.S.A. zu unternehmen, um die Einrichtung weiterhin von dorther zu sichern. Die Patres konnten nicht viel dazu beitragen und sahen ihre Aufgabe in erster Linie in der Weiterführung ihrer Pflichten in Sitten selbst. Im Frühjahr 1941 heißt es: Rektor der Fakultät und des Konviktes ist R.D. Lakner, Vizerektor R.D. Hugo Rahner; Dekan der Fakultät R.D. Umberg. An der Fakultät lesen folgende Professoren: Lakner: Dogmatik (Cursus acad.) und orientalische Theologie; Rahner: Kirchengeschichte und Patrologie; Dander: Dogmatik (Curs sem.); Donat: Philosophie; Hofbauer: Alttest. Exegese; Leibenguth: Neutestam. Exegese; Rast: Philosophie; Schönegger: Kirchenrecht; Schwendimann: Pastoral und Homiletik; Thalhammer: Fundamentaltheologie und aszetische Theologie; Umberg: Moral und Liturgik; Willwoll: Philosophie. Im März hatte P. A. Bea eine Visitation der Fakultät und des Kollegs vorgenommen. Hintergrund waren anderswo beschriebene Schwierigkeiten, die sich in Rom gegen das Institut in Sitten erhoben hatten.[6] Im Bericht über den römischen Besuch heißt es: „Der hochwürdigste Visitator, der das Canisianum schon von Innsbruck her seit vielen Jahren

---

[6] Vgl. dazu K. H. NEUFELD, Theologiegeschichtliches zur Innsbrucker „Verkündigungstheologie", in: ZKTh 115 (1993) 13–26.

kennt und schätzt, wurde von uns allen mit herzlicher Freude begrüßt. In den zwei Wochen, während welcher er hier weilte, hatten alle – Professoren und Theologen – reichlich Gelegenheit, sich mit ihm auszusprechen und ihm ihre Wünsche mitzuteilen. – Natürlich interessierte sich der hohe Gast auch für unsere Vorlesungen, von welchen er einige besuchte. Aus allem, was P. Visitator sprach und anordnete, leuchtete sein großes väterliches Wohlwollen für unser Haus."[7] Am 28. April begann das Sommer-Semester, das bis zum 21. Juni dauerte. Die Prüfungen waren für Anfang Juli angesetzt. Nach den Ferien gab der alte Regens M. Hofmann sein Amt ab, das R.D. Lakner übernahm. Mit dem 7. Oktober setzte das Winter-Semester ein; einige neue Studierende kamen aus der Schweiz hinzu. Die päpstliche Studienordnung ließ die Zahl der Übungen etwas steigen. Die Übersicht über das Programm bleibt äußerst summarisch und verzeichnet lediglich die Fächer, die von den Professoren vertreten werden, nicht aber den genauen Stoff. Man spürt die wachsende Einschränkung. Erst mit dem ausführlichen Vorlesungsverzeichnis zum Winter-Semester 1942/43 wird neuer Mut erkennbar, denn es ist mit einer Art Prospekt und einer Übersicht über die benutzten Lehrbücher verbunden, offensichtlich zur Verteilung an Interessierte bestimmt. Um sie möchte man sich nachdrücklicher bemühen. Das Ganze ist in lateinischer Sprache gehalten und dürfte auf Anweisung von Rom diese neue Form erhalten haben. Für Hugo Rahner wird angekündigt: Kirchengeschichte des Mittelalters und der Neuzeit; Ausgewählte Fragen aus der allgem. Kirchengeschichte; Patrologia; Archeologia christiana und Exercitationes seminaristicae ex Historia[8]. Am 14. Mai 1942 hatte eine Papstfeier in Gegenwart des Sittener Bischofs stattgefunden, bei der Prof. Rahner als Vizerektor den Vortrag über die sieghafte Kraft der Kirche hielt, die sich gerade dann machtvoll zeige, wenn sie äußerlich schwach und verfolgt erscheint. „Die Ausführungen, die sich vor allem auf die ersten Jahrhunderte der Kirchengeschichte stützten, ließen eindrucksvoll Macht und Bedeutung des Papsttums gerade in den entscheidenden Stunden der Menschheitsgeschichte erkennen. An den Vortrag schloß sich die feierliche Promotion des hochw. Herrn Lubatschiwskyi an, die vom hochwürdigsten Bischof, als Kanzler der Fakultät vorgenommen wurde. An diesen Akt knüpfte der Gnädige Herr eine Ansprache, in der er in warmen Worten zur eifrigen Mitarbeit an der Katholischen Aktion aufforderte. Die Katholische Aktion ist, so führte der hochwürdigste Herr aus, die seelsorgliche Methode, durch die die Kirche die Fernstehenden wieder zum Glauben und zum christlichen Leben zurückführen will. Nur der Laie, der mit und in Abhängigkeit von seinem priesterlichen Seelsorger in der apostolischen Arbeit mitwirkt, ist in der Lage, unter jenen für den Glauben zu werben, die keine Kirche und keinen Priester mehr aufsuchen. Deshalb muß es eine der Hauptsorgen des Pfarrers sein, sich tüchtige und kluge Laienhelfer heranzu-

---

[7] Korrespondenzblatt des Priestergebetsvereins 75 (1941) April 15.
[8] Vgl. ebd. 76 (1942) 46.

bilden, die im Geiste der Kirche den Aktionskreis seines Wirkens vergrößern können. Er wies darauf hin, wie in dieser Laienschulung vorgegangen werden muß, welche Klippen und Gefahren zu vermeiden sind; er schilderte aber auch den Segen, der von solchen tüchtigen Laienseelsorgern ausgehen kann."[9] Diese Hinweise lassen ein wenig Licht auf den Geist fallen, der während des Krieges die Sittener Ausbildung bestimmte. Hugo Rahner nahm daran auf seine Weise Anteil. Sicher zählte er zu den beweglicheren Mitgliedern des Lehrkörpers, dem die von den Umständen verordnete Enge des Sittener Betriebes besonders zu schaffen machte. Im Verzeichnis der Vorlesungen für das Winter-Semester 1943/44 ist für ihn angeführt: Altertum und Frühmittelalter in der Kirchengeschichte; Väterlesungen des Breviers in der Patrologie; Entwicklung des Kirchenjahres in der Liturgiegeschichte; die Märtyrer- und Reliquienverehrung in der Archäologie sowie ein historisches Seminar.

Im Sommer-Semester wird dieses Programm mit der Kirchengeschichte des Frühmittelalters fortgesetzt, und neben der Vorlesung in Patrologie taucht hier für Hugo Rahner erneut die „Geschichte der Philosophie" auf. Das Winter-Semester 1944/45 sieht dann in der Kirchengeschichte Mittelalter und Neuzeit vor sowie Patrologie und „Geschichte des Missale Romanum" in der Liturgie. Schließlich verzeichnet das Vorlesungsverzeichnis des Sommer-Semesters 1945 als Aufgaben von Hugo Rahner: Reformation und Neuzeit in der Kirchengeschichte sowie neben der Patrologie ein weiteres Mal „Geschichte der Philosophie". Noch ließ sich nicht absehen, wie es weitergehen könnte. Aber als die Besatzungsmächte die Fakultät in Innsbruck im August 1945 offiziell wieder errichtet hatten, konnte am 6. Oktober die Theologische Fakultät am angestammten Ort ihre sieben Jahre gehinderte Tätigkeit wieder aufnehmen. Dazu hielt der zum Dekan bestimmte Hugo Rahner die Rede „Christlicher Humanismus und Theologie". Sein Name findet sich für dieses Winter-Semester zugleich in den Programmen von Innsbruck und Sitten. So fielen ihm in Innsbruck die Kirchengeschichte des Altertums, die Patrologie und die Einleitung in das Neue Testament zu, während er in Sitten die Kirchengeschichte des Altertums und des Frühmittelalters zu lesen hatte und daneben die Patrologie und die „Geschichte der Philosophie" abdeckte. Im Sommer 1946 wurde es möglich, die Fakultät ganz von Sitten nach Innsbruck zurückzuverlegen.

An sich könnten die berichteten Ereignisse schon die Jahre füllen, die gezwungenermaßen in Sitten zu verbringen waren. Doch dort suchte man trotz aller Schwierigkeiten über die Ausbildung hinaus im wissenschaftlichen Austausch weiter mitzutun. Ein erster Beitrag betraf schon 1939 die Sache der sogenannten „Verkündigungstheologie", zu deren Klärung von Sitten aus eine Übersicht geliefert wurde[10]. Der Anstoß von J.A. Jungmann wird

---

[9] Ebd. 50.
[10] Zur „Verkündigungstheologie", in: Vierteljahresbericht des theologischen Konviktes zu Innsbruck 73 (1939) Juni 13–15.

151

in Erinnerung gerufen und weiter gesagt: „In zwei Heften der Zeitschrift ‚Theologie der Zeit' des Jahrganges 1938 hat Hugo Rahner mit kühnem Griff eine geschlossene ‚Theologie der Verkündigung' vorgelegt und damit den Versuch unternommen, eine der vielen möglichen Formen aufzuzeigen, in denen eine Umgestaltung der Schultheologie zu kerygmatischer Erfülltheit vollzogen werden könnte. Die Aufsätze haben von überraschend vielen Seiten her dankbare Zustimmung gefunden; sie werden nun selbständig unter dem Titel: ‚Theologie einer Verkündigung' bei Herder, Wien, erscheinen."[11] Von den Sittenern hatte sich auf etwas anderer Ebene Fr. Lakner mit dieser Frage befaßt und sie in verschiedenen größeren Beiträgen entfaltet. Gleich im Anschluß an diese Übersicht verweist man von Sitten aus auf „Eine Neuauflage von P. Lerchers Dogmatik"[12], d. h. auf ein weiteres wissenschaftliches Projekt, an dem neben Fr. Lakner auch Fr. Dander in den kommenden Jahren arbeitete. Es war eine Umarbeitung und Neubearbeitung, deren erster Band Anfang 1939 erschien. Die weitere Herausgabe war im Gange, zog sich aber bis nach dem Krieg hin. Erstaunlich bleibt, daß dieses Unternehmen weitergeführt wurde und daß man es aller Ungunst der Zeiten zum Trotz nicht aufgab. Hugo Rahner war an dieser Arbeit als Kirchenhistoriker nicht beteiligt. Über den Studentenpfarrer in Basel, Hans Urs von Balthasar, und über andere Bekannte und Freunde baute er behutsam ein neues Beziehungsnetz auf, in dem wissenschaftlicher Austausch über Sitten hinaus möglich wurde. Davon berichtete er am Stephanstag des Jahres 1941 seinem Bruder in einem längeren Brief nach Wien. Einige Auszüge aus diesem Schreiben lassen ein sehr persönliches Licht auf seine Lage in Sitten fallen. Da heißt es: „In meinem großen Zimmer ist es warm, zu dem Migne und dem CSEL und GCS habe ich nur drei Schritte, für den weiteren Aufputz kann ich ab und zu nach Basel fahren, wo auf der Unibibliothek alles so herrlich zu haben ist ... [so] habe ich in diesem Semester ziemlich Zeit für richtige Arbeit. Mein Baseler Vortrag ist eigentlich ziemlich ‚glanzvoll' verlaufen (hab ich davon nicht schon mal geschrieben?) ... Ich schicke Dir, sobald ich die Abschrift davon habe, die mir jemand tippt, ein mit ein paar Bildern versehenes Exemplar zu. Die Baseler haben sogar eigene Einladungskarten dafür gedruckt mit meinen sämtlichen ehemaligen ‚Titeln', vor denen allerdings ‚weiland' stand – was mich zu einigen betrüblichen Reflexionen veranlaßte, denn mit 41 Jahren sollte man nicht schon weiland sein. Ich habe eine Menge von Uni-Professoren kennen lernen müssen, denn anschließend war ein köstliches Abendessen mit Rheinsalm und gelehrtem Geschwätz. Außerdem habe ich eine Einladung bekommen, im historischen Seminar ein zweistündiges Seminar zu halten über das Glaubenssymbol im ersten Kapitel der Historia Francorum des Gregor von Tours, und das ging auch gut ... durch den Dir auch bekannten Verfasser des Eckehartbuches, des mysti-

---

[11] Ebd. 14f.
[12] Siehe ebd. 15f.

schen Stroms usw.[13] lernte ich letztes Jahr in Luzern die Frau Saurer kennen, das ist die Witwe des Besitzers der berühmten Saurerwerke in Arbon ... mit einem für alle patristische Wissenschaft begeisterten Gemüte ... In der Schweizer Kirchenzeitung steht in der Weihnachtsnummer eine sehr schöne Anzeige über Dein Viller Buch! Daß die Worte ins Schweigen schon wieder weg sind, ist ja großartig, Du solltest wieder mal so etwas schreiben."[14]

In dieser Zeit entstanden durch Hugo Rahner selbst Veröffentlichungen, die je auf ihre Weise sein Denken und Forschen kennzeichnen: 1942 im Benziger Verlag Einsiedeln die Neuausgabe von „Ignatius von Loyola. Geistliche Briefe" in der Reihe „Menschen der Kirche"; 1943 folgte im gleichen Verlag das Werk „Abendländische Kirchenfreiheit. Dokumente über Kirche und Staat im frühen Christentum"; es gehört ebenfalls der oben genannten Reihe an.

Das Thema klingt nicht nur brisant und aktuell, mag auch das Sachproblem durch seine Behandlung an Dokumenten des frühen Christentums ein wenig von seinem herausfordernden Charakter eingebüßt haben. Das Luzerner „Vaterland" schrieb dazu: „Es ist ungemein zu begrüßen, daß uns in einer sorgfältigen Auswahl von kirchlichen Dokumenten das Problem von Kirche und Staat im frühen Christentum in seiner ganzen Tiefe und Vielfalt erneut vor Augen geführt wird. Hugo Rahner kommt das große Verdienst zu, in der Sammlung ‚Menschen der Kirche' diese Zeugnisse herausgegeben, übersetzt und mit groß geschauten geschichtlichen Darstellungen und Übersichten versehen zu haben." Gerade der Historiker Hugo Rahner hätte leicht andere, weniger brisante Themen für seine Forschung und Veröffentlichungstätigkeit finden können. Wenn er sich mit der Abendländischen Kirchenfreiheit befaßte, so geht daraus etwas von der grundsätzlichen Auseinandersetzung mit den damaligen Geschehnissen hervor, an denen er in der Schweiz nur aus der Beobachterposition teilnehmen konnte. Ihm war, wie er gelegentlich äußerte, schmerzlich bewußt, was das bedeutete. Aber er versuchte zu tun, was er konnte, und wich nicht auch noch in neutralere Zonen aus.

Das wurde sogar auf protestantischer Seite anerkannt; die „Evangelische Volkszeitung" kommentierte den Band: „Die in Verfolgungszeiten der Kirche entstandenen Zeugnisse sind für uns klassische Vorbilder einer christlichen Haltung gegenüber dem Staat ... Zum Studium des Problems Staat – Kirche können wir aus diesem reichen Werke gerade heute aktuell Gewordenes lernen." Ein Jahr später erschien schließlich „Mater Ecclesia. Lobpreis der Kirche aus dem ersten Jahrtausend christlicher Literatur", wieder bei Benziger. Als Grund für diese Sammlung nennt Hugo Rahner: „Wir sind inmitten all des irdischen Leids auch kirchenmüde geworden, und es gilt uns

---
[13] Es handelt sich um Otto Karrer, mit dem Hugo Rahner schon eine längere Freundschaft verband.
[14] Nach dem Original.

das Wort, das Johannes Chrysostomus einmal seinen Gläubigen sagen mußte: ‚Starrt mir doch nicht immer auf die Kirche, wie sie annoch pilgert auf Erden, schaut doch, wie sie schon daheim ist im Himmel!'". Und er erwähnt irdisches Dunkel und menschliche Schwäche, das sturmgepeitschte Schiff der Kirche auf der Meerflut, den bitteren Krieg, Härte und Mühseligkeit, die dennoch nicht den Ausblick auf die Fülle verstellen können. Die doppelten Züge im Antlitz der Kirche werden beschworen, und die Sammlung ist so angelegt, „daß die Texte in ihrer von uns gefügten Zusammenstellung gleichsam eine altchristliche Theologie von der Kirche ergeben"[15]. Man muß sich schon erinnern, daß damals von einer Theologie der Kirche kaum die Rede war. In dieser Zeit kam mit der Enzyklika „Mystici corporis" ein erster großer Entwurf für eine solche theologische Erfassung der Kirche neben den früher üblichen apologetischen Verteidigungen und kanonistischen Feststellungen von Rechten und Privilegien heraus. Erst das Zweite Vatikanische Konzil sollte nicht nur in „Lumen gentium" und anderen Einzeldokumenten, sondern in seiner Grundausrichtung die Theologie der Kirche zum Durchbruch kommen lassen. Auf dem Weg zu diesem 1944 noch fernen Ziel ist Hugo Rahners Band zu sehen und zu werten. Was Wunder, daß er sich von etwas leiten ließ, was zur Zeit des Konzils auf wenig Gegenliebe stieß. In einem gewissen Sinn handelt es sich nämlich um „Hymnen an die Kirche", die in „triumphierender Sprache" daherkommen, also etwas von jenem „Triumphalismus" atmen, den das spätere Konzil zu vermeiden trachtete. Genau dieser Unterschied erinnert daran, daß „Triumphalismus" eine mehrdeutige Erscheinung ist, deren Sinn vom Kontext mitbestimmt wird. Und dieser Kontext für Hugo Rahners Veröffentlichung ist nun einmal der Krieg, ist nun einmal Verfolgung und Unterdrückung, ist nun einmal das Martyrium vieler, denen jene ihre Stimme zu leihen versuchten, die das überhaupt konnten. Ein solcher „Triumphalismus" ist etwas anderes als leichtfertige Großsprecherei in gesicherter Lage, als Einfordern von noch mehr Macht und Herrschaft, als fromm verbrämte Überheblichkeit, die christlichem Geist zutiefst widerspricht. Hugo Rahner widmete seine Sammlung der gleichen Mutter, „die mit uns heute am blutigen und dunklen Ende des zweiten Jahrtausends steht. Sie ist auch heute noch die Kirche der Märtyrer und der Bekenner. Sie ist auch die Kirche der Kinder, die noch singen können."[16] In der Einführung hat Hugo Rahner den Gedanken der Kirche als Mutter eingehender entfaltet, um Mißverständnisse auszuschließen. Er spricht von der „Mutter der Lebendigen", die aus dem Herzblut Gottes hervorgeht als Eva, die nur in Adam sein kann, Mutter aller Völker, die nur in Christus sein kann. „Im Kreuztod Christi also gründet das Wesen der Kirche als Jungfrau der Wahrheit und als Mutter der Völker."[17] Der Gedanke ist von den Dissertationen der beiden Rahner-Brü-

---

[15] Mater Ecclesia, Einsiedeln 1944, 8.
[16] Ebd. 9.
[17] Ebd. 20.

der vertraut. Und von daher liegt auch die „Kirche der Schmerzen" nahe, der „sakramentalen Wehen", „des Alltags", „der Politik" und „in Rom" sowie als „weinende Jungfrau". Die „Ewige Königin"[18] findet in diesen ausführlichen Betrachtungen, denen eigentlich nichts Triumphalistisches anhaftet, nur relativ kurz Erwähnung. Was auf den ersten Blick im Kontrast zu den Zeitereignissen konzipiert schien, antwortet direkt auf die Schmerzen und Leiden dieser Jahre; was zunächst so aussah, als solle damit das Elend der Zeit überspielt werden, trägt in sich die ganze Last und den ganzen Ernst der zerstörerischen Herausforderung. Man wird im Urteil nicht fehlgehen, wenn diese Veröffentlichungen der Kriegsjahre als Hugo Rahners Versuch gewertet werden, im Rahmen der beschränkten Möglichkeiten, die ihm offenstanden, und unter Einsatz seiner Kompetenz die Fragen des mörderischen Kampfes um die Kirche und um Europa als Frucht des christlichen Erbes aufzureifen. Hugo Rahner hat sich in Sitten damit nicht immer verstanden gefühlt. Vieles kam ihm eng und kleinkariert vor; bestimmt von einer genormten Frömmigkeit, die Gründe an die Hand gab, über die großen Auseinandersetzungen, über die Opfer und die Zerstörungen an Menschen und Gütern hinwegzugehen. Hugo Rahner hätte allerlei Gründe und Gelegenheiten gehabt, sich ebenfalls in seine Wissenschaft zu verkriechen, nichts zu wagen, den eigenen Namen aus möglichem Streit herauszuhalten. Einer dieser Aus- und Nebenwege, der durchaus Gewicht und Bedeutung besitzt, gerät in den Blick, wenn die Buchveröffentlichung des Jahres 1945 in der Schweiz beachtet wird. In Zürich erschien im Jahr des Kriegsendes der Band „Griechische Mythen in christlicher Deutung", von dem vor einigen Jahren eine vierte Auflage veröffentlicht wurde. Hier sind die Früchte der Beziehungen Hugo Rahners zum Eranos-Kreis und zu dessen Jahrestagungen in Ascona gesammelt. A. Rosenberg hat diese Mitarbeit besonders betont:

„Von Bedeutung für die weitere Entwicklung war Hugo Rahners Mitwirkung an den Eranostagungen von 1940 bis 1945. Dort konnte er vor einer interessierten und ausgewählten Hörerschaft und vor Vertretern vieler Fakultäten endlich die von ihm wiederentdeckte Symboltheologie in ihrer ganzen Fülle und Schönheit entfalten, für die seine Fachkollegen bisher nur geringes Verständnis aufgebracht hatten. Die Frucht dieser Eranosreden war sodann der umfangreiche Band ‚Griechische Mythen in christlicher Deutung', ein Werk von völliger Singularität. Denn im Gegensatz zu der in unserem Jahrhundert vorherrschenden (und berechtigten) Tendenz, die christliche Theologie und das Bibelverständnis von den Spuren des griechischen, sowohl kosmischen wie begrifflichen Denkens zu reinigen, ist für Hugo Rahner die Verchristlichung des Griechentums vor allem durch die frühen griechischen Väter (so z. B. Clemens von Alexandrien oder Origenes) ein notwendiger und fruchtbarer Vorgang, der die christliche Substanz nicht mindert, sondern bereichert. Er schreibt dazu: ‚Der Christ, der jetzt im Son-

---
[18] Ebd. 32–36.

nenlicht steht, kann rückwärtsblickend mit bestürzter Liebe entdecken, wie die Lampen der Antike den kommenden Helios der Gerechtigkeit vorherspiegeln. Das ist sein Humanismus: Hellas in Christus zu sehen, das griechische Wort ewig zu machen, indem er es aus seiner (am Ganzen der Menschheitsgeschichte gemessen) Kleinheit erlöst, indem er es heimholt in seinen Dialog mit Gott ... So ist es denn das Anliegen auch dieses Buches ... zu zeigen, wie griechisches Frommsein von der Kirche heilig gemacht wurde. Freilich strebt Rahner mit dieser Absicht und Gesinnung nicht einen antikmittelalterlich-modernen Synkretismus an, sondern vielmehr die Heimholung der vorchristlichen Weisheit und Gotteserkenntnis, der Zeugnisse Gottes aller Zeiten in die Fülle und in das Licht Christi ... Der große Entwurf Hugo Rahners ist höchst aktuell und beispielgebend. Denn die Begegnungen des christlichen Glaubens mit den asiatischen Religionen werden offensichtlich von Jahrzehnt zu Jahrzehnt unausweichlicher und intensiver. Darum werden in Zukunft die Christen vor die Frage gestellt sein, in welcher Weise sie das Wahrheitsgut, die Wahrheitsfunken der nichtchristlichen Religionen in das christliche Glaubensgut werden aufnehmen können ... Hierfür hat Hugo Rahner durch seine Darstellung der Begegnung von Kirche und Griechentum wichtige Vorarbeit geleistet."[19] Die Wertung des Beitrags erfolgt hier natürlich im Blick auf sehr viel spätere Entwicklungen; sie scheint sich seither noch einmal nachdrücklich zu bestätigen. Doch das sagt nicht viel über die Entstehungssituation dieser Texte und den Kreis, in dem und mit dem sie formuliert wurden.

Begründet hatte die Eranos-Tagungen 1933 Olga Fröbe-Kapteyn (1881–1962) in Zusammenarbeit mit Rudolf Otto. Ziel der Begegnungen und des Austauschs in Ascona sollte die Vermittlung zwischen Ost und West sein. Immer mehr entwickelten sich die Treffen zu einem Zentrum für den religions- und kulturphilosophischen Dialog, dem die häufige und intensive Mitarbeit von C.G. Jung noch einen besonderen Akzent verlieh. Namen wie die von E. Benz, F. Heiler, M. Buber, J. Daniélou, F. Dessauer, M. Eliade, K. Löwith, H. Pleßner, A. Portmann, E. Schrödinger und P. Tillich gaben dem Kreis etwas von seinem Glanz. Hans Urs von Balthasar, den man hier erwarten könnte, taucht hingegen nicht auf.

Im Jahre 1939 war „Die Symbolik der Wiedergeburt in der religiösen Vorstellung der Zeiten und Völker" Thema, eine Frage, die gewiß das Interesse Hugo Rahners auf sich zog. Ein Jahr später sprach man über „Trinität, christliche Symbolik und Gnosis", eine Aufgabe, die auch noch 1941 beschäftigte. 1942 findet sich „Das hermetische Prinzip in Mythologie, Gnosis und Alchemie" und 1943 „Alte Sonnenkulte und die Lichtsymbolik in der Gnosis und im frühen Christentum". Die Mitarbeit Hugo Rahners war inzwischen sehr aktiv geworden. Auch über „Die Mysterien" (1944) und „Der Geist" (1945) wußte er seinen Teil beizutragen, ebenso zu der Festgabe für C.G. Jung.

---

[19] A. ROSENBERG, Hugo Rahner, in: Tendenzen der Theologie, 450f.

Nach dem Krieg handelte man über „Geist und Natur", um anschließend das allgemeine Thema „Der Mensch" in zwei Jahren zu behandeln. Von 1943 an sind die Beiträge Hugo Rahners bis 1948 in den entsprechenden Jahrbüchern zu verfolgen.

Die Beziehung Hans Urs von Balthasars zu den Rahner-Brüdern ist später noch etwas zu erläutern. Aber er erwähnt gelegentlich einen Exerzitienkurs, den er gemeinsam mit Hugo Rahner in Emmetten hielt, bei dem es zunächst nicht recht gelingen wollte[20]. Das muß in den 40er Jahren gewesen sein; eine genaue Zeitangabe fehlt. Hugo Rahner kam hin und wieder nach Basel und lernte dort Bekannte und Freunde Balthasars kennen. Es war einer der Kreise, durch die er damals über Sitten hinaus am geistigen Austausch teilnehmen konnte. Offensichtlich legte er aber Wert darauf, diese Kreise zu unterscheiden und nicht nur in einem einzigen Rückhalt zu haben.

Die Schweizer Jahre beurteilte Hugo Rahner in der Rückschau sehr positiv; manche Ungeduld und mancher Ärger waren vergessen, als ihm später das volle Ausmaß der Kriegszerstörungen im übrigen Europa zu Bewußtsein kam und die Sittener Zeit mit ihrer Ruhe und ihrem gleichmäßigen Gang als unglaublicher Wert erkennbar wurde. Dieses wiederholt geäußerte Urteil sollte allerdings nicht dazu verführen, die Periode als Idylle zu betrachten. Sie war überschattet von einer ständigen Gefährdung und von ungewissen Aussichten. Die Leistungen dieser Jahre standen darum alle unter einer großen Anspannung und unter deutlichen Fragezeichen. Wenn Hugo Rahner es nötig gehabt hätte, durch die Weltereignisse auf die praktische Relevanz theologischer Wissenschaft gestoßen zu werden, es wäre damals unweigerlich der Fall gewesen. Er konnte sich nicht in rein historische Forschungen zurückziehen und die Not der Gegenwart über einem Stück Vergangenheit vergessen. Zu sehr empfand und dachte er als Dogmenhistoriker, um die Bedeutung für Glaube und Kirche heute aus dem Auge zu verlieren; zu sehr dachte er als Seelsorger und geistlicher Begleiter, um die Fragen und Schwierigkeiten der Zeitgenossen zu übergehen. Die „Theologie der Verkündigung" wurde seinem Leben praktisch abgefordert. Sie prägte all seine weiteren Mühen, die Auswahl seiner Themen, die Art ihrer Behandlung und die Perspektive seiner Lösungen. Hat er sich dabei zu sehr an die Denkweise der Zeit verloren? Mancher fragt so angesichts der sprachlichen Gestaltung seiner Äußerungen, die in vielem überholt und fremd anmutet, weil sie zeitverhaftet klingt und deswegen mehr einbüßte, je stärker sie mit den Mitteln einer früheren Zeit wirkte. Unstreitig waren Hugo Rahner die Themen Kirche und Staat nach den Schweizer Erfahrungen ein eigenes Anliegen. Daß er sie aus der so persönlich und unpolitisch vorkommenden Spiritualität seines Ordens anging, bedingte eine Wandlung in der Wertung dieser geistlichen Haltung, deren ekklesiale und politische Elemente von ihm neu entdeckt und herausgestellt wurden. Aber das zeigt sich erst nach und nach und wirkt zusammen mit der

---
[20] Vgl. H. U. von BALTHASAR, Unser Auftrag, Einsiedeln 1984, 64.

Entfaltung des genuin theologischen Charakters seines Beitrags als Kirchenhistoriker. „Theologie der Verkündigung" in seinem Verständnis bleibt nicht Episode, sondern ist Ansatz zu einer Ausgestaltung der eigenen Aufgaben, wie sie vorher kaum bekannt war. Die ersten Schritte auf diesem Weg konnte Hugo Rahner in aller Ruhe während der Schweizer Exilsjahre versuchen; es war ein Tasten, das dann im Laufe des Vorangehens an Sicherheit gewann und mit einer sich ausbreitenden Anerkennung Einfluß übte.

16. Kapitel

Ein Rahner in Wien (1939–1944)

Die Jahre des Weltkrieges erlebte Karl Rahner in anderer Weise als sein Bruder, jedoch um nichts weniger prägend und für die Zukunft entscheidend. Unmittelbar war er mit seinen Mitbrüdern den Belastungen und Bedrohungen des Regimes ausgesetzt. Er faßte es gegen Ende seines Lebens in der Bemerkung zusammen: „Als wir von Innsbruck vertrieben waren, kam ich nach Wien. Wir haben dann dort noch am Anfang des Krieges versucht, unsere Leute, von denen ... immer mehr eingezogen wurden, ... in Theologie zu unterrichten. Ich habe dann ... am Wiener Seelsorge-Institut in ähnlicher Weise mitgearbeitet. Ich war ... bis zum Sommer 1944 in Wien. Dann ... ging ich nach Niederbayern in die Ferien und kam ... nicht mehr nach Wien zurück, sondern verbrachte das letzte Kriegsjahr in Niederbayern."[1]

Die etwas trocken-nüchterne Zusammenfassung überbrückt eine Zeit, die im Leben Karl Rahners einmaligen Stellenwert besitzt. Er selbst dürfte das schon im Erleben während der Kriegsjahre ein wenig überspielt haben, eine Art und Weise, um unter diesen Bedrohungen überhaupt leben und arbeiten zu können. Durch die Vertreibung aus Innsbruck war den Betroffenen signalisiert – wenn es ihnen denn bis dahin hätte verborgen bleiben können –, daß die politische Führung in ihnen Feinde sah, deren Rechte und Möglichkeiten rigoros eingeschränkt werden sollten. In persönlichen Aufzeichnungen über seine besonderen Tätigkeiten vermerkte Karl Rahner die früher schon erwähnten 6 Vorträge bei den Oratorianern in Leipzig für die Tage vom 10. bis 12. Oktober 1939. Der nächste Vermerk betrifft Akademiker-Exerzitien in Heiligenkreuz bei Wien, die er zwischen dem 8. und dem 10. Dezember dieses Jahres leitete. Was in der Zwischenzeit geschah, ist nicht notiert. Immerhin erfolgte eine Adressenänderung. P. Rahner wurde der Gruppe der Ordensmitglieder bei der Kirche am Hof in Wien, Seitzergasse 3 zugeschrieben.

Die erste Sorge der Verantwortlichen, die diese Umsiedlung nahelegte, war der von Rahner erwähnte Studienabschluß für die jungen Mitbrüder. Man mußte eine Möglichkeit finden, mit der sich dieses Ziel erreichen ließ. Wien bot sich insofern an, als die dortige Universität eine theologische Fakultät besaß, in der die Studierenden unter Anerkennung der früheren Studien immatrikuliert werden konnten. Weiter gab die Großstadt mit einigen

---

[1] Karl Rahner – Erinnerungen, 52.

Häusern des Ordens und manchen Freunden Gelegenheit, die Studierenden wenigstens notdürftig unterzubringen und ihnen ergänzend zu den Studien an der Universität von eigenen Kräften Vorlesungen und Übungen halten zu lassen, die das Studium im Sinne des Ordens abrundeten. Der Krieg bedeutete überdies, daß die jungen Leute ständig gewärtig sein mußten, zum Heer eingezogen zu werden. In der Regel nahm man dort aber darauf Rücksicht, wenn einer Priester war. Er wurde nicht zum Dienst mit der Waffe verwendet. Auch aus diesem Grunde legten die Oberen Wert darauf, daß die Mitbrüder bald geweiht werden konnten.

Diesen Überlegungen sieht man an, warum eine vorläufige Lösung ermöglicht werden sollte. Noch konnte niemand voraussehen, daß etwas später aufgrund eines Führerbefehls alle Jesuiten aus der Wehrmacht entlassen würden, soweit ihre Zugehörigkeit zur Gesellschaft Jesu bekannt wurde. Um sich Schwierigkeiten zu ersparen, ging man auch vorher sehr behutsam vor und vermied alles, was in der Öffentlichkeit Aufmerksamkeit erregen konnte. Selbst in seinem persönlichen Notizbuch, das er ohnehin nur in Stichworten und Andeutungen führte, verzeichnete Karl Rahner seine Tätigkeiten so, daß nach menschlichem Ermessen daraus keine Anklagen gegen ihn oder die Gesellschaft abzuleiten waren. So notierte er für den 9., 13., 20. und 27. Februar 1940 Vorträge für Studenten in St. Peter Wien. In Form einer Studentenmission dürften dabei Vorlesungen gehalten worden sein, die sich schlimmstenfalls immer noch als seelsorgerische Betreuung erklären ließen.

Mit den Prof. J. A. Jungmann, Ferdinand Maaß und K. Prümm fand sich Karl Rahner zu Beginn 1940 in einer Gruppe bei der Kirche am Hof. Franz Mitzka hatte sein Domizil bei der Universitätskirche, wo auch F. Schlagenhaufen später unterkam. J. Hofbauer lebte in Lainz, ebenso J. Santeler. Die Philosophen siedelten sonst nach Pullach bei München über.

F. Loidl, der langjährige Kirchenhistoriker der Theol. Fakultät an der Wiener Universität, beschrieb die Lage im Herbst 1939 so: „Wegen des Kriegsbeginnes (am 1. September) wurde ... der Beginn der Vorlesungen auf den 18. September festgesetzt. An diesem Tag setzten die Vorlesungen an der Fakultät wirklich ein, doch waren nur so wenige Hörer erschienen ..., daß erst der Montag, der 25. September, die Hörer an der Fakultät versammelt sah. Die fortdauernden Inskriptionen, die immer neue Hörer brachten (sowohl aus dem Altreich, wie aus der Ostmark: z. B. über 70 Hörer Jesuitenkleriker aus Innsbruck), ließen es nützlich erscheinen, das Hl. Geistamt später anzusetzen. Es wurde dafür erst am 6. November in der Universitätskirche gehalten"[2].

In einem eigenen Anhang ist vom gleichen Berichterstatter nach Erinnerungen von Prälat K. Rudolf vermerkt: „Es war wohl kein Zufall, daß nicht nur fast die gesamte Professorenschaft der ehemaligen Innsbrucker theol. Fakultät, sondern andere hervorragende gelehrte Patres S.J. fast die ganze

---

[2] Die Katholisch-theologische Fakultät der Universität in Wien während der nationalsozialistischen Ära 1938–1945, Wien (Ms) 1972, 9.

Zeit in Wien weilten und uns immer wieder zur Verfügung standen dank dem großzügigen Verständnis ihres P. Provinzials! ... Es geschah an den Montagabenden im Seelsorgeinstitut Wien I, Stephansplatz 3/III., woran öfter Kardinal Innitzer teilnahm."[3] Der Hinweis bezieht sich schon auf die Zusammenarbeit mit dem Wiener Seelsorgeamt, die eigens zu behandeln ist.

In der Übersicht zeigt sich, daß 1940 mehr als 80 SJ-Theologen in Wien studierten, 1941 waren es über 100, 1943 immerhin noch fast 50, ähnlich 1944 und noch Anfang 1945. Mit etwas mehr als 40 SJ-Theologen nahm die Fakultät im Herbst nach dem Kriegsende in Innsbruck die Arbeit wieder auf. Die Wiener Fakultät hatte im SS 1939 etwa 270 Hörer gezählt; im WS 1941/42 waren 122 Studenten eingeschrieben, von denen 50 Ausländer waren, und 1944 sind 70 Hörer gezählt. Man kann sich danach in etwa ein Bild machen, was die Jesuiten-Studierenden in dieser Zeit für die Katholisch-Theologische Fakultät in Wien bedeuteten. Die Ausländer waren meist Ungarn oder Slowaken.

Für die sorgsame Umsicht, die in diesen Zeiten beobachtet wurde, zeugt die Tatsache, daß die Kandidaten einzeln oder in ganz kleinen Gruppen hinter verschlossenen Türen geweiht wurden. Das führte bei der größeren Zahl zu sehr vielen Weiheterminen. So lassen sich für 1940 folgende Daten als Weihetage junger Jesuiten in Wien ausmachen: 10. (5) und 17. (2) März, 25. und 30. Mai (je einer), 19. und 29. Juni (einer und vier), 21. Juli (vier), 6. und 28. Oktober (je einer) sowie 21. Dezember (zwei). 1941 wird am 8. März, am 30. April und am 1. Juni je ein Jesuit zum Priester geweiht, 1942 ist es im Juli einer, im November sind es an zwei Terminen vier und im Dezember noch einmal einer. Im Juli 1943 ist eine Weihe auszumachen und in das Jahr 1944 fallen an zwei Juliterminen drei Weihen und im Dezember noch eine. Da diese Übersicht nur auf späteren Angaben basiert, ist sie nicht vollständig und gibt allenfalls einen ungefähren Eindruck, wie man während der Kriegszeit in Wien nach und nach junge Jesuiten zum Höhepunkt ihrer theologischen Ausbildung führte.

Berichte sind selten, doch gibt es einige Aufzeichnungen nach dem Kriege, so den kleinen Beitrag „Ein neuartiges Scholastikat in Wien", in dem es heißt: „Die Theologen und Philosophen wohnten zerstreut in der Großstadt. Kein Ideal, aber Zwang der Verhältnisse. Die meisten fanden im burgenländischen Seminar (Habsburgergasse 7) zuerst unter der Obhut des P. Kleinhappel bis Herbst 1944, dann unter der des P. F. Maaß eine Unterkunft. Der hochw. Herr Abt der Schotten öffnete unter großem Risiko für sich selbst in hochherziger Liebe bis 1941 einer Gruppe seine Klosterräume – unter dem Minister P. Mitzka und dann P. Ferd. Maaß. Die Salesianerinnen stellten für sie die nötige Zimmereinrichtung zur Verfügung. Einige nahm das

---

[3] Ebd. – Die Aussage freilich, fast die gesamte Professorenschaft der Innsbrucker Fakultät habe sich in Wien wiedergefunden, bedarf der Korrektur. Entsprechend der Aufteilung in Innsbruck muß als Faustregel gelten, daß etwa die Hälfte in Sitten, die andere Hälfte in Wien wirkte.

Lainzer Haus auf. Der Heiligenkreuzerhof beherbergte immer einige der Studierenden. Auch das Canisiushaus bot einer Anzahl Unterkunft, zuerst von P. Böhm, dann von P. Pinsker als Minister betreut. Einige wohnten bei Bekannten in Privathäusern. Das Pazmaneum beherbergte eine Zeit lang auch etwa 15 vom November 1940 bis März 1941 unter P. Linder. Desgleichen fanden einige hochherzige Aufnahme bei den Barmherzigen Brüdern in der Taborstraße. Superior von allen war zuerst P. Weiß, dann zuletzt P. F. Maaß. Die Professoren waren den Residenzen ‚Am Hof' und an der Universitätskirche zugeteilt. Als Vorlesungsräume dienten große Zimmer in den Residenzen und im Schottenstift. Zu verschiedenen Zeiten fanden Priesterweihen statt.

In den ersten Jahren des Scholastikates in Wien griffen die Einberufungen zur Wehrmacht mit harter Faust in die Reihe der Studierenden, da der Krieg immer größere Dimensionen annahm. Viele wanderten in die Lazarette und ins Feld ... Mancher Urlauber kehrte für kurze Zeit in die Heimat zurück zur Erholung nach den Strapazen des Feldes, mancher auch, um wieder seinen theologischen und philosophischen Studien für einige Zeit zu obliegen ... Aber schon bald erlöste eine Verfügung des Machthabers eine große Zahl unserer zur Wehrmacht eingerückten Studierenden ... aus den Krallen der Kriegsfurie. Ein Geheimerlaß Hitlers erklärte die Jesuiten als n.v., d. h. nicht zu verwenden. So kamen viele wieder in die Heimat zurück zu geordneter Tätigkeit"[4].

Die knappen Bemerkungen lassen ahnen, wie sehr die Zeit in Wien durch immer wieder notwendige Umsiedlungen bestimmt war. Nicht allein für die Studenten war die Unterkunft oft nur auf beschränkte Zeit gewährt. So siedelte auch P. Karl Rahner 1943 in die Habsburgergasse um und wurde zum Schutz durch die bischöfliche Behörde zum Ordinariatsrat ernannt. Aber er weilte ohnehin nicht die ganze Zeit in Wien. Von Weihnachten 1939 an verbrachte er Fest- und Ferientage in Arnstorf bzw. Mariakirchen in Niederbayern, wo er in der Seelsorge aushalf. Dort finden wir ihn im März 1940 und zu Weihnachten, aber auch in den Monaten August und September. 1941 weilt er Ende Februar in Arnstorf, dann wieder zu Ostern und im Sommer fast drei Monate in Mariakirchen. 1942 sind Aufenthalte im August und zu Weihnachten belegt, 1943 ebenfalls im August, 1944 zu Ostern und dann vom Juli an bis zum August 1945, als er nach Pullach umsiedelte. Doch auch das Ende dieses ersten Nachkriegsjahres verbringt er wieder in der ihm vertrauten Umgebung, ebenso den Sommer 1946. Alles in allem genommen ergibt sich damit eine beträchtliche Zeit in der Seelsorge an der Bevölkerung Niederbayerns, ein Einsatz, der genau der Ausrichtung entspricht, die durch die Erfahrungen in Wien gefordert wurde.

Über die akademische Tätigkeit der Jesuitenprofessoren gibt es keine eindeutigen Unterlagen, so daß sich der Betrieb nicht mehr rekonstruieren

---

[4] Ignatiusbote 19 (Wien 1946) 15–16.

läßt. Die Studierenden konnten bei den eigenen Mitbrüdern nur in jener Zeit hören, welche die Universität frei ließ, wenn auch deutlich ist, daß sie dort nicht einfach alles belegten. Um die Sache nicht zu auffällig werden zu lassen, verband man die Veranstaltungen mit jenen Aktivitäten zur Priesterbildung und zur Priesterfortbildung, die in diesen Jahren vom Wiener-Seelsorge-Institut organisiert wurden.

Das Institut war seit 1931 als halboffizielle Einrichtung zum Studium der seelsorglichen Lage und zur Erarbeitung von Hilfen und Mitteln tätig. Im Sommer 1938 stellte man sich bei der Referententagung auf die neue politische Situation ein. Der Kardinal gab am 25. August 1938 im Wiener Diözesanblatt eine „Neuordnung unserer zentralen seelsorglichen Arbeit"[5] bekannt, die Grundlage für die Tätigkeit der folgenden Jahre.

War von dieser Stelle aus das ganze Feld der Seelsorge ins Auge genommen, so setzte man doch in besonderer Weise bei der Seelsorge für Seelsorger an. Das war um so nötiger, als bestehende Priestergruppen ihre Tätigkeit schon 1938 einstellen mußten und das weitverbreitete monatliche Korrespondenzblatt der Associatio Perseverantiae Sacerdotalis zu bestehen aufhörte, wo Karl Rahner ein Jahr vorher seine Betrachtungen über Gott veröffentlicht hatte, die als „Worte ins Schweigen" weltweit bekannt wurden.

Die spirituelle Seite mit Exerzitien und Einkehrtagen stand im Vordergrund, Pastoralkonferenzen kamen hinzu. „Desgleichen ging es nicht nur um Vortrag und Diskussion und damit um den Gewinn abstrakter akademischer Einsichten, wenn in den theologisch-philosophischen Abenden für den Stadtklerus immer auch religiöse Themen und religiöse Problematik aufschienen"[6]. Man wertete Erfahrungen aus, die in der Zeit vor 1938 gemacht sind. Da war eine Vierteljahreszeitschrift „Theologie der Zeit", die als Beiheft zum „Seelsorger" erschien, gegründet worden, und man hatte „Theologische Ferienkurse für Priester" eingerichtet. Die Zeitschrift sollte eine philosophisch-theologische, wissenschaftliche Fundierung der erneuerten Seelsorge bieten und geistiger Umschlagplatz sein, auf dem die neuerwachte Theologie in die erneuerte seelsorgliche Praxis hinüberwirkt und umgekehrt. Hugo und Karl Rahner hatten von Anfang an mitgearbeitet, doch zu Beginn der nationalsozialistischen Ära in Österreich verfiel sie nach dreijährigem Bestehen bald dem katholischen Schrifttod, wie es Prälat Rudolf formulierte. Ähnlich erging es nach dreimaligem Versuch den Ferienkursen im Benediktinerstift Altenburg im niederösterreichischen Waldviertel, nach Prälat Rudolfs Urteil etwas vom „Schönsten, was wir je versucht und erlebt haben". Als das Stift nach 1939 aufgehoben war, fanden diese Kurse ihr Ende. Den ersten Kurs hatte 1937 ganz wesentlich P. H. Rahner gestaltet. „Die Disziplinen wechselten; nur Dogma und Moral wurden jedes Jahr in Ausschnitten behandelt. – Ist es unbegreiflich, daß in diesem Milieu die ‚Kerygmatische

---

[5] K. RUDOLF, Aufbau im Widerstand, Salzburg 1947, 24f.
[6] Ebd. 31.

Theologie' in ihrem Aufbau – inzwischen viel umstritten und doch wohl auch geklärt – in einem zwölfstündigen Kolleg, das heute noch ob seiner Neuheit und Lebendigkeit und seelsorglichen Lebensnähe allen Teilnehmern eine kostbare Erinnerung ist, durch Prof. Dr. Hugo Rahner S.J. sozusagen formuliert und promulgiert wurde?"[7]

Nach der Auflösung der österreichischen Leo-Gesellschaft, die in ihrer philosophisch-theologischen Sektion die wissenschaftliche Weiterbildung auch des Klerus betrieben hatte, übernahm das Seelsorge-Amt, zunächst im Referat „Religiöse Kultur" diese Aufgabe. Man organisierte alle zwei Wochen, später wöchentlich philosophisch-theologische Vortragsabende. Leiter war Kaplan Otto Mauer, der den Klerus damit theologisch zu interessieren suchte, ihm die grundlegende theologische Fragenwelt eröffnen wollte, auf innerkirchliche wie außerkirchliche Strömungen die Aufmerksamkeit zu lenken sich mühte, die Schätze der theologischen Tradition zu erschließen trachtete.

Ein eigenes theologisches Referat entstand 1942 und wurde P. Dr. Leopold Soukup OSB anvertraut. Bis zu diesem Jahr hatte man noch probiert und Erfahrungen gesammelt. Im Januar 1942 gab es eine erste theologische Arbeitstagung zum Thema „Die Kirche", bei der P. Erich Przywara über die Kirche in dogmatischer Schau sprach. Im gleichen Rahmen entwickelte Karl Rahner im November 1942 den „Theos-Begriff im Neuen Testament". „Das Thema war nicht nur biblisch-theologisch außerordentlich anregend und fruchtbar. An Hand des Spezialthemas zeigte der Vortragende Wesen und Wege einer allgemeinen neutestamentlichen (biblischen) Theologie auf, die in der Aussprache dann noch eingehender erörtert und als Grundlage für unsere gesamte theologische Arbeit bejaht wurde. Das Thema war in der Zeit der ‚Gottgläubigkeit' auch noch von tages-aktuellem Interesse. Mehrere hundert Vervielfältigungen gingen an Teilnehmer und ausgewählte Kreise."[8]

Bei der folgenden Arbeitstagung im Januar 1943 sprachen Romano Guardini und J. A. Jungmann über „Das heilige Meßopfer nach Schrift und Tradition", während im April Gottlieb Söhngen die Tagung mit dem „Theologiebegriff der Scholastik" bestritt. Das anschließende Jahr sah noch einmal drei solcher Tagungen, deren Referenten Michael Schmaus, Frhr. von Gebsattel und Hans André waren. Die letzte Tagung im Januar 1945 hielt wieder J. A. Jungmann unter dem Thema „Die geschichtlichen Wandlungsgesetze in der Meßliturgie".

Neben diesen theologischen Arbeitstagungen führte das Seelsorge-Amt von 1941 an Priesterbildungskurse durch. „Der Herbstkurs 1941/43 sah Prof. Dr. P. Karl Rahner S.J. am Vortragspult; er sprach zum Thema ‚Sakramentalität und Personalität'. Wiewohl der Dozent den über 120 Hörern nichts schenkte an Tiefe der Spekulation und Sublimität der Gedankenführung, sodaß mehr als einer beim bloßen Mitschreiben ächzte, haben Art und

---
[7] Ebd. 49.
[8] Ebd. 53.

Thema die Brüder so sehr gepackt und vor allem soviele ‚Fragen' aufgerührt, daß ihrer viele spontan nach Abschluß des Kurses eine Weiterarbeit wünschten. Und so begab es sich wohl zum erstenmal in der Geschichte der Wiener Seelsorge, daß an die zwanzig Wiener Pfarrer und Kapläne sich die Zeit nahmen und ein halbes Jahr lang vierzehntägig sich mit Prof. Rahner zusammensetzten, um richtige spekulative Dogmatik zu treiben."[9]

Der Frühjahrskurs 1943 behandelte „Psychotherapie und Seelsorge", in dem P. Karl Rahner über „Die Lehre der Kirche von der erbsündigen Seele" sprach. Die Teilnehmer waren noch zahlreicher als beim Herbstkurs. „Im Herbst 1943 las wieder Prof. Dr. Karl Rahner S.J. über den ‚Gottesbegriff der Offenbarung' (unter Verwertung der Ergebnisse des ersten theologischen Arbeitstages ...)."[10]

Um dieses Programm abzusichern, bildete Prälat Rudolf im Seelsorge-Amt von Wien einen entsprechenden Arbeitskreis, zu dem er auch einige der Jesuiten einlud. „Zwei von ihnen und manchmal auch eine dritter, ebenso ausgezeichnete Theologen wie dienstwillige Mitbrüder, bildeten mit dem theologischen Leiter, dem Leiter des Referates ‚Religiöse Kultur', dem Studentenseelsorger und unserem Unions- und Bibelreferenten den ständigen theologischen Arbeitskreis, der, weil er sich zumeist in der Wohnung des Leiters des Seelsorge-Amtes traf, geduldig genug war, auch diesen einzubeziehen. Hier wurde oft heiß und unerbittlich um jeden Satz, oft um jedes Wort gerungen in dem Bemühen, bei absoluter orthodoxer Kirchlichkeit Antwort zu finden auf Fragen und Nöte, die das Heute dem Menschen in überreichem Maße auferlegt. Nicht nur der ‚Nestle', auch der ‚Denzinger' und des Aquinaten Summa Theologica lagen bei den Arbeitssitzungen ständig bereit.

Warum soll es hier nicht gesagt sein – der Kreis besteht zunächst in der Form nicht mehr –, daß neben den montäglichen ‚Referentensitzungen' hier der Ort war, wo die Flamme am heißesten und am unauslöschlichsten lohte, die nicht nur unsere gesamte sonstige Arbeit durchglühte, sondern darüber hinaus Zeuge sein sollte, daß irgendwo in deutschen Landen noch der Glaube an den Geist und seine allein lebenspendende Kraft lebte und nicht zu erschüttern war in allen Erschütterungen, die ein dämonisch-progressiver Ungeist allem Lebendig-Geistigen schuf, sondern sich – dennoch – durchzusetzen versuchte. Und sie hielten durch, die Brüder: mochten dem und jenem bei den 14tägigen Arbeitssitzungen um 9 und 1/2 10 Uhr oft auch die Augen zufallen, denn der Tag war ja für jeden schon mühevoll genug gewesen – da mußten dann eben einige Tassen ‚Schwarzer' helfen, für den irgend einer immer noch die echten Bohnen beizustellen vermochte –, hielten durch bis 11 und 12 Uhr nachts, weil eben doch die These, das Programm, die Stellungnahme noch fertig werden sollte .... In zweien seiner ‚Acta' ... durfte der Kreis zu einer Wirksamkeit aufreifen, die über den engeren Wiener Bereich

---
[9] Ebd. 55f.
[10] Ebd. 57.

und den gegebenen Augenblick hinausführen ... Das gilt von seinem Mitwirken zu der durch verschiedene Vorkommnisse akut gewordenen und von Rom aufgegriffenen Entscheidung über die deutsche liturgische Erneuerungsbewegung ... und ‚Beunruhigungen' in siebzehn Punkten, die später, wenn ich mich recht erinnere, auf vierundzwanzig erweitert wurden ... Darin war von einer bedauerlichen Spaltung im deutschen Klerus die Rede, die durch das und jenes verursacht wurde, von einem gefährlichen Eindringen protestantischer Literatur und mittels dieser auch ebensolcher Geisteshaltung in die Kreise vor allem des jüngeren Klerus, von bedenklichen Schwankungen im philosophischen, besonders naturphilosophischen Denken, von der Überschätzung des Liturgischen und anderem mehr. Effektiv waren in den ‚Beunruhigungen' Anklagen enthalten, die im ersten Anklang wirklich bedenklich erschienen, so ziemlich alles trafen und in Frage stellten, was in der kirchlichen Arbeit in den letzten Jahren geworden war, und von dem man glaubte, es als Erfolg und guten Fortschritt buchen zu dürfen. Das Wiener Seelsorge-Amt direkt war insofern glimpflich davongekommen, als es nur im ersten Teil als ‚die Wiener Aktivisten' apostrophiert wurde, die auch mit Ursache wären an der bedauerlichen Spaltung des Klerus."[11] Bevor dem Bericht von Prälat Rudolf weiter zu folgen ist, sei genau gesagt, wer denn an diesem theologischen Arbeitskreis beteiligt war: Neben P. Rahner und P. Jungmann zeitweilig auch P. Lieske und P. Mitzka; seit P. Jungmann in Hainstetten lebte (1942) mag er nur unregelmäßig mitgearbeitet haben. Von seiten des Amtes nahmen P. Dr. Soukup, Prof. O. Mauer, Prof. M. Pfliegler, Dr.Dr. J. Casper und eben Prälat Rudolf teil. Der Kreis ist gelegentlich erweitert oder anders besetzt worden. Mit Namen geht der Bericht zu sparsam um, als daß sich daraus Eindeutiges entnehmen ließe.

Hier wurden die beiden genannten Herausforderungen aufgenommen, die übrigens durchaus in einem inneren Zusammenhang miteinander standen. Mit viel Verständnis kann Prälat Rudolf dem Erzbischof Dr. Konrad Gröber von Freiburg i. Br. mit seinen Beunruhigungen begegnen. Aber er sieht auch die Gefahren, wenn er bemerkt: „So gut gemeint der Ausdruck (die Wiener Aktivisten) übrigens sein mochte, so gefährlich war er in einem doch autoritativen Schreiben eines führenden deutschen Kirchenfürsten. Dies nicht so sehr im innerkirchlichen Raum, als vielmehr gegenüber der fast allgegenwärtigen und allwissenden Gestapo ... Und so wurde richtig ... der Leiter des Wiener-Seelsorge-Amtes beim nächsten ‚fälligen' Verhör bei der Gestapo vom zitierenden Sekretär mit den in diesem Munde und an diesem Ort nichts weniger als sympathischen Worten: ‚Na, da kommt ja der ‚Wiener Aktivist'!' begrüßt[12] ... Seine Eminenz ... übergab uns die ‚Beunruhigungen' zur Bearbeitung. Es folgte erst ein ruhiges, kürzeres, gemeinsames

---

[11] Ebd. 60f.
[12] Vgl. dazu die Dokumente Nr. 49, 104 und 119 in: Widerstand und Verfolgung in Wien 1934–1945, Band 3 (hrsg. v. Dokumentationsarchiv d. öster. Widerst.), Wien 1975, 32, 52, 58.

Antwortschreiben des österreichischen Episkopates, das die Gegebenheit des Falles für die österreichischen Diözesen in Abrede stellte und den Wunsch ausdrückte, es möge gelingen, sie auch für das Altreich als doch nicht so gefährlich zu erkennen ... Das Peinliche an der Mitteilung (Gröbers) an die Bischöfe aber war, daß sie schloß mit der emphatischen Frage: ‚Können wir großdeutschen Bischöfe und kann Rom da noch schweigen?' Und es war dafür gesorgt, daß dieser Brief auch nach Rom kam. Daher war es doppelt notwendig, eine würdige und gültige Antwort zu geben, die weder gegen die Ehrfurcht vor dem bischöflichen Gewissen verstoßen, noch tatsächlich vorhandene Abwegigkeiten in Abrede stellen durfte, die aber doch in solider, sachlich-ruhiger Argumentierung die zu Unrecht angegriffenen oder mißkannten Positionen hieb- und stichfest verteidigen mußte, um so, aller Entmutigung und aller Mißdeutung entgegen, die Bahn frei zu halten für weitere ernste Arbeit in Theorie und Praxis. In wochenlanger, mühevoller Arbeit lieferte ein Mitglied des Kreises ein Elaborat, das im Kreis dann noch durchgeprüft wurde und unter dem Titel ‚Theologische und philosophische Zeitfragen' zuerst den österreichischen, dann über ausdrücklichen Wunsch und mit Erlaubnis Sr. Eminenz auch den reichsdeutschen Ordinarien zur Verfügung gestellt wurde. Das Urteil war ziemlich einstimmig, daß mit dieser Arbeit, die auch ihren Weg nach Rom fand, die Angelegenheit ihre gute Erledigung gefunden hatte."[13]

Diese unter dem Namen „Wiener Memorandum" bekannte Stellungnahme entstand auch unter Mitarbeit von Karl Rahner. Es ist jedoch falsch, daß es sich einfach um einen Text von ihm handelt. Er hat ihn nie für sich in Anspruch genommen[14].

Die zweite Aktion hing damit zusammen, daß aus Österreich P. J. A. Jungmann und P. Pius Parsch OSB seit 1940 der Liturgischen Kommission der Fuldaer Bischofskonferenz angehörten, seit 1942 auch Prälat Rudolf. Die Leitung dieser Kommission war dem Bischof von Mainz, Dr. Stohr, und dem Bischof von Passau, Dr. Landersdorfer, anvertraut. Sie hielten Fühlung mit Rom und berichteten über die liturgische Bewegung sowie über die Arbeiten. Es war jedoch auch Kritik nach Rom gedrungen. Der Papst richtete im Herbst 1942 eine Kardinalskommission ein, welche die neuen Fragen prüfen sollte. Durch den Nuntius erreichte im Januar 1943 Kardinal Bertram in dieser Sache ein Brief, der das Schreiben an die Bischöfe weitergab. Betont wurden ernste Besorgnisse über liturgische Neuerungen, die einfach faktisch eingeführt worden seien und einen Mangel an kirchlicher Disziplin verrieten. Man bat um eingehende Berichte aus den einzelnen Diözesen vor allem über das Ausmaß der eingerissenen Mängel. Diese sollten nicht nur

---

[13] K. RUDOLF, Aufbau, 61f.
[14] Die Veröffentlichung KARL RAHNER, Theologische und philosophische Zeitfragen im katholischen deutschen Raum (1943), Hg. H. WOLF, Ostfildern 1994, geht auf eine im Sinne der obigen Darlegungen willkürliche Zuschreibung zurück, die irreführend wirken muß.

abgestellt werden, sondern die Bischöfe hätten zugleich zu sehen, wie das Gute der liturgischen Bewegung unterstützt und gefördert werden könnte. Der Heilige Stuhl sei gern bereit, entsprechende Vorschläge zu prüfen und Maßnahmen zu gestatten, die zum Wohl der Kirche seien.

Die Mitteilung enthielt einen Tadel und eine Anerkennung. So konnte man in ihr eine gute Möglichkeit sehen, die liturgischen Aufbrüche im deutschen Raum ausführlicher darzustellen und zu begründen. Prälat Rudolf dazu: „Wir waren nach allem, was vorausgegangen war, überzeugt, daß es den gemeinsamen Anstrengungen der verschiedenen deutschen kirchlichen Stellen gelingen werde, von Rom eine positive Entscheidung zu erreichen. Es galt Wesentliches vom Unwesentlichen zu scheiden, die tatsächlich vorgekommenen Überschreitungen in die Schranken zu weisen, dafür aber auch die kostbaren, guten Früchte der liturgischen Erneuerung aufzuzeigen. Vor allem mußten nun die hochwürdigsten Herren Bischöfe die Sache in die Hand nehmen. Schon Mitte Februar ging der Bericht Kardinal Innitzers im Namen aller österreichischen Bischöfe nach Rom. Nach einigen Zwischenakten kam Dezember 1943 die Entscheidung. In einem Reskript des Heiligen Stuhles wurde unter ernster Verwahrung gegen alles Ungesetzliche die deutsche liturgische Bewegung im Prinzip als gut und lobenswert ... anerkannt, ihre guten Früchte besonders betont, den Bischöfen aufgetragen, ihre Förderung sich angelegen sein zu lassen und dafür zu sorgen, daß nicht einzelne durch unüberlegte Vorstöße die ganze segensreiche Bemühung in Mißkredit brächten. Dabei wurden einige solcher Vorstöße genannt und scharf abgelehnt. Zum Schluß aber wurden dem gesamten deutschen Episkopat drei Formen der volksliturgischen Meßfeier, die sich als typisch herausgebildet hatten: die Betsingmesse, die Gemeinschaftsmesse, die Chormesse benignissime indulgiert, und der Gebrauch des sogenannten ‚deutschen Hochamtes', der bisher nur in einigen Diözesen in Übung war, für alle Diözesen, wo der Bischof es wünsche, freigegeben. Die zugelassenen Formen waren dabei so eindeutig umschrieben, daß keine Zweifel aufkommen konnten, daß die gebräuchlich gewordenen Meßfeierformen damit gemeint waren. In der Aufzählung der guten Früchte der liturgischen Erneuerung hat dieses Reskript fast im Wortlaut einen Teil der Punkte übernommen, die Wien in seinem Bericht an den Heiligen Vater angeführt hatte. Auch die drei gebilligten Meßfeierformen waren österreichischen, Wiener, Klosterneuburger Ursprunges, das deutsche Hochamt aber Herzensanliegen des alten Kardinals Bertram, der gerade dafür sich mit einer bei seiner sonstigen Herbheit seltenen Wärme eingesetzt hatte. Man versteht, wie groß unsere Freude war. Die Bedeutung dieses Reskriptes in der Geschichte nicht nur der liturgischen Bewegung Deutschlands und Österreichs, sondern der liturgischen Entwicklung der Kirche überhaupt wird wohl erst in ruhigeren Zeiten klargestellt werden."[15]

---

[15] K. RUDOLF, Aufbau, 99f.

Der Anteil J. A. Jungmanns an diesen Klärungen ist natürlich ungleich höher zu veranschlagen als der Beitrag Karl Rahners. Josef Gülden, einer der Leipziger Oratorianer, mit denen er in Verbindung stand, hat aus eigenen Erinnerungen im Gedenkband für J. A. Jungmann beschrieben, wie es „In der ‚Krise der Liturgischen Bewegung' 1942–1944" zuging[16]. Er berichtet vom Erscheinen des von K. Borgmann herausgegebenen Werkbuchs zur Gestaltung des Gottesdienstes in der Pfarrgemeinde unter dem Titel „Volksliturgie und Seelsorge"[17], das zwei Gruppen von Beiträgen umfaßte. Die eine stammte vom Herausgeber, der Mitarbeiter im Freiburger Werthmannhaus war, die andere von den Leipziger Oratorianern, die seit 1939 nach einer Möglichkeit zur Veröffentlichung Ausschau hielten. L. A. Winterswyl vermittelte die Zusammenarbeit und den Kontakt zum Direktor J. Rossé in Kolmar. Texte von R. Guardini, J. A. Jungmann, E. Walter, Th. Gunkel, Th. Bogler und P. Simon behandelten Grundsatzfragen, während anschließend über die volksliturgische Praxis berichtet wurde. J. Gülden, P. Parsch, H. Kahlefeld, R. Guardini, W. Krawinkel und R. Schneider waren hier zu lesen; K. Tilmann und L. Wolker konnten aus politischen Gründen ihre Texte nicht mit Namen unterzeichnen.

Diese Veröffentlichung dürfte nicht zum wenigsten den Freiburger Oberhirten zu seinen „Beunruhigungen" veranlaßt haben, die er im Januar 1943 aussandte. Zustimmendes Echo aus dem Episkopat mag ihn zusätzlich motiviert haben, wie es etwa aus dem Brief des Meißener Bischofs an J. Gülden zu ersehen ist. Der Band, zusammen mit dem zweiten Buch K. Borgmanns „Parochia", an dem Karl Rahner mitarbeitete, hatte nach Aussagen von P. Duployé OP für den liturgischen Aufbruch in Frankreich um das Kriegsende grundlegende Bedeutung. „Volksliturgie und Seelsorge" war mit seinen 10.000 Exemplaren so schnell vergriffen, daß der Verlag Ende 1942 einen Neudruck plante, der indes von kirchlicher Seite verboten wurde. Das ist der Moment sowohl des römischen Schreibens, das über Kardinal Bertram den Bischöfen zugestellt wurde, wie der „Beunruhigungen" Erzbischof Gröbers.

Der Freiburger Oberhirte unterstützte seine Ausführungen am 8. Februar 1943 vor seinem Klerus mit der Rede „Zu modernen Strömungen in der Theologie und religiösen Literatur der Gegenwart", in der er über umstrittene dogmatische Fragen, über Irrlehren und Irrwege der Liturgischen Bewegung sprach. Wörtlich hieß es: „Da muß ich leider, leider ein Buch nennen, in dem ein sehr verdienter Priester meiner Diözese (gemeint war Eugen Walter) einen bedauernswerten Beitrag geschrieben hat. Dieses Buch hat mir die Augen geöffnet: Borgmanns Volksliturgie und Seelsorge. Darin lese ich: ‚Getragen wird der Gottesdienst … von der Gemeinde der Gläubigen unter

---

[16] Vgl. J. A. Jungmann – Ein Leben für Liturgie und Kerygma, Hg. B. FISCHER – H. B. MEYER, Innsbruck 1975, 64–68.
[17] Kolmar 1942 (Alsatia Verlag)

der Führung der bestellten Amtsträger.' Das ist falsch! Der Priester trägt den Gottesdienst. Er ist von Christus berufen. Er hat das Sakrament der Weihe empfangen. Er ist in die Gemeinde gesandt. Er trägt den Gottesdienst, nicht die Gemeinde."[18]

Der Bischof griff damit Jungmanns These vom Subjekt der Liturgie an, gegen die sich auch Walter Sierp S.J. geäußert hatte, und lehnte kategorisch die Gemeinschaftsmesse als „Mittel zur Propaganda der Irrlehren vom Laienpriestertum und vom Mitopfern der Gläubigen" ab; er verbot sie für seine Diözese. „Ich hatte grundsätzlich nichts gegen sie einzuwenden, bis ich das Buch von Borgmann gelesen habe. Seitdem bin ich ihr Gegner ... Jetzt habe ich gemerkt, daß man sie zum ‚Mitopfern' gebraucht. Darum werde ich nie zugeben, daß Gemeinschaftsmessen in meiner Diözese stattfinden".[19]

Josef Gülden war zufällig Zeuge der Rede Erzbischof Gröbers und machte sich eine stenographische Mitschrift. Vormittags hatte er den Erzbischof besucht – auf den Rat seines Nachfolgers, der ihm sagte: „Der einzige ‚Haeretiker' in bezug auf das allgemeine Priestertum ist unser Erzbischof; der glaubt nämlich überhaupt nicht daran. Gehen Sie zu ihm, damit er weiß, daß einer von Ihnen seine Rede hört; dann ist er in der Form milder." Erzbischof Gröber erklärte auch im persönlichen Gespräch die Auffassung vom Laienpriestertum für falsch. „Ich schätze P. Jungmann; aber diese Sätze gehen nicht. Das Buch kommt auf den Index." Allerdings fügte er hinzu: „Ich habe Euch nicht angezeigt."[20]

Der Grund für Güldens Anwesenheit in Freiburg war das Manuskript des zweiten Borgmannbandes, das er in der Tasche bei sich trug. In vier Wochen hatte man das Material in Leipzig gesammelt, um durch Aufweis der volksliturgischen Arbeit in der Praxis die Vorwürfe zu widerlegen. Er war auf dem Weg nach Kolmar. Anschließend fuhr er zu P. Jungmann nach Hainstetten. Dieser zeigte ihm die Postkarte seines Bruders, der in Rom mit P. Tromp am Entwurf der Enzyklika „Mystici corporis" saß. Dort hatte man ein Exemplar von „Volksliturgie und Seelsorge" erhalten und daraus den Satz über das Mitopfern der Gläubigen in den Enzyklika-Text übernommen, der sich in der endgültigen Fassung in aller Klarheit wiederfindet. Schon Pius XI. hatte den Gedanken in seiner Herz-Jesu-Enzyklika von 1928 zitiert.

Gülden berichtet weiter: „Die Antwort auf alle Angriffe, nicht nur auf das Buch, sondern auf die Grundsätze und die damalige Praxis der volksliturgischen Arbeit in Deutschland, soweit sie vom Oratorium ausgegangen war, bildet der 2. Borgmannband ‚Parochia', der Mitte 1943 in Kolmar erschien. Die Fahnen dieses Bandes waren – nachdem das Manuskript auf dem Postweg zuerst vier Wochen bei der Gestapo verschwunden war – von Bischof Landersdorfer, Präl. Wolker, Dr. Stakemeier, Prof. Brinktrine und Regens

---
[18] J. A. JUNGMANN, Ein Leben, 65.
[19] Ebd. 66.
[20] Ebd.

Präl. Rasche (Paderborn) durchgearbeitet worden; Kardinal Faulhaber und der Bischof von Passau hatten zur Absicherung des Buches drei eigene Beiträge zur Verfügung gestellt.

In einer ausführlichen Besprechung der ‚Parochia' von Dr. Theoderich Kampmann (Theologie und Glaube 35 [1943] 45–47) bedauert der Verfasser, daß ‚die Gruppe Jungmanns' nur mit dem einen Beitrag von Karl Rahner über den ‚Pfarrer' vertreten sei. Wer aber das Vorwort zum Band ... las, stieß darin auf die Hauptanliegen Jungmanns"[21].

Dieser Hintergrund einer der beiden bekannten Veröffentlichungen Rahners im Jahre 1943 wurde aus dem Grunde so breit geschildert, weil er etwas von der prekären Lage in Wien verstehen läßt, in der dennoch die Beteiligten nicht resignierten. Karl Rahner war bewußt, daß in der Erarbeitung des erwähnten Memorandums niemand anders als der Bischof seiner Heimatdiözese kritisiert wurde. Und es war ihm ebensowenig verborgen, daß der so harmlose und kurze Artikel über den „Pfarrer", den er später in den Band „Sendung und Gnade" wiederaufnahm, in einem brisanten Kontext stand. Die Sache war damals wichtig genug, mitzutun. Die Stellungnahme erwuchs aus der intensiven Mühe im Rahmen des Wiener-Seelsorge-Instituts, wo endgültig die Bedeutung der pastoralen Relevanz theologischer Äußerungen klar wurde, der Rahner seither um den Preis, als unwissenschaftlich zu gelten, in seinem Arbeiten den Vorrang einräumte.

Im Referat „Religiöse Kultur" kümmerte man sich vor allem um Christen der näheren Umgebung. Die Theologisch-philosophischen Priesterabende des Jahres 1942/43 boten von September bis Oktober eine Reihe von Vorträgen unter dem Titel „Begegnung mit der Zeit". L. Soukup sprach über Nietzsche, J. Casper über Fr. Heiler, P. J. Kleinhappl über E. Jünger, A. Dempf über A. Gehlen, Karl Rahner über M. Heidegger unter Verwendung des Titels von A. Delps einschlägigem Buch und H. Ries über Karl Barth. Dieses Umfeld dürfte wichtig sein, um Rahners Beitrag richtig zu werten und einzuordnen.

Im November folgte die Reihe „Heilige und Seelsorger", in der P. A. Mager Franz von Sales, Karl Rahner Ignatius von Loyola, K. Rudolf Dr. C. Sonnenschein, M. Pflieger Joh. Vianney, den Pfarrer von Ars, und I.Fr. Görres Theresia vom Kinde Jesu vorstellten.

Auch an der dritten Reihe „Die christliche Frömmigkeit" ist Karl Rahner beteiligt. Es referierten: J. Dillersberger über „Paulus als Christ", P. A. Auer über „Wesen und Elemente der katholischen Frömmigkeit", Karl Rahner über den „Weg zur christlichen Vollendung", J. Casper über „Typen der christlichen Frömmigkeit in der Geschichte", P. U. Friedl über „Die Frömmigkeit der Psalmen in ihrer überzeitlichen Bedeutung" und P. J. Thauren über „Die Einzigartigkeit der christlichen Frömmigkeit im Rahmen der Weltreligionen". Diese Reihe wurde vom Januar bis Februar vorgetragen. An der nachfolgenden Reihe über die „Theologie der sieben Sakramente"

---

[21] Ebd. 67f.

im März und April tat Karl Rahner nicht mit, während er im Mai und Juni wieder unter den Vortragenden zum Thema „Die Kirche" erscheint.

Nach Fl. Schlagenhaufen zur „Reich-Gottes-Predigt und Kirchenstiftung nach den Synoptikern", J. Dillersberger „Die Paulinische Ekklesiologie", P. E. Przywara „Das Wesen der Kirche", P. J. Kleinhappl „Die Hierarchie der Kirche" steht im Programm P. Karl Rahner mit dem Thema „Extra Ecclesiam nulla salus". Ihm folgen J. Casper mit „Kirche und Sakrament", P. R. Keßler mit „Kirche und Wort" sowie zuletzt P. A. Delp mit „Kirche und Geschichte". Um den Stellenwert der einzelnen Vorträge für Priester richtig abzuschätzen, dürfte der Blick auf das Gesamtprogramm und auf die anderen Referenten einen wichtigen Anhaltspunkt bilden. Auf den ersten Blick ist zu erkennen, wie sehr die Themen miteinander zu tun haben. Da sie für das gleiche Publikum konzipiert waren, ergibt sich auch von daher ein Hinweis für die Beurteilung.

An den „Vorträgen für gebildete Katholiken" im gleichen Jahr hatte Karl Rahner keinen Anteil, während er in der Reihe „Theologische Vorträge für gebildete Laien", die unter besonderem Engagement O. Mauers durchgeführt wurden, an den Sonntagen vormittags mit dem Thema „Die Kirche in der außerkirchlichen Welt" den Schlußpunkt setzte. Hier finden wir ihn in einer Reihe mit vielen schon aus den Priestervorträgen bekannten Rednern.

Die Sonderveranstaltungen und die Vorträge für Gebildete in der Provinz kamen 1942/43 ohne Karl Rahner aus ebenso wie weitere Veranstaltungen des Seelsorge-Amtes[22].

In der Überschau verrät Karl Rahners Wiener Einsatz eine Konzentration auf Priester und Priesteramtskandidaten. Die Bedingungen der Seelsorge unter starkem äußerem Druck zwangen zu einer Berücksichtigung der Situation, die nicht nur taktisch gemeint sein konnte. Karl Rahner sah sich herausgefordert, über eine eventuelle heilsgeschichtliche Bedeutung dieser Umstände und Vorgaben nachzudenken. Hier haben sich die Ansätze für seine Beurteilung der Gegenwart und für seine Ausblicke auf die Entscheidungskirche klären können. Was er 1954 in einem bekannten und umstrittenen Vortrag über die „Theologische Deutung der Position des Christen in der modernen Welt" auf der Werktagung katholischer Publizisten in Köln darlegte[23], hatte seine Keime in diesen Wiener Vorträgen und in den darin aufgenommenen Erfahrungen mit einer Großstadtkirche, die zusätzlich unter politischem Druck zu leben hat. Der Gedanke der Diasporakirche als gewöhnliche Situation christlicher Gemeinde will der Realität Rechnung tragen, um von einem zutreffenden Fundament aus die rechten Verhaltensweisen anzuregen und zu ermutigen, zugleich aber auch vor verfehlten und illusorischen Bemühungen zu warnen.

Was zunächst wie ein eher profanes Konzept erscheint, um eine in Auflö-

---

[22] Vgl. K. RUDOLF, Aufbau, 298–308.
[23] Vgl. besonders „Sendung und Gnade", Innsbruck 1959 u.ö.

sung begriffene Gruppe zu stabilisieren, erweist sich bei genauerer Betrachtung als theologisch bedingte Einsicht, die all denen nicht fremd ist, die den missionarischen Auftrag des Christentums in einer sich wandelnden Welt ernstzunehmen suchen. Darin steckt immer die Bereitschaft, umzudenken und notfalls frühere, selbst liebgewordene eigene Vorstellungen zu korrigieren. Verhärtung bei solchen gewohnten Positionen gefährdet das geistige Leben christlicher Gemeinschaft und trägt Elemente ein, die eigentlich kein Recht haben. Selbst bei sonst wendigen Publizisten stieß Karl Rahner nicht auf offene Ohren; er mutete der deutschen Kirche mit seiner Analyse allerlei zu in einem Augenblick, wo man sich gerade wieder ein repräsentables Selbstbewußtsein gebildet hatte. Aber die Wurzeln steckten eben im Boden jener Wiener Erfahrungen, über die man nach dem Krieg in größeren Kreisen gern als Ausnahme und Episode hinweggegangen wäre. Es war kein Defätismus, wie mancher Verantwortliche argwöhnte, der Rahner so sprechen ließ, sondern der Eindruck, daß hinter den siegreichen Parolen manches Verschleiern und manche Illusion wirksam waren.

In der Wiener Zeit hatte er erfahren, was Prälat Rudolf so formulierte: „Die Kirche in sich ist jeder Zeit gewachsen, also auch allen kommenden Evolutionen und Revolutionen. Non praevalebunt. Mehr als das. Die Kirche ist nicht ein Statisches, ist selber auch ein Dynamisches, Lebendiges, wächst nicht nur durch die Zeiten, sondern in den Zeiten ihrer Vollendung entgegen."[24] In der Referentengruppe des Seelsorge-Amtes wuchs solches lebendige Erleben von Kirche. Ihre Sitzungen werden im Pfingstbericht 1941 die Lebensader der gemeinsamen Arbeit genannt. Zuerst monatlich, später wöchentlich, dann noch öfter galt die Teilnahme für alle Referenten als verpflichtend und war durch einen geistlichen Rahmen geprägt. Der größeren Orientierung dienten die jährlichen Pfingsttagungen des Referentenkreises mit Berichten und Wertungen. „Der zweite Punkt ..., dem immer die meiste Zeit gewidmet wurde, war eine geistige Orientierung über die Gesamtlage der Kirche, der Seelsorge im Rahmen der Zeit oder eine Deutung der Zeit auf die Imperative hin, die sie der kirchlichen Arbeit stellte: Das Hauptreferat. Lange Jahre stieß hier immer Dr. Michael Pfliegler aufwühlend in die Tiefe, dann wurde er durch Prof. Otto Mauers breitgreifende Darstellungen abgelöst, Prof. Dr. Karl Rahner S.J. sprach einmal über die großen theologisch-philosophischen Fragen und Aufgaben im deutschen Raum"[25]. Das war am 14. Juni 1943 vormittags.

Diese Aktivitäten unter den angedeuteten Belastungen würden mehr als gut erklären, wenn darüber hinaus kaum eine wissenschaftlich fundiertere Äußerung zustande gekommen wäre. Die Lage unterschied sich von der in Sitten radikal; und doch fühlte man sich in Wien nicht weniger verpflichtet, auch über die unmittelbaren Bedürfnisse von Unterricht und Bildung hinaus etwas Größeres zu versuchen.

---

[24] K. RUDOLF, Aufbau, 353.
[25] Ebd. 360f.

Im Jahre 1943 erschien bei Herder in Freiburg das gewichtige „Religionsgeschichtliche Handbuch für den Raum der altchristlichen Umwelt" von Karl Prümm. Es zählte 921 Seiten. Die am 31. Mai 1943 in Wien unterzeichnete Einführung (1–4) gibt die Absicht des Handbuchs so wieder, daß es um eine Darstellung der Religionserscheinungen des Heidentums als Vorbereitung oder Bestandteil des geschichtlichen Hintergrundes des alten Christentums gehe. Ausdrücklich heißt es gegen Ende dieser Einführung: „Manchen guten Wink verdanke ich Karl Rahner" (ebd. 4). Es könnte fast wie ein Wunder erscheinen, daß sich damals ein solches Handbuch veröffentlichen ließ.

In der Tat erschien ein noch wichtigerer Beitrag aus der Gruppe der Wiener Jesuiten dieser Zeit erst nach dem Zweiten Weltkrieg, aber sein Entstehen fällt in diese Periode. J. A. Jungmann hat sich im Vorwort zur ersten Auflage seiner bekannten genetischen Erklärung der Römischen Messe „Missarum Sollemnia"[26] ausführlich daran erinnert. Er nennt die Aufhebung des Innsbrucker Jesuitenkollegs am 12. Oktober 1939 als Bezugsdatum. „Wenige Tage darauf", so sagt er, „noch vor dem Abschied von Innsbruck, war der Entschluß gefaßt, die nun freiwerdende Kraft einer Darstellung der Meßliturgie zu widmen; denn das schien das Thema zu sein, dessen Behandlung nicht nur auch nach den Sturmzeiten nützlich sein mußte, sondern das sich auch auf Grund der vorausgegangenen Studien und Vorarbeiten und der vorhandenen Notizen mit einem mäßig großen Büchervorrat würde bewältigen lassen. Mit der Aufhebung war nämlich nicht nur die Wegnahme der umfangreichen Bibliothek des Kollegs verbunden, sondern auch der Zutritt zu den in langjähriger Mühe aufgebauten Beständen des Liturgischen Seminars verschlossen. Mit der Arbeit wurde sofort begonnen ... Rüstig voranzuschreiten begann sie aber erst, als ich 1942 den Wiener Aufenthalt mit einem für Kriegsverhältnisse idealen Landaufenthalt vertauschen konnte. Es war das Heim der St.-Pöltner Schulschwestern in Hainstetten ..., wo neben mäßigen Seelsorgeverpflichtungen ... nicht nur die ungestörte Ruhe ..., sondern ... auch alle materiellen Voraussetzungen gedeihlicher Arbeit gegeben waren ... Als anfangs Mai 1945 die Wogen des Krieges, schon verebbend, sozusagen vor unsern Mauern von Osten und Westen her zusammenschlugen, wurden eben die letzten Seiten des Manuskriptes ins Reine geschrieben. Die wiedergewährte Heimkehr nach Innsbruck und damit nicht zuletzt zur Bibliothek des Liturgischen Seminars gab die Möglichkeit, nicht bloß manche schmerzliche Lücke zu schließen, sondern auch noch eine zunächst in Wien begonnene Arbeit mit Erfolg zu Ende zu führen, die das einst in Franz Josef Dölgers Schule geschärfte wissenschaftliche Gewissen gebieterisch forderte: die Überprüfung der sämtlichen Zitate ..."[27]

Und was brachte Karl Rahner heraus? Im Jahr der Vertreibung aus Innsbruck waren „Geist in Welt" und „Aszese und Mystik in der Väterzeit" er-

---

[26] Wien 1948 u.ö.
[27] J. A. JUNGMANN, Missarum Sollemnia, Wien 1 962, V-VII.

schienen. Das erste Buch im Frühjahr, das zweite laut Vorwort vom 13. Juni 1938 und den Imprimatureinträgen vom 15. November 1938 und vom 10. Januar 1939 um die gleiche Zeit, also vor dem Ausbruch des Zweiten Weltkriegs. 1940 erschien eine Neuauflage von „Worte ins Schweigen" und 1941 das Buch „Hörer des Wortes". Sieht man von Besprechungen ab, so erlaubte die weitere Kriegszeit nur noch gelegentlich einen Artikel. Das Jahr 1945 bleibt in der Bibliographie sogar völlig leer. Wegen seiner Bedeutung ist die Veröffentlichung von „Hörer des Wortes" einige Bemerkungen wert. Das Buch trägt den Druckvermerk des Ordens vom 14. November 1940 und den entsprechenden Eintrag von seiten der zuständigen bischöflichen Stelle vom 10. Dezember 1941. Das Vorwort sagt über den Text: „Die vorliegenden Kapitel sind die Niederschrift von ebensoviel Vorlesungen, die auf einem theologischen Ferienkurs vor schon geraumer Zeit gehalten wurden. Aus dieser Herkunft erklärt sich ihre Eigenart: sie wollen in Kürze über ein verhältnismäßig weitschichtiges Thema einen Überblick geben; sie vermeiden Literaturverweise; sie sind ohne zuviel Rücksicht auf die Sache von ungefähr gleicher Länge; sie lassen eine Auseinandersetzung mit anderen Ansichten beiseite. An ein paar Stellen habe ich Verweise auf meine Arbeit: ‚Geist in Welt. Zur Metaphysik der endlichen Erkenntnis bei Thomas von Aquin (Innsbruck 1939)' für nützlich gehalten. Arnstorf, Weihnachten 1940. D.V."[28].

Die Angaben bleiben in einigen Punkten betont vage. Die „Salzburger Hochschulwochen" – von den Nazis verboten – werden ein wenig merkwürdig als „Ferienkurs" umschrieben. Das Datum der Vorlesungen wird mit „vor schon geraumer Zeit" angedeutet, obwohl man sich fragen mag, ob die vergangenen drei Jahre wirklich einen solchen Abstand markieren. Aber es war vor dem sogenannten „Anschluß" Österreichs gewesen, was weiter in die Vergangenheit rücken ließ als der Kalender.

Der Charakter des Textes ist mit „Niederschrift von ebensoviel Vorlesungen" beschrieben, wohl zutreffend als Nachschrift zu verstehen. Wie das Manuskript aussah, bleibt offen. Auf jeden Fall wurde der Sprechtext nicht verändert. Die fehlende Überarbeitung, die der Leser vielleicht erwartet, aber nicht findet, wird mit einigen knappen Hinweisen erklärt. Wie schon bei „Geist in Welt", das jedoch als Buch konzipiert und verfaßt war, ist auch an diesen Vorlesungstexten nichts geändert. Einen Grund gibt der Verfasser eigentlich nicht an, doch läßt sich der im Blick auf seine Verhältnisse in Wien bzw. Arnstorf leicht zusammenreimen. Für eine Überarbeitung fehlte ihm nicht nur Zeit und Muße, es fehlten auch Konsultationsmittel und ein Raum, wo diese Arbeit unschwer hätte geleistet werden können. Der Verleger betrieb die Veröffentlichung, eine Chance, die unter den obwaltenden Verhältnissen unverzüglich ergriffen werden mußte und nicht durch länger währende Vorarbeiten aufs Spiel gesetzt werden durfte. Der Klappentext spricht von Grundfragen einer Religionsphilosophie in einer Welt, wo es

---

[28] KARL RAHNER, Hörer des Wortes, München 1941, 7.

übernatürliche Offenbarung gibt. Das Hörenkönnen des Menschen wird als Aufnahmefähigkeit für das Reden Gottes vorgestellt und analysiert. Das führe zu einer fundamentalontologischen Anthropologie in kluger Abwehr aller gerade hier besonders naheliegenden Verirrungen. Damit ließen sich Einwände gegen eine sogenannte natürliche Theologie erledigen, wie sie nicht nur von der dialektischen Theologie, sondern selbst in der katholischen Theologie erhoben würden. „In mannigfachster Hinsicht erfüllt diese Schrift eine dringliche Sendung."

Diese Präzisierungen des Verlages wären im Licht von Rahners Ausführungen noch einmal zu prüfen, weil die Vorlesungen ursprünglich im Kontext der Frage nach dem Verhältnis von Theologie und Philosophie standen. Die Durchführung des Programms bietet eher die Entfaltung eines Teils der Fundamentaltheologie als eine Verteidigung der sogenannten natürlichen Theologie. Aber über den Inhalt dieses Buches ist viel debattiert worden. An dieser Stelle kann es nicht Aufgabe sein, dieser Diskussion ein weiteres Kapitel hinzuzufügen. Nur die Entstehungsbedingungen, der ursprüngliche Charakter und die Art der Veröffentlichung sind in Erinnerung zu rufen, so daß aus der Situierung dieses Buches Konsequenzen für sein richtiges Verständnis gezogen werden können.

Daß diese wie die anderen Veröffentlichungen, die in die Wiener Jahre der Innsbrucker Jesuiten fallen, die Spuren der Zeit an sich tragen – und seien es nur die eines nicht allzu guten Papiers –, versteht sich von selbst. Das Besondere liegt eher darin, daß diese Bücher erschienen und auf einem verhältnismäßig hohen Niveau Anregungen und Anstöße gaben, die beachtliche Wirkungen auslösten. Doch sollte man sich keine falschen Vorstellungen machen. Rahners „Hörer des Wortes" blieb bei aller zustimmenden Aufnahme, die es fand, doch relativ unbekannt. Obwohl Veröffentlichungen im Krieg rasch vergriffen waren, weil es sonst wenig zu erwerben gab und weil Bücher, die nicht auf der Propagandalinie des Regimes lagen, immer ein wenig frischen Wind bedeuteten, den sich auch Menschen gern gefallen ließen, die sonst mit dem Christentum nicht soviel zu tun hatten, blieb es dabei, daß zu Kriegsende die erste Auflage von „Hörer des Wortes" nicht verkauft war. Erst das Interesse an Rahner, wie es in den 50er Jahren über manchen anderen seiner Einsätze lebendig wurde, belebte die Nachfrage neu. So kam es nicht vor 1963 zu einer zweiten deutschen Auflage der Schrift. Ohne die bis dahin z.T. in mehreren Auflagen verbreiteten „Schriften zur Theologie", ohne das weite Echo von „Sendung und Gnade", ohne das „Lexikon für Theologie und Kirche" und vieles andere, läßt sich schwerlich sehen, wie das Buch aus den Kriegsjahren noch einmal in die Öffentlichkeit hätte treten können. Man las es mit anderen Augen und mit einem Bild seines Verfassers, das durch eine über 20jährige Entwicklung seines Werkes geprägt war. Karl Rahner selbst nahm den Text ja auch nicht wieder vor, sondern überließ die Bearbeitung und die Neuausgabe jemandem aus dem Kreis seiner Schüler in den 50er Jahren.

Als Rahner im Sommer 1944 nach Arnstorf/Mariakirchen in die Ferien fuhr, dürfte seine Rückkehr nach Wien noch unbestimmt gewesen sein. Im Laufe dieser Monate zeigte sich, daß es besser sei, wenn er seine seelsorgliche Arbeit in Niederbayern fortsetzen würde. Die Möglichkeit in Wien war mittlerweile so stark eingeschränkt und solchen Belastungen ausgesetzt, daß eine Rückkehr nach dort kaum sinnvoll schien. Von Juli 1944 an sind Exerzitien, Predigten, Vorträge und Beichthören im persönlichen Notizbuch von Karl Rahner als Haupttätigkeit verzeichnet. Er wird auch in Nachbarorte eingeladen. Irgendeinen merklichen Einschnitt in diesem Einsatz bildet das Kriegsende nicht. Im Oktober 1945 beginnt er mit Sonntagspredigten in Großhesselohe nahe München, jetzt von Pullach aus. Das Ende der Naziherrschaft und der Neubeginn nach dem Krieg ist für Karl Rahner durch die unmittelbaren Einsätze in der Seelsorge als direkter Dienst am Glauben der Menschen gekennzeichnet. Das wissenschaftliche Arbeiten hatte nicht nur der Umstände wegen hinter der Verkündigung und dem unmittelbaren Mitleben mit gläubigen Menschen zurückzutreten. Die Bedeutung dieser Jahre in Wien ist recht gut mit dem Titelwort zusammengefaßt, das Karl Rudolf über seinen Bericht aus Österreich 1938–1945 gesetzt hat: „Aufbau im Widerstand". Beides: der Aufbau und der Widerstand, wo es nötig ist, sollte auch Karl Rahners weiteren Weg in Theologie und Praxis bestimmen.

17. Kapitel

Dogmatik – ein Projekt

Dem ersten Band seiner später so bekannten „Schriften zur Theologie" stellte Karl Rahner im Jahre 1954 einen bis dahin unveröffentlichten, programmatisch gemeinten Text voran: „Über den Versuch eines Aufrisses einer Dogmatik"[1]. Die Anmerkung auf S. 23 präzisiert dazu: „Hier sei erwähnt, daß der erste Entwurf dieser Skizze auf Überlegungen, die der Verfasser mit Hans Urs v. Balthasar vor vielen Jahren gemeinsam anstellte, zurückgeht. Scheiden läßt sich nicht mehr, was an Gutem und Bösem daran auf sein und was auf mein Konto geht. Die Veröffentlichung muß ich allein verantworten."

Tatsächlich stammen die Ansätze zu diesen Ausführungen aus dem Sommer des Jahres 1939, als H. U. v. Balthasar und Karl Rahner bei einem Ferienaufenthalt auf dem Zenzenhof des Innsbrucker Kollegs den Plan einer Dogmatik diskutierten und entwickelten. Das war nicht als unverbindliche Spielerei gemeint, sondern als Beginn eines Werkes, dessen Durchführung dann unter den bald eintretenden Schwierigkeiten nach und nach unmöglich wurde. Aber auch fünfzehn Jahre später hatte Karl Rahner den Gedanken nicht einfach aufgegeben, die Bemühungen zu einem greifbaren Ende zu bringen, mag sich in dieser und jener Formulierung der Veröffentlichung ein Zweifel an der Umsetzung im Rahmen der ursprünglichen Vorstellungen melden.

In seinen grundsätzlichen Gedanken zu zwei Aufsatzbänden Karl Rahners bemerkte H.U. v. Balthasar 1955, „die Herkunft von der philosophischen Vision" lasse „oft ein wenig die Frische und Unmittelbarkeit des Bibelwortes in der Gedankenführung vermissen ... obwohl Rahner ja selbst in seinem Dogmatikentwurf kategorisch nach einer Theologie des Lebens Jesu und der ganzen Heilsgeschichte auf ihn hin und sogar der Kirchengeschichte ruft."[2] Die Bemerkung weist den Entwurf ganz Karl Rahner zu, gerade weil sie von daher auf Lücken in den von Rahner vorgelegten Texten aufmerksam machen möchte.

Die Schilderung der Schließung des Innsbrucker Jesuitenkollegs im Oktober 1939 – also wenige Wochen nach der Erstellung des hier zu behandelnden Entwurfs – und die Ereignisse in Wien würden es leicht verstehen lassen,

---

[1] In: Schriften zur Theologie I, Einsiedeln 1954, 9–47.
[2] In: Wort und Wahrheit 10 (1955) 533.

warum der Plan nur Skizze blieb. Doch gab es allen Widerständen und wenig förderlichen Umständen zum Trotz eine ganze Reihe ernsthafter Bemühungen, die geplante Dogmatik zu schreiben und herauszubringen.

Nach dem ersten Zurechtfinden in Wien und nach dem Abschluß der Theologie für die meisten der dorthin mitübergesiedelten Studenten glaubte Karl Rahner, sich an die Abfassung machen zu dürfen. Mit dem Verlag Herder in Freiburg, bei dem er 1939 „Aszese und Mystik in der Väterzeit" veröffentlicht hatte, wurden im Sommer 1941 Absprachen in diesem Sinn getroffen. Zwar äußerte Rahner wegen des Umfangs der Aufgabe und wegen der Unzulänglichkeiten bibliothekarischer und sonstiger nötiger Voraussetzungen Bedenken, doch hatte man sich in Freiburg den Gedanken schon ganz zu eigen gemacht. Wichtigster Vermittler in dieser Sache war Dr. Robert Scherer, damals Lektor im Verlag.

Karl Rahner kannte Scherer aus einer längeren gemeinsamen Zeit im Orden. Scherer war am 6. März 1904 – einen Tag später als Karl Rahner – geboren und trat am 16. April 1923 in Tisis in die Gesellschaft Jesu ein, wo Karl Rahner gerade das zweite Jahr seines Noviziats begonnen hatte. Da im nächsten Jahr für ihn der Einstieg in die philosophischen Studien in diesem Haus begann und man erst 1925 gemeinsam nach Pullach umsiedelte, lebten Karl Rahner und R. Scherer von 1923 bis 1927 in der gleichen Gemeinschaft. Sie kannten sich wegen ähnlicher Interessen gut, selbst wenn Unterschiede in Orientierung und Vorgehensweise nicht zu übersehen sind. Seit den 30er Jahren wirkte R. Scherer im Verlag Herder.

Am 19. August 1941 berichtete er u. a. an Karl Rahner: „Der Verlagsvertrag wegen der Dogmatik ist schon geschrieben. Dr. Herder-Dorneich ist dieser Tage hier, und ich wollte ihm denselben noch zeigen, bevor ich ihn Dir abschicke. Ich glaube Dir schon, daß die Arbeit nicht leicht ist. Es ist doch erstaunlich, wie groß die Trägheit ist und wie wenig selbständig gedacht wird. Aber es lohnt sich, einmal einen Versuch größeren Stiles zu wagen. Balthasars Adresse in Basel lautet: Herbergsgasse 7. Ich habe in letzter Zeit schon länger nichts mehr von ihm gehört. Ich würde ihn an Deiner Stelle, wenn es irgendwie geht, zur Mitarbeit zu gewinnen suchen."[3]

Es gab demnach im August 1941 einen Vertragsentwurf zum „Handbuch der katholischen Dogmatik", wie der Titel des Werkes bezeichnet wurde, das in Zusammenarbeit von mehreren entstehen sollte. Karl Rahner war die verantwortliche Federführung zugedacht. Der Entwurf wurde Rahner unter dem 23. August 1941 zugesandt. Er wünschte einige Änderungen, so daß der Verlag ihm unter dem 17. September eine neue Fassung zustellte. Im Begleitbrief ist von zwei Mitarbeitern die Rede, die den Vertrag ebenfalls unterzeichnen sollen. „Die Unterschrift von Herrn Dr. von Balthasar wird ja jetzt nicht nötig sein. Es freut uns, daß Sie so energisch an die Arbeit gehen."

Wie in einem Schreiben vom 18. Oktober 1941 zu erfahren ist, „schickte

---

[3] Nach einer Kopie des entsprechenden Briefwechsels. Daraus die folgenden Zitate.

Herr P. Delp die Verlagsverträge unterschrieben ... zurück", der Verlag sandte P. Rahner ein gegengezeichnetes Exemplar und drückte die Hoffnung aus, „daß Sie sich ziemlich ungestört den Vorarbeiten zum ‚Handbuch der Dogmatik' widmen können. Solche Arbeiten sind fast das einzige, was der Verleger zur Zeit anregen kann, da Papier für Neuerscheinungen fast ausnahmslos abgelehnt wird." In einem Nachsatz fügte R. Scherer handschriftlich hinzu: „Deine Schwester aus Hamburg war neulich mal bei uns u. befürchtete, durch die neue Lage mit St. Georgen Ffm. könnte Dein Ersatzmann für Wien wieder in Frage gestellt sein. Hoffentlich kannst Du bei Deiner Dogmatik bleiben."

Die Situation im Herbst 1941 stellt sich demnach so dar: Es gibt einen Verlagsvertrag über die Dogmatik, den nicht nur Karl Rahner, sondern auch zwei Mitarbeiter unterzeichnet haben. Diese Mitarbeiter sollten P. Alfred Delp, der 1945 von den Nazis hingerichtet wurde, und P. Paul Bolkovac sein, der mit Delp eng verbunden war. Beide hatten bei den „Stimmen der Zeit" in München gearbeitet und waren nach dem Verbot der Zeitschrift und nach der Vertreibung aus dem Hause in der Seelsorge der bayerischen Metropole eingesetzt. Geistige Möglichkeiten waren ihnen nur wenig geblieben. Das dürfte Rahner auf den Gedanken gebracht haben, sie für eine mögliche Mitarbeit an der Dogmatik ins Auge zu fassen. Wie er sich diese Mitarbeit genau vorstellte, ist nicht klar zu erkennen.

Rahner selbst hatte offensichtlich die Absicht, sich aus den gewöhnlichen Verpflichtungen des Lehrens in Wien zurückzuziehen, ähnlich wie das P. J. A. Jungmann damals tat. Der gegen Ende erwähnte Ersatzmann war P. Alois Lieske, der mit Karl Rahner im gleichen Kurs in Valkenburg studiert hatte. Er kam tatsächlich 1943 nach Wien und dozierte an der Seite Karl Rahners sowie später in Pullach. Dort starb er noch sehr jung im Jahre 1946. Die Pläne für die Dogmatik waren offensichtlich in breiteren Kreisen bekannt geworden. Ende Oktober 1941 erreichte Karl Rahner aus Freiburg ein Brief Scherers mit der Nachricht: „Heute erhielten wir ein Schreiben von Balthasar, darin er sich äußerte, er habe gerüchteweise erfahren, daß Du mit Delp und Bolkovac zusammen den Dogmatik-Plan für uns vorbereitetest. Er bat auch um Deine Adresse, damit er Dir den Plan schicken könne. Gleichzeitig äußerte er seine allergrößten Bedenken gegen die beiden Mitarbeiter, weil sie, wie er meinte, der Sache absolut nicht gewachsen seien ... Balthasar ist uns ein werter Mitarbeiter. Ich vermute, daß er vielleicht ein wenig eingeschnappt ist, weil er nicht direkt etwas von den Mitarbeitern durch uns erfahren hat. Wir wollten Dir da nicht vorgreifen, obwohl ich von Anfang an das Gefühl hatte, daß es gut wäre, wenn Balthasar als Hauptmitarbeiter beigezogen würde .... Ich habe ihm für jetzt nur mitgeteilt, daß seine Mitarbeit von Anfang an bei diesem Plan vorgesehen gewesen sei und auch jetzt noch vorgesehen bliebe. Du hättest allerdings uns gegenüber geäußert, du wüßtest nicht, ob und wie diese Zusammenarbeit unter den gegenwärtigen Kriegsverhältnissen dadurch, daß er in Basel wohne, möglich werde."

Die Initiative Balthasars gegenüber dem Verlag Herder verrät einiges über seine Einstellung zu dem Plan der Dogmatik, den er wohl als gemeinsame Sache zwischen sich und Karl Rahner sah. Den Text hat er in Basel und nimmt an, daß Karl Rahner kein Exemplar dieses Plans besitze. Die Bedenken gegen die von Karl Rahner ins Auge gefaßten Mitarbeiter dürften auch persönliche Gründe haben, insofern Balthasar mit Delp und Bolkovac wenigstens kurze Zeit in der Redaktion der „Stimmen der Zeit" zusammengearbeitet hatte. Von der Art her gab es sicher große Unterschiede, die indes kaum die Heftigkeit der Ablehnung Balthasars erklären.

Jedenfalls schickte er dem Verlag den Aufriß der Dogmatik. Dort wurde eine Abschrift angefertigt und Anfang November 1941 an Karl Rahner weitergegeben. R. Scherer erklärte, mit Rahners Grundsätzen völlig einig zu gehen und in diesem Sinn Balthasar informiert zu haben.

Einige Tage später erläuterte der Verlag Karl Rahner etwas umfassender seine Sicht der Dinge. Da heißt es:

„Sie werden inzwischen den Aufriß einer Dogmatik, den uns P. von Balthasar übermittelt hatte, erhalten haben. Wir haben inzwischen nach Basel geschrieben und vor allem den Sinn des abgeschlossenen Vorvertrages deutlich zu machen gesucht. Pater von Balthasar wird auf diesen Brief hin eigentlich nur begrüßen können, daß die Vorarbeiten schon im Gange sind und besonders auch, daß genügend Kräfte sich zur Verfügung gestellt haben, um die Vorarbeiten zu sichern. Wir teilen da durchaus Ihre Meinung, daß es darauf ankommt, die neuen Ideen auf solche Weise durchzusetzen, daß sie mit dem überarbeiteten gesamten Material der Tradition verbunden werden. An guten theologischen Ideen hat es in den letzten Jahrzehnten nicht gefehlt. Man braucht nur z. B. an viele fruchtbare Ansätze von Guardini zu denken. Trotzdem sind diese Ideen von den zünftigen Theologen kaum noch aufgenommen worden. Vielleicht liegt dies daran, daß diese Ideen außerhalb des üblichen Denkschemas liegen. Nun haben Bücher wie die von Guardini gewiß ihre Berechtigung. Bei einer Dogmatik will man aber ein solches Verfahren niemals gutheißen. Wir können außerdem nicht glauben, daß Herr P. von Balthasar bei aller seiner Genialität in der Lage wäre, das gesamte Gut der Bibel und der Tradition so zu verarbeiten, daß nicht hintennach von den verschiedensten Fachseiten Widerspruch laut würde. Das widerfährt zwar schon manchen zünftigen Gelehrten, erst recht einem so großzügig angelegten Geist wie Herrn P. von Balthasar. Im übrigen sind wir davon überzeugt, daß Ihre Leistung an dem Werk gewiß ein gesundes Korrektiv gegenüber den vielleicht zuweilen allzu hochfliegenden und zu kühnen Gedanken von P. von Balthasar bedeuten wird, daß Sie darüber hinaus aber selbst so reich und ursprünglich genug sind, um ganz Wesentliches an dem Werke der Dogmatik beizusteuern. Wir schätzen an Herrn P. von Balthasar die Genialität wie die Energie, die ihn auch zu äußerster Kleinarbeit befähigt, schätzen aber nicht minder die zäher fließende, aber um so nachhaltigere und gründliche Art des Alemannischen bei Ihnen. Wir können uns keine glücklichere

Verbindung für ein solches Werk denken. Schließlich wird auch Herr P. von Balthasar nicht verkennen können, daß ein Pater Delp mit seinen reichen Kenntnissen auf den Gebieten der Geschichtsphilosophie und der Soziologie Wertvollstes beitragen kann.

Damit wir ganz mit Ihnen einig gehen, haben wir zum Vertrag eine Notiz gemacht, aus der hervorgeht, daß der letzte Satz des Artikels 6, nachdem es Ihnen freisteht, nach Verständigung mit uns auch für die Führung der geschäftlichen Angelegenheiten in der Herausgeberschaft und dem Verkehr mit dem Verlag einen Mitarbeiter zu betrauen, dahin ergänzt wird, daß es Ihnen auch freisteht, nach Vereinbarung mit uns die geistige Führung des Werkes Herrn Dr. Hans Urs von Balthasar zu übertragen ...

Der Aufriß selbst hat auch uns einen großen Eindruck gemacht. Es scheint uns, daß der erste Teil (Formale und fundamentale Theologie) der entscheidende ist, weil er dem ganzen Werk die Gestalt gibt. Er zielt gerade auf die Punkte, über die heute vielfach soviel Unklarheit herrscht oder um die man sich gern herumgedrückt hat. Die kommende junge Generation, die keine ausweichenden und auskneifenden Antworten mehr dulden wird, braucht Klarheit über die letzten Fragen wie Offenbarung, Glaube, Kirche und Theologie. Wir können zu dem großangelegten Entwurf nur gratulieren und wünschen Ihnen und den Mitarbeitern von Herzen, daß Gott Ihre Arbeit segnen möchte."[4]

Aus München bat man Karl Rahner, sich im Dezember eine halbe Woche frei zu nehmen, um mit den PP. Delp und Bolkovac die Sache eingehend zu besprechen; so klar sah man den Plan und seine Verwirklichung auch dort noch nicht. Zudem schreibt P. Bolkovac: „Delp hat Mittelohrentzündung gehabt, wieder im Abklingen – kombiniert mit seiner Zahngeschichte, die ihm ein künstliches Gebiss einbringen wird. Er ist zur Zeit ‚ein kranker Held' ... SJ ... 60–80 vom Heer entlassen, darunter noch keiner aus der Südprovinz".

Die Nachbemerkung nennt einen Umstand, der sich auf die Pläne für die Dogmatik unmittelbar auswirken sollte. Die vom Heer entlassenen Jesuitenstudenten brauchten ja weitere Ausbildung. Der vorher spürbar werdende Mangel an eigenen Studierenden hatte Karl Rahner mitbewogen, das Unternehmen der Dogmatik zu betreiben. Aber Weihnachten 1941 war nicht mehr abzusehen, wie es weitergehen würde. Der Verlag meldete sich zum Jahreswechsel mit der Erwartung: „Wir hoffen, daß Sie in den letzten Monaten die Vorarbeiten ein gutes Stück voranbringen konnten. Von Herrn Dr. Balthasar haben wir nichts mehr gehört. Es würde uns interessieren, ob er Ihnen auf Ihren letzten Brief geschrieben hat und wie er sich grundsätzlich zur Mitarbeit stellt. Wir hoffen und wünschen Ihnen nur, daß Sie im nächsten Jahr ungestört an dieser schönen großen Arbeit bleiben können.

Ihren Herrn Bruder hätten wir auch so gern für eine größere Arbeit gewonnen, worüber wir mit ihm früher wiederholt schon gesprochen hatten.

---

[4] Ebd.

Er hat ja in der ‚Zeitschrift für katholische Theologie' mehrere theologische Aufsätze über die Kirche nach der Lehre der Kirchenväter herausgegeben, die uns von solcher Bedeutung scheinen, daß sie eine größere Verbreitung verdienten. Keiner könnte so wie er eine Theologie der Kirchenväter schreiben, welche die fruchtbaren Ansätze zu verdeutlichen hätte, die für die heutige Theologie von Wichtigkeit sind. Wir haben längere Zeit keine Nachricht mehr von ihm gehört und wollten deshalb bei Ihnen fragen, ob Sie der Meinung sind, daß eine solche Bitte bei Ihrem Bruder Aussicht auf Erfüllung finden dürfte. Wir können uns denken, daß die Abgelegenheit seiner Wirkungsstätte und der Mangel an Kontakt mit anderen Autoren ihn in seinen Entschlüssen sehr hemmt. Ob es nicht gut wäre, wenn auch Sie ihn dazu überreden wollten, seine Kräfte in dieser Zeit auf eine größere Arbeit zu konzentrieren?"

Um die gleiche Zeit erfuhr Karl Rahner aus München, daß wegen einer Kopfsepsis von P. Delp die geplante Besprechung vorerst nicht stattfinden könne; es sei viel Geduld gefordert vom Patienten und von Karl Rahner, da seit Wochen an geistige Arbeit nicht zu denken war. Mitte Januar lasse sich besser planen, wann man sich treffen könne. P. Bolkovacs Ideal für die Arbeit: „morgens Wissenschaft, nachmittags Seelsorge (ein paar Glaubensstunden, die Vorbereitung der zwei Sonntagspredigten, hier und dort ein Arbeitskreis oder eine Besprechung). Das zur Beruhigung Ihrer Bedenken im letzten Brief." Die Sache entwickelte sich schwieriger. Inzwischen war bei Karl Rahner ein Brief von H.U. v. Balthasar eingetroffen, der das Datum vom 28. November trug, aber durch die deutsche Zensur gegangen war, d. h. offiziell geöffnet worden ist. Da liest man: „Sie haben lange genug warten müssen auf meine Antwort. Immerhin werden Sie unterdessen den verlangten Prospekt erhalten haben. Leider muß ich Ihnen aber nun mit aller Klarheit und Rücksichtslosigkeit ins Antlitz schleudern: Nein, ich kann nicht mitmachen. Wenn Sie eine Ahnung hätten von dem Betrieb hier! Ich lese ja kaum je ein Buch, bin von morgens bis abends belagert und muß sehen, wie ich meine Vorträge und Predigten unterbringe. In den Ferien muß ich die laufenden Arbeiten erledigen, so die Kontroverse mit Barth, und im nächsten Sommer so Gott will die mit Freiburg über den Sinn des Thomismus. Das alles sind unerläßliche Dinge auf dem Platz. Daneben geht alles in unmittelbare praktische Seelsorge. Ich habe Zeichen genug, daß das jetzt der eindeutige Wille Gottes ist. So müssen Sie halt den Karren allein ziehen, nachdem Sie Delp und Bolko ausgeladen haben. Mit diesen Leuten würde ich nie zusammenarbeiten wollen. Mit ihrem Material wird nichts anzufangen sein. Viel gescheiter, Sie fangen allein an einem Zipfel an und sehen, wie weit Sie kommen. Lieber ein hübscher Briefbeschwerer als ein häßliches Denkmal auf hohem Sockel. – Was später ist, weiß ja kein Mensch, und es könnte sein, daß ich dann einmal auf Oberngeheiß die entwöhnte Feder wieder zur Hand nehmen müßte. Jetzt habe ich keine Sehnsucht darnach. Das einzige, was ich so zwischen den vielen Besuchen unterbringe, ist eine Übersetzung von den Prozeßakten der Jeanne d'Arc. Ein Skandal, daß das noch niemand besorgt hat. Nichts ist zutreffender für die heutige Lage.

Dein Brüderlein kommt morgen hierher, um einen Vortrag in der stockprotestantischen historisch-antiquarischen Gesellschaft über ‚Homer unter den Kirchenvätern' zu halten. Wir freuen uns alle darauf. Er läßt Dich herzlich grüßen, so trug er mir schriftlich auf und beklagt sich bitter über Dein Schweigen. Noch was. Du wirst ja von Przy[wara] gehört haben, daß es nicht gut gehe. Wir hätten ihn darum so gern in die Schweiz genommen. Er würde bestimmt wieder munter. Wenn Du irgend etwas in der Sache tun kannst, auch dafür wenigstens, daß er gut aufgehoben sei und man für ihn sorge, so bitte tue es. Ich werde es Dir mit allen mir zur Verfügung stehenden geistlichen Gütern zu vergelten versuchen. Mein Barthbuch sollst Du haben, wenn es erscheint. Der Gregor erscheint vorläufig nicht, weil in Paris nichts zu machen ist. Der Nietzsche ist in der Zensur des Freiburger Ordinariats festgefroren. Ein paar Goethebändchen geb ich nächstens in einem protestantischen Verlag heraus, gefolgt von mehreren kleinen Bändchen aus aller Welt. Solche Dinge kann ich noch machen, aber nichts Großes mehr. Nun endlich Schluß mit dem Geschwätz. Ich hoffe, es geht Dir so gut wie mir im Grunde. Und guten Mut zur Dogmatik. Sie ist das Notwendigste. Mach sie. Mit den besten Grüssen Dein Hans Balthasar"

Nach diesen Stimmen versteht man die eher düstere Sicht der Dinge, die sich um die Jahreswende auf Karl Rahners Gemüt gelegt hat. Er fühlte sich alleingelassen in einer Sache, die seiner Überzeugung nach nur in echter Zusammenarbeit bewältigt werden konnte. Robert Scherer versuchte von Freiburg aus, Mut zu machen.

„So negativ, wie Du meinst, fand ich deinen Bericht nicht. Denn schließlich muß man bedenken, daß aller Anfang etwas schwer anläuft. Übrigens schrieb mir dieser Tage Delp, daß er deinen Besuch erwarte und auch versucht habe, zu theologisieren. Ich würde vorschlagen, daß wir uns im Januar, und zwar, wenn möglich, in der ersten Hälfte des Monats in München träfen. Ich schrieb im gleichen Sinne an Delp und bitte Euch, mir einen Termin anzugeben. Ich sollte nämlich sowieso schon lange nach München kommen.

Es ist ja sehr viel, wenn Du die Artikel für das Chinalexikon hinter Dir hast. Um so ausschließlicher kannst Du Dich nun der Dogmatik widmen. Schade bleibt es, daß Balthasar seine Haltung nicht ändert. Ich hatte schon gedacht, ich sollte versuchen, nach Basel zu fahren. Aber ich werde kaum die Einreisegenehmigung bekommen. Balthasar macht unbedingt den Eindruck, als sei er verärgert. In solchen Fällen kann man mit Briefschreiben nicht viel erreichen. Seinen Brief gebe ich Dir jedenfalls mit Dank zurück. Es soll Dich aber in keiner Weise in Deiner Arbeit beeinträchtigen. Sobald man mit Balthasar wieder in Fühlung kommen kann, wird er es sich wahrscheinlich doch nicht nehmen lassen, mitzuarbeiten. Bis dahin könnten die Vorarbeiten schon abgeschlossen sein.

Bei Delp und Bolkovac wird man einen gewissen Druck ausüben müssen. Durch den Vertrag sind sie ja jetzt gebunden. Man sieht daraus nur, daß München nicht gerade zu einer solchen Arbeit einlädt. Allerdings scheint die Vortragstätigkeit und Seelsorge Delps schwache Seite zu sein, sodaß er sich immer dazu verlocken läßt. Wir werden in München darüber reden müssen. Die entscheidendste Schwierigkeit scheint für Dich augenblicklich der Mangel an griffbereiten Büchern zu sein. Wenn in Pullach Platz wäre, würde ich Dir schon dazu raten, weil Du da die Literatur bequem am Platze hast. Ist nicht aber Pullach wieder eine Gefahr für Dich, daß man Dich zu Vorlesungen oder zu sonstigen Arbeiten verpflichtet? Du meinst jedenfalls die Sache so, daß es für Dich bequemer wäre, wenn Du die Bücher im selben Hause hättest, wo Du wohnst ... Der Verlag wird gewiß alles, was in seiner Möglichkeit liegt, tun, um Dir die günstigsten Arbeitsbedingungen zu verschaffen.

Also würden wir uns im Januar wiedersehen. Ich hatte ursprünglich an die Woche vom 12. Januar gedacht. Nun schrieb mir Delp, daß er Mitte Januar wieder Vorträge in München hätte. Es wird also an ihm liegen, den Termin anzugeben. Selbstverständlich gilt Dein Bericht als Erfüllung Deiner Verpflichtung. Vielen Dank auch für Deine Anregung wegen Deines Bruders. Du hast recht: eine patristische Theologie der Kirche ist etwas Konkreteres und Sichereres als gleich eine gesamte Theologie der Kirchenväter. Ich werde gelegentlich bei ihm die Sache berühren."

Karl Rahner hatte sich für dieses Projekt noch um weitere Mitarbeiter bemüht, unter ihnen um Josef Adamek, der in Wien nebenher bibliographische Abklärungen vornahm. Dieser schrieb am 8. Januar 1942 an Karl Rahner, er müsse sich gegen verschiedene Anschläge wehren. „Einem Antrag P. Jungmanns, bei einer Neuherausgabe Eisenhofers mitzutun, habe ich mich ablehnend gegenüber verhalten. Und nun verriet mir letzthin Ferd. Maaß, Faller habe bei ihm angefragt, ob er einen geeigneten Ersatzmann für sich wisse. Maaß wollte mich nennen. Die Folge wäre, daß, wenn nicht gerade äußere Hemmnisse einer ‚Romreise' entgegenstünden, alle Einsprüche der Provinz scheitern würden und nichts mich gegen den Ruf aus Rom schützen könnte. Ich habe ihm mit allem Nachdruck meine Nennung ausgeredet; ich habe noch mehr Recht, dieser Scylla zu entgehen als er. Ich sagte, er solle ruhig Strobl nennen, der doch ausgesprochener Historiker sei und noch dazu gerade für moderne Geschichte, die für diesen Posten bei Faller in Betracht käme; dazu sei bei Strobl die Ausreise möglich und er könne eher abkommen. Außerdem war er ja erst in Rom usw.... Der schöne Spruch: Quo universalius, eo maius bonum ist allmählich sehr verwässert und oft gleichbedeutend mit: Wer in Rom ist, wirkt mehr. Unsinn!"

Es war also nicht leicht, Mitarbeiter zu gewinnen, ja, es war nicht einmal ohne Mühe erreichbar, für eine solche Arbeit, etwa nach dem Beispiel P. Jungmanns, freigestellt zu werden. Die Rückkunft der Studierenden aus der Wehrmacht zwang, ein größeres Maß an Lehre zu planen, so daß von den Möglichkeiten her die Voraussetzungen für die geplante Dogmatik immer ungünstiger wurden. Jedoch schien das lange vorgesehene Münchener Gespräch doch zustande zu kommen. P. Bolkovac teilte Karl Rahner mit, Delp und er erwarteten ihn am 27. Januar, und an den beiden folgenden Tagen seien sie ziemlich frei, so daß man ausführlich über alles sprechen könne. Am Freitag vormittag käme Dr. Scherer hinzu. Aber jetzt war es Karl Rahner nicht möglich, sich für die Fahrt nach München freizumachen.

Ein Brief R. Scherers an Rahner vom 23. Januar spricht davon, die Besprechung sei für Anfang Februar vorgesehen. Das kurze Schreiben endet mit ein paar sachlichen Fragen: „Findest Du nicht auch, daß uns im deutschen Raum eine mystische Theologie fehlt? Das Werk von Anselm Stolz war in dieser Richtung ja sehr anregend, konnte aber nicht dem wirklichen Bedürfnis Rechnung tragen. Die Franzosen sind uns auf dem Gebiete weit voraus. Das Thema wird in Eurer Dogmatik doch sicher auch behandelt? Wüßtest Du darüber hinaus jemand, dem man eine solche Aufgabe zutrauen könnte?"

Wie die spätere Veröffentlichung des Aufrisses belegt, war das Projekt nicht einfach gestorben. Während der Kriegs- und Nachkriegsjahre ist wohl kaum mehr für seine Verwirklichung etwas getan worden. Die Situation stand der Sache zu hinderlich entgegen. Aufgegeben wurde das Anliegen nicht.

Als ich in den 70er Jahren R. Scherer fragte, warum er zu Beginn der 50er Jahre auf die „Schriften zur Theologie" für seinen Verlag keinen Wert gelegt habe, antwortete er: Ich rechnete immer noch damit, die Dogmatik zu bekommen. Sie war mir wichtiger. Aber nicht nur der Verleger hoffte weiter darauf, daß der alte Plan noch ein Ergebnis bringen würde. Karl Rahner selbst hatte die Sache durchaus nicht abgeschrieben, wenn sich auch Anzeichen dafür entdecken lassen, daß er sie nach und nach anders konzipierte. Die Tatsache, daß er den Aufriß 1954 an den Anfang der „Schriften zur Theologie" setzte, markierte den Anspruch, mit den gesammelten Artikeln Beiträge zur Vorbereitung der Dogmatik bereitzustellen. Wie diese Absicht sich entwickelte und zu welchem Ergebnis sie führte, bleibt später zu betrachten. Was sich an Plänen während der Kriegsjahre für die Dogmatik greifen läßt, fand nicht die Erfüllung, wie sie damals erwartet und erwünscht war, ging aber auch nicht einfach sang- und klanglos unter. Indes mußte Rahner Projekte dieser Reichweite um das Kriegsende erst einmal zurückstellen.

18. Kapitel

Neuanfang in Innsbruck

Kaum war die Tiroler Landeshauptstadt durch die alliierten Truppen befreit – Anfang Mai 1945 –, erfuhren die Verantwortlichen in Sitten, daß die Gebäude der Fakultät und des Ordens im wesentlichen ohne größere Schäden die Kriegszeit überstanden hatten. Eine Ausnahme bildete die Jesuiten- und Universitätskirche, die bei einem Bombardement schwer getroffen worden war. Am 11. Juni reiste der Rektor von Sitten, P. Fr. Lakner, nach Innsbruck und konnte mit den Amerikanern, später mit den Franzosen über die Rückgabe des Besitzes und die Wiederaufnahme der jesuitischen Tätigkeit in Tirol verhandeln. So sehr die Besatzungstruppen den Jesuiten entgegenkamen, so sehr waren doch sachliche Hindernisse im Wege, die nicht einfach zu beseitigen waren. Für die Finanzverwaltung im Gebäude des Canisianums stand ebenso wenig anderer Raum zur Verfügung wie für die Polizeidirektion, die sich im Jesuitenkolleg niedergelassen hatte. Verfügbar waren der Zenzenhof und der Taxerhof, zwei ländliche Anwesen außerhalb der Stadt, die früher vor allem der Erholung der Studenten und Jesuiten und der Sicherstellung der Kollegien mit Nahrungsmitteln gedient hatten. Sie waren in der Nazizeit direkt von der Partei genutzt worden. Auf jeden Fall sollte das Recht des Ordens durch eine rasche Rückkehr und durch die Wiederaufnahme der früheren Tätigkeiten möglichst bald praktisch dokumentiert werden. Die Sache war schwierig, weil Österreich in verschiedene Einflußzonen aufgeteilt war und Wien sich unter dem Kommando der Roten Armee befand. Es gelang jedoch dem Provinzial, am 15. Juli in Innsbruck zu sein und die ersten Verfügungen für die Fakultät zu treffen. Der Provinzobere bestimmte nämlich den Lehrkörper: als Professoren der Fundamentaltheologie die Patres Schlagenhaufen und Prümm, für die Dogmatik die Patres Lakner und Dander, für die Exegese die Patres Hofbauer und Gächter, für Moral die Patres Schmitt und Umberg, für das Kirchenrecht zunächst Prof. Dr. Ebers, später die Patres Schönegger oder Richter, für Kirchengeschichte P. H. Rahner, für Liturgik P. Jungmann, für Homiletik P. Schwendimann, für Pastoral P. J. Rainer, für Pädagogik P. Miller, für die soziale Frage P. Kleinhappl und für die Philosophie außerdem die Patres Santeler, Rimml und Pohl. In diesem Moment wurde auch entschieden, daß P. H. Rahner Dekan der Fakultät und Studienpräfekt für die Jesuitenstudenten sein würde. Diese Dispositionen wurden vor dem 20. Juli 1945 getroffen; umsetzen ließen sie sich nicht alle, weil einige der Genannten nicht nach Innsbruck kommen konnten[1].

Am 14. August gelang es P. Florian Schlagenhaufen, sich in Innsbruck niederzulassen und die Interessen der Fakultät bei den Behörden, vor allem die Rückgabe der Seminarbibliotheken, vor Ort voranzutreiben. Doch für die Militärregierung der französischen Besatzungszone Österreichs blieb der eigentliche Ansprechpartner der Rektor von Sitten. An ihn ging unter dem 21. August 1945 das Schreiben des „Directeur de l'Education et des Beaux Arts", Prof. Dr. E. Susini, mit der Nachricht, die französische Militärregierung habe dem Rektor der Universität Innsbruck „l'autorisation pour la Faculté de théologie de reprendre son enseignement le 15 septembre prochain" mitgeteilt und „confirme à la Compagnie de Jésus qu'elle dispose à nouveau de plein droit du Canisianum et du Collegium Maximum". Außerdem wird ihm versichert: „Pour ce qui est des R.P. Hofmann, Rahner et Frodl que vous désireriez recevoir à Innsbruck, une demande de laisser-passer doit être adressée à la sûreté. Je suis tout disposé à appuyer votre demande."[2]

Diese Wiedererrichtung durch die französischen Behörden war vorgenommen worden, um den antinationalsozialistischen Charakter dieser Fakultät herauszustreichen. Dazu schien es gut, wenn die Neueröffnung vor jener der Universität als solcher und in einer gewissen Unabhängigkeit von ihr erfolgt wäre. Doch im Blick auf reale Schwierigkeiten in den Vorbereitungen, auf die künftige Zusammenarbeit und auf das Miteinander der Hochschulstellen erschien es günstiger, die universitäre Wiederaufnahme der akademischen Arbeit der Theologie in Innsbruck nach dem Zusammenbruch so zu markieren, daß zuerst die Universität und anschließend deren Theologische Fakultät eröffnet würden. Nach Rückkehr der ersten Gruppe von Canisianern am 19. September, wurden die regelmäßigen Vorlesungen im Fakultätsgebäude an der Universitätsstraße am 21. September 1945 aufgenommen. Wegen der geringen Hörerzahlen konnte manche Veranstaltung in den Seminarräumen stattfinden. Alles stand im Zeichen neuen Beginnens.

P. H. Rahner reiste zusammen mit P. Schwendimann am 15. September per Auto von Sitten nach Innsbruck, wo beide wegen einiger Schwierigkeiten beim Grenzübertritt aber erst am 18. September eintrafen. Die Geschäfte des Dekans bestanden in diesen Tagen aus sehr verschiedenen Sorgen und Pflichten. Am 29. September wurde die Universität wieder eröffnet, deren Betrieb während des Sommer-Semesters geruht hatte; lediglich in den Instituten hatte man weiter gearbeitet. Der Oberkommandie-

---

[1] Vgl. Das Canisianum kehrt wieder heim nach Innsbruck, in: Korrespondenzblatt des Priestergebetsvereins 79 (1945 August) 32.

[2] „... die Berechtigung für die Theologische Fakultät, ihre Vorlesungen am kommenden 15. September wieder aufzunehmen" mitgeteilt und „bestätige der Gesellschaft Jesu, daß sie erneut vollen Rechtes über das Canisianum und das Kolleg verfügt." – „Was die R. P. Hofmann, Rahner und Frodl angeht, die Sie wieder in Innsbruck haben möchten, ist ein Antrag auf Einreise an das Sicherheitsbüro zu richten. Ich stehe zur vollen Unterstützung des Antrags zu Ihrer Verfügung" (ebd. [1945 November] 47).

rende der französischen Besatzungsmacht in Österreich, General Bethouard, erschien zur Begrüßung beim Festakt, zog sich dann aber zurück.
Am 6. Oktober nahm nach einem Pontifikalamt im Canisianum mit einem feierlichen Akt im großen Festsaal an der Universitätsstraße die Theologische Fakultät ihren Platz in der Alma Mater Oenipontana (Innsbruck) wieder ein. Als Dekan dankte Professor Dr. Hugo Rahner den französischen und österreichischen Behörden für ihre Mithilfe und ihr Entgegenkommen bei der Wiedereröffnung und hielt einen Vortrag zum Thema „Abendländischer Humanismus und Theologie". Die Rede wurde umrahmt vom Lobgesang „Die Himmel rühmen des Ewigen Ehre" und mit einem Streichquartett von Beethoven. Als erster auswärtiger Besucher im Innsbrucker Canisianum erschien am 25. September 1945 P. P. Chaillet S. J. Der Chronist bemerkte dazu: Wer kennt ihn nicht: den Leiter der französischen Widerstandsbewegung, den Begründer von ‚Témoignage Chrétien', die unentwegt gestern und heute für den wahren Wiederaufbau Frankreichs sich einsetzte. Sprach P. Chaillet auch ein gebrochenes Deutsch, es war doch unheimlich still im Saal. Schon der erste Satz zog alle in den Bann: ‚Meine Theologen, vor Ihnen steht ein – Revolutionär!'[3].

Vermutlich war jedoch kaum einem der Zuhörer im September 1945 voll bewußt, wer da vor ihnen stand und sprach. Der Widerstandskämpfer hatte vor Jahren in Innsbruck studiert; das Los Österreichs hatte ihm 1938 schwerer zu schaffen gemacht als den meisten anderen. Sein Buch „L'Autriche souffrante", das 1939 in Paris erschien, gibt einen Einblick in diese Sorgen und dürfte aus Berliner Sicht mit ein Grund für die Beschlagnahme des Innsbrucker Jesuitenkollegs gewesen sein. Daß dieses Buch von den Machthabern nicht bemerkt worden wäre, ist unwahrscheinlich. P. Chaillet hatte dann in der französischen Widerstandsbewegung eine einflußreiche Stellung bekleidet; er war Präsident des C.O.S.O.R., Comité des oeuvres sociales des organisations de la Résistance, d. h. der offiziellen Hilfsorganisation für die Opfer aus dem Widerstand, die 1944 zu einer quasi-staatlichen Einrichtung wurde. Nach der Befreiung Frankreichs trug das Chaillet Ministerstellung ein, die zwar nicht lange währte, aber um so auffälliger war, als sie einem Ordensmann übertragen war. Alle Anzeichen sprechen dafür, daß er ein gewichtiges Wort bei französischen Stellen zur Wiedererrichtung der Theologischen Fakultät der Universität Innsbruck mitgesprochen hat. Zu seinem Kreis um ‚Témoignage Chrétien'[4] zählten weitere profilierte Jesuiten wie G. Fessard, H. de Lubac und V. Fontoynont. Daß z. B. G. Fessard als Philosoph die Werke des Prof. Dr. E. Susini besprochen hatte, wird man nicht nur als bloßen Zufall abtun. Mit dem Neubeginn der Innsbrucker Fakultät im Jahre 1945 sind also jene Männer verbunden, die bald als Vertreter einer „Nouvelle Théologie" angefeindet und verleumdet werden sollten.

---

[3] Vgl. in: Korrespondenzblatt ... 79 (1945 November) 69.
[4] Vgl. dazu R. BÉDARIDA, Pierre Chaillet – Témoin de la résistance spirituelle, Paris 1988.

Hugo Rahner war sich dieser Verbindungen bewußt, mag er sie auch nie direkt und ausführlich behandelt haben. Ein Teil seines neuen Wirkens in Tirol galt der Pflege der Beziehungen nach Frankreich, der Information über geistige Aufbrüche dort, dem Versuch zu einem Gespräch und dem Bemühen, diese Männer und ihre Absichten zu verteidigen, als Gegenwind spürbarer wurde. Hugo Rahners Rede zur Wiedereröffnung vom Samstag, dem 6. Oktober 1945, setzt dazu einen betonten Auftakt. „Christlicher Humanismus und Theologie" will von dem Ideal sprechen, das beim mühsamen Neuaufbau tragend war. Er berichtet, selbst vor einigen Tagen zusammen mit ein paar jungen hilfsbereiten Theologen den Lehrstuhl wieder aufgerichtet zu haben, von dem aus er rede. Brutale Gewalt habe ihn zuvor in Trümmer gelegt. Ein Rückblick erinnert noch einmal an die Jahre der dunklen Vergangenheit, die jetzt vorüber sei. „Die Macht des Ungeistes, die mit bloßer Gewalt den Geist zu besiegen glaubte und die uns von hier vertrieben hat, ist den Weg gegangen, den jede Macht geht, die nicht aus dem Heiligen Geiste lebt ... ‚Nicht zum Mithassen, sondern zum Mitlieben bin ich geboren.' ... Dies allein ist die abschließende Antwort an die Vergangenheit, die unserer neuerstandenen Lehrkanzel würdig ist. Aber das hindert uns nicht, eine wahrhaft humane und wahrhaft christliche Freude zu empfinden darüber, daß das verletzte Recht wieder hergestellt ist: das Recht der Freiheit auch für die Wissenschaft des Heiligen im großen Ganzen der Universitas; das Recht des wohlerworbenen Eigentums; das erhabene und unveräußerliche Recht vor allem auf die unbehinderte Verkündigung christlicher Wahrheit."[5]

Dank an die kirchlichen und staatlichen, an die kommunalen und universitären Vertreter, richtet sich schließlich in französischer Sprache an General Bethouard und die Beauftragten der Militärregierung und schließt mit dem Wunsch: „Puisse cette fête être le symbole d'une heureuse amitié entre la France et l'Autriche: car nous sommes tous les héritiers de la même culture occidentale et les enfants de la même Mère, la Sainte Eglise."[6] Ohne abendländische Kultur gibt es kein Österreich, kein Frankreich, kein Deutschland und kein Rom. Die Kirche habe dieses Abendland hervorgebracht, und ohne sie lasse sich aus den zerbombten Trümmern keine neue Welt aufbauen. Das sei dem abendländischen Menschen aufgegeben. Zwei Fragen werden aufgeworfen: Was ist dieser abendländische Mensch? und: Was trägt die Theologie zur Gestaltung dieses Menschenbildes bei? Hugo Rahner erinnerte an sein persönliches Erleben beim Parisaufenthalt 1933, als er an den dortigen Feiern zur Heiligsprechung Alberts des Großen teilnehmen konnte. Besonders erwähnt er die Rede E. Gilsons und ihre Vision eines Abendlandes mit gemeinsamer Kultur, wie sie schon im dreizehnten Jahr-

---

[5] Ebd. 79 (1945 November) 74–84; Zitate 75.
[6] „möge dieses Fest Vorzeichen einer glücklichen Freundschaft zwischen Frankreich und Österreich sein; denn wir alle sind Erben der gleichen westlichen Kultur und Kinder der gleichen Mutter, der Hl. Kirche" (ebd. 76).

hundert sichtbar geworden sei unter der bindenden Kraft von Lehre und Tradition der Kirche. Angesichts der Trümmer und des Elends nach diesem Zweiten Weltkrieg wirke jedoch das Wort „Abendland" eher entmutigend, es sei denn, man nenne etwa einen Mitbruder wie Friedrich Muckermann, der gerade von Frankreich aus gegen den barbarischen Ungeist angegangen sei. Ist das Abendland am Ende? Sollte es endgültig liquidiert werden? „Meine Herren, hier kann ein abendländischer Mensch, in dem noch das Leben aus dem Mutterschoß der Ecclesia kreist, nur Nein sagen. Noch hat das Abendland sein letztes Wort nicht gesprochen, noch hat das Abendland alles zu sagen, auch an die Barbaren der Zukunft."[7] Als Mensch der Geschichte werde der Abendländer zuerst die Verbindung wahren. „Wer seine eigene Vergangenheit verrät, wer sie umdichtet und umfälscht, wer seine eigene Geschichte, seine sogenannte Geschichte, nur immer in die kommenden tausend Jahre hinausprojizieren kann, der ist ein Barbar geworden und hat seine eigene Mutter verleugnen müssen."[8] Und zum Beitrag der Theologie zur Neuformung des Menschenbildes heißt es: „Diese Frage stellt sich jeweils von neuem vor allem in den Zeiten eines geistigen Zusammenbruchs, wo die rein irdischen Güter eines schönen und humanen Lebens plötzlich schal und fragwürdig werden."[9] Es sei die *sacra traditio* und der lebendige Zusammenhang mit allem, was je geschichtlich innerhalb der Kirche seit zwei Jahrtausenden gedacht wurde, die der Theologie ihre unersetzliche Rolle gäben. Für „die Theologie ist das Vergangene heilig verpflichtende Gegenwart, und so wird der theologisch denkende Mensch wahrhaft zu einem Menschen der Geschichte in einem ganz anderen und tieferen Sinn. Alles, was je groß und wahr gedacht wurde in der Geschichte des Geistes, ist in den Kreis der Theologie für immer einbezogen."[10]

Damit wird das zweite Merkmal des abendländischen Menschen zum Thema: Er ist ein Mensch der Einheit, dem dann abschließend als drittes Merkmal noch das des Menschen der schönen Mitte hinzugefügt wird. Der Redner ist trotz seines Lebens in der Schweiz nicht einfach nachtwandlerisch an dem namenlosen Grauen dieser Jahre vorbeigeführt worden, mag es ihn auch nicht so bedroht haben wie jene, die es unmittelbar erfuhren. Ihm sind die Zerstörungen des Menschentums bewußt, die so groß sind, daß man verzweifeln möchte an einer Genesung. Offensichtlich konnte damals diese Rede nur von jemandem vorgetragen werden, der in seiner Existenz Grund fand zu einer solchen Sicht. Dieser Grund war vielen, wenn nicht den meisten verloren gegangen. Ein Hugo Rahner aber formulierte auf die Zukunft gerichtet: „Dieser neue Mensch einer abendländischen Kultur wäre ein Mensch der schönen Mitte: weil er sich an keine der beiden Forderungen

---

[7] Ebd. 78.
[8] Ebd.
[9] Ebd. 79.
[10] Ebd.

ganz und einseitig verliert, nicht an den Geist und nicht an die Materie."[11] Und er nennt als theologisches Recht für diese Vision: „Das Menschenideal der Theologie ist darum von einer so unerhörten Vielfalt und Kraft, weil die Kirche Gott unter den Menschen fand und weil sie den Menschen in Gott hinein erheben kann. Der tragende Grund ihres Humanismus ist die Wahrheit: ein Mensch ist Gott."[12] Der Schlußgedanke ergibt sich aus diesen Darlegungen fast von selbst. Die Theologie sei berufen, das tiefste und letzte Wort zu sprechen in eine Zeit, die sich aus abgründigen Tiefen wieder erheben will zu einer humanen Gestaltung des Lebens und der Völkerordnung. In diesem Sinn werde die Theologie künftig auch in Innsbruck bescheiden und fest wieder mitarbeiten am Aufbau einer neuen und besseren Welt des menschlichen, wissenschaftlichen, religiösen Geistes.

Die Rede Hugo Rahners weckte damals weites Echo, artikulierte sie doch eine der ersten programmatischen Stimmen. Bald aber gingen die Nöte des Alltags, dann die Mühen des Wiederaufbaus und der ersten Erfolge über diesen Anfang hinweg. Es widerspricht deshalb nicht unserem Unternehmen, wenn ihr Inhalt hier herangezogen wird. Er trifft sich in ganz eigentümlicher Weise mit dem, was das Werk Karl Rahners charakterisiert und was unter dem mißverständlichen Wort von der „anthropologischen Wende" zusammengefaßt ist. Dieses Wort bleibt einerseits hinter der Wirklichkeit zurück, die – freilich christlich verstanden – eine „anthropozentrische Wende" bedeutete, es geht anderseits viel zu weit, wenn es im Gegensatz zu einer theozentrischen Sicht formuliert wird. Hugo Rahners Ausdruck „ein Mensch ist Gott" als tragender Grund christlichen Humanismus rückt da mit einem Gestus alles wieder zurecht. Denn dieser Mensch, der Gott ist, kann gar keinen anderen Platz einnehmen als die Mitte, von der aus dann die Reflexion versuchen mag, in Worten etwas von dieser Wirklichkeit zur Sprache kommen zu lassen.

Mit dieser Rede hatte sich Hugo Rahner als eine der hervorragendsten Persönlichkeiten der Fakultät vorgestellt. In seine Amtszeit als Dekan fielen die nötigen Regelungen für eine möglichst gute Neuordnung des Lehrkörpers und der Studien. Gewiß ging man davon aus, daß das Unrecht des Jahres 1938 einfach rückgängig zu machen sei. Es wurde versucht, den alten Lehrkörper wieder einzusetzen. Aber manches hatte sich einfach faktisch in diesen sieben Jahren geändert. Nicht ohne weiteres ließ sich dort wieder anknüpfen, wo man bei der Auflassung aufhören mußte. Zudem war die Welt jetzt eine andere. Hugo Rahner, der so sehr aus und in Kontinuitäten dachte und lebte, mußte sich mit den faktischen Brüchen der Wirklichkeit mehr als einmal arrangieren. Wenn es um Menschen zu tun war, konnte er dabei bis an die Grenzen gehen.

Inhalte und Methoden seiner akademischen Arbeit hatte er nicht zu än-

---

[11] Ebd. 82.
[12] Ebd. 83.

dern. Und doch hörte sich das, was er zu sagen hatte, jetzt anders an. Er brauchte die Akzente seiner Arbeit nicht zu ändern: das Verhältnis von Kirche und Staat, die religiös-spirituelle Wirklichkeit der Kirche, die Rolle von Bewegungen und Orden im Leben der Kirche, diese und andere bekannte Schwerpunkte seines Mühens lassen sich jetzt und künftig klar wiedererkennen. Und doch ist es nicht mehr so wie zuvor. Das hängt damit zusammen, daß er in den kommenden Jahren eine viel stärker öffentliche Rolle zu spielen hatte als je in seinem bisherigen Leben. Er schlägt diese Aufgaben nicht aus und sucht ihnen nicht irgendwie zu entgehen, selbst wenn sich das auf seine wissenschaftlichen Beiträge hemmend auswirkt. Wie sein Bruder wußte er sich für die Menschen bestellt; gewiß als Wissenschaftler, aber doch nicht so, daß er es eng und exklusiv genommen hätte. Sein Humanismusaufruf zündete. Die neue Zeitschrift „Der große Entschluß" nahm ihn in der ersten Nummer als programmatischen Auftakt auf[13]. Glaubwürdig wurde er durch den persönlichen Einsatz Hugo Rahners. Man erinnere sich, daß zur gleichen Zeit sogar ein Martin Heidegger mit seinem „Humanismusbrief" Anschluß an die gewandelten Entwicklungen zu gewinnen suchte.

Hugo Rahner nahm gern die neuen Gelegenheiten wahr, beim Aufbau eines Geisteswesens im humanistischen Sinn mitzuwirken. Mit „Werte katholischer Geschichtstheologie" beteiligte er sich etwa an den Internationalen Hochschulwochen des Österreichischen College 1946[14]. Ob er Gelegenheit hatte, an den achten Salzburger Hochschulwochen teilzunehmen oder sonst mitzuarbeiten, ist wegen fehlender Unterlagen nicht genau auszumachen. Sie wurden vom 21.–28. Oktober 1945 unter dem Leitthema „Das christliche Abendland, seine Vergangenheit, Gegenwart und Zukunft" gehalten, also zu einer Frage, die Hugo Rahner anfang dieses Monats in seiner Rede zur Wiedereröffnung der Theologischen Fakultät Innsbruck ausführlich behandelt hatte. Sicher ist er 1947 in Salzburg mit dabeigewesen, als es um Erbsünde und Erlösung ging. Neben seinem Mitbruder Fr. Mitzka, der systematisch Stellung bezog, lieferte er die historischen Beiträge. Was vor der Nazizeit begonnen hatte, fand damit eine weiterhin andauernde Fortführung.

Vor allem gelang es, einen Akzent zu setzen, der eine neue Perspektive auftat. Im Jahre 1947 erschien das Buch „Ignatius von Loyola und das geschichtliche Werden seiner Frömmigkeit", in dem Hugo Rahner in überzeugender Weise die Väterkunde mit seinem Interesse für den Mann verband, auf den sich nicht nur sein Orden, sondern vor allem dessen Geistigkeit am Beginn der Neuzeit zurückführte. Entgegen allen gewohnten Deuteschemata konnte er nachweisen, wie sehr Ignatius in der Frömmigkeit der alten

---

[13] 1. Jahrgang, 1. Heft (1946) 1–3.
[14] Vgl. Jahrbuch der internationalen Hochschulwochen des Österreichischen College 1946, Salzburg 1946, 154–168.

Kirche verwurzelt war, ohne doch einfach die alten Vorgaben zu kopieren. Echte Umsetzung in einen gewandelten geistigen und kulturellen Kontext markiert in diesem Sinn immer auch einen Neubeginn und einen Ansatz für fruchtbare weitere Entfaltungen. Daß diese nicht durch einen Bruch erzwungen sein müssen, wie mancher Historiker annahm, der mit der Reformation, also dem Auseinanderbrechen der mittelalterlichen Kirchengemeinschaft, die Neuzeit anfangen lassen wollte, mag als Herausforderung noch gar nicht so bewußt geworden sein. Der Streit um den Beginn und Charakter der Neuzeit – R. Guardini konnte schon vom Ende der Neuzeit sprechen –, um ihre Wurzeln und ihren Wert entbrannte in voller Schärfe erst später. Heute ist uns das Thema aus der Debatte um Moderne und Postmoderne vertraut, ohne daß dieser Vokabelwechsel die Sache selbst eindeutiger und klarer hätte machen können.

Das Thema „Ignatius und der Anfang der Neuzeit" ist von Karl Rahner in seinen letzten Jahren wiederholt angesprochen worden, wie es scheint, nicht weit von jenen Intentionen entfernt, denen Hugo schon früher gefolgt war. Daß von dem Ignatiusbuch 1948 eine französische Übersetzung erschien, der H. de Lubac ein Geleitwort mitgab, läßt jene Verbindungen greifbar werden, um die sich Hugo Rahner zunehmend kümmerte. Schon 1947 hatte er in der Schweizer Zeitschrift „Orientierung" die „Wege zu einer ‚neuen' Theologie" in Frankreich vorgestellt. Er sah darin einen Aufbruch, der manches von dem umsetzte, was in Innsbruck, Sitten und Wien mit der „Verkündigungstheologie" angestoßen war. Gewiß keine Verlängerung und nicht nur simpler Anschluß, sondern ein eigenständiger Neuaufbruch, der sich wesentlich an der Lage in Frankreich orientierte. Dennoch besaß er über den französischen Raum hinaus Verflechtungen und deswegen Wirkungen.

Im Oktober 1948 kam es so zu zwei Veranstaltungen, von denen die erste ein internationales Schriftstellertreffen in Royaumont war (4.-8.Oktober), das von J. du Riveau vom Centre d'études culturelles, économiques et sociales (C.E.C.E.S.) organisiert war. P. du Riveau ist für seinen Einsatz zur Schaffung von Kontakten zwischen Frankreich und Deutschland bekannt. An der Tagung nahmen Männer wie Emmanuel Mounier, Joseph Folliet, Jacques Madaule u. a. teil. Von deutscher Seite finden wir unter den Teilnehmern Romano Guardini, Marie Luise Kaschnitz, Walter Dirks, Mario v. Galli u. a. Hugo Rahner vertrat Österreich.

Gleich anschließend war eine offizielle Reise geplant, bei der eine Delegation der Kath.-Theologischen Fakultät der Universität Innsbruck französische Fakultäten und Hochschulen besuchen sollte. Die französische Seite legte Wert darauf, „die kulturellen Beziehungen zwischen Österreich und Frankreich zu fördern und das Werk der Hilfeleistung bei der Wiedereröffnung der Fakultät im Oktober 1945 jetzt, nach drei Jahren, gewissermaßen zu krönen mit dieser Einladung von vier Professoren nach Frankreich. – Es war aber auch für die Fakultät selbst von größter Bedeutung, vier ihrer

Vertreter nach Frankreich zu schicken. Denn unsere Fakultät genießt drüben allenthalben das größte Ansehen, wie uns die geradezu überwältigende Aufnahme bewiesen hat. Alle kennen drüben unsere Zeitschrift, kennen die Dogmatik von Lercher, kennen die Namen unserer früheren Professoren (manche von den dortigen Professoren, wie in Paris und Straßburg, haben selbst bei uns studiert), kennen vor allem auch die Forschungen und Arbeiten der jetzigen Professoren – ich nenne nur P. Jungmann, den alle wie einen guten Bekannten begrüßten, oder Karl Rahner und meine eigenen Werke und Aufsätze, von denen eine Reihe ins Französische übersetzt sind. Es war also für das theologische Ansehen der Fakultät nur von dem größten Wert, diese Reise zu unternehmen. In Lyon hat sich, eben anläßlich unserer persönlichen Anwesenheit, sofort ein Komitee gebildet zur Übersetzung von P. Jungmanns großem Werk Missarum Sollemnia; mein Buch über Ignatius ist bereits in Französisch erschienen und war vielen Professoren schon bekannt, desgleichen konnte mit einem Professor in Paris die Übersetzung meines Werkes über die Griechischen Mythen vereinbart werden. Jeder von uns traf in Paris, Angers, Lyon und Straßburg seine Fachkollegen, die man schon aus Schriften kannte und mit denen sich sofort das beste persönliche Verhältnis anbahnte. Wir konnten einen ganzen Koffer voll der für uns wertvollsten Literatur aus dem neuesten Forschungsgebiet der Exegese, Liturgik und Patrologie mitnehmen. Kurz, die Reise hat ihren Zweck vollauf und zu unserem größten Gewinn erfüllt."[15]

Die Begegnungen begannen am 12. Oktober in Paris am dortigen Institut Catholique. Die Innsbrucker Professoren Jungmann, Hofbauer, Gutwenger und Rahner waren in Häusern des Ordens untergebracht. „Am folgenden Tag war ein ungemein anregender Empfang bei Kardinal Suhard von Paris, der uns von den Problemen der Seelsorge und der Nouvelle Théologie berichtete. Dann bei Sr. Exc. dem Apostolischen Nuntius Roncalli, der uns mit italienischer Liebenswürdigkeit in seinem Privatzimmer alle seine historischen Werke zeigte und (als Oberitaliener von Bergamo) viel Rühmenswertes von der ihm bekannten Theologie von Innsbruck sagte. Daran schloß sich ein Besuch bei dem Zentrum der ‚Mission de Paris' an, wo man uns von den neuen Versuchen einer Großstadtseelsorge bei den Ungläubigen berichtete. Endlich wurde alles bekrönt mit einem feierlichen Empfang am Quai d'Orsay beim Außenminister Schuhman. Dieser, ein hervorragender Katholik, der perfekt deutsch sprach, behielt uns trotz Arbeitsüberlastung dreiviertel Stunden bei sich, wir sprachen mit ihm von Pastors Papstgeschichte (die er ganz gelesen hat, zum Teil sogar im Gefängnis der deutschen Gestapo in Metz) und von den Fragen der Besatzungspolitik."[16]

---
[15] Hugo Rahner, Die Frankreichreise der Innsbrucker Theologen, in: Nachrichten der österreichischen Provinz SJ, 1948 Wien Dezember, 11f.
[16] Ebd. 12.

Es gab Einladungen in das dominikanische Verlagshaus Cerf und zu den Mitbrüdern. Die drei Paris-Tage der Reise schlossen mit einer Begegnung, an der die PP. G. Fessard, P. Chaillet (die beide früher in Innsbruck einen Studienaufenthalt gemacht hatten) und J. Daniélou teilnahmen, aber auch die Professoren der Sorbonne Massignon, den Hugo Rahner von den Eranostagungen in Ascona kannte, Mr. Daniel-Rops und G. Marcel. Die nächste Etappe war Angers, darauf folgte das wichtige Lyon mit Fourvière, wo man ebenfalls Kardinal Gerlier traf. Die Kontakte mit den Mitbrüdern sollten für die Zukunft wichtig werden. Letzte Station der Reise war abschließend Straßburg.

Die Einzelheiten dieser Reise beeindruckten die Teilnehmer, doch entscheidender war die Tatsache, daß auf diese Weise persönlich Verbindungen angeknüpft werden konnten, die seit der Nazizeit fehlten und die Hugo Rahner auch von Sitten aus nur mangelhaft hatte aufrecht halten können.

Noch war es ja wegen des Besatzungsstatuts nicht möglich, daß Ausländer ungehindert nach Österreich kommen konnten, wenn sie nicht gerade Militärs waren. Die alte Tradition der Fakultät aber hing sehr stark mit den ausländischen Studierenden zusammen, so daß in dieser Anfangszeit erneut zu sehen war, wie diese Möglichkeiten wieder erschlossen werden konnten. In den Vorlesungsverzeichnissen dieser Jahre erscheint der Name Karl Rahners bezeichnenderweise mit einem Sternchen als der eines Dozenten, der nicht liest. Grund dafür war zunächst die Unmöglichkeit, nach Österreich kommen zu können. 1946 wurde ihm die Einreise für einen Vortrag auf den Salzburger Hochschulwochen abgeschlagen. Erst 1948 war es ihm möglich, nach Innsbruck zurückzukehren. Das zeigt, wie schwierig der Austausch über Grenzen nach dem Kriege in Mitteleuropa war. Und diese Hindernisse waren nur ein greifbares und äußeres Symptom für vielfältige weitere Barrieren in den Kontakten, die doch für einen Neuaufbau in der Wissenschaft unerläßlich waren. Heute wird ein Europäer, der an problemlose Reisen im ganzen Kontinent gewöhnt ist, kaum noch empfinden können, was diese Situation nach 1945 bedeutete.

Hugo Rahners Wirken nach außen war getragen von der Pflicht, die er innerhalb der Fakultät an der Innsbrucker Universität erfüllte. Im Sommer-Semester 1946 fand das Unternehmen Sitten seinen endgültigen Schluß. Hugo Rahner las nur noch in Innsbruck; er begann in der Kirchengeschichte wieder mit dem Altertum und dem frühen Mittelalter, setzte den Kurs im Winter-Semester mit dem Mittelalter fort und behandelte im Sommer 1947 das späte Mittelalter und die Neuzeit. In diesem Rhythmus fing er im Sommer-Semester 1948 erneut seinen Durchgang durch die Kirchengeschichte an. Im Sommer-Semester 1949 war er von akademischen Verpflichtungen befreit, wohl schon im Vorblick auf das Rektorat der Universität, das er für das Studienjahr 1949/50 innehatte – als erster Vertreter der Theologischen Fakultät nach dem Kriege. Es war das Jahr der Vollendung seines 50. Lebensjahres, ein unbestreitbarer Höhepunkt im Wirken Hugo Rahners und in gewisser Weise Schlußpunkt hinter die Aufbauphase der Innsbrucker Fakultät nach ihrer Wiedererrichtung. Diese Periode war getragen von großer Zuversicht und dem Willen zur Erneuerung, die jetzt möglich schien.

Neben den universitären Einsätzen fehlte es nicht an vielerlei Bildungs- und Seelsorgsaktivitäten außerhalb der offiziellen Verpflichtungen. In den Osterferien 1946 leitet er Exerzitien über „Das Vollkommenheitsideal", ein weiterer Kurs in Matrei mit 60 Hochschülern ist zu belegen, und vom 4. bis zum 27. Juli 1946 bestreitet er theologische Weiterbildung in Maria Waldrast unter der Serles. Anfang April hatte er in Basel seine Überlegungen zu „Abendländischer Humanismus und katholische Theologie" vorgetragen, im September arbeitet er in Alpbach an den zweiten österreichischen Hochschulwochen mit und trägt über „Werte katholischer Geschichtstheologie" vor, ein Thema, das für ihn unmittelbar aktuell und für den Neuaufbau Europas unabdingbar scheint. Im Katholischen Bildungswerk Innsbruck spricht er zu „Weihnacht als Antwort auf die Fragen der Zeit", ein Versuch, über das Geheimnis der Inkarnation die Frage des Menschenbildes theologisch zu verankern und zu klären. Im Laufe des Jahres 1946 finden wir Hugo Rahner zudem in Bregenz und Feldkirch, wo er über „Griechische Mysterien und christliches Mysterium" spricht, auf Material zurückgreifend, das im Zusammenhang der Eranos-Tage erarbeitet war. An diesen nahm er auch 1945 und 1947 teil. 1947 fährt er wieder zu den Hochschultagen nach Alpbach und zu den Salzburger Hochschulwochen. Außerdem übernimmt er in Vorarlberg Universitätsvorträge, spricht für Laien im Oetztal, in Matrei und in Hall. In Innsbruck selbst ist er im Bildungswerk engagiert und nimmt Einladungen von Radio Tirol an.

Das folgende Jahr ist von der schon erwähnten Frankreichfahrt geprägt, sieht zudem die Teilnahme an den Eranos-Tagen in Ascona. Darüber hinaus hält er immer wieder Exerzitienkurse. Inzwischen ist er dafür so bekannt, daß er im September 1949 zu Exerzitien nach Barcelona für deutsche Schwestern eingeladen wird. Der Eindruck eines aktiven und einsatzfreudigen Lebens entsteht nicht grundlos. Feinfühlig und umsichtig vergißt Hugo Rahner auch unter solchen Umständen nicht einen besonderen Dank für Vergangenes. Zum November 1948, also zehn Jahre nach der Vertreibung des Canisianums und der Aufnahme in Sitten, richtet er an Freunde einen Brief anerkennenden Gedenkens für die Hilfe, die Jesuiten und Studierende dort erfahren hatten. Der kaum bekannte Text beleuchtet in guter Weise den Geist, der Hugo Rahner prägte und der sein Humanismusverständnis charakterisiert. Da heißt es: „Am 30. November 1948 werden es zehn Jahre, daß die aus Innsbruck vertriebenen Jesuiten des Canisianums und ihre Studenten der Theologie Aufnahme im Wallis gefunden haben. Mit Dankbarkeit denken wir in diesen Tagen zurück an die schönen Jahre des Friedens und des Studiums, die wir in Sitten verbracht haben. Obwohl wir nun an die Ufer des Inn an unsere Universität und in das friedliche Haus des Canisianums seit drei Jahren zurückgekehrt sind, um den unterbrochenen Lauf unserer Studien wieder aufzunehmen, werden wir nie das alte Hospital von Sitten an den Ufern der Rhône vergessen. Wir bleiben besonders berührt von der religiösen Aufnahme, die wir dort erfuhren seitens der Behörden und des Walliser Volkes. Unser Dank geht in erster Linie an S. Exzellenz den Leiter der Diözese, Mgr. Bieler, Ehrendoktor unserer Fakultät. Ihm verdanken wir es, daß wir im Frieden während der sieben Jahre unseres Exils haben arbeiten können. Unser Dank richtet sich ebenso an die Behörden des Kantons und der Gemeinde, die uns großzügig in unseren Schwierigkeiten geholfen und unterstützt haben. Wir können die Freunde in Sitten, Brig, Viège und die Priester nicht vergessen, die aus unseren Fakultäten in Innsbruck und Sitten hervorgingen. Ein Gedenken auch an die gastfreundlichen Schwestern von Valère, deren Einsatz uns eine kostbare Hilfe war. Jeden Mittwoch rezitiert der Klerus in der Vesper den Psalm 128, in dem ein Vers folgenden Wortlaut hat: ‚Avertantur retrorsum qui oderunt Sion', d. h. ‚hinweg mit denen, die Sion hassen'. Was hier über das himmlische Sion geschrieben ist, läßt sich auch auf das Sion (Sitten) im Wallis anwenden. Nie werden wir es vergessen und das treue Gedächtnis dieser sieben Jahre Arbeit im Frieden des Canisianums in Sitten bewahren.

Gott segne das Wallis, seine noble Hauptstadt und alle Freunde.
Innsbruck, 25. November 1948. Hugo Rahner S.J."[17]

Der Innsbrucker Neuaufbau suchte die frühere Arbeit weiterzuführen. Zugleich nützt er auf akademischer Ebene die neuen Möglichkeiten vor Ort und in der näheren Umgebung aus der Überzeugung, daß es ebenso wichtig ist, der Fort- und Weiterbildung zu dienen wie der universitären Grundlegung. Wichtig wird das Anknüpfen von Beziehungen ins europäische Ausland und die Belebung der wissenschaftlichen Diskussion, die in der Nazizeit ganz zum Erliegen gekommen war. Innsbruck bot dafür alle Voraussetzungen, insofern hier kein Provisorium entstehen sollte, sondern ein Anfang gemacht wurde, der nach allem, was sich erkennen ließ, auf Dauer angelegt war. Dieser Umstand dürfte Pläne und Mühen beflügelt haben. Verglichen mit heute waren Möglichkeiten und Mittel bescheiden, aber es gab sie und sie hatten die Zusage einer gewissen Beständigkeit. Auf diesem Boden konnte ein Beitrag vorbereitet werden, der weiter reichte als die Anliegen des Überlebens oder einer kurzfristigen Sicherung von Studien und Einsätzen.

Vielleicht trugen die Umstände dazu bei, daß Hugo Rahner nicht das volle Maß der Umschwünge und Zerstörungen erfuhr wie sein Bruder Karl in München und Pullach. Die Beurteilung der Lage und dessen, was zu tun sei, mag deswegen auseinandergehen. Bei Hugo herrscht größerer Optimismus und zuversichtlichere Haltung gegenüber der Zukunft. Der persönliche Erfolg dieser Zeit mag ihn darin bestätigt haben. Anderseits brachte ihm die

---

[17] HUGO RAHNER, in: Journal et Feuille d'Avis du Valais, Sion 45 (1948) Nr. 139 (vom 29.November 1948) 2; Rückübertragung K.H.Nf.

genaue Beobachtung der Auseinandersetzungen in Frankreich und Rom um die sogenannte „Nouvelle Théologie" schon bald Daten, die aufrüttelten. 1947 referierte er in der Schweizer Zeitschrift „Orientierung" über „Wege zu einer ‚neuen‚ Theologie"[18]. Im Jahr darauf wurde der Beitrag in portugiesischer Sprache erneut gedruckt. Und 1950 nahm er unter dem Titel „Hemmschuh des Fortschritts" zur Enzyklika „Humani generis" Stellung[19]. Im übrigen war dieses heilige Jahr für Hugo Rahner von dem neuen Mariendogma bestimmt, zu dessen Erläuterung er trotz des Universitätsrektorats große Anstrengungen auf sich nahm.

---

[18] Ebd. 11 (1947) 213–217.
[19] StZ 147 (1950/51) 161–171 und Schweizerische Rundschau 50 (1950) 521–533.

19. Kapitel

Provisorischer Neuanfang – Von der Seelsorge zur Theologie im Nachkriegsdeutschland

Karl Rahner erlebte den Zusammenbruch des Dritten Reiches in Bayern. Im Herbst 1944 war er nach der Ferienzeit nicht mehr nach Wien zurückgekehrt, wo sich Auflösungserscheinungen schon bemerkbar machten und es nicht mehr recht zu tun gab, während Wohnraum und Lebensmittel dringend benötigt wurden. Daß Karl Rahner in Niederbayern blieb, bedeutete für die Wiener Jesuiten eine Erleichterung. Ein geregelter Studienbetrieb war wegen der zunehmenden Bedrohungen nicht mehr aufrecht zu erhalten. Die Zeiten, wo ein Jesuitenstudent in Wien seine Ausbildung fast normal abschließen konnte, waren vorbei. J. Adamek erinnert sich: „Ich hörte Vorlesungen in der Habsburgergasse. Ich schloß meine theologischen Studien 1941 mit dem Schlußexamen ab. Prüfer waren die Patres Karl Rahner, F. Mitzka, K. Prümm (der an seinem religionsgeschichtlichen Handbuch arbeitete) und G. Waldmann, Prediger in der Kirche am Hof."[1] Gegen Kriegsende wurde das unmöglich.

In seinen Notizen verzeichnete Karl Rahner, daß er vom 6.-8. Juli 1944 dreitägige Exerzitien für Ordensfrauen im Krankenhaus von Arnstorf leitete. Im August übernahm er dort und in der Umgebung Sonntagsaushilfen mit Predigten sowie viele Beichtaushilfen. In der Schloßkapelle von Arnstorf versah er den regelmäßigen Gottesdienst. J. Adamek schreibt dazu: „Rahner siedelte nach Mariakirchen in Niederbayern über. Er hatte Beziehungen zur gräflichen Familie Deym in Arnstorf zwischen Landau an der Isar und Eggenfelden. Er nahm Wohnung im Schloß der Gräfinmutter im benachbarten Mariakirchen. Er knüpfte enge Verbindungen mit Pfarrern und Leuten der ländlichen Umgebung."[2] Die Erinnerung ist darum wertvoll, weil J. Adamek gegen Ende 1944 wie andere aus Pullach abziehen und irgendwo im Lande Unterschlupf suchen mußte. „Ich wußte von Rahners neuem Wohnsitz und suchte in seine Nähe zu kommen, um ihm gegebenenfalls meine Dienste anbieten zu können. Daß ich Graf Deym als meinen Klassenkameraden und Mitabiturienten des Gymnasiums Passau gut kannte, erleichterte meine Absicht. Ich nahm aber nicht im Schloß, sondern im Pfarrhof in Arnstorf Wohnung. Wiederholt besuchte ich Karl Rahner. Für

---
[1] Brief an den Verfasser vom 12.1.1991.
[2] Ebd.

eine Fortführung der Wiener Arbeit waren aber die Bedingungen nicht gegeben. Wir erlebten den Einmarsch der Amerikaner. Etwa zwei Monate später verließen wir unsere Bleibe in Niederbayern und fuhren getrennt auf US-Lastern nach Pullach; Rahner zu seinen Vorlesungen, ich zum zweiten Teil des Tertiats unter P. I. Müller."[3]

Rahners Tätigkeit bestand während dieser Monate vor allem aus seelsorglichen Einsätzen, unter denen das Beichthören häufig vorkommt. Schönau, Zeitlarn, Thanndorf, Münchsdorf, Haunersdorf, Simbach, Landau sind in den Aufzeichnungen als Einsatzorte genannt.

Bis August 1945 blieb Karl Rahner in Mariakirchen und Arnstorf. Ab Oktober verzeichnet er seelsorgliche Einsätze in der Umgebung von Pullach. Am 25. September 1945 hatte dort in der Philosophischen Hochschule ein Sonderkurs in Theologie begonnen, mit dem jene Mitbrüder, die ihre Studien nur vorläufig abgeschlossen hatten, den nötigen Erfordernissen der Jesuitenausbildung voll entsprechen sollten. Ende August siedelte Karl Rahner zusammen mit P. A. Lieske ins Berchmanskolleg über, das um diese Zeit für Ordensstudenten frei wurde. Das Ganze war ein Provisorium, durch den Umstand bedingt, daß man nicht einfach nach Innsbruck, Frankfurt oder Valkenburg gehen konnte. Im Norden wurde ein ähnliches Provisorium im alten Kolleg von Büren eingerichtet. Nach persönlichen Erinnerungen – schriftliche und gar gedruckte Unterlagen über diesen Einsatz gibt es nicht – las Karl Rahner im Winter-Semester 1945/46 „De sacramentis, Teil 2", während A. Lieske den ersten Teil übernahm. Konkret legte er dort seine Lehre über die Buße vor, an der er seit langem gearbeitet hatte und die sich dadurch auszeichnete, daß er die dogmenhistorischen Forschungsergebnisse für die dogmatische Darlegung fruchtbar zu machen suchte. Gleichzeitig legte er „Patristische Literatur- und Dogmengeschichte" vor, so daß seine Forschungen sich unmittelbar in den Lehrverpflichtungen auswirkten. Im Studienjahr 1946/47 las er „De gratia" und hielt ein Seminar zur Geschichtstheologie, während er 1947/48 die Schöpfungs- und Urstandslehre „De Deo creante et elevante" vorlegte. Nach anderen Zeugen sah das Programm Karl Rahners in diesen beiden Jahren gerade umgekehrt aus. 1947 und 1948 fungierte er als „Decanus facultatis theologiae"; Studienpräfekt war P. J. de Vries. Bis zum Herbst 1946 stand neben Karl Rahner der öfter erwähnte P. A. Lieske, der allerdings dann an Krebs verstarb. Außerdem las P. A. Grillmeier in diesen Jahren in Pullach. Im Sommer 1948 wurde die „Theologie" in Pullach geschlossen. Für Deutschland konzentrierten die Jesuiten bis 1950 die theologischen Studien in Büren/Westfalen; anschließend wurde die Fakultät nach Frankfurt/M. verlegt. In den Jahren 1946–48 plante man in Pullach mit den Professoren M. Schmaus, München, J. R. Geiselmann, Tübingen und Karl Rahner das „Handbuch der Dogmengeschichte", dessen Mitherausgeber P. H. Rahner wurde. Den Aufbau dieses Werkes und namentlich seine Eintei-

---
[3] Ebd.

lung nach Fachfragen soll Karl Rahner maßgeblich mitbestimmt haben, während sich P. A. Grillmeier, der ebenfalls zu den Herausgebern zählt, bei diesen Vorbereitungen nur eine Zuschauerrolle zubilligt. Karl Rahner hat sich in dieser Zeit auch handwerklich versucht.[4]

Häufiger werden für ihn jetzt die um so nötigeren Vorträge, Predigten und Bildungsveranstaltungen, die wieder ungehindert stattfinden konnten – sieht man von den Beschränkungen der Besatzungszeit ab. Die Nachfrage war groß, weil der Zusammenbruch und die unmittelbare Not die Menschen nach Deutung und Ermutigung fragen ließen. Für die „Junge Mannschaft" in München bot Karl Rahner vom Januar bis zum April 1946 einen Dogmatikkurs von 7 Doppelstunden an. Im März und April hielt er die später durch das Buch „Von der Not und dem Segen des Gebetes" bekanntgewordenen Fastenpredigten im Bürgersaal. Weitere Predigten ebendort folgten. Im Juni ist er zu Vorträgen über die Kirche bei Studenten in Erlangen. Aber größere Reisen sind offenkundig noch schwer zu machen. Das Hauptarbeitsfeld bleibt München und im Sommer Pfarrkirchen und Arnstorf. Ende Oktober kann er einen Exerzitienkurs im Priesterseminar von Passau geben. Schon vorher hatte ein Kurs über das Dogma beim Religiösen Bildungswerk München begonnen. Im Dezember sprach er zu den jungen Mitbrüdern in Pullach über den „Trost in den Exerzitien", und zu Weihnachten gelang es ihm, nach Freiburg zu kommen, wo er zum Jahresende einen Exerzitienkurs für Ursulinen leitete. 1947 bestritt er während der Fastnachtstage die Predigten zum 40–stündigen Gebet in St. Michael.

Mit April setzte schließlich wieder die anspruchsvoll-wissenschaftliche Vortragstätigkeit ein mit der „Theologie des Todes" auf einem Ärztekongress in Bad Mergentheim, wo er ebenfalls ein Diskussionsreferat zum § 218 hielt. Von Januar bis Juli trug er vierzehntägig beim Religiösen Bildungswerk München für eine dogmatische Arbeitsgemeinschaft vor. Der Sommer sah ihn als Leiter verschiedener Exerzitienkurse, ehe er im September mit drei Referaten bei einer theologischen Arbeitstagung in der Nähe Stuttgarts und dann mit einem Vortrag in Frankfurt mitarbeitete. Nach und nach fanden sich Möglichkeiten zu solchen Einsätzen eines Theologieprofessors wieder. Im Oktober hielt er an der Universität München die Gastvorlesung „Kirche der Sünder". Ende des Monats leitete er Exerzitien für 230 Theologiestudenten in Regensburg. Um St. Michael in München entwickelte er in der Zwischenzeit eine eigene Predigt- und Vortragstätigkeit, wenn er nicht gerade auf Reisen war. Am 4. Januar 1948 ist er in Bad Driburg/Westf. zur Tagung der Una-Sancta-Arbeitsgemeinschaft der Theologen geladen, aus der später der bekannte Jaeger-Stählin-Kreis wurde. Sein Thema: „Apostolat". Um diese Zeit beginnen auch Radiopredigten. Neben den nun gewohnten Vorträgen in Bildungswerken ist vielleicht noch eine Vortragsreihe vor Theologen der Erzdiözese München-Freising Anfang

---

[4] Vgl. F. HERRLER, Dozent in Pullach 1945–1948, in: Karl Rahner – Bilder eines Lebens, 42–43.

April 1948 erwähnenswert und ein Auftreten bei der Klerustagung in Konstanz im Mai.

Die Verhältnisse normalisierten sich; an eine Rückkehr nach Innsbruck war zu denken. Noch lehrte und lebte Karl Rahner in den Provisorien der Münchener Nachkriegszeit. Er erlebte die Zerstörungen und ihre Bedeutung für die Menschen direkt; er erfuhr das Flüchtlingselend dieser Jahre, die Einschränkungen in den täglichen Lebensbedürfnissen und die geistige Not. Aber er sah auch, daß die Lage nicht so war, daß es nur um ein Anknüpfen an frühere Verhältnisse ging. Wer tiefer schaute, konnte sich keinen Illusionen hingeben, daß die Schäden der Nazizeit tiefer reichten, als es manche Kirchenvertreter meinten. Die Situation der Diaspora wurde unausweichliches Thema, weil dieser Begriff jetzt Wirklichkeiten decken mußte, die es früher in dieser Art nicht gab: die Entfremdung, die unglaubliche Vermischung von Menschen unterschiedlichster Herkunft und Tradition, die Isolierung jener, die ums Überleben kämpften und dabei nicht viel Rücksicht nehmen konnten und wollten. Die Fraglichkeit selbst der direktesten Lebensmöglichkeiten und damit ein Materialismus, der sich tiefer einfraß als alle entsprechende Ideologie. Der Ausgangspunkt, von dem aus Karl Rahner in die 50er Jahre ging, war merklich anders als jener, von dem aus sein Bruder Hugo startete.

Die ganz verschiedenen Erwartungen mußten sich bei aller Gemeinsamkeit in der Sichtweise und im Urteil auswirken. Nicht von ungefähr tritt für Karl Rahner damals das Thema Kirche in den Vordergrund. Schon die Enzyklika „Mystici corporis" hatte einiges angeregt. Zusammen mit den Erfahrungen fügte sich das zu einem Anstoß, der immer deutlicher und stärker ausgeprägt werden sollte. „Kirche der Sünder" wurde als Thema schon erwähnt. Die Frage des Kircheseins und der Kirchengliedschaft war für die Salzburger Hochschulwochen im Sommer 1946 aufs Programm gesetzt worden, die wieder in der alten Form durchgeführt werden sollten. „Im Mittelpunkt des Kurses stand die 1943 veröffentlichte Enzyklika Corporis Christi mystici. Abt Hugo Lang (München, St. Bonifaz) und P. Karl Rahner... bekamen keine Einreiseerlaubnis nach Österreich... Der Berichtband dieser Hochschulwochen aber enthält die Vorlesung der beiden ursprünglich vorgesehenen Referenten."[5]

Für das Jahr 1945 weist Karl Rahners Bibliographie eine Lücke auf; 1946 verzeichnet nur eine einzige Veröffentlichung. 1947 nennt wieder 11 Titel und dann erhöht sich die Zahl publizierter Texte von Jahr zu Jahr. Das ist ein Zeichen für die Entwicklung. Sie aber setzt 1946 ein mit dem Text „Der Einzelne in der Kirche"; dieses Vorzeichen wird für die kommenden Jahre wichtig.

---

[5] F. PADINGER, Geschichte der Salzburger Hochschulwochen, in: Christliche Weltdeutung..., Kevelaer/Graz 1981, 37.

20. Kapitel

Wieder in Innsbruck

Als Karl Rahner am 12. August 1948 nach Innsbruck zurückkehrte, nahm ihn das Jesuitenkolleg in der Sillgasse auf, wo sein Bruder Hugo lebte. Er vermerkte den Tag unter den für sein Leben wichtigen Daten. H. Vorgrimler wertet den folgenden Abschnitt so: „Die Zeit, in der Karl Rahner als Theologe in Innsbruck und von Innsbruck aus weltweit tätig war, muß, menschlich gesehen, als die wichtigste Zeit in seinem Leben angesehen werden. Er begann, das zu ernten, was er in langen Jahren des Studiums und der Meditation grundgelegt hatte, und er gab es ohne Schonung seiner Kräfte an die vielen Menschen weiter, die seine Zuhörer oder Leser wurden. Er hatte dabei auch Schwierigkeiten mit seiner Kirche, aber sein Beharrungsvermögen, seine Loyalität zur Kirche und die Solidarität einflußreicher Freunde setzten sich durch: Er wurde einer der wichtigsten Mitarbeiter des II. Vatikanischen Konzils und mehrerer Bischofskonferenzen in Europa und in Übersee"[1].

Noch bezieht sich dieser geraffte Überblick auf einen offenen Anfang. Hugo Rahner war es, der beim Bruder und bei den Oberen auf die Rückkehr nach Innsbruck drängte, als diese möglich wurde und sich die Schließung des Pullacher Provisoriums absehen ließ. Man hielt all die Jahre dem Dozenten den Platz frei. Dann hatte die sich verschlimmernde Krankheit von P. F. Mitzka die Frage der Besetzung eines ordentlichen Lehrstuhls akut werden lassen. P. Mitzka resignierte und starb 1950. Mit dem 30. Juni 1949 trat Karl Rahner auf dem Lehrstuhl seine Nachfolge an, die er 15 Jahre lang wahrnehmen sollte. Den Auftakt in Tirol wählte er mit der Teilnahme an den Alpbacher Hochschulwochen Ende August – Anfang September, ein Akzent, den er mit den Predigten im Akademikergottesdienst an den Sonntagen in Innsbruck verstärkte. Nie mehr würde er wissenschaftliche Theologie rein als Reflexion von Formeln und Texten betreiben; die Erfahrungen der Kriegs- und Nachkriegszeit hatten ihn so eng mit der geistigen Not der Zeitgenossen vertraut werden lassen, daß er ein schlechtes Gewissen bekommen hätte, wäre ihm die Bedeutung seiner Arbeit für die Menschen je wieder entfallen.

In erster Linie wirkte er gleichwohl als Universitätsdozent, also in Lehre und Forschung zusammen mit Studierenden, die in Innsbruck aus aller Welt zusammenkamen und dafür standen, daß die theologische Arbeit sich nicht

---

[1] H. Vorgrimler, Ordentlicher Professor in Innsbruck 1948–1964, in: Karl Rahner – Bilder eines Lebens, 44–45.

in regionalen Interessen vergrub. Der Aspekt Weltkirche wurde nicht nur künstlich aufgesetzt, er war existentiell immer gegeben. Das anstehende Heilige Jahr 1950 mit den Vorbereitungen für die Dogmatisierung der leiblichen Aufnahme Mariens in den Himmel stellte zudem eine konkrete Herausforderung für Theologen dar, das zumal im deutschen Sprachraum, wo wegen der Präsenz von reformatorischen Kirchen und Gruppen ein gewisses Unverständnis gegenüber diesem Schritt des Papstes zu erwarten stand. Karl Rahners Mitarbeit am evangelisch-katholischen Theologenkreis hatte ihn für die Schwierigkeiten sensibel werden lassen, die hier auftauchen mußten.

Kein Wunder, wenn für Hugo wie für Karl in einer ersten Phase dieser wieder gemeinsamen Innsbrucker Existenz die Mariologie deutlich im Mittelpunkt stand, und das nicht nur für das Jahr 1950, sondern für einen größeren Abschnitt, der mindestens bis zum Ende des marianischen Jahres 1954 währte. Die Bibliographien beider bezeugen das deutlich. Daß Querverbindungen zwischen den jeweiligen Beiträgen bestehen, liegt nicht nur nahe, sondern ist an manchem Titel unmittelbar zu greifen. Es wird eigens zu sehen sein, was das für die Rahnerbrüder bedeutete.

Eine zweite Phase um die Mitte der 50er Jahre ist vor allem durch das Jubiläum des 400. Todestages des hl. Ignatius von Loyola markiert. In dieser Sache war und blieb es durchaus nicht nur der Ältere, der sich mit wichtigen vertiefenden Beiträgen historischer Art zu Wort meldete. Es ging auch um die theologische Bedeutung Loyolas und um seine Auswirkung auf entsprechende Überlegungen aus den Exerzitien, den Konstitutionen des Ordens, einen überreichen Briefwechsel. Natürlich handelte es sich dabei nicht um einen vertrauten und akzeptierten Gesichtspunkt im Umfeld theologischer Arbeit. Deswegen wurde dieser Einsatz im Wirken Karl Rahners nicht recht wahrgenommen und als frommes Nebeninteresse abgetan. Dabei dürften die Exerzitienkurse, die er in Pullach, in Rom und sonst für Theologiestudierende hielt, in diesen Jahren einige entscheidende Anregungen vermittelt haben und ein Grund dafür gewesen sein, daß sich immer breitere Theologenkreise für seine dogmatischen Beiträge interessierten. Der fromme Rahner – heiße er Hugo oder Karl – steht nicht neben dem wissenschaftlichen Werk in der Dogmatik und der Kirchengeschichte. Hier befruchtet das eine das andere, so daß vieles unverständlich bleibt, wenn diese Zusammenhänge übersehen werden.

Eine dritte Phase im Wirken der beiden Brüder in Innsbruck ist sachlich um das Ende des Pontifikats von Papst Pius XII. anzusiedeln. Es ist die Zeit versuchter Sammlung und Bilanz etwa in dem großen Unternehmen des „Lexikon für Theologie und Kirche", es ist die Periode vorsichtigen Fragens und Ausblickens, selbst wenn die Wünsche und Erwartungen noch sehr verhalten geäußert werden. Dieser Verhaltenheit scheint die Wahl Papst Johannes XXIII. zusätzlichen Grund zu geben. Wer konnte schon ahnen, daß es bald die Ankündigung eines Konzils geben würde!

Das Vorzeichen Konzil leitete in die 60er Jahre über und prägte noch einmal eine Zeit theologischen Einsatzes, der für Hugo in die tödliche Krankheit und für Karl in die Mitarbeit an der Kirchenversammlung führte. Schwierigkeiten und Widerstände waren zu ertragen; neue Freundschaften bildeten sich, die für die weitere Arbeit wichtig werden sollten. Nach der Phase relativer Ruhe erwiesen sich diese Jahre als angestrengte Zeit intensiven Bemühens in Sorge um die Kirche und um ihre Öffnung, um ihre Erneuerung, die von innen und aus den eigenen Wurzeln kommen sollte und mußte. Gewiß haben pastorale Interessen in dieser Zeit zur Herausgabe des Bandes „Sendung und Gnade" geführt, dessen genuin christlich-theologisches Anliegen manchem gar nicht aufgehen wollte, der hier nur einen Versuch mehr oder minder äußerlicher Anpassung sah. Das Buch riß neue Horizonte auf, wie es damals in Berücksichtigung der Ergebnisse aus den Humanwissenschaften mancherorts vorgeschlagen wurde. Es wurde ein großer Erfolg, der viele Anregungen in breitere Kreise trug. Und doch ist der zutiefst theologische Ansatz dieser Sammlung, der sich mit der „Theologie der Verkündigung" Hugos berührte, kaum deutlicher zur Auswirkung gekommen. Es ist hier nicht der Ort, diesen Ansatz aus den Texten selbst herauszustellen, wohl aber aus den äußeren Umständen, unter denen sie entstanden und gesammelt wurden, nahezulegen, daß hier noch offene Aufgaben warten.

Wenn nachfolgend die Darstellung den verschiedenen Phasen nachgeht, so sollte das nicht verführen, die vielfachen Verbindungen zu übersehen, die trotz allem bestehen. Eine Isolierung würde für den Lauf der Zeit ein falsches Bild ergeben, wie das früher bei einer abgesonderten Betrachtung Rahnerscher Tätigkeitsfelder immer wieder der Fall war.

a) Maria und die Kirche

Unter diesem Titel brachte Hugo Rahner während des Jahres 1950 eine Reihe von theologischen Meditationen heraus, die ein Jahr später als Büchlein erschienen[2]. Zu dieser Zeit befaßte sich Karl mit dem neuen Dogma und seinem Inhalt ebenfalls in verschiedenen Publikationen, aus denen 1956 das Büchlein „Maria, Mutter des Herrn" erwuchs. Maria wird im Kontext dieser Jahre und der Bedeutung, die sie innerhalb der Kirchen- und Theologiegeschichte besitzt, zum Bezugspunkt für die Behandlung verschiedenster Fragen und Schwierigkeiten, denen sich der Christ und Theologe konfrontiert sah. Zugleich ist sie die Gestalt, über die sich die Vielfalt und Unterschiedlichkeit der Aufgaben und Perspektiven an den Herrn zurückbinden ließ. Auf diesem Weg sollte der Gefahr, sich in allerlei Allotria, in Vordergründigkeiten und Oberflächlichkeiten zu verlieren, gewehrt sein.

Am 13. Juni 1951 unterzeichnete Karl Rahner das Vorwort zu einem Manu-

---

[2] Vgl. Der große Entschluß 5 (Wien 1950) in den einzelnen Nummern der Zeitschrift.

skript, in dem er sich für das deutschsprechende Publikum eingehend mit jenen Fragen befaßt hatte, die durch das Dogma von der leiblichen Aufnahme Mariens in das Leben Gottes zur Diskussion gestellt waren. Der Verfasser war der Meinung, eine solche Untersuchung fehle im deutschen Sprachraum. Die Bemerkung sagt schon, daß es ihm nicht um eine Festschrift zur Definition ging; davon gebe es eine Reihe guter Beispiele. Er will mit seiner Schrift auch nicht der unmittelbaren seelsorglichen Verkündigung dienen, weil dafür hinreichend gesorgt sei. Dennoch möchte er nicht zu „wissenschaftlich" und lebensfremd Theologie treiben, auch keine „Summa" über die leibliche Aufnahme Mariens in die ewige Gemeinschaft Gottes bieten, in der ausgewogen und ausführlich alle Themen und Fragen abgehandelt würden, die mit dem Glaubenssatz zusammenhängen. Die Untersuchung sei im wesentlichen vor dem 1. November 1950 fertig gewesen, doch habe er den theologischen Ertrag der Definition in seine Untersuchung noch eingearbeitet.

Positiv wird die Eigenart so gekennzeichnet, sie gehe viel breiter als sonst üblich auf die weiteren Zusammenhänge ein, bringe so den Kontext zur Sprache, dessen umfassende Beachtung für eine theologisch angemessene Behandlung dieser Wahrheit unvermeidlich sei. Deswegen sind Fragen der Dogmenentwicklung allgemein, der Eschatologie und der Mariologie einbezogen, die nur im weiteren Sinn mit der Dogmatisierung zu tun haben. Kurzum: Rahner weist schon hier darauf hin, daß diese Glaubensaussage erst im Zusammenhang und im vielfältigen Bezug zu anderen Glaubenswahrheiten recht erfaßt, vertieft und verstanden werden kann.

Als Nachteil dieses Vorgehens wird unbefangen angegeben: Es muß deswegen über vieles geredet werden, was in der katholischen Theologie umstritten oder offen ist, es müssen Positionen eingenommen werden, für die sich noch kein Konsens und keine Tradition fragloser Art geltend machen lassen. Zweitens sei durch die nötige Breite bedingt, daß nicht immer die wünschenswerte Ausführlichkeit, Genauigkeit und Kompetenz einzubringen sei. Der Mut zur Lücke um des unerläßlichen und gerade angezielten Gesamteindrucks willen wird ausdrücklich herausgestellt.

Nicht eigene Forschungsergebnisse zur Detailfrage und ihrer Aspekte machen demnach den Beitrag dieses Manuskriptes aus. Da erhebt Rahner keinen Anspruch, Neues oder Interessantes zu bringen. Ihm geht es um den größeren Zusammenhang, um Verbindungen und Einflüsse, Abhängigkeiten und Möglichkeiten, die bei einer engeren Fragestellung von vornherein nicht mehr in den Blick kommen können und die im Blick zu haben, ihm für das sachlich treffende Verständnis dieser Wahrheit unerläßlich scheint. „Der Verfasser ist zufrieden, wenn es ihm gelungen sein sollte, den Stand der Erforschung dieser Geschichte ohne zu große Verzerrungen wiederzugeben"[3].

Dem deutschen Leser sollte überdies in der Nachkriegslage ein Zugang zur reichhaltigen außerdeutschen Literatur geschaffen werden, eine Informations-

---
[3] KARL RAHNER, Probleme heutiger Mariologie, Ms 1951, 2.

übersicht zur Sache, die er sich selbst nur mühsam und schwer in der damaligen Situation besorgen konnte. Es sollte freilich nicht mehr als eine Auswahl der wichtigsten Literatur sein, die hier geboten war. Einen eigenen Hinweis gab Karl Rahner auf die Einführung eines längeren Exkurses zur Theologie des Todes im allgemeinen. Er entstand früher als dieses Manuskript und nicht im Zusammenhang mit seinem Thema. Vielmehr sind in ihn vor allem persönliche Erfahrungen und Herausforderungen des Krieges und der Nachkriegsjahre eingegangen, Antwortversuche auf bedrückende Fragen, denen ein Priester und Theologe damals schon nicht ausweichen konnte. Für das Verständnis des Todes Mariens hatte sich Rahner öfter auf diese Gedanken bezogen, ohne für sie mehr zu beanspruchen, als daß es eine sehr bescheidene Skizze einer Vorüberlegung zu einer wirklichen Theologie des Todes sei.

Zur Methode schließlich heißt es, eine einheitlich schematische Vorgehensweise sei nicht möglich; die Methode habe sich den Erfordernissen der Sache anzupassen. Was jeweils fällig sei, müsse sich aus der gerade zur Behandlung stehenden Frage ergeben. In einer lebendigen Theologie gehe es nicht ohne „Hypothesen" und „Versuche", solange sich solche im Rahmen der kirchlichen Lehre hielten. Wer alle Möglichkeiten eines genaueren und tieferen Verständnisses der Glaubenslehre auszuschöpfen suche, komme nicht darum herum. „Ein strenger Kritiker solcher Versuche und Hypothesen darf eigentlich nur der sein, der die Frage, die mit ihrer Hilfe gelöst werden soll, ebenso deutlich sieht und eine bessere Antwort hat"[4].

Die Geschichte dieses Manuskriptes ist mehr oder minder verständlich bekannt geworden. Ein Buch wurde aus diesem Text nicht, weil Karl Rahner von verschiedenen Gutachtern innerhalb des Ordens keine Zustimmung zur Veröffentlichung erhielt. Solch eine Prüfung ist in der Regel eher Formsache, dient aber oft der Verbesserung eines Gedankenganges und seiner Darstellung. Rahner hat sich damals und später ganz selbstverständlich solchen Regelungen seiner Ordensgemeinschaft bezüglich Veröffentlichungen unterzogen. Diese Einrichtung konnte er durchaus in ihrem positiven und hilfreichen Wert sehen, obwohl er auch bittere Erfahrungen machen mußte. Das Manuskript lag im Sommer 1951 vor und wurde u. a. an den Kollegen Prof. Dr. F. Lakner gegeben. Dieser schrieb zu Anfang Oktober an Karl Rahner, er habe nach reiflicher Überlegung schließlich darum gebeten, an seiner Stelle einen neuen oder mindestens einen zusätzlichen Gutachter heranzuziehen, weil er sich nicht in der Lage sehe, zu einem sicheren Urteil zu kommen. „Um nicht Ähnliches zu erleben, was wir seinerzeit beim Buch von P. Jungmann über die Frohbotschaft erlebt haben, wo ich auch Revisor war, halte ich es für ratsam und sehr erwünscht, daß wir ein größtmögliches Maß von Sicherheit fordern, größer als bei den gewöhnlichen Publikationen", hieß es da u. a. wörtlich. Erwähnt ist, daß zwei weitere Gutachter dem Rahnerschen Manuskript ihre Zustimmung gegeben hatten. Die

---

[4] Ebd.

Entscheidung sei darum nicht leichtgefallen und habe längere Zeit in Anspruch genommen.

Rahners Provinzoberer bat diesen im Dezember 1951 aufgrund der Lage dieser Beurteilung, das Manuskript dem zuständigen Verantwortlichen in der Ordensleitung nach Rom zu senden, um dort eine Entscheidung zu finden. Karl Rahner legte der Sendung einen längeren Brief bei: Er schreibe „nach dreißig Jahren der Zugehörigkeit zur Gesellschaft (Jesu) meinen ersten Brief an die Kurie nach Rom". Dann berichtet er die Vorgeschichte des Manuskripts und erläutert: „Ein neues Dogma verpflichtet einen katholischen Theologen und Jesuiten, sich dafür einzusetzen. In Deutschland ist das sehr nötig." Es sei positiv dazu nicht viel erschienen, und das sei symptomatisch. Man müsse nur einmal hören, was darüber in Fachkreisen privat geäußert werde. „Eine wirklich ausführliche theologische, deutsch geschriebene Arbeit, die auch auf die Schwierigkeiten der Protestanten eingeht, fehlt ganz ... in dieser Situation entschloß ich mich im Frühjahr 1950, in dieser Richtung das zu tun, was ich konnte und soweit ich es konnte. Es ist mir schwer gefallen, weil ich auf diese Weise nun bald schon zwei Jahre auf meine bußgeschichtlichen Arbeiten verzichten mußte, in denen ich mitten drin steckte und in denen man friedlicher arbeiten kann (wie die jetzige Erfahrung zeigt). Wenn ich mich nicht rein aus Liebe zur Sache und zur Kirche dazu verpflichtet gefühlt hätte, hätte ich mir ein ruhigeres Leben bewahren können."[5] Um mit dem Beitrag noch zur Dogmatisierung fertig zu werden, habe er den Oberen gebeten, mit den Gutachtern in der Weise in Kontakt treten zu dürfen, daß diesen die Arbeit stückweise vorgelegt wurde, um eventuelle Schwierigkeiten schon während der Abfassung ausräumen zu können. Doch erwies sich das ganze Unternehmen schwieriger, als Karl Rahner gedacht hatte und erforderte beträchtlich mehr an Zeit als geplant. Der Text konnte bis zur Dogmatisierung nicht abgeschlossen werden. Die Gutachter bekamen im Sommer 1951 das Manuskript in der damaligen Fassung.

Während seiner Arbeit hatte Karl Rahner auch sonst noch für das Dogma gewirkt, etwa in Innsbruck vor 1200 Zuhörern mit zwei Vorträgen, in Freiburg/Br. ebenfalls im überfüllten Auditorium Maximum der Universität, in Bozen und in Garmisch. Entsprechende Artikel von ihm erschienen in „Wort und Wahrheit", in der „Schweizer Rundschau" und im Innsbrucker „Volksboten". Eine Broschüre zum Thema kam hinzu. Brieflich tauschte er sich mit O. Karrer und mit anderen aus. Fazit: „Ich glaube darum, daß ich meine Pflicht getan habe."

Deshalb sei er betroffen, daß man seiner Arbeit bei der Ordensleitung mit Mißtrauen begegne; denn so müsse er doch das Verlangen deuten, diese Untersuchung müsse in Rom begutachtet werden. Er macht sich Gedanken, ob eine solche Maßnahme nicht bedeute, daß der Text mißtrauischer behandelt werde als sonst. Zudem verzögere sich die Veröffentlichung beträchtlich,

---

[5] Nach einer Kopie des entsprechenden Briefwechsels.

was mißlich sei, weil über der Abfassung doch mancher Kollege von dem Plan und dem Einsatz erfahren habe. Es gebe eine gewisse Erwartung, so daß die Verwunderung vorauszusehen sei, wenn das Buch gar nicht erscheinen würde. „Es ist auch nicht so, als ob ich eine ‚Blamage' fürchte, zumal man in diesen Kreisen (leider) auf diese Weise eher den Nimbus eines ungerecht verfolgten Martyrers erhält."

Sachlich sei ihm die Notwendigkeit dieser zusätzlichen römischen Gutachten nicht einsichtig, da es genügen müsse, wenn ein dritter Gutachter aus dem deutschen Sprachraum anstelle von Prof. Lakner seine Zustimmung gebe. Der könne auch besser sagen, wie ein solches Buch in unserem geistigen Klima wirken wird und was man bei uns von einem solchen Buch erwartet. Natürlich seien neue Fragen in dem Manuskript angeschnitten, über die sich diskutieren lasse, doch das sei gerade nötig. Und es macht sich eine gewisse Ermüdung Luft angesichts einer ganzen Reihe weiterer Schwierigkeiten mit dem Wunsch, „man wäre in der Seelsorge, in der man auch noch etwas leisten könnte und die schöner ist als die jetzige Arbeit".

Der Wunsch erklärt sich gut durch eine frische Erfahrung, auf die Karl Rahner in diesem Zusammenhang noch zu sprechen kommt. „Vor ein paar Tagen bin ich aus Freiburg zurückgekehrt, wo ich mit meinem Bruder zusammen eine Mission für die Hochschüler der Universität Freiburg hielt. Nur für die Studenten allein. Wir hatten 1100 Studenten als Zuhörer." Und dann berichtet er von vielfachen Tätigkeiten, um schließlich zu erklären: „daß man – wenn man ehrlich reden darf – in der Gesellschaft manchmal mehr Förderung und Hilfe bei der Arbeit als Schwierigkeiten ersehnen würde."

Von Rom aus kam zunächst eine verständige und beruhigende Antwort, die indes zur Sache nichts sagte, aber erklärte, daß es um das Ansehen des Ordens gehe, dem bis in höchste kirchliche Kreise Schaden zugefügt worden sei, weil Regeln nicht hinreichend beachtet worden seien. Außerdem sei es nach Ansicht des Generaloberen für einen Autor eine Beruhigung, für seine Arbeit eine Hilfe und für seine Autorität eine Sicherheit, wenn ein Manuskript von einem Gutachter approbiert werde, den der Generalobere selbst bestimmt habe.

Karl Rahner ging umgehend auf dieses Schreiben ein und erhielt dazu eine weitere Antwort, während die Frage der Begutachtung des Manuskripts noch offen war. Diese erreichte ihn Ende April 1952. Im Ton wohlwollend, wurde doch eine Bearbeitung des Manuskripts gefordert, die z.T. recht arbeitsintensive und weitreichende Änderungen betraf. Karl Rahner war entmutigt und enttäuscht, äußerte auch sehr deutlich die Absicht, künftig überhaupt nichts mehr schreiben zu wollen, wenn eine solche Mühe nicht nur keine Anerkennung finde, sondern – so kam es ihm vor – leichtfertig abgewertet und wirkungslos gemacht würde. Anfang Mai sandte er seine Reaktion nach Rom und erhielt von dort fast postwendend einen ermunternden Brief des Inhalts, man sei in Rom der Ansicht, es sei von hohem Wert, das Manuskript über die Aufnahme Mariens zu überarbeiten, und dies könne, selbst wenn es hier und da nicht ganz leicht wäre, doch zu einem beachtlichen und wertvollen Ergebnis führen. Man wünsche das Erscheinen.

Einer der von Rom gebetenen Gutachter, ein Frankfurter Mitbruder, lobte die Arbeit wegen der Fülle neuer Ideen und Anregungen und fand inhaltlich an den Ausführungen nichts auszusetzen. Stilistisch hingegen beurteilte er neben einigen sehr guten Abschnitten andere als zu schwierig und zu eigenwillig. Über einen Mittelsmann ließ er Karl Rahner durch seinen Bruder Hugo wissen, man erhoffe in der Ordensleitung sehr viel von ihm, müsse indes beim vorherrschenden römischen Klima zurückhaltend sein. Vor allem solle er die Ausstellungen aus Rom nicht so tragisch nehmen. Die Anmerkungen ließen sich berücksichtigen, ohne daß die Substanz der Aussagen angegriffen werden müsse. Der Tenor dieses Rates lautet, Karl Rahner messe aus Mangel an Erfahrung mit römischen Reaktionen diesen ein Gewicht bei, das mindestens in der Rückschau als ein wenig überzogen vorkommt. Der Mittelsmann wandte sich auch direkt an Karl Rahner mit dem Rat, um der Sache willen die Überarbeitung möglichst bald in Angriff zu nehmen. Die Bemerkung vom Juli 1952 verrät, daß Rahner das Manuskript einfach auf sich beruhen ließ. Er hatte genug andere Aufgaben. Es fiel nicht einmal sonderlich auf, daß er ein Projekt zurückstellte. Einige weitere Vertraute, die darum wußten, sahen sich aus diesem Grunde veranlaßt, zu der Überarbeitung zu ermuntern und auf sie zu drängen.

Tatsächlich hat sich Karl Rahner nach einigem Zögern an diese Überarbeitung gemacht; wann genau, ist nicht mehr festzustellen. Zuvor allerdings bat er verschiedene Theologen um ihre Meinung und stellte ihnen das Manuskript und die römischen Ausstellungen zur Verfügung. Aus diesem Austausch muß sich für Karl Rahner eine Perspektive ergeben haben, in der eine Überarbeitung sinnvoll und möglich schien.

Als Papst Pius XII. das Jahr 1954 im Gedächtnis an ein Jahrhundert seit der Dogmatisierung der Unbefleckten Empfängnis Mariens zum „Marianischen Jahr" erklärte, bot sich eine neue Gelegenheit, dieser Untersuchung Aktualität zu geben. Hugo Rahner nahm im September 1953 an der sogenannten Prokuratorenversammlung des Ordens als Vertreter der österreichischen Provinz in Rom teil und nützte diese Gelegenheit zu persönlichen Vermittlungen bei den Verantwortlichen in der Leitung der Gesellschaft Jesu. Er mußte indes feststellen, daß gegen seinen Bruder manche Vorwürfe erhoben worden waren, die zu einer Verhärtung der Einstellung gegen Karl Rahner geführt hatten. Bestimmte Kreise in Rom sahen eine Nähe zur „Nouvelle Théologie" sowie zu den pastoralen Aufbrüchen in Frankreich, die damals durch die Maßnahmen gegen die Arbeiterpriester und einige Theologen und Verantwortliche aus dem Dominikanerorden gestoppt wurden.

Hugo Rahner versuchte deshalb zu klären und Vertrauen zu gewinnen, um auf diesem Wege eine Sache wieder in Gang zu bringen, die sich festzufahren drohte. Er wies darauf hin, daß Karls Manuskript Frucht einer großen Mühe und Denkarbeit sei, die – nachdem sie 1950 nicht erscheinen konnte –

für das marianische Jahr im deutschen Raum besondere Bedeutung habe. Es gebe ja wenig spekulative Beiträge, mit denen sich die Gesellschaft Jesu sehen lassen könne; das Buch Karls sei eine wissenschaftliche Abhandlung, die manches entfalte, was nun einmal in der üblichen Theologie so noch nicht gesagt worden sei und deswegen naturgemäß Fragen aufwerfen könne. Aber gerade ein solcher Versuch verdiene Förderung und solle nicht an überflüssigen Hindernissen scheitern. Ohne solche Förderung sei auf in dieser Richtung überhaupt nichts mehr zu erwarten.

Im Herbst 1954 hatte Hugo Rahner wieder einige Zeit in Rom zu tun, wo er im Historischen Institut des Ordens Material für das kommende Ignatiusjahr erforschen wollte. Verschiedene Gespräche zeigten nur, daß die Situation noch einmal verschärft war. Damals hielt der Papst die Rede, in der ein Satz vorkam, der allgemein als gegen Karl Rahner gerichtet aufgefaßt wurde. Es ging um „Die vielen Messen und das eine Opfer". Andere Äußerungen Rahners, wie seine Rede in Köln auf der deutsch-österreichischen Werktagung der Gesellschaft katholischer Publizisten Anfang Oktober 1954, lösten ebenfalls kritisches Echo aus, aber ebensoviel Zustimmung von Gruppen, die der Kirchenleitung eher verdächtig waren. Kurzum: die Sache des Manuskripts geriet mit der Zeit in einen Zusammenhang, der den Generaloberen des Ordens zu Anfang 1955 veranlaßte, Karl Rahner aufzutragen, sich ganz streng an sein Fachgebiet zu halten und Äußerungen über Fragen zu unterlassen, die darüber hinausgingen. Die Maßnahme wurde im Sommer des gleichen Jahres zurückgenommen, hinterließ jedoch bei Karl Rahner den Eindruck, man mißtraue ihm und sei nicht bereit, seine Arbeit anzuerkennen.

Im einzelnen brauchen wir nicht weiter auf diese Vorgänge einzugehen, zumal sie sich im Rahmen des Umgangs eines Ordensoberen mit einem Mitglied seiner Gemeinschaft hielten. Sie spiegelten indes ein Stück Kirchenwirklichkeit jener Jahre und regten zu einer Betrachtung der Lage an, die Karl Rahner ebenso wie sein Bruder Hugo immer wieder in Angriff nahmen und die zu einer Sicht führte, die mancheiner nicht teilen mochte. Was den Rahnerbrüdern nüchterne Wahrnehmung der Gegebenheit und deshalb unerläßliche Feststellung von Tatsachen schien, kam anderen als Defätismus vor. Wo sie im Sinne Abbé Godins und I. Zeigers von Missionsland sprachen und auf eine neue missionarische Bemühung drängten, wie sie etwa in der Mission de France, in den Initiativen Kardinal Suhards, bei den Arbeiterpriestern oder in der sozialen und theologischen Bildungsarbeit, in Akademien, in konfessionsübergreifender Zusammenarbeit wie in der Einheitsgewerkschaft usw. angepackt wurden, da wollten andere katholische Werte als allgemeinverbindlich durchsetzen und eine entsprechende Gesellschaft schaffen im Bemühen, alle Lebensbereiche möglichst intensiv durch katholische Führungsgruppen zu bestimmen. Man verdächtige diese Bestrebungen nicht einfach als integralistisch, doch unverkennbar waren hier Tendenzen dieser Art am Werk, die auf eine katholische Gesellschaft in einem katholischen Staat abzielten. Jene, die solche Ziele für unrealistisch ansahen und die Grundlagen dafür im

Schwinden wußten, hatten nicht immer einen leichten Stand und kamen sich nicht selten isoliert vor. Um überhaupt Gehör zu bekommen, mußten sie sich mit anderen zusammentun, die eher als am Rande stehend galten. Die Rede war von „Milieukatholizismus", der sich der demokratischen Einrichtungen zu bedienen suchte, um eine neue katholische Tradition im soziologischen Sinn zu schaffen. War die Zeit dafür aber nicht vorbei? Gab es wirklich noch entsprechende Voraussetzungen? Die Marienfrömmigkeit und die Mariologie dieser Zeit hatte mit den unterschiedlichen Konzeptionen und Vorstellung von der Rolle der Kirche in der Öffentlichkeit mehr zu tun als es heute auf den ersten Blick scheinen mag. In der „Fatima-Euphorie" jener Zeit erhielt der Bezug auf Maria direkt politische Bedeutung. Die Tendenz ging deutlich auf eine Absonderung und auf eine starke Konzentration aller Kräfte, die als Macht wider das Böse verstanden werden wollte, das sehr konkret und eindeutig benannt wurde. Daß dabei viel Schlimmes übersehen wurde, daß dabei Entwicklungen außer acht blieben, die sich verheerender auswirken sollten, daß dabei Verengungen, Fehldeutungen, Simplifikationen schrecklicher Art vorkamen, ist heute greifbarer als im Hin und Her damaliger Tagesmeinungen. Die beiden Rahner-Brüder standen auf der Seite der unbefangenen Bilanz und schätzten die Schäden und die Veränderungen durch Kriegs- und Nachkriegszeit weit- und tiefreichender ein als jene, die von einer guten alten Zeit träumten und – wenn auch mit neuen Mitteln – angeblich so glückliche alte Verhältnisse wiederherzustellen trachteten. Dazu nahmen sie Maß an dem, was ihnen von früher bekannt war. So gewannen sie große Sicherheit, schlossen aber Offenheit und Sinn für möglicherweise Neues aus. Die Wahrheit war längst bekannt, ihr mußte nur zum Sieg verholfen werden. Aus der jesuitischen Erfahrung heraus konnten Hugo und Karl Rahner so nicht sehen und denken. Wo immer wieder nach einem konkreten Willen Gottes gefragt wird, der Überraschungen bergen kann, wo man im Sinne der Geistlichen Übungen je wieder neu zu fragen lernte, was jetzt und heute verlangt sein könnte, wo man sich daran gewöhnt hat, das eigene Wissen und Gewissen in diesem Sinn selbständig einzusetzen, da stellt sich von selbst jene andere Perspektive ein, die nüchtern bei dem zu beginnen sucht, was ist, und Wirklichkeit nicht erst nach Wunschvorstellungen zurechtrückt oder sie einfach in Bausch und Bogen verurteilt. Niemand sucht sich seine Welt aus. Und der Christ hat davon auszugehen, daß er in der Welt zu leben hat, die ihm gegeben ist, d. h. aber auch, daß eine solche Welt Gelegenheit dazu bieten muß und in diesem Sinn nicht einfach schlecht sein kann. Geduld und Hoffnung der beiden Rahners wurden in dieser Phase in je eigener Weise auf die Probe gestellt. Sie arbeiteten mehr als viele andere und waren der Überzeugung, daß diese Beiträge notwendig und nötig seien. Sie mußten daran leiden, daß dies – aus was für Gründen auch immer – vielfach kaum gesehen und anerkannt wurde. Sie rieben sich an Spießbürgerlichkeit und kleinkarierten Ansichten, an Bequemlichkeiten und an Naivität, an vielem, was ihnen auch und gerade in katholischen Kreisen begegnete. Was sie untereinander austauschten, ist zum größten Teil mündliche Mitteilung geblieben, ohne Spuren zu hinterlassen. Sie lebten in Innsbruck nahe beieinander und hatten es nicht nötig, sich zu schreiben. Vielleicht ist das auch gut so; denn beide konnten in der Formulierung von Kritik sehr direkt und hart werden, mag Hugo selbst deutlich die verbindlichere Form wählen. Mancher Widerstand wird sich daraus erklären, daß es persönliche Verletzungen gab, die meist gar nicht gewollt und beabsichtigt, doch den einen oder anderen erreicht und getroffen hatten. Die immer größere Bekanntheit, die sich durch die Möglichkeiten der Brüderschaft spürbar verstärkte, mag Neid und Mißgunst geweckt haben; manches deutliche Anzeichen ist dafür zu finden. In einem gewissen Sinn war Hugo wie Karl gegen so etwas wehrlos. Ihnen blieb kaum Muße, darüber nachzudenken, weil eine Fülle von Aufgaben und Pflichten anstand. Sie wurde von Jahr zu Jahr größer, doch das nahmen beide in einer Art sportlichem Sinn als Herausforderung, der gegenüber sie einmal sehen wollten, was ihnen möglich wäre und wo schließlich auch sie auf ihre Grenzen stoßen müßten. Ohne Zweifel trug die Tatsache, daß sie in der gleichen Fakultät arbeiteten, dazu bei, eine Art Wettbewerb oder Wettstreit aufkommen zu lassen. Wie es scheint, haben sie einige Jahre hindurch die Reihe der jeweiligen Veröffentlichungen in Zentimetern gemessen und verglichen. Später mußte Hugo das aufgeben und dem Bruder zugestehen, daß bei ihm im Laufe eines Jahres bedeutend mehr an Veröffentlichungen zusammenkam[6].

b) Ignatius und die vertiefte Erneuerung

Das Gedenkjahr des Todes des Ignatius von Loyola – es wurden 1956 genau 400 Jahre – hatte schon einiges an Planungen und Arbeiten in Gang kommen lassen. Zwar war die Herausgabe der „Monumenta Historica S.J." bei weitem nicht abgeschlossen, doch gab es inzwischen von dieser Reihe der Quellenschriften soviele Bände, daß die Nachfrage nach verläßlichen Darstellungen zusammenfassender und auswertender Art lebendig geworden war. Hugo Rahner galt mittlerweile über den deutschen Sprachraum hinaus als einer der besten Kenner und Deuter der Spiritualität des Ordens, des Ignatius von Loyola und des Instituts. Man erwartete von ihm eine Biographie des Ignatius, die modernen historischen Standards gerecht würde, gleichzeitig das Bild von ihm im Orden vertiefen könnte und damit einen Impuls zu einer neuen und mitreißenden Darstellung der „Gesellschaft Jesu" und ihrer Aufgabe in der Gegenwart bieten würde.

Seit dem Zweiten Weltkrieg hatte der Orden beständigen Zuwachs zu ver-

---

[6] Vgl. dazu R. FRÖHLICH, Erinnerungen an Hugo Rahner, in: A. P. KUSTERMANN – K. H. NEUFELD (Hrsg.), „Gemeinsame Arbeit in brüderlicher Liebe" Hugo und Karl Rahner – Dokumente und Würdigung ihrer Weggemeinschaft, Stuttgart 1993, 51–57.

zeichnen – erst nach dem Zweiten Vatikanischen Konzil kehrte sich das um –, der einer gewissen Aufbruchsstimmung, wie sie nach den Behinderungen der Kriegsjahre aufgekommen war, zusätzlich Nahrung gab. Daß diese Stimmung nicht allein das Feld beherrschte, war durch die schwierige Lage der Mitbrüder in den Ländern unter kommunistischer Herrschaft bedingt. In den wenigen westlichen Ländern, die aus älterer Tradition dem Wirken der Jesuiten Hindernisse in den Weg stellten, hatte man in der Regel mindestens gewisse tolerierte Formen gefunden. Theologisch freilich war die Aufbruchsstimmung durch die Maßnahmen im Umkreis der Enzyklika „Humani generis" gebremst worden. Um so stärker wirkte sie sich in verschiedenen Aktivitäten der sozialen Frage, der sozialen Bildung, auch der Jugendarbeit, einer gewissen liturgischen Erneuerung, wie sie 1953 mit der Neuordnung der Ostervigil, der Möglichkeit von Abendmessen usw. eingeleitet war, mit größeren Einfluß- und Gestaltungsmöglichkeiten im politischen Bereich, mit neuen Chancen im Bereich der Literatur und Publizistik und anderswo aus. Für viele überdeckte das mehr oder weniger die durchaus schon spürbaren Einbrüche und Problematisierungen. Karl Rahner nahm den Gedanken Ivo Zeigers von „Deutschland Missionsland" auf, schwächte ihn aber auf den Begriff „Diaspora" ab, der vertraut war und ein wenig von der emotionalen Aufgeladenheit des rhetorisch gesetzten Rufs wegnahm und so einer sachlicheren Behandlung dienlicher schien. Aber das wurde weithin nicht verstanden, weil man es nicht verstehen wollte, in einigen Kreisen wohl auch nicht verstehen konnte.

Für Hugo wie für Karl Rahner war es aufgrund ihrer Beurteilung der Zeit und der absehbaren Entwicklungen klar, daß es für die Zukunft von Kirche und Christenheit entscheidend sein würde, ein möglichst selb- und eigenständiges Christsein zu fördern, das in einer Umgebung lebbar wäre, die nicht mehr traditionell christliche Lebensformen kannte und weitergab. Gleichzeitig sollte dieses Christentum in der Lage sein, mit dieser Welt dennoch in lebendigem Kontakt und Austausch zu leben, also nicht zur Gettogruppe oder zur Sekte abzusinken. Wie das zu erreichen sein könnte, war nicht deutlich auszumachen. Eines jedoch war beiden klar: Man mußte Theologen und Christen zu eigenverantwortlichen Entscheidungen und Gestaltungen befähigen, zu Menschen, die in selbständiger Verbindung mit der Tradition und mit der Kirchenleitung an ihrem Platz in Familie und Beruf, in Freizeit und politischem Engagement ihren Glauben nicht nur durchretten und bewahren würden, sondern weitergeben und überzeugend vertreten könnten.

Aus der tagtäglichen Erfahrung der Geistlichkeit des Ignatius von Loyola war ihnen eine gewisse Art dieser Selbständigkeit in Fleisch und Blut übergegangen. Sie setzte sich zunächst von selbst, dann mehr und mehr bewußt in ihren theologischen und historischen Beiträgen durch; war sozusagen der Motor für die Auswahl bestimmter Probleme, für die Art ihrer Behandlung und Lösung, für die Entwicklung von Möglichkeiten. In diesem Umgang mit dem eigenen Christsein und der entsprechenden Reflexion machte Hugo wie Karl bald die Entdeckung, daß christliche Wahrheit eine unabsehbare Fülle von Dimensionen besaß, die nur durch Gewohnheit, Enge der Sicht, kleinkarierte Mentalität und Drang zum Uniformismus auf sehr dünne Rinnsale eingeschränkt waren, die viele für das Ganze hielten. Die Schätze des wirklich Christlichen an Möglichkeiten erneut zu erschließen und Mut zu machen, sich ihrer unbefangen zu bedienen, war deutliche Leitlinie für das Bemühen beider. Um das umzusetzen, hatten sie bei der Praxis der eigenen Ordensüberlieferung anzusetzen, die ja ebenso wie die kirchliche Tradition für viele zu einem schmalen Rinnsal ausgetrocknet war. Die breiten Ströme wieder zum Fließen zu bringen ..., dazu war auf die Anfänge zurückzugreifen, auf die ursprünglichen Absichten und Ansätze, auf die unglaubliche Fülle des Aufbruchs.

In diesem Licht sind die Bemühungen der Rahnerbrüder um das Werk des Ignatius im Umfeld des Jubiläumsjahres 1956 zu sehen und mit ihren anderen Aktivitäten in Verbindung zu bringen. Das Ignatianische und Jesuitische erweist sich dann rasch als Schlüssel zu einer Fülle von Beiträgen, die sich – isoliert betrachtet – kaum einordnen und erklären lassen. Was damit genauer gemeint ist, braucht noch nicht entwickelt zu werden. Es ist kein einfach fix und fertig vorgegebener Schlüssel, sondern eine Grundorientierung, die sich im Laufe der Forschungen und Einsichten vertiefte, ausbaute, an Prägekraft gewann und je neue Möglichkeiten ins Blickfeld geraten ließ. So ist das Ignatiusjahr 1956 für beide Höhepunkt bewußter Bemühung gewesen und darf zu Recht als besonderer Aspekt herausgestellt und gewürdigt werden.

Die Hinweise auf die Romaufenthalte Hugo Rahners von 1953 an haben etwas von seinen Quellenforschungen im Generalarchiv des Ordens andeuten müssen. Im Spätherbst 1954 und um die Jahreswende 1955 weilte Hugo Rahner länger zu solchen Arbeiten im Historischen Institut der Gesellschaft Jesu. Aus dieser Zeit gibt es auch Briefe an seinen Bruder, die etwas vom Interesse am Ordensvater erwähnen.

Das bekannteste Ergebnis dieser Arbeit ist der 1955 erschienene Bildband „Ignatius von Loyola", zu dem L. von Matt die Fotos beisteuerte. Das Buch erschien gleichzeitig in Würzburg, Zürich und Wien, kam in diesem Jahr auch in Genua, Paris und Brügge heraus und wurde 1956 in London/New York und Lissabon veröffentlicht. Hugo Rahner war sich klar, daß mit dieser zwar repräsentativen, unvermeidlich aber im Text sehr knappen Darstellung die erwartete Biographie des Ignatius nicht vorlag. Er wußte sich für dieses Ziel zu umfangreicheren, weiteren Vorarbeiten verpflichtet, aus denen damals der Briefwechsel mit Frauen erschien und auf einen unvermuteten Aspekt im Wirken Loyolas aufmerksam machte. Die Ausgabe wurde in andere Sprachen übertragen.

Karl Rahners Bibliographie scheint demgegenüber an direkt ignatianischen Beiträgen eher bescheiden; doch das dürfte nur für einen ersten Eindruck gelten. 1955 brachte er seine Überlegungen zu „Ignatianische Frömmigkeit und Herz-Jesu-Verehrung" heraus, die später in „Sendung und Gnade" aufgenommen wurden und sich als Verbindungstext zwischen der Ordensspiritualität und der christlichen Praxis erweist, nicht an der Theologie vorbei, sondern gerade durch sie hindurch. Auch ein so abgelegen wirkendes Thema wie „Der hl. Ignatius und die Englischen Fräulein" – ein sehr kurzer Text – verbindet Karl nicht nur mit den historischen Fragestellungen seines Bruders, sondern er will etwas von der Wirkung eines spirituell-theologischen Impulses deutlich werden lassen, wie das in dem grundlegenden Beitrag für die „Stimmen der Zeit" der Fall ist, der ebenfalls später in „Sendung und Gnade" abgedruckt wurde: „Eine ignatianische Grundhaltung. Marginalien über den Gehorsam". Der Artikel verdeutlicht, wie wenig es in dieser Grundhaltung um einen äußeren Durchführungsmechanismus geht, so sehr eine solche Vorstellung das übliche Verständnis des ignatianischen Gehorsams bestimmen mag. Inhaltlich gehören diese Gedanken eng zusammen mit dem größten Beitrag Karl Rahners zu diesem Gedenkjahr. „Die Ignatianische Logik der existentiellen Erkenntnis" stellt fast ein kleines Buch für sich dar und betrachtet Vorgaben aus den Geistlichen Übungen in einer Perspektive und Tiefe, die sie mit dem ganzen Einsatz des Theologen verbinden. Auch in diesem Fall kann es nicht um eine Inhaltsangabe oder gar deren Diskussion gehen, wohl um das Aufzeigen von Hintergründen und Verbindungen, die zu einem vollen Verständnis zu beachten sind. Der Text über die Logik der existentiellen Erkenntnis wurde später in die „Quaestio disputata" „Das Dynamische in der Kirche" aufgenommen und dort mit weiteren Beiträgen aus anderen Kontexten zusammengestellt – auf den ersten Blick wenigstens. Genauere Betrachtung hingegen läßt rasch die Fäden entdecken, die den Zusammenhalt garantieren: der konkrete Wille Gottes, schon das Fragen und Suchen nach der individuellen Berufung, der Einsatz der Freiheit, die besondere Art der Bindung, das Sich-Vortasten in einen Bereich, der rational gar nicht voll verfügbar ist. So war es kein bloßer Zufall, daß Karl Rahner 1956 den dritten Band seiner „Schriften zur Theologie" zuerst erscheinen sah, die von Anfang an vorgesehene Sammlung „Zur Theologie des geistlichen Lebens", in der sich der frühe Text über „Die ignatianische Mystik der Weltfreudigkeit" von 1937 findet. Zusammen mit Band VII und Band XII hat er der ganzen Reihe ihre spirituellen Akzente gegeben, die auf die Grundlegung auch der anderen Texte ausstrahlen und deren jesuitischen und ignatianischen Kontext betonen. Jedenfalls hat Karl Rahner selbst nie eine Scheu gehabt, die geistlichen Grundlagen seiner Überlegungen im Rahmen von Theologie zur Sprache zu bringen, um verständlich zu machen, wie aus diesen Quellen Lebendigkeit und Kraft für die Glaubensreflexion fließen.

Die äußeren Beschränkungen, an denen damals Reformvorschläge scheiterten, betrafen indes nicht den ganzen Bereich des Einsatzes der Rahnerbrüder. Mit der Enzyklika „Haurietis aquas" von 1956 war ein wichtiger Aspekt ihres Bemühens offiziell anerkannt und unterstützt. Die Frage nach einer Erneuerung der Symboltheologie und nach der Bedeutung von Urworten, unter denen „Herz" einen besonderen Platz einnahm, beschäftigte Hugo und Karl Rahner schon seit längerem. Im erwähnten Kommentarband zur Enzyklika, den A. Bea, Hugo Rahner, H. Rondet und F. Schwendimann als „periti collaborantes" 1959 in Rom veröffentlichten, trug Hugo unter dem Titel „Mirabilis progressio. Gedanken zur Geschichtstheologie der Herz-Jesu-Verehrung"[7] bei, während Karl seine Überlegungen „Zur Theologie des Symbols"[8] beisteuerte, von denen Hugo später äußerte, sie gehörten mit zum Wichtigsten und Kennzeichnendsten, was sein Bruder geschrieben habe[9]. Die Daten lassen ahnen, daß diese Veröffentlichung längere Anlaufzeit nötig hatte, ihre Planungen müssen schon mit den Entwürfen für den päpstlichen Text zusammenhängen. Vermutlich wäre sie zu Lebzeiten Papst Pius' XII. jedoch nicht in dieser Form erschienen.

Gleichwohl deuten sich hier Impulse der Erneuerung an, deren Ausarbeitung bis auf die höchste Ebene auch den Rahnerbrüdern mit anvertraut war. Es trifft nicht zu, daß sie erst mit dem Konzil oder nur auf untergeordneten Ebenen theologischer Meinungsbildung ihr Wort hätten einbringen können. Mancher Rahnerkritiker sollte sich vor Augen führen, daß die Arbeiten der frühen Jahre schon überzeugten und daß Vorbehalt gegen diesen oder jenen Punkt nicht die Wertschätzung für andere Fragen unmöglich macht. Die erstaunliche Kompetenz in Fragen der vertieften Tradition des eigenen Ordens gab ihren Stellungnahmen und Einsätzen jenen Charakter, der auf seine Weise dazu führte, daß beide immer wieder ausdrücklich um solche Impulse gebeten wurden. Und weder Hugo noch Karl entzogen sich solche Anfragen. Sie sortierten auch nicht groß, um bestimmte Möglichkeiten vorzuziehen oder andere zurückzuweisen. Aus der Nachfolge des Ignatius war es ihnen selbverständlich, für jeden da zu sein, solange immer das möglich war. Gottes Wirken hält sich nicht an die Wertskalen der Welt und kann auch und gerade dort zum Zuge kommen, wo menschlich gesprochen keine Voraussetzungen gegeben scheinen. Der Jesuit wird seinen Beitrag leisten, wo er eine Gelegenheit findet.

Die Erinnerung an die Ursprünge brachte die Entdeckung von vergessenen Dimensionen, lehrte den Umgang mit Möglichkeiten, die nicht mehr bewußt waren und ließ beispielhaft einüben, was auch sonst für die Theologie dieser Jahre entscheidend war: daß nämlich das vermeintlich so endgültige Gebäude christlicher Wahrheit in der herkömmlichen theologischen Fassung nur Ausschnitt war, ein durch bestimmte geistige und kulturelle Vorgaben geprägtes Bild für eine Fülle, die sofort wieder lebendig zu sprudeln begann, wo einer an ihre treibenden Kräfte rührte.

In diesem Zusammenhang wäre ein Blick auf die zahlreichen Exerzitienkurse hilfreich, die Hugo wie Karl immer wieder hielten. 1954 hatte der Jüngere den Ordensstudenten in Pullach die Geistlichen Übungen vorgelegt, 1955 war er dazu in das Landhaus des Collegium Germanicum et Hungaricum, die Villa San Pastore in der römischen Campagna eingeladen. Das war

---

[7] Ebd. 23–58.
[8] Ebd. 461–505.
[9] Vgl. Eucharisticon fraternitatis, 895–899.

Karl Rahners erste Gelegenheit einer Romreise. Sie war ihm auch verschafft worden, um im persönlichen Gespräch Vorbehalte ausräumen zu können, die gegen ihn entstanden waren. Die Teilnehmer an den Rahnerschen Exerzitien notierten Ende 1955, ihnen sei klar gewesen, „daß diese Exerzitien anders sein würden als alle bisherigen. P. Rahner wollte nicht Exerzitien geben, wir sollten sie machen: exercitia spiritualia, Einübungen ins Christentum. Kein erschütterndes oder erheiterndes Erlebnis aus der Praxis der Seelsorge und Menschenführung unterbrach die strengen, geballten und doch genau ausgewogenen philosophisch-theologischen Darlegungen. Und wir sollten in der Betrachtung nicht den Vortrag nacherzählen, sondern dort beginnen, wo er aufgehört hatte, in nüchterner Wirklichkeitsschau. Dabei sollten wir uns nicht selbst davonlaufen auf ein ungerechtfertigtes Ideal zu, sondern entscheiden, und uns nicht selbst überspringen, sondern bescheiden! – Es waren schöne, aber auch schwere Tage …"[10]

Karl Rahner gab zur Feierstunde nach der Priesterweihe am 10. Oktober 1955 den Germanikern zusätzlich die Worte „Geht auch ihr in meinen Weinberg" mit auf den Weg, in denen sich einmal mehr die Richtung der Erneuerung erkennen läßt, auf die er wie auch Hugo damals zuzugehen suchte. Es war ihm um Theologen und Priester zu tun, ein Thema, das sich in seinen Äußerungen um diese Zeit unter verschiedener Rücksicht häufig findet. Natürlich mußte es zwei Professoren der Theologie naheliegen, sich über die theologisch-wissenschaftliche Aufgabe hinaus mit der Berufung der jungen Studierenden auseinanderzusetzen und sie auf ihrem Weg zu unterstützen. Aber die Rahnerbrüder gingen dabei über das Gewohnte hinaus. Gedanken zur Theologenausbildung, Vorschläge zu einer Neugestaltung von Studium und Formung, Hinweise und Anregungen zur persönlichen und gemeinschaftlichen Glaubenshaltung im Leben und Dienst, diese und weitere Aufrufe verdeutlichen nur, was praktisch in Kursen, Einkehrtagen und Exerzitien angestrebt wurde.

Hugo Rahner gab im gleichen Sinn 1956 den Sammelband „Die Pfarre" heraus, zu dem Karl die Gedanken „Zur Theologie der Pfarre" beitrug[11]. Zweierlei charakterisierte diese Veröffentlichung: das wache Bewußtsein für die rapiden Änderungen in den gesellschaftlichen Verhältnissen und das Bewußtsein von der Notwendigkeit selbständiger und für die Menschen bereiter Priester einerseits sowie die Überzeugung von der Unerläßlichkeit einer lebendigen und alles durchprägenden Grundüberzeugung vom christlichen und priesterlichen Beruf, wofür den Rahnerbrüdern die Hilfen der geistlichen Überlieferung ihres Ordens die beste Stütze zu sein schienen. Das Ganze ist übrigens als Wechselverhältnis entworfen, in dem die Seelsorge und ihre Nöte auch zurückwirken auf die Ausbildung und die Spiritualität. Beides bedarf deswegen einer flexiblen Offenheit, wie sie immer nötig

---
[10] In: Korrespondenzblatt des Collegium Germanicum 62 (1955) 126f.
[11] Freiburg i. Br. 1956, 27–39.

ist, wenn damit gerechnet wird, daß Gottes Wille überraschend und anfordernd treffen kann. Unterscheidung der Geister ist ein Thema, das sich in diesen Zusammenhang einpaßt und ebenfalls bedacht wird.

Die sich ständig weitenden Perspektiven des ignatianischen Ansatzes, der aus seinen Wurzeln und grundlegenden Erfahrungen heraus neu aufgegriffen wurde, sind ein sprechender Kommentar zu dem, was die Bibliographien von Hugo und Karl Rahner verraten. Die dort aufgelisteten Texte gehören in diesen Lebensrahmen und sind Teil einer Sorge und Bewegung, die als solche nicht festzuhalten ist. Da es um die Erinnerung an das Sterben und den Tod des Ignatius ging, die all dies auslöste, kann es nicht wundern, wenn bei Hugo immer öfter das Thema der Schwäche, der Krankheit, der Müdigkeit anklingt. Aber auch Karl veröffentlicht zum gleichen Moment etwa „Reflexionen zur Zeit der Krankheit"[12] oder eine Neuauflage von „Heilige Stunde und Passionsandacht" oder das Stichwort „Buße" in F. Königs Religionswissenschaftlichem Wörterbuch. Abgesprochen waren diese Parallelen gewiß nicht. Umso interessanter wäre es, sie zu sammeln und genauer zu betrachten. Sie bezeugen die Gegenwart einer Dimension des Christlichen, deren Ausfall namentlich dem Werk Karl Rahners wiederholt vorgeworfen ist. Natürlich können für das, was eine volle „theologia crucis" genannt zu werden verdient, die Kriterien so festgesetzt werden, daß der erwähnte Vorwurf zuträfe, nur muß man sich dann auch eingestehen, daß die Elemente des Leidens und des Kreuzes im Rahnerschen Denken nicht fehlen und daß sie dort nicht nur am Rande zu finden sind.

Daß dieser Aspekt besonderen Anstoß in den Grundlagen der ignatianischen Spiritualität hat, läßt sich leicht nachweisen; eine ganze Woche der großen Geistlichen Übungen ist für diese Seite der christlichen Wirklichkeit vorgesehen. Karl Rahners Interesse an einer Theologie des Todes seit dem Zweiten Weltkrieg hat gerade um diese Zeit zu neuen Äußerungen geführt, so 1957 zu einer eigenen Darstellung in der Innsbrucker „Zeitschrift für katholische Theologie" und in dem zweiten Heft der Reihe „Quaestiones disputatae", das 1958 herauskam.

Hier mag genügen, daß vom Ignatiusjahr 1956 Anregungen ausgingen, die sich in die fachspezifischen Beiträge der beiden Rahnerbrüder auswirkten und daß diese dadurch an Lebendigkeit und an Perspektiven gewannen im Sinne einer erneuernden Vertiefung.

c) Ausblicke in der Bilanz

Die Erinnerung an die Ursprünge der eigenen Ordens- und Lebensgemeinschaft und die intensive Beschäftigung mit ihnen öffnete Fenster, die zuvor versperrt schienen, und gaben Mut, mit aller nüchternen Unbefangenheit

---

[12] GuL 29 (1956) 64–67.

Hindernissen zum Trotz nach vorn zu schauen. Wichtigstes Mittel dazu waren die Entdeckungen, daß gerade in den klassischen Darstellungen christlichen Denkens bei weitem nicht schon alles gelöst und beantwortet war; ganz im Gegenteil. Je genauer man zusah, desto häufiger stieß einer auf Ungeklärtes, Unaufgearbeitetes, ausgesparte Probleme, verdeckte Fragen und Schwierigkeiten. Natürlich ließ sich an Herausforderungen und Anfragen von außen nicht vorbeikommen; das hatte die Aufmerksamkeit auf jene Möglichkeiten schwächer werden lassen, die in der Darstellung der eigenen Sache steckten. Statt dessen galten sie als definitiv und umfassend, als unverrückbares und zutreffendes Bild. Mit verschiedenen Methoden hatten christliche Philosophen und Theologen von da aus Angriffe von außen abzuwehren gesucht, was indes nicht selten nur auf Verdrängung hinauslief. Immer häufiger stellte sich heraus, daß die bekannten Strategien und Wege nicht mehr reichten, um den neuen Aufgaben wirklich gerecht zu werden. Immer häufiger trat aber auch hervor, daß im christlichen Erbe mehr Möglichkeiten angelegt waren, als gängige Darstellungen ahnen ließen. Manches Rezept erwies sich als unwirksame Formel. Aber manche Grenze, die man abklopfte, stellte sich auch als gar nicht so definitiv und unüberwindbar heraus, wie es zunächst den Anschein hatte.

Die letzten Jahre des Pontifikats von Papst Pius XII. ließen eine merkwürdige Atmosphäre entstehen, in der einerseits keine echten Schritte nach vorn möglich waren, in der anderseits für alle Wachen Ausschau und Weiterblicken zur unabweisbaren Pflicht wurden. Hugo wie Karl Rahner zeigen in ihrem Verhalten und in ihren Einsätzen, wie aufgeschlossene Theologen damals arbeiteten, die kein Interesse daran hatten, die Kirchenleitung zu irritieren, die anderseits aber sensibel auf die Zeichen der Zeit reagierten, die dazu drängten, neue Konzeptionen in wichtigen Bereichen des kirchlichen und theologischen Lebens zu wagen. Symptomatisch wirkte Karl Rahners Engagement für die Neuauflage des „Lexikon für Theologie und Kirche" in diesen Jahren. Es war Robert Scherer vom Verlag Herder, der bei einem persönlichen Besuch Karl Rahners in Freiburg von den Absichten erzählte, das bewährte Nachschlagewerk der Situation entsprechend zu gestalten. Scherer bemerkt, er habe Rahner darauf angesprochen, „ohne ihm zumuten zu wollen, seine schöpferische Arbeitskraft einem solch mühseligen Werk zu unterwerfen. Und doch war die für mich erstaunliche Reaktion auf unsere Überlegungen die, daß Karl Rahner vor sich hinsagte: ‚Warum nicht?'. Die weiteren Überlegungen mit Karl Rahner zeigten, daß es ihm ernst war mit seiner Absicht, sich an der Herausgabe des künftigen ‚Lexikons für Theologie' zu beteiligen. Dabei mußte man seine prekäre Situation Rom gegenüber bedenken. Um seine ganze Kraft für dieses Werk einsetzen zu können, bedurfte er daher des Schutzes von seiten seiner Ordensoberen und einiger dem Unternehmen wohlgesonnener Bischöfe. In diesem Zusammenhang ist auch die Mitherausgeberschaft von Josef Höfer, Rom, zu verstehen.

Wie richtig unsere Entscheidung war, vom Angebot Karl Rahners ... Gebrauch zu machen, das hat nicht nur der Erfolg dieses Werkes bewiesen, das noch bis in das Zweite Vatikanische Konzil hinein die an diesem Lexikon beteiligten Theologen inspirierte, sondern das weitere Wirken von Karl Rahner selbst. Insbesondere ist es ihm, dem man gelegentliche nachsagte, er habe kein größeres, umfassendes theologisches Werk geschrieben, in diesem großangelegten Werk gelungen, die gesamte Theologie in ihren Grundzügen zur Darstellung zu bringen, und dies in einer nicht einfachen Zeit."[13]

Man lese dazu in den Erinnerungen H. Vorgrimlers, der lange in der Schriftleitung des Lexikons mitarbeitete, was er unter der Überschrift „Schöpferische Initiativen" zur Lexikonarbeit zu sagen hat[14]. Natürlich bleibt die Frage, wie dieses Unternehmen Rahner die Möglichkeit hat geben können, die gesamte Theologie in ihren Grundzügen zur Darstellung zu bringen, oder wie es sich als schöpferische Initiative sehen und beurteilen läßt. Die Vorgaben und der Umfang des Ganzen waren derart, daß eigentlich nicht viel Spielraum für freie Gestaltung blieb. In erster Linie ist ein Nachschlagewerk ja Zusammenfassung des Wissens und Denkens einer Zeit und in diesem Sinn alles andere als eine schöpferische Möglichkeit. Das Gesamtwerk, das zwar sehr zügig, aber doch über den Zeitraum von acht Jahren erschien, an dem fast 2.700 verschiedene Mitarbeiter beteiligt waren, die annähernd 22.000 Beiträge beisteuerten und von einer Reihe von Fachberatern dazu eingeladen wurden, unter denen sich alle damals bekannteren katholischen Theologen Deutschlands und ausländische Kollegen fanden, ein Projekt, das nicht nur von zwei Herausgebern verantwortet wurde, sondern zusätzlich unter dem durchaus nicht nur dekorativen Protektorat von zwei Erzbischöfen stand und dank der ständigen Arbeit einer im ganzen 16 Mitglieder umfassenden Schriftleitung im Verlag erscheinen konnte, ein solches Werk stellte den in lexikographischen Aufgaben damals unerfahrenen Karl Rahner vor eine Fülle von Problemen, die kaum Gelegenheit zu schöpferischen Impulsen und zu einer eigenen Gesamtdarstellung von Theologie – und sei es in Grundzügen – ließen. Die Hinweise treffen für das zu, was dann in weiterer Folge aus dem Unternehmen „Lexikon für Theologie und Kirche" wurde, etwa für das „Kleine theologische Wörterbuch" seit 1961 oder „Sacramentum Mundi" seit 1967, die beide auch in anderen Sprachen herauskamen und den internationalen Erfolg des Bemühens sicherten.

Diese Entwicklungen waren um die Mitte der 50er Jahre ebenso wenig vorauszusehen wie um das Jahr 1958, als der erste Band erschien. Für den Augenblick stellte sich das großangelegte Werk eher als eine Bilanz dessen dar, was in der katholischen Theologie Deutschlands und Mitteleuropas damals geforscht und gedacht wurde; darauf hatte Karl Rahner vor allem Wert gelegt, daß Öffnungen und weitere Entfaltungsmöglichkeiten bzw. -notwendigkeiten deutlich genannt würden und daß man sich nicht mit der Wieder-

---

[13] R. Scherer, „Lexikon für Theologie und Kirche", in: Karl Rahner – Bilder eines Lebens, 53–54.
[14] H. Vorgrimler, Karl Rahner verstehen, Freiburg i. Br. 1985, 98–102.

gabe altbekannter Aussagen begnügte. Gewiß sollten die Bände verläßliche Information auf neuestem Stand bieten, nur war Karl Rahner der dezidierten Auffassung, daß dazu auch die klare Angabe dessen gehört, was noch unklar, was noch zu erforschen, zu erarbeiten ist. Die Annahme, im Grunde habe katholische theologische Reflexion schon alle wesentlichen Fragen hinreichend bearbeitet und es gehe allenfalls um eine eingängigere Darstellung von Ergebnissen, die ein für allemal festlägen, konnten weder Karl noch Hugo Rahner teilen; beiden war in einer die Geschichte ernstnehmenden Denkweise bewußt geworden, was an unbestellten Regionen wartete und wie durch den geistigen Mentalitätswandel der Moderne noch einmal zusätzlich neue Probleme auf verantwortliche Theologen zukamen. Man wollte in den Grenzen menschlicher Unzulänglichkeit dem Wort Gottes, der Kirche und der Theologie dienen; das ist im Schlußwort zum letzten Band des „Lexikon für Theologie und Kirche" ausdrücklich gesagt, als durch die Tatsache des Konzils die Dimensionen der Aufgabenstellung auch in weiteren Kreisen bekannt und angenommen waren.

Die Tatsache des Konzils, auf die für die Rahnerbrüder später eigens einzugehen ist, wurde für das Unternehmen des Lexikons insofern entscheidend, als das Nachschlagewerk zwischen 1957 und 1965 erschien und damit das neueste Instrument rascher Konsultation über viele Fragen war, mit denen sich die Mitarbeiter der Kirchenversammlung beschäftigen mußten, wenn von ihnen Entwürfe, Stellungnahmen, Änderungsvorschläge, Ergänzungen usw. erbeten waren. Ein Großteil der Konzilsberater mit bekannteren Namen hatte ohnehin am Lexikon mitgearbeitet und hatte die Bände griffbereit. Das gewollte Moment, weitere Auseinandersetzung anzuregen und zu fördern, also auch Anstoß zum Nachdenken über einzelne Wirklichkeiten zu geben, fand auf der Kirchenversammlung ein privilegiertes Betätigungsfeld.

In vielen Beiträgen war eingeübt, was sich später bei der Abfassung von Konzilsäußerungen als entscheidend wichtig erwies: eine ökumenische Grundeinstellung zum Beispiel, ein der Schrift entsprechender Umgang mit der Bibel und mit biblischen Aussagen, eine positive Haltung zur Welt, die dennoch nicht kurzsichtig die großen Probleme wie Entwicklung, Frieden, Weltordnung u. a. verdrängte, ein neues Verständnis der Liturgie, wie es in Innsbruck besonders mit den Arbeiten und Einsätzen von J. A. Jungmann geschaffen und gepflegt wurde, eine Sicht der Kirche, die theologischer und zusammenhängender auf das lebendige Ganze und seine Lebensvollzüge abstellte, als es eine zu organisatorisch-juridische Betrachtung zuvor hatte tun können. Es ließen sich noch weitere Züge und Einflüsse entdecken; die wichtigsten dürften genannt sein und verständlich machen, in welchem Sinn hier von Ausblicken in der Bilanz gesprochen wird.

Noch um 1958 hatte der Neuaufbruch keinen Namen, aber mehr oder weniger bewußte Kräfte drängten nicht nur auf dem Büchermarkt und in Verlagshäusern zu Bilanzen, die als Bezugspunkt für die Entwicklung neuer Lösungen dienen konnten. Der Jesuitenorden versuchte auf seine Weise eine Bilanz der Lage, um von dort aus etwas über die kommenden Aufgaben und ihre Gestaltung herauszubringen. Mit der außerordentlichen 30. Generalkongregation machte sich der Orden im Herbst 1957 daran, die Übersicht für seine Einsätze, Möglichkeiten und Notwendigkeiten zu gewinnen. Hugo Rahner war von der österreichischen Ordensprovinz zur Teilnahme entsandt. Am 22. September 1957 machte er einen Besuch im Landhaus des römischen Collegium Germanicum in der Nähe von Palestrina, das Vertrauten als San Pastore bekannt ist. Am 10. Oktober und am 12. November dieses Jahres finden wir ihn als Besucher des Kollegs in Rom selbst. Damit sind Daten für die Generalkongregation genannt, die eine zeitliche Übersicht über die Arbeiten dieser höchsten Vertretung des Jesuitenordens erlauben.

In einem allgemeinen Bericht nannte Hugo Rahner die Gesetze der religiösen und soziologischen Entwicklung als Grund für die zweimonatigen Beratungen der besten Männer der Gesellschaft Jesu im Herbst 1957. Der Orden sei seit dem Kriege um 5000 Mitglieder angewachsen, und die ungeheuren Probleme der Gegenwart, „die sich in Latein-Amerika, im Innersten von Afrika, in Indien, vor dem eisernen Vorhang von China auftürmen"[15], hätten die Ordensleitung gezwungen, nach Wegen und Weisen zu suchen, um solchen Aufgaben mit modernen Mitteln gerecht zu werden. Hugo Rahner sprach sogar vom Parlament eines wahrhaften Völkerbundes in diesem Zusammenhang, von einer Meinungsfreiheit, die sich jedes Weltparlament zum Vorbild nehmen könnte. Alles in allem sei es darum gegangen, dem Ideal der Gemeinschaft entsprechend, in die Welt zu gehen und dennoch geistlich zu bleiben; alles in den Dienst für Gottes Reich einzusetzen und dennoch arm zu bleiben; überall die Initiative zu ergreifen und dennoch gehorsam zu bleiben.

Aus heutiger Sicht fällt auf, daß alle großen Fragen – wenn auch in sehr allgemeiner Form –, die unserer Zeit aufgegeben sind, damals schon formuliert wurden. Anders hingegen wirkt der durchscheinende Optimismus und das sichere Selbstverständnis einer Ordensgemeinschaft, die einen Zuwachs um 5000 Mitglieder zählte und ihre Schwierigkeiten eher darin zu erkennen meint, all diese Männer sinnvoll und effektiv einzusetzen. Es macht einen großen Unterschied, eine solche Gemeinschaft im Aufschwung zu erleben, oder sie als im Rückgang begriffen mitzubekommen. Hugo Rahner war nach seinem Rektorat an der Universität Innsbruck zum Rektor des internationalen Priesterkollegs Canisianum in Innsbruck ernannt, wo er auch sein Domizil nahm, das er bis zu seinem Wegzug nach München in den letzten Jahren seines Lebens beibehielt. Er wohnte also seit 1950 nicht mehr mit seinem Bruder Karl unter dem gleichen Dach. Beide Häuser liegen nur wenige Minuten auseinander, und die Arbeit an der Universität führte sie Tag für Tag persönlich zusammen.

---

[15] Blätter der österreichischen Jesuiten 31 (1958 März) 3.

Die Möglichkeit des Austausches blieb und wurde von beiden genutzt. Ihre Bilanzierungstätigkeit vollzog sich deshalb im Klima der Zuversicht und eines gewissen Aufbruchs, mochte dieser auch durch die allgemeine Lage in der Kirche gebremst werden.

Ein weiteres Feld für eine Bilanz mit hoffnungsvollem Ausblick war die 100-Jahrfeier der Theologischen Fakultät der Leopold-Franzens-Universität Innsbruck, die im Sommer 1958 begangen wurde. Die Neuerrichtung war im November 1957 erfolgt, aber verschiedene Umstände legten es nahe, das Jubiläum in den folgenden Sommer zu legen.

Hugo Rahner hatte dazu „Die Geschichte eines Jahrhunderts" geschrieben[16], die er mit einem Zitat aus der erwähnten Rede vom 6. Oktober 1945 beschloß. Die Theologie sei in Innsbruck wieder frei inmitten der Universitas litterarum, berufen, das tiefste und letzte Wort zu sprechen in eine Zeit hinein, die sich aus abgründigen Tiefen wieder erheben will zu einer humanen Gestaltung des Lebens und der Völkerordnung. Die Theologie sei bereit, mitzuarbeiten am Aufbau einer neuen und besseren Welt des Geistes. Das Selbstbewußtsein dieser Worte hatte dreizehn Jahre nach ihrer ersten Formulierung in historischer Stunde nichts eingebüßt. Aus ihnen spricht entschiedene Gestaltungsabsicht im Wissen um Anforderungen und Aufgaben, denen man sich gewachsen glaubt. Diese Überzeugung wurde auch durch den derzeitigen österreichischen Bundesminister für Wissenschaft und Kultus, Dr. H. Drimmel, gestützt, der in seinen eingehenden Ausführungen zu diesem Jubiläum nicht nur die vergangene gute Zusammenarbeit und die erbrachte Leistung hervorhob, sondern als Wunsch formulierte, in Innsbruck möge die für eine schöpferische Theologie gebotene Grundhaltung gewahrt bleiben mit einem offenen Blick, der die Entwicklung der Wissenschaft und ihren Widerspiegel in der Zeitphilosophie verfolgt, mit Mut und Entschlossenheit, nach der allseitigen und gesicherten Begründung des eigenen Standpunktes widersprechenden Anschauungen, Ideologien und Lebensauffassungen in sachlicher Auseinandersetzung zu begegnen; das sei eine verheißende und lohnbringende Aufgabe.

Sehr deutlich ist in diesen Perspektiven die Art der angezielten Erneuerung nicht zu erkennen. Es sind Versuche in Richtungen, die nicht selten bekannt und vertraut scheinen. Daß dieser Geist damals lebendig war und von den Rahnerbrüdern nicht nur geteilt, sondern mitgetragen wurde, sollte für den Weg zum Konzil entscheidend werden. Denn in diesem Rahmen bereitete sich vor, was dem Aufruf Johannes XXIII. konkret entsprechen konnte. In Innsbruck spielten, wie öfter angesprochen, die praktisch-seelsorglichen Herausforderungen, die sich bis zum Ableben Papst Pius' XII. bedrängend meldeten, eine besondere Rolle. Karl Rahner stellte gerade aus diesem Grund „Sendung und Gnade" zusammen, „Beiträge zur Pastoraltheologie", die aus persönlichen Antwortversuchen erwachsen und in der ihm eige-

---
[16] ZKTh 80 (1958) 1–65.

nen eindringenden Denkweise entwickelt waren. Das Werk erfuhr noch im Jahr seines Erscheinens – 1959 – die zweite Auflage, weil es einen Beitrag lebendiger Grundlagentheologie für die Praxis dem interessierten Leser vor Augen führte.

Dieses Buch erschien nach den ersten drei Bänden der „Schriften zur Theologie" (1954–56), deren zweite Gruppe mit den Bänden IV und V (1960–62) schon der unmittelbaren Konzilsvorbereitung zuzurechnen ist. In diesen Unternehmungen wird heute noch etwas von dem zuversichtlichen Geist spürbar, der im nachhinein ein wenig einfach anmutet, ohne den aber der große Elan des Konzils kaum denkbar wäre.

Was die Rahnerbrüder angeht, so vollzog sich in dieser Periode der Umschwung in ihrer öffentlichen Bekanntheit und Wirkung. Man könnte diesen Moment mit Hugo Rahners großer Rede auf dem 77. Deutschen Katholikentag in Köln ansetzen, wo er am 31. August 1956 in der Halle III auf dem Messegelände über „Die Kirche, Gottes Kraft in unserer Schwachheit" sprach. Das Thema fügte sich in den Tenor dieser Kirchenversammlung, der lautete: „Die Kirche, Das Zeichen Gottes unter den Völkern", ein Gedanke, der die Kirchenkonstitution des Zweiten Vatikanischen Konzils mitprägen sollte. Die Ausführungen Hugo Rahners waren vorbereitet durch Hinweise in der offiziellen Festzeitung dieses Katholikentages und fanden ein unmittelbares Echo im „Christlichen Sonntag". Eine Zusammenfassung erschien etwas später im Berichtband, während der Text als Ganzer 1957 in Freiburg herauskam und eine zweite Auflage erlebte.

In der katholischen Öffentlichkeit Deutschlands und Österreichs galt Hugo Rahner als einer der profiliertesten Theologen und Sprecher der Kirche. In seiner Sprache traf er den Ton der Zeit, der allerdings inzwischen etwas von seinem Glanz einbüßte, aber auch bei Romano Guardini, Werner Bergengruen, Otto Karrer u. a. zu finden ist. Schon beim Österreichischen Katholikentag in Wien hatte man ihm 1952 die Eröffnungsrede anvertraut, die er unter den Titel setzte: „Österreichisches Confiteor und Gloria", der ebenfalls auf Kraft und Schwäche hinweist und die Kirche durchaus nicht einseitig triumphalistisch beschreibt. Das könnte eher bei der dritten großen Rede „Himmelfahrt der Kirche" von 1961 als Eindruck zurückbleiben, wenn man nicht auf die Ausführungen selbst achtet. Sie wurde 1960 in Freiburg i.Br. gehalten, als sich für Hugo Rahner schon erste Anzeichen der späteren Krankheit gemeldet hatten.

Das Thema Kirche bei Hugo und Karl Rahner in diesen Jahren um den Pontifikatswechsel von Papst Pius XII. zu Papst Johannes XXIII. würde eine eingehendere Untersuchung verdienen, inwiefern es so behandelt wurde, daß damit Ausrichtungen und Akzentsetzungen des Zweiten Vatikanischen Konzils vorweggenommen oder besser: vorbereitet wurden. Allerdings ist in die Betrachtung auch der liturgische Beitrag von J. A. Jungmann einzubeziehen, dessen Innsbrucker Wirken in engem Austausch mit den Rahnerbrüdern steht.

d) Auf das Konzil zu

Im Jahre 1960 vollendete Hugo Rahner sein 60. Lebensjahr. Schon 1957 war er mit dem Ehrenzeichen des Landes Tirol und dem Ehrenzeichen der Republik Österreich ausgezeichnet worden. Am 2. Dezember 1959 überreichte ihm in Wien Kultusminister Drimmel das Verdienstkreuz „Litteris et artibus". Später schrieb ein Bewunderer: „Hugo Rahner ist aus der Weite seines Wissens und Blickfeldes längst über alle Staatsgrenzen hinausgewachsen. Man könnte sagen, sein Werk ist ein Symbol der geistigen Integration Europas"[17].

Er hatte im Oktober 1958 seine Überlegungen „Der gläubige Christ und die Papstwahl" und kurz danach Gedanken an der Schwelle des Pontifikates Papst Johannes' XXIII. unter dem Titel „Gehorsam fordern – Frieden bringen" veröffentlicht. Ob ihm da ahnungsweise bewußt wurde, daß es um das Ende dessen ging, was sein Bruder später sehr häufig als „pianische Epoche" der Kirche zusammenfaßte, kann offenbleiben. Mindestens Hoffnungen regten sich für den weiteren Weg der Kirche, die sich über eine Generation später kaum wachrufen und nachvollziehen lassen; die Wandlungen seither greifen gerade für die geistige Einstellung viel zu tief. Anfangs waren es bescheidene Erwartungen, die sich an das hielten, was zu erfahren war, an kleine Reformen, die im gegebenen Kontext dennoch beträchtlich erschienen. Heute wäre es gut, sich an diese Diskussionen und an diese kleinen Schritte zu erinnern, um sich ein wenig an den Lebensrhythmus der Kirche zurückzugewöhnen, den sie in der Regel und über lange Zeiten gekannt hat.

Der Sinn der erwähnten Festschrift zur Vollendung von Hugo Rahners sechstem Lebensjahrzehnt kann davon etwas zu verstehen geben. Das „Sentire Ecclesiam" greift einen Gedanken des Ignatius von Loyola auf, der in seiner Bedeutung für das Kirchenbewußtsein als gestaltende Kraft der Frömmigkeit in den verschiedenen Bereichen und Ausprägungen herausgestellt werden soll. Die Sammlung hat einen inneren Zusammenhalt in der Kirchenfrömmigkeit, die vom Alt- und Neutestamentler aus Freiburg wie von den Väterspezialisten aus Frankreich und Frankfurt, aber auch vom Systematiker J. Ratzinger – damals noch in Bonn – und dann von den Kollegen aus der Historikerzunft durch die ganze Kirchengeschichte hin verfolgt wird. Besondere Erwähnung verdienen die Beiträge des alten Freundes Otto Karrer, der von H. U. von Balthasar und der des Bruders Karl Rahner, der „Dogmatische Randbemerkungen zur ‚Kirchenfrömmigkeit'" beisteuerte.

Der umfangreiche Band wurde nicht rechtzeitig zum Geburtstag fertig und gibt sich äußerlich eher als sachlich angelegte Sammlung, d. h. als erwünschter Beitrag zu einer Frageklärung. Charakteristisch für Hugo Rahner bleibt die in diesem Band greifbare enge Zusammenarbeit zwischen Frankreich und dem deutschen Raum. Sie dürfte ihn ebenso gefreut haben

---

[17] G. WAGNER, Um eine neue Verkündigung ..., 239.

wie die Konzentration auf eine Frage, die ihm am Herzen lag. Daß er unter den Mitarbeitern den Namen H. de Lubacs fand, wird ihm eine besondere Genugtuung gewesen sein. Mittlerweile hatte sich seine Krankheit deutlich zu erkennen gegeben. Die Festschrift hat darum etwas von einem Abgesang, mit dem Hugo Rahners Rückzug aus dem wissenschaftlichen Leben begleitet wurde. In der Rückschau liegt über der Sammlung eine gewisse Trauer, die mit Hugo Rahners Schicksal zusammenhängt, vielleicht aber auch darüber hinaus bedeutsam ist. Sicher hat er von all den in langen Jahren erarbeiteten Ansätzen selbst nichts mehr in den Konzilsaufbruch einbringen können. Er mußte diesen Moment der Kirche als Leidender erfahren und begleiten. Überzeugt, vieles für die Zukunft der geliebten Kirche bereitgestellt zu haben, mag ihm die Geduld und die Gelassenheit nicht immer leicht geworden sein, wie sie durch die Geschehnisse einem zugemutet wurden, der sich so leidenschaftlich für die Gemeinschaft der Glaubenden aus ihrer Tradition heraus engagiert hatte.

Anderseits erweist sich gerade in einem solchen Schicksal nicht nur die Schwachheit der Kirche, von der er immer wieder und namentlich in den 50er Jahren gesprochen hatte. Es zeigt sich hier etwas von der verborgenen Lebenskraft des Christentums, in dem gerade Leid und Not, ja schließlich Zerfall und Tod ihren Platz haben. Otto Karrer hat später einen Briefauszug veröffentlicht, der im Mai 1962 aus Freiburg i. Br. berichtet: „P. H. Rahner ist z.Zt. hier bei seiner Mutter. Es geht nun wirklich in unheimlichem Tempo bergab mit seiner Gesundheit. Außer dem Parkinson und kürzlich dem Schlaganfall kommt noch eine böse Nierensache dazu. Jetzt muß er das realisieren, was er in vielen Exerzitien und Predigten anderen gesagt hat. Am Ende ist von der Glorie der Welt nichts mehr übrig."[18]

Man kann sicher sein, daß er diesen Weg in Verbindung mit jenem Weg sah, den sein Bruder Karl auf das Konzil hin ging. Indes war die Krankheit nicht gleichbleibend belastend spürbar. Zunächst gab es immer wieder Momente, wo Arbeit – wenn auch verlangsamt und mühsam – möglich war. Bis zum Ende blieb Hugo Rahner der Fachberater für Patrologie beim „Lexikon für Theologie und Kirche" und bewies durch eine ganze Reihe von Beiträgen, daß dies nicht nur dekorative Verbrämung war.

Ein Briefauszug, den ebenfalls O. Karrer bekannt machte, aus dem letzten Lebensjahr gibt etwas von der inneren Haltung wieder, in der Hugo Rahner seine Krankheit angenommen hat. Die Zeilen wurden in Natters bei Innsbruck im September 1968 geschrieben, als er schon seit einiger Zeit nach München übersiedelt war.

Es war der letzte Ferienaufenthalt in Tirol für ihn. Da heißt es: „Schon lange wollte ich Ihnen von Pater Hugo erzählen. Es war so rührend zu sehen, wie sehr er sich hier seelisch erholt hat. Er war vergnügt, und wir haben viel gelacht. Der Frater, der mit ihm hier war, war besonders nett, gütig, lu-

---

[18] O. KARRER, Streiflichter, Frankfurt a.M. 1976, 46f.

stig – psychologisch ausgezeichnet. Körperlich geht es Pater Hugo nicht gut. Er geht schief wie ein Fragezeichen, und das Gehen strengt ihn sehr an. Dabei hat man den Eindruck, daß er sich in sein schweres Schicksal hineingefunden hat. Sie können sich denken, wie weh einem ums Herz ist, denn man kann wenig helfen."[19]

Dieser Ausblick war nötig, um den Prozeß des Zerfalls, dem P. H. Rahner in diesen Jahren ausgesetzt war, in seiner geistigen Dimension ansichtig werden zu lassen. Dabei hatte es anfangs nicht besonders dramatisch ausgesehen. Im März 1960 notierten die „Nachrichten der österreichischen Provinz S.J.", P. H. Rahner sei Ende Oktober 1959 in Vertretung der Innsbrucker Universität nach Evora (Portugal) zur Teilnahme am 400jährigen Jubiläum der dortigen Universität gefahren und habe dabei einen Vortrag über die Rolle des Ignatius von Loyola bei der Gründung dieser Universität gehalten[20]. In der gleichen Nummer heißt es unter den Hinweisen auf die Kranken: „P. Hugo Rahner ist für längere Zeit in Freiburg i. Br. zur Behandlung gewisser Lähmungserscheinungen an der Hand"[21]. Im Juni 1960 hatten die gleichen „Nachrichten" mitzuteilen: „P. H. Rahner mußte Mitte Februar nach Freiburg i. Br., um in seiner Krankheit (beginnende Lähmung der linken Hand) Heilung zu suchen. Er liest wieder seit Ostern."[22] Im Jahre 1961 scheinen sich die Schwierigkeiten nicht sonderlich bemerkbar gemacht zu haben. Gegen Ende des Jahres bekam er aber für einige Zeit einen Novizen als Hilfe bei seinen Arbeiten. Zu Beginn 1962 verschlechterte sich seine Lage. Anfang April mußte er zu Untersuchungen und zur Behandlung nach Bonn gehen, anschließend verbrachte er eine Zeit in Freiburg i.Br. und dann den Spätsommer in Natters. Im Sommer-Semester fiel er demnach für die akademischen Veranstaltungen aus. Erst Ende Oktober konnte er wieder ins Collegium Canisianum zurückkehren. Sein Zustand würde sich nicht mehr wesentlich bessern. In R. Fröhlich bekam er deshalb eine Hilfe für die Vorbereitung geplanter Veröffentlichungen. Deren Zahl wird jetzt merklich geringer, doch gelang es, 1963 die Festschrift für P. Thomas Michels herauszubringen, 1964 erschien der Sammelband „Symbole der Kirche" sowie jener, der ihm ganz besonders am Herzen lag, mit dem Titel: „Ignatius von Loyola als Mensch und Theologe" und 1966 der Reden- und Aufsatzband „Abendland".

Im Mai 1963 ließ er sich in Freiburg genau untersuchen und die Möglichkeit eines chirurgischen Eingriffs in das Gehirn prüfen, doch wurde ihm davon abgeraten. 1964 brachte trotz des sehr wechselhaften Befindens noch einmal harte Arbeit an den beiden oben schon erwähnten Sammelbänden. Da Karl Rahner im Sommer 1964 nach München gegangen war, setzte sich

---

[19] Ebd. 47.
[20] Vgl. Nachrichten der österreichischen Provinz S.J. (März 1960) 21.
[21] Ebd. 23.
[22] Ebd. Juni 1960, 25.

auch in Hugo Rahner der Gedanke an eine Übersiedlung in die bayerische Hauptstadt fest. 1965 bekam er eine andere Hilfe und 1966 wurde das neue Schriftstellerhaus der deutschen Jesuiten in Nymphenburg fertiggestellt. Dort verbrachte er, von gelegentlichen Ausflügen an guten Tagen abgesehen, die letzten Lebensjahre. Immer mehr war er auf Hilfe angewiesen, blieb aber geistig wach. Als er wenige Tage vor Weihnachten 1968 an das Ende kam, stand ihm seine damals über 93jährige Mutter bis zum Schluß bei. Es war ein Tod in Leid und dennoch ein Abschluß voll von Zuversicht.

Karl Rahner war in den Jahren auf das Konzil zu und während des Konzils Zeuge für den körperlichen Verfall seines Bruders, eine Erfahrung, die ihn in späteren Jahren noch bedrücken konnte. Sie dürfte aber auch so gewirkt haben, daß er sich mehr und mehr verpflichtet fühlte, jetzt für zwei arbeiten und wirken zu müssen. Seine Aktivitäten nehmen ein ganz unwahrscheinliches Maß an.

Papst Johannes XXIII. hatte Ende Januar 1959 zum ersten Mal vom Konzil gesprochen und damit die Welt, ja vor allem seine eigene Kirche überrascht. Schon wenige Wochen später meinte Karl Rahner in einem Brief an H. Vorgrimler: „Wenn aber diese Schwierigkeiten ... überwunden werden, dann könnte ein neues Konzil schon eine hervorragende Dynamik gegen einen einseitigen Zentralismus in der Kirche der letzten Jahrzehnte auslösen und darstellen, vorausgesetzt, daß wir genügend Bischöfe haben, die eine eigene Meinung haben."[23] Zunächst gab es vom Konzil nur eine unklare Idee; Wünsche und Erwartungen aller Art belebten die Diskussionen. Und die tagtägliche Arbeit mit ihren Pflichten ging weiter: das „Lexikon für Theologie und Kirche", die Vorlesungen und Übungen in Innsbruck, die Einladungen, die sich mehrten.

Ein besonderes Augenmerk lag auf dem für Sommer 1960 in München angesetzten Eucharistischen Weltkongress. Karl Rahner machte sich Gedanken über die Danksagung nach der heiligen Messe, über den Besuch des Allerheiligsten, zu Meßopfer und Jugendaszese, über „Das Geheimnis unseres Christus". Da die Eucharistie nicht zu den Themen zählte, die unter seine Lehrverpflichtungen fielen, mußte er sich eigens mit diesen Fragen befassen. Er tat es von der Frömmigkeit und von pastoralen Fragestellungen aus. Erst 1960 griff er mit „Wort und Eucharistie" in diesem Bereich wesentlicher – so schien es jedenfalls – in die dogmatische Problematik, namentlich in einem von der Reformation geprägten Land, ein. Er hielt Vorträge über den Eucharistischen Kongreß und war während der Tage in München selbst am 6. August mit einer Predigt beteiligt: Sonntag, Tag des Herrn. Sachlich beschäftigte ihn damals die Klärung von Sein und Rolle des Laien in der Kirche. Das Stichwort „Konzil" jedenfalls findet sich erst 1962.

Kardinal König wollte Rahner schließlich als seinen persönlichen Theologen mit zur Kirchenversammlung nehmen. Im Oktober 1961 lud der Wiener

---

[23] H. Vorgrimler, Karl Rahner verstehen, 172.

Oberhirte deshalb den Innsbrucker Theologen, den er von früher her kannte, ein, ihm bei der Durchsicht des Vorbereitungsmaterials für das Konzil behilflich zu sein. Daraus erwuchs fast von selbst das Angebot, Rahner solle ihn persönlich nach Rom begleiten. Der reagierte jedoch keineswegs begeistert, sondern eher zögerlich und machte auf mögliche Schwierigkeiten aufmerksam. Kardinal König sprach mit dem Papst und mit Kardinal Ottaviani. Während der Arbeit beim Konzil selbst konnte Rahner mehr und mehr durch seine sachlichen Vorschläge und seine hilfreichen Ergänzungen überzeugen; er wurde auch für ihm zunächst reserviert Gegenüberstehende zum geschätzten Mitarbeiter. So bemerkt Kardinal König am Schluß seiner Erinnerungen: „Rahner gehörte auch zu jenen Theologen, die mit den Konzilsbeobachtern der nichtkatholischen Kirchen einen regelmäßigen Kontakt hatten. Er war der Mittelsmann im Hintergrund, der nimmermüde Anreger, nicht selten energischer Verfechter neuer Ideen und Gedanken. Seine Einflüsse in diesem großen Geflecht sind noch aufzuspüren."[24] Ohne auf das vorgreifen zu wollen, was später eigens und ausführlich darzustellen ist, muß betont sein, daß es nicht organisatorische oder politische Fähigkeiten waren, die Rahners Einfluß begründeten; es waren sachlich-dogmatische Beiträge, die seiner Stimme Gehör sicherten. Dazu brachte er einiges an Vorbereitungen mit, die sich in den unmittelbaren Jahren vor dem Konzil noch intensivierten und vertieften.

Man sollte nicht unterschätzen, wie sehr etwa sein „Kleines Theologisches Wörterbuch", das er 1961 zusammen mit Herbert Vorgrimler herausbrachte, als bequemes Konsultationsmittel über theologische Fragen und Probleme auf die Arbeiten der Kirchenversammlung eingewirkt hat. Das große „Lexikon für Theologie und Kirche" kam zwar Band für Band heraus und erfuhr durch das Zweite Vatikanum keine Verzögerung, aber es war doch erst mit dem Konzil selbst vollendet und konnte nur bedingt für dessen Arbeiten herangezogen werden. In Rom waren vorher die pastoralen Beiträge Karl Rahners bemerkt worden und hatten Echo ausgelöst. So wurde er von dort am 22. März 1961 zum Berater der „Kommission für die Disziplin der Sakramente" ernannt, eine Aufgabe, die er faktisch mittels eines schriftlichen Gutachtens von Innsbruck aus erfüllen konnte. Er reiste in der Vorbereitungsphase nicht wie sein Kollege J. A. Jungmann zu eigenen Beratungen nach Rom. Für die Sakramentendisziplin reichte die Koordination von Kardinal B. Aloisi Masella mit dem Sekretär R. Bidagor SJ von der Päpstlichen Universität Gregoriana. Von Rahner erwartete man lediglich einen Text über die Möglichkeiten zur Wiederherstellung des ständigen Diakonats, den er in Zusammenarbeit mit dem kroatischen Erzbischof F. Seper erstellte. Die Wurzeln für Rahners Mitarbeit beim Zweiten Vatikanischen Konzil liegen also einerseits in Rom und andererseits in Wien; die Erwartungen an ihn waren nicht identisch. Während der österreichische Kardinal eine theologische Hilfe für einen Gesamtüberblick wünschte, lag den römischen

---
[24] In: Karl Rahner – Bilder eines Lebens, 64.

Stellen an einer bestimmten pastoralen Frage, für die Karl Rahner dank einiger Stellungnahmen besondere Kompetenz mitzubringen schien. In die Theologische Vorbereitungskommission jedenfalls berief man ihn nicht, zog ihn auch nicht gutachterlich zu deren Entwürfen heran.

Nach den äußeren Verpflichtungen zu urteilen, änderte die Erwartung des Konzils in Karl Rahners Arbeit wenig. Daß er seinen Einsatz steigerte, kann man auch damit in Zusammenhang bringen, daß er jetzt immer mehr Erfolg hatte, oder in seinem eigenen Sinn wohl treffender: daß sich ihm jetzt immer zahlreichere Türen auftaten und Chancen boten. Wenn es eben ging, nahm er sie wahr. Er reagierte nicht wählerisch und gab jedem Antwort, der eine Frage an ihn richtete. Die Lage und die absehbare Zukunft von Kirche und Christentum bewegten ihn dabei in auffälliger Weise. Predigten, Vorträge und zunehmend Rundfunkansprachen blieben die bevorzugten Mittel. Karl Rahner war wie sein Bruder zuerst ein Mann des gesprochenen Wortes, des unmittelbaren Zeugnisses, aus dem charakteristischerweise das fragende Suchen nie ausgeschlossen war. Sein immenses Wissen ließ ihn viele mögliche Schwierigkeiten und Einwände voraussehen, die er dann gleich zu berücksichtigen suchte. Das machte seine Ausführungen oft schwierig für den Hörer. Das Urteil, Rahner sei dunkel, war schon früher geäußert worden, wurde aber in der Vorkonzilszeit zu einer weitbekannten Überzeugung, die manches Verständnis hinderte und erschwerte, wo es gar nicht nötig gewesen wäre. Rahnerinterpreten und -vereinfacher traten auf den Plan, nicht immer als wirkliche Hilfe. Karl Rahner selbst ließ sich dadurch den unmittelbaren Kontakt zu Menschen aller Schichten nicht nehmen; er suchte ihn und pflegte ihn, wie es sich gerade ergab. Natürlich machten wachsende Anforderungen da manches unmöglich, aber immer wieder predigte er auch in kleinen Dorfkirchen, hielt Exerzitien, Kurse für Laientheologen, Vorträge für Studenten. 1961 gab es in Hilversum ein Fernsehinterview, ein Medium, das nach und nach wichtiger wurde. Mehr und mehr erbat man in dieser Zeit auch Festreden von ihm, so im September 1961 in Salzburg zur Eröffnung des Instituts für Universalgeschichte. Zwei Wochen später entwickelte er für die deutschsprachigen Dogmatiker in Würzburg seine Gedanken über das Verhältnis von Exegese und Dogmatik, um gegen Ende des Monats in Barcelona gleich bei mehreren Veranstaltungen aufzutreten. Auslandsreisen dieser Art wurden zahlreicher! Einladungen erreichten ihn von verschiedenen Seiten. Das Ende des Jahres verbrachte er in Freiburg bei seiner Mutter. Mit dem Jahr 1962 verstärkte sich der direkte Einsatz für das Konzil mit Vorträgen in Köln und anderswo.

Um diese Zeit war die erste Gruppe der „Schriften zur Theologie", d. h. die ersten drei Bände, so gut in der Öffentlichkeit angekommen, daß eine Fortsetzung nahelag. An die war ursprünglich nicht gedacht gewesen. Wie H. Vorgrimler berichtet, waren Aufsätz für einen vierten Band 1960 beisammen; „vielleicht hat Rahner bei ihnen die eigentlich fachtheologische Arbeit noch mehr hinter einer allgemeinen, auch ‚ökumenischen', auf das Konzil hin orientierten Ausrichtung zurücktreten lassen. Band V konnte trotz der römischen Vorzensur... im Oktober 1962 erscheinen; seine Aufsätze sind wie die des Bandes VI (1965) stark, wenn auch nicht ausschließlich, von Fragen bestimmt, die im Umkreis des Konzils erörtert wurden"[25].

Die sachlichen Akzente markieren in etwa, welche Erwartungen sich in Mitteleuropa für das Konzil verdichteten. Neben der Öffnung und Erneuerung im Sinne des ‚aggiornamento' Papst Johannes' XXIII. spielte die ökumenische Frage eine herausragende Rolle. Diese Hoffnungen wurden durch die Schaffung des Sekretariats für die Einheit wie durch die Ernennung von A. Bea zum Kardinal und zum Verantwortlichen dieses Sekretariats genährt; der neue Kardinal entfaltete trotz seines Alters eine ganz erstaunliche Aktivität, die auf vernehmliche Zustimmung stieß. Zwar ließ sich vieles noch gar nicht klar abschätzen, um so stärker meldeten sich die Hoffnungen und Wünsche. Es war eine anregende Zeit des Aufbruchs, die manchen mitriß. Die Akzente im eher bewahrenden Sinn wurden oft nicht recht wahrgenommen, wie die Einschärfung der lateinischen Sprache für den Unterricht an den theologischen Ausbildungsstätten oder bald vergessene Vorschriften der römischen Diözesansynode.

Im deutschen Raum wurden die römischen Impulse entsprechend der eigenen Tradition aufgenommen und verstanden. So weckte das Stichwort ‚ökumenisch' Erwartungen, die mit der Diasporasituation des katholischen Christentums im jahrhundertelangen Umgang mit Christen der Reformation zusammenhingen. Da die außerkatholischen Christen seit längerem ein Programm der Ökumene verfolgten, das in Ländern wie Deutschland lebhafte Reaktionen weckte und auf Katholiken nicht ohne Einfluß blieb, sah und empfand man hier in eigener Weise die Notwendigkeit der Bemühungen um die christliche Einheit. Fragen der Eucharistie und des Amtes, der Sakramente und des Wortes, der Exegese und der Dogmatik sowie viele andere wurden da in eigener Gestalt akut. Praktisch spielten viele gemischte Ehen in die häufigsten pastoralen Probleme hinein, Fragen der Schul- und Universitätsausbildung hatten ebenfalls große Bedeutung, weil die konfessionelle Präsenz etwa in den Universitäten, in den Bildungseinrichtungen, ja in der Politik und im öffentlichen Leben der Medien und der Kunst zur alltäglichen Wirklichkeit gehörte.

Diese allgemeinen Hinweise haben ihr Spiegelbild in sehr konkreten Beiträgen Rahners in dieser Zeit vor dem Konzil. Wie er im einzelnen solche Fragen anging, läßt sich aus den Texten und aus ihrem Vergleich entnehmen. Zu einem rechten Verständnis der Texte ist eben die Kenntnis des Lebensrahmens vonnöten, den wir herausarbeiten möchten. Unter dieser Rücksicht ist eigens darauf hinzuweisen, daß Karl Rahner in diesen Jahren zunehmend international eingeladen wird, und zwar in die Nachbarländer, so nach Belgien, in die Niederlande, die Schweiz, nicht zu reden von seiner

---

[25] H. Vorgrimler, Karl Rahner verstehen, 96.

sich durchhaltenden Präsenz im deutschen Raum, die er von Innsbruck aus leicht wahrnehmen konnte. Über die Paulus-Gesellschaft waren es die Kontakte in die östlichen Nachbarstaaten unter kommunistischer Herrschaft, die sich mehrten und für die theologische Reflexion neue Herausforderungen boten. Auf dem Eucharistischen Kongreß in München trat in ganz eigener Weise die Weltkirche in den Blick. Für Karl Rahner, der im stark international geprägten Milieu der Innsbrucker Fakultät arbeitete, war das nichts Neues, aber es war in seiner konkreten Ausprägung ungewohnt; denn hier begegnete er anderen Schichten, anderen Denkweisen, anderen Organisationen, anderen Voraussetzungen. Er mußte in diesen vielfachen Begegnungen mit großer Flexibilität manches lernen, was ihm für den Umgang mit Menschen anderer Herkunft auf dem Konzil dann von Vorteil werden sollte.

Wir finden Karl Rahner 1959 in Deutschland und der Schweiz, in den Niederlanden und eben in allen Gegenden Österreichs. 1960 ist es wieder Deutschland bis in den Norden, die Schweiz und Italien, d. h. Rom, und Belgien, wo er auftritt. Mitte Juni ist er auf der Fraueninsel im Chiemsee mit Vorträgen über die Schöpfung und den Begriff des Glaubens bei der Tagung der Paulus-Gesellschaft aufgetreten, nimmt gleichzeitig auch pastorale Gelegenheiten bei der Fronleichnamsprozession auf dem See und für die Klosterfrauen wahr. Die Reden im Radio mehren sich. 1961 schließlich spricht er in Deutschland, der Schweiz und auch in Frankreich, in den Niederlanden und in Spanien. Der Radius weitet sich. Und 1962, dem Jahr des Konzilsbeginns, hat er Verpflichtungen in Deutschland, der Schweiz und schließlich eine Reihe von Einsätzen in Rom.

Trotz seiner Ernennung zum Konsultor der Vorbereitungskommission zur Sakramentendisziplin ergab sich für ihn noch eine Schwierigkeit kurz vor dem Beginn des Konzils. Auf dem Katholikentag in Hannover sollte er am 23. August 1962 die Rede über „Der Glaube des Priesters heute" halten. In die Vorbereitungen dazu platzte für ihn Anfang Juni eine Weisung seiner Oberen, er habe künftig alles, was er schreibe, vorher in Rom zur Zensur vorzulegen. Selbst war er darüber sehr erregt und äußerte, auf jedes Schreiben verzichten zu wollen. Da in den Tagen das 400jährige Jubiläum des Innsbrucker Jesuitenkollegs begangen wurde, kam als Vertreter des Ordensgenerals ein hochrangiger Jesuit aus Rom in die Tiroler Landeshauptstadt und erläuterte Rahner die Hintergründe der Weisung. Er betonte, sie gehe nicht vom Orden aus und sei vom Offizium, so hieß damals die Kongregation für die Glaubenslehre, unter Kardinal Ottaviani aufgezwungen worden. Der Schritt fällt zusammen mit einigen anderen Versuchen, bekannte Theologen vor dem Konzil durch Auflagen dieser oder ähnlicher Art zu diskreditieren. So erhielt um die gleiche Zeit H. de Lubac ein Monitum bezüglich seines Buches über Teilhard de Chardin, das er auf Bitten des französischen Episkopats verfaßt hatte.

Noch im Juni begab sich Karl Rahner selbst nach Rom, um mit dem Generaloberen die Sache zu klären. Zuvor waren deutsche und österreichische

Bischöfe informiert worden und hatten sich zu einer Intervention bereiterklärt. Offensichtlich ließen sich die Einzelheiten der Maßnahme nicht so deutlich greifen. Papst Johannes XXIII. wurde angegangen und versicherte im August dem Kardinal Bea, er wolle sich für eine Bereinigung der Sache einsetzen. Im Oktober ernannte er Karl Rahner zum offiziellen Konzilstheologen (*peritus*). Später hat Karl Rahner selbst den Präfekten des Hl. Offiziums, Kardinal Ottaviani, auf diese Maßnahme angesprochen; er erhielt die in kurialen Kreisen häufige Antwort, das sei nur zu seinem Schutz geschehen. Seine Aussagen seien mißbraucht worden. Engagiert hatten sich ganz besonders Dr. E. Kellner und die Leitung der Paulus-Gesellschaft. Sie brachten eine Liste hochrangiger Unterschriften aus Wissenschaft und Politik zugunsten Rahners zusammen, die über Bundeskanzler Adenauer auf diplomatischem Weg an den Papst gelangte. Wie H. Vorgrimler zusammenfaßt, hatte Rahner von da ab „keine solchen und ähnlichen Schwierigkeiten mehr. Es gab immer wieder in den mit dem Konzil und der neueren Theologie unzufriedenen Kreisen Leute, die laut administrative Maßnahmen gegen Rahner forderten. Aber er hatte Freiheit bis zum Ende seines Lebens"[26].

Alles in allem bleibt festzustellen, daß Karl Rahner in seiner Arbeit nie ernsthaft behindert oder in Frage gestellt wurde. Die Zensur der „Mariologie", die Diskussionen um „Die vielen Messen und das eine Opfer", gelegentliche Bedenken zu einzelnen Veröffentlichungen und die versuchte Vorzensur am Vorabend des Konzils blieben typische Schritte im Halbdunkel; anders gesagt: Es kam nie gegenüber Rahner zu einer klaren öffentlichen Beanstandung von seiten des Lehramtes. Keines seiner Bücher mußte aus dem Handel genommen werden oder verfiel gar einem Verbot. In seiner Lehrtätigkeit gab es nie eine Unterbrechung. Wenn ihm die Oberen einige Male auftrugen, sich mit Vorträgen zurückzuhalten und sein außeruniversitäres Engagement einzuschränken, so waren dafür unterschiedliche Gründe maßgebend. Gewiß hat Karl Rahner in seinem Einsatz die erwähnten Schwierigkeiten kennengelernt. Von keiner aber ist zu sagen, daß sie seine Position in einem entscheidenden Punkt sachlich in Frage gestellt hätte. Mit dem Lehramt hat Rahner, wie es zeit seines Lebens sein festes Bestreben war, im Einvernehmen gestanden, ja, dieses Lehramt erklärt und verteidigt. Ein besonderes Kapitel im Zusammenhang mit Rahners Verhältnis zum kirchlichen Lehramt stellt die Herausgabe der offiziellen Urkunden und Dokumente des kirchlichen Glaubens dar.

Im Jahre 1948 brachte Karl Rahner die zweite Auflage von J. Neuner – H. Roos, „Der Glaube der Kirche in den Urkunden der Lehrverkündigung" heraus. Die ursprünglichen Herausgeber waren aus den theologischen Studienjahren seine Freunde, wirkten aber mittlerweile im Ausland, der eine in Indien, der andere in Dänemark. Sie konnten die Neuausgabe nach dem Kriege aus diesem Grunde nicht betreuen. Der Erfolg des Werkes verdankt

---

[26] Ebd. 116f.

der Herausgeberschaft Rahners nicht wenig. 1949 erschien die dritte, 1954 die vierte, 1958 die fünfte, 1961 die sechste und 1965 die siebte Auflage. Von der achten Auflage im Jahre 1971 an erschien das Werk in neuer Bearbeitung, die wesentlich auf K. H. Weger zurückgeht, der das Buch seither betreut.

Im Jahre 1952 kam das altbekannte „Enchiridion Symbolorum" H. Denzingers mit seiner 28. Auflage, von Karl Rahner herausgegeben, auf den Markt. Ein Jahr später war die 29. Auflage notwendig, 1955 kam die 30., 1957 die 31. In der Einleitung zur 37. Auflage des Werkes von 1991 liest man S. 5 dazu: „Die 26. Auflage von 1947 umfaßt im Anhang eine Textsammlung, die Karl Rahner erstellte, der von der 28. Auflage (1952) bis zur 31. Auflage (1957) als Herausgeber firmiert. Die einzelnen Auflagen weisen nur wenige Änderungen auf. Der systematische Index wird von Rahner überarbeitet. In der 28. Auflage hatte Rahner um Vorschläge für eine geplante Neubearbeitung des ‚Denzinger' gebeten. Aufgrund dieses Vorhabens wurde der Text in den folgenden drei Auflagen nahezu unverändert abgedruckt. Mit der 32. Auflage von 1963 legt Adolf Schönmetzer SJ einen gründlich umgearbeiteten ‚Denzinger' vor."[27]

Um diese Zeit ist Karl Rahner schon im Konzil engagiert. Als Frucht dieser Arbeit hat auch das mit H. Vorgrimler edierte „Kleine Konzilskompendium" in der Herder-Bücherei zu gelten, das alle Konstitutionen, Dekrete und Erklärungen des Zweiten Vatikanums in handlicher Ausgabe bot. Von 1966 bis 1972 kamen von dem Band acht Auflagen heraus, die belegen, wie sehr ihm an Äußerungen des Lehramtes lag sowie daran, daß sie zuverlässig und einfach zu haben sind. Sicher hat Rahner eine pure „Denzinger-Theologie" immer wieder zu kritisieren gewußt, doch kann das nicht als Kritik am Lehramt mißverstanden werden. Die Äußerungen des Lehramtes hatten seinen Respekt, der Umgang mit ihnen in einer engen und ängstlichen Theologie hingegen war für ihn etwas ganz anderes.

---

[27] Ebd.

21. Kapitel

Das Zweite Vatikanische Konzil

Unstreitig hängt die Bedeutung eines Wissenschaftlers von den Gelegenheiten ab, die sich ihm bieten, von den Möglichkeiten und Herausforderungen einer Zeit sowie davon, wie er sie aufzugreifen und auf sie zu antworten weiß. Für Karl Rahner gab es auf das Konzil hin eine deutliche Konvergenz von Voraussetzungen, so daß er nicht verwunderlich für diese Kirchenversammlung herausragende Bedeutung bekam und sie umgekehrt für ihn und sein Werk. Falsch ist es indes, ihn als den einzigen Theologen des Konzils hinstellen zu wollen. Gerade Rahners Fähigkeit zur Zusammenarbeit mit anderen, die sich in der Herausgabe des „Lexikon für Theologie und Kirche" hatte einüben und bewähren können, kam ihm in den Konzilsjahren zugute.

Ein konkreter Umstand seiner Arbeit in Innsbruck begünstigte seinen Beitrag zum Konzil in besonderer Weise, daß er dort nämlich seit Jahren seinen Dienst in der Gemeinschaft mit jemandem tun konnte, der für die Anfangsphase des Zweiten Vatikanums ein Mann ersten Ranges werden sollte: Joseph Andreas Jungmann. Der Name ist schon wiederholt vorgekommen, so daß im Grunde selbstverständlich ist, wenn er in der Vorbereitung und zu Beginn des Konzils für Karl Rahner einflußreich wurde. P. J. A. Jungmann war 1889 geboren und damit ein gutes Stück älter als die Rahnerbrüder. Wie später Hugo Rahner hatte er schon 1927 einen Studienaufenthalt bei F. J. Dölger absolviert, so daß er sich seit der Mitte der 30er Jahre mit dem jungen Patrologen und Kirchenhistoriker gut verstand. Der half ihm bei der Arbeit an der „Zeitschrift für katholische Theologie" und wurde dann darin von seinem Bruder abgelöst. Während Jungmanns Zeit als Rektor des Jesuitenkollegs Innsbruck – Juli 1938 bis Oktober 1939 – nahm Karl Rahner ihm die Aufgabe des Chefredakteurs ab und war so Jungmann persönlich verbunden. Gemeinsam verlebten sie den Beginn der schwierigen Wiener Jahre, bis P. Jungmann im Sommer 1942 nach Hainstetten übersiedelte, wo er sein Hauptwerk „Missarum Sollemnia" schrieb. Ab Oktober 1945 lebte er zusammen mit Hugo Rahner wieder in Innsbruck. Als Mitglied der Liturgischen Kommissionen in Deutschland und Österreich war er einer der bekanntesten Vertreter der liturgischen Erneuerung, die sich nach Kriegsende durchzusetzen begann. Im Anschluß an das Dekanat Karl Rahners übernahm er 1952/53 noch einmal dieses Amt der Fakultät und wirkte danach als Rektor der Universität Innsbruck. 1956 wurde er an der Universität in den Ruhestand versetzt, versah aber als Nachfolger von Hugo Rahner für die nächsten sechs

Jahre den Rektorsposten am internationalen Theologenkonvikt Canisianum (bis 1962), wo er wieder mit Hugo Rahner zusammentraf. Nach einer Reihe von Ehrungen erreichte den 70jährigen am 25. August 1960 die Berufung zum Mitglied der liturgischen Vorbereitungskommission des Konzils. Auf deren erster römischer Sitzung bestellte man Jungmann am 12. November 1960 zum Berichterstatter der Unterkommission „Über die Messe" und zum Mitglied der Unterkommission „Über die allgemeinen Prinzipien" der Liturgiekommission. Später hat er zur letzten Gruppe bemerkt: „Ich habe diese Subkommission De principiis generalibus leider nie recht ernst genommen, weil ich die Vorstellung hatte, das Schema über die Liturgie müsse nur klare Bestimmungen über die Reform der Liturgie enthalten; die theologischen Grundsätze würden ja in anderen Kommissionen entwickelt und vorgelegt, die dann im endgültigen Konzilstext ja vorausgehen würden. Hätte ich geahnt, daß die L(iturgie) K(onstitution) so allein dastehen würde, wie es sich am 4.12.1963 ergeben hat, hätte ich anders geurteilt ..."[1]

Die „theologischen Grundsätze", von denen hier die Rede ist, profilierten sich auf andere Weise als es sich Jungmann gedacht hatte. Karl Rahner hatte seinen Anteil daran ebenso wie die praktische Ausrichtung des Innsbrucker Liturgikers, der von einem ähnlichen pastoralen Interesse bewegt war wie die beiden Rahnerbrüder. Wie Karl Rahner wurde Jungmann im Oktober 1962 zum offiziellen Konzilstheologen (*peritus*) bestellt, nur hatte er schon einen wesentlichen Anteil an den Vorbereitungen nehmen können, die von der Liturgischen Kommission in Rom, Mailand und Trier sehr intensiv betrieben worden waren. Im Januar 1962 hatte in Rom die Schlußsitzung stattgefunden, und die Ergebnisse der Vorbereitung waren an die Zentralkommission gegeben worden.

Wie sich die Arbeit während der Kirchenversammlung entwickeln würde, war bis zum Beginn völlig offen. In der Gruppe der Fachleute gab es jedenfalls Vorstellungen, über die man sich jedoch nicht einig war. Da stand die Frage der Volkssprache im Raum, ohne daß klar gewesen wäre, was zu erreichen sei. Die Meinungen gingen auseinander. P. Jungmann wandte sich mit dem Leiter des Liturgischen Instituts in Trier, Johannes Wagner, an Kardinal Franz König, um ihm darüber zu berichten. Dieser schlug vor, man solle eine europäische Verständigung suchen, das Einverständnis der Franzosen und der Deutschen genüge nicht. In diesem Sinn trat P. Jungmann über Carlo Colombo an Kardinal Montini heran, der mit Kardinal Lercaro eine italienische Initiative für diese europäische Verständigung einleiten sollte.

Die Liturgiker reagierten am 17. Oktober etwas überrascht, als angekündigt wurde, daß am Montag mit der Beratung des Schemas für die Liturgie begonnen würde. Statt der gleichzeitigen Klärung der theologischen Grundsätze zeichnete sich so eine Pilotenstellung der Liturgie ab, ein Umstand, der weder vorauszusehen noch gebührend zu berücksichtigen war.

---

[1] J. WAGNER, Liturgie auf dem Vaticanum II, in: J.A. Jungmann – Ein Leben für Liturgie ..., 151.

Aufgrund dieser Stellung der Liturgie bahnte das Thema für den ganzen weiteren Verlauf der Kirchenversammlung und für die pastorale Ausrichtung und ihre Ergebnisse die entscheidende Weichenstellung. Zwar wohnte P. Jungmann in der Nähe von St. Peter im Generalshaus des Ordens, während Karl Rahner seine Bleibe im Collegium Germanicum et Hungaricum hatte, doch fehlte es offensichtlich nicht an Möglichkeiten der gegenseitigen Information und des Kontaktes, mochte jeder auch mit seiner spezifischen Arbeit beschäftigt sein. Die erwähnten Namen, etwa der von Kardinal König, deuten auch Querverbindungen an, die gar nicht ausdrücklich dokumentiert werden müssen. Im Vergleich zu den Erfahrungen P. Jungmanns wußte Karl Rahner, was möglich war, auch wenn der einzelne nichtrömische Konzilstheologe, wenig vertraut mit den dortigen Gepflogenheiten der päpstlichen Behörden, nicht immer den Lauf der Dinge durchschaute. Bekanntlich war das Konzil in seiner ersten und zweiten Sitzungsperiode intensiv mit der liturgischen Erneuerung befaßt, während die anderen Fragen zwar bearbeitet wurden, aber erst später zu Ergebnissen führten. J. A. Jungmann wurde schon im März 1964, zur Halbzeit des Konzils sozusagen, zum Berater jenes Rates berufen, der die Durchführung der Konstitution über die Liturgie lenken sollte. Der Modellcharakter dieser Reformbemühung und ihrer Methoden mußte sich zwangsläufig auf die weiteren Arbeiten der Kirchenversammlung auswirken. Und die Erfahrungen J. A. Jungmanns standen Karl Rahner in Innsbruck direkt zur Verfügung. Wie sehr solche persönlichen Kontakte für den Gang der Konzilsarbeiten ins Gewicht fallen, ist nicht leicht abzuschätzen, weil sich eindeutige Belege dafür nicht beibringen lassen. Es gelang in Rom aber bald, ein neues Netz solcher Kontakte unter Bischöfen und Theologen aus allen Teilen der Welt zu erstellen. Dazu trugen vor allem Einladungen bekannter Theologen zu Vorträgen und Diskussionen mit Bischofskonferenzen und -gruppen bei. Im Dezember 1962 erwähnt J. A. Jungmann, er sei eingeladen worden, für einige Bischöfe eine Konferenz zu halten „über die Umrißlinien einer neuen Liturgie, wie sie für Nationen außerhalb des europäischen Kulturkreises in Betracht käme. Ich habe das natürlich gerne angenommen ... Ich konnte meine Gedanken entwickeln: nicht etwas gänzlich Neues schaffen, auch nicht bloß eklektisch ..., sondern auf dem Grunde der ältesten Schichten der römischen Liturgie etwas schaffen, was der Eucharistie von Hippolyt nahekommt ... Es ist vielleicht ein Samenkorn, das einmal da oder dort Frucht bringen wird."[2]

Nicht ganz weit weg von den Bemühungen der Liturgiker und der Pastoraltheologen lagen Rahners Äußerungen zur Wiedererneuerung eines ständigen Diakonats in der katholischen Kirche, die ihm den Zugang zur Vorbereitungskommission über die Sakramentendisziplin eingetragen hatte. Als man daranging, diese Möglichkeit zu prüfen, stellte sich heraus, daß Karl Rahner bislang der einzige Dogmatiker war, der sich mit der Frage befaßt

---

[2] Ebd. 153f.

hatte. In seinem Beitrag zur Festschrift für Michael Schmaus von 1957 entfaltete er „Dogmatische Vorbemerkungen für die richtige Fragestellung über die Wiedererneuerung des Diakonats"[3], die er später in den Sammelband „Sendung und Gnade" aufnahm. Das Echo war derart, daß sich die Dokumentation der weiteren Diskussion darüber nahelegte; sie war 1962 zur Veröffentlichung bereit.

Hinter der Veröffentlichung stand das Interesse des Diakonatskreises um Hannes Kramer und Josef Hornef, aber auch die weithin spürbar werdende Not in der Seelsorge, die den Gedanken an den permanenten Diakonat in der römisch-katholischen Kirche für manchen Verantwortlichen interessant werden ließ. Anfang 1962 arbeitete Rahner an seinem Beitrag zu diesem Band über „Die Theologie der Erneuerung des Diakonats"[4] und stellte sich über der Vorbereitung der Drucklegung die Frage nach einer möglichen Widmung des Bandes; dabei dachte er zunächst an Kardinal Aloisi Masella, den Leiter der Vorbereitungskommission zur Sakramentendisziplin. Was diese Kommission vor allem dank F. Seper und Karl Rahner zur Erneuerung des Diakonats erarbeitet hatte, wurde gegen Ende Januar 1962 von der für die Vorarbeiten zum Konzil zuständigen Zentralkommission behandelt. Rahner war sich nicht sicher, wie die Stellungnahme aussehen würde, wußte aber, daß das Schicksal des Sammelbandes ein wenig vom Schicksal des Vorschlags für das Konzil abhängen würde. Wenn die Frage im angeschnittenen Sinn auf die Kirchenversammlung käme, wäre das Buch sozusagen der eigentliche Referenztext für die theologische Erörterung des Problems. Er war von der Qualität der Diskussion überzeugt und hielt darum das Erscheinen auf jeden Fall für nötig. Außerdem suchte er nach Möglichkeiten, um entsprechend viele Exemplare an die römischen Verantwortlichen geben zu können. In der Widmungssache kristallisierte sich der Name des polnischen Primas Kardinal St. Wyszynski heraus, über den auch das Interesse Polens an der neueren Theologie geweckt werden sollte. Als Kardinal Masella erklärte, er könne die Widmung nicht annehmen, war der weitere Weg klar. Der polnische Primas und Kardinal König nahmen die Widmung an. Die Veröffentlichung wurde ziemlich umfangreich, und Rahner sah sie als einen der wenigen seriös wissenschaftlichen Beiträge in der Vorarbeit zum Konzil, auf den er stolz zu sein erklärte. H. Vorgrimler, Mitherausgeber des Werkes, notierte: „‚Diaconia in Christo' erschien noch vor Konzilsbeginn und war den Kardinälen Wyszynski und König gemeinschaftlich gewidmet"[5].

---

[3] In: Theologie in Geschichte und Gegenwart, München 1957, 135–144.
[4] In: Diaconia in Christo (QD 15/16), 1962, 285–324.
[5] H. Vorgrimler, Karl Rahner verstehen, Freiburg i.Br. 1985, 186.

a) Die erste Konzilsperiode 1962 – Klärungen

Als Konsultor der Vorbereitungskommission für die Sakramentendisziplin hatte Karl Rahner ein schriftliches Gutachten beigesteuert, war jedoch nie zu einer Sitzung in Rom eingeladen. Als Helfer von Kardinal König hatte er für diesen die übersandten Entwürfe gesichtet und sich seine Meinung dazu gebildet. Dennoch war der Informationsstand mehr als verworren. Wie das Konzil beginnen würde und wie es aussehen könnte, das vermochte niemand zu sagen. Erst bei der Eröffnung am 11. Oktober sollten die teilnehmenden Bischöfe unter der allgemeinen Überschrift „Quaestiones theologicae" als eigentliche Vorlagen der Theologischen Kommission die Textschemata erhalten: „De Fontibus Revelationis", „De ordine morali", „De deposito fidei pure custodiendo" und eine „Formula nova Professionis Fidei"[6]. Das aber bedeutete, die zu behandelnden Glaubensfragen waren bis dahin nicht in einem offiziellen Entwurf den Bischöfen bekannt. Ja, die Sache wurde selbst während der ersten Periode der Kirchenversammlung in vielen Punkten nicht deutlicher. Kardinal F. König erinnert sich zum Beispiel: „Bei der zu Ende gehenden 1. Session, am 5. Dezember 1962, ergriff der damalige Kardinal Montini in der Konzilsaula das Wort und hielt eine für den weiteren Fortgang des Konzils bedeutsame Rede. Zu diesem Zeitpunkt war es eine immer noch nicht geklärte Frage, welchen Weg das Konzil angesichts der Fülle der durch die Vorbereitungskommission vorgeschlagenen Themen letztlich einschlagen solle. Montinis Rede – so kann man heute rückblickend sagen – wurde für den weiteren Gang des Konzils entscheidend. Er führte unter anderem aus, daß es Aufgabe des Konzils sein sollte, nicht nur allen Gläubigen, sondern allen Menschen zu erklären, was das Wesen der Kirche nach dem Willen Gottes und Jesu Christi sei ... und welches ihre Heilsaufgabe gerade in unserer Zeit sei. Dabei hob er hervor, daß es vornehmliche Aufgabe unserer Zeit sein müsse, die Botschaft und Tätigkeit der Kirche mit den Problemen der Welt in einem größeren Zusammenhang zu sehen, das heißt, die Fragen unserer Zeit, die Probleme unserer Zeit sollten der Bezugspunkt für die Darstellung des Wesens und der Aufgabe unserer Kirche sein ... Diese Rede fand große Zustimmung".[7] Der Umstand macht darauf aufmerksam, daß es noch zum Ende der ersten Konzilsperiode nötig war, den Akzent auf der Frage der Kirche als besondere Aufgabe zu betonen.

Auch Kardinal Suenens unterstrich am 4. Dezember 1962 bei der Vorlage eines mit Papst Johannes XXIII. besprochenen Konzilsplans das Thema Kirche. Diese etwas merkwürdige Lage hatte sich daraus ergeben, daß die Vorbereitungskommission „De doctrina fidei et morum" in einer Untergruppe

---

[6] Vgl. Y. CONGAR, Erinnerungen an eine Episode auf dem II. Vatikanischen Konzil, in: Glaube im Prozess (FS Rahner), Freiburg i. Br. 1984, 22–64.
[7] F. KÖNIG, Karl Rahners theologisches Denken ..., in: Glaube im Prozess (FS Rahner), Freiburg i. Br. 1984, 122.

einen relativ weitgespannten Entwurf in 11 oder 12 Kapiteln erarbeitet hatte, dessen innere Struktur nach dem Urteil von G. Philips nicht sehr deutlich war und dessen Teile ein wenig unverbunden nebeneinander standen. In der Kirchenversammlung wurde darüber Anfang Dezember 1962 gesprochen. Die Verfasser hatten offenbar gar keine vollständige Abhandlung über die Kirche im Sinn gehabt, sondern sich jenen Punkten der Lehre zugewandt, die ihres Erachtens für eine Erörterung reif waren; außerdem hatten sie Aspekte hervorgehoben, die aus pastoraler Rücksicht dringend einer Klärung bedurften. Bischof De Smedt von Brügge griff die Orientierung und die Sprache des Entwurfs an und verlangte u. a., den Triumphalismus aufzugeben, das Leben der Kirche nicht auf die Aktivität der Hierarchie allein zu beschränken und den Juridismus zu vermeiden. Das Ergebnis war im Dezember 1962 die Zusage einer gründlichen Überarbeitung des Themas Kirche im Sinne der von den Bischöfen aufgezeigten Perspektive.

Das erklärt, warum Karl Rahner, der sich 1961 zusammen mit J. Ratzinger zu „Episkopat und Primat"[8] geäußert hatte, ebensowenig wie alle anderen Konzilsteilnehmer im Vorfeld einen konzentrierenden Akzent setzen konnte. Den Sommer über hatte er mit Vorträgen und mit den Vorarbeiten zum Konzil zu tun, die in der Regel aus der Aufarbeitung des aus Rom übersandten Materials unter dieser oder jener Rücksicht bestand. Nicht nur Kardinal König bat Rahner um solche Hilfe und den Entwurf von begründeten Stellungnahmen. Am 8. Oktober hielt Rahner in Graz noch einen Vortrag und fuhr von dort nach Rom. Drei Tage später eröffnete Papst Johannes XXIII. mit seiner großen programmatischen Ansprache die Kirchenversammlung. Bei den ersten Generalversammlungen am 13. und 16. Oktober ging es um die Wahlen zu den Kommissionen. Schon jetzt ließ sich absehen, wie wenig die Bischöfe die Absicht hatten, einfach den von kurialen römischen Stellen vorbereiteten Formeln zuzustimmen; die Ansätze eines Konzilsbewußtseins gaben sich zu erkennen und ermutigten die Ängstlichen. Die Theologen, die als Berater von Bischöfen oder als Mitglieder von Vorbereitungskommissionen in Rom waren, äußerten sich jetzt unbefangener zu den Vorlagen. Am 19. Oktober schrieb Rahner, er habe vor den deutschen, österreichischen und schweizerischen Bischöfen über den Entwurf zum „Depositum fidei" geredet und ohne Rücksicht die Schwächen bloßgelegt. Kardinal Frings habe ihm gesagt, er sei einverstanden und halte eine Diskussion des Textes für unbegründet. Noch war Rahner nicht offizieller Konzilstheologe; seine Ernennung erfolgte Ende Oktober 1962. Viel wollte selbst das nicht besagen, weil die Präsidenten der Kommissionen nach der Geschäftsordnung das Recht besaßen, einen Peritus in ihre Kommission zu berufen. So war Rahner unsicher, ob er in der dogmatischen Kommission unter Leitung von Kardinal A. Ottaviani würde mitarbeiten können. Aber viele Bischöfe waren mit dieser Regelung unzufrieden und suchten sie zu än-

---

[8] Freiburg i. Br. 1961.

dern. Nach dem Beginn der Debatte über die Liturgiereform schrieb Rahner: „Heut war die erste Sitzung über das Liturgiedekret. Der es am ärgsten bekämpft hat, war der Sekretär der Ritenkongregation. Doch scheint die Stimmung im allgemeinen dem Dekret günstig zu sein. Nun ja, es ist ja auch so zahm, daß das doch das Mindeste ist, was man erwarten kann."[9]

Schon ehe Sachfragen zur Erörterung kamen, hatten sich um Bischof Volk von Mainz deutsche und französische Theologen gesammelt, um die Möglichkeiten und die Situation zu besprechen. Dabei war klar geworden, daß man in eigener Initiative Textalternativen erstellen müsse, um etwas anderes anbieten zu können, wenn die vorliegenden Entwürfe wegen ihrer Mängel abgelehnt oder wesentlich modifiziert werden würden. Allerdings hielt man es auch für nötig, die Mängel der vorliegenden Entwürfe in sauberer Argumentation herauszustellen. Das war z.T. schon Aufgabe der heimatlichen Vorbereitung gewesen, doch kam es darauf an, die Stellungnahmen zu koordinieren und bekannt zu machen. Rahner schien diese Aufgabe in den ersten Konzilswochen so wichtig, daß er nicht die Debatten in der Aula über die Liturgiereform verfolgte; er hielt es für Zeitverschwendung. Statt dessen mühte er ich um Versuche, die er zusammen mit J. Ratzinger erarbeitete, oder um solche von Congar und Philips, ohne gewiß zu sein, was nach den Debatten über die Liturgie Thema werden würde. Konzentrieren konnte man sich in dieser Phase auf keine Frage richtig, aber die Zusammenarbeit machte Freude, wie aus Rahners Bemerkung zu entnehmen ist: „Mit Ratzinger komm ich gut aus. Und er ist sehr gut bei Frings angeschrieben."[10]

Am 29. Oktober hat Karl Rahner notiert, einen Vortrag vor den südamerikanischen Bischöfen gehalten zu haben. Regelmäßig informierte er die Studenten im Collegium Germanicum, wo er seine Wohnung hatte; so am 12. November, am 26. November und am 3. Dezember. Im gleichen Haus waren auch Kardinal J. Döpfner, der Erzbischof J. Schneider von Bamberg, der Bischof von Luxemburg L. Lommel, der Weihbischof J. Zimmermann von Augsburg und andere Theologen wie der Mitbruder O. Semmelroth untergebracht. Die räumliche Nähe hatte ihre Bedeutung für manchen Austausch, war indes nicht immer entscheidend. Kardinal Frings und sein Theologe J. Ratzinger hatten Wohnung im Kolleg der Anima, von wo der Kontakt zum Germanicum offensichtlich reibungslos klappte. Mitte November war es dann soweit: dogmatische Fragen sollten von der Kirchenversammlung selbst behandelt werden. Rahner schrieb damals: „Diese Woche fängt also die Dogmatik hier an. Ich bin gespannt, wie das geht. Hoffnung ist nicht groß bei mir. Aber wir werden tun, was wir können. In den letzten Tagen hab ich ein lateinisches Antigutachten gegen das erste dogmatische gemacht. Heute nachmittag bekommen es alle deutschen Bischöfe in die Hand. Die Germaniker haben es schön in 400 Exemplaren abgezogen ...

---

[9] H. VORGRIMLER, Karl Rahner verstehen, 188f.
[10] Ebd. 190.

Frings verbreitet auch in ca. 2000 Exemplaren eine Art Schema, das Ratzinger und ich verbrochen haben."[11]

Das Konzil selbst geriet über die vorbereiteten Texte in einen solchen Gegensatz, daß Papst Johannes XXIII. am 21. November den Entwurf über die „Offenbarungsquellen" zurückziehen und eine gemischte Kommission unter den Präsidenten Ottaviani und Bea bilden ließ, die einen neuen Text zum Thema erarbeiten sollte. Damit war endgültig klar, daß die Kirchenversammlung nicht einfach die in Rom vorbereiteten Entwürfe anzunehmen hatte, sondern in eigener Arbeit ihr Programm mitbestimmen konnte. Am 5. Dezember meldete Rahner: „Heute soll ich nun endlich mit König doch zu einer Sitzung der Kommission, die das durchgefallene Schema neumachen soll."[12] Und später erinnerte er sich, Kardinal König habe ihm gesagt: „Kommen Sie nur mit. Ich ging dann zitternd hinein. Ich dachte mir, wenn das Ottaviani mitkriegt, schmeißt er mich raus. Aber das ist dann eben nicht passiert. Wenn man eine Zeitlang drin war, sich immer wieder zu Wort gemeldet hatte, dabei etwas Vernünftiges gesagt hatte und auch die Arbeit mitgemacht hatte, die sonst anfiel, gehörte man einfach dazu. Die Periti mußten auch für die Kommissionssitzungen Hunderte ‚modi' bearbeiten, das heißt die Verbesserungsvorschläge der bischöflichen Mitglieder des Konzils sichten, bearbeiten und überlegen, ob sie abgelehnt oder in den Textentwurf eingearbeitet werden sollten. Die Ergebnisse der Vorberatungen und der Diskussionen in den nachmittägigen Sitzungen der Theologischen Kommission selbst wurden dann wieder gedruckt und den Konzilsvätern für ihre Arbeit in den eigentlichen vormittägigen Konzilsberatungen unterbreitet. Dabei wurde auch eine gedruckte Begründung des so gewonnenen Textes mitgeliefert.

Kardinal König ... hat sich oft und gewichtig zu Wort gemeldet. So konnte es natürlich auch einmal passieren, daß ich auf seinen Wunsch ein solches Statement für ihn schriftlich vorbereitet und ihm hinauf auf den Gianicolo geschickt hatte, wo er in einer schönen Klinik wohnte."[13] Im allgemeinen vollzog sich die Zusammenarbeit in einer unkomplizierten Atmosphäre, beinhaltete aber auch ein gutes Stück Arbeitsteilung. An anderer Stelle erzählt Karl Rahner: „Mit den Bischöfen hatten wir ein brüderliches Verhältnis. Kardinal Döpfner wohnte im gleichen Stock im Germanicum; da hat er mich manchmal mit seinem Wagen in die vormittägige Konzilssitzung mitgenommen. Das war allerdings nur in der ersten Konzilsperiode, später bin ich nie mehr in die große Sitzung im Schiff von St. Peter gegangen. Es war dort nicht so interessant: zuerst die Messe, dann die ganzen Zeremonien, die langen Bischofsreden ... Die Theologische Kommission selber tagte im Vatikan; man ging vom Petersplatz aus eine große Treppe hinauf, dann durch den Damasushof, dann mit dem Lift hinauf, dort oben war eine größere

---
[11] Ebd. 191f.
[12] Ebd. 192.
[13] Karl Rahner – Bekenntnisse, 27f.

Aula, in der die Theologische Kommission tagte."¹⁴ Am 7. Dezember schrieb Rahner aus Rom: „Heute Nachmittag muß ich wieder mit König zur Sitzung der gemischten Kommission zur Neuausarbeitung des durchgefallenen Schemas. Heute Nachmittag wird es brenzlig werden."¹⁵
Nicht nur zum Thema „Offenbarung", auch für einen neuen Entwurf über die „Kirche" lud man Rahner gegen Ende der ersten Konzilsperiode im Namen der deutschen Bischöfe ein. Mit seinem Frankfurter Mitbruder O. Semmelroth, dem Theologen des Mainzer Bischofs H. Volk, sollte er kurz nach Neujahr in München einen entsprechenden Text erstellen, den die deutschen Bischöfe am 5. und 6. Februar besprachen. Nach einer Bemerkung von H. Schauf, dem engen Mitarbeiter von S. Tromp SJ schon in der theologischen Vorbereitungskommission, waren auf der Tagung in München „alle deutschen Bischöfe mit Ausnahme des erkrankten Erzbischofs von Freiburg Schäufele und der erkrankten Weihbischöfe Tenhumberg und Sedlmeier. Ferner waren dort die Bischöfe Österreichs, Bischöfe aus der Schweiz, der Bischof von Stockholm, der Weihbischof von Namur in Belgien und der Weihbischof Elchinger von Straßburg, der im besten Einvernehmen zur Majorität des französischen Episkopats zu stehen scheint. Außerdem waren dort verschiedene Erzäbte aus dem deutsch-österreichischen Raum. Ferner ein Priester aus Bologna als Beobachter Sr. Em Lercaro. Folgende Theologen waren anwesend: Rahner SJ, Ratzinger (Bonn), Semmelroth SJ, Wulf SJ, Hirschmann SJ, Schmaus (München), Grillmeier SJ, Schnackenburg, Stakemeier (Paderborn), Betz (Luxemburg) und ich ... Anschließend sprach (N) länger und trug seine Kritik am Schema De Ecclesia vor ... Dann meldete ich mich zu Wort und kritisierte diese Kritik (Ns) ... In München wurde allen Teilnehmern sodann das beiliegende neue Schema De Ecclesia gegeben ... Dieser Entwurf ist von einer Kommission erarbeitet worden, und zwar auf einen Auftrag der deutschen Bischöfe hin, der schon bei einer der Sitzungen in der Anima zu Rom erteilt wurde."¹⁶
Die Entwicklung vollzog sich gleichzeitig auf verschiedenen Ebenen, die miteinander verbunden bleiben, für die aber verschiedene Verantwortliche zuständig sind. Das erschwerte die Arbeit und machte ihren Erfolg oft ungewiß, erlaubte hingegen manches, was nach den abstrakten Vorschriften offen geblieben war. Die erwähnten deutschen Beratungen erbrachten einen eigenen Entwurf, den Bischof Schröffer am 21. Februar 1963 einreichte. In Rom bildete sich einen Tag später die ‚Commissio De Ecclesia', zu der als Mitglieder die Kardinäle Browne, Leger, König und die Bischöfe Parente, Schröffer, Charue und Garonne gehörten, die jeweils als ihre Theologen in eine eigens bestellte ‚Commissio ex peritis' beriefen: Gagnebet, Naud, Rahner, Balic,

---

[14] Ebd. 30.
[15] H. VORGRIMLER, Karl Rahner verstehen, 193.
[16] H. SCHAUF, Zur Textgeschichte grundlegender Aussagen aus ‚Lumen gentium' über das Bischofskollegium, in: Archiv für Katholisches Kirchenrecht 141 (1972) 50f.

Thils, Philips und Daniélou. Für Daniélou trat sehr bald Congar ein, für Naud der Theologe Lafortune. Parente schied aus der Kommission aus und sein Nachfolger Spanedda wünschte H. Schauf als seinen Theologen. Die Arbeit der Unterkommission begann mit dem Kapitel über die Bischöfe; als Grundlage wählte man den Entwurf von Philips. Der kannte die Arbeit der Vorbereitungskommission, weil er deren Mitglied gewesen war und mit römischen Gepflogenheiten vertraut. Der deutsche Entwurf wurde nicht weiter berücksichtigt.

Seit der ersten Sitzungsperiode waren zwei große dogmatische Themen gegeben, die im besonderen die Mühe der Bischöfe und der Theologen beanspruchen sollten. Fast bis zum Schluß blieb offen, wie die Antwort aussehen würde. Es handelt sich um das Thema der Kirche und um das Thema der Offenbarung, zwei Fragen, die in eigentümlicher Weise die Probleme wieder aufnehmen, die auf dem Ersten Vatikanischen Konzil in den beiden Konstitutionen „Dei Filius" und „Pastor aeternus" behandelt waren. Diese Tatsache liefert einen bemerkenswerten Nachweis für die Realität und Unvermeidlichkeit jenes Prozesses, der als Dogmenentwicklung intensiv diskutiert und umstritten war. Das Zweite Vatikanische Konzil hat sich dabei ganz selbstverständlich auf die vom Ersten Vatikanum erarbeitete Grundlage gestellt, war aber der Meinung, dazu müsse noch mehr gesagt werden, vor allem sei manches anders zu sagen.

Karl Rahner berichtete über die Münchener Besprechung mit den Bischöfen, sie habe ihm eine neue Reise nach Rom eingebracht. „Denn dort beginnen dann verschiedene Kommissionssitzungen sowohl über das Schema de revelatione als auch über de Ecclesia, und zwar mit Hochdruck, weil alles bis zum 10.3. soweit fertig sein soll, daß es dem Episkopat in der Welt wieder vorgelegt werden kann. Der Termin scheint mir eine Utopie zu sein. Aber darum wird wohl nicht daran zu denken sein, daß ich vor dem 10.3. wieder nach Innsbruck zurückkann. Zumal wohl kaum andere deutsche Theologen in Rom greifbar sein werden. Denn nur König und Schröffer und Volk sind meines Wissens außer Frings in diesen beiden Kommissionen. Da Schröffer mich gebeten hat, ihn vorher zu instruieren, scheint er keinen Theologen mitzubringen. Ich glaube auch nicht, daß Semmelroth hingeht, zumal er mir sehr kränklich und wenig aktiv z.Zt. zu sein scheint."[17]

Das Konzil beschränkte sich also nicht auf die Zeiten der offiziellen Sitzungen und auf persönliche Arbeit daheim, sondern machte in immer größerem Maße Reisen nötig. Karl Rahner hatte für seine akademischen Verpflichtungen in Innsbruck zwar mit P. Fransen eine gewisse Vertretung, konnte und wollte aber seine dortige Arbeit nicht einfach liegen lassen. Nimmt man die Pflichten für das „Lexikon für Theologie und Kirche" hinzu und vergißt nicht einige andere Projekte, die in Vorbereitung waren, dann kann man sich ein Bild über sein Leben in dieser Zeit machen. Daß ihm die-

---

[17] H. VORGRIMLER, Karl Rahner verstehen, 194.

ser Stil nicht zuwider war, bedeutet nicht, daß er keine Müdigkeit gespürt hätte. Immer wieder aber bekam er genügend Kraft, um weiterzumachen. Dazu gehörten auch Erfolge wie der folgende: „Gestern war wieder von 4 Uhr bis fast 8 Uhr Sitzung. Wider Erwarten ist die Sache ganz gut ausgegangen. Man kann nun doch damit rechnen, daß über das genauere Verhältnis von Schrift und Tradition nichts gesagt wird ... Heute nachmittag ist eine private Besprechung mit den Franzosen (König usw.) über das Ekklesiaschema. Ich kann mir eigentlich noch nicht denken, wie man da rasch genug weiterkommen soll." Geschrieben wurde das am 24. Februar 1963 in Rom[18].

Kardinal Ottaviani äußerte, die Verhängung der römischen Vorzensur gegen Rahner aufzuheben. Wie oben schon berichtet, war Rahner jetzt offiziell Berater in einer Subkommission zur Erarbeitung des neuen Kirchenschemas. Und er fand Kardinal Ottaviani freundlich; es bahnte sich eine persönliche Hochschätzung bei allen Unterschieden in Sachfragen an, die bis zu Ottavianis Tod vorhielt. Durch seinen Beitrag zu einer Festschrift für den Kardinal hat Karl Rahner dem auch öffentlich Ausdruck gegeben.

Mitte März war er in Innsbruck zurück. Die Vorbereitungen auf die neue Konzilssession im Herbst schienen auf gutem Weg. Da kam der Tod Papst Johannes XXIII. Wie würde es mit dem Konzil weitergehen? Mancher Theologe mag sich damals gesagt haben, daß dies seine erste Sorge nicht zu sein habe; denn durch den Anfang war schon soviel angeregt und in Bewegung geraten, daß auf die eine oder die andere Weise diese Lebensimpulse in der Kirche weiterwirken würden.

Der neue Papst Paul VI. gab auf die Fragen nach dem Konzil bald eine beruhigende Antwort und schien für die inzwischen erreichte Klärung zu stehen. Das Thema Kirche hatte sich in den Unterlagen konkretisiert. Der Entwurf von 1963 umfaßte zunächst vier Kapitel: I. Das Geheimnis der Kirche, II. Die hierarchische Verfassung der Kirche und im besonderen der Episkopat, III. Das Volk Gottes und insbesondere die Laien sowie IV. Die Berufung zur Heiligkeit in der Kirche. Aber schon vor der zweiten Konzilsphase im Herbst erhielten die Bischöfe dazu Änderungsvorschläge, u. a. die Anregung von Kardinal Suenens, aus den Aussagen über das Volk Gottes ein eigenes Kapitel zu machen, das seinen richtigen Platz nach der Darlegung des Geheimnisses der Kirche habe.

Das Thema Kirche trat also in der Vorbereitung auf die nächste Sitzungsperiode des Konzils deutlicher in seiner zentralen Stellung hervor. Darum wurden andere Fragen nicht einfach vergessen. Die Weiterarbeit an der Konstitution über die Liturgie profitierte gar von der deutlich ekklesiologischen Ausrichtung der Konzilsarbeiten. Im übrigen waren es oft Einzelfragen, in denen sich für bestimmte Mitarbeiter und Gruppen das Thema Kirche konkretisierte, so z. B. die Frage nach der Kollegialität der Bischöfe; nach der Rolle von Laien und Ordensleuten.

---

[18] Ebd. 195f.

b) Die zweite Konzilsperiode 1963 – Die Kirche

Die erste Nummer der Innsbrucker „Zeitschrift für katholische Theologie" erschien im Jahre 1963 gleich mit einem Beitrag des Bischofs Paul Rusch, der in lateinischer Sprache „De non definienda illimitata insufficientia materiali Scripturae"[19] handelte. Von daher war dieser Text nicht nur für die regelmäßigen Leser der Zeitschrift, sondern für die Bischöfe des Zweiten Vatikanischen Konzils bestimmt. Der Bischof der Tiroler Landeshauptstadt nahm damals wiederholt in der Zeitschrift der Katholisch-Theologischen Fakultät seiner Landesuniversität Stellung; so im zweiten Heft 1963 zum Thema „Mariologische Wertungen"[20] und im dritten Heft des folgenden Jahrgangs unter dem Titel „Die kollegiale Struktur des Bischofsamtes"[21]. Diese Texte begleiten nicht nur die Vorbereitungen der jeweiligen Konzilssessionen, sie sind in enger Zusammenarbeit mit den Professoren der Fakultät erstellt worden. Bischof Rusch hat allerdings seine eigenen Interessen spürbar in diese Stellungnahmen einfließen lassen, wenn er etwa auf die Volksfrömmigkeit zurückgreift und den pastoralen Gesichtspunkt zur Geltung bringt oder wenn er nach der biblischen Grundlegung fragt. Als Bischof, dem besonders die sozialen Veränderungen und damit die soziale Frage am Herzen lag, scheint er zunächst für Theologie im Sinne der Wissenschaft weniger Neigung aufgebracht zu haben; bei genauer Lektüre seiner Darlegungen kommt der Leser aber nicht um das Urteil herum, daß Bischof Rusch zur Zeit des Konzils sehr wohl weiß, was an der Fakultät gelehrt wird und daß er diese Lehre entschieden unterstützt hat. Er selbst meldete sich auf dem Konzil wiederholt zu Wort und stieß mit seinen Interventionen auch auf Widerstand, der indes weniger ihm als seinen vermuteten Gewährsleuten galt. Bischof P. Rusch (1903–1986) hat in späteren Jahren in manchem eine sehr kritische Haltung bekundet; seinen Konzilseinsatz hingegen hat er nie korrigiert und sich dankbar der Hilfe der Professoren seiner Fakultät erinnert. In einem Rückblick „Waage der Zeit – Wege der Zeit"[22] berichtete er u. a., wie er sich bei den Fragen um die Liturgiereform für die Muttersprache eingesetzt habe: „Das alles berichteten wir in der Konzilsaula. Es machte Eindruck. Pater Jungmann war uns hierbei eine große Hilfe"[23]. Und in den großen dogmatischen Fragen konstatiert er: „Bei allen diesen Problemen gereicht es mir zur Freude, daß es mir gelungen war, Pater Karl Rahner in die gesamte deutschsprachige Bischofskonferenz einzuführen. Er war zur geistigen Klärung eine bedeutende Hilfe"[24], selbst wenn der Bischof später meinte: „Sodann gibt es das transzendentale Apriori von Karl Rahner, das

---

[19] ZKTh 85 (1963) 1–15.
[20] Ebd. 129–161.
[21] Ebd. 86 (1964) 257–285.
[22] Innsbruck 1983.
[23] Ebd. 26.
[24] Ebd. 28.

freilich große philosophische Vorbildung fordert und von der Mehrheit der Menschen als zu schwer empfunden wird"[25]. Seine theologische Grundsicht verdeutlichte Bischof P. Rusch mit einem um so einfacheren Beispiel: „Ich erinnere mich, wie Hugo Rahner sagte und schrieb: ‚Was ist ein Wassertropfen? Nun, laut Chemie ist es H_2O. Und ein Wassertropfen von der Sonne beleuchtet? Auch nur H_2O, oder doch mehr?' Die kerygmatische Theologie hätte das zum Ziel, das Werthafte einer Botschaft herauszustellen. Wenn die Theologie zur induktiven Methode und damit zur konkreten Wirklichkeit findet, wird das Werthafte von selbst wieder mit einbezogen."[26] Die Zitate deuten etwas von der Zusammenarbeit zwischen dem Diözesanbischof und den am Konzil beteiligten Theologen seiner Fakultät an. Aus Notizen Rahners läßt sich entnehmen, daß er am 1. Oktober 1963 mit Bischof Rusch eine Besprechung im Kolleg der Anima hatte, daß er am 3. Oktober mit anderen Theologen an einem Text für seinen Bischof arbeitete und daß es am 12. Oktober den ganzen Nachmittag noch einmal eine Beratung mit den Bischöfen Schröffer und Rusch im Kolleg der Anima gab.

Sachlich wird für Karl Rahner der Eindruck durch seine Veröffentlichungen in dieser Zeit unterstützt. Das Verhältnis von „Schrift und Tradition" spielte in Vorträgen und in der publizistischen Diskussion eine vorherrschende Rolle; doch ebenfalls Fragen um die Kirche traten – jedoch nicht so intensiv – in den Vordergrund. Diskutiert wurde namentlich alles, was mit der Stellung, der Verantwortung und der Aufgabe der Bischöfe zusammenhing. Gemeinsam mit J. Ratzinger hatte Karl Rahner dazu das Bändchen „Episkopat und Primat"[27] veröffentlicht, wie er später mit J. Ratzinger auch zur Frage „Offenbarung und Überlieferung"[28] Stellung nahm. Diese Bücher fassen zusammen, was auf dem Konzil für die beiden dogmatischen Konstitutionen über die Kirche und über die Offenbarung Beachtung fand.

Die Zeit in Rom ist in diesem Jahr zielstrebiger ausgefüllt als während der ersten Periode im Vorjahr. Der neue Papst hatte sich für die Konstitution über die Kirche eingesetzt, an der jetzt mit Nachdruck gearbeitet wurde. Im neuen Entwurf, der diesmal den Teilnehmern im voraus geschickt war, fand sich das Kapitel vier über die Ordensleute. Bischof Leiprecht von Rottenburg gehörte der entsprechenden Arbeitsgruppe an und hatte als Fachmann P. F. Wulf SJ aus München beigezogen. Karl Rahner kannte den Chefredakteur der Zeitschrift „Geist und Leben" seit längerem gut. So bat ihn P. Wulf um seine Hilfe. Da dieser anfangs noch kein Konzilsperitus war und nicht an den Kommissionssitzungen teilnehmen konnte, vertrat ihn Karl Rahner z. B. am 7. Oktober. Am anderen Tag besprach er dann bei Kardinal Döpfner zusammen mit F. Wulf die anstehenden Fragen. Zwei Tage später nahm er

---

[25] Ebd. 151.
[26] Ebd. 156.
[27] Freiburg i. Br. 1961 und 1963. Die zweite Auflage belegt das Interesse an der Abhandlung.
[28] Freiburg i. Br. 1965.

mit dem Mitbruder das Schema noch einmal intensiv durch, bevor Kard. Döpfner eine entsprechende Stellungnahme in der Aula abgab. Am 21. Oktober besprachen sich die Patres Friedrich Buuck, Alois Grillmeier, Rahner und Wulf weiter über die Sache. Einen Tag später steuerte Karl Rahner für Friedrich Wulf ein lateinisches Gutachten zum Ordensleben bei, über das noch am gleichen Tag im französischen Kolleg mit Bischöfen aus Frankreich und dem Bischof von Rottenburg gesprochen wurde. Im spanischen Kolleg behandelte man am 24. Oktober das Kapitel über die Ordensleute und das mariologische Schema. Karl Rahner war so in der Sache engagiert, daß er am 4. November einen Beitrag zum Ordenskapitel zu schreiben begann, den er im November neben den anderen Aufgaben her redigierte. Der Beitrag erschien in der ersten Nummer der Zeitschrift „Geist und Leben" von 1964 unter dem Titel „Über die Evangelischen Räte"[29]. Dies war indes nur ein Strang seiner Tätigkeit während der zweiten Konzilsperiode und nicht einmal der wichtigste.

Karl Rahner hat sich vom September bis zum Dezember in Rom seine Termine notiert. Aus dieser Aufstellung ergibt sich, daß er vor der Wiederaufnahme der Konzilsarbeiten an einer Pressekonferenz beteiligt war, am 28. September eine Besprechung mit Bischof H. Volk und dessen Theologen O. Semmelroth sowie Joh. Feiner hatte, Kontakt zu G. Philips suchte, mit H. Küng zusammentraf und schließlich noch ein Gespräch mit K. Mörsdorf führte. Zwei Tage später erhielt er von G. Philips das sogenannte Schema 17, besprach sich mit K. Mörsdorf und wechselte einige Worte mit Kard. Döpfner. Am 1. Oktober begab er sich nach St. Peter, einer der wenigen Besuche der Konzilssitzungen. Er schrieb damals: „Ich muß gleich wieder nach St. Peter gehen. Aber ich hab nicht vor, bei all den Vormittagen auch nur beim Schema De Ecclesia hinzugehen. Man verliert zuviel Zeit damit, wenn man um halb 9 schon fahren muß und erst um 1 Uhr wieder daheim ist; und dort ja nichts anderes machen kann, weil die Tribüne so eng ist, wo wir sitzen. Gestern wurde gesagt, daß keine neuen Periti mehr ernannt würden."[30] Am Nachmittag dieses 1. Oktober 1963 finden wir ihn bei Bischof Volk zur Sichtung eines Schematextes zusammen mit E. Stakemeyer, O. Semmelroth und J. Ratzinger. Am folgenden Morgen arbeitet er mit K. Mörsdorf für Bischof P. Rusch, bereitet sich auf eine Pressekonferenz vor, studiert das Mariologie-Schema von E. Dhanis, hört einen Sitzungsbericht von Pfister, nimmt an der Sitzung der Glaubenskommission teil und bestreitet schließlich noch eine Pressekonferenz. Das sind keine Ausnahmen. Einen Tag später bespricht er sich prinzipiell mit dem Münchener Kardinal, arbeitet an einem Text für Bischof Rusch, spricht vor der Deutschen Bischofskonferenz und erarbeitet mit Kardinal König ein Votum für die Konzilsaula. Daran schafft er auch am nächsten Morgen weiter, während

---

[29] GuL 37 (1964) 17–37 = Schriften zur Theologie VII.
[30] H. Vorgrimler, Karl Rahner verstehen, 209f.

der Nachmittag für Fernsehaufnahmen von Amerikanern dient und der Abend für eine Besprechung mit Patriarch Maximos und Kardinal Döpfner im Haus ‚Mater Dei'.

Man könnte fortfahren, die Arbeiten nach diesem Terminkalender aufzulisten. Aber das ergäbe nur ein vordergründiges Bild. Wichtiger bleibt, Karl Rahner befaßte sich in diesen Tagen intensiv mit der Vorlage über die Kollegialität der Bischöfe und erstellte ein Gutachten dazu, das am 5. Oktober im Kolleg der Anima vervielfältigt wurde. Nebenher sind immer wieder Treffen mit Verlegern und Publizisten vermerkt. Kaum ist der Beitrag zur Kollegialität fertig, wendet sich Rahner für Kardinal Döpfner einer Stellungnhame zum Diakonat zu. Das Mittagessen kann der Besprechung mit einem Bischof, etwa dem von Rottenburg, dienen, um in Fragen des Ordenslebens noch etwas zu klären. G. Gruber, damals Kaplan bei Kardinal Döpfner, kommt noch einmal mit Fragen zum Diakonat.

Am 8. Oktober ist für den Nachmittag eine Versammlung der Konzilsperiti bei den Salvatorianern vermerkt. Die Themen dieser Tage und Wochen sind bekannt; eine Schwierigkeit besteht darin, gleichzeitig sehr unterschiedliche Fragen in verschiedenen Gruppen vorzubereiten oder zu behandeln. Schon die Konstitution über die Kirche erweist sich als ein ganzes Bündel dorniger Einzelfragen, die erst aufgeteilt, dann wieder sinnvoll zusammengefügt werden müssen. Die Kollegialität, die Laien, die Ordensleute und das um diese Zeit noch als eigenständige Äußerung gedachte Schema zu Maria stehen an. Am 9. Oktober vertieft sich Karl Rahner z. B. in den Entwurf des englischen Benediktinerabtes Butler zu Maria. Am 14. ist es wieder das Schema über die Gottesmutter, das ihn beschäftigt. Zehn Tage später ist es u. a. Gegenstand einer Besprechung im spanischen Kolleg. Bis es als Schlußteil in die dogmatische Konstitution über die Kirche hineingelangt, ist noch einiges an Arbeit zu tun.

Unter den Themen taucht jetzt auch die Frage der Religionsfreiheit auf, daneben gibt es Probleme formaler Art, etwa über den Gebrauch anderer Sprachen in der Konzilsaula, über Verfahrensfragen und Abstimmungsdifferenzen. Und um die Kirchenversammlung herum entfaltet sich ein ganz eigenes Leben. Mancheiner kommt nach Rom und möchte mit Bischöfen und Theologen sprechen. Verleger bringen neue Unternehmungen in Gang, so das Lexikon „Sacramentum Mundi" als internationales Nachschlagewerk für die Praxis, für dessen italienische Ausgabe Karl Rahner sich des Mailänder Kollegen C. Colombo versichert hat. Dieser war nicht nur Theologe, sondern auch Freund des neuen Papstes Paul VI. Rahner schrieb schon im Sommer nach dessen Wahl: „Hoffentlich macht es der neue Papst gut. Jungmann kennt ihn schon persönlich. Ich hab den Draht über Colombo. Und so bin ich etwas beruhigt, wenn natürlich die Frage ist, ob und wieweit er über seinen diplomatischen Schatten und sein Zögern hinwegkommt".[31] Die

---
[31] Ebd. 206.

Hoffnungen verstärkten sich, als er berichten konnte: „Döpfner sagte mir, der neue Papst habe sich sehr anerkennend über mich geäußert. Wo und wie, hab ich nicht gefragt."[32] Jedenfalls war Karl Rahner dieses Jahr über von einer ganz unglaublichen Schaffenskraft, die auch durch den seines Erachtens jetzt vielversprechenden Gang der Konzilsarbeiten genährt wurde.

Kardinal Ottaviani hatte inzwischen die Zusammenarbeit mit den Theologen schätzen gelernt, konnte es sich aber nicht sparen, etwa am 21. Oktober gegen Theologen wie Rahner, Ratzinger und Martelet ein Wort in der Aula zu sagen, doch das war sozusagen schon das nötige Salz in der Suppe. Am 7. November war Karl Rahner in Audienz beim Papst, und gelegentlich fand er sogar Zeit, um mit den Studenten am Collegium Germanicum die Messe zu feiern und dabei zu predigen, wie am 10. November. Die Vortragstätigkeit erscheint im Vergleich zum Vorjahr eingeschränkt und sehr gezielt. Verlegerische Besprechungen über editorische Projekte kosten mehr Zeit als je zuvor; Mitarbeiter sind zu gewinnen oder für eine Aufgabe zu begeistern. Zwischendurch ist sogar noch eine Reise nach Neapel möglich, wo er am 24. November einen Vortrag im Haus der Mitbrüder hält, nachdem er das Meeresaquarium besichtigt hatte. Am 25. November nimmt er erneut an einer Audienz beim Hl. Vater teil. In diesen Wochen wird die Idee der Zeitschrift „Concilium" auf den Weg gebracht. Daß all die Zeit Fahnen für das „Lexikon für Theologie und Kirche" durchzusehen sind, sei nur erwähnt. Am 30. November findet eine eigene Papstaudienz für die Periti statt, an der Karl Rahner wiederum teilnimmt.

Persönlich sind diese Monate für ihn von einer Entscheidung bestimmt, die sein Leben nicht unwesentlich verändern sollte: die Übersiedlung nach München und die Übernahme des Lehrstuhls für christliche Weltanschauung, auf dem Romano Guardini lange Jahre gewirkt hatte. Der Gedanke an diese Möglichkeit ist Anfang Februar 1963 in München aufgetaucht. Rahner sprach mit Kardinal Döpfner und überlegte, welche Voraussetzungen von seiner Seite zu schaffen seien. Seine erste Sorge galt dem Einverständnis der Oberen des Ordens. Er sah, daß er bis zum Generaloberen gehen müßte. Dessen Vertreter für den deutschen Raum, den Holländer P. van Gestel, suchte er bald zu treffen. Ende Februar gelang das. Seine eigene Meinung gab er so wieder: „Ich ginge ganz gern nach München ... Hier bei unserer Kurie ist man allerdings von dieser Idee nicht begeistert. Man hält Innsbruck für wichtiger. Nun war freilich Döpfner in dieser Sache noch nicht hier. Und ich vermeide es, eine negative Antwort zu provozieren, die man später nicht mehr gern zurücknimmt".[33] Das beste Ergebnis unter diesen Voraussetzungen lautete: „Van Gestel hat nicht abgelehnt, daß ich nach München gehe, aber natürlich noch viel weniger zugesagt. Er sagte, der Ge-

---

[32] Ebd. 209.
[33] Vom 27.2.1963 an Herbert Vorgrimler; vgl. H. VORGRIMLER, Karl Rahner verstehen, 197.

neral sei wenig dafür... Selbst Höfer meinte, ich sei neben Balthasar der einzige, der in Frage komme"[34].

Man mag sich über Rahners Wechsel von Innsbruck nach München Gedanken machen; er selbst hatte fünfzehn Jahre an der Universität der Tiroler Landeshauptstadt gewirkt und näherte sich der Vollendung seines sechsten Lebensjahrzehnts. Der Wechsel schloß den Übergang von einer theologischen an eine philosophische Fakultät ein. Wie Rahners briefliche Bemerkungen zeigen, reizte ihn die Sache trotzdem. Nicht nur, weil es um Guardinis Nachfolge ging, mit dem er einige Male persönlich hatte zusammenarbeiten können und dessen Name für einen Aufbruch stand, dessen Früchte auf dem Zweiten Vatikanischen Konzil reiften. Als „Quickborner" hatte Karl Rahner die Anfänge Guardinis in der größeren Öffentlichkeit direkter und unmittelbarer erfahren als viele sonst. Die Erinnerung an diese Jugendbewegung nach dem Ersten Weltkrieg und zu Beginn der 20er Jahre mag sich mit der Erfahrung des Zweiten Vatikanischen Konzils verbunden haben. Offensichtlich wollte Rahner noch einmal eine Chance zu einem neuen Beginn. Das erklärt, warum er seine Geduld im Frühjahr, Sommer und Herbst 1963 auf eine große Probe gestellt empfand. Zunächst reagierte die Ordensleitung nicht. „Ich habe einen ziemlich wütenden Brief an van Gestel geschrieben und sehr sehr dringlich gebeten, daß man mich nach München lasse. Es geht hier wieder so österreichisch her, daß ich wirklich gern wegginge. Martini will Frings aufbieten... Döpfner hat in der Sache geschrieben... Der süddeutsche Provinzial schreibt auch in meinem Sinn...", heißt es aus Innsbruck am 30. März[35]. Noch länger kommt die Klage, von Rom noch nichts gehört zu haben. Die österreichischen Vorgesetzten Rahners schwiegen ebenfalls; ihnen war der Weggang nicht recht, doch konnten sie nicht verkennen, daß Rahners Beschwerden nicht grundlos waren. Karl Rahner dachte auch an seinen Bruder, dessen Krankheit inzwischen voll ausgebrochen war. Er schrieb Mitte April: „Von Rom aus (auch Coreth) schweigt man sich über die Münchner Sache noch immer aus. Ich nehme das eher für ein günstiges Vorzeichen. Nur wäre es mir sehr recht, wenn ich Hugo mitnehmen könnte nach München. Ich schreibe heute zur Vorsicht Simmel, ob er auch Hugo eventuell in sein neues Haus, das im Mai begonnen werden soll, aufnehmen würde, wenn Hugo hier auch das Feld räumen würde."[36] So geschah es etwas später. Hugo Rahner folgte seinem Bruder nach München und beide gehörten bis zum Tod von Hugo wieder dem gleichen Haus zu, auch als Karl 1967 nach Münster wechselte.

Erst Ende Mai 1963 bekam Karl Rahner das Einverständnis des Ordens. „Der General hat mir ohne jede Schwierigkeit die Erlaubnis ge-

---

[34] Vom 2.3.1963 an Herbert Vorgrimler; vgl. H. VORGRIMLER, 198.
[35] H. VORGRIMLER, Karl Rahner verstehen, 199.
[36] Ebd. 200.

stern gegeben, einen eventuellen Ruf nach München anzunehmen."[37] Waren damit von seiten der Gesellschaft Jesu die Möglichkeiten eröffnet, so bedurfte es jetzt von seiten der berufenden Universität und des Staatsministeriums der erforderlichen Schritte. Sie zogen sich eine ganze Weile hin. Karl Rahners Geduld wurde noch einiges zugemutet. Eine erste Enttäuschung brachte eine Information vom 8. Juni: „Übrigens habe ich (o Trauer!!) gestern in München gehört, daß der Lehrstuhl in München erst im nächsten Jahr gegründet sein wird, also im Augenblick weder ich noch Thielicke auf eine Professur hoffen können."[38] Max Müller, Philosoph in München und Studienkollege Rahners aus den Freiburger Jahren, beruhigte ihn jedoch bald. Die Stelle sei genehmigt, der Vorschlag der Fakultät werde noch im laufenden Sommer-Semester erstellt und an das Ministerium weitergeleitet. Am 17. Juli verhandelte die Fakultät, am 24. Juli der Senat. Danach begann erneut ein Warten. Karl Rahner hätte es kaum ertragen, wäre nicht diese Zeit für ihn randvoll mit Arbeit gewesen. Seine Situation in Innsbruck war natürlich wegen dieser Pläne nicht gerade angenehm, und er suchte ihr zu entfliehen. Anfang September begab er sich nach Rom, wo er einen Vortrag übernommen hatte; anschließend machte er in Vicarello vom 11. bis 23. September Exerzitien und schöpfte vor den Wochen der zweiten Konzilsperiode noch einmal Kraft. Wieder kam über Prof. Bernhard Kötting das Angebot, einen Lehrstuhl in Dogmatik an der Universität Münster zu übernehmen. Doch Rahner meinte, in München schon gebunden zu sein und von der Ordensleitung für Münster keine Zustimmung zu bekommen. Den Oktober über wartete er vergebens auf den Brief aus München. Der geistliche Botschaftsrat Prof. Josef Höfer von der Vatikanbotschaft der Bundesrepublik Deutschland und Mitherausgeber des „Lexikon für Theologie und Kirche" verwandte sich direkt beim zuständigen Kultusminister für Rahner. Aber die Dinge nahmen ihren langsamen Gang. Im November äußerte Rahner die Hoffnung, in München wegen der Konzilsarbeiten erst im Sommer-Semester 1964 den Dienst aufnehmen zu können, ohne vorher noch einmal in Innsbruck lesen zu müssen. Am 23. November schreibt er: „Ich denke, daß ich den Brief von München doch noch bekomme, solange ich hier bin und dann gleich nach München fahre, so daß ich erst nach Innsbruck gehe, wenn ich den Umzug vorbereiten muß. Hoffentlich geht es so."[39] Den gleichen Gedanken äußert er eine Woche später noch einmal; eine Rückkehr nach Innsbruck war ihm zu dieser Zeit mehr als unangenehm. So muß er erleichtert gewesen sein, als ihn das offizielle Berufungsschreiben Anfang Dezember in Rom erreichte. Am 5. Dezember heißt es dazu: „Heute ist der letzte Tag hier. Morgen fliege ich nach Mün-

---

[37] Ebd. 204.
[38] Ebd. 205.
[39] Ebd. 215.

chen ... Ich werde also wenigstens zunächst nach München in die Veterinärstraße gehen. Ich habe vor, wenn es vom Ministerium her möglich ist, die Berufungsverhandlungen noch vor Weihnachten abzuschließen, nachdem nun D. am 2.12. den offiziellen Berufungsbrief mitgebracht hat, und dann in Innsbruck packen und umziehen. Ich bin also in München."[40]

Die Angelegenheit hat das ganze Jahr 1963 gebraucht, um zu einem guten Ende zu kommen. Sie hängt nicht nur allgemein mit dem Konzil und mit Rahners Rolle bei der Kirchenversammlung zusammen, sondern präziser mit der konkreten Phase des Zweiten Vatikanums nach der ersten Klärung und einer relativ ruhigen Arbeit an den großen Konstitutionen, die indes bis zu ihrem Abschluß noch einiges an Zeit und Kraft verlangen sollten.

Der neue Anfang machte sich für Karl Rahner insofern unverzüglich bemerkbar, als er gezwungen war, seinen Einstieg in München in überzeugender Weise vorzubereiten. Das war wegen der nötigen Pflichten für das Konzil keine einfache Sache. Wen kann es wundern, wenn sich bald Klagen über Zeitmangel häufen. Doch das gehört schon in das Jahr 1964, das gegenüber dem vorhergehenden für Karl Rahner einen Rahmen anderer Art bilden sollte.

Die zweite Konzilsperiode war in einem gewissen Sinn die glücklichste, da die anfangs vorgelegten Schemata der vornehmlich römischen Theologen keine Rolle mehr spielten. „Soweit ich mir ein Urteil erlauben kann, danke ich Gott von Herzen, daß alle diese Schemata gleich zu Beginn des Konzils beiseite gelegt wurden und das Konzil in seinen Kommissionen seine Dekrete und Erklärungen selber erarbeitete."[41] Als das Konzil damit zu eigener Initiative und Verantwortung fand, die Papst Johannes XXIII. nicht hinderte, stiegen auch Rahners Erwartungen. Er sagte später, das Konzil habe ihn nicht enttäuscht, sei er doch Theologe, der nie in einem Punkt Gegner des eigentlichen katholischen Glaubens gewesen sei und es deshalb verstanden habe, daß das Konzil die alte und verpflichtende Lehre vortrug und bestätigte. Im übrigen seien viele seiner Wünsche in Erfüllung gegangen, und es hätten sich Auffassungen im kirchlichen Glaubensbewußtsein herausgeklärt, hinter die man nicht mehr zurückgehen könne. „Obwohl die Kirche für ihre Wahrheit gegen den Unglauben der heutigen Welt unerbittlich kämpfen wird, hat sie mit diesen Sätzen eine Position für sich selber erreicht, von der aus ein wirklich liebender Dialog mit allen in der Welt geführt werden kann."[42]

Diese Entwicklung hat er auch so gekennzeichnet: „Die Kirche hat das Stadium weltanschaulicher Intoleranz unwiderruflich überwunden. Ob das aber für die übrige Menschheit genauso gilt, ist noch längst nicht ausge-

---
[40] Ebd. 216.
[41] Karl Rahner – Glaube in winterlicher Zeit, 93.
[42] Ebd. 96.

macht."⁴³ Solch einen Markstein im Glaubensbewußtsein der Kirche sah Karl Rahner mit dem Zweiten Vatikanum gesetzt; er erlaube eine Heilshoffnung der Kirche, wie man sie lange nicht für möglich gehalten habe; freilich bedeute das auch eine Last, weil sie schwer sei und gerade nicht davon dispensiere, dafür zu arbeiten, daß wir an unserer Gesellschaft und Geschichte nicht verzweifeln müssen. Die Frage eines neuen Konzils sei gar nicht akut. „Ich muß gestehen", so Rahner, „daß meine eigentlichen Erwartungen vom Konzil her wunderbar erfüllt worden sind. Jetzt liegt die Aufgabe bei mir."⁴⁴ Dieses so positive Urteil bildete sich damals, als der Eigenelan der Kirchenversammlung greifbar wurde und vor dem Druck der folgenden Zeit, ohne den der Abschluß kaum erreicht worden wäre.

c) Die dritte Konzilsperiode 1964 – Verhältnis zur Welt von heute

Offensichtlich war Karl Rahner um die halbe Konzilszeit von einer zuversichtlichen Aufbruchsstimmung geprägt. Der Neuanfang schien möglich; die Kirchenversammlung hatte zu ihrer Arbeitsweise aus einem starken Selbstverständnis gefunden. Die Liturgiekonstitution war am 4. Dezember 1963 verabschiedet worden; der erste größere Text, den das Konzil selbständig zu Ende gebracht hatte. Karl Rahner waren die Ergebnisse vertraut, so daß er die hier grundgelegte Reform aus der Erfahrung der liturgischen Bewegung im mitteleuropäischen Raum eher als selbstverständlich wertete. Vermutlich ist ihm dabei nicht ganz deutlich geworden, welch große Bedeutung dieser Auftakt für die Kirche auf Weltebene hatte und haben sollte. Um so deutlicher registrierte er die Tatsache, daß sich mit diesem Dokument das Konzil als handelnde und gestaltende Größe bestätigt hatte, ein Umstand, der ihn zu dem kleinen Fragment „Über die kollektive Findung der Wahrheit" inspirierte, das er zur Festschrift für den Philosophen Helmut Kuhn beisteuerte. Die Überlegungen spiegeln die Erfahrung des Konzils und Fragen, die damit aufgegeben sind und jedenfalls als neu empfunden wurden. Wieso kann eine Gemeinschaft sich auf die Suche der Wahrheit begegeben und behaupten, eine Art und Weise zu kennen und zu praktizieren, die ein Finden von Wahrheit erlaubt, so daß sich für das Ergebnis im religiösen Sinn behaupten läßt, in ihm spreche sich Wahrheit verbindlich aus? Das Thema kommt für Karl Rahner nicht von ungefähr; es erklärt sich auch nicht nur aus der Einstellung auf seine neue Lehraufgabe im Rahmen einer Philosophischen Fakultät. Vielmehr meldet sich

---
⁴³ Ebd.
⁴⁴ Ebd. 98.

hier das Problem des Erkennens in mindestens doppelter Hinsicht. Einmal so, daß bei der kollektiven Wahrheitsfindung Unsicherheiten und Lücken in den Vorgaben unübersehbar sind. Ein rein rationales Konzept der Wahrheitsfindung durch das neuzeitliche Individuum hat für solch eine Möglichkeit kaum Platz und wird eher abgewiesen. Bei Rahner dürfte allerdings in diesen Unsicherheiten und Lücken etwas zur Sprache kommen, was er angesichts der Erkenntnisvoraussetzungen und -bemühungen des Individuums immer stärker zu empfinden glaubte: es seien nicht einfach alle Daten gegeben, um individuelle Wahrheitsfindung im neuzeitlichen Sinn als logisch stringentes Folgerungsgeschehen zu konzipieren. Die später viel diskutierte Tatsache moderner Pluralität, die unüberschaubar und nicht eigentlich erfaßbar sei, deutet sich an und hat schon ihre Vorstufe, ja einen Lösungsansatz in der „Logik der existentiellen Erkenntnis" aus der Mitte der 50er Jahre. Das Konzil bringt Aussagen zustande, für die ein Wahrheitsanspruch erhoben wird, ohne daß ihre Genese sich allein auf das gängige Muster von Rationalität zurückführen läßt.

Diese Zusammenhänge wären auszuweiten; denn Karl Rahner war zeitlebens mit der Erkenntnisproblematik beschäftigt. Auf das Konzil gewandt ergab sich die Frage nach den Möglichkeiten einer kollektiven Wahrheitsfindung. Dazu gehörte Mut und Nüchternheit, dazu gehörte die Selbstbesinnung dieser Kirche, die erfahrene Wahrnehmung der eigenen Grenzen, alles Stichworte für Themen, die er 1964 aufgriff und behandelte. In diesem Jahr erschien der erste Band des „Handbuchs der Pastoraltheologie", für das Rahner zusammen mit den praktischen Theologen F.X. Arnold (Tübingen), Viktor Schurr (Gars/Inn) und L.M. Weber (München) als Herausgeber zeichnete.

Es gab Verwundern, daß ein Systematiker wie Rahner bei einer solchen Veröffentlichung mitwirkte. Aber er selbst war überzeugt, daß echte Pastoraltheologie als praktische Theologie der Kirche in ihrer Gegenwart einer ständigen und lebendigen Verbindung mit ihrer grundlegenden Wahrheitsüberzeugung nicht entraten könne und dürfe. Als Schriftleiter wirkte der Rahner-Schüler Dr. Heinz Schuster, so daß es sich bei der Herausgeberschaft durchaus nicht nur darum handelte, einen bekannten Namen zur Verfügung zu stellen oder eine mehr oder minder große Zahl von Texten zu liefern. Das Gesamtunternehmen war vielmehr von Rahners Idee des Selbstvollzugs der Kirche geprägt und will die ganze Aktualität der Kirche bedenken. Die Gegenwartssituation der Kirche ist nüchtern theologisch von einer dogmatischen Ekklesiologie aus in den Blick zu nehmen, um (samt allen anderen, „essentialen" Disziplinen der Theologie) überschreitend zu jener schlichten, alles umfassenden Frage zu gelangen: Was muß die Kirche heute tun?[45] Da ist von neuem und umfassendem wissenschaftstheoretischen Verständnis der Pastoraltheologie als

---

[45] Vgl. Handbuch der Pastoraltheologie I, Freiburg i.Br. 1964, 5.

Theologie der Praxis der ganzen Kirche die Rede. Die Hinweise meinen das, was später unter dem abstrakteren Begriff der Subjekthaftigkeit usw. die Auseinandersetzungen bestimmte.

Es schien sich auch ein neues Verhältnis zwischen Papst und Kirche anzubahnen, als Paul VI. mit seiner Reise ins Heilige Land die Begegnung mit Patriarch Athenagoras von Konstantinopel verband und so dem Unternehmen den Charakter des gemeinsamen Gangs zu den Ursprüngen aufprägte. Noch vor der Konzilssession im Herbst 1964 brachte er seine Enzyklika „Ecclesiam suam" heraus und gab damit den Hoffnungen auf ein vertieftes und verlebendigtes Kirchenverständnis zusätzlich Kraft. Der Einsatz der Konzilsväter und Theologen schien zu einem Ergebnis zu führen, das alle Mühen und Schwierigkeiten rechtfertigte. Karl Rahner hatte sich ebenso wenig geschont, was etwa im Blick auf den Neubeginn in München durchaus guten Grund hätte haben können. Schon im Januar redete er in Freiburg, Köln und Düsseldorf über das Konzil, im Februar sprach er an verschiedenen Orten in Norddeutschland und nahm Ende des Monats in der Münchener Akademie zu den Grenzen der Amtskirche Stellung. Es folgte ein Podiumsgespräch, kurz bevor er selbst sein 60. Lebensjahr vollenden konnte. Daß dieser Geburtstag in die Halbzeit des Zweiten Vatikanums fiel, war ohne Zweifel Grund für den großen Widerhall, den dieser Tag fand. Heute läßt sich das an der zweibändigen Festschrift und der überaus langen „Tabula gratulatoria" noch unschwer feststellen. Sein Name war für viele zu einem Zeichen neuer Ideen und Öffnungen, übersehener Möglichkeiten und ängstlich verdeckter Freiheiten geworden.

Im Sommer-Semester begann Karl Rahner seine akademische Arbeit in der Philosophischen Fakultät der Universität München mit der Vorlesung „Einführung in den Begriff des Christentums", aus der zehn Jahre später das Buch „Grundkurs des Glaubens" wurde. Anfang Mai 1964 schrieb er, er diktiere intensiv seine Vorlesungen. 120 Seiten mit je 40 Zeilen lägen schon vor. Es sei ein guter Anfang, aber eben nur ein Anfang. Ihm selbst schienen die Gedanken nicht schlecht, doch hatte er einige Zweifel, ob es nicht für die Hörer ein wenig abstrakt sei[46]. Das Problem bestand darin, daß er jetzt im Rahmen einer philosophischen Ausbildung seinen Standort finden sollte, mochte der Lehrstuhl auch für „Christliche Weltanschauung" benannt sein. Eigentlich sollte sich praktisch zeigen, wie sehr er Theologe war. Die ganz frühe Ausrichtung auf einen Lehrstuhl an einer Philosophischen Hochschule war mittlerweile durch ein jahrzehntelanges Wirken in der Theologie in den Hintergrund gedrängt worden.

Mitte Mai kommt als Echo der neuen Erfahrungen, jemand habe gesagt, die erste Vorlesung sei langweilig gewesen, weil der Text abgelesen wurde. Ob der Grund zutrifft, mag dahingestellt sein; tatsächlich ist Karl Rahner zeit seines Lebens ein Mann des gesprochenen Wortes gewesen,

---

[46] Vgl. H. VORGRIMLER, Karl Rahner verstehen, 218.

was sich in seinen schriftlichen Texten niederschlug. In München konnte er sich nicht gleich entschließen, frei zu reden, weil dann alles zu ungenau und langwierig würde. Er hatte um diese Zeit schon soviel diktiert, daß es seiner Meinung nach bis zum Ende des Semesters reichen könnte[47].

Ende Mai, bevor er in Konzilsangelegenheiten wieder in Rom zu tun hatte, konnte er aus einigem Abstand auf seine akademischen Verpflichtungen blicken. Er klagte: „Meine Vorlesungen gelten als zu schwer. Mein Gott, was soll ich machen. Ich kann es doch nicht ändern. Und wenn ich es noch billiger machen würde, wäre es auch nichts. Ich könnte die Sache erleichtern, wenn ich mehr Zeit hätte und jeden Satz eine Viertelstunde oder mehr lang erklären könnte, den ich sage. Aber die Zeit habe ich doch nicht, wenn ich nicht zehn Semester am selben Thema lesen kann. Was tun?"[48] Die angedeuteten Schwierigkeiten hingen damit zusammen, daß er seiner eigenen Denkweise folgte, die nicht einfach den gängigen Wegen entsprach. Daraus hatte sich ein Stil ergeben, dem jemand nur schwer folgen konnte, der mit Rahner noch nicht vertraut war. Der unerfahrene Hörer mußte manches zunächst als Umweg werten, um nachher zu erkennen, welchen Sinn unerwartete Formulierungen hatten. Denn das alles schlug sich in Rahners Sprache nieder, die oft gewunden und eigenwillig wirkte. Für ihn war diese Art des Ausdrucks unmittelbar nötig, um auf Gedanken und Ideen zu kommen, die seinen eigentlichen Beitrag ausmachten. Eine Fülle von Wissen, die ein enormes Gedächtnis bereitstellte, tat ein weiteres, daß die Aussagen kompliziert erschienen. Immer noch ein Aspekt, immer noch eine Möglichkeit sollte berücksichtigt sein. Gegen dieses oder jenes Mißverständnis galt es, sich von vornherein zu sichern. Erst am Ende wird eine Rahnersche Überlegung einfach, erst am Ende kann sie auf jenen Nenner geführt werden, der dann direkt und frappierend überzeugt.

Der Wechsel nach München, mit soviel Wünschen erwartet, hatte seine Schatten. Im Sinne der Idee einer „Introductio in mysterium Christi", also einer grundlegenden Einführung in die christliche Wahrheit, wie das Zweite Vatikanische Konzil sie für den Beginn der theologischen Studien verlangte, zugleich aber auch im Sinne einer verantwortlichen Glaubensvergewisserung für Intellektuelle suchte Karl Rahner seinen Beitrag zu entwerfen und durchzuführen.

Nach dem ersten Münchener Semester verbrachte er den August in seiner Heimatstadt und in der Nähe der Mutter, beschäftigt wie immer mit Arbeiten an Veröffentlichungen und an nötigen Vorbereitungen auf die neue Konzilsperiode. Vor allem das Studium von inzwischen erstellten und bearbeiteten Vorlagen nahm Zeit in Anspruch. Anfang September war noch ein Romaufenthalt nötig, doch konnte er nicht gleich in der ewigen Stadt bleiben, weil ihn Ende des Monats eine weitere Aufgabe für eine Woche nach

---
[47] Vgl. ebd.
[48] Ebd. 219.

Feldafing führte. Dann begann die dritte Session der Kirchenversammlung, die in manchem eine Wende bedeutete.

Es begann freilich noch unter dem Vorzeichen der Öffnung, das die zweite Sitzungsperiode im Vorjahr bestimmt hatte. Die Reise Papst Pauls VI. nach Jerusalem, sein dortiges Zusammentreffen mit dem Patriarchen von Konstantinopel und dann die Veröffentlichung seiner Enzyklika „Ecclesiam suam" im August 1964 schienen die bisherige Linie voll und ganz zu bestätigen. Mitte September nahm die Kirchenversammlung mit der IV. Öffentlichen Sitzung die Arbeiten wieder auf, die bis Ende November währen sollten. Zwei wichtige und hart diskutierte Themen kamen zum Abschluß in der dogmatischen Konstitution „Lumen gentium" über die Kirche und im Dekret über den Ökumenismus „Unitatis redintegratio". Die Konzentration auf die Selbstbesinnung der Kirche im Rahmen der ernstgenommenen christlichen Kirchen und Gemeinschaften anderer Traditionen rührte an das Grundverständnis katholischen Christentums. Kein Wunder, wenn sich hier Gegensätze in den Auffassungen meldeten und unter Schwierigkeiten ausgetragen wurden.

Heute dürfte sicher sein, daß dafür nicht sachliche Einzelfragen verantwortlich waren, wie es damals scheinen mochte. Über den so betont herausgestellten Gedanken der Kollegialität kam es zu Verhärtungen. Aber aus der Distanz von mehr als einem Vierteljahrhundert wird ersichtlich, daß es eher um die formale Frage ging, welche Stellung dem Papst im Gegenüber zum Konzil zukomme. Zum Selbstverständnis der Kirchenversammlung gehörte ohne jede Frage die Überzeugung, um und mit dem Papst versammelt zu sein, um und mit dem Papst die Fragen des Glaubens zu sichten und zu behandeln, wie sie heute aufgegeben sind. Das Konzil hatte sich dazu auch institutionell weitgehend selbst die Infrastruktur gegeben und darüber das eigene Selbstbewußtsein, die eigene Handlungsfähigkeit und den Willen entdeckt, Verantwortung wahrzunehmen, die einer solchen Kirchenversammlung zukam. In den Hintergrund gerückt war darüber die päpstliche Kurie mit ihren Ämtern und Einrichtungen, obwohl ihr für die Durchführung des Zweiten Vatikanums beträchtliche Arbeit zufiel. Daß Papst Paul VI. in diesem Herbst das Konzil zweimal brüskierte, indem er in seine Ergebnisse eingriff, ohne auf ein Miteinander einzugehen, entsprach – aus was für Gründen auch immer – den Erwartungen einer Kurie, die sich ihm in seiner Aufgabe, nicht aber der Versammlung der Bischöfe zugeordnet und verpflichtet fühlte. Der Papst modifizierte beide Texte, wobei seine Eingriffe in das Ökumenismusdekret an 19 Stellen den Text selbst betrafen und allgemein als sachlich möglich beurteilt wurden. Diese Änderungen demonstrierten päpstliches Handeln ohne die Kirchenversammlung. Das trat noch deutlicher an der „Nota praevia" zur dogmatischen Konstitution über die Kirche hervor, die auch inhaltlich einen Akzent setzte. Bevor diese Eingriffe näher betrachtet werden, ist einfach festzustellen, daß sie als Tatsache nicht nur die Möglichkeit päpstlichen Handelns ohne Konzil dokumentieren, sondern unvermeidlich zugleich die Arbeit des Konzils bestätigt haben, und zwar so, daß aufgrund dieses Faktums die Aussagen der Kirchenversammlung den Papst in eigener Weise binden, da er sie hätte ändern können, dies aber tatsächlich nur in den Fällen tat, die erwähnt wurden.

Dies vorausgesetzt, kommt der Betrachter nicht um den Schluß herum, daß die Eingriffe Papst Pauls VI. sich gegen das Selbstverständnis des Konzils auswirken mußten und daß sie zugleich Kräfte zu unterstützen schienen, die sich durch die Kirchenversammlung an den Rand gerückt empfinden mochten. Theologisch ließ sich von ihnen nichts vorbringen, was solch einer Relativierung entgegengestanden hätte. Sie machte nur deutlich, wie zufällig diese Kräfte entstanden und in ihre Rolle gelangt waren, welche sehr irdischen Umstände sie zu Kräften hatten werden lassen, welche gar nicht typisch kirchlichen Gesetzlichkeiten und Entwicklungen ihnen im Laufe der Zeit Gewicht gegeben hatten. Die theologische Erhöhung dieser bürokratischen Dienste war jüngeren Datums und gegen beträchtlichen Widerstand erfolgt. Ein letzter Schub in dieser Richtung war unter Papst Johannes XXIII. erfolgt mit der Bestimmung, alle Kardinäle hätten Bischöfe zu sein. Eine Vereinheitlichung des Führungssystems ging mit diesen Entwicklungen einher, was auf dem Konzil zu Schwierigkeiten mit den Patriarchen der alten Kirchen führte und überhaupt durch das Faktum unierter Kirchen mit ihren eigenen Traditionen sichtbar in Frage gestellt erschien.

Karl Rahners Reaktionen auf diese Entwicklungen sind nicht ganz leicht zu fassen, jedenfalls war die unmittelbare Wahrnehmung dessen, was sich tat, durch die Pflichten für die tagtägliche Arbeit eher verstellt. Erst in späteren Jahren zeigten sich im Zusammenhang weiterer Folgen die Widerhaken dieser früheren Entscheidungen und veranlaßten Rahner zu ausgearbeiteter Kritik.

An dieser Stelle braucht lediglich der Umschwung unterstrichen zu werden, weil die Auswirkungen erst später greifbar werden. Daß es mit der dritten Konzilsperiode und mit den direkten Eingriffen des Papstes in die vom Konzil erarbeiteten Texte eine Kehre gegeben hat, dürfte nicht zu bestreiten sein, mag sie auch in ihrer Bedeutung durchaus der Interpretation und der genauen Meditation bedürfen. Was dazu bislang von interessierten Kreisen vorgelegt wurde, ist wohl eher als unzulänglich einzustufen, zumal die Vorgänge selbst noch gar nicht hinreichend erhellt sein dürften. Das Miteinander von Papst und Konzil, wie es sich in der ersten und zweiten Sessionsperiode herausgebildet hatte, änderte sich. Zusätze und Umformulierungen belegen das, die nicht grundlos heftige Diskussionen auslösten. Schon bei der Vorbereitung von Texten waren zunehmend Kompromisse zu suchen, um eine breite Annahme sicherzustellen. Die Gemeinsamkeiten, die sich mit dem Aufbruch des Konzils in der Kirchenversammlung durchgesetzt hatten, traten von dem Augenblick an auch für andere wieder zurück, als einer gegen sie seine Formulierungen und Bedenken glaubte durchsetzen zu müssen. Die Einheit eines Konzils betrifft moralisch alle oder niemanden. Dies zu erfahren, dürfte der Hauptgrund für ein wachsendes Unbehagen und zunehmende Spannungen gegen Ende des Konzils gewesen sein. Eine spürbare Ungeduld, bisweilen eine Gereiztheit in den Äußerungen deutet das an, die den sensibleren Zeitgenossen auffiel.

Doch dafür ließen sich unterschiedliche Gründe ins Feld führen. Niemand wußte, wie lange das Konzil noch brauchen würde, um seine Arbeit abzuschließen. Diese Ungewißheit lag als Fragezeichen über vielen Bemühungen. Wieviel Zeit hatte man, um schwierige Fragen verantwortlich lösen und formulieren zu können? Was wäre noch nötig, um Ergebnisse zu erzielen, die der Lage des Christentums und der Kirche entsprächen? Die Arbeit der Kirchenversammlung war eigentlich eher schwerfällig in Gang gekommen. Gegenüber den Erwartungen, auch gegenüber den Vorbereitungen schienen 1964 die greifbaren Resultate mager und bescheiden. Wichtige Fragen waren noch so in der Diskussion, daß sich kaum ein Ende absehen ließ. Mancher Konzilsvater mag das auf Theologen und sonstige Fachleute geschoben haben, die alles in endlosen Debatten zu verzögern schienen. Anderseits verstand man doch soviel, daß es sich das Konzil nicht erlauben konnte, in entscheidenden Fragen zu schnell und unbedacht vorzugehen, eine Einsicht, die nicht zuletzt dazu beigetragen hatte, am Beginn der Kirchenversammlung manche Vorlage zurückzuweisen.

Der Sinn für die Situation war in der Zwischenzeit nur geschärft worden. Papst Johannes XXIII. hatte mit dem Stichwort „aggiornamento" den Zeitbezug für Christentum und Kirche in den Vordergrund gerückt. Sollte dem bei der Behandlung der Sachfragen wirklich Rechnung getragen werden, so war hier ein eigenes Thema gegeben: „Die Kirche in der Welt von Heute", nicht nur ein Umstand für die Erneuerung der Liturgie, für die Besinnung auf das kirchliche Selbstbewußtsein, für die entsprechende Gestaltung von Einrichtungen und Lebensäußerungen. Eine grundlegendere Klärung schien angezeigt, in der bestimmte Fragen direkt angegangen würden. Was später die Pastoralkonstitution des Konzils „Gaudium et Spes" werden sollte, drängte sich in Anfragen und Entwürfen, in Versuchen und Teilbeiträgen auf.

Anfänglich hatte Karl Rahner mit der Sache nichts zu tun. Sie war von anderswoher angeregt. Im September 1963 rief Kardinal Suenens in Mecheln eine internationale Gruppe zusammen, um Vorschläge von Fachleuten sichten und beraten zu lassen. Dazu war auch Karl Rahner geladen, der vom 6.–8. September mit den Theologen Cerfaux, Philips, Prignon, Delhaye, Thils, Dondeyne, Moeller, Congar, Rigaux und Tucci eine Skizze des künftigen Schemas XIII erarbeitete. Man suchte sich über den Adressaten der Erklärung zu verständigen. Kardinal Suenens hatte früher die Meinung vertreten, das Konzil könne und dürfe sich in der heutigen Zeit nicht nur mit innerkirchlichen und innerchristlichen Fragen begnügen, sondern habe „ad extra" sein Wort zu sagen. Karl Rahner trug nun den Gedanken bei, der Christ brauche die Welt nicht einfach hinzunehmen, wie sie sei; so sehr er von den realen Gegebenheiten ausgehen müsse, so sehr habe er die Pflicht, die Welt in seinem Sinn zu gestalten und an ihrem Aufbau mitzuwirken. Die daraufhin erstellte Fassung wurde den Konzilsvätern im Herbst 1963 übergeben, aber die Lage des Gesprächs zur Sache war eher verwirrend.

In der Zwischenzeit bis zum Herbst 1964 erfolgten verschiedene Präzisierungen, so eine auf der Sitzung der zentralen Unterkommission im September 1964, die am Vorabend der neuen Sitzungsperiode wichtige Entscheidungen traf. Karl Rahner war wieder eingeladen und nahm insbesondere an der von G. Philips organisierten Gruppe teil, die sich um die Wahrheiten von Sünde und Erlösung bemühte und sie unter dem Titel „Präsenz in der Welt" in den Entwurf einzubringen suchte. Wenn Kardinal Döpfner bei der Debatte Ende Oktober – Anfang November darauf hinwies, hier sei „die Theologie so neu ... wie die Probleme selbst", dann drückte er damit aus, was Rahner wiederholt geltend zu machen suchte. Nachdem die dogmatische Konstitution über die Kirche verabschiedet war, konnten sich die Mitglieder und Fachberater der Theologischen Kommission den Fragen der Kirche in der Welt von heute ganz zuwenden; sie taten es sehr intensiv.

Karl Rahner mühte sich mit Kollegen nachdrücklich um die Berufung des Menschen, wozu er eine Reihe von Gedanken entwickelte. Alfons Auer hat sich in seinem Kommentar zum dritten Kapitel des ersten Teils der Konstitution ausgiebig auf Rahners Anmerkungen zu „De Ecclesia in mundo huius temporis" gestützt, d. h. auf ein ungedrucktes Gutachten zum Entwurf[49]. Rahner kritisierte darin einen Mangel an geschichtlicher Sicht, eine unzureichende Lehre von der Sünde, das Fehlen einer Kreuzestheologie und der eschatologischen Theologie. Die Grundtendenz des Entwurfs ist seiner Meinung nach zu sehr dem Naturalismus, dem Optimismus und der Simplifizierung verhaftet. Das Schema verkenne in dieser Fassung die Tiefe der Sünde und folge weithin der Ideologie einer besseren Welt[50].

Aber nicht nur die offene Frage der Pastoralkonstitution begleitete Konzilsväter und Theologen 1964 nach Hause. Die meisten Texte waren in Arbeit und sollten erst 1965 ihre endgültige Gestalt finden, darunter so wichtige wie die zweite dogmatische Konstitution „Dei Verbum" über die göttliche Offenbarung. Auch hier war Rahner seit Beginn über das Anliegen „Schrift und Tradition" beteiligt.

---

[49] Vgl. LThK – Zusatzband: Das Zweite Vatikanische Konzil III, Freiburg i. Br. 1968.
[50] Vgl. K. H. NEUFELD, Theologen und Konzil. Karl Rahners Beitrag zum Zweiten Vatikanischen Konzil, in: StZ 202 (1984) 156–166.

d) Die vierte Konzilsperiode 1965 – Ende und Anfang

Natürlich standen für Karl Rahner wie für alle anderen Beteiligten an der Kirchenversammlung diese Jahre nicht nur unter den Forderungen des Konzils. Das wäre recht einfach gewesen. Doch die gewöhnlichen Verpflichtungen eines jeden liefen weiter und mußten erfüllt werden, selbst wenn hier und da eine Freistellung für Konzilsarbeiten erreicht wurde. Das Jahr 1965 schlägt in der Bibliographie Rahners mit fast 200 Veröffentlichungen zu Buch, von denen etwa die Hälfte Übersetzungen darstellen, etwa 30 Neuauflagen oder Abdrucke sind. Übrigbleibt dennoch eine beachtliche Zahl von neuen Beiträgen und Texten.

Es war auch das Jahr, in dem Hugo Rahner sein 65. Lebensjahr vollendete. Karl schrieb ihm einen brüderlichen Geburtstagsbrief, der im Schweizer „Vaterland" erschien und von der Wiener „Furche" übernommen wurde. Es war eine öffentliche Antwort auf Hugos „Eucharisticon fraternitatis" in der Karl-Rahner-Festschrift des Vorjahres. Ausdrücklich erwähnt der Jüngere, daß er in diesem Glückwunsch die eigentlichen Worte zu diesem Tag nicht sagen könne, die in die Einsamkeit der Krankheit in gemeinsamer Erwartung des Verlassens der Welt und des Findens Gottes zu sagen seien. Um so betonter verweist er auf weitere Pläne Hugos, wert, realisiert zu werden. Er erinnert den Bruder: „Wenn heute im 2. Vatikanum die Kirche ihre Mariologie innerhalb ihrer Ekklesiologie vorträgt, dann ist Dein kleines Buch ‚Maria und die Kirche' ... (wer hat außer Dir dieses Thema damals schon so ausdrücklich behandelt?) immer noch lesenswert. Und wenn im selben Lehrdekret eigentlich zum erstenmal in der kirchenamtlichen Lehre auch die Orts- und Pfarrgemeinde als Kirche erscheint (und nicht nur als Verwaltungssprengel), dann ist das von Dir herausgegebene Büchlein (1956) über die Pfarre in seiner Grundtendenz noch immer höchst modern." Vom Rückblick lenkt Karl Rahner dann zur Gegenwart, d. h. zu Hugos Studien über Ignatius von Loyola und über die Ekklesiologie der Kirchenväter. Hugo sei – abgesehen vom Versuch E. Przywaras – der erste, der die theologische und nicht nur hagiographische Bedeutung unseres Vaters Ignatius in der Kirchen- und Geistesgeschichte wirklich erkannt habe. Die jesuitische Barocktheologie zeige von der Theologie in Werk und Lehre des Ordensvaters ja fast gar nichts, übersehe seinen skotistischen Einschlag in der Christologie, habe eine seltsame Angst vor einer Theologie der Erfahrung der übernatürlichen Gnade. Hugo habe Ignatius als Menschen und Theologen herausgestellt, wie sonst etwa nur Gaston Fessard. Ist damit nicht gesagt, so fragt Karl Rahner, daß mit Ignatius von Loyola eine neue Theologie lebendig werde, die in theologischer Reflexion einzuholen eine noch nicht bewältigte Aufgabe sei, eine Aufgabe, deren Gelingen wesentlich das Schicksal der katholischen Theologie der Zukunft mitentscheiden werde?

Im Blick auf die Ekklesiologie habe Hugo ebenfalls der Theologie heute vieles zu sagen. So würde man von der Kirche der Sünder im Kirchendekret des 2. Vatikanums gern ein deutlicheres Echo vernehmen. Oft seien patristische Beiträge steril, weil ein Impuls für die Zukunft nur selten von ihnen ausgehe. Das sei bei Hugo anders. Die Vertiefung in die Lehre der Väter zeuge bei ihm von Geist und Leben für die Theologie, die heute nötig sei. Zwar seien die Schatten des Kommenden sichtbar, noch aber gehörten sie beide zum Tag, an dem wörtlich: „Wir unverdrossen, wenn auch mühselig weiterwirken sollen. Du hast noch einiges vor. Laß nicht ab. Mach weiter. Gott helfe Dir dazu."

Die Beziehung der Brüder war durch die Krankheit Hugos für die Öffentlichkeit zurückgetreten. Daß sie lebendig blieb und die tiefsten Gemeinsamkeiten betraf, belegen solche Bemerkungen Karls zum Geburtstag seines Bruders.

Noch ein weiterer Geburtstag veranlaßte ihn 1965 zu öffentlichem Zeugnis. Sein Vorgänger auf dem Münchener Lehrstuhl, Romano Guardini, vollendete das 80. Lebensjahr. In der „Süddeutschen Zeitung", im Hamburger „Sonntagsblatt" schrieb Rahner unter dem Titel „Sein Werk gehört allen" zum Beitrag des großen Denkers und religiösen Anregers. In der Festschrift trug er „Bemerkungen zum Begriff der Offenbarung" bei, damit auf die Debatten für das Konzil eingehend, und in einer eigenen Veröffentlichung über die Akademische Feier an der Universität München erschien Rahners Festvortrag.

Ein dritter Geburtstag schließlich ließ Rahner ein tief freundschaftliches Zeichen setzen. Hans Urs von Balthasar wurde 60 Jahre alt. In der Schweizer Zeitschrift „Civitas" faßte Rahner zusammen, was ihn seit langem mit Balthasar verband. Die italienische Zeitschrift „Humanitas" nahm diesen Text auf. Karl Rahner hat von dem, was er da geschrieben hat, nie ein Wort zurückgenommen, obgleich es dafür Gründe gegeben hätte. Er hat es allerdings auch nicht für nötig gehalten, sich gegen Balthasars bald formulierte Vorwürfe zur Wehr zu setzen; sie waren nach Form und Inhalt eine der größten menschlichen und geistlichen Enttäuschungen, die Rahner erlebte. Dementsprechend hat er sich mit Äußerungen in dieser Sache ganz zurückgehalten; die Attacken blieben einseitig.

Die Veröffentlichungen Rahners im Jahre 1965 spiegeln die Vielfalt seines Engagements. „Die Selbstreform der Kirche im II. Vatikanum", „Konziliare Lehre der Kirche und künftige Wirklichkeit christlichen Lebens", „Kirche im Wandel", „Pastoraltheologische Bemerkungen über den Episkopat in der Lehre des II. Vatikanums", „Grenzen der Amtskirche", „Zum heutigen Pluralismus in der geistigen Situation der Katholiken und der Kirche" …, diese Themen mögen andeuten, womit er vor allem beschäftigt war. Was er dazu jeweils sagte, ist in den einzelnen Beiträgen nachzulesen; interessant bleibt der innere Zusammenhang, den die Auflistung erkennen läßt und der sonst nicht so deutlich hervortritt.

Es war das Jahr der 25. „Quaestio disputata", die in Zusammenarbeit mit J. Ratzinger zur Frage „Offenbarung und Überlieferung" Stellung bezog. Der Beitrag betraf unmittelbar Probleme, die auf dem Konzil noch in der Schwebe waren. Dazu äußerte er sich in seiner keineswegs eingeschränkten Vortragstätigkeit immer wieder. Schon Anfang Januar stand das Thema in Düsseldorf und Köln an. Ende des Monats in Freiburg und Basel. In Bamberg ging es im Februar um die Rolle des Akademikers im neuzeitlichen Kontext, doch schon am 10. Februar handelte er im Frankfurter Dom über „Unveränderlichkeit und Wandel im Glaubensverständnis der Zeit des Konzils". Die erwähnte Laudatio zu R. Guardinis Geburtstag an der Universität München unterbrach das Thema „Konzil" nur kurz, über das Karl Rahner am 20. Februar erneut im „Sabbatina"-Kreis Münchener Professoren bei Max Müller sprach. Und noch einmal war es Freiburg, wo er „Pastorale Aufgaben nach dem Konzil" beim Verlag Herder ansprach. Vom 8.–14. März weilte Karl Rahner zu Konzilsarbeiten in Rom, einige Tage später stellte er sich im Lutherischen Predigerseminar Pullach dem Gespräch. Die Mitarbeit am Ökumene-Kreis in Paderborn vom 5.-9. April setzte eine schon gewohnte Tätigkeit fort, die auch jetzt nicht beiseitegeschoben wurde. Ende des Monats gab es eine Tagung in Aachen zum Thema der christlichen Freiheit, womit Rahner sich auch im Blick auf den kommenden Evangelischen Kirchentag auseinandersetzte. In der Nähe von München brachte er einen Vortrag über „Die Chancen des Christentums – Perspektiven der Zukunft", bevor er zu Beginn des Monats Mai in Salzburg an der Tagung der Paulus-Gesellschaft teilnahm. Ein Referat in Dortmund und München im gleichen Monat unterbrach kurzfristig die akademischen Verpflichtungen an der Universität. Ein Besuch in Mannheim mit Vortrag war ebenfalls möglich. Im Juni redete er auf dem Nordischen Katholikentag in Hamburg über „Der Christ in der Bewältigung der Diaspora-Situation" und nahm in Pforzheim den Reuchlin-Preis entgegen. Im Juli finden wir Karl Rahner in Marburg im Institut bei den Professoren Fuchs und Ebeling, bevor er zu Ende des Monats auf dem Kirchentag in Köln spricht. Der August dient Ferien. Kaum hat der September begonnen, fährt er nach Gallarate, wo unter Leitung der Professoren Sciacca und Lotz von ihm ein Beitrag zur „Theologie der Ewigkeit" erwartet wird. Anschließend macht er Station in Assisi, bevor er in Rom zur letzten Konzilsperiode eintrifft. Den Aufenthalt dort unterbricht er Ende September für einen Vortrag in Den Haag und einen weiteren in Hamburg. Zum Beginn des Winter-Semesters ist er wieder in München, wartet also den Schluß des Konzils nicht ab. Die Arbeit der Theologen ist getan; was noch aussteht, ist weitgehend Sache der Konzilsväter selbst. Einige kleinere Vortragsabende in München stehen in der folgenden Zeit auf dem Programm; ein Vortrag in Regensburg kommt hinzu. Am 12. Dezember gibt es in München einen feierlichen Akt zum Abschluß des Konzils, bei dem Karl Rahner die Festrede übernimmt. Das alles neben den gewöhnlichen Pflichten her, zu denen noch eine Reihe von Publikationsprojekten kommen, die in diesen Monaten vorangetrieben werden. Viele Besuche, manches an Beratung für Studierende findet sich ebenfalls in Karl Rahners Kalender.

1965 ist ein Jahr des Abschließens. Nicht nur das Konzil kommt an sein Ende, indem die Kirchenversammlung am 28. Oktober fünf Texte definitiv beschließt, am 18. November zwei weitere, darunter die dogmatische Konstitution über die „Göttliche Offenbarung", und am 7. Dezember noch einmal vier Texte, unter ihnen den über die Religionsfreiheit, die Mission, das Leben und den Dienst der Priester sowie die Pastoralkonstitution über die Kirche in der Welt von heute. Karl Rahner hatte an den meisten dieser Entscheidungen Anteil.

Darüber hinaus wurde das große Werk der Neuauflage des „Lexikon für Theologie und Kirche" zum Abschluß gebracht und am 30. Oktober mit einer eigenen Feier gewürdigt. Merkwürdigerweise fand kurz zuvor in Rom ein Kongreß über die Wiedereinführung des ständigen Diakonats in der lateinischen Kirche statt. Was da zwischen dem 23. und 25. Oktober besprochen wurde, schloß in bezeichnender Weise jene Anregungen ab, die Karl Rahner anfangs zum Konzil hatten kommen lassen. Diese äußeren Vorgänge signalisieren nur wenig, was sich geistig tat bzw. zum Abschluß kam.

Im Jahr zuvor war im Oktober der Generalobere der Gesellschaft Jesu verstorben. Der Orden beeilte sich mit der Wahl eines neuen Generaloberen. Karl Rahner nahm im Januar 1965 an der vorbereitenden Zusammenkunft der Delegierten seiner Ordensprovinz teil. Im Mai trug Papst Paul VI. über die Wahlversammlung den Jesuiten in besonderer Weise die Auseinandersetzung mit dem zeitgenössischen Atheismus auf. Das waren die neuen Vorzeichen für Karl Rahner über dem Abschluß des Zweiten Vatikanischen Konzils und den Abschied vom Einsatz in Rom.

Später faßte er sein Urteil über den Papst dahingehend zusammen: „Paul VI. war ein außerordentlich gebildeter, vorsichtiger, persönlich bescheidener Mensch und Christ, der sicher sehr unter seiner ungeheuren Verantwortung gelitten hat. Er war vielleicht von Haus aus eher der Abwartende, Zögernde, der aber unter Umständen auch einmal gedrängt von seinem Verantwortungsbewußtsein da und dort vielleicht etwas beschlossen und getan hat, was man bei allem Wohlwollen und bei aller unbedingten Identifizierung seiner selbst mit dem römischen Papsttum als weniger glücklich empfinden kann. Aber ich glaube, daß man langsam merken wird, daß er doch ein bedeutender Papst war.

Vieles, was er getan hat, konnte er nicht anders machen. Vieles mußte er so hinnehmen, wie eben die Verhältnisse waren. Aber er hat doch eben durch seine Reisen, durch sein Erscheinen vor der UNO, durch sehr aktive Schritte, besonders den großen Kirchen gegenüber, durch sein Verhältnis zum Orthodoxen Patriarchen sehr vieles getan, was vor ihm beinahe undenkbar gewesen wäre. Wenn Sie, zum Beispiel, daran denken, daß er doch das ganz Ungewöhnliche bestimmt hat, daß die Kardinäle, wenn sie 80 Jahre alt sind, ihr Wahlrecht verlieren und gewissermaßen in den Ruhestand gehen müssen. Das ist vielleicht eine Kleinigkeit, die andere Leute nicht aufregt, aber für Rom war das eine ungeheuerliche Sache, die auch manchen Kardinälen sehr gegen ihre Mentalität war, die dann auch heftig protestierten. Jetzt gibt es gewissermaßen Kardinäle im Ruhestand. Paul VI. hat auch die Bischöfe, wenn sie 75 Jahre alt waren, in den Ruhestand gehen lassen und ihnen empfohlen, ihre Demission in Rom anzubieten. Er hat selbst offenbar sogar einmal daran gedacht, als Papst zu resignieren und Platz für eine Papst-Neuwahl zu machen. All diese Dinge sind hintendrein vielleicht eine Selbstverständlichkeit, vorher waren das eigentlich ungeheuer mutige Schritte."[51]

Diese Einschätzung hängt bei Rahner mit der Überzeugung zusammen, mit dem Konzil sei zu Ende gegangen, was er als die pianische Epoche des Papsttums und der Kirche sah. Das erläuterte er später näher: „Nach den Pius-Päpsten von Pius IX. bis zu Pius XII. ... diese Epoche war von der Mentalität einer gewissen Defensive, einer gewissen Einigelung der Kirche gegenüber der Welt von heute gekennzeichnet. Es war auch eine Epoche, in der die Kirche zwar sehr große missionarische Erfolge erzielte, aber eigentlich doch in einer Ausfuhr, einem Export des westlichen, europäischen Christentums in alle Welt. Es war auch eine Epoche der typischen, lateinischen Neuscholastik. Heute, meine ich, hat mit dem Zweiten Vatikanischen Konzil die Kirche wirklich angefangen, ausdrücklich und bewußt eine Kirche der Welt zu werden. Auf dem Zweiten Vatikanischen Konzil waren wirklich sehr viele der Bischöfe aus aller Welt in ihren eigenen Lebensraum inkulturierte Bischöfe. Ich glaube auch, daß man sagen kann, die neuscholastische Theologie und Philosophie, so große Verdienste sie auch gehabt haben mag, ist heute doch eigentlich irgendwie an einem Ende angekommen. Es entstand in der Zeit des Konzils oder in der Vorbereitung des Konzils eine in ihrer Methode und Mentalität andere Theologie. Die Kirche hat sich entschlossen, ein positiveres und aktiveres Verhältnis zu den anderen christlichen Konfessionen zu suchen. Sie hat ein wohlwollenderes, positiveres Verhältnis zu den übrigen Weltreligionen gefunden. Kurz und gut, ich meine, es gibt wirklich eine neue Epoche der Kirche"[52].

In dieser Perspektive war das Konzil zu werten, als es zu Ende kam. Es eröffnete nach Rahners Meinung eine ganz neue Dimension, und das zählte vor allem. Ob er damit recht hatte, mag inzwischen etwas anders beantwortet werden. Gleichwohl behält seine Beurteilung ihr Gewicht. „Das Zweite Vatikanische Konzil ist das erste Konzil einer Weltkirche, die wirklich Weltkirche und nicht eine Kirche in aller Welt mit europäischen Exporten sein will und angefangen hat, das zu werden. Dieses Konzil hat auch ... eine neuscholastische Periode der Theologie beendet. Dieses Konzil hat nicht nur

---

[51] Karl Rahner – Erinnerungen, 98f.
[52] Ebd. 97f.

mindestens in Ansätzen die Laienschaft in der Kirche aufgewertet, es hat auch den Bischöfen in der Gesamtwelt, also dem Gesamtepiskopat, eine größere Initiative und Bedeutung in der römisch-katholischen Kirche eingeräumt. Auch wenn man vielleicht wünschen könnte, daß dieser Einfluß, die Bedeutung und die Aktivität des Gesamtepiskopats durchaus innerhalb der römischen Ekklesiologie noch größer werden könnte. Kurz und gut, ich glaube schon, daß das Zweite Vatikanische Konzil ein großes Konzil war, dessen Auswirkungen noch längst nicht abgeschlossen sind – ein Konzil, das eine neue Periode in der Kirche einleitete. Man darf nicht so rasch denken; man muß nicht meinen, daß konziliare Maßnahmen in zehn Jahren sich schon merklich ausgewirkt haben müßten. Das Trienter Konzil dauerte auch hundert Jahre, bis es sich durchgesetzt hatte. Heute kann manches natürlich schneller gehen, weil die Zeit schnellebiger ist; aber das Zweite Vatikanum war ein Konzil, hinter das die Kirche nicht mehr zurück kann."[53] Rahners Erinnerungen an die Kirchenversammlung bleiben bemerkenswert konstant, wenn auch Einzelheiten immer mehr zurücktreten und das Bild einfacher und holzschnittartiger wird. Unstreitig bot ihm das Zweite Vatikanum die tiefste Kirchenerfahrung seines Lebens, die beides erneut grundlegte und festigte: eine echte Liebe zur Kirche als Gemeinschaft der Glaubenden und eine große Nüchternheit, die zu differenzieren wußte und aus der Grundstruktur der ekklesialen Gemeinde die Erscheinungen zu deuten und einzuordnen lernte, die manchen anderen irritierten. Außerdem hatte die Mitarbeit bei der Kirchenversammlung zur Folge, daß Rahners außereuropäische Bekanntheit außerordentlich wuchs. Besonders in den Vereinigten Staaten von Amerika bekam sein Name einen lebendigeren Klang, der viel dazu beitrug, daß ihm von 1966 an, als ihm die Universität von Notre Dame das Ehrendoktorat verlieh, eine ganze Reihe solcher Ehrungen zuteil wurde. 1967 St. Louis, 1969 Yale, 1974 Georgetown, Chicago und Duquesne, um nur einige aufzuzählen. Neben den sachlichen Beiträgen hatte seine Person und seine Art ihm Sympathien gewonnen, die das Interesse mehrten und vieles verständlicher werden ließen, was zuvor als lediglich gedruckter Text doch manche Schwierigkeit bedingt hatte.

Karl Rahner war, wie erwähnt, in erster Linie ein Mann des gesprochenen, nicht des geschriebenen Wortes. Ausführungen von ihm, die auf dem Papier unübersichtlich und schwer verständlich wirken, hatten in seinem lebendigen Vortrag Profil und Gliederung durch Betonung und Pausen, durch Gestik und Einsatz der Person. In der Arbeit für das Konzil hatte er in den Kommissionen vieles in solchen Überzeugungsbemühungen gelernt. Ursprünglich trat er eher als Professor vor andere, als Prediger und Lehrer, wie das üblich war, also in der Erwartung eines bereiten und aufmerksamen Publikums, das keine Fragen stellt. Der Austausch mit Bischöfen und Kollegen in der Breite und Intensität, wie das die römischen Aufenthalte kenn-

---

[53] Ebd. 100.

zeichnete, brachte es mit sich, daß er sich nicht mehr verblüffen ließ und rasch falsche Ansprüche und auftrumpfendes Verhalten durchschaute.

Das dokumentiert sich deutlich in der letzten Konzilsphase, als Rahner die Fassung des Schemas über die Kirche in der Welt von heute als theologisch ungenügend kritisierte und den Triumphalismus gewisser Formulierungen bemängelte. Zunehmend empfindlicher reagierte er auf ungedeckte Forderungen, überzogene Selbstdarstellungen und Imponiergehabe, auf den Versuch, andere zu überfahren und mit unlauteren Mitteln Vorteile zu gewinnen. Vieles an seiner Kritik läßt sich aus Sachverhalten dieser Art erklären, mag er auch im einen oder anderen Fall die Umstände dabei zu scharf interpretiert haben.

An der Universität München las er im Sommer-Semester 1965 als dritten Teil seiner „Einführung in den Begriff des Christentums" über „Heilbringer und Heilsgemeinde" und veranstaltete eine Übung zu „Grundfragen christlicher Ethik". Im Winter-Semester 1965/66 setzte er das Programm mit dem vierten Teil über „Das christliche Leben und die christliche Zukunft" fort und hielt dazu eine Übung „Zur Theologie des Unglaubens". Ernsthaft mühte er sich, seinem Münchener Lehrauftrag eher unter philosophischen Vorzeichen gerecht zu werden; ein Unterfangen mit Schwierigkeiten, selbst wenn er nicht gleichzeitig so stark vom Konzil in Anspruch genommen gewesen wäre.

Der Wechsel in die Hauptstadt Bayerns hatte weitere Aufgaben mitgebracht und den Raum für ruhiges wissenschaftliches Arbeiten noch einmal enger werden lassen. Gewiß standen Karl Rahner jetzt in den beiden Assistenten Dr. Karl Lehmann und Dr. Jörg Splett Helfer zu Seite, die ihm manches erleichterten und abnahmen. Aber Karl Rahner war in Jahrzehnten daran gewöhnt, sich um alles selbst kümmern zu müssen. Das zeigt das knappe Vorwort zum sechsten Band der „Schriften zur Theologie", das er im September 1965 unterzeichnete. Die Namen der Mitarbeiter sind noch nicht genannt. Selbst ihrem Charakter nach hält sich diese Sammlung „Neuere Schriften" (Untertitel) ganz an das bis dahin bekannte Modell. Zu erwähnen ist lediglich, daß Karl Rahner den Band seinem Bruder Hugo zum 65. Geburtstag (3. Mai 1965) gewidmet hat. So nimmt der Leser den Eindruck mit, daß erst später in den Veröffentlichungen die neue Arbeitssituation Rahners wirklich greifbar wird. Er hatte ja auch vorher Möglichkeiten der Information und der Anregung entdeckt und sich an sie gewöhnt, die später nicht einfach missen wollte. Die Zusammenarbeit bekam dadurch einen eigenen persönlichen Stil. Alles miteinander bedingte Spannungen und Schwierigkeiten, die allerdings zunächst nur unartikuliert und vage zur Auswirkung gelangten.

Die Vielfalt der Termine, der Reisen, der Umgebungen war einerseits eine Bestätigung und eine willkommene Abwechslung, anderseits eine Last. Er war nicht so sehr Philosoph, sondern vielmehr Theologe, der als solcher dachte und arbeitete. Deswegen kamen viele seiner Studenten zu ihm. Die innere Spannung zwischen der vornehmlich philosophisch gemeinten Aufgabe und der eigenen Neigung wurde an manchen äußeren Hinweisen deutlich. Ob Rahner selbst das Unbehagen in diesem Jahr für sich auf einen Nenner zu bringen wußte, ist eher unwahrscheinlich. Sicher hatte er vom Konzil einen Auftrag mitgenommen, nicht nur die Ergebnisse der Kirchenversammlung weiterzugeben, sondern sich im Sinne des Zweiten Vatikanums für die kirchliche Erneuerung zu engagieren. Der entsprechende Beitrag wurde ganz selbstverständlich auf den Wirkraum bezogen, der Rahner direkt offenstand: die Universität, die akademische Welt und darüber hinaus die Fortbildung und Information der Akademiker. J. Splett bemerkte: „Im Vordergrund der Aufmerksamkeit und des Einsatzes Rahners standen wohl die Arbeit am ‚Lexikon für Theologie und Kirche' und am ‚Handbuch der Pastoraltheologie', die Konzilstätigkeit, die zahlreichen Vorträge. Der Schwerpunkt lag außerhalb des Universitären. – War das übrigens nicht auch ein Stück Lehrstuhl-‚Tradition' von Guardini her?"[54]

Näher wurde dieser Einsatz als „Auskunft" beschrieben: „Auskunft und Antwort auf grundsätzliche Zeitfragen in den Lehrveranstaltungen und Handbuchbeiträgen; Antwort auf die unterschiedlichsten Anfragen in den übernommenen Vorträgen vor wiederum ganz verschiedenen Hörerkreisen, zu denen er im Auto oder Flugzeug auf dem Weg war."[55] Vielleicht sollte man am besten von Antwortversuchen reden, weil es eigentlich fertige Auskünfte bei Rahner kaum gab, weil er immer wieder bereit blieb, auf Schwierigkeiten, neu eintretende Umstände und Infragestellungen einzugehen. Auch das Konzil stellte für ihn einen großangelegten Antwortversuch dar, der natürlich von ganz anderem Gewicht war als ein persönlicher Beitrag.

Die Situation eines „Hörers des Wortes" ist deswegen nicht umgekehrt, sie hält sich im „Versucher der Antwort" so durch, daß beide Bemühungen – wenn sie auch verschiedene Akzente haben – dennoch in eins zusammenkommen. Von hier aus läßt sich der weitere Weg Karl Rahners in den Blick fassen.

---

[54] Karl Rahner – Bilder eines Lebens, 72.
[55] Ebd. 72f.

22. Kapitel

Von München nach Münster

Das Ende des Konzils bedeutete sicher eine Erleichterung im unmittelbaren Arbeitspensum der Beteiligten und folglich auch Rahners. Anderseits markierte die Abschlußfeier der Kirchenversammlung im Dezember 1965 nicht einen definitiven Endpunkt, sondern den Beginn der Umsetzung dessen, was in Rom verhandelt und formuliert worden war, in das Leben der Kirche, deren Erneuerung anvisiert war. Das Jahr 1966 sollte dazu die ersten Schritte bringen. Nicht zufällig lautet der erste Titel, den die Rahnerbibliographie für 1966 anführt: „Das Konzil – ein neuer Beginn", der einigemale anderswo wieder aufgenommen wurde. „Das neue Bild der Kirche", „Kirche im Wandel", „Kirchliches Lehramt und Theologie nach dem Konzil", „Vom Sinn kirchlicher Hierarchie" und ähnliche Überlegungen begleiteten den Kommentar zum III. Kapitel der dogmatischen Konstitution über die Kirche (Art. 18–27), der im ersten Ergänzungsband zum „Lexikon für Theologie und Kirche" zu: „Das Zweite Vatikanische Konzil. Dokumente und Kommentare" in diesem Jahr herauskam. Es war das Jahr der Veröffentlichung von „Kleines Konzilskompendium" in der Herder-Bücherei, das er zusammen mit dem bewährten Helfer H. Vorgrimler erscheinen ließ und einer der größten editorischen Erfolge wurde. Dem Konzil dienen, läßt sich dieser Einsatz überschreiben. Die Anregung zu diesem konkreten Beitrag hatte Rahner in den USA bei einem Besuch bekommen. An seinen Mitarbeiter schrieb er damals, er habe eine Textsammlung der Konzilsdokumente gesehen, die im Taschenbuchformat breitesten Kreisen zu einem geringen Preis angeboten werde. Ob so etwas nicht auch in Deutschland machbar sei?[1] „Wir haben diesen Plan nach Rahners Rückkehr verwirklicht; Rahner schrieb eine allgemeine Einleitung zum Zweiten Vatikanischen Konzil, ich die Einleitungen zu den 16 Konzilstexten, und das ‚Kleine Konzilskompendium' erschien im Dezember 1966. Die 17. Auflage kam 1984 heraus."[2]

Unmittelbarer als von der Nacharbeit für das Konzil war Rahner um diese Zeit von den Neuordnungen seiner Ordensgemeinschaft betroffen. Während der vorletzten Konzilsperiode war im Oktober 1964 der Generalobere des Ordens P. J. B. Janssens verstorben. Im Mai 1965 konnte sich die Generalkongregation der Gesellschaft Jesu versammeln und P. Pedro Arrupe zum

---
[1] Vgl. H. Vorgrimler, Karl Rahner verstehen, 124f.
[2] Ebd. 125.

neuen Generaloberen wählen, der in dieser Eigenschaft an der letzten Sitzungsperiode des Konzils teilnahm. Die Versammlung entschied sich, in zwei Abschnitten zu tagen, ein Vorgehen, für das es in der Geschichte des Ordens kein Vorbild gab. Aber das Konzil ließ es so geraten erscheinen, weil auf diese Weise im zweiten Abschnitt die Anregungen der Kirchenversammlung schon berücksichtigt werden konnten. Am 8. September 1966 nahm die Kongregation ihre Arbeiten wieder auf, die sich bis zum 17. November hinzogen. Die Gesellschaft Jesu war aufgrund der Umstände in ganz besonderer Weise mit der Endphase des Konzils verbunden und konnte ihrerseits direkt weiterführen, was mit der Kirchenversammlung lebendig aufbrach. Den offiziellen Äußerungen stellte man einen Text über die „Aktuelle Sendung der Gesellschaft Jesu" voran, der auf seine Weise das neue Zeitbewußtsein der Kirche für den Orden fruchtbar zu machen suchte. Die Selbstbesinnung war nötig, wenn auch Papst Paul VI. im Vorjahr von der besonderen Aufgabe der Auseinandersetzung mit dem zeitgenössischen Atheismus gesprochen und die Generalkongregation daraufhin eine entsprechende Entscheidung getroffen und veröffentlicht hatte.

Man übernahm im Dekret 6 die Wiedereinführung des ständigen Diakonats als Möglichkeit für den Orden, so daß diese Initiative Rahners in seiner eigenen Gemeinschaft unmittelbar zur Auswirkung gelangen konnte. Darüber hinaus spielten Rahnersche Anregungen für die Neuordnung der Ausbildung junger Jesuiten eine Rolle, wenn auch in späteren Jahren nach konkreten Erfahrungen noch manche Modifikation nötig wurde. Für das religiöse Leben machte man sich die liturgische Erneuerung, die Betonung des Umgangs mit dem biblischen Wort, die persönliche Verantwortung und Selbständigkeit usw. zu eigen. Der Verehrung des Herzens Jesu widmete man ein eigenes Dekret. Behandelt wurden darüber hinaus die Einsätze der Jesuiten, unter ihnen die Ökumene als eigenes neues Feld. Der Geist der Offenheit und der Zuversicht durchzieht die Dekrete dieser Ordensversammlung ebenso wie er gegen Ende das Konzil und seine Äußerungen bestimmte. Nur wird hier noch konkreter und praktischer entschieden sowie der spirituelle Wurzelgrund des Ordenseinsatzes nachdrücklich in Erinnerung gerufen. Aus den „Geistlichen Übungen" und ihren alltäglichen Elementen soll der geforderte Einsatz der Gesellschaft Jesu ganz bewußt seine Kraft ziehen.

Diese Tendenz der Erneuerung aus den Ursprüngen, die in den folgenden Jahren noch stärker die Bemühungen um das jesuitische Selbstbewußtsein prägte, entsprach den Bemühungen der beiden Rahners von Anfang an.

So kann es nicht einfach Zufall gewesen sein, wenn in diesem Jahr 1966 Karl Rahner zwei Veröffentlichungen betont spirituellen Charakters vorlegt, nämlich Band sieben der „Schriften zur Theologie" und das kleine Taschenbuch „Glaube, der die Erde liebt". Er hat erklärt, damit den Beitrag fortsetzen zu wollen, den er mit dem dritten Band der Schriften eingeleitet hatte. Seine Absicht war es, eine Zusammenstellung „zu einer Theologie des geistlichen Lebens"[3] vorzulegen. Betont ging es um „theologische" Meditationen, so daß sich diese Texte durchaus in die Sammlung von „Schriften zur Theologie" fügen. Rahner unterschied davon mehr der unmittelbaren Einübung in das geistliche Leben dienende Betrachtungen, wie in dem Bändchen „Glaube, der die Erde liebt". Indes war ihm bewußt, daß diese Unterscheidung nicht konsequent durchführbar sei. Jedenfalls besteht er darauf, die Texte böten ernsthafte Theologie, weil sich in geistlicher Denkweise Wesentliches ansprechen lasse, was in der theologischen Schul- und Fachsprache kaum gesagt werde, vergessen wurde oder gar nicht deutlich und klar genug zu formulieren sei. Anders ausgedrückt: Rahner wollte mit der Sammlung geistlicher Beiträge das Sprachfeld der Theologie seiner Zeit ausweiten, so daß sich Wirklichkeiten bedenken und behandeln ließen, die zu kurz gekommen waren. „So darf die Zusammenstellung dieser Versuche auch die Überzeugung des Verfassers bekunden, daß Arbeit und Mühe auf diesem Gebiet nicht weniger Theologie ist als das Forschen und Suchen in anderen Disziplinen."[4]

Diese These entsprach einer langen Überzeugung und Arbeitsweise, hatte sich aber nie so deutlich geäußert wie von jetzt an. Und in ihrer Formulierung schwingt 1966 noch das Erbe der alten Einteilung zwischen Theologie und Spiritualität nach, die Rahner zwar nicht akzeptierte, aber auch nicht einfach übergehen konnte, wenn er auf der Ebene gehört werden wollte, an der ihm vor allem lag: der theologischen. Ziel blieb dabei der Wunsch, „daß diese kleinen Stücke zur Theologie des geistlichen Lebens dazu beitragen können, daß im Leser ein wenig Glaube, Hoffnung und Liebe wachse zur Bewährung des Christlichen im Alltag."[5]

Noch spricht er von einer Theologie des geistlichen Lebens und behandelt diesen Teil wie eine theologische Disziplin neben anderen. Zugleich deutet sich an, welchen Einfluß diese Überlegungen auf die ganze Art und Weise theologischen Arbeitens haben. Der Unterschied zum Gewohnten und Eingefahrenen ist beträchtlich und weckte Widerstand oder Unverständnis. Unter dem Titel „Vom Offensein für den je grösseren Gott"[6] formulierte er seine Gedanken zur Grundhaltung der eigenen Ordensgemeinschaft in aller Öffentlichkeit und versuchte den Leitspruch des Ignatius von Loyola für weitere Kreise zu erschließen. Das sollte, soweit immer möglich, Züge der sich aus dieser Lebensweise ergebenden Denkart nahebringen und Anregungen und Vorstöße Rahners auf ihrem lebendigen Hintergrund erfassen lassen.

Im Rahmen seiner Lehrverpflichtungen an der Münchener Philosophischen Fakultät ließen sich diese Bestrebungen nur mit Schwierigkeiten verfolgen. Und diese waren 1966 spürbar, so daß sich für Rahner der Gedanke verdichtete, notfalls noch einmal die Universität zu wechseln. Seit längerem hatte

---

[3] Schriften zur Theologie VII, 7.
[4] Ebd.
[5] KARL RAHNER, Glaube, der die Erde liebt, Freiburg i. Br. 1966, 9.
[6] Vgl. Schriften zur Theologie VII, 32–53.

man sich von Münster aus darum bemüht, den Dogmatiker für die dortige Theologische Fakultät zu gewinnen. Rahner lehnte mehrmals ab, obwohl ihm die Fakultät schon 1964 ihre Hochschätzung durch Verleihung des Ehrendoktorats ausgedrückt hatte. Anfang 1966 trug ein Vertreter Münsters erneut den Wunsch vor, ob er nicht doch nach Westfalen kommen wolle. Rahner meinte jetzt, das böte die Gelegenheit, mit ein paar Mitarbeitern „eine gründliche Reform des theologischen Studiums im Sinn meiner Ideen inaugurieren zu können"[7]. Der Gedanke, die nach dem Konzil anstehende Erneuerung der theologischen Studien mitzugestalten, gab offensichtlich eine Perspektive und verlangte den Wechsel, da sich dazu in München keine Gelegenheit bot. Als Theologe hatte er unter seinen Schülern eine Reihe theologisch Interessierter, die gern bei ihm in Theologie promoviert oder habilitiert worden wären. Um diese Möglichkeit zu erreichen, hatte Rahner etwas früher die Theologische Fakultät in München um entsprechende Zusammenarbeit ersucht. Doch die von dort vorgeschlagene Formel ließ ihm kaum Eigenständigkeit und Freiheit, so daß er sich auch aus diesem Grunde für den Wechsel entschied.

Die Meinungen über Rahners Münchener Einsatz nehmen sich im Urteil der Zeugen nicht ganz einheitlich aus. H. Fries äußerte, „daß die Vorlesungen für Nichttheologen zu anspruchsvoll waren; ihnen fehlten doch mehr Voraussetzungen als Rahner vielleicht dachte."[8] J. Splett bemerkte, Rahner habe anderes geboten als Guardini und damit dessen Hörer enttäuscht. Wiederholt hätten die engeren Mitarbeiter vorgeschlagen, einfacher zu reden und sich nicht an Assistenten und Kollegen in der Zuhörerschaft zu orientieren. Hinzugekommen sei die beginnende Vorlesungsmüdigkeit der Studierenden. Rahner habe eindringlich bohrend und zugleich breit und mannigfaltig seinen Lehrstuhlauftrag „Christliche Weltanschauung" wahrgenommen. „Er läßt die Selbigkeit wie die Andersheit deutlich werden, mit der Rahner dieses Programm Guardinis fortgeführt hat, eine wahrlich nicht bloß spekulativ-transzendentale, sondern immer wieder – in aller Anstrengung des Begriffs – handfest konkrete ‚Interpretation der Welt'."[9] Und E. Biser, der später diesen Lehrstuhl übernahm, erinnert sich an die Seminare und unterstreicht, was die Teilnehmer „zu hören bekamen, war alles andere als ein didaktisch aufbereiteter Lehrvortrag, statt dessen aber ein theologisch-spiritueller Rechenschaftsbericht, die bisweilen stockende, dann hinreißend dahinströmende Übersetzung eines inneren Gesprächs, geführt am Rande des Schweigens, in der Fühlung jenes Geheimnisses, das sich jeder abschließenden Bestimmung, wie sein ‚Referent' zu verstehen gab, versagte, von dem er sich aber gerade deswegen umfangen wußte, weil er in seinem Dunkel eine letzte, unverbrüchliche Geborgenheit gefunden hatte."[10] Das Theologisch-Spirituelle war also

---
[7] H. VORGRIMLER, Karl Rahner verstehen, 129f.
[8] In: Karl Rahner – Bilder eines Lebens, 70.
[9] Ebd. 73.
[10] Ebd. 75.

in den Münchener Lehrveranstaltungen damals nicht nur greifbar, es machte ein gutes Stück des besonderen Eindrucks aus, den Rahner hinterließ.

Daran ändert sich nichts durch die vielfältige Vortragstätigkeit. Sie zwang zu zahlreichen, auch weiteren Reisen und Begegnungen. Es begann mit Predigtvorträgen im Rahmen der „Theologischen Akademie", die in Nord- und Westdeutschland jeweils eine Reihe von Städten einbezog. Rahner sprach in den ersten Januartagen in Koblenz, Duisburg, Köln, Bielefeld und Mühlheim; im Februar trat er in Würzburg und Frankfurt auf, dann auf Einladung der Evangelischen Fachschaft in Tübingen, an der Katholischen Akademie in München, in Paderborn und Emmendingen. Im März reiste er kurz nach Barcelona, wo ein Begegnungszentrum zwischen Naturwissenschaften und Theologie durch die Paulus-Gesellschaft und damit ein spanischer Zweig dieser Gesellschaft begründet wurde, dann über Brüssel in die Vereinigten Staaten von Amerika, wo er in Notre Dame bei einer breit angelegten Konferenz von Konzilstheologen zum Ergebnis der Kirchenversammlung teilnahm und ein Ehrendoktorat erhielt. Anläßlich dieser Gelegenheit trat er auch in Chicago auf. Ende April weilte er auf Herrenchiemsee zur deutschen Tagung der Paulus-Gesellschaft. Das Sommer-Semester erlaubte nur kurze Reisen, so im Juni nach Mainz und Ottobeuren. Später nahm er an einem internationalen Symposion in Rom über das Konzil und seine theologische Bedeutung teil. Im Oktober kam er nach Bossey bei Genf. Weitere Einladungen führten für den Rest des Jahres in viele deutsche Städte. Neben dem Konzil war es eine Neubegründung der Theologie aus erfahrenem christlichem Glauben, die immer wieder die Themen bestimmte oder ihre Behandlung prägte.

Nach dem Abschluß der Vorlesung zur „Einführung in den Begriff des Christentums", die mit einem vierten Teil „Das christliche Leben und die christliche Zukunft" im Winter-Semester 1965/66 zu Ende kam, stand als nächste Vorlesung „Welt und Kirche nach dem II. Vatikanischen Konzil" im Sommer-Semester 1966 und im Winter-Semester 1966/67 im Programm. Die Übung dazu hat im Münchener Vorlesungsverzeichnis keinen eigenen Titel mehr; der Wechsel kündigt sich an.

Die Berufung nach Münster war eine eher außerordentliche Sache. Rahner näherte sich der Mitte 60, so daß es des vollen Einsatzes der Fakultät bedurfte, um diese Berufung durchzusetzen. In Münster hielt man den Gewinn für so groß, daß dieser Einsatz zustande kam. Und davon wurden schließlich auch Ministerium und Regierung des Landes überzeugt. Alle Zeugen dieser Zeit sprechen von der großen Arbeitslast, die Rahner trug und der er sich nicht entzog. Es muß ihm jedoch Freude gemacht haben, auf Bitten und Anfragen einzugehen und die Erfahrung zu machen, noch mehr leisten zu können. Auch die über 200 Nummern der Bibliographie dieses Jahres unterstreichen das, selbst wenn ein größerer Teil dieser Veröffentlichungen aus Übersetzungen und Neuausgaben besteht.

Für einen repräsentativen Band über „Forscher und Gelehrte"[11] hatte der Herausgeber W.E. Böhm Hugo und Karl Rahner um Selbstdarstellungen gebeten. Hugo Rahner gab einen Überblick[12] zu Leben und Schaffen, der später noch öfter zu seiner Charakterisierung herangezogen wurde. Karl Rahner steuerte eine Lebensbesinnung bei[13], die gegen Ende das wache Bewußtsein zur Sprache bringt, es bleibe vielleicht nicht viel mehr zu erwarten. Ein wenig Resignation wird spürbar, wenn es von der eigenen Arbeit heißt: sie sei „nicht geplant auf das Ziel hin, die theologische Wissenschaft um ihrer selbst willen zu fördern. Ich bin kein ‚Wissenschaftler'. Ich möchte auch in dieser Arbeit ein Mensch, ein Christ und, so gut es geht, ein Priester der Kirche sein. Vielleicht kann ein Theologe überhaupt nichts anderes wollen. Auf jeden Fall war mir die theologische Wissenschaft als solche eigentlich immer gleichgültig. Ich möchte hoffen dürfen (man weiß ja nie selbst genau, ob man sich dabei für den wahren Gott nicht einen Götzen macht), daß jene unsagbare Finsternis und Helle zugleich, die wir Gott nennen, und in die man sich glaubend, hoffend und liebend fallen lassen muß, dasjenige ist, auf das hin ich denke (so gut es geht) und wovon ich zu reden versuche, auch wenn einem die Worte darüber selbst (wie könnte es anders sein) töricht vorkommen wie jenes ‚Stroh', von dem Thomas von Aquin am Ende seines Lebens sprach."[14] Und er setzt hinzu, mehrere kleine und große ‚fromme' Bücher seien ihm ebenso wichtig wie die theologisch sich gebenden Arbeiten. Die Ausdrucksweise sollte aufhorchen lassen; sie signalisiert eine Wertung.

Schließlich blickt er auf die Zukunft. Er wisse nicht, wann es für ihn Abend werde; er mache weiter, solange noch Tag sei. „Am Ende geht man mit leeren Händen fort, ich weiß es. Aber so ist es gut. Dann schaut man auf den Gekreuzigten. Und geht. Was kommt, ist die selige Unbegreiflichkeit Gottes."[15]

Der kleine Text verrät eine Menge von Rahners Person. Und der fragende Blick des zugehörigen Fotos paßt zum Text. Rahners Folgerung läuft indes keineswegs darauf hinaus, es lohne sich der Einsatz nicht mehr; ganz im Gegenteil: Gerade die oben angedeutete Vielfalt von Beiträgen hat hier ihren Grund. Er möchte die Zeit auskaufen im Bewußtsein, daß ihm selbst einmal nur die leeren Hände bleiben, in der Hoffnung, daß der Gott, in dessen Geheimnis sich der Mensch zu bergen sucht, aus den Fragmenten eines menschlichen Lebens etwas zu machen weiß, wenn diese ihm großzügig zur Verfügung überlassen werden.

Eines ist klar: Der Beitrag, der zählt, ist für Karl Rahner nicht die Wissenschaft als solche. Das in dieser Unverblümtheit in einer Selbstdarstellung von Forschung und Gelehrsamkeit zu bekennen, mag fast blasphemisch vorkommen, sähe man nicht die größeren und tieferen Motive, die diesen Mann trei-

---

[11] Stuttgart 1966.
[12] Ebd. 15f.
[13] Ebd. 21.
[14] Ebd.
[15] Ebd.

ben. Gewiß hat er damit eine ganz neue Freiheit gewonnen, um besser und zutreffender dem entsprechen zu können, was er als seine Aufgabe sieht. Nicht immer zur Freude anderer nutzt er diese Freiheit entschieden.

Ziemlich sicher dürfte seine Haltung und ihre offene Äußerung bedingt gewesen sein dadurch, daß er nach der Einweihung des neuen Schriftstellerhauses der Jesuiten im Frühjahr von der Veterinärstraße nach Nymphenburg an die Zuccalistraße umsiedelte. Denn im Alfred-Delp-Haus fand auch der pflegebedürftige Hugo Rahner den Platz für die letzten Lebensjahre. Viel unmittelbarer als vorher verfolgte der Bruder den Verfall Hugos, den er wenige Jahre früher in Innsbruck in voller Blüte und intensiver Tätigkeit erlebt hatte. Die Situationen stießen sich: einerseits der Ältere, der bei voller geistiger Einsicht die eigenen Kräfte schwinden spürte, anderseits der auf dem Höhepunkt der Leistungsfähigkeit stehende Jüngere; beide mit gleichem Ziel und doch so verschiedenen Möglichkeiten.

Die neue Wohnung lag in einer ruhigen Gegend nahe beim Nymphenburger Schloßpark und bot ausgezeichnete Gelegenheit zu geistiger Arbeit, aber auch zum Atemholen, zu Spaziergängen und stillen Besinnungen. Karl Rahner machte davon nur wenig Gebrauch, auch wenn er diese Wohnung bis 1973 beibehielt und dort die freien Zeiten von den akademischen Verpflichtungen verbrachte. Hugo Rahner vermochte immer weniger; ihm war das Warten und die Geduld aufgegeben. Der Blick auf das Ende und die letztliche Hilflosigkeit und Armut des Menschen war keine künstliche Attitüde, sondern bittere Realität für den einen wie für den anderen der Rahnerbrüder. Diese Erfahrung überschattete die Erwartungen in ganz persönlicher Weise; sie erinnerte ständig, daß Christsein das Kreuz nicht aus-, sondern oft in schmerzlichster Weise einschließt. Allerdings versteht sich angesichts solcher täglichen Erfahrung auch die Zurückhaltung gegenüber dem Reden davon; Worte ändern nichts und können vieles erschweren und unerträglich werden lassen. Den behutsamen Umgang mit dem Wort lernt da der Sensible von selbst.

Unterdessen stand Karl Rahner mit Prof. B. Kötting in Münster im Kontakt, der schon nach der Bischofsernennung von Prof. H. Volk auf dessen Lehrstuhl Karl Rahner berufen sehen wollte. In diesem Sinn hatte er im Frühjahr 1962 angefragt und dann wieder im Herbst 1963. Jedesmal wies Rahner den Gedanken ab. 1966 hingegen im Blick auf die Münchener Möglichkeiten und Bedingungen nahm die Idee konkretere Gestalt an, ohne doch bis zum Ende des Jahres zu einer klaren Entscheidung zu führen. Erst nach der Reaktion der Münchener Theologischen Fakultät, nur unter sehr eingeschränkten Bedingungen zu gestatten, Schüler in Theologie promovieren und habilitieren zu können, ging er rasch auf das offene Angebot aus Münster ein.

23. Kapitel

Wieder in der Theologie – Dogmatiker und Dogmenhistoriker in Münster

Die Ernennung zum ordentlichen Professor für Dogmatik und Dogmengeschichte an der Universität Münster datiert vom 1. April 1967. Seine Zustimmung hatte auch der damalige Bischof von Münster, der spätere Erzbischof von Köln und Kardinal Josef Höffner gegeben, mit dem Rahner noch häufiger zu tun haben sollte. Begonnen hatte dieses Jahr u. a. mit einem Vortrag auf der Tagung der deutschsprachigen Dogmatiker in München, die vom 3.-5. Januar stattfand. Nie war Rahners Zugehörigkeit zur Theologenzunft überdeckt, aber jetzt betonte er sie in nachdrücklicher Weise. Die Hoffnung, an den Erneuerungen in Kirche und Glaubensreflexion mitwirken zu können, ließ ihn den neuen Anfang auch als 63jähriger wagen.

Die Lehrtätigkeit nahm er in Münster Anfang Mai mit dem Sommer-Semester auf. Seine Unterkunft in der westfälischen Metropole wählte er im Marianum so, daß der Charakter des Provisorischen deutlich blieb; Heimat war das Alfred-Delp-Haus in München, wohin er zu allen freien Zeiten zurückkehrte. Bis zum Mai waren die Verpflichtungen in München noch zu Ende zu bringen. Er sprach in der letzten Vorlesung dort über das Verhältnis der Kirche zur Welt im Licht des Zweiten Vatikanischen Konzils und leitete damit zu den theologisch-dogmatischen Aufgaben zurück, die ihm in Münster gestellt waren. Der Übergang wurde erleichtert durch die Mitarbeiter, an die er sich in München gewöhnt hatte. Ursprünglich mußte er in Innsbruck ja wie die Kollegen alles allein besorgen; erst mit den 60er Jahren baute man dort langsam die Einrichtung von Assistenten und anderen Hilfskräften aus. Zuvor gab es lediglich gelegentliche Hilfen, etwa für die Register zu den beiden ersten Bänden der „Schriften zur Theologie", die von F. Körte und A. Darlapp besorgt wurden. Die folgenden Bände hat Karl Rahner im wesentlichen selbst zusammengestellt und für sie niemanden zur Anlage von Registern finden können. Im Jahre 1957 kam die von J. B. Metz bearbeitete neue Fassung von „Geist in Welt" heraus, und um diese Zeit brachte es das Engagement Rahners für die Neuauflage des „Lexikon für Theologie und Kirche" mit sich, daß ihm vom Verlag eine Schreibkraft in Innsbruck ermöglicht wurde. 1961 erschien das „Kleine Theologische Wörterbuch" in der Herder-Bücherei, an dem H. Vorgrimler mitgearbeitet hatte. Im Umkreis des „Lexikon für Theologie und Kirche" bildete sich in Freiburg ein Mitarbeiterkreis, aus dem einige Karl Rahner auch persönlich nahestanden. A. Darlap war für den ersten Band als Schriftleiter tätig; später übernahm er die gleiche Funktion für „Sacramentum Mundi". In Innsbruck unterstützten zu Anfang der 60er Jahre F.K. Mayr und G. Muschalek die Arbeit, die sie 1964 in einer ersten Bibliographie erfaßten, während J.B. Metz 1964 seine Fassung von „Hörer des Wortes" vorlegte. Die Konzilsarbeit hatte neue Formen der Zusammenarbeit nötig werden und einüben lassen; vornehmlich in Rom, wo Karl Rahner wie andere Konzilstheologen von der Bereitschaft der Studenten im Germanicum und in der Anima profitieren konnte. Hier lernte er durch hilfreiche Dienste Karl Lehmann kennen, der ihm als Assistent bis nach Münster treu blieb. J. Splett kam in München hinzu. Einen gewissen Eindruck dieser Mitarbeit vermitteln die Erwähnungen von Namen und Aufgaben in den Vorworten vom siebten Band der „Schriften zur Theologie" an. Mit dem Wechsel nach Westfalen nahm R. Bleistein seine Tätigkeit als persönlicher Referent auf. Es wären noch eine Reihe weiterer Namen zu erwähnen, doch griffe das zeitlich voraus. Hier mag der Hinweis genügen, daß sich Rahners Arbeitsstil mit dem Zweiten Vatikanum geändert hatte – unvermeidlich, wenn er seinen Beitrag in der Form einbringen wollte, wie es tatsächlich geschah. Das wirkte sich auf die Veröffentlichungen aus, für die er von Verlagen entsprechende Unterstützung erwartete und erhielt. Seit München standen ihm zwei Assistenten ständig zur Verfügung, außerdem eine Sekretärin. Die Münchener Sekretärin arbeitete für ihn weiter, als er in Münster wirkte und auch dort eine Sekretärin bereitstand.

Was Rahner seinen Mitarbeitern an Arbeit überließ, war durchaus unterschiedlich. Er selbst konnte auch später Briefe noch selbst schreiben, wenn es sich so ergab, konnte Zitate verifizieren, wenn es ihm richtig schien, usw. Von daher ist es nicht leicht, die Beiträge der Mitarbeiter genau zu bestimmen, sieht man davon ab, daß sie mit dem Transport befaßt waren, seit er in München über ein Auto verfügte. Rahner hat wie die meisten Jesuiten seiner Generation keinen Führerschein erworben, schätzte aber die Möglichkeiten des Autos. Auf solchen Fahrten konnte er manchen Gedanken im Mono-Dialog neben dem Fahrer entwickeln und in eine erste prüfende Diskussion überführen.

Wegen der Arbeitslast schätzte er selbständige Mitarbeiter, denen er Aufgaben voll und ganz überließ. Wenn die Sache lief, griff er kaum ein. Hatte er selbst etwas Dringendes vor, konnte er auf manchmal unvermeidliche Nachfragen eines Mitarbeiters auch unwirsch reagieren. Die Zusammenarbeit gestaltete sich bisweilen spannungsreich, war aber in der Regel von einem hohen Maß an Vertrauen getragen. Vieles mußte im täglichen Umgang erspürt werden, weil Karl Rahner über Jahrzehnte hin seine Aufgaben allein hatte erfüllen müssen und dabei einen Stil entwickelt hatte, der wenig für eine Zusammenarbeit geeignet war. So kam es mehr zu einer Aufteilung des Werkes, von dem gewisse Stücke und Phasen den Assistenten zufielen. Karl Rahner hat sich immer weniger um die endgültige Fassung von Manuskripten, Veröffentlichungen, Büchern usw. gekümmert. Nicht nur das Lesen von

Korrekturfahnen überließ er anderen; auch die Politur von Manuskripten fiel den Mitarbeitern zu. Sie hatten Nachweise zu suchen und anzubringen; Verifikationen durchzuführen, Querverweise zu erstellen. Karl Rahner gewöhnte sich das Diktieren an, eine Art und Weise, die sich als Fortsetzung seiner Vorlesungstätigkeit darstellte. Charakteristisch ist von daher der Sprechstil für sehr viele seiner Äußerungen. Dabei baute er nicht selten lange Perioden, die er gleichwohl als ganze im Blick behielt und glücklich zu Ende brachte. Nur rhetorisches Beiwerk benutzte er nicht, dafür war er mit seinen Gedanken ganz bei der Sache. Verständlich, wenn er darüber immer wieder die Adressaten aus den Augen verlor und sich mit vielen Beiträgen den Vorwurf einhandelte, zu schwer und unverständlich zu sein.

In Münster unterstützten ihn schließlich E. Klinger, L. Karrer und F. Mann sowie einige studentische Hilfskräfte. In dieser Zeit erschien Band IX. der „Schriften zur Theologie", dessen Beiträge sich auffällig häufig mit formalen Fragen des Theologietreibens beschäftigen. Das dürfte u. a. auf die Studentenunruhen dieser Jahre zurückgehen, die den klassischen Universitätsbetrieb nicht nur in Frage stellten, sondern in wesentlichen Stücken gründlich änderten. Für Karl Rahner war diese Bewegung zunächst mit einem Erstaunen verbunden, das der Öffnung glich, die sich mit der Erfahrung des Zweiten Vatikanischen Konzils einstellte. Die feste Burg der deutschsprachigen Universität wurde indes nicht überall in gleicher Weise Angriffen und Erschütterungen ausgesetzt. In Münster gab es Aktivitäten, die auch einmal radikaleren Charakter annehmen konnten, im ganzen wirkte sich hier das westfälische Temperament jedoch mäßigend aus. Mindestens scheint immer Austausch und Gespräch möglich gewesen zu sein. Rahner griff diese Möglichkeit in seiner Art auf. Manches, was da vorgebracht wurde, leuchtete ihm ein. Jedenfalls lernte er die Öffentlichkeit in Gruppen als durchaus handelnd kennen, machte bei Versuchen mit, entdeckte Einflußbereiche über den engeren Rahmen der wissenschaftlichen Theologie hinaus. Da Rahners Name durch das Konzil breiteren Kreisen geläufig geworden war, boten sich ihm jetzt Möglichkeiten über den kirchlichen Raum hinaus. Er nützte sie im Sinne seiner früheren Überlegungen zur Diasporasituation, d. h. in der Absicht, Menschen zu erreichen, die ihm weder in der Fakultät noch in der Kirche oder in christlichen Kreisen begegneten. Diese neue Öffentlichkeit breiten Umfangs kostete natürlich etwas. Bereitschaft für Rundfunk und Fernsehen, Reisen und Auftritte vor nichttheologischen Gruppen nahmen zu und hinderten zugleich an der theologischen Arbeit im gewohnten Sinn. Der Austausch wurde für Karl Rahner zu einem Mittel nicht nur der Information, sondern der eigenen Meinungsbildung. Insofern war seine Zeit in Münster dadurch gekennzeichnet, daß er sich sehr wenig auf die Stadt, die Region und die herrschenden Traditionen und Lebensweisen einließ. Münster ist durch eine katholische Geschichte geprägt, die sich in manchem von dem unterscheidet, was im badischen und im österreichischen oder bayrischen Raum bestimmend war. Ob Karl Rahner die münster-

281

sche Eigenart überhaupt wahrnahm, läßt sich nach den Beiträgen dieser Jahre nicht sagen. Er reagierte nicht einfach ablehnend auf Einladungen und persönliche Kontakte, fand aber zur Pflege solcher Beziehungen wenig Gelegenheit und legte Wert darauf, daß entsprechende Bindungen nach Innsbruck und München lebendig blieben. Die Universität Münster war weitaus stärker regional bezogen und eingebunden als das in Innsbruck und München der Fall war. Dennoch war auch sie als Universität gegenüber ihrer unmittelbaren Umwelt in Stadt und Land Münster noch einmal anders ausgerichtet.

Karl Rahners Alter hat mitgespielt, sich nicht mehr groß der Mühe einer Einwurzelung an seinem neuen Wirkort zu unterziehen. Deshalb verbrachte er fraglos die Ferienzeiten in München, und niemand zweifelte, daß er nach seinem Einsatz in Westfalen wieder in die Metropole Bayerns zurückgehen würde, wo sich das Leben des Bruders dem Ende zuneigte. Mußte nicht Karls Wechsel nach Münster auch als Flucht vor dem unverkennbaren körperlichen Verfall des Bruders erscheinen? Karl hatte Hugo nach München mitgenommen, worin sich trotz aller Eigenständigkeit eines jeden ihre Verbundenheit greifbar manifestierte. Aber für die Wissenschaft im direkten Sinn brachte das Miteinander immer weniger; es war eine menschliche Geste, wenn Karl so oft wie möglich in das Haus zurückkam, in dem sein Bruder lebte.

Das Jahr 1967 verlief ziemlich geregelt, mochten die Verpflichtungen in der Öffentlichkeit auch beträchtlich angewachsen sein. Karl Rahner setzte als dogmatischer Lehrer in Münster mit der Vorlesung zur Schöpfung ein, der das Oberseminar zu Erbsünde und Monogenismus in diesem Sommer-Semester entsprach. Diskussionen mit Naturwissenschaftlern hatten ihn dazu gebracht, frühere Positionen aus diesem Bereich erneut zu durchdenken. Änderungen setzten sich durch besonders in der Frage des Monogenismus, in der er früher die klassische Auffassung der Enzyklika „Humani generis" vertreten hatte. Im Winter-Semester 1967/68 kündigte er als Vorlesung die „Mariologie" an und behandelte im Seminar „Dogmatische Fragen der Heilsgeschichte". Die Titel klingen vertraut, und doch versuchte Rahner hier, die ganze Sache von einem neuen Ansatz aus in den Griff zu bekommen. Er benannte die Vorlesung genauer: „Theologie der personalen Heilsvermittlung"; das war ein Abschied von den Versuchen zu Beginn der 50er Jahre, auch ein Abschied von der Absicht, das im Umkreis des Dogmas von 1950 und des Marianischen Jahres 1954 entwickelte Manuskript zur Mariologie zu veröffentlichen. Bis zum Konzil läßt sich das Bemühen darum belegen und verfolgen. In Münster setzt er ganz anders an und macht sich an einen neuen Entwurf, der sich klarer mit seinen anderen Beiträgen verbindet. Rahner war grundsätzlich kein Mann, der sich wiederholte, mag er auch in seinem Denken unübersehbar Kohärenz gesucht und in erstaunlicher Weise realisiert haben. Die Offenheit und Lebendigkeit in einem Alter, wo die meisten Zeitgenossen in den Ruhestand treten, der Mut zu neuen Skizzen, zu weiterer Suche, zu Ausweitungen in Bereiche, die er gar nicht kannte ..., all das erwarb ihm Bewunderung und Dank, weil es in einem Moment Mut gab, wo viele traditionelle Orientierungen zerbrachen. Rahner predigte und betete sogar in der Öffentlichkeit; er ließ trotz kritischer Äußerungen im einzelnen seine grundlegende Solidarität mit dem Glauben und mit der Kirche spürbar werden.

Äußerlich betrachtet schränkte der Neuanfang in Münster die Arbeit in Vorträgen anderswo kaum ein. Im Mai weilte Karl Rahner zur Tagung der Paulus-Gesellschaft in Marienbad, im Juni trat er beim Schweizerischen Caritasverband in Luzern auf und ließ sich von der Evangelischen Fachschaft nach Göttingen einladen. Im August nahm er in Toronto am Kongreß über die Erneuerung der Kirche teil, auf dem sich zahlreiche namhafte Konzilstheologen zur Nacharbeit zusammenfanden. Im September nahm er in Düsseldorf für den gesundheitlich angeschlagenen E. Przywara den oberschlesischen Kulturpreis entgegen und hielt bei dieser Gelegenheit eine Würdigungsrede auf den Mitbruder. Anschließend arbeitete er an einer Tagung der Görres-Gesellschaft zum Zeitbegriff mit und hielt einen Vortrag im Bildungswerk Salzburg. Anfang Oktober kam er nach Münster zurück, doch war für diesen Monat eine weitere Reise in die USA geplant, wo er in Kalifornien und an anderen Orten über die theologische Problematik der Neuen Erde sprach. An der Grace Episcopal Cathedral von S. Francisco kam es zur Einweihung eines neuen Glasfensters, in dem mit anderen Theologen unseres Jahrhunderts auch Karl Rahner dargestellt ist. In St. Louis empfing er ein Doktorat honoris causa. Der November brachte einen Vortrag zum 450. Reformationsjubiläum in Soest und einen Vortrag in Hannover. Sonst band ihn die Arbeit in Münster. Im Dezember indes begann eine neue Runde der Theologischen Akademie in Essen, bei der er diesmal über „Häresien in der Kirche heute?" sprach. Kurz vorher unterzeichnete er das Vorwort zum Band VIII der „Schriften der Theologie", der im wesentlichen die Beiträge zur Umsetzung des Konzils in die Wirklichkeit vor Ort enthält und in der ganzen Reihe den größten Umfang hat.

Es gibt keinen Hinweis, daß Karl Rahner den Übergang an die Theologische Fakultät in Münster bedauert hätte, so belastend das in seinem Alter auch war. Die theologisch-dogmatischen Fragen und die wissenschaftliche Ausbildung künftiger Priester brachten ihn zurück in den Umkreis, der ihm vertraut war und am Herzen lag. Und diese Welt präsentierte sich anfangs – wir stehen im Jahre 1967 – durchaus so, wie es im klassischen Universitätsleben eingespielt war. Die kommenden Erschütterungen mögen sich angedeutet haben, erst das folgende Jahr leitete wirklich den Umbruch ein, der die Welt der Universität tiefgreifend ändern sollte.

Karl Rahner arbeitete weiter und befaßte sich jetzt mit Fragen des Dialogs, der Wissenschaften, des Atheismus und der Materialität, der Naturwissenschaften usw. In der mehr formalen Ausrichtung dieser Themen mag sich der philosophisch akzentuierte Einsatz von München niedergeschlagen haben, doch wurden im übrigen diese Themen eher von jenen gewünscht, die ihn zu Tagungen und Gesprächen einluden. Aufsehen erregte sein Eintreten für den Zölibat des Weltpriesters im heutigen Gespräch. Dazu schrieb er einen offenen Brief[1], der weithin Echo auslöste. Das verstärkte sich durch den Sammelband „Knechte Christi" mit Meditationen zum Priestertum, in dem sich der Brief zum Zölibat wiederfindet. Die 14 Beiträge behandeln verschiedenste Aspekte des priesterlichen Lebens und Handelns; auf Rahners Arbeiten gewandt manifestiert sich darin erneut der theologische Akzent auf der Verantwortung für die Ausbildung von Priestern. Noch war von einem eigentlichen Einbruch im Interesse an diesem Amt nicht viel zu spüren. Man nähme die Entwicklung künftiger Jahre vorweg, wollte man für 1967 die Probleme so bestimmen, wie sie sich später stellten. Gerade der Bezug zum Augenblick ist für das Verständnis vieler Äußerungen Rahners wichtig, doch muß die geistige Situation des Moments sachgerecht erfaßt werden. Das ist wegen der sich dann z.T. überstürzenden Wandlungen in der Rückschau nicht immer leicht, aber eine im Dienste eines zutreffenden Verständnisses unerläßliche Mühe.

Natürlich besteht ein Großteil der Rahnerschen Bibliographie des Jahres 1967 aus Übersetzungen, Neuauflagen und Nachdrucken früherer Texte. Das bedeutet eine zeitliche Verschiebung, die für die Rahnerrezeption bedeutsam ist. Es kann sein, daß ein Beitrag zu einem Zeitpunkt bekannt wird, Rahner selbst die niedergelegte Position schon weiterentwickelt, modifiziert oder vielleicht aufgegeben hat. Ungefähr 120 Nummern aus der Bilanz dieses Jahres sind als wiederaufgenommene Texte einzustufen. Die Leistung in den Originalbeiträgen dieser Monate bleibt immer noch erstaunlich genug, mögen manche Texte auch nur kurze Gelegenheitsäußerungen bringen. Einiges davon dürfte früher und z.T. sogar sehr viel früher entstanden sein, weil es bisweilen lange dauert, bis eine Veröffentlichung tatsächlich vorliegt.

Münster erlaubte Karl Rahner eine neue Konzentration auf die Theologie und einen Abschluß seiner akademischen Laufbahn, der zwei wichtige Akzente erhielt. Der eine war mit der Christologie gegeben, die er hier zum ersten Mal in seinem Leben zu lesen hatte und zusammen mit dem Neutestamentler Wilhelm Thüsing zu entfalten suchte. Der zweite brachte den Abschluß dessen, was später als „Grundkurs des Glaubens" oder „Einführung in den Begriff des Christentums" veröffentlicht wurde. Beide Unternehmungen fallen nicht in das erste Jahr in Münster, und beide blieben in einer gewissen Weise offen, d. h. sie fanden eine Form, die mehr als Impuls und Anregung zu nehmen ist, denn als abgeschlossener Beitrag. Doch darauf ist später einzugehen.

---

[1] GuL 40 (1967) 122–138.

24. Kapitel

Unruhen und Umbrüche

Äußerlich gesehen verriet der Anfang des Jahres 1968 nichts davon, daß geistig und wissenschaftlich größere Veränderungen bevorstanden. Erst im Nachhinein dürfte den Betrachtern das Ausmaß dessen aufgegangen sein, was in den Unruhen des Monats Mai in Frankreich, in Generalstreik und Universitätsbesetzungen, in den lauten Demonstrationen, auch in Berlin und Frankfurt/M. oder München sich tat. Es war zudem das Jahr des Prager Frühlings und des Einmarsches der Truppen des Warschauer Paktes in die Tschechoslowakei. Auf der westlichen Seite ein Ausbruch des Freiheitswillens, auf der östlichen Seite der Einsatz von Gewalt und Unterdrückung. In diesem Kontext setzte Karl Rahner sein Wirken fort, das kurz vor Weihnachten durch den Tod des Bruders Hugo ganz persönlich betroffen werden sollte.

Nach dem Winter-Semester mit einer intensiven Vortragstägkeit neben den akademischen Verpflichtungen her – sie entfaltete sich jetzt mehr im west- und norddeutschen Raum –, nutzte Karl Rahner die Pause für eine Vorlesung an der Päpstlichen Universität Gregoriana in Rom, die er klassisch in lateinischer Sprache vortrug. Anschließend standen Vorträge in Wien und Graz auf dem Programm, aber auch eine Skandinavienreise, die über Kopenhagen, Lund, Oslo, Uppsala, Helsinki und Abo/Turku führte. Das Sommer-Semester band an Münster und die nähere Umgebung, obwohl selbst da eine kurze Concilium-Besprechung in Madrid hinzukam. Nach der Teilnahme an der Konferenz der Regenten der Priesterseminare in Chur nahm er sich Zeit für Ferien in Porec/Dalmatinische Küste. Anfang September sprach er auf dem Katholikentag in Essen, wo sich Unmut und Protest lautstark meldeten. Bekanntlich haben diese Kritiken die Überlegungen ausgelöst, die zur Deutschen Synode von Würzburg führten.

Die Frage des Atheismus war besonders akut, wenn auch vielleicht ein wenig akademisch. Nach dem Einmarsch der Truppen des Warschauer Paktes brach die Paulus-Gesellschaft ihre Gespräche mit den Kommunisten ab, während der Vatikan gerade jetzt das Sekretariat für die Nichtglaubenden unter Leitung des Kardinals Franz König einrichtete, der zu einer entsprechenden Arbeitstagung nach Wien einlud. Für Karl Rahner bot das Gelegenheit zu einem Besuch in Budapest. Anfang Oktober weilte er in Rom zu Besprechungen in der Glaubenskongregation. Hier wirkte er als „Relator" in der Causa Edward Schillebeeckx, mit dem er sich persönlich so auseinandergesetzt hatte, daß es gelang, das Verfahren zur Einstellung zu bringen.

Knapp einen Monat später ist er erneut in Rom, um mit dem Generaloberen der Gesellschaft Jesu zu sprechen. Im übrigen zwang ihn das Semester, sich in dem Radius zu bewegen, den die Arbeit an der Universität ihm ließ.

Für die Fakultät kündigte Karl Rahner zum Sommer-Semester „Theologische Anthropologie II: Die Lehre von der Gnade", ein Kolloquium „Methodenprobleme der systematischen Theologie" und das Seminar „Das Problem der Erfahrung der Gnade" an[1]. Bedeutsam ist die Einordnung der Vorlesung als Teil II der Anthropologie, weil daraus hervorgeht, daß Rahner die Mariologie des vergangenen Winter-Semesters als Grundlegung der Gnadenlehre angesehen hat. Im übrigen war ihm das Thema Gnade seit frühen Jahren nahe, wenn es hier offensichtlich mit der Frage nach der Erfahrung auch deutlich neue Akzente erhalten hat. Daß er sich weiter ausdrücklich mit Methodenproblemen beschäftigt, paßt zu den Beobachtungen aus dem Vorjahr.

Der Blick auf das Programm des Winter-Semesters 1968/69 entdeckt die wieder aufgenommene Frage der „Einführung in den Begriff des Christentums I". Das Seminar ist dem gleichen Thema gewidmet. Es geht also um die Münchener Ansätze, jetzt jedoch in theologischem Rahmen und in der Absicht, dem ganzen eine Gestalt zu geben, die eine Veröffentlichung erlaubt. Wie weit das Rahners Antwort auf die Umbrüche der Zeit sein sollte, ist nicht leicht zu sagen. Daß sich der Versuch dazu eignete, in dieser Lage einen Halt zu bieten, liegt für jeden auf der Hand, der den Grundkurs kennt. Und selbst dessen Art wird zum Teil aus den gegebenen Umständen verständlich; denn die Studentenunruhen gaben sich als geistige Ereignisse, erhoben mindestens einen solchen Anspruch und stellten sich als mindestens theoretisch überlegene Positionen dar. Entlarven, Aufdecken, usw. waren die hauptsächlichen Mittel gegen unbedacht Selbstverständliches, das angeblich ganze Generationen und Gruppen in Bann und Abhängigkeit gehalten hatte. Karl Rahner verschloß sich den Ansprüchen nicht, obwohl ihm die Art und Weise, in der sie vorgetragen wurden, wenig paßte. Außerdem vergaß er nicht die Ansprüche des Christlichen und das rechte Verhältnis. Er hörte zu und nahm aufmerksam zur Kenntnis, was in die Diskussionen eingebracht wurde, ließ sich davon aber nicht so beeindrucken, daß ihm die eigene Aufgabe fraglich geworden wäre. Wie hätte es auch anders sein können, wo ihn doch gerade in dieser Zeit die „Theologie der Hoffnung" beschäftigte, ein Thema, das den Anstoß des damals stark diskutierten Werks von Ernst Bloch „Prinzip Hoffnung" aufnahm. Da im übrigen nach dem Konzil mancherlei Anstrengungen unternommen wurden „Zur Neuordnung der theologischen Studien"[2] konnte ein engagierter katholischer Theologe durchaus den Eindruck haben, schon mit Tendenzen befaßt zu sein, die sich gewaltsam Luft zu machen suchten. Das Problem des Weltbilddenkens und

---

[1] Vgl. Vorlesungsverzeichnis der Universität Münster, Sommer-Semester 1968, 169f. Nr. 30, 34 und 36.
[2] StZ 181 (1968) 1–21.

die Frage der Zukunft von Kirche und Theologie standen ebenso an wie die Theologie des ökumenischen Gesprächs.

War all dies eher dazu angetan, die äußeren Infragestellungen doch mit einer gewissen Gelassenheit zu nehmen, so ergab sich im Sommer dieses Jahres mit der Enzyklika „Humanae vitae" Papst Pauls VI. eine Lage, die schlagartig katholische Theologen in den Vordergrund der öffentlichen Debatten rückte. Theologisch ist dieses Ereignis stärker noch als die Studentenunruhen als Herausforderung empfunden worden. Karl Rahner nahm nicht nur direkt zu dem Dokument Stellung, sondern behandelte gerade damals das Thema „Ja zur konkreten Kirche", fragte nach Möglichkeiten des Dialogs usw. und bot so den Zeitgenossen Hinweise und Orientierungen an, die vielfach dankbar angenommen wurden.

Im Nachhinein ist es allerdings nicht leicht, sich noch einmal in das Hin und Her dieser Monate zurückzuversetzen und den Kontext mancher Äußerung, manchen Protestes und mancher Opposition lebendig vor sich zu haben. Einerseits waren die Erscheinungen viel enger mit den vorausgehenden, relativ traditionellen Verhältnissen verwachsen als es heute scheinen will, andererseits machten sie sich in einer so verunsichernden Weise Luft, daß es im Abstand einer Generation kaum noch nachvollziehbar ist.

Die Zeit schwankte zwischen utopischen Erwartungen, die von Schlagworten lebten, und Befürchtungen, die sich in einem nicht selten krampfhaften Festhalten an vermeintlichen Sicherheiten manifestierten. Die Einteilung und bald auch Polarisierung zwischen Progressiv und Konservativ, wie sie seither gebräuchlich ist, datiert wesentlich von dorther. Die Botschaft Jesu Christi in Kirche und Theologie läßt sich da nicht einfach unterbringen, sondern steht zu diesen Tendenzen in gewisser Weise quer, weil sie sowohl die Identität wie den lebendigen Wandel wollen muß. Charakteristisch für den katholischen Theologen ist in diesem Zusammenhang die neu aufgebrochene und verhandelte Frage nach der Zukunft, die zeitweilig so sehr im Vordergrund stand, daß die Gegenwart darüber vergessen oder abgeschrieben schien. Für Karl Rahner dürfte der nahende Tod des Bruders nicht ohne Gewicht gewesen sein. Als Hugo kurz vor Weihnachten 1968 sein Leben endete, kam die Mutter selbst noch einmal nach München und wußte die Familie um dieses Lebensende zu sammeln.

So verschieden die beiden Jesuitenbrüder Rahner gewesen sein mochten, ihr Leben und Wirken war zu großen Teilen in einer echten und fruchtbaren Gemeinsamkeit verlaufen, die jetzt aufhörte. Krankheit und Tod Hugos flößten Karl Rahner von Zeit zu Zeit Bedenken und Ängste ein, so daß er sich fragte, wie er selbst wohl mit einem solchen Schicksal fertig würde. Auf jeden Fall stand er jetzt als Jesuit allein. Er bedurfte auch keines Fürsprechers mehr, wie Hugo es für ihn in den 50er Jahren wiederholt gewesen war. Doch die Anregungen, die brüderlichen Gespräche und der Austausch fielen aus. Was das bedeutete, ist auf Anhieb nicht zu sagen. Daß hier ein Einschnitt im Leben Karl Rahners vorlag, läßt sich aber nicht in Frage stellen. Denn diese Erfahrungen schlugen sich nach geraumer Zeit auf seine eigene Gesundheit nieder. Das greift zwar zeitlich ein wenig voraus, muß aber um des inneren Zusammenhangs willen gesagt sein. H. Vorgrimler schreibt zusammenfassend dazu: „Karl Rahner war seit Ende der 50er Jahre mehrfach ernstlich krank gewesen, aber er hatte eine Technik entwickelt, sich durch längere Krankenhausaufenthalte immer wieder arbeitsfähig machen zu lassen, so daß ein solcher Aufenthalt für die Freunde eigentlich schon nichts Außergewöhnliches mehr war. Er hat oft auch privat auf das Lebensende Bezug genommen."[3] Immerhin bat er 1969 das erste Mal aus solchen und anderen Gründen offiziell um eine befristete Beurlaubung von den akademischen Pflichten.

Im September 1968 erschien im Wochenmagazin „Der Spiegel" ein umfangreiches Interview mit Karl Rahner über die Enzyklika zur Geburtenregelung, deutliches Indiz, daß der Theologe außerhalb von Kirchenkreisen als Gewährsmann in Fragen des Christentums und der Glaubensgemeinschaft galt, wenn diese über die eigenen Zäune hinaus Wellen schlugen. Damit war ein Öffentlichkeitsgrad erreicht, der besondere Verantwortung und Möglichkeiten mit sich brachte. Unter dieser Rücksicht sind seine Auslassungen zu lesen, um zu verstehen, wie er einem breiten Publikum Positionen verständlich zu machen suchte und in solchen Situationen ohne falsche Anpassung seinen Glauben vertrat. Freilich kam es ihm dabei entscheidend darauf an, sich nicht in einer außerhalb der Kirche unverständlichen Sprache und Vorstellungswelt auszudrücken; er wollte mit seinen Aussagen den Lesern soweit wie immer möglich entgegenkommen, so daß sie mindestens mit Achtung solch einen Beitrag zur Kenntnis nehmen konnten und mußten.

Die Schwierigkeiten dieses Geschäfts waren Karl Rahner mehr und mehr in der Arbeit mit den modernen Medien bewußt geworden; er wich ihnen nicht aus und machte es sich nicht zu leicht. Daß er damit innerhalb kirchlicher Kreise manchmal auf Unverständnis stieß, schmerzte ihn besonders, aber er hielt es für wichtiger, solche Bemühungen trotzdem auf sich zu nehmen als sich von wenig versierten Genossen vorschreiben zu lassen, was er wie zu sagen habe. Hier bahnt sich der Konflikt an, mit dem in Rahner alles Negative nachkonziliarer Entwicklung personalisiert wird, weil für viele die Sachprobleme an sich ohnehin zu kompliziert sind. Sie brauchen Namen, um negativ oder positiv ihre eigene Einstellung festmachen und artikulieren zu können.

Aus Diskussionen um Einzelbeiträge und um konkrete Vorschläge wurde so ein Reden über die Person des Theologen, über seine Motive und Absichten, ja über seine Christlichkeit. Das fiel nicht zuletzt zusammen mit den Anstrengungen einiger seiner bekannteren Schüler und Mitarbeiter, sich ein eigenes Profil zu erarbeiten. Aus dieser etwas unklaren Mischung nährte sich eine Einstellung, die den Zugang zu Karl Rahner und seinen Aussagen eher

---

[3] H. Vorgrimler, Karl Rahner verstehen, 163.

verstellt, was um so näher lag, als Rahners Denken auch vom Hörer und Leser die Bereitschaft zu eigener Anstrengung und Bemühung ganz selbstverständlich erwartet. Die nicht abreißende Diskussion darüber, er sei schwer zu verstehen, ist ein Indiz, wenn auch die Mahnung des Theologen zu beachten bleibt, daß von der Sache her vieles an der christlichen Wahrheit nicht in Formeln zu fassen ist, die sich bequem und mühelos nachvollziehen lassen.

Die Zeit der Umbrüche trug noch etwas Eigenes bei, indem sie verlangte, daß Stellungnahmen zu allen gerade auftauchenden Problemen – und die traten in einer Unzahl auf – möglichst rasch und breitenwirksam abgegeben wurden. Für Rahner blieb da oft wenig Gelegenheit, seine Aussagen noch einmal zu überprüfen; er mochte genau wissen, was er sagen wollte, die Art und Weise des Vernehmens hing nicht selten auch von Fragen und Fragestellungen ab, die andere an ihn herantrugen, von Informationen, die sich niemand mehr selbst besorgen konnte, von Vorgaben in den konkreten Lebensbedingungen, von Begegnungen und Gesprächen, bei denen auch der Zufall oft Regie führte. Erstaunlich bleibt Rahners wirksame Kraft, auf die Mitte seiner Aufgabe hin die verschiedensten Schwierigkeiten zu denken und Stellungnahmen zu ihnen zu formulieren. Er verliert sich nicht im Vordergründigen, muß aber – um Wichtiges zu sagen – nicht selten ein wenig zurechtrücken, was ihm vorgesagt wird. Es ist müßig zu spekulieren, was möglich gewesen wäre, wenn sich Karl Rahner nicht so unbefangen, wie er es tat, auf die Öffentlichkeit eingelassen hätte. Er setzte sich aus und wußte das. Dabei bewog sein grundsätzlich seelsorglich geprägtes Selbstverständnis ihn als Jesuiten und Priester ohne Zweifel ganz entscheidend. Der Wissenschaftler hatte zurückzustehen, so sehr er sich gelegentlich mit erkennbarem Interesse und spürbarer Freude auf wissenschaftliche Arbeit als solche konzentrierte. Ja, je mehr sich gegen Ende seines Lebens eine platte Erfahrungsfrömmigkeit und punktueller Aktionismus in den Vordergrund drängten und seriöse theologische Information, Grundlegung und Denkarbeit zu überwuchern drohten, desto entschiedener machte er sich für saubere Erfassung der Probleme und klare schlüssige Argumentation stark. Gewiß wollte er damit nicht einer Rückkehr zu dem das Wort reden, was er im Blick auf seine eigenen Studien „Begriffsklopferei" nannte, aber er spürte deutlich die Gefahren einer verschwommen gefühligen Rede, die nur die Enge des alten Vorgehens umkehrt und in neue Schwierigkeiten führt.

In diesem Jahr 1968 begann schließlich die „Internationale Dialog Zeitschrift" zu erscheinen, die für einige Zeit den Gedanken des klärenden Gesprächs und des größerer Verständigung dienenden Austauschs fördern sollte. Im nachhinein erscheint diese Initiative, an der Rahner maßgeblich Anteil nahm, als Ausdruck einer Unruhe und Besorgnis, ja als Gegenversuch gegen große und kleine Gesprächsabbrüche, wie sie symptomatisch in der wohl unvermeidlichen Entscheidung der „Paulus-Gesellschaft" greifbar werden, nach der gewaltsamen Unterdrückung der unter Dubcek auf einen Kommunismus mit menschlichem Antlitz zusteuernden Tschechoslowakei die Gespräche mit Marxisten nicht weiterzuführen. Die Zeitschrift mußte die neuen Verhältnisse berücksichtigen, ohne sich im Ziel einer friedlichen Verständigung irre machen zu lassen. Man setzte auf Geduld, mit der die Sache des Menschen in christlichem Licht letztlich doch zum Durchbruch kommen werde. Herbert Vorgrimler nahm die Last dieser Zeitschrift auf sich, solange sie erscheinen konnte[4]. Er wußte, daß Rahner in dieser Sache hinter ihm stand, Beispiel dafür, wie dieser – das Alter spürend – schon damals vieles gern und bereitwillig anderen überließ. So wird auch sein Engagement in der Stiftung „Concilium" zu würdigen sein; weniger ist es an den Beiträgen zu messen, die er direkt zu dieser internationalen theologischen Zeitschrift beisteuerte. An der Internationalität war ihm gelegen, hatte er doch während des Konzils feststellen müssen, wie sehr der Schwund des Lateins als Kirchensprache die Gefahr heraufbeschwor, daß viele ihr Christsein nicht mehr über die engeren Grenzen ihrer Muttersprache und Nationalkultur hinaus leben können. Hellsichtig genug, nicht den alten Verhältnissen nachzutrauern, für die im Bildungssystem der meisten Länder keine Voraussetzungen mehr gegeben waren, lag ihm daran, Christentum und Kirche auf echte Möglichkeiten des Katholischen heute aufmerksam zu machen. Aus diesem Grunde war er tief enttäuscht, als die geplante französische Ausgabe des Lexikons „Sacramentum Mundi", für die J. Daniélou und H. Crouzel die Verantwortung übernommen hatten, letztlich doch nicht zustande kam. Stolz hingegen erfüllte ihn, daß hier ein Hilfsmittel im Entstehen war, das in Englisch, Spanisch, Italienisch, Portugiesisch, Niederländisch und Deutsch nicht nur den Stand des Wissens dokumentierte, wie das im „Lexikon für Theologie und Kirche" der Fall war, sondern das auch den Problem- und Diskussionsstand der wichtigsten Fragen unter praktischer Rücksicht und Ansätze zu Antworten und Lösungen zu formulieren suchte und damit direkt in Gespräch und Austausch hineinführte. Zwar wurde die deutsche Ausgabe von „Sacramentum Mundi" erst 1969 zu Ende gebracht, aber das Unternehmen trat in seinem Charakter schon mit Erscheinen der beiden ersten Bände deutlich hervor. Es ging auf die Konzilsjahre zurück und hatte eine pastorale Akzentsetzung. Deswegen die Internationalität, aber auch das Bemühen, Artikel des gleichen Sachbereiches von einem kompetenten Fachmann in breiter Weise behandeln zu lassen, die es gestattete, eine Position zum Ausdruck zu bringen. Unter dieser Rücksicht bleibt interessant, welche Artikel Rahner selbst übernahm. Sie ergeben einen Überblick über die wichtigsten Punkte einer systematischen Dogmatik mit Ausblicken auf Weiterführungen und Versuchen, die Schwierigkeiten der damals aktuellen Aufgaben zu lösen. Der Praxisbezug war Rahner seit den ersten Innsbrucker Jahren unter den Vorzeichen der „Verkündigungstheologie" Anliegen gewe-

---

[4] Vgl. dazu K.H. NEUFELD, Dialog. Herausforderungen, Möglichkeiten und Grenzen im Anschluß an Karl Rahner, in: Und dennoch ist von Gott zu reden (FS Vorgrimler; M. LUTZ-BACHMANN (Hrsg.)), Freiburg i. Br. 1994, 246–261.

sen. Das hatte sich durch die Erfahrungen in der Zusammenarbeit am Wiener Seelsorgeamt während der Kriegsjahre und in der unmittelbaren Aufbauphase nachher nicht abgeschwächt, sondern war noch nachhaltiger in die Überlegungen einbezogen worden. Der pastorale Charakter des Zweiten Vatikanischen Konzils schien diese Ausrichtung zu bestätigen. Unter solchem Eindruck war „Sacramentum Mundi" geplant.

Natürlich hatte es erheblicher Vorarbeiten bedurft, die auch Zeit kosteten. So erschien das Werk, als die Entwicklungen in Welt und Kirche schon zu einem guten Stück über die Ausgangssituation hinausgegangen waren. Doch macht sich diese Ungleichzeitigkeit in keiner Weise nachteilig bemerkbar. Abgesehen davon, daß ohnehin nichts Vergleichbares vorhanden war, hatten die Beiträge angesichts der neuen Fragestellungen und Herausforderungen enorme Aussagekraft. Sie regten neue Fragen und Untersuchungen, Vergleiche und Kritiken an, ohne daß darüber die Glaubenswirklichkeit aus den Augen verloren ging. Das war in dieser Zeit der allgemeinen Infragestellung wohl der einzige Weg, der christlichen Botschaft einen gewissen Zugang für die Zeitgenossen zu erhalten, eine Möglichkeit des Verstehens zu sichern und damit den Weg zur Glaubensentscheidung und Glaubensvertiefung offen zu halten. Schlagworte dieser Jahre wie „Gott ist tot" nahm Rahner direkt nicht auf, begegnete ihnen aber in seiner Art, ernsthaft zu theologisieren, und mit seinem nie nachlassenden Bemühen, die Wahrheiten des Christentums in einer Sprache zu sagen, die verstanden werden konnte. Daß er dazu auch einfachere Formen der Rede wie etwa die des Betens nützte, daß er predigte und meditierte und daran andere ganz einfach teilnehmen ließ, tat seinem Ruf als Theologe keinen Abbruch, ja trug ihm die Anerkennung ein, mit offener Weitsicht und mit Mut seine Sache vorzubringen.

Die Anfechtungen wurden in erster Linie von außen provoziert. Noch schien es, als sei die katholische Kirche durch das Konzil nicht nur zu neuer Selbstgewißheit, sondern zu einem neuen missionarischen Elan gekommen. Das Bewußtsein, eine Aufgabe zu haben, war allgemein verbreitet und wurde durch einzelne Rufe restaurativer Art nicht grundsätzlich erschüttert. Vielleicht mag dieser Optimismus heute ein wenig naiv anmuten; er wurde von Kräften getragen, die nicht falsch sind, selbst wenn sich hier und da eine manchmal zu einfache Vorstellung hineingemischt hätte.

25. Kapitel

Innere Erschütterungen

Die Umbrüche, die von außen an das Christentum herantraten und es nicht unbetroffen ließen, die Studentenunruhen vor allem, die Infragestellungen des geistigen Erbes und besonders der Institutionen, sei es nun Universität oder Staat usw., wirkten sich nach einem kurzen Moment auch innerhalb des christlichen Bewußtseins und angesichts der eigenen Einrichtungen aus. Die Zuversicht, wie sie aus dem Eindruck erwachsen war, mit den fortschrittlichen Kräften zu marschieren, wurde auf die Probe gestellt und schlug bald in Verunsicherungen um.

Als wenn er für den Trend der Zeit ein besonderes Sensorium besessen hätte, begann Karl Rahner mit dem Winter-Semester 1968/69 einen neuen Anlauf zur „Einführung in den Begriff des Christentums". Das sollte in seiner Entsprechung zur geistigen Lage der Zeit eigens bemerkt sein.

Grundlegung war gefragt; theologisch war ebensowenig mit den alten Selbstverständlichkeiten zu rechnen wie philosophisch. Im Sommer-Semester setzte er die Vorlesung fort und behandelte in den Seminaren damit zusammenhängende Fragen, so daß seine wissenschaftliche Anstrengung auf dieses Thema konzentriert war. Daß er sich im Anschluß daran für das Winter-Semester 1969/70 beurlauben ließ, fand Erwähnung. Dieses freie Semester stellt sich als Pause des Verschnaufens und Nachdenkens dar, die aus verschiedenen Gründen nötig geworden war. Rahner vollendete sein 65. Lebensjahr; eine erweiterte Neuauflage seiner Bibliographie verzeichnete über 2000 Publikationen, die zum guten Teil neben seiner akademischen Tätigkeit und neben immer zahlreicheren Vorträgen, neben einer breiten Gutachter- und Beratertätigkeit zustande gekommen waren.

Ein Überblick zum Jahr 1969 setzt mit einer Neujahrspredigt in der Münchener Herz-Jesu-Kirche ein. Wir finden ihn am 4. und 5. Januar in Pullach unter den jungen Mitbrüdern zu einer Geisteserneuerung und am 19. dieses Monats in Frankfurt mit dem Beitrag zur „Theologischen Akademie". Im März verzeichnet der Terminkalender eine Reise nach Paris, die einer Besprechung im Blick auf die für den Sommer geplante Europäische Bischofskonferenz in Chur diente, sowie die Teilnahme an der Jahrestagung des ökumenischen „Jaeger-Stählin-Kreises" in Hardehausen bei Paderborn. In diesem Kreis hatte er seit den ersten Nachkriegsjahren manches zur ökumenischen Verständigung beitragen können. Am Ende des Monats und Anfang April finden wir Karl Rahner in Prag mit dem Vortrag „Gott heute". Wer sich der Entscheidung der Paulus-Gesellschaft erinnert, nach dem August des Vorjahres die Gespräche mit den Marxisten einzustellen, der wird gleichwohl zugeben, daß eine Unterstützung der angefochtenen Christen um so nötiger war. Karl Rahner hat die Gelegenheit wahrgenommen, obwohl ihm bewußt war, daß er damit auch einem fragwürdigen Regime eine Hilfe leistete. Doch unter dieser Rücksicht hat er die Grundentscheidung der kirchlichen „Ostpolitik" bejaht und mitgetragen, noch ehe sie deutlich in Erscheinung trat.

Im April sprach Rahner in Frankfurt und Tölz, nahm in München an der Versammlung seiner Ordensprovinz teil und wurde anschließend in Mainz in Fragen der Glaubenskommission der Deutschen Bischofskonferenz tätig. Ein Vortrag mit Aussprache im niederländischen Heerlen folgt am 26. April. Unter dem Datum des folgenden Tages ernannte Papst Paul VI. ihn zum Mitglied der ersten Gruppe der „Internationalen Theologenkommission", die das Werk des Konzils auf wissenschaftlicher Ebene weiterführen sollte.

Anfang Mai legte Karl Rahner im Franz-Hitze-Haus zu Münster seine Gedanken zur „Theologie der Macht" vor und nahm zu „Häresien in der Kirche heute" Stellung. Ende des Monats war er wieder zu den jungen Mitbrüdern nach Pullach eingeladen, von wo aus er an einer Sitzung der Stiftung „Concilium" in Zürich teilnahm. Ein Ehrendoktorat der Yale-University führte zwischen dem 5. und 10. Juni in die USA, wo es zunächst im New Yorker Goethe-Haus eine Veranstaltung gab. Am 9. Juni nahm er in Yale selbst die ihm zugedachte Ehrung entgegen und flog am nächsten Tag in die Heimat zurück. Dort gab es kaum Ruhe. Am 13. Juni hielt er in Bremen einen Vortrag über „Der Atheismus als Säkularisierungsphänomen", am 15. Juni trug er gleich zweimal in Münster auf einem Besinnungstag für Dozenten und Assistenten vor. Diesem akademischen und studentischen Publikum galt in dieser Zeit offensichtlich seine besondere Mühe. Die Hochschulgemeinde Köln sah ihn am 20. Juni mit Gedanken zur „Frage nach der Zukunft" und die Hochschulgemeinde Würzburg eine Woche später mit Überlegungen zu „Lehramt und Demokratisierung". Anfang Juli ist eine Primizpredigt in Bonn verzeichnet; von dort flog er nach Zürich weiter, um vom 7.-10. Juli in Chur am zweiten Europäischen Bischofssymposion teilzunehmen, das durch auffallendes Auftreten von Priesterkreisen in der breiten Öffentlichkeit Echo fand. Ein Interview von Kardinal Suenens hatte Kritik und Angriffe ausgelöst. Karl Rahner gab schon im Vorfeld des Symposions am 4. Juli 1969 eine „Solidaritätserklärung" für den Kardinal ab und kritisierte die immer noch gängige Gewohnheit, sich „nur Änderungen als möglichst klein gehaltene Konzessionen abringen zu lassen". Er fuhr fort: das „Grundproblem ist wirklich die Frage, ob sich in der Kirche nicht noch sehr vieles, auch sehr Erhebliches, ändern muß, trotz aller Unruhe und Unsicherheit, die dadurch geschaffen werden, oder ob man aus Überdruß an all der Unsicherheit und Unruhe, im Grunde genommen, wieder zu einem triumphalistischen Monolithismus des Jahrhunderts vor dem Zweiten Vatikanum zurückkehren will"[1]. Die innerkirchliche und innerchristliche Verunsicherung fand damals ihren ersten unübersehbaren Ausdruck. Karl Rahner betätigte sich in dieser verworrenen Situation als Mahner zum Mut, nicht nur vordergründig, sondern grundsätzlicher. Kleinliche Ängstlichkeit, der er zunehmend begegnete, konnte er angesichts des Glaubens kein Recht zubilligen, wenn er auch psychologisch manche Besorgnis verstand und zu berücksichtigen suchte.

Kaum in Münster zurück, stand am 12. Juli ein Besuch bei den Ursulinen in Dorsten auf dem Programm und vier Tage später ein Auftritt in Düsseldorf. Nach diesen gefüllten Monaten – diese Tätigkeiten nahm er ja neben den akademischen Verpflichtungen in Münster her wahr – wären ihm eine ausgiebige und erholsame Ferienzeit zu wünschen gewesen. Doch für die zweite Hälfte August war eine neue Reise nach Amerika geplant. Der Kongreß zur Theologie des Konzils in Montréal/Kanada führte Rahner in das dortige Loyola College, anschließend besuchte er eine Trappistenabtei in Colorado/USA. Ende des Monats ist er in Königstein und Freiburg engagiert. Ein kurzer Besuch auf Burg Tratzberg in Tirol – die Familie des Grafen Enzenberg war ihm seit längerem bekannt – und in Innsbruck bildet gewissermaßen den Auftakt zu einer großen Asienreise, die er im September 1969 unternimmt. Sie führt zuerst nach Indonesien, dann auf die Philippinen und nach Japan sowie schließlich nach Indien. Anfang Oktober ist er in Deutschland zurück, hält einen Vortrag in Bad Tölz und weilt zwischen dem 6. und 11. Oktober in Rom, um an der ersten gemeinsamen Sitzung der „Internationalen Theologenkommission" nicht nur teilzunehmen, sondern sie gleich am ersten Tag mit einer programmatischen Rede auf ihre Aufgabe einzustimmen. Im „Domus Mariae" bleibt das nicht der einzige Beitrag in diesen Tagen. Ohne sich zu schonen, spricht er am 13./14. Oktober schon wieder in Graz, hält am 16. einen Vortrag in Köln und einen Tag später in Essen, um so das neue Jahr der „Theologischen Akademie" einzuleiten. Koblenz ist am 22. Oktober und Frankfurt am 23. Oktober Station. Dazwischen schiebt er den Vortrag „Über den Dialog in der pluralistischen Gesellschaft" am 19. Oktober in Altena ein.

Die Katholische Akademie in Bayern hat ihn am 25. Oktober in München auf dem Programm, die entsprechende Akademie in Berlin in den letzten Tagen des Monats. Man spürt den rastlosen Einsatz, mag er auch in diesen Monaten keine akademischen Verpflichtungen wahrnehmen. Anfang November spricht er in Nordwalde bei Münster über die „Situation der Kirche heute", hält einen Vortrag in Dülmen, äußert sich in Frechen bei Köln zur „Frage nach der Zukunft", tritt in Osnabrück und Düsseldorf auf.

Ein weiteres Mal reist er schließlich nach Italien. In Venedig hält er am 13. November einen Priestervortrag und einen Tag später findet er sich im Programm des Goethe-Instituts von Rom. Die letzten Orte des Jahres heißen

---

[1] Herder Korrespondenz 23 (1969) 377.

Baiersbronn, Mainz (Glaubenskommission), Passau und Konstanz. Es kann hier nicht darum gehen, Einzelheiten zu referieren und die zahlreichen Etappen eines intensiven Wanderlebens genauer in den Blick zu nehmen, das je Gesagte zu analysieren und vielleicht sogar zu kommentieren und zu werten. Es muß genügen, eine Rahmenvorstellung zu haben, in die sich dann Texte und Beiträge einordnen, deren Verständnis auch von diesen Umständen mitbestimmt wird. Welches Leben erlaubte dieses Werk?

Was die geistigen Schwerpunkte dieser Aktivitäten angeht, so ist sensibles Eingehen auf die Schwierigkeiten des Augenblicks festzustellen. Ein Brief an holländische Karmelitinnen greift die intensiven Bewegungen und Diskussionen in der Kirche der Niederlande auf; ‚Hungern für Biafra?' geht auf einen Krieg ein, der heute fast vergessen, damals ein Geschehen war, an dem sich die Geister schieden und das die Problematik der Unterentwicklung und Ungerechtigkeit in der sogenannten „Dritten Welt" schlagartig bewußt werden ließ.

Als Herausforderung an das kirchliche Gewissen, offen auf die Zeichen der Zeit zu achten und zu reagieren, entwickelte Rahner Vorstellungen, die durchaus nicht nur Zustimmung fanden. Die nicht zu leugnende Spannung dieser Wochen und Monate hatte er schon Anfang des Jahres in seinem Beitrag „Schisma in der katholischen Kirche?"[2] vorweggenommen; er gehörte im Dezember des Vorjahres ja auch zu den Unterzeichnern einer Erklärung von 38 Theologen gegen Gefährdungen der Freiheit in der Theologie[3].

Sein Einfluß verlagerte sich in die kirchliche Öffentlichkeit. Nicht von ungefähr wirkte dabei die Amtsfrage als Kristallisationspunkt weitergehender Erneuerung. Damit verknüpft war das Problem der Zusammenarbeit mit Laien, ehrenamtlichen Helfern, die ganze Bereiche kirchlicher Arbeit trugen, aber auch zunehmend hauptamtlich zum Dienst der Kirche Herangezogene. Die um diese Zeit aufgebrochene Konstellation der Kräfte und Tendenzen hat sich seither grundlegend nicht geändert. Deswegen konnten die späteren Entwicklungen Rahner nicht mehr überraschen. An seiner Beurteilung der Lage hielt er fest und sah in der Geschichte des Christentums genügend Hinweise und Ansätze, um auch mit diesen Herausforderungen fertig zu werden. Er hatte mittlerweile zu den meisten Verantwortlichen einen ganz selbstverständlichen Zugang, wurde von vielen eingeladen und um sein Urteil gefragt. Bisweilen bemerkte er dann, daß er nicht die optimalen Voraussetzungen mitbrachte, war aber immer bereit, eine konkrete Anfrage so ins Grundsätzliche zu verfolgen, daß er von daher etwas Beachtenswertes sagen konnte.

Nach allem Berichteten wirkt das Jahr 1969 in einem gewissen Sinn als Wende von der Konzilsbegeisterung breiter Kreise zu einem verbreiteten Unbehagen, das sich in mancherlei Forderungen und Protesten artikulierte.

---
[2] StZ 184 (1969) 20–33.
[3] Vgl. dazu KARL RAHNER, Die Freiheit theologischer Forschung in der Kirche, in: StZ 184 (1969) 73–82.

Für Rahner hat man insofern eine Wende behauptet, als er sich in Kanada zum ersten Mal eingehender mit formal-wissenschaftstheoretischen Betrachtungen seines Theologisierens meldete. Doch diese Versuche halten sich gegenüber den großen inhaltlichen Themen im Hintergrund. Die Erneuerung der Theologie soll der Erneuerung der Kirche von innen dienen. Der geschichtliche Wandel und die tatsächliche Lage des Christentums erweisen sich als Antriebskräfte für Neugestaltungen, die aus dem Wesen der christlichen Sache und nicht nur aus äußerem Druck stammen. So sehr Rahner von der bleibenden Gültigkeit christlicher Wahrheitszusage überzeugt ist, so kritisch betrachtet er alle Versuche, sie an bestimmten Äußerungen absolut festmachen zu wollen. Die frühere Einheit zwischen Glaube und Theologie besteht nicht mehr, sagt er der Internationalen Theologenkommission. Wie ist in solcher Lage der Glaube zu schützen?

Mit dieser Frage versuchte er in erster Linie fertig zu werden. Dabei setzt er immer weniger auf institutionelle Absicherungen, deren Unzuverlässigkeit und Brüchigkeit er erfährt; er nimmt die Leere und Aushöhlung solcher Stützen wahr, wenn die innere Überzeugung zerfällt und sich auflöst. Das aber scheint ihm die eigentümliche Signatur dieser Zeit: der Zerfall von Überzeugungen. Alle, die dem mit einer bloßen Stärkung von Einrichtungen und Institutionen zu begegnen trachten, möchte er das letztlich Aussichtslose solcher Versuche nahebringen. Das ist schon in den 50er Jahren als Defätismus mißverstanden worden. Aber ein Jesuit, der aus der eigenen Ordenstradition von der geistigen Ursprungsbewegung durchdrungen ist, die sich erst im Nachhinein in entsprechende Strukturen verdichtete, wird immer die Relativität solcher Verfestigungen vor Augen haben und einem Strukturwandel das Wort reden, wenn so der Geist den ihm nötigen Raum und sein Wirkfeld finden kann. Äußerlich gesehen gestalten sich Rahners Tage in dieser Zeit sehr zerrissen. Mancheiner mag sich wundern, wie sich darin ein erkennbarer und wirksamer Faden durchhält, wie sich trotz Rückschlägen im einzelnen doch eine Aktivität entfaltet, die stimmig ist und etwas zu bewirken weiß.

26. Kapitel

Schwerpunkt Ortskirche – Auf die Deutsche Synode zu

Die akademische Welt mit ihren Umgestaltungsproblemen war ihm durch die Studentengemeinden und ihre Seelsorger nahe. Rahner lebte in Münster im Kreis der für die Universitätsseelsorge Verantwortlichen, die alle Umbrüche dieser Zeit hautnah mitverfolgen mußten. Und er wich nicht aus. Doch sein eigentliches Anliegen war die Kirche und ihre Erneuerung. Die Weltkirche schien einen Moment lang besondere Wirkmöglichkeiten zu bieten. Rahner ging auf Einladungen aus aller Welt ein, mußte aber bald entdecken, daß dieser bisweilen aufwendige Einsatz vergleichsweise bescheidene Ergebnisse zeitigte. Auf die großen Herausforderungen eines lebendigen Glaubenslebens und tieferer kirchlicher Praxis durch Mitverantwortung, Mittragen und Mitgestalten hatte er ohnehin nur den Einfluß, den andere ihm bereitwillig zugestanden.

Das Jahr 1970 belegt die Konzentration Rahners auf theologische Zentralthemen, die als *Cantus firmus* seine vielfältigen sonstigen Einsätze tragen. Das war auch früher schon so gewesen, weil die regelmäßig wiederkehrenden Hauptvorlesungen eine eigentümlich tragende Rolle für seine Existenz und sein Wirken hatten. Die ehemaligen Studenten Rahners äußern sich ziemlich differenziert, wenn sie nach ihren Eindrücken von seiner gewöhnlichen Lehrtätigkeit gefragt werden. Viele fanden an seinen Vorlesungen nichts Besonderes. Und doch setzte er auch hier Akzente, zumal er in Münster mit einer gewissen Freiheit auswählen konnte, was er lesen wollte. Im Sommer-Semester 1970 wandte er sich der Schöpfungslehre und im Winter-Semester der Christologie zu. Beide Themen waren durch Fragen mitbestimmt, die sich beim Versuch der „Einführung in den Begriff des Christentums" ergeben hatten. Insofern wurde mit diesen Vorlesungen fortgesetzt, was im später „Grundkurs des Glaubens" genannten Bemühen begonnen war.

Mit ein paar Tagen in Tölz begann 1970, bevor Rahner in Frankfurt und bei der Hochschulgemeinde in Tübingen die Vortragstätigkeit wieder aufnahm. In Tübingen legte er „Theologische Bemerkungen zur deutschen Pastoralsynode" vor, gut eine Woche später in Nürnberg Gedanken über die „Gotteserfahrung heute". In Münster traf er sich Ende Januar trotz des freien Semesters gelegentlich mit seinen Doktoranden. Mitte Februar erklärte er evangelischen Pastoren in Hannover die „Katholische Rechtfertigungslehre heute", trat anschließend in Erlangen auf und nahm Ende Februar an einer Vorbesprechung zum geplanten Conciliums-Kongreß in

Brüssel teil. Im März war er nach Tutzing eingeladen. Dann verlieh ihm in München die Katholische Akademie in Bayern als erstem Träger den neu gestifteten Romano-Guardini-Preis; er hielt dazu seine Rede über „Freiheit und Manipulation in der Kirche". Manipulation war am folgenden Tag auch sein Thema in Soest und am Abend des gleichen Tages bei der Hochschulwoche in Paderborn, wo er es aber bezeichnenderweise abwandelte in „Freiheit und Manipulation in der Gesellschaft". Am folgenden Tag spricht er in Opladen über den „Atheismus in der Welt von heute", einen Tag später in Viersen über „Atheismus als Säkularisationsproblem". Ende März fliegt er nach Florida zu einer Tagung über das Denken Bernard Lonergans. Dieser U.S.A.-Besuch währt nur wenige Tage. Im April ist er zurück in München, begibt sich nach Münster und nimmt dort an einer feierlichen Promotion an der Evangelischen Fakultät teil. Ein Treffen mit den Doktoranden und im Kreis der Professoren mit dem Bischof von Münster steht gleichfalls an, danach die Taufe eines Kindes aus der Familie eines seiner Mitarbeiter und eine Fakultätssitzung. Man bespricht eine Ringvorlesung, und Anfang Mai redet Karl Rahner vor der Christlichen Loge in Bremen über „Bleibendes und Wandelbares in der Kirche". Eine Polenreise führt nach Lublin, wo er das Thema des Wandelbaren und Unwandelbaren, aber auch das der „Kurzformeln des christlichen Glaubens" wieder aufgreift. Kaum zurück, führt erneut eine kurze Reise nach Brüssel. Zwischendurch sind die akademischen Verpflichtungen in Münster wahrzunehmen. Zu Beginn des Monats Juni wird Karl Rahner von der Philosophischen Fakultät der Leopold-Franzens-Universität Innsbruck das Ehrendoktorat verliehen; eine Genugtuung in doppeltem Sinn, insofern er mit dem Projekt eines philosophischen Doktorats zu Anfang seines akademischen Weges in Freiburg nicht zu Ende gekommen war und insofern sein Weggang aus Innsbruck einige Jahre zuvor spürbare Verstimmung hinterlassen hatte. Daß ihm nun im Rahmen der Ehrungen zum 300jährigen Jubiläum der Tiroler Landesuniversität dieses Doktorat zuerkannt wurde, glich einiges wieder aus. Karl Rahner war freilich nicht in der Lage, bei dieser Gelegenheit gleich eine Rede zum Dank zu halten; er verschob das auf einen weiteren Besuch in Innsbruck im November. Im gleichen Monat Juni wurde er in den Orden „Pour le Mérite" aufgenommen, wo man ihm den Sitz einräumte, den vor ihm Romano Guardini und Rudolf Bultmann in dieser erlauchten Runde eingenommen hatten.

Diese Ehrung von Wissenschaftlern und bekannten Vertretern des kulturellen Lebens seines Heimatlandes durch Wahl in ihren Kreis wurde verstärkt durch die Verleihung des Großen Verdienstkreuzes mit Stern des Verdienstordens der Bundesrepublik Deutschland einige Tage darauf. Nach mancherlei universitärer Anerkennung im In- und Ausland erfuhr Karl Rahner so öffentliche Zustimmung auch von gesellschaftlicher und politischer Seite. Als Vertreter christlichen und katholischen Geistes konnte er dadurch auf einer Ebene mitreden, die neue Möglichkeiten erschloß.

Im übrigen waren es die alltäglichen Verpflichtungen in Münster, die in diesen Wochen und Monaten seine Kraft verlangten. Dort predigte er z. B. am 5. Juli zweimal in der St. Petri-Kirche der Studenten-Gemeinde über die „Radikalität des Glaubens in der Banalität unseres Lebens"[1]. Einige Tage später nahm er im Essener Münster an einer Priesterweihe teil, dann hatte er bei der Glaubenskommission der Deutschen Bischofskonferenz in Würzburg zu tun (17.-18. Juli), noch vor den Semesterferien. In die Ferienzeit fiel der Kongreß der internationalen theologischen Zeitschrift „Concilium" in Brüssel, zu dem Rahner ein Arbeitspapier „Was ist die christliche Botschaft?"[2] vorbereitet hatte, Grundlage seiner Rede am 20. September. Ein paar Tage später sprach er zu Mitbrüdern aus der Gesellschaft Jesu in Olpe über „Die Zukunft der Orden in Welt und Kirche von heute"[3]. Eine Tagung der Görres-Gesellschaft in Feldafing bei München schloß sich unmittelbar an. Es folgte das Jahrestreffen der Internationalen Theologenkommission in Rom, neben dem er auch noch Gelegenheit für einen Schwesternvortrag im Generalhaus der Tutzinger-Missionsbenediktinerinnen fand. Im Oktober setzte erneut die Reihe der Predigten im Rahmen der „Theologischen Akademie" ein. Das Thema lautete diesmal „Der Heilsauftrag der Kirche und die Humanisierung der Welt". Den Auftakt machte am 13. Oktober Frankfurt; es folgten dann Berlin, Köln, Essen, Kassel u. a.

Ein Besuch bei der BASF in Ludwigshafen war der Moment, über „Freiheit und Institution" zu sprechen und einen Abstecher nach Freiburg zu machen. Das Winter-Semester band in den nächsten Monaten wieder mehr an den nordwestdeutschen Raum. Rahners Beitrag zur Ringvorlesung der Theologischen Fakultät am 10. November lautete „Eucharistiefeier der Kirche und Sonntagspflicht des Christen". Vorträge in Rheine, Mettmann, Regensburg, Krefeld sind verzeichnet. Ende November konnte in Innsbruck der Dank für das Ehrendoktorat durch die Rede „Theologie im interdisziplinären Gespräch" abgestattet werden; das dortige Bildungswerk nützte die Anwesenheit Rahners, um ihn in zwei zusätzlichen Vorträgen vorzustellen. Gegen Ende des Jahres trug er in Düsseldorf, Duisburg und Neheim-Hüsten jeweils seine Gedanken zu „Wandelbares und Unwandelbares in der Kirche" vor, während er in Münster selbst auf Einladung der Hochschulgemeinde an den adventlichen Dompredigten teilnahm und über „Mitte des Glaubens" sprach. Dieser etwas tabellarische Überblick vermittelt einen weiteren Eindruck von Rahners rastloser Tätigkeit, der sich nicht schonte und neben seinen akademischen Verpflichtungen Tage und Stunden auszukaufen suchte zur Vertiefung des Glaubens und zur Erneuerung der Kirche. Die Sorge trieb ihn, die Kirche möge den Moment verschlafen und Gelegenheiten ungenutzt lassen, die vielleicht nur einmal geboten waren. Ganz offensichtlich fühlte er sich gegenüber diesen theologischen Herausforderun-

---

[1] Vgl: KARL RAHNER, Chancen des Glaubens, Freiburg i. Br. 1971, 19–22.
[2] Vgl. ebd. 93–97.
[3] Vgl. ebd. 197–215.

gen nicht unwohl, aber selbstredend konnte bei seinem Tageslauf nicht mehr viel Muße und Ruhe bleiben. Die meisten Beiträge verdanken sich spürbar dem lebendigen und wachen Austausch mit den Menschen und Gegebenheiten. Eine gewisse Stütze dürfte dabei Münster geboten haben, wo sich die Unruhen dieser Jahre dem westfälischen Temperament entsprechend weniger abrupt und bruchhaft äußerten. Gespräche mit dem Bischof blieben ebenso möglich wie der fortgesetzte Kontakt zu Studierenden und zu ihren Seelsorgern. Gewiß kam es auch hier zu Konfrontationen, doch diese spitzten sich aufs Ganze gesehen nie so scharf und polarisiert zu, daß jedes Miteinander unmöglich geworden wäre. Rahner ließ sich in solchen Kontakten auch nicht davon abbringen, die vorgetragenen Fragen, Schwierigkeiten und Wünsche grundsätzlich anzugehen und kritisch zu prüfen. Dafür fand er hier Verständnis. Jedenfalls wurde es ihm nicht als Flucht ins Allgemeine ausgelegt. Das mag um so mehr erstaunen, als seit einiger Zeit durch J.B. Metz eben in Münster die neue Diskussion um eine „politische Theologie" in Gang gekommen war, deren kritischer Teil ja auch Aspekte des Rahnerschen Denkens treffen wollte, ob zu Recht oder nicht, bleibe dahingestellt.

Karl Rahner gelang es in seinen Beiträgen, zugleich die praktische und konkrete Bedeutung herauszustellen und spürbar werden zu lassen, wenn er nicht von Einzelfragen und Problemen ausging, die in der Öffentlichkeit ohne weiteres vertraut waren. Ihm lag daran, solche Schwierigkeiten nicht nur pragmatisch und oberflächlich anzugehen, kurzatmig für den Augenblick zu beruhigen. Er wich deshalb den je modischen Diskussionen nicht aus, sah aber ständig darauf, in sie Akzente einzubringen, die geeignet waren, über enge Einseitigkeiten hinauszuführen und den Zusammenhang mit der größeren Wirklichkeit in Erinnerung zu bringen. Hugo Rahner hat sich intensiv mit dem angeblichen Grabspruch des Ignatius befaßt, der genau dieses Miteinander von Größtem und Kleinstem zum Ausdruck bringt. Das verdeutlichte offensichtlich eine Maxime der Gestaltung der eigenen Lebensaufgabe für beide Rahnerbrüder.

1970 war das Jahr, in dem man sich des Ersten Vatikanischen Konzils erinnerte. Karl Rahner äußerte sich schon zeitig zum Problem nichtunfehlbarer kirchlicher Lehrentscheidungen[4] und deutete die Absicht an, sich mit dieser Kirchenversammlung im neuen Kontext auseinanderzusetzen. Im Sommer veröffentlichte er Gedanken zum Problem der Unfehlbarkeit[5]. Durch die spektakuläre Intervention Hans Küngs mit „Unfehlbar?" änderte sich dann im Herbst schlagartig die Lage für eine sachliche Untersuchung und Diskussion. Die breite Öffentlichkeit war mit einer Frage konfrontiert, die für sie in dieser Weise einfach eine Überforderung sein mußte. Karl Rahner reagierte mit seiner „Kritik an Hans Küng"[6], die sich bemühte, hinter allerlei slogan-

---

[4] Vgl. StZ 185 (1970) 73–81.
[5] Vgl. StZ 186 (1970) 18–31.
[6] Vgl. StZ 186 (1970) 361–377.

artigen Formulierungen das Problem selbst zu orten und für die Diskussion zu erhalten, die unter Emotionen zu verkommen drohte. Die Auseinandersetzung zog sich noch länger hin. Karl Rahner ließ es an Klarheit nicht fehlen und war auch im weiteren Verlauf der Diskussion nicht bereit, von seinem Urteil abzurücken, weil die Gegenseite kein Zeichen von Verständnis und Verständigungsbereitschaft zu erkennen gab. Die Einstellung Karl Rahners in dieser Auseinandersetzung verdient eine eigene Untersuchung, denn hier ist sein Verhältnis zur Kirche in Kohärenz mit seinem sonstigen Denken unzweideutig greifbar. Hier wird auch ein theologisches Urteil wirksam, das sonst nicht so klar zu sehen ist. Das ging im Eifer des Gefechtes damals ein wenig unter.

Das Thema „Unfehlbarkeit" und die Art seiner Behandlung wurden Rahner gewissermaßen aufgezwungen. Für ihn selbst standen Aspekte im Vordergrund, die mit dem Mut zum Glauben zu tun hatten, mit der Kritik und der Angst vor dem Geist, mit Freiheit und Manipulation in Gesellschaft und Kirche, mit Geschichte und Zukunft, mit Experiment und Offenheit sowie ganz neu in dieser Unverblümtheit: mit Krankheit und Alter. Zuversicht und Gelassenheit am Krankenbett wird ein Thema, das in den kommenden Jahren immer wieder aufgegriffen wird. Die „Einübung priesterlicher Existenz" hingegen faßt Anliegen auch schon aus früherer Zeit zusammen, ebenso wie der neunte Band der „Schriften zur Theologie", der jetzt herauskommt. Die Zahl der bibliographisch erfaßten Veröffentlichungen nimmt ab; für 1970 beträgt sie 183, während 1969 die Zahl von 228 Titeln zusammenzurechnen ist. Viel sagen sie nicht, können aber als Indiz gewertet werden, daß Rahner in dieser Hinsicht einen gewissen Höhepunkt seines äußeren Schaffens hinter sich hatte.

Zunehmend hinderten ihn gesundheitliche Schwierigkeiten, den gewohnten Arbeitsrhythmus beizubehalten. Kuren und Erholungsaufenthalte wurden nötig, nach denen sich dann wieder ganz erstaunlich intensive und arbeitsreiche Phasen des Schaffens einstellten. Karl Rahner spricht zunehmend von Müdigkeit; das hat seinen Grund. Die Krankheit und der Tod Hugos haben unterschwellig Besorgnisse zurückgelassen, was die eigene Gesundheit angeht. Trotzdem wählten ihn die Vertreter der religiösen Orden im Herbst 1970 zu einem ihrer Vertreter für die Gemeinsame Synode der Bistümer in der Bundesrepublik Deutschland, auf der die Ordenspriester zehn Mitglieder stellten, u. a. die Benediktiner Viktor Dammertz und Augustin Mayer. Die Initiative zu dieser Synode, die der Umsetzung des Zweiten Vatikanischen Konzils in Deutschland dienen sollte, gab Rahner neuen Auftrieb angesichts mancher Ernüchterung in letzter Zeit. Um so intensiver setzte er sich für dieses Ereignis ein, das in seiner Vorbereitung durch verschiedenste innerkirchliche Gruppen sehr kritisch begleitet wurde. Das niederländische Pastoralkonzil und die um sich greifende Protestbewegung wirkten sich aus. Rahners römische Erfahrungen in der Internationalen Theologenkommission ließen ihn seine Hoffnung stärker auf Erneuerung im kulturell überschaubaren Raum seiner Heimatkirche setzen, zumal hier der konkret pastorale Gesichtspunkt im Vordergrund stand und gewissermaßen zu Gestaltungen und Änderungen zwang, vor denen man sich auf der Ebene der Weltkirche zu fürchten schien.

Rahner ging die Aufgabe bewußt als Ordensmann an. Nicht zufällig äußerte er sich gleich zu Beginn des neuen Jahres 1971 über „Synode und Orden"[7]. In dieser Weise stellte er sich auf die Würzburger Versammlung ein, die in den ersten Januartagen 1971 mit der konstituierenden Sitzung begann, im Mai 1972 eine zweite, im Januar 1973 eine dritte und im November gleichen Jahres eine vierte Vollversammlung hielt, um dann 1974 im Mai und November und 1975 im Mai und November mit je zwei weiteren Sitzungen ihren Abschluß zu finden.

Rahners Name war für einen Theologen außerordentlich weit bekannt. So kam es, daß er zunehmend auch in anderen Fragen von Journalisten und Meinungsmachern angegangen wurde. Interviews und Gespräche häufen sich, in denen jetzt auch persönliche Erinnerungen vorkommen, die zuvor in seinen Äußerungen wenig Raum hatten. Er sprach nicht leicht von sich und wußte dem keinen rechten Sinn abzugewinnen. Unter den Fragen, auf die er damals antworten sollte, findet sich jene, die Richard Wisser für eine Sendung des Zweiten Deutschen Fernsehens zur Vollendung des 80. Lebensjahres von Martin Heidegger erbeten hatte und die 1970 im Druck erschien[8]. C.-F. von Weizsäcker, M. de Gandillac, M. Boss, E. Jünger, Koichi Tsujimura, E. Staiger, L. Gabriel, K. Löwith, D. Sternberger, H. Ott und als letzter Karl Rahner sollten ihr persönliches Zeugnis über die Bedeutung des Philosophen abgeben. Karl Rahner tat es auf gut einer Seite des Bändchens relativ kurz in einer Serie von Fragen, die er sich vor allem selbst stellte. Was solle er als Theologe ohne den Anspruch, Philosoph zu sein, zu Heidegger sagen, dessen Schüler er gewesen sei? Habe heutige katholische Theologie dem Denker etwas zu verdanken, wenn sie ganz andere Fragen stelle als er? Wie könne er sich zu Heidegger bekennen, da ihm, wie er hoffe, immer die Sache der Theologie und Philosophie wichtiger gewesen sei als Personen, die Philosophie und Theologie betreiben? Solle er von einem Weiterwirken etwas sagen, obwohl es ruhig um Heidegger geworden sei? Rahner fragt dann im Bewußtsein einer eher stillen Verbundenheit, die dreißig Jahre nur sehr wenige persönliche Beziehungen kannte, was denn der Gruß überhaupt bedeuten könne. Eines habe er bei Heidegger gelernt: das unsagbare Geheimnis suchen zu können und zu sollen, das über uns verfügt, obwohl der Philosoph die Rede darüber immer wieder ausspare, die dem Theologen gerade zu sagen aufgetragen sei.

Man wird diese Stellungnahme, die nichts mit einer Laudatio zu tun hat,

---

[7] Vgl. in: Sein und Sendung 3 (1971) 2–10.
[8] Vgl. „Über Martin Heidegger", in: R. WISSER (Hrsg.), Martin Heidegger im Gespräch, Hg. Freiburg i. Br./München 1970, 48–50.

mit dem zusammensehen müssen, was es zuvor im Werk Rahners an kleinen Hinweisen zu Heidegger gibt. Ausdrücklich genannt ist in diesem Zusammenhang nur der Aufsatz „Introduction au concept de Philosophie Existentiale chez Heidegger" von 1940[9], der in seiner Beurteilung wesentlich die Schlußfolgerungen wiedergab, zu denen A. Delp einige Jahre früher gekommen war[10]. Diese kritische Einstellung bezeugt 1949 die gelegentliche Erwähnung, auch die tragisch-heroische Philosophie eines Heidegger habe ihren Götzen[11] oder eine Anmerkung in den „Schriften zur Theologie"[12], die moderne Philosophie habe nach Hegel eine ganze andere Gestalt, wo Heidegger zwischen Marx, Nietzsche und Sartre genannt ist. Im gleichen Band findet sich schließlich die Bemerkung: „es würde das theologische Gegen-Stück zu dem profanisierten Begriff der Seinsgeschichte bei Heidegger erreicht werden können"[13], wenn man sich auf die Gotteslehre in der katholischen Dogmatik richtig einlasse. Das wurde 1965 formuliert.

Nach 1969 spielte Heideggers Name bei Befragungen Rahners durch Interviewer wiederholt eine Rolle. Dieser hat sich im Grunde stets im gleichen Sinn geäußert, mögen auch manche kritischen Akzente nach und nach zurückgetreten sein. In der Sache blieb der Unterschied bestehen. Rahner betonte stärker und stärker sein Theologesein und strich dafür den praktisch-kirchlichen Bezug zunehmend deutlicher gegenüber einer rein wissenschaftlichen Auffassung heraus. Seine Stellung gab ihm diese Freiheit. Seit im Juli 1969 eine akute Herzinsuffizienz aufgetreten war, stand Rahner unter ständiger ärztlicher Kontrolle. Ende des Jahres verbrachte er fast vier Wochen in der Klinik Höhenried, ein Aufenthalt, der ihm einen guten Teil des für den Winter bewilligten Freisemesters kostete. Daß er dennoch das erwähnte Programm durchzog und 1970 relativ ungebrochen weiterarbeitete, kann wie ein Wunder erscheinen. Um so mehr empfand er die Möglichkeiten, die ihm noch offenstanden, jetzt als Chancen, die nicht zu verspielen waren, weil es sonst kaum jemanden gab, der sie wahrnehmen konnte.

---

[9] Vgl. RSR 30 (1940) 152–171; fälschlich ist hier Hugo Rahner als Verfasser genannt. Im übrigen ist dieser Beitrag deutlich eine Heidegger-Kritik.
[10] Vgl. ALFRED DELP, Tragische Existenz, Freiburg i. Br. 1935.
[11] Vgl. KARL RAHNER, Passion und Aszese, in: GuL 22 (1949) 15–36.
[12] Vgl. Schriften zur Theologie VIII, 67.
[13] Ebd. 177.

27. Kapitel

Die Deutsche Synode

Vom 3. bis 5. Januar 1971 nahm man in Würzburg mit der konstituierenden Sitzung die synodale Arbeit auf. Zunächst standen die Wahlen der Kommissionsmitglieder an. Karl Rahner wurde im vierten Wahlgang in die Zentralkommission gewählt, außerdem sollte er als Mitglied der Sachkommission I über die Situation und die Notwendigkeiten der religiösen Erneuerung mitarbeiten. Schon bei dieser ersten Zusammenkunft kam es zu einem Vorfall, der Rahner in den Vordergrund treten ließ. Der Bonner Kirchenrechtler Prof. Heinrich Flatten griff einige Gedanken von Kardinal Höffner auf und versuchte Grundlagen für die Verhandlungen und Gespräche der Synode zu markieren. Dabei nannte er Daten, die er als nicht hinterfragbar darstellte. Karl Rahner kam das zu simpel vor; zumal sich darunter der Satz befand, Jesus sei Gott, fühlte er sich als Dogmatiker herausgefordert zu dem Hinweis: „Wenn ich sage, Jesus ist Gott, dann muß ich mir heute erst genauer überlegen, ob nicht viele ... etwas verstehen, was alles andere als ein katholisches kirchliches Dogma ist"[1]. Das temperamentvoll vorgetragene Votum veranlaßte den Kölner Kardinal am 9. Januar zu einem offenen Brief an Rahner, der abschriftlich allen Synodalen zugeschickt und am 11. Januar der Presse übergeben wurde. Karl Rahner antwortete. Der Austausch markierte einen weitreichenden Unterschied in der theologischen Grundeinstellung und in der differenzierten Sicht der anstehenden Probleme, so daß sich schon hier etwas über den Geist entschied, in dem die Synode ihre Aufgabe beginnen und durchführen sollte.

Mitte Februar tagte die Zentralkommission in Frankfurt, am 9. und 10. März die Sachkommission I in Mainz. In regelmäßiger Folge finden sich von da an solche Termine in Rahners Kalender. Die Arbeit der Synode lief zunächst recht langsam an. Andere Beschwerden konfrontierten im Mai und Juni Rahner mit Entscheidungen zwischen Gesundheit und Einsatz; sie zwangen zu einer Reihe von Terminabsagen. So ist nicht ganz leicht zu sagen, was von den notierten Verpflichtungen wirklich wahrgenommen wurde und was nicht. Jedenfalls sah sich Karl Rahner in dieser Zeit veranlaßt, bei der Landesregierung von Nordrhein-Westfalen um seine vorzeitige Emeritierung einzukommen. Die wurde ihm nach einigen Verhandlungen zum Ende September 1971 zugestanden. Damit endete seine akademische Lauf-

---

[1] Vgl. Herder Korrespondenz 25 (1971) 100.

bahn an der Universität, wenn er auch aus freien Stücken bis zum Lebensende als Professor gewirkt hat. Seit 1972 war er als freier Mann und mit der Möglichkeit, selbst auszuwählen, was er lesen wollte, worüber er Seminare oder Kolloquien abzuhalten gedachte, Honorarprofessor der Hochschule für Philosophie München.

Der Einsatz für die Synode könnte den Abschied von der Universität erleichtert haben, da sich so mehr für eine wirksame Kirchenerneuerung tun ließ, weil nicht auch noch Fragen der universitären Neuordnung anstanden.

Bis es zum Ausscheiden kam, hatte der Professor freilich noch einige Monate in Münster zu absolvieren. Neben dem Doktorandenkolloquium, neben Prüfungen und Sitzungen ist in dieser Zeit das Kontaktstudium wiederholt im Kalender verzeichnet. Gastvorlesungen führten im Januar an die Universität und an das Institut für europäische Geschichte nach Mainz sowie in die Heimatstadt Freiburg. Doch auch Veranstaltungen im Rahmen von Volkshochschulen und Bildungswerken wurden wahrgenommen, so in Bocholt, Münster und Büttgen. Im Februar machte Rahner eine Reise nach England, Irland und Schottland, hatte anschließend einige Termine für die Kommissionen der Deutschen Synode und nahm Ende März/Anfang April am Ökumenischen Arbeitskreis in Paderborn teil. Es folgte die Jahressitzung des Ordens „Pour le Mérite", die diesmal in Nürnberg stattfand. Ende April finden wir Rahner in Worms bei einem ökumenischen Gespräch, wo er „Fragen an Luther und den Protestantismus" formulierte. Aber offensichtlich ging diese Lebensweise über seine Kräfte; im Mai und Juni mußte er angenomme Termine absagen, wenn auch für Zürich der Vortrag „Theologie der Revolution", für Vechta jener über „Demokratisierung in der Kirche" und für den Verband der Ordensleute in Würzburg jener über „Das Verhältnis von personaler und gemeinschaftlicher Spiritualität und Arbeit in den Orden" notiert blieben und stattfinden konnten. Die letzten Verpflichtungen in Münster nahm Rahner offensichtlich sehr treu wahr. Am 12. Juli 1971 ist ein Abschiedsessen mit den Mitarbeitern vermerkt, am 14. Juli machte er beim Bischof von Münster seinen Abschiedsbesuch. Die Kalendereintragungen werden für die Zukunft spärlich. Im Sommer und im Frühherbst wurden wieder Termine abgesagt. Die Umsiedlung nach München war zu bewerkstelligen, die Auflösung der Münsterschen Wohnung stand an. Um diese Zeit erbot sich der Präsident der Görres-Gesellschaft, Karl Rahner die Stelle eines Forschungsassistenten auf zwei Jahre zu finanzieren, damit ein weiterer Band der „Schriften zur Theologie" und „die Studien zur Bußgeschichte" erscheinen könnten und um die Herausgabe der „Einführung in den Begriff des Christentums" in Angriff zu nehmen. Für diese Stelle wurde der Verfasser dieses Buches engagiert, der dann vom Herbst 1971 bis zum Herbst 1973 offiziell mit Karl Rahner zusammenarbeitete. Auf dieser Grundlage ergab sich eine Arbeitsverbindung, die bis zum Tode Rahners anhielt.

In einer gewissen Weise genoß Karl Rahner die Freiheit von den akademischen Verpflichtungen. Aber das äußerte sich nicht in Muße, sondern in einem noch kontinuierlicheren Stil des Arbeitens. Er hat die Tageseinteilung bis zu seinem Tod nicht wesentlich geändert. Den Morgen bevorzugte er, um seine Gedanken der Sekretärin zu diktieren und Post zu erledigen. Nachmittags ließ er sich gern hinausfahren, suchte auch Gespräche und freundschaftliche Treffen. Abends waren oft Vorträge eingeplant. In diesen Rahmen fügten sich die größeren Aufgaben und Unternehmungen, zu denen für ihn auch die Synode zählte.

Bei deren ersten Arbeitstreffen war ihm beunruhigend aufgefallen, daß die Versammlung im Ganzen und ihre einzelnen Kommissionen von einer Fülle praktischer Einzelprobleme auszugehen suchten, so als seien die Grundfragen klar. Das störte Karl Rahner so sehr, daß er schon bald den Plan faßte, eine Art zusammenhängendes Programm der synodalen Aufgabe aufzustellen und zu veröffentlichen. Die Sache beschäftigte ihn im Herbst 1971. Und wer seine meist eher auf einzelne Beiträge abgestellte Arbeitsweise kennt, sieht gleich, daß es hier nach Rahners Maßstäben um ein größeres Projekt zu tun war. Natürlich muß gefragt werden, wieso er in diesem Fall auf das Thema „Strukturwandel" setzte und nicht etwa auf eine Erneuerung des Geistes oder der geistlich-religiösen Erfahrung, die ihm sonst grundlegend waren und für die er sich immer wieder mit Nachdruck engagierte. In seinen einleitenden Bemerkungen hat Rahner dazu keine ganz eindeutige Auskunft gegeben. Bekanntlich befaßte er sich nebenher schon während der Kriegsjahre mit Strukturproblemen der Pfarre, neuen Bewegungen und Aufbrüchen in Gruppen usw. Während des Konzils hatte ihn die Frage nach dem Verhältnis von Episkopat und Primat beschäftigt. Dennoch sind solche Themen eher am Rande seines Werkes zu finden, etwa der Beitrag zum „ius divinum". Kontinuierlicher berührte Rahner Strukturfragen bei den Vorschlägen zur Reform der Ausbildung von Priestern und zur Wiedereinführung des Diakonats. Aufs ganze gesehen häuften sich im Laufe der Jahre Interventionen zu solchen Themen. Es muß aber die Synode selbst gewesen sein – also die offizielle Versammlung einer Ortskirche –, die ihm Strukturfragen und deren Klärung dringlich erscheinen ließ. Dabei waren für ihn ja Glaubens- und Überzeugungsfragen nicht ausgeschlossen, wenn ihm auch bewußt blieb, daß Strukturen eher Rahmenbedingungen betreffen und damit Hilfsfunktionen für die christliche Existenz heute. Die Verdrossenheit gegenüber Institutionen machte sich zu Beginn der 70er Jahre unverkennbar Luft. Seit der Studentenrevolte galt es als normal, Institutionen und entsprechende Einrichtungen in Frage zu stellen, ihnen die Schuld an Fehlentwicklungen aller Art zu geben und auf ihr Zerschlagen zu drängen. Die ursprünglichen Revolten waren in dieser Hinsicht radikal. Rahner ahnte, daß und wie sich solche Tendenzen auswirken mußten. Und er wußte anderseits um die Unabdingbarkeit des Strukturellen für das Christliche, gerade weil er selbst unter überzogenen Ansprüchen und falschen Forderungen litt, die damit weithin verbunden waren. Der „Strukturwandel" war für ihn die *conditio sine qua non*, um das an Institutionalität der Kirche wahren zu können, was für das Christsein unerläßlich ist. So scharf und kritisch seine Beobachtungen empfunden wurden, es war gerade die Liebe zur Kirche, die ihn so sprechen ließ, und die Hoffnung darauf, daß ein entsprechender Wandel am ehesten auf dem überschaubaren Feld einer Landeskirche, einer Ortskirche erwartet werden darf. Für die Weltkirche hatten ihm die Erfahrungen der letzten Jahre solche Hoffnungen geraubt, während schon die Tatsache, daß die Synode möglich geworden war, Mut machte, in diese Richtung zu denken. Lag hier nicht ein großartiger Ansatz vor, der, recht benutzt, zu einer Kirchenwirklichkeit beitragen konnte, die Modellcharakter haben könnte? Mußte diese Chance nicht ergriffen werden? War es also nicht ärgerlich und besorgniserregend, daß soviele gutgesinnte Vertreter in Gefahr waren, die Chance als solche zu übersehen, weil sie sich gleich auf sehr bedrückende, aber eben nur partielle Einzelfragen stürzten?

Karl Rahner formulierte seinen Eindruck damals: „Die Synodalen haben sich ... mit einem solchen Eifer sofort auf die einzelnen Fragen als einzelne gestürzt, daß das eine Ganze der Aufgabe gar nicht deutlich genug in das Bewußtsein der Synode zu treten in Gefahr ist."[2] Er vemißte einen eigentlich deutlichen „Grundplan für die Aufgabe der Synode als einer und ganzer", ein „Gesamtkonzept", das bisher dunkel geblieben sei. „Kann die Synode aber ohne ein solches Grundkonzept auskommen?" wird von ihm gefragt[3]. Es geht um die Grundrichtung, die Grundsätze. „Wenn ich ehrlich sein darf, so muß ich sagen, daß mir die Synode am Anfang ihrer ersten Arbeitstagung (auch wenn Vergleiche hinken) vorkam wie ein Parlament, das keine Regierung hat, keine wählt oder, falls man das gewählte Präsidium der Synode doch als eine Art Regierung betrachten wollte, von dieser Regierung am Anfang keine Regierungserklärung erhielt."[4] Dieser Ausfall erschien im Hinblick auf die Aufgabe der Verpflichtung auf eine zu bewahrende Überlieferung und die Notwendigkeit einer schöpferischen Gestaltung der Zukunft nicht nur bedenklich, sondern höchst gefährlich. Nur sah sich der Theologe auch nicht in der Lage, mehr als eine erste Reflexion auf letzte tragende Prinzipien beizusteuern, um so der Gefahr zu wehren, daß die Versammlung in Gruppen auseinanderfalle, die je ihr eigenes Geschäft betreiben. „Es müssen ein Grundkonzept, eine Grundrichtung des Strebens, letzte Auswahlnormen für die Arbeit der Synode dieser vorschweben."[5] Freilich sei es nicht möglich, daß ein einzelner solch einen Entwurf allein vorlegen könne; so begnüge er sich mit dem Versuch, einige Vorüberlegungen zu einem solchen Grundkonzept vorzutragen[6]. In der jüngst erfolgten Neuausgabe wurden diese Bemerkungen nicht aufgenommen. So ist der

---

[2] KARL RAHNER, Strukturwandel der Kirche als Aufgabe und Chance, Freiburg i. Br. 1972, 11.
[3] Ebd. 12.
[4] Ebd.
[5] Ebd. 13.
[6] Vgl. ebd. 16.

eigentliche „Sitz im Leben" für diese Veröffentlichung ausgeblendet; das muß Konsequenzen für das Verständnis ihres Textes haben. Die Fragen „Wo stehen wir?", „Was sollen wir tun?" und „Wie kann eine Kirche der Zukunft gedacht werden?" stellen sich eben im konkreten Rahmen. Unstreitig geht auch hier Rahner seine Themen so grundsätzlich an, daß sie in einer gewissen Eigenständigkeit von jenen Voraussetzungen ablösbar sind, die ihn zu ihrer Behandlung motivierten. Die biographische Darstellung hat jedoch in Erinnerung zu rufen, was als Lebensvorgabe konkret Rahnersche Beiträge ausgelöst hat und bestimmte Mißverständnisse des puren Wortlauts auszuschließen erlaubt. Der Interpretation und Rezeption Rahnerscher Theologie ist gerade so ein unerläßlicher Dienst geleistet.

Nicht so sehr die einzelnen Beobachtungen, Überlegungen und Vorschläge Rahners für sein Gesamtkonzept Synode sind an dieser Stelle von Bedeutung, sondern die Fragestellung und die Akzentsetzung auf Strukturfragen. Rahners Hauptinteresse als Theologe gehört den Inhalten christlicher Glaubensüberzeugung. Deswegen fanden Strukturprobleme erst nach und nach und in engem Zusammenhang mit seinen inhaltlichen Anliegen bei ihm größere Aufmerksamkeit. Immerhin erkannte er schon früh deren Bedeutung für die Seelsorge und für die Organisation des kirchlichen Lebens. In der Universität empfand er entsprechende Probleme bis in die Zeit von Münster eher als lästig. Mittlerweile hatte er auf dem Konzil etwas von der wichtigen Rolle dieser Fragen lernen müssen, jedenfalls soweit Erneuerung auf dem Programm stand. Unverkennbar hielt er weiterhin diese Punkte für Aspekte nötigen Dienstes an der Überzeugung, die es zu wecken und zu verlebendigen galt. Die einschlägigen Bemühungen stehen deshalb für Rahner ganz in der Ermöglichung des Wesentlichen, wenn er von dienender Kirche mit offenen Türen und konkreten Weisungen spricht und nach einer „Kirche wirklicher Spiritualität" Ausschau hält, die sich offen, ökumenisch, von der Basis her und im demokratischen Kontext auch gesellschaftskritisch zu verstehen und zu geben weiß.

Der Strukturwandel wird nicht um seiner selbst willen erstrebt und vorgeschlagen. Für Rahner handelt es sich um eine Notwendigkeit, der nicht mehr auszukommen ist – Aufgabe genannt –, und um den Ansatz zu einer echten Erneuerung, die freilich als solche viel tiefer greifen muß. Doch sollte sie gerade von überholten Strukturen nicht verhindert werden.

In diesem Sinn stellte sich Rahner auf der Synode für die Zentralkommission zur Verfügung und beteiligte sich an deren Arbeiten regelmäßig und intensiv. Anderseits legte er den eigenen Entwurf in der Öffentlichkeit so vor, daß er ihn nicht der Synode aufdrängte, sondern in breiter Diskussion, die sich darüber entspann, eine Meinungsbildung fördern wollte. Bekanntlich hat für die Deutsche Synode der Rahner-Schüler J.B. Metz ein Grundpapier entworfen, aus dem die Erklärung „Unsere Hoffnung" wurde, in der sich manches von dem niederschlug, worauf es Rahner ankam.

Ein Blick auf die Veröffentlichungen von 1971 verrät, wie stark die Synode sein Denken und Wirken in Anspruch nahm. „Synode und Orden" oder „Was wird aus der Synode?" lauten Themen, die er schon vor dem Erscheinen des „Strukturwandel" ansprach, ganz abgesehen von der Dokumentation seiner eingangs erwähnten Auseinandersetzung mit Kardinal Höffner. „Institution und Freiheit" greift in allgemeiner Form Überlegungen auf, die ebenfalls hier bedeutsam sind, ebenso wie die Frage nach dem Heilsauftrag der Kirche und der Humanisierung der Welt. Als Taschenbuch erschien damals das erwähnte, schon durch seinen Titel symptomatische „Chancen des Glaubens" mit Fragmenten einer modernen Spiritualität. Und neben dem Streit um H. Küngs Thesen zur Unfehlbarkeit der Kirche und des Papstes war es das Ende der erst kurz zuvor begründeten katholischen Wochenzeitung „Publik", die Karl Rahner öffentlich Stellung beziehen ließ.

Die Interventionen belegen zweierlei: einmal die Bereitschaft, die Kirche in dem zu verteidigen, was wesentlich schien, anderseits sie in dem zu kritisieren, was ihm anders möglich und sinnvoll vorkam. Es betraf die Kirche der Heimat, in der seiner Meinung nach nicht alles so lief, wie es eigentlich gehen sollte. Man warf zwar von extremer Seite den deutschen Bischöfen vor, „rahnerhörig" zu sein, doch schon die Auseinandersetzung mit Kardinal Höffner hatte bewiesen, wie wenig solche Stimmen begründet waren. Die Bischöfe nahmen ihre Verantwortung wahr, was dem Theologen oft zu vorsichtig und zu wenig weitsichtig schien. Er beurteilte vieles anders und äußerte das ebenso freimütig, wie aus Kreisen des Episkopats gegen ihn Kritik laut wurde, allerdings nicht immer so offen. Nicht einmal die gemeinsame Arbeit auf der Synode schuf da eine fraglose Gemeinsamkeit. Vielmehr galt es je wieder neu, einen Konsens zu finden, in den Bischöfe, Priester, Laien und Theologen sehr unterschiedliche Elemente einbrachten. In der Zentralkommission war Rahner in die Konsenssuche miteingebunden, doch gibt es keine Hinweise, daß er sich dadurch hätte einen Beitrag verbieten lassen. Rahner faßte die eigene Rolle nach bestem Wissen und Gewissen auf, was ihn nicht unbedingt einfach machte für jene, die mit ihm zusammenwirken sollten. Gott Lob, fanden sich in diesen Gruppen immer wieder Menschen, die ehrlich und umsichtig genug waren, den Wert seiner Beiträge und die unbedingte Lauterkeit seiner Motive zu erkennen, Verständnis für sein Drängen aufzubringen, das mit zunehmendem Alter nicht schwächer, sondern stärker wurde, auch weil ihn Sorge umtrieb, nicht alles getan zu haben, was ihm möglich war. Die Hochschätzung Rahners bei vielen Verantwortlichen in der deutschen katholischen Kirche stammt aus dem gemeinsamen Ringen in der Synode, nicht aus dem Eindruck seiner publizistischen oder persönlichen Erfolge. Allerdings stieß er nicht immer auf diesen offenen Geist. Wie er schon auf dem Konzil nicht nur eine große Zahl von Bischöfen durch seine unermüdliche und fundierte Arbeit gewonnen, sondern sich auch entschiedene Gegner gemacht hatte, so ergaben sich im Zusammenhang der Synode Ablehnungen, die nachwirken sollten, selbst wenn sie sich erst später zu äußern wagten.

Anstoß erregte nicht zuletzt Rahners Eintreten für Theologen, die ihm nahestanden. Karl Lehmann wirkte als Sekretär der Synode, J.B. Metz wurde berufen, den oben schon erwähnten Grundtext zu entwerfen. H. Vorgrimler kam dank energischen Eingreifens von Karl Rahner als Nachfolger auf den von ihm vorher versehenen Lehrstuhl an der Universität in Münster. E. Klinger konnte sich dort unter Rahners Mithilfe habilitieren. Was Wunder, wenn interessierte Kreise hier eine „Rahner Schule" witterten, die es jedoch sachlich nie gab. Widerstand gegen ihn speiste sich aus sehr unterschiedlichen Quellen; nur äußerst selten stützte er sich auf wirklich fundierte Kenntnis der Person und ihres Werkes. In der Regel diente ein mißverstandener Ausgangspunkt dazu, Pauschaleindrücke und -urteile zu formulieren, in die vieles einfloß, das Rahner gänzlich fremd war und blieb, so sehr auch behauptet wurde, es gebe sein Denken wieder. In der Vielfalt seiner Stellungnahmen entzog sich das Rahnersche Denken einem raschen Zugriff. Schon äußerlich fiel es nicht leicht, eine Übersicht zu bekommen. Noch schwieriger war ein Bild des inneren Zusammenhangs, der sich doch überall spüren ließ. Im Umgang mit Karl Rahner und seinem Denken läßt sich jeweils neu erfahren, wie oft man sich ein zu einfaches Bild macht und daß die Perspektiven in der Wirklichkeit zahlreicher und tiefreichender sind als vielfach zunächst angenommen. Man darf diesen so lebendigen Denker auch nicht vorschnell auf eine Aussage festlegen wollen, die er zwar getan hat, deren Gedanken er dann für sich weiter entwickelt hat. Er bestand darauf, Gesagtes besser sagen oder – soweit nötig – auch revidieren zu dürfen. Beispiele dafür gibt es, etwa in der Frage des Monogenismus, die er 1950 im Anschluß an die Enzyklika „Humani generis" so interpretierte und vertrat, wie sie damals gewöhnlich verstanden wurde. Später lernte er durch Gespräche mit Naturwissenschaftlern und Historikern, daß hier auch eine andere Sicht möglich und wahrscheinlich sein könne, die nicht unbedingt mit den Aussagen der christlichen Wahrheit in Konflikt geraten muß. Lange hat Rahner den Plan gehegt, diese für ihn neuen Einsichten in einer eigenen „Quaestio disputata" zu entfalten; schließlich wurde daraus der Exkurs „Erbsünde und Monogenismus", der als Anhang zu K.-H. Weger, Theologie der Erbsünde[7] erschien.

Manchen hat diese Lebendigkeit theologischen Denkens irritiert. Für Rahner war es hingegen ein Zug echter christlicher Reflexion, so daß er bisweilen etwas kurz angebunden bemerken konnte: „Was geht mich mein Geschwätz von vorgestern an?!" Darin sprach sich jene so ungewohnte Offenheit aus, die Rahners Suchen und Fragen immer charakterisiert hat, eine Tugend, die ihm zu den Grundeinstellungen des Christen zu gehören schien und gar nicht genug eingeübt werden konnte. Das Mittun bei der Deutschen Synode belegt auf seine Weise diese Offenheit, denn Rahner konnte zwar an führender Stelle bei dieser Versammlung mitwirken, war aber weit davon

---

[7] Vgl. diese „Quaestio disputata", Freiburg i. Br. 1970, 176–223.

entfernt, seinen Part zu überschätzen. Vieles hörte er an, vieles lernte er, in vielem ließ er sich dankbar informieren. Der Austausch brachte ihn immer wieder zum Nachdenken, ließ ihn neue Probleme erkennen und Lösungsmög-lichkeiten versuchen. Daß er sich von dieser Zeit an auch in der Öffentlichkeit immer häufiger auf Fragen einließ, die eigentlich nicht zu seinem Metier gehörten, trug ihm den Vorwurf ein, sich mit Dingen zu beschäftigen, von denen er nichts verstehe. Schaut man in solchen Fällen genauer zu, wird nur selten eine wirkliche Grenzüberschreitung nachzuweisen sein. Rahner war sich seiner Grenzen bewußt und hielt sie ein.

Wenn sich Widerspruch und Gegnerschaft in dieser letzten Lebensphase Rahners deutlicher gegen ihn artikulierten, dann hing das in erster Linie mit der großen Anerkennung zusammen, die er allenthalben fand, und mit dem Erfolg, der ihm in reichem Maß beschieden war. Verwunderlich ist das nicht, wenn es auch überraschen muß, daß manche Kritik aus dem Kreis von Schülern kam, die damit nur zeigten, wie wenig sie vom Rahnerschen Denken und Wollen wirklich erfaßt hatten. Die Nähe zu ihm war keine Garantie gegen Mißdeutungen.

28. Kapitel

Ausklang der Lehrtätigkeit in Freiheit

In den folgenden Jahren des Einsatzes für die Synode läßt sich daneben eine gewisse freie Lehrtätigkeit Rahners beobachten, die in mancher Hinsicht erstaunlich bleibt. So übernahm er im Januar und Februar 1972 eine Vorlesung an der Hochschule St. Georgen in Frankfurt am Main. Im April/Mai las er in Rom an der Päpstlichen Universität Gregoriana über Christologie – noch in lateinischer Sprache – und ließ sich im November und Dezember für eine Vorlesung nach Innsbruck einladen. Diese Pflichten übernahm er blockweise, einfach aus Freude an der Sache, die er in diesen Fällen selbst bestimmen konnte. Offensichtlich wollte er auf den Kontakt und den wissenschaftlichen Austausch mit jungen und interessierten Leuten nicht einfach verzichten, während er über die Freiheit von administrativen Aufgaben im akademischen Bereich deutlich froh und erleichtert war.

Die Universität Löwen verlieh ihm am 2. Februar das Ehrendoktorat in Theologie; den Dankvortrag hielt er dort Mitte März. Die Diskussion um die Unfehlbarkeitsthese von Hans Küng ging weiter und hatte in der Öffentlichkeit ein breiteres Echo. Karl Rahner wich der Auseinandersetzung nicht aus und begab sich Anfang Juni eigens nach Tübingen, wo er im Seminar von Hans Küng seine Auffassung darlegte. Zur gleichen Zeit leitete er ein Seminar in der Hochschule für Philosophie in München. Und er war sich nicht zu schade, einer Gruppe von Tübinger Theologiestudenten in Reute bei Aulendorf Exerzitien zu geben (Juli 1972).

In Ossiach/Kärnten sprach er während des Carinthischen Sommers über „Experiment Mensch", nahm im September an der Tagung der Görres-Gesellschaft in Feldafing teil und folgte anschließend der Einladung des Ordens „Pour le mérite" nach Karlshafen, bevor er nach Rom zur Sitzung der Internationalen Theologenkommission fuhr. Ökumenische Kontakte führten ihn zum Reformationsfest nach Karlsruhe und Anfang November in die Mattäuskirche von München, wo er über die „Dritte Konfession" sprach und Entwicklungen nachging, deren Ansätze er ein wenig beunruhigt zur Kenntnis nahm. Das Jahr 1972 klang aus in der Beteiligung an der Tagung der deutschsprachigen Dogmatiker und Fundamentaltheologen in München, wo es um „Erlösung und Emanzipation" ging.

Der Wandel in den Lebens- und Arbeitsgewohnheiten stellte sich nach und nach fast unmerklich ein. Und es war gut, daß ihm ein solcher gleitender Übergang möglich wurde. Das große Projekt nach der Erledigung der offenen Verpflichtungen, das immer deutlicher in den Vordergrund trat, bestand in der Vorbereitung der Herausgabe von „Einführung in den Begriff des Christentums", gewöhnlich als „Grundkurs des Glaubens" bezeichnet. Doch zuvor sollte noch Band 10 der „Schriften zur Theologie" erscheinen, für den das Material beim Wechsel von Münster nach München weithin bereitlag, und ein alter Plan sollte endlich umgesetzt werden: die Veröffentlichung der Studien zur frühen Bußgeschichte. Eine Reihe von Mitarbeitern hatte sich an den Texten versucht, aber erst jetzt trat die Sache in ein Stadium, das wirklich zum Erfolg führte. Diese Studien waren Rahner allgemein und aus einem sehr besonderen Grunde wichtig. Der Sondergrund lag darin, daß ihm im Zusammenhang der neueren Auseinandersetzungen der Vorwurf gemacht worden war, keinen Sinn für Geschichte und Geschichtlichkeit in seinem Denken zu haben, sondern „nur ein theologischer Spekulant" zu sein. Darin sah er eine Verkennung seines Bemühens, der er durch die Herausgabe dieser Untersuchungen beizukommen hoffte. In ihnen steckte ein wesentliches Stück Forschungsarbeit, das ihn seit den eigenen theologischen Studien in Valkenburg begleitet hatte. Zwar war ihm Bernhard Poschmann während des Krieges mit der Edition des Werkes über die „Paenitantia secunda" für wichtige Ergebnisse zuvorgekommen, doch ging Rahners Absicht ein gutes Stück über das hinaus, was Poschmann vorgelegt hatte. Kurz nach dem Krieg faßte er das damals Vorliegende in dem Pullacher Codex zur Bußlehre zusammen, der zwei große Teile umfaßt: zunächst einen dogmenhistorischen Überblick und dann eine systematische Aufarbeitung der Problematik unter Zugrundelegung und Einbeziehung der dogmenhistorischen Einsichten. Damit gelang es Rahner, nicht nur in der Bußlehre einen Durchbruch zu erreichen und alte Fixierungen aufzubrechen, sondern er schuf so ein Modell theologischen Arbeitens, das sich später für die Behandlung anderer Fragen bewähren sollte. So ist das Manuskript zur „Mariologie", d. h. das nicht realisierte Buchprojekt zur Dogmatisierung der leiblichen Aufnahme Mariens in das Leben Gottes, deutlich nach dem gleichen Muster erstellt, dessen Spuren sich auch in der Gnaden- und Schöpfungslehre nach Rahners Darstellung entdecken lassen.

Gewiß trieb er nicht historische und dogmenhistorische Forschung um ihrer selbst willen; aber er trieb um der jeweils anstehenden Sache willen, um des Bemühens willen, mit der Lehre auf der Linie der lebendigen Überlieferung zu bleiben, echte Forschungsarbeit dieser Art. Bezweifeln konnte das nur jemand, der sich über seine Bemühungen kein Bild gemacht hatte. Natürlich hatte dafür Hugos Beispiel eine Bedeutung, doch schon von der Festschrift für den Vater vom Jahre 1928 an und in einzelnen Andeutungen noch früher hat Karl Rahner eine eigene Auffassung des Geschichtlichen erarbeitet und vertreten. Daß er sich darin über manche Forderung des allgemein verbreiteten Kanons solcher Arbeit hinwegsetzte, hatte Gründe, die verständlich sind. Gelehrte Apparate in Anmerkungen, Verifikationen von Wortlaut und Textfassungen und anderes dieser Art schien ihm auf die Sache selbst gesehen nur selten wirklich entscheidend. Das bedeutete keineswegs, daß er die Sachbedeutung solcher Informationen unterschätzt oder nachlässig behandelt hätte. Mit einem erstaunlichen Gedächtnis wußte er nach Jahren und Jahrzehnten noch entscheidende Texte in ihrem springenden Punkt zu zitieren und zu benutzen. Dazu gehörte oft auch ein Eindruck vom jeweiligen Kontext und von der Zuordnung, die für das Verständnis einer Aussage wichtig sind.

Zugleich konnte er aus Gründen einer wirksamen Ökonomie des Geistes alles zurückstellen, was ihm für die Sache bedeutungslos oder weniger wichtig vorkam. Seine Antwort auf entsprechende Fragen lautete gewöhnlich: „Das weiß ich nicht mehr!" Oft entschuldigte er damit auch eine gewisse Unsicherheit, die er gegenüber solchen Informationen hatte; denn beim Insistieren und beim Nachweis, daß dieses Wissen doch für die Sache bedeutsam sein könnte, kamen nicht selten erstaunlich präzise Hinweise. Bei seiner selbständigen und konstruktiven Art des Umgangs mit Daten ist einsichtig, daß er sich selbst mit Distanz und Reserve begegnete, die ein hohes Maß an Verantwortung vor der Wahrheit signalisierte, nach der er gerade gefragt war. Zugleich drückte sich darin seine Einschätzung aus, daß solches Wissen letztlich gegenüber dem, was echte christliche Überzeugung und gelebtes Christsein ist, zweitrangig bleibt.

Etwas Ähnliches gab es in Rahners Denken noch auf einer anderen Ebene, jener der Darstellung oder der Form nämlich. Rahner war ein Mann der Inhalte. Sie nahmen sein Interesse oft so stark in Anspruch, daß er darüber die Ausdrucksmittel vernachlässigte oder gar nicht mehr merkte, wie sehr seine Art, die Dinge zu sagen, für Hörer und Leser Zumutungen mit sich brachte. Rahner war – wie schon gesagt – in erster Linie auf das gesprochene Wort ausgerichtet, auf die Vorlesung, auf die Entwicklung von Gedanken im mündlichen Austausch von Rede und Gegenrede. Daraus ergab sich eine Schwierigkeit bei der Vorbereitung der Drucklegung der „Einführung in den Begriff des Christentums". Diese Texte waren mündlich entwickelt und entsprechend vorgetragen, sie lebten aus dem unmittelbaren Kontakt mit Hörern und aus der Profilierung eines Vortragenden, der sein mündliches Wort sehr wohl zu artikulieren wußte, der Pausen machte und Akzente setzte, der Passagen betonte oder zurücktreten ließ, der langsamer und rascher sprach, der seine Stimme lauter und leiser einsetzte, kurzum: der seiner Rede eine Reihe von Charakterzügen mitzugeben wußte, die beim bloßen Abdruck des gleichen Textes in keiner Weise mehr aufscheinen. Ein Satz mit über 200 Worten nimmt sich im Munde Rahners ganz anders aus als auf einem Blatt seiner „Schriften zur Theologie".

In München und in Münster war der „Grundkurs des Glaubens" auf diese Weise lebendig entwickelt worden. Es gab Unterlagen dafür, Mitschriften und allerlei schriftliche Ergänzungen und Zusätze. Einige andere Vorlesungen hatten wichtige Teile dieser Überlegungen umfassender und eingehender dargestellt. Das ließ in Rahner schon früh den Gedanken aufkommen, solche Aussagen für die Einführung zu nutzen. In besonderer Weise galt das für die Christologievorlesung von Münster. In Vorbereitung dazu hatte Rahner eine Thesenübersicht erstellt, die den Studierenden gleich anfangs in die Hand gegeben wurde. Sie bildete den Ausgangspunkt der Überlegungen, die zusammen mit dem Exegeten Wilhelm Thüsing geboten wurden. Dabei kam Rahner umfangmäßig der größere Teil zu, insofern der Exeget die Ausführungen des Dogmatikers begleitete und kommentierte. Als dieses interessante Exeperiment der Zusammenarbeit veröffentlicht werden sollte, stellte Rahner nur seine Thesenübersicht zur Verfügung, um sich die eigentlichen Ausführungen für den „Grundkurs" vorzubehalten. Der Exeget arbeitete seinen Part hingegen umfassend aus, und das Ergebnis machte dann einen Eindruck, der die tatsächlichen Verhältnisse der Vorlesung fast im Gegenlicht erscheinen ließ. Für die „Einführung in den Begriff des Christentums" bedeutete das in der ersten Hälfte der 70er Jahre eine Materialsammlung von acht Aktenordnern. Wie damit umzugehen sei, um die geplante Veröffentlichung vorzubereiten, war alles andere als klar. Karl Rahner selbst hatte die Vorlesungen im Blick und war erst durch längere Diskussionen davon zu überzeugen, daß ein gedruckter Text eben doch etwas anderes ist als eine persönliche Vorlesung vor lebendigem Publikum, dessen spontane Reaktionen schon einiges vom Mitgehen oder von Blockierungen signalisieren.

Erste Versuche mit Formulierungen für die Herausgabe als Buch ließen bald sehen, wieviel Arbeit noch nötig sein würde. Rahner selbst spürte sein Alter und wollte die Sache zum Abschluß bringen. Dafür war er bereit, auch Unebenheiten und Unvollkommenheiten in der äußeren Gestaltung in Kauf zu nehmen. Verschiedene Mitarbeiter waren von 1972 bis 1976 intensiver mit der Aufgabe befaßt. In dieser Zeit fielen aus den genannten Gründen auch Entscheidungen, die das ursprüngliche Projekt modifizierten. So wurde die Christologie von Münster nicht in den Buchtext eingearbeitet. Statt dessen griff man auf verschiedene vorliegende Beiträge zurück und komponierte sie so zusammen, wie es sich in der Buchausgabe findet.

Diese Zusammenfassung Rahnerschen Denkens, deren Veröffentlichung ihm sehr am Herzen lag und die er nach seiner Emeritierung und namentlich nach dem Abschluß der Synode von Würzburg nachdrücklich betrieb, trägt also die Spuren der Umstände ihrer konkreten Endredaktion deutlich an sich. Schon wurde ein Schwinden der Kräfte bemerkbar, was nicht mehr erlaubte, das vorliegende Material noch einmal ganz und unter Rücksicht auf die Erfordernisse einer Buchpublikation zu revidieren und aufeinander abzustimmen. Die ausgearbeiteten Teile lagen eben sehr unterschiedlich vor, wie es der Gang der Vorlesungen in München und Münster mit sich gebracht hatte. Es waren Ergänzungen nötig, die zum Teil mit Mühe erstellt wurden; es war eine sprachliche Glättung nötig, für die sich Karl Rahner stark auf die Hilfe von Frau E. von der Lieth verließ, und es waren Hilfen für die direkte Erstellung der Druckvorlage nötig, die im wesentlichen in Freiburg von Dr. Albert Raffelt eingebracht worden sind.

Am Schluß wußte Rahner selbst nicht leicht anzugeben, an wen sich diese „Einführung" wenden sollte. Er hat seine Bedenken im Vorwort gleich direkt angesprochen und die Hoffnung ausgedrückt, einigermaßen gebildete und die „Anstrengung des Begriffs" nicht scheuende Leser zu finden. Es gehe um ein neues Verständnis, das auf den „Begriff" gebracht werden solle, und zwar auf einer „ersten Reflexionsstufe" in den Verständnishorizonten des Menschen von heute. Das solle einer intellektuell redlichen Verantwortung des christlichen Glaubens dienen, die zwischen einem einfachen Katechismusglauben und dem Durchgang durch alle Wissenschaften das Ganze des Christentums auszusagen suche.

Das Thema habe ihn seit Jahren beschäftigt, so daß es eine eigene Entstehungsgeschichte des Buches gebe, deren Eigentümlichkeiten durch die Bearbeitung nicht aufgehoben worden seien. Er selbst weiß um die Grenzen und spricht sie unbefangen an. „Man kann gewiß dem Thema besser gerecht werden, als es hier geschieht. Aber auch eine bessere Erfüllung der Aufgabe würde vermutlich auf die Grenzen stoßen, die der Leser dieses Buches – wie sein Verfasser – gewiß bemerken wird."[1]

Anschließend erwähnt er, auf gelehrte Wichtigtuerei verzichtet zu haben, da sie ihm nicht liege, fügt aber doch eine Reihe von Hinweisen auf frühere Veröffentlichungen bei, die in diese Publikation aufgenommen sind. So ganz unwichtig ist weder diese Tatsache noch die genauere Bestimmung und Abgrenzung dieser Übernahmen, da sie zum Teil aus anderen Kontexten stammen, die für ihr Verständnis Gewicht haben.

Schließlich geht er auf den möglichen Einwand ein, nicht oder zu wenig biblisch zu arbeiten. Da er keinen exegetischen Anspruch erhebe und die einschlägigen Informationen anderswo leicht und verständlich zugänglich seien, habe er es sich erspart, die auf dieser Ebene nötigen Voraussetzungen noch einmal zu wiederholen. Man solle in dem Buch auch keine „abschließende Zusammenfassung der bisherigen theologischen Arbeit des Verfassers" sehen. „Das ist es nicht, und das will es nicht sein, wenngleich dieser Grundkurs von seinem Thema her einen etwas umfassenderen und systematischeren Charakter hat, als man es bei den sonstigen theologischen Veröffentlichungen des Autors gewohnt sein mag."[2] Diese kategorische Aussage kann ein wenig perplex lassen, insofern ein Leser lieber wüßte, was das Buch will, als was es nicht sein möchte. Jedenfalls hat die Berufung auf dieses Buch als Zusammenfassung Rahnerschen Denkens, wie sie nicht selten anzutreffen ist, bei ihm selbst keinen Anhalt, mag er auch sein Urteil im Nachsatz wieder etwas zurücknehmen.

Der „Grundkurs" bleibt auf jeden Fall ein Dokument der akademischen Tätigkeit Rahners, zugleich ein Beleg für die Freiheit, die er sich in diesem Rahmen immer mehr erarbeitet hatte und die er jetzt ausdrücklich in An-

---
[1] KARL RAHNER, Grundkurs des Glaubens, Freiburg i. Br. 1976, 7f.
[2] Ebd. 9.

spruch nahm. Dafür führte er verschiedene Gründe, auch solche persönlicher Art an. Letztlich ausschlaggebend dürfte die Erfahrung gewesen sein, wie wenig die klassischen Formen der Darstellung noch verstanden wurden, wie wenig sie erlaubten, die Wahrheit Jesu Christi heute lebendig wiederzugeben oder dem wenigstens eine Hilfestellung zu bieten. Man vergleiche die „Codices", die Vorlesungsunterlagen aus der ersten Lehrperiode Rahners, mit dem „Grundkurs", und es fällt unweigerlich in die Augen, was sich in der Zwischenzeit im wissenschaftlichen Umgang mit christlicher Wahrheit ereignet hat. Diese Freiheit widersprach in keiner Weise der Treue zur Überlieferung, sondern ergab sich gerade aus einem vertieften Verständnis dieser Treue, die als lebendige nicht im Wiederholen, im Repetieren besteht, sondern darin, daß sie jeweils diese Wahrheit so zur Sprache kommen läßt, daß sie unter geänderten Voraussetzungen als dieselbe erfaßbar ist.

Freilich war Rahner mit der Zeit immer stärker überzeugt, daß eine einfache Übertragungsarbeit nach dem Beispiel einer Textübersetzung von der einen in die andere Sprache nicht mehr genügen kann. Zu übersetzen sind auch Voraussetzungen und Rahmenbedingungen, ja die Art und Weise des Übersetzens selbst stellt mittlerweile ein Problem dar, wenn das Ergebnis auf Verständnis rechnen können soll. Rahner hat bis an sein Lebensende die ihm vertrauten Formen der Mitteilung, des Darlegens und Erläuterns beibehalten, doch hat er sich – als er die Freiheit dazu hatte – spürbar gemüht, den Einwänden und Schwierigkeiten Rechnung zu tragen, die sich gegen diese Formen erhoben.

In einem gewissen Sinn stellt die Veröffentlichung des „Grundkurses" einen Einschnitt in seinem geistigen Schaffen dar, insofern es doch eine gewisse Zusammenfassung dessen war, was ihn auf dem akademischen Feld über Jahrzehnte hin umgetrieben hatte. In den Freiheiten, die er sich nahm, vollzog er seinen Abschied vom Zwang des universitären Rahmens der Theologie und den Übergang in die letzte Phase seiner theologischen Existenz, die unverkennbar vom freien Kolloquium, vom Gespräch und von der besinnlich meditativen Rede geprägt sein sollte.

Das geschah nicht völlig selbstverständlich und unbewußt. Die 70er Jahre haben für Karl Rahner in vielen Schritten den Charakter gewollten und bewußten Abschieds gehabt. Er sprach vom Ende, auch vom Altwerden und vom Tod; er setzte darüber hinaus immer wieder Zeichen, die dieser Rede entsprachen und sie glaubwürdig machten. Der Abschied von Münster war ein Anfang. Es folgte 1973 der Abschied aus dem Schriftstellerhaus in München-Nymphenburg, wo er bis dahin sein Domizil gehabt und wo der Bruder Hugo bis zum Tod gelebt hatte. Karl Rahner siedelte in die Hochschule für Philosophie in der Münchener Innenstadt nahe der Universität über; von der lebensvollen Gegenwart junger Studierender und von zahlreichen aktiven Professoren erhoffte er sich Anregungen und Diskussionspartner. Im Jahr darauf schied er nicht ohne Information der Öffentlichkeit aus der römischen Internationalen Theologenkommission aus und verließ die Glaubens-

Kommission der Deutschen Bischofskonferenz, in der er seit Jahren mitgearbeitet hatte. Er hatte das 70. Lebensjahr erreicht, wozu ihm der „Registerband" der ersten zehn Bände seiner „Schriften zur Theologie" überreicht werden konnte. Abgesehen von den beiden Anfangsbänden war das vielfältige Material dieser großen Sammlung bis dahin in keiner Weise registermäßig erfaßt und zugänglich. Daraus ergab sich die etwas mißliche Notwendigkeit, das, was in den einzelnen Bänden einen Anhang durchaus gewöhnlichen Umfangs ausgemacht hätte, in einem eigenen Hilfsbuch zu bieten. Dieser Geburtstagsgabe kam insofern eine unvorhergesehene Rolle zu, als sich andere Pläne für eine Ehrung zerschlugen beziehungsweise stark verzögerten. So ist der „Quaestio disputata" 73 mit dem Titel „Christentum innerhalb und außerhalb der Kirche"[3] trotz der Zueignung an Karl Rahner nicht anzusehen, daß sie ursprünglich als thematisch konzentrierte Festschrift zu diesem Jubiläum geplant war. Sofern hier im breiten Spektrum von Stellungnahmen die Fruchtbarkeit der Theologie Karl Rahners an einem weithin diskutierten Punkt erörtert werden soll, ist ein gewisser Schritt über die Rahner-Rezeption selbst hinaus getan. Heute wird man den Eindruck nicht ganz verwinden, daß dies doch ein wenig voreilig geschah, aber daß es ein kleiner Abschied war, wird sich in jedem Fall festhalten lassen. Rahners letztes Lebensjahrzehnt – noch durch weitere Abschiede charakterisiert – nahm andere Züge an als sie zuvor im Vordergrund standen.

Der Februar 1975 brachte die Vollendung des 100. Lebensjahres seiner Mutter in erstaunlicher Frische im Vinzentiushaus zu Freiburg, und doch war nicht zu übersehen, daß auch ihre lebenden Kinder inzwischen ins Pensionsalter vorgerückt waren. Mutter Rahner sprach öfter davon, sie fühle sich allein und einsam, weil alle Altersgefährten bereits den Weg zu Gott gegangen seien, aber sie realisierte zugleich in unglaublicher Wachheit, daß ihre Kinder – und Karl war dabei nicht ausgeschlossen – daran waren, abzutreten. So konnte sie ihm sagen: „Karl – wir sind alt und sollten vor allem darum beten, daß die jungen Leute etwas Vernünftiges leisten!"

Mutter Rahner lebte bis zum Sommer 1976. Nach ihrem Tode entdeckte man unter ihren Papieren jenen Zettel, auf dem sie ein Gebet P. Pierre Teilhard de Chardins über das Altwerden und Sterben in der Hoffnung auf die Begegnung mit Gott notiert hatte. Diese Notiz wurde für ihren Totenzettel gebraucht. Karl Rahner war selbst ein wenig erstaunt, daß seine Mutter diesen Text ausgewählt und abgeschrieben hatte. Er las in der Kirche von Günterstal bei Freiburg das Requiem für seine Mutter und geleitete sie mit den Geschwistern, den Verwandten und Freunden zum nahen Familiengrab. Äußerlich ist über diesen Abschied nicht viel zu sagen. Mit ihm änderte sich dennoch einiges in Karl Rahners Beziehungen zu seiner Geburtsstadt, die ihm durch die Mutter so lange Heimat gewesen war.

An diesem Tage kam etwas von jenem uralten und wahrhaft kirchlichen

---

[3] E. KLINGER (Hrsg.), Freiburg i. Br. 1976.

Geist ans Licht, von dem der Abt der Benediktinerabtei Pannonhalma, András Szennay, meinte, er sei ein Charakteristikum der wissenschaftlichen Tätigkeit Karl Rahners. „In dieser Tätigkeit besteht eine organische Wechselbeziehung zwischen Frohbotschaft und Leben, Lehre und expliziter und impliziter Praxis. Die Mysterien des Lebens Christi wirken und treten in der Rahnerschen Theologie nicht lediglich in der Form der ‚Tatbeweise‘ oder in den diesen vorausgehenden und diese ergänzenden philosophischen Spekulationen zutage, sondern in ihrer für alle menschgewordenen, alle erlösenden und das Menschenleben ausschlaggebend beeinflussenden Bedeutung."[4] Der Abschied, den wir zu fassen suchen und der sich in Rahners konkreten Abschieden andeutet, betrifft in erster Linie die Vorherrschaft der Theorie zugunsten des Lebens, das Zurückstellen bloßen Wissens und das Betonen des Tuns im Sinne jenes Abschnitts aus dem 25. Kapitel des Mattäus-Evangeliums, auf den Rahner sich zur Erklärung der Gedanken vom „anonymen Christen" so oft berufen hat. Daß die Gerechten nicht wissen, daß und wie sie Jesus Christus begegneten, daß es den Ungerechten entgangen ist, daß er selbst im Geringsten, im Hungernden, Heimatlosen, Gefangenen ... ihnen entgegengekommen war, das hat nicht nur Rahners Nachdenken, Fragen und Suchen immer wieder provoziert. Es hat ihn selbst die theoretisch akademische Arbeit deutlich relativieren lassen, so daß sich in seinen letzten Lebensjahren häufiger als früher Bemerkungen über den eigenen Dilettantismus, über Grenzen, Ungenügen und Zurückbleiben finden, ohne daß ein Ton des Bedauerns oder der Reue mitschwänge. Damit wird die wissenschaftliche Theologie nicht abgewertet, aber deutlich an ihren Platz gerückt. Rahner fühlt sich mehr und mehr zu jenen Formen des Suchens hingezogen, in denen die Lebenspraxis ihren Part mitspielt, etwas überspitzt formuliert: Die Freiheit von der Pflicht wissenden Redens nutzt er betont, um zu versuchen, mehr Christ zu sein – im Alltag und mit den Menschen des Alltags, in den Schwierigkeiten, die viele bedrängen, und unter Verzicht auf künstliche Hilfestellungen, die nur wenigen verfügbar sind. Wenn ein Professor ein Bekenner ist, dann bewegt sich Rahner von den verbalen Bekenntnissen immer stärker zu den – wenn oft auch nur fragmentarischen – Lebensbekenntnissen. Man stelle sich diese Entwicklung nicht als simple Alternative vor. Sicher handelt es sich um eine deutlich nachweisbare Schwerpunktverlagerung, Auszug aus einem in gewisser Weise konzipierten und eingerichteten akademischen Haus in eine weitere Lebenswelt. In der Überschrift zu diesem Kapitel ist von „Freiheit" die Rede. Gemeint ist nicht Bindungslosigkeit, sondern intensive Suche nach jenen sachlich begründeten Bindungen, die in der heutigen Lebenswelt Kraft haben und dort tragen können, wo sich die traditionellen Bindungen, die weithin formalistisch erstarrt ihre Plausibilität einbüßten und mit den Studentenunruhen

---

[4] DERS., Das Zeugnis der Praxis, in: E. KLINGER (Hrsg.), Christentum innerhalb und außerhalb der Kirche, Freiburg i. Br. 1976, 265.

zu Ende der 60er Jahre mehr und mehr auch ausdrücklich und bewußt in Frage gestellt wurden, spürbar zersetzen und auflösen.

Rahner hatte keine Scheu, dabei den herkömmlichen akademischen Betrieb, ja die eingebürgerte Rationalität und das weithin in sie gesetzte Vertrauen, die Zuversicht auf ihre Möglichkeiten zur Disposition zu stellen. Er kämpfte allerdings nicht gegen sie an, sondern behielt den Standpunkt bei, auch diese Gegebenheiten sollten sich bewähren und im Maße, daß ihnen das gelingt, auch künftig Achtung verdienen. Insofern liegt hier kein abrupter Paradigmenwechsel vor, wie es heute oft heißt, sondern eine Verschiebung, das Mühen um eine offene Neugewichtung, wie sie von den Herausforderungen dieser Zeit und ihren Vorgegebenheiten verlangt ist.

29. Kapitel

Auseinandersetzungen und Suchen

Für Rahner waren Sterben und Tod, aber nicht weniger Krankheit und Altern schon früh ausdrückliches Thema. Und er schloß sich dabei nicht aus, sondern ganz betont ein. Die vielfältigen Abschiede der 70er Jahre hatten ihr Gegenstück in der suchenden Ausschau nach etwas Neuem bei klarem Bewußtsein des Nachlassens der eigenen Kräfte und der Erfahrung von Grenzen. Nichtsdestoweniger blieb der Mut zur Auseinandersetzung lebendig. Er zog sich dort zurück, wo er keinen nennenswerten Beitrag glaubte leisten zu können, und ließ sich zugleich auf Menschen und Dinge ein, die ihm früher eher ferngelegen hatten oder unbekannt gewesen waren. „Das Milieu verändern", „Brüderliche Zurechtweisung", „Was Hoffnung vermag", so lauten die Titel einiger kleinerer Beiträge zu Beginn 1972 in Zeitungen und Zeitschriften für ein breiteres Publikum. Damals verfaßte er für „Meyers Enzyklopädisches Lexikon" einen Text bekenntnishafter Art: „Warum bin ich ein Christ?" Schon länger war ihm bewußt, wieviel für die geistigen Strömungen von der öffentlichen Meinung und denen, die sie machen, abhängt. Der Trend in Magazinen und Blättern wies eher in Richtung Kirchen- und Christentumskritik. Manches davon war durchaus nicht ohne Grund. Gerade darum kam es Rahner darauf an, die mögliche Hilfe, den wirksamen Sinn des Christlichen, die Stütze durch die Kirche usw. in Erinnerung zu rufen.

So nahm er Stellung zu dem Jesus-Buch des „Spiegel"-Herausgebers Rudolf Augstein, indem er fragte: „Das Christentum – ein explosiver Irrtum?"[1] Zugleich warnte er seine Kirche vor einem „Marsch ins Getto?"[2], womit er eine Flut von Leserbriefen auslöste. Es wurde ein kleines Büchlein daraus. In dieser Zeit äußerte er sich überdies zur Frage einer möglichen Anerkennung der Ämter in den verschiedenen christlichen Kirchen, zum Biafrakrieg, zum Dialog, zu den Hochschulgemeinden und zu seiner Ordensgemeinschaft. Mit Vor- und Nachworten suchte er Publikationen von Bekannten und Freunden vor Mißverständnissen in Schutz zu nehmen; schon meldete sich der Gedanke an eine winterliche Zeit der Frömmigkeit. Das Bild der Jahreszeiten, angewandt auf das Leben des Christentums und der Kirche, erläutert in verständlicher Weise die verschiedenen Erfahrungsqualitäten des Christlichen, die nach dem Enthusiasmus der Konzilszeit ihren Ausdruck in einer eher starren

---
[1] In: Frankfurter Allgemeine Zeitung, vom 7.10.1972, Nr. 233, Beilage.
[2] In: StZ 189 (1972) 1–2.

und erstarrten Haltung zu finden schienen. Manch einer hatte das nicht für möglich gehalten und meinte nun, diese gewandelte kirchliche Mentalität nicht mehr mitleben zu können. Das Bild vom Winter ließ eine Ahnung wach werden, daß ein lebendiges Wesen sehr verschiedene Phasen erlebt und daß dies nicht bedeutet, daß es selbst nicht mehr mit sich identisch wäre. Rahner weckte behutsam den Sinn für die Lebendigkeit des Christlichen und damit für eine mögliche Vielfalt und Unterschiedlichkeit seiner Lebensäußerungen. Und das blieb nicht nur Theorie. Ein kleiner Rückblick auf Rahners Anfänge im Orden mag diesen Eindruck abrunden. Unter den Papieren aus der Zeit der ersten Jahre, genauer wohl aus der Phase zwischen Noviziat und Beginn der philosophischen Studien, wo u. a. eine intensive Bemühung um den Ausdruck in der Muttersprache eingeübt wurde, hat sich ein kleiner Versuch des jungen Karl Rahner erhalten, mit „März" überschrieben, in dem vom Vorfrühling die Rede ist, von der Zeit der Sehnsucht und des geduldigen Wartens, des stillen und kaum sichtbaren Wachsens und Sammelns der Kräfte. Diese Natureindrücke werden mit der Fastenzeit und der Glaubenserwartung verbunden, mit einem Vorblick auf Karfreitag und auf Ostern. Ersehnen des Frühlings – die Worte muten heute ein wenig feierlich und stark an, sie entsprechen aber ganz und gar der Rede von der winterlichen Zeit des Glaubens in den letzten Lebensjahren. Als Übung der deutschen Sprache – dies sei nur nebenher erwähnt – erhielt der Text die Note „gut". Der „Gutachter" fand, der Text klinge eintönig, und fragt, ob nicht das Leben, das auch den innerlichsten Gedanken durchpulsen muß, etwas wärmer, heller und kräftiger schlagen sollte. Ob Autor oder Beurteiler hier der größere Realist war?

In der letzten Phase wurden Karl Rahners Auslandsreisen nicht gerade zahlreicher; er sah sich zu Anfang 1973 dennoch zu einem gar nicht lange währenden Aufenthalt in Chile veranlaßt, um über die aufbrechende „Theologie der Befreiung" Orientierung zu gewinnen und einer Priestergruppe Unterstützung zu gewähren. Eine kleine Reise nach Irland und eine solche in die Schweiz und nach Ungarn kamen hinzu; immer deutlicher wirkten sich Beschwerden gesundheitlicher Art gegen solche Einladungen aus. Im Reisen fand Karl Rahner keine Gelegenheit zum Suchen. Der 70. Geburtstag bot der Georgetown University Anlaß, ihm das Ehrendoktorat zu verleihen, ebenso war es in Madrid und schließlich Ende des Jahres in Chicago und Pittsburgh. Aber der eigentliche Einsatzraum blieb München und sein Umfeld sowie die deutschsprachigen Länder. Das Neue an Begegnungen in aller Welt reizte weniger, je mehr zu erkennen war, daß die menschlichen Fragen nicht durch Vielfalt und durch Mobilität andere werden. Diese mehr geistigen Verschiebungen lassen sich am Programm Rahners ablesen, das sich langsam wandelt, so sehr es seine grundsätzliche Linie und die wesentlich tragenden Elemente auch künftig beibehält und verrät.

Die Suche war in neuer Weise zurückhaltend und eher verdeckt wach geworden; anfangs hatte sich Rahner mit der Erneuerungslinie der Kirche nach dem Konzil identifiziert. Erst als diese sich abschwächte und auffächerte, als sie Schwierigkeiten mit der eigenen genauen Richtung erkennen ließ und unglaubwürdig zu werden begann, setzte er Akzente und Initiativen, an denen vor allem das kritische Potential spürbar in Erscheinung trat. Die deutliche Zurückhaltung gegenüber den mehr oder weniger offiziellen Entwicklungen auf der Ebene der Weltkirche, der sich verstärkende Eindruck, dort fast nur rückwärtsgewandten und blockierenden Kräften zu begegnen, wurde schon in Erinnerung gerufen. Die Zuwendung zur Regionalkirche auf der deutschen Synode etwa signalisierte eine Verschiebung der Hoffnungen, die aber mit dem Tod von Kardinal J. Döpfner noch einmal in Frage gestellt wurden (1976). Daß der Kölner Kardinal Höffner die Nachfolge im Vorsitz der Deutschen Bischofskonferenz übernahm, war für Rahner kein Zeichen der Ermutigung, hatte er sich doch mit dem Erzbischof der rheinischen Metropole schon auf der ersten Vollversammlung der Würzburger Synode in einer Auseinandersetzung um theologische Grundfragen wiedergefunden.

In München trat der Kollege aus Konzilszeiten und der Widerpart in der Internationalen Theologenkommission Josef Ratzinger die Nachfolge Döpfners an, in Rahners Augen ein Indiz für einen Gang der Dinge im Leben der Ortskirche, den er mit Sorge verfolgte. „Marsch ins Getto" – der Ausdruck bringt prägnant auf den Nenner, wie er diese Zeichen zusammenfaßte und deutete. Dabei war ihm die gute Absicht und der enorme Einsatz dieser Männer keine Frage, aber als echte Antwort auf die Herausforderungen der Zeit vermochte er diese Entscheidungen nicht einzuordnen.

Hinter der Bewahrungs- und Rettungsmentalität, die sich immer lauter äußerte, trat der missionarische Impuls der Kirche mit all seinen Unwägbarkeiten, aber auch seiner Glaubenskraft zurück. Das bedeutete, daß sich Rahner einmal mehr als Einzelpionier auf die Suche zu geben hatte, daß seine Eigenständigkeit und sein persönlicher Mut erneut gefordert waren. Er nahm diese Notwendigkeit an, von der in der Öffentlichkeit weniger zutage trat, weil er inzwischen eine große Schar von Menschen hinter sich zu haben schien, die ihm so oder so folgten und sich auf ihn beriefen. Er selbst stand dieser Gefolgschaft nicht ohne Distanz gegenüber, wehrte manche Ehrung ab, ließ Auszeichnungen in den Hintergrund treten und ging über manches Lob hinweg. Der Eindruck, daß es keine „Rahner-Schule" gebe, daß sich fast alle, die als seine Schüler galten, auf eigenen Wegen voranbewegten, ist voll und ganz begründet.

„Was sollen wir jetzt tun?" betitelte er 1974 ein kleines Bändchen mit vier Meditationen. Es erlebte gleich zwei weitere Auflagen, stellte jedoch mit seiner Frage und mit seiner Art einen bezeichnenden Neuanfang dar. Darin spiegelt sich die Suche Rahners, wie sie ihn in den folgenden Jahren besonders beschäftigte. Von adventlicher Grundhaltung des Menschen im scheinbar grauen, alltäglichen Durchschnittsleben ist da die Rede als Ausgangspunkt und Horizont der Frage, was wir jetzt tun sollen. Zugleich kommt Rahner hier auf die radikale Umkehr zurück, die ihn ständig theologisch herausgefordert hatte, deren Kehrseite die bedingungslose Nähe Gottes zu uns ist. Das wird jetzt in Homilien und Predigten gesagt, die besinnlich machend „erbauen" sollen.

Die Veröffentlichung setzt etwas um, das in Rahners Leben bestimmend wird und sich auf seine Beiträge auswirkt. Er hat keine Rücksichten mehr zu nehmen und nutzt diese Freiheit, wie es ihm recht scheint, zu Gesprächen mit Menschen aller Art, zunehmend auch mit Gruppen, zu denen er bislang weniger Zugang und Kontakt hatte. Er greift unbefangen zu einfacheren Weisen des Sich-Äußerns, probiert und versucht, läßt sich über die Denkweisen anderer Generationen informieren und macht Anstrengungen, seine Sache auch dort verständlich zu sagen und überzubringen, wo Blockierungen eine Verständigung hindern. Erstaunt macht er die Entdeckung, daß dies nicht nur in außer-kirchlichen Kreisen der Fall ist. Im Christentum selbst stößt er zunehmend auf Menschen, die den Sinn der gewohnten Formeln nicht mehr zu realisieren wissen.

Heinrich Böll hat seine kurzen Bemerkungen zu dem Band „Karl Rahner – Bilder eines Lebens"[3] unter die Überschrift gesetzt „Auf der Suche nach einer neuen Sprache" und gemeint, diese Suche sei wahrscheinlich der Grund für die unglaubliche, fast unfaßbare Produktivität Rahners gewesen. Und er führt als Beleg für diesen Eindruck an, daß die Sprache der Theologie sich seit mehr als einem Jahrtausend überfrachtet habe und darüber ihre Mitteilbarkeit verloren hätte, keine Kunde mehr gäbe, zum Selbstzweck zu verkommen drohe, modisch und eitel. „Was Rahner suchte und nicht immer fand, war die permanente Modernität, die Heutigkeit der Kunde, die er vielleicht in der heutigen Literatur und Kunst eher fand als in seiner ‚Disziplin'. Karl Rahner war in seltener Weise beides: offen und geschlossen, eine riskante Kombination, die einzig mögliche."[4] Böll sagt, er sei Rahner nur einmal persönlich begegnet, aber sein Bild von dem Theologen ist weit mehr als nur ein gelegentlicher Eindruck. Dezidiert heißt es: „Das Erstaunlichste an Karl Rahner war die Glaubwürdigkeit seines Glaubens, bei so hoher Intelligenz und auch Intellektualität, auch bei solcher Nüchternheit und Trokenheit. Er war ein Zeuge, der nicht nur Zeugnis ablegte, auch Zeugnis gab. Man hat ihn der Bescheidenheit geziehen, weil er nie viel von sich daher machte. Ich erlaube mir, diese Bescheidenheit anzuzweifeln, die lediglich darin bestand, daß er den gängigen Klischees der Unbescheidenheit nicht entsprach, Getue verabscheute. Unerschrocken-unbescheiden vertrat er vor klobigen Synoden-Arrangeuren seinen Glauben, vertrat ihn vor Päpsten und Kardinälen, ließ sich seine Heutigkeit nicht abkaufen."[5]

Das offene Suchen hing mit der erwähnten Heutigkeit zusammen, die schon am häufigen Gebrauch des kleinen Wörtchens heute bei Rahner belegbar wäre. Aber es bleibt klar: Gemeint ist nicht irgendeine modische Anpas-

---

[3] Vgl. ebd. 97f.
[4] Ebd. 97f.
[5] Ebd. 98.

sung oder ein Nachlaufen hinter Trends und Strömungen, es geht um Rahners Heutigkeit, um sein offenes Mühen, alles erst einmal wahrzunehmen, was entgegenkommt, alles wirklich zu prüfen – mit Wohlwollen –, bevor ein Urteil gebildet oder gar geäußert wird. Dem Vertraut-Herkömmlichen gegenüber war hingegen die Offenheit von Reserve geprägt, die enttäuschende Erfahrungen spiegelte. Eine Unausgewogenheit liegt dennoch nicht vor, weil er die Vertreter der überkommenen Strukturen an ihren eigenen Maßstäben messen mußte und dabei den Eindruck mitnahm, daß von den Forderungen des Christlichen nur einige in Auswahl ernst genommen würden, während andere – wie das Missionarische – so gut wie vergessen seien und mindestens in den praktischen Entscheidungen keine spürbaren Auswirkungen mehr hätten. Seine Kritik ist ein Ruf zu wesentlichen christlichen Haltungen, deren Ausfall auf Dauer nicht nur die Glaubwürdigkeit, sondern die lebendige Wahrung des Christseins selbst fragwürdig werden läßt. Gegen Ende des Jahres 1976 starb in Luzern Otto Karrer (geb. 1888). Er war enger mit Hugo Rahner befreundet gewesen, hatte aber auch Mutter Rahner und Karl Rahner gut gekannt und sich ihnen freundschaftlich verbunden gewußt. Damals schrieb Karl Rahner an die Mitarbeiterin Karrers, Frau Liselotte Höfer, er habe Otto Karrer „für meine Mutter, für meinen Bruder Hugo und für mich doch immer als einen sehr treuen und liebevollen Freund erfahren, dem ich immer dankbar sein werde. Ich erinnere mich immer noch gerne an die Stunde, in der ich ihm 1929 in Günterstal anläßlich der Primiz meines Bruders ministriert habe, an meine Besuche in Luzern, an die Tatsache, daß er selbstlos Texte von mir in einem Buch herausgegeben hat, an die vielen und ausgezeichneten Bücher von ihm, die ich dankbar und mit großem Nutzen gelesen habe, an die große Freundschaft, die ihn und meinen Bruder Hugo verband, an seine Besuche bei meiner Mutter. Das alles sind Kleinigkeiten, wenn man es mit all dem vergleicht, was Otto in seinem Leben im Dienst der Kirche, der christlichen Kirchen und all der Menschen getan hat, denen er als Priester selbstlos und liebevoll begegnet ist." Das Original dieses Briefes im Nachlaß Karrer wird in der Zentralbibliothek von Luzern aufbewahrt. Es verrät eine persönliche Beziehung, die weit zurückreicht und wichtige Personen aus Rahners familiärem Lebenskreis umschließt. Otto Karrer stammte wie die Rahners aus dem südlichen Baden, aber er war 12 Jahre älter als Hugo und 16 Jahre älter als Karl. Schon 1908 hatte er in Innsbruck seine theologischen Studien aufgenommen, nachdem er auf dem Gymnasium in Freiburg gegen Ende in Dr. Meinrad Vogelbacher einen Religionslehrer erlebt hatte, der auch ihn tief beeindruckte. „Bald war er mir ein väterlicher Freund, und ohne daß er direkt vom Beruf gesprochen hätte, war es ihm gegeben, in mir den latenten Wunsch, dann den Entschluß zur engeren Nachfolge Christi für den Dienst am Reiche Gottes zu wecken."[6] Dieses Zeugnis Karrers ist für den Weg der Rah-

---

[6] OTTO KARRER, Autobiographisches, in: Begegnung der Christen (FS Karrer), Stuttgart/Frankfurt a.M. 1959, 15.

nerbrüder ebenfalls aufschlußreich. Aber die eigentliche Bekanntschaft mit dem Landsmann machte Hugo Rahner während der Philosophiestudien in Valkenburg, wo Karrer Anfang der 20er Jahre seine theologischen Studien abschloß. Er hörte dann noch Vorlesungen bei Levison in Bonn, bei dem Hugo Rahner später promovieren würde.

Karrer schied aus dem Jesuitenorden aus und lebte schließlich als freier Schriftsteller in Luzern. Dahinter verbirgt sich eine Krise, auf die hier nicht näher einzugehen ist, an deren Folgen er aber lange und einschneidend zu tragen hatte. Um so bemerkenswerter bleibt es, daß er bei der Primiz von Hugo Rahner 1929 in Günterstal war. Da dieser sich als Historiker spezialisieren konnte und Karrers Anfänge ebenfalls auf diesem Gebiet lagen, ist leicht zu verstehen, daß die Beziehung erhalten blieb und beim unfreiwilligen Exil des Collegium Canisianum und der Facultas Canisiana ins Schweizer Sitten zwischen 1938 und 1945 noch stärker wurde.

Kein Wunder, daß Karrer 1965 einige Ferientage in Österreich nutzte, um dem kranken Freund Hugo einen Besuch abzustatten. Zuletzt hatten sie sich bei Karrers Geburtstagsfeier in Einsiedeln am 30. November 1958 persönlich gesehen, Hugo Rahner noch in voller Gesundheit, sprühend von geistvollem Humor. Kurz nach dem eigenen 60. Geburtstag hatte sich die Parkinsonsche Krankheit bemerkbar gemacht, anfangs noch Hoffnung auf Heilung lassend. Im Frühjahr 1961 nahm Hugo Rahner an einem Kirchenhistoriker-Kongreß in Paderborn teil. Doch Tagesablauf und bauliche Eigenheiten im Collegium Canisianum zu Innsbruck bedeuteten dann eine immer größere Mühe. „Die Witwe eines Freundes, Frau Christine Demelmayer († 1977), bot Parterreräume ihres Hauses in Natters an, und so verbrachte Pater Hugo etwa drei Jahre auf dem schöngelegenen Angerhof am Eingang des Stubaitales. In der Privatkapelle neben dem Haus konnte er zelebrieren. Jedes Frühjahr brachten die Mitbrüder ihn nach Freiburg/Br. in das Sanatorium St. Urban, wo eine wochenlange Spezialkur einen gewissen Stillstand der Krankheit erreichte.

Karrer war durch Hugos Bruder Karl und durch gemeinsame Freunde informiert. Er wußte, daß dies die letzte Gelegenheit zu einem Besuch war, wenn überhaupt – denn er wußte auch, daß sein Zustand den Kranken schon ein wenig menschenscheu gemacht hatte.

So fuhr Karrer am 18. August ins Stubaital, verbrachte den Vormittag auf der Mutterer Alm und telephonierte nach dem Mittagessen in den Angerhof. Frau Demelmayer bat ihn, gegen halb vier Uhr zu kommen, damit Pater Hugo sich nach dem Mittagsschlaf in Ruhe auf den Besuch einstellen könne. Tatsächlich war, wie sie später erzählte, seine erste Reaktion auf die Nachricht erschrockene Abwehr. Karrer... stieg... den heckengesäumten Fahrweg zum Angerhof hinauf – und bei der letzten Biegung kam ihm Hugo Rahner entgegen: mit kurzen, ein wenig schleifenden Schritten, den Kopf gegen die rechte Schulter geneigt, beide Hände nach innen gekrümmt. Es gelang Karrer, kein Erschrecken merken zu lassen und den Freund strahlend mit einem Scherz zu begrüßen. Frau Demelmayer schlug den beiden Herren einen Spaziergang im Park vor, bis der Nachmittagstee bereit wäre – so waren die Freunde nicht gezwungen, gleich Konversation zu machen. Als sich dann alles im schönen Terrassenzimmer um den Teetisch versammelte – es war auch ein Neffe Rahners da, Medizinstudent, der seine Sommerferien im Angerhof verbrachte und die Gastgeberin in der Betreuung des Kranken entlastete –, war bereits erkennbar, wie gut die Gegenwart Karrers dem Freund tat: Pater Hugo genoß sichtlich den Besuch. Auch in dem größeren Kreis war er nun nicht mehr gehemmt – im Gegenteil, er war wieder ganz der geistvolle Gesellschafter, als den man ihn gekannt hatte; die witzigen Neckereien flogen zwischen ihm und Karrer hin und her wie Tennisbälle, zwischendurch erzählte er humorvolle Episoden aus seinen Studentenjahren. Die Atmosphäre war so gelöst und heiter, daß die Anwesenden – und vielleicht sogar Hugo Rahner selbst – zeitweise seinen bedrückenden Zustand vergessen konnten. Wenn dann freilich der Blick auf ihn fiel, wie er einen Becher zwischen seine verkrümmten Hände nahm und vorsichtig trank, wurde man sich der harten Wirklichkeit schmerzhaft wieder bewußt. Noch beim Verabschieden scherzten die Freunde. Doch kaum war Karrer durch die hohe Hecke den Blicken entzogen, da schoß ihm das Wasser in die Augen. Das Erlebnis wurde ihm aber auch Anlaß, sich – wieder einmal – dem Gedanken an die eigene Vergänglichkeit zu stellen. Er war fast zwölf Jahre älter als Hugo Rahner. Wie lange würde er sich noch einer stabilen Gesundheit erfreuen dürfen?

Einige Zeit nach dem Wiedersehen der beiden verschlimmerte sich die Lähmung so sehr, daß der Kranke auch für die alltäglichsten Hantierungen Hilfe brauchte. Das machte ein Verbleiben im Angerhof unmöglich. Die Jesuiten holten Pater Hugo nach München, wohin inzwischen auch Karl Rahner übersiedelt war. 1967 und 1968 konnte er, zusammen mit einem Pfleger, noch ein paar Sommerwochen in Natters verbringen. Karrer erfuhr zwischendurch immer wieder, wie es stand. Er sah Hugo nicht mehr; dagegen besuchte er bei zwei Aufenthalten in Freiburg Mutter Rahner, damals über neunzigjährig. Im Vinzentiushaus, wo sie lebte, wohnte auch die Schriftstellerin Ida Friederike Görres († 1971); sie schrieb am 19. 12. 1968 an Karrer: ‚Morgen ganz früh fährt Mutter Rahner mit den hiesigen Geschwistern nach München zu Pater Hugo. Der Arzt hat heute telephoniert, sie sollten kommen. Alles ist in Gottes Hand – man wagt niemand was zu ‚wünschen'. Ich dachte, Sie würden das wohl gerne wissen.'
Am 21. Dezember 1968 starb Hugo Rahner. Erst in den allerletzten Lebenstagen trübte sich sein Geist, nachdem er neun Jahre lang den physischen Verfall mit wachem Bewußtsein als das ihm von Gott Zugemessene angenommen hatte."[7]

Karrer fühlte sich dem Verstorbenen verpflichtet und bereitete einen Band mit Schriften Hugo Rahners vor. Er teilte im Frühjahr 1969 dem Bru-

---

[7] L. Höfer, Otto Karrer, Freiburg i. Br. 1985, 361–363.

der Karl den Plan mit. Dieser hatte gerade vier Wochen in einem Sanatorium verbracht, antwortete aber erfreut und zustimmend am 14. März: „Ich finde es ist eine sehr gute Idee, diese Auswahl aus den Schriften von Hugo herauszubringen. Es hätte ihm sicher große Freude gemacht, dieses kleine Werk dann in Händen zu halten. – Ich danke Dir schon heute für alle Mühe, die Du dabei auf Dich nimmst – und ich kann nur wünschen, daß jene Verlage, die die Rechte an den einzelnen Beiträgen besitzen, gern zur geplanten Publikation ihre Zustimmung geben"[8]. 1970 erschien dieser Band unter dem Titel „Die Kirche ist immer jung" in Innsbruck.

Karl Rahner dachte damals seinerseits daran, das Andenken an Hugo in lebendiger Erinnerung zu halten. Im Oktober 1972 schrieb er ein kleines Vorwort für ein Herder-Taschenbuch, in dem sich seine „Worte ins Schweigen" und die gemeinsamen „Gebete der Einkehr" finden. Er endete seine Vorstellung: „Das Bändchen, das hoffentlich auch heute Menschen findet, die im Gebet je neu den Gott ihres Heils suchen, möchte ein Zeichen der dankbaren Erinnerung an meinen Bruder Hugo sein, der am 21. 12. 1968 gestorben ist."[9]

In einem weiteren Vorwort zu einem Bändchen mit Texten Hugos von 1981 holte Karl Rahner etwas weiter aus. „Es ist angebracht und wohl jedermann verständlich, wenn ich dieser Auswahl von Texten meines Bruders ein paar Worte vorausschicke, die seinem Andenken dienen und dem Leser sagen, welchen geistlichen Schriftsteller er hier zu sich sprechen läßt"[10]. Dann griff er auf eine Selbstdarstellung Hugos zurück und schloß mit einer Übersicht über dessen Schaffen, in dem er von zwei großen Gruppen von Arbeiten sprach: solchen zur Ekklesiologie und solchen zu Ignatius von Loyola. Am Ende finden sich die schon zitierten Bemerkungen über die Krankheit und den Tod sowie der Wunsch: „Möge diese kleine Auswahl von Texten aus seinem geistlichen Vermächtnis sein Andenken und vor allem seine Spiritualität noch ein wenig weiter lebendig bleiben lassen. Freiburg, 30. Mai 1981"[11].

Für Karl Rahner ergab sich die Erinnerung an den Bruder in diesen Jahren im Zusammenhang mit Gedanken an seine Familie, auch an seine Mutter, die in dem Beileidsschreiben zum Tode Otto Karrers eigens erwähnt wird und an die auch die Zuschrift von Ida Friederike Görres an Karrer erinnert – sie starb nur wenige Monate vor Karrer –, sowie an alte Freunde, deren Sterben Karl Rahner existentieller als je zuvor veranlaßte, das eigene Leben zu überschauen und sich angesichts dieses Lebens im Sinne einer persönlichen Bilanz zu prüfen. Der suchende Ausblick war mit dem sammelnden Rückblick unlöslich verbunden, ja lebte aus den Erfahrungen eines Christentums und einer Kirche, die nicht nur Harmonie und Geschlossenheit bedeutet hatten.

---

[8] Vgl. ebd. 368.
[9] HUGO UND KARL RAHNER, Worte ins Schweigen – Gebete der Einkehr, Freiburg i. Br. 1972, 8.
[10] In: C. WINTERHALTER (Hrsg.), Hugo Rahner, Worte, die Licht sind, Freiburg i. Br. 1981, 7.
[11] Ebd. 16.

Demgegenüber sind die Fragen von Interviewpartnern, wie sie Karl Rahner in dieser letzten Phase immer wieder beantworten sollte, oft vordergründig, wenn ihnen nicht sogar ein Hauch von Indiskretion anhaftet. Die Neigung, sie abzuwehren und herunterzuspielen, sie zu überhören oder in einer Weise auf sie einzugehen, wie es Karl Rahner selbst gerade wichtig schien, läßt sich nicht verkennen. An einem Beispiel mag das verdeutlicht werden. Nach der letzten Übersiedlung ins altvertraute Innsbruck fragte ihn dort ein bekannter Kleriker nach den Gründen für diesen Umzug. Rahner zeigte wenig Neigung, sich auf diese Frage einzulassen, und überlegte einen Moment. Dann zwinkerte er dem Frager mit den Augen zu und meinte: „Sagen wir es einmal so: in Innsbruck sind die Verkäuferinnen freundlicher". Was hier etwas doppelbödig klingt, konnte in anderen Fällen sehr viel direkter und abweisender gesagt werden; denn er wollte im persönlichen Bereich respektiert werden und war der Meinung, es gebe Dinge, die einen anderen nichts angingen. Immerhin suchte er in solchen Fällen oft die Freundschaft oder das Wohlwollen des anderen nicht aufs Spiel zu setzen. Dazu antwortete er dann so, daß er sich die Frage selbst ersparte und den Partner zugleich verstehen ließ, daß er ihn schätze. In der wissenschaftlichen Rezeption von Rahners Denken dürfte einer der bemerkenswertesten Beiträge die Herausarbeitung der methodischen Indirektheit seiner Reflexion, Argumentation und Darstellung sein[12], die offensichtlich nicht nur Eigenart seines theologischen Denkens war.

Das hatte seine Auswirkungen auf Auseinandersetzungen, von denen einige in der Öffentlichkeit nicht nur notiert, sondern auch diskutiert wurden. Wenn es sein mußte oder wenn er dazu eine Notwendigkeit erkannte, konnte Karl Rahner entschieden für eine Sache eintreten und sie verteidigen. Das brachte ihm den Ruf eines Kämpfers ein, der nichtsdestoweniger im Ganzen seines Lebensbildes deutlich zu relativieren ist. Rahner suchte Streit und Auseinandersetzungen nie, ja er ging ihnen sogar eher aus dem Wege, namentlich dann, wenn er sich davon nichts zu versprechen hatte, oft aber auch, weil er sich der Komplexheit von Situationen und Verhältnissen, der Differenziertheit von Menschen und Meinungen klar bewußt war, so daß es ihm unangemessen und unmöglich schien, die Wirklichkeit auf einen eindeutigen Gegensatz oder gar Widerspruch zu reduzieren. Die Geduld des Intellektuellen mit sich selbst macht einen Denker heute eher zum Fremden in einer Gesellschaft, die von starken Kontrasten lebt und kaum noch Zwischentöne wahrzunehmen weiß.

Bei Rahner gab und gibt es diese Zwischentöne und Übergänge, gerade weil er ständig auf das eine Notwendige aus war, das sich indes dem Menschen nicht einfach wie irgendein Gegenstand in die Hand gibt. Das Suchen als Charakteristikum des Wirkens Rahners – am herausforderndsten in der

---

[12] Vgl. E. FARRUGIA, Aussage und Zusage. Zur Indirektheit der Methode Karl Rahners veranschaulicht an seiner Christologie, Rom 1985.

Formel von der „suchenden Christologie" vorgelegt – ist freilich nicht erst in den letzten Bemühungen zu greifen; es übersetzt nur, was der Jesuit in den „Geistlichen Übungen" des Ignatius kennenlernt und so in sein Leben hineinnimmt, daß es alle seine Schritte prägt.

Die Suche lebt aus der Hoffnung des Findens, als christliche zugleich aus dem Wissen um mögliche Überraschung, weil sich dieses Suchen auf Gott richtet, von dem her nicht einfach zu erwarten steht, was der Mensch wünscht, was er sich vorstellen kann, worauf er sich ausgerichtet weiß. Deshalb kommt in diesem Suchen die mögliche Umkehr zur Geltung, die Buße und die Versöhnung als Teil des ersten Schrittes, als Bedingung weiterer Suche, als jene Form von seiten des Menschen, ohne die die Gnade Gottes als die Gnade Gottes nicht ankommen kann.

30. Kapitel

Abschied von München

Das Jahr 1976 markierte für Rahner einen Einschnitt. Nicht nur das Erscheinen des „Grundkurses", lang erwartet, setzte hinter seine wissenschaftliche Arbeit eine Art Schlußpunkt – so wurde es jedenfalls vielfach empfunden –, sondern der Tod der Mutter im Sommer, das plötzliche Hinweggerafftwerden von Kardinal Julius Döpfner und wohl mehr als äußerlich erkennbar eben auch das Hinscheiden eines Freundes wie Otto Karrer gegen Ende dieses Jahres hatten still und unerbittlich die Lage geändert. Karl Rahner lebte seit drei Jahren in der eher etwas laut-studentischen Atmosphäre der Hochschule für Philosophie im Universitätsviertel Münchens. Der Umgang mit Studenten machte ihm Freude, doch mußte er realisieren, daß die jüngere Generation zum Teil ganz anders empfand und dachte, so daß dieses Leben ihm auch Schwierigkeiten bereitete. Wurde er eingeladen, tat er sogar in der Hochschulgemeinde mit, die nebenan lag. Hier wurde er noch stärker mit Erfahrungen konfrontiert, die ihm weniger lagen und eingingen. Die Professoren der Hochschule schließlich, mit denen er ebenfalls lebte, hatten ihre Aufgaben zu erfüllen, so daß sich nur selten ein Sachgespräch, eine Klärung, ein Austausch ergaben, wie es Rahner sich ursprünglich wohl erwartet hatte. Da er selbst in dieser Zeit oft abwesend war, da er eigene Projekte betrieb und deswegen vormittags häufig mit dem Diktieren von Texten beschäftigt, wenig Freiraum hatte, da er viel Besuch empfing und aus anderen Gründen entwickelte sich sein Leben nicht so, daß er sich auf Dauer darin hätte einrichten mögen. Ein paar Hinweise auf Vorgänge und Ereignisse können das illustrieren und belegen. Zunächst fühlte er sich gesundheitlich unsicher; häufigere und längere ärztliche Beobachtungen sind in den Terminkalendern verzeichnet. Unter den behandelnden Medizinern tauchen neue Namen auf, ohne daß darum der Kontakt zu den seit längerem vertrauten Ärzten aufgegeben wird. Im ganzen verfügte er trotz gelegentlicher Schwierigkeiten über eine erstaunliche Gesundheit. Die Erfahrungen mit dem zunehmenden Alter, mit einem spürbaren Verlust an Kräften und der Rückgang im Lebensrhythmus, der im ständigen Vergleich mit den Jüngeren deutlich bewußt wurde, ließen die Sorge nicht zur Ruhe kommen. Einzelne Rückzüge hängen mit diesem Gefühl zusammen.

Weiter ist der Unterschied zu nennen, der zwischen der philosophischen Akzentsetzung in diesem Lebensraum und der deutlich theologischen Ausrichtung von Rahners Denken besteht. Möglicherweise war es eher die größere Ferne zur Seelsorge und die von Rahner gesuchte seelsorgerische

Nähe zu Menschen und Gruppen, die ihm die Identifikation zunehmend schwerer werden ließ. Als Priester und Ordensmann war er immer leichter zu gewinnen, während die großen wissenschaftlichen Einsätze spürbar von ihm zurückgestellt wurden. Solche Indizien lassen verstehen, wie sich nach und nach Voraussetzungen für eine Rückkehr nach Innsbruck ergaben. Der Prozeß dauerte allerdings einige Jahre und scheint anfangs durchaus offen gewesen zu sein. Blättert man Rahners Terminübersichten durch, so stößt man unschwer auf eine weitere Beobachtung, die das Gesagte zusätzlich bestätigt. Während in Deutschland und international die Zahl der Vorträge und Einladungen zurückgeht, findet er immer öfter im nahen Österreich Gelegenheit zu Interviews, Priestertagen, Diskussionen, Reden usw. Die Verbindung nach Salzburg zum dortigen Rundfunk- und Fernsehstudio ist eng und freundschaftlich. Wien und Graz bieten sich oft an. Und Innsbruck wird erneut Ziel von Besuchen, von freundschaftlichen Begegnungen, von immer intensiveren Verbindungen, die nie abgerissen waren. Innsbruck ist für Rahner theologischer und überschaubarer, erlaubt Beobachtungen und Erfahrungen des christlichen und kirchlichen Lebens, die sich in München nicht so leicht machen lassen. Dazu helfen alte Freund- und Bekanntschaften, die an Bedeutung gewinnen, je mehr die Gelegenheit und die Kraft zu neuem Kennenlernen auf persönlicher Ebene fehlt. Die Bekanntheit Rahners steht einem unbefangenen Kontakt oft im Weg, mag sie sich nicht selten auch als Schutz auswirken. München wurde ihm eben weit weniger vertraut. Dazu waren seine Jahre und sein Einsatz dort zu kurz, dazu hatte diese Stadt zuviele Möglichkeiten, Seiten, Schichten.

Instinktsicher hütete sich Karl Rahner jetzt vor Einsätzen, die seine Kräfte überschritten. Und Großtun lag ihm nicht. Eine ernsthafte Bemühung, auf der Ebene philosophischer Diskussion mitzuhalten, wie sie in diesen Jahren an der Hochschule gepflegt und von ihr nach außen hin vertreten wurde, läßt sich im Rahnerschen Oeuvre nicht nachweisen, während er die dort auch zu findenden theologischen Disziplinen durchaus interessiert begleitete, etwa die Einleitung in das Neue Testament (Feneberg) oder die Einleitung in das Mysterium Christi (Weger). Daß er sich von W. Pannenberg gewinnen ließ, 1977/78 in der nahen Evangelisch-Theologischen Fakultät an einer Lehrveranstaltung teilzunehmen, paßt in den Rahmen dieser Beobachtungen. Darum hielt sich Rahner im Berchmanskolleg nicht zurück. Gelegentlich übernahm er kleine Vorträge, bot Anregungen und gab Impulse, jedoch alle geistlich-theologischer Art. Dabei akzentuierte sich spürbar die Zugehörigkeit zum Orden und der Rückgriff auf eine lebendig verstandene Tradition von Ignatius und den Exerzitien her.

In dieser Zeit wird noch einmal unterstrichen, was schon in den wenigen Jahren innerhalb der Philosophischen Fakultät der Münchener Universität greifbar wurde: Er ließ sich kaum auf Philosophie im eigentlichen Sinn ein, obschon ihm das von seiner Umgebung und vom Einsatzort nahegelegt wurde. Statt dessen äußerte er immer wieder kritische oder reservierte Bemerkungen über Wissenschaft um der Wissenschaft willen, weil ihm erkennbar die Fragen der Mission und der Wandlungen in den traditionellen Gemeinden und Kirchen soviel zu schaffen machten, daß er fürchtete, über einer rein als solche betriebenen Wissenschaft könnten Herausforderungen und Möglichkeiten verpaßt werden, die nicht zu verpassen seien.

Schon immer hatte sich Rahner in besonderer Weise für die Priesterausbildung und -fortbildung verantwortlich gefühlt. Die in diesen Jahren massiven Schwierigkeiten der konkreten Gestalt dieses Amtes bedrückten ihn und ließen ihn nach Möglichkeiten Ausschau halten, jungen Mitbrüdern auf dem Weg und beim Start im priesterlichen Dienst wirksam Hilfestellung zu leisten. Da kam ihm zunächst die Einstellung zur eigenen Gemeinschaft in den Sinn, die er 1975 u. a. so formulierte: „heute noch Jesuit sein und Jesuit bleiben ... Nicht weil der Orden auch heute noch in der Kirche einen nicht unbedeutenden Einfluß hat, nicht weil er auch heute noch viele Universitäten betreibt, Gelehrte aller Art hervorbringt, sich in Massenmedien bemerkbar macht usw. Nicht einmal weil er sich doch in vielen Ländern deutlicher als früher auf die Seite der Armen und Unterdrückten gestellt hat. Sondern weil, über alle seelsorgerliche, kirchliche und kirchenpolitische Arbeit mit und ohne Erfolg hinaus, auch heute nach meiner Erfahrung in vielen der Mitglieder ein Wille lebt zum ungelohnten, schweigend getanen Dienst, zum Gebet, zum Sicheinlassen auf die Unbegreiflichkeit Gottes, zur gelassenen Annahme des Todes, in welcher Form er auch immer kommt, zu Jesus dem Gekreuzigten"[1]. Nachdem er das durch den Hinweis auf konkrete Gestalten verdeutlicht hatte, fügte er hinzu: „Ordensleben bedeutet für mich den Mut, der sich lohnt, sich von anderen etwas sagen zu lassen, eine vorschnelle Verliebtheit in seine Meinungen und Gefühle zu überwinden"[2]. Endlichkeiten und Unzulänglichkeiten werden nicht übergangen oder verharmlost; der Vergleich mit anderen Gemeinschaften, soweit immer möglich und sinnvoll, wird angedeutet. Zuletzt jedoch gilt einfach: „Ich hätte mein Leben als Jesuit nie leben können, wenn ich nicht das innere Verhältnis eines unbedingten Glaubens an Jesus Christus den Gekreuzigten und Auferstandenen gefunden hätte. Denn ihm soll mein Leben dienen, sein Leben soll es fortsetzen, die Kraft seines Lebens bezeugen ... Unter viel Asche brennt auch heute in meinem Orden die Liebe zu der Unbegreiflichkeit Jesu und seines Schicksals. Von daher dient er der Kirche und kann ihr gegenüber und gegen sich selbst sehr kritisch sein, sich auf das Experiment einer nicht vorauskalkulierbaren Geschichte einlassen und Leben, Erfolg und Mißerfolg, Prestige und Unbedeutsamkeit getrost als Teilnahme am Geschick dessen entgegennehmen, dessen Name mein Orden (gewiß ein wenig unbescheiden, aber auch voll rührender Hoffnung) trägt."[3] Wer die Sache so prinzipiell

---

[1] KARL RAHNER, in: Jesuiten. Wohin steuert der Orden?, Freiburg i. Br. 1975, 142.
[2] Ebd. 143.
[3] Ebd. 145.

angeht, der ist durch vordergründigere Erscheinungen nicht mehr zu irritieren, mögen sie ihm auch wehtun und zu schaffen machen. Jedenfalls hat sich Rahner Mühe gegeben, den jungen Mitbrüdern, die sich auf diesen Weg einlassen wollten, etwas davon zu vermitteln und weiterzugeben. Sie mußten erleben, worauf es letztlich ankommt, sie mußten erfahren, was in dieser Einstellung möglich wird an Gutem wie an Ungutem. Im Licht dieser Perspektive ist seine Teilnahme an Priesterweihen und Primizen zu sehen, die er im Terminkalender notiert hat. Unter den fünf Primizianten, von denen sich Rahner zwischen dem Sommer 1977 und Ende 1978 zum festlichen Beginn des priesterlichen Dienstes einladen ließ, finden sich auch die Namen der Patres Imhof und Sporschill, die in den letzten Jahren Karl Rahner hier und da begleiteten und ihm halfen, den Stil der jüngeren Generation besser verstehen zu lernen. Fünf Jahre nach Rahners Tod hat Georg Sporschill im Nachtstudio des Salzburger Rundfunks eine bezeichnende Zusammenfassung gegeben. Er wies darauf hin, Rahner habe ihm bei der Herausgabe einer geistlichen Zeitschrift viel geholfen, da er sich selbst damit anfangs schwer getan habe. Und das sei typisch für Rahner gewesen: ein Problem und ein Mensch, der dazu Hilfe gebraucht habe. „Er hat berühmte Professoren oder wichtige Würdenträger gerne stehengelassen, um Leuten, die klein und vor der Welt vielleicht nicht wichtig waren, zu helfen ... Er hatte direkt Lust daran, mit kleinen Leuten zusammenzusein, die sich nicht beeindrucken ließen vom berühmten Professor Rahner. Und wo er gespürt hat, denen kann er menschlich helfen. So sind wir zusammengekommen auch durch das Jugendhaus der Caritas in Wien, das damals in Gründung war. Er hat diesen Wunsch sehr unterstützt, indem er zum Beispiel, immer wenn er in Wien war, fast demonstrativ in diesem Haus übernachtet hat, obwohl er selbst von sich sagte: Ich fühl mich hier wie ein kleines grünes Männchen, das auf dem Mond landet; so fremd war ihm diese Welt der Obdachlosigkeit, der Kriminalität und vielleicht auch die der Jugend. Trotzdem haben ihn alle immer angenommen und gerngehabt, weil er viel gefragt hat. Er war sehr neugierig; er hat Tätowierungen studiert und bewundert. Er ist mit unseren Burschen in den Prater gegangen und ließ sich von ihnen in diese Welt einführen. Er war mit ihnen im Kaffeehaus, und ich erinnere mich, wie er einen leise gefragt hat: Du, ist der oder jener drogensüchtig? – Er war neugierig, wollte fremde Welten kennenlernen, begleiten, ermutigen ohne den eigenen Anspruch, alles verstehen zu müssen, auf alles Antworten zu haben. Das hat er nie versucht bei uns. Ich glaube, darin hat sich seine Größe gezeigt."[4]

Die Bemerkungen betreffen Gewohnheiten Rahners, die in seiner letzten Lebensphase zu beobachten waren, aber sie verweisen auf Ansätze, die schon früher spürbar wurden. Erst im nachhinein lassen sie sich ganz einordnen und beurteilen. Wichtig sind sie zur Erklärung nicht nur Rahnerscher Beiträge oder seiner Äußerungen, er sei – nach den Maßstäben hoher Wissenschaft ge-

---

[4] Nach dem Typoskript des ORF; H. GAISBAUER, Löscht den Geist nicht aus, vom 29.3.1989, 4–5.

messen – im Grunde nur „Dilettant" gewesen. Diese Formulierung ist doppelbödig und muß mit dem Urteil über Ignatius von Loyola zusammengelesen werden, daß dieser – wenn er schon kein Theologe gewesen sei – auf jeden Fall mehr als ein solcher gewesen sei, weil er in richtiger Weise auf die noch kommenden Entwicklungen reagiert habe und Mittel und Wege erschloß, die gegenüber ganz neuen Schwierigkeiten brauchbar und hilfreich sind.

Im Blick auf München bedeutet das: Rahner fühlte sich mit seinem Wollen und Mühen in der vorgegebenen wissenschaftlichen Gesellschaft mit ihren Standards und ihren Grenzen immer weniger zu Hause, weil er ein zu waches Gespür für Voraussetzungen und Konsequenzen besaß, als daß er sich in diese Welt hätte einschließen lassen können. Die Rückkehr nach Innsbruck muß deshalb als Versuch eines Freikommens gesehen werden, so merkwürdig dies im Blick auf seinen früheren Weggang von dort klingen mag.

In jedem Fall ist eine Bewegung in Rahners geistiger Entwicklung der 70er Jahre festzustellen, die wegführt von dem, was der herkömmliche Wissenschaftsbetrieb in all seiner fixen Institutionalisierung an Spielregeln vorgibt. Nicht als ob Rahner sich über sie stellen wollte oder als ob er sie für überholt und sinnlos ansähe. Eher das Gegenteil ist der Fall. Er konnte den Heidenrespekt erwähnen, den ihm echte wissenschaftliche Leistung einflöße. Zugleich ließ er aber keinen Zweifel, daß er solche Leistung weit weniger vorliegen sah als es viele Ansprüche suggerieren möchten. Ihm machte mehr das immer weitere Auseinanderklaffen von technisch und gedanklich ausgefeilten Beiträgen und ihrem höchst eingeschränkten praktischen Lebenssinn zu schaffen. Dabei geht es um eine Verantwortung von Wissenschaft vor den Menschen und vor der Welt, die sich mit der Verantwortung von Wissenschaft vor den wissenschaftlichen Normen nicht mehr in Einklang bringen lassen will.

Unter den Jüngeren ist das bisweilen dahin mißverstanden worden, als komme es nicht auf anstrengende und solide Bemühungen an. Aber einer aufgeblasenen Oberflächlichkeit wollte Rahner wirklich nicht das Wort reden, ebenso wenig wie ungedeckten Forderungen und schöntönenden, aber leeren Phrasen. Seine Haltung zu verstehen, setzt ein nicht gewöhnliches Maß an Übersicht und Umsicht voraus, auch an Mut, Dinge, die bei jemandem kaum zu erwarten stehen, der sich unter Einsatz aller seiner Fähigkeiten im Sinne des Peter-Prinzips hochgedient hat, aber eben auch nicht bei jemandem, der über Probleme und Schwierigkeiten mehr hinweggetragen wird, ohne je ernsthaft einen Einsatz oder eine Anstrengung eingebracht zu haben. Eine gewisse Bürgerlichkeit der Wissenschaft – ist diese nicht in ihrer Gestalt des vorigen Jahrhunderts in auffallender Weise Kind der Bourgeoisie? – ist dabei, sich in Sackgassen zu verrennen, selbst wo sie ausdrücklich Bürgerlichkeit angreift. Für Rahner ist das nicht Thema einer theoretischen Diskussion und Auseinandersetzung, sondern ein Stück Lebensorientierung, die praktisch und Schritt für Schritt vorgenommen wird. Im heute möglichen zusammenfassenden Rückblick profiliert sich das deutlicher als es damals erschien. Auch dies stellt sich als Teil des Abschieds von München heraus. Neben den stillen Schritten auf diesem Weg fehlte es schließlich nicht an einigen eklatanten Auseinandersetzungen, die in der Öffentlichkeit lautere Diskussion auslösten. Es wäre indes verfehlt, diese punktuellen Aktionen aus ihrem Kontext zu isolieren und für sich betrachten zu wollen. Der sich dann ergebende Eindruck müßte unvermeidlich fragmentarisch und schief ausfallen. Von einem Fall hat der damalige Provinzialobere von Karl Rahner unter dem Titel „Protest und Ordensgehorsam"[5] berichtet. Daneben gab es noch einige andere Anlässe, sich öffentlich kritisch und anklagend zu äußern, so im Zusammenhang mit der sogenannten „Befreiungstheologie" und der „Entwicklungshilfe" sowie gegenüber Eingriffen in die Lebens- und Organisationsgesetze des eigenen Ordens. Manches davon gehört schon in die letzten Lebensjahre und ist hier noch nicht zu betrachten. Für den alten Freund Robert Scherer, den ehemaligen Cheflektor des Herder-Verlages, gab Karl Rahner 1979 zusammen mit dem Freiburger Religionsphilosophen Bernhard Welte den Band „Mut zur Tugend – Über die Fähigkeit, menschlicher zu leben"[6] heraus. Wie Rahner vollendete Scherer in diesem Frühling sein 75. Lebensjahr. Den Reigen der Beitragenden eröffnete Rahner mit seinen bezeichnenden Überlegungen „Die Spannung austragen zwischen Leben und Denken"[7], die er als „Plädoyer für eine namenlose Tugend" verstanden wissen wollte. Die Spannung zwischen Leben und Denken wurde ihm deutlich sichtbar immer mehr zur Aufgabe dieser Jahre. Wie war mit dieser Spannung, in der das Leben den ersten, das Denken den zweiten Platz einnimmt, umzugehen? Rahner spricht von „austragen" und drückt seine Auffassung aus, daß es sich dabei um eine Tugend handle, zu der man – dem Titel des Sammelbandes entsprechend – Mut haben müsse. Daß er nicht allein an persönliche Erfahrungen denkt und individuell-private Schwierigkeiten im Auge hat, ergibt sich aus dem Kontext dieser Jahre ebenso wie aus seinen veröffentlichten Äußerungen. Interessant bleibt die Suche nach einer namenlos genannten Tugend, die also noch gar nicht benannt werden kann. Da ist seiner Meinung nach theoretisch etwas offen, wenn auch im Leben die Sache längst praktiziert wird.

Im September 1978 hatte Rahner solche Suche nach einem richtigen Verhalten als Mitte zwischen Extremen am Beispiel der „Befreiungstheologie" erläutert[8]. Angesprochen darauf, daß er als Vorkämpfer der Befreiungstheologie gelte, auf den sich Klassenkämpfer wenigstens als Inspirator berufen würden, antwortete er mit einer entscheidenden Differenzierung. Seine Theologie sei nicht so spezifisch und wolle nicht mehr als der Konzilskonstitution „Gaudium et spes" entsprechen. Er unterscheide sich allenfalls von Kollegen dadurch, daß er „etwas mehr Vorbehalte gegenüber der Mentalität des deutschen Katholizismus und der deutschen Bischöfe äußere"[9]. Und dann distan-

---

[5] In: Karl Rahner – Bilder eines Lebens, 126f.
[6] Freiburg i. Br. 1979.
[7] Ebd. 11–18.
[8] Vgl. Karl Rahner – Glaube in winterlicher Zeit, 78–82.
[9] Ebd. 78.

ziert er sich klar von Extrempositionen, bevor er sagt, er stehe „positiv zu Gruppen linker Christen wie ‚Calama' ..., ohne ihr Theoretiker zu sein"[10]. Grund dafür bietet die christliche Grundinspiration einer Anzahl von Gruppen und die Selbstlosigkeit von Menschen, die dienen wollen. Solche Gruppen solle die Kirche tolerieren. „Wo man nicht weiß und nicht wissen kann, ob man es mit Wahrheit oder Irrtum zu tun hat, müßte die Kirche Experimente dulden."[11]

Dann spricht er von restaurativen Tendenzen in der Kirche Deutschlands, wobei es auch solche gebe, die Unterstützung verdienten. Aber er stelle sich auf die Seite jener, „die gegen eine Restauration sind, die von oben gewissermaßen verordnet ist"[12]. Offensichtlich würde einer solchen Strömung etwas abgehen, was sie christlich wirklich legitimieren könnte. Im übrigen versuchte Rahner in diesem Interview, seinen Partner immer wieder von zu einfachen und plakativen Entgegensetzungen abzubringen und ihn auf die Komplexität der Erscheinungen hinzuweisen. Viel Erfolg hatte er damit nicht, konnte aber doch zum Ausdruck bringen, was er mit seiner Initiative in dem offenen Brief zu „Adveniat" beabsichtigt hatte, nämlich erkennen zu lassen, wie die Theologie der Befreiung die Augen für das strukturelle Unrecht geöffnet habe. Das verlange die Klärung des Verhältnisses von struktureller und persönlicher Sündhaftigkeit, damit sich angeben lasse, wann die Verantwortung des konkreten Menschen akut werde. Er hoffe, der offene Brief habe dazu beigetragen, daß die Theologie der Befreiung für Südamerika möglich bleibe. Von Puebla erwarte er keine Katastrophe, weil man das Konzil auch dort nicht abschaffen könne.

Das Thema „Theologie der Befreiung" hat Rahner engagiert. Das ist die eine Seite der Wirklichkeit. Er hat sich aber sehr genau an jene Grenzen gehalten, die ihm von seinem Informationsstand und von seiner Kompetenz gezogen waren, d. h. er hat ebenso energisch bestimmte Gegegebenheiten in der „Theologie der Befreiung" abgelehnt und zurückgewiesen. Ich lasse „mir das Relativieren und Differenzieren nicht verbieten"[13], so hatte er sein Verhalten hier verteidigt. Zuvor war er als Mitherausgeber für den informativen Sammelband „Befreiende Theologie – Der Beitrag Lateinamerikas zur Theologie der Gegenwart"[14] hervorgetreten, den er mit einem Vorwort[15] eingeleitet hatte. Es soll ein informiertes Urteil möglich werden, eine Absicht, die ganz dem Fragen und Suchen entspricht, das der Jesuit von den Geistlichen Übungen des Ignatius von Loyola an einübt. Von Theologie ist die Rede, „die von der Erfahrung der Unfreiheit und Ungerechtigkeit her das Ganze des christlichen Glaubens neu zu durchdenken sucht und so die Praxis des christlichen

---

[10] Ebd. 79.
[11] Ebd.
[12] Ebd. 80.
[13] Ebd. 79f.
[14] Stuttgart 1977.
[15] Ebd. 6–8.

Lebens nicht nur als Anwendungsbereich christlicher Prinzipien, sondern auch als ursprünglichen Topos der Erkenntnis des Glaubens selbst zu verstehen sucht."[16] Ganz deutlich markieren die Schritte von der Erfahrung auf das Ganze des Christentums die Art, in der er seine geistigen Bemühungen strukturierte. Die Frage wäre nur, welches Sachproblem für ihn persönlich die Erfahrung von damals bestimmte. Und das wäre wohl jene Mentalität der deutschen Kirche, die ihm zu sehr nach hinten gewandt, zu wenig missionarisch und entdeckungsfreudig, zu stark auf Sicherheit bedacht, echte Herausforderungen abzutun oder vielleicht gar nicht wahrzunehmen geneigt schien. Was mit der Würzburger Synode an Hoffnung verbunden war, löste sich in dieser Phase weithin auf und führte zu einer Sicht der Gegenwart, die auf die Entscheidung zum Abschied von München unverkennbar Einfluß bekam. Rahner hat das mit Rücksicht auf die Voraussetzungen der kirchlichen Lage in Südamerika 1980 noch einmal im Nachwort zu dem Büchlein „Christenverfolgung in Südamerika – Zeugen der Hoffnung"[17] eindrücklich zu beschreiben versucht. Der kleine Text ist eher unbekannt. Er bringt eingangs das existentielle Interesse Rahners an dem „Lateinamerikanischen Martyrologium unserer Zeit" vor und unterstreicht, das Buch solle betroffen machen im Sinne der Pflicht des Menschen und Christen, über die berichteten Ereignisse nachzudenken, ihnen die Möglichkeit einzuräumen, das eigene Leben zu verändern[18]. Rahner ist nämlich der Meinung, hier seien Martyrien „im streng theologischen Sinne des Wortes"[19] erzählt, wenn es auch nicht leicht sei, diesen theologischen Begriff zu entfalten. Das hier Wiedergegebene realisiere im ganzen „die Bedeutung und die Funktion des Zeugnisses für die übernatürliche Sendung der Kirche"[20], selbst dort, wo das Martyrium „anonym" bleibe. Diese „anonymen Campesinos mahnen uns doch in einer eigentümlichen Weise daran, daß auch in der modernen Massengesellschaft der einzelne nicht untergehen muß, sondern die namenlos und vergessen Besiegten die wahren Sieger sind"[21]. Das Fazit: „Kann man, wenn man dieses Buch gelesen hat, die Theologie der Befreiung noch in Bausch und Bogen als modernen Säkularismus ablehnen? Oder muß man zugeben, daß der ‚Sitz im Leben', der Ausgangspunkt dieser Theologie der Befreiung legitim ist, weil diese Theologie an dem Punkt einsetzt, von dem der Weg auch zu dem Ende führt, in dem einer sein Leben hingibt für seine Brüder? Zeigt nicht dieses Buch eine Theologie der Befreiung, die gelebt wird, die gewaltlos ist, aber nicht l'art pour l'art (Kunst als Selbstzweck) ist, sondern sich für die Armen und Elenden verantwortlich weiß?

Dürfen wir aus unserem spießbürgerlichen Wohlstandsmilieu heraus sol-

---

[16] Ebd. 7.
[17] In: ebd., M. LANGE – R. IBLACKER (Hrsg.), Freiburg i. Br. 1980, 179–182.
[18] Vgl. ebd. 179.
[19] Ebd. 180.
[20] Ebd.
[21] Ebd. 181.

che Theologen diffamieren, wo eine solche theologische Sentenz drüben praktisch ihr Todesurteil sein kann? ... Wir Christen Europas sind in der Gefahr, gar keine Hoffnung mehr zu brauchen. Drüben in Lateinamerika sind Menschen, die hoffen können müssen, wenn sie nicht verzweifeln wollen. Sie sollten uns lehren, daß nur der Mensch, für den die Hoffnung auf eine unendliche Zukunft das Leben tragbar macht, ein Christ ist. Wir brauchen Zeugen der Hoffnung."[22]

Einen Angriff auf diese Hoffnung sah Rahner gegeben, als im Jahre 1979 die Emeritierung des Münchener Fundamentaltheologen Heinrich Fries anstand und sich die Fakultät für die fällige Nachfolge auf Prof. J. B. Metz einigte, dieser Vorschlag indes von den zuständigen administrativen Instanzen unterlaufen wurde. Die Fakultät hatte Metz auf die erste Stelle ihrer Vorschlagsliste an das Ministerium gesetzt. Bayerischer Kultusminister war damals Prof. Hans Maier, der diesen Wunsch der Fakultät nicht berücksichtigte. Nach einigem Hin und Her wurde klar, daß er mit seiner Entscheidung einer Erwartung des Münchener Erzbischofs Josef Ratzinger entsprochen hatte. Als die Umstände greifbar wurden, meldete sich Rahner in der Öffentlichkeit mit einem energischen „Ich protestiere"[23] zu Wort. Nicht zufällig erinnert dieser Protest an das „J'accuse" des offenen Briefes von Emile Zola (1898) an den französischen Staatspräsidenten, mit dem die „Dreyfus-Affäre" wesentlich in die Öffentlichkeit getragen wurde.

Die Tatsachen sind, soweit nicht schon angedeutet, rasch berichtet. Während der Ferienzeit im Sommer 1979 wurde in München bekannt, daß der Kultusminister sich nicht an den von der Fakultät vorgelegten Vorschlag für die Besetzung der Professorenstelle Fundamentaltheologie halten würde. Diese Nachricht löste in versierten Kreisen jenes Nachfragen aus, das schließlich ergab, was hinter dieser Entscheidung steckte, wenn auch die Motive nicht direkt greifbar wurden. Die Vermutung ging dahin, es solle so eine theologische Grundposition getroffen werden, die weltweit hohes Ansehen genieße. „Rahner nennt diesen Fall typisch für die derzeitige Situation der katholischen Kirche. Er ruft dazu auf, nicht alles resigniert hinzunehmen. Sein Aufruf lautet: ‚Man muß sich wehren!'"[24] Rahner hat seinen Protest selbst mit einer persönlichen Vorbemerkung eingeleitet. Er spricht davon, Metz sei sein Freund und Schüler, doch sei das kein Grund, die sachliche Berechtigung des Protestes anzuzweifeln. Auf diese sachliche Berechtigung legt Rahner größten Wert. Gerade als Ordensmann hat er nach längerem Überlegen die Stellungnahme ohne das Einverständnis der Ordensoberen veröffentlicht, weil ihm schien, daß hier eine Pflichtenkollision kein anderes Handeln erlaubte. Auf diesen Konflikt geht sein Oberer später in dem schon erwähnten Bericht ein[25]. Sehr

---
[22] Ebd. 181f.
[23] In: Publik-Forum 8 (1979) Nr. 23, 15–19.
[24] In: Publik-Forum 8 (1979) Nr. 23, 15.
[25] In: Karl Rahner – Bilder eines Lebens, 126f.: Protest und Ordensgehorsam.

umsichtig stellt Rahner dann die Daten zur Sache zusammen und berichtet, der Erzbischof von München habe den Minister veranlaßt, „überhaupt nur wegen des Zweitplazierten der Vorschlagsliste bei ihm anzufragen und ihn so der Verlegenheit zu entheben, Metz ausdrücklich ablehnen oder gar dafür Gründe angeben zu müssen"[26]. Rahner argumentiert so, daß er schließlich zu dem Vorwurf gelangt, wer eine solche Entscheidung betreibe, sei „im Grunde ungerecht und schädigt auch die Freiheit der Theologie, die sie legitim haben muß"[27]. Am Schluß bedenkt Rahner in seinem Protest die Wehrlosigkeit des Christen an der Basis der Kirche gegenüber dem Mißbrauch der Macht, der sich auch in der Glaubensgemeinschaft findet. Das sei schwer zu tragen, selbst unter der Einsicht, daß solche Wehrlosigkeit hier gar nicht ganz vermieden werden könne.

Und selbst wenn sich für den Glaubenden darin noch ein sublimer spiritueller Inhalt entdecken lasse, sei das wahrhaftig „keine Legitimation für die Amtsträger in der Kirche, sorglos mit ihrer Macht umzugehen und gegen sich selbst unkritisch darauf loszuregieren. So etwas ist auch in kleinen Dingen schrecklich. Man muß sich wehren, auch wenn der Widerstand, der dem Christen in der Kirche gestattet ist, zunächst erfolglos bleibt."[28]

Das klingt sehr resignativ und bringt ein wenig von der Enttäuschung an der Ortskirche zum Ausdruck, die seit der Würzburger Synode für Rahner immer stärker geworden war. Wenn er seinen Protest von 1979 mit der Frage beschließt: „Verstehen Sie, warum ich protestiere?"[29] dann deutet sich darin eine Unsicherheit an, ob viele überhaupt folgen und folgen können, ob sie erfassen, worum es wirklich geht, oder ob sie nur leichtfertig und oberflächlich ihre Möglichkeiten einsetzen, ja damit herumspielen. Eine Kirche, in der diese Mentalität bestimmend ist, würde ziemlich sicher ihren Moment verpassen und hätte es sich wesentlich selbst zuzuschreiben, wenn ihr die Glaubenden immer mehr fehlen. Wie tief für Rahner die Erfahrung dieses Protestes reichte, ist nicht exakt festzulegen. Er selbst hat sich jedenfalls nicht leichtfertig in der Sache zu Wort gemeldet.

Hoffen können müssen, um nicht zu verzweifeln ... Gilt das nur für Lateinamerika oder nicht viel unheimlicher noch auch für Europa und für die etablierten Kirchen, in denen alles so geregelt und ordentlich abläuft? Karl Rahner hat in den Abschiedsjahren von München nach Gründen für solche Hoffnung Ausschau gehalten, hat die Orte und Plätze dieser Hoffnung zu entdecken gesucht, hat auf Risiko hin Entscheidungen getroffen, die Zuwendung waren nach dort, wo er solche Hoffnungschancen vermutete. Rahners erstaunliche Kehre zur Jugend beginnt schon in München und kennzeichnet nicht nur die letzten Jahre von Innsbruck aus. Im Herbst 1978 unterzeich-

---

[26] In: Publik-Forum, 16.
[27] Ebd. 18.
[28] Ebd. 19.
[29] Ebd.

nete er zusammen mit seinem Mitbruder K.-H. Weger das Vorwort zu dem Bändchen „Was sollen wir noch glauben? Theologen stellen sich den Glaubensfragen einer neuen Generation",[30] das in der Herderbücherei für breiteste Kreise erreichbar sein sollte. Was hier geboten wird ist der Versuch eines Gedankenaustauschs zwischen einer „neuen Generation" und Theologen, „wie er in der normalen Glaubensliteratur nicht üblich ist". Denn es seien Fragen ehrlich formuliert, die selten ausgesprochen würden. „Das Denken der Gegenwart, der ‚neuen Generation', ist weithin von resignierter Skepsis geprägt ... Resignierte Skepsis. Angst, auf etwas hereinzufallen, und dennoch mit dem Leben weder zufrieden noch versöhnt: Das ... ist eher die Leere von Satten, die von Überzeugungen, Weltanschauungen, Religionsangeboten überfüttert sind und denen auch der christliche Glaube nur wie eine der vielen Meinungen vorkommt, die auf dem Weltmarkt der Ideologien feilgeboten werden."[31] Angesichts dieser Lage wird unternommen, die Sache und die Glaubwürdigkeit christlichen Glaubens zur Sprache zu bringen, um zu prüfen, ob es nur um einen „Überbau" geht, der dem Leben keine wirkliche Hilfe bietet.

Es kann in unserem Zusammenhang auch jetzt nicht darum gehen, den literarischen Inhalt dieses Bändchens zusammengefaßt wiederzugeben. Wichtig ist der angezielte Adressatenkreis, nämlich Menschen am Rande des Christentums mit Fragen und Problemen, Menschen, denen nicht einfach etwas Selbstverständliches zu bestätigen ist, denen eine theoretische Frage auf gleicher Ebene zu beantworten wäre. Die Diskussion um den Sinn von Glauben, um Gott, Offenbarung, Jesus Christus und Kirche löst nicht alle Aporien und Probleme. „Wenn das Ganze und Wesentliche des christlichen Glaubens etwas deutlicher wird, wenn Fragen eine Antwort finden, die sonst kaum gestellt und deshalb auch kaum beantwortet werden, dann hätte das Buch schon seinen Zweck erfüllt"[32].

Dieser Buchzweck wendet für die Veröffentlichung an, was eigentlich Anliegen und Motiv aller Bemühungen Rahners in dieser Zeit ist. Das Buch weist freilich noch einen sehr stark theologisch wissenschaftlichen Charakter auf; es will ja auch die weniger beachteten Fragen angehen, die sich aufgrund der neuen Situation aufdrängen, aber im herkömmlichen Rahmen christlichen Lebens und Denkens noch weitgehend als selbstverständlich gelöst vorausgesetzt werden. Und es tut das, so sehr breite Leserkreise erreicht werden sollen, doch in einer Form und auf einer Ebene, die bei aller Fragmentarität des Ergebnisses deutlich an den Standards gängiger theologischer Rede orientiert sind. Immerhin läßt sich hier die Richtung der weiteren Entwicklung greifen und deshalb ein Stück weit verstehen, inwiefern sich auch darin der Abschied von München ankündigt. München steht im

---

[30] KARL RAHNER – K. H. WEGER, Was sollen wir noch glauben?, Freiburg i. Br. 1979, 9.
[31] Ebd. 9f.
[32] Ebd. 10.

Leben Rahners für einen Einsatz und ein Umfeld, dem gegenüber ihm mehr und mehr Reserven lebendig werden.

Die Landeshauptstadt Bayerns indes setzte in ihren offiziellen Vertretern am 18. Juni 1979 ein deutliches Gegenzeichen durch die Verleihung des Kulturellen Ehrenpreises an Karl Rahner. Man wollte damit anerkennen, daß sein Schaffen über den deutschen Sprachraum hinaus bei allen christlichen Konfessionen gewürdigt sei. Das wird auch inhaltlich ausgeführt. Schließlich stellt der Stadtrat fest, mit der Landeshauptstadt München seien für Rahner fruchtbare Jahre des Schaffens verbunden, und der Oberbürgermeister betonte, die Stadt sei Teil jener kulturellen Landschaft gewesen, aus der die bleibenden Schöpfungen des Preisträgers erwachsen seien. Seine Überlegungen zum Spezifischen der Münchener Kultur enden freilich im Blick auf Rahner auch in dem Eingeständnis, dessen Wirken sei aus einem bloßen Münchner Blickwinkel ohnehin nicht zu fassen. „Aber da Sie wichtige Jahre ihres Lebens und Ihrer Lehrtätigkeit mit München verbinden, dürfen wir Sie einen ‚gelehrten' Münchner und einen ‚Münchner' Gelehrten nennen"[33]. Die eigentliche Laudatio fiel an diesem Tage und bei diesem Anlaß Prof. W. Pannenberg zu. Auf sie ist hier nicht einzugehen. Wichtiger bleibt im Rahmen der Biographie, wie Karl Rahner auf diese Ehrung reagierte. Es war ein einfaches Dankwort, das er sprach. Kurz ging er darin auch auf die allgemeine Rolle einer Stadt, einer Polis und Urbs ein. „München wäre nicht München, wenn man alles das streichen würde, was in ihm Gegenwart und Ausdruck von Kultur und Christentum in einem ist. Darum darf, so meine ich, ein solcher Kulturpreis auch einmal an einen gehen, der Theologe ist, der in München lebt und München liebt. Daß gerade *ich* dieser Theologe sein soll, das überraschte mich … Ich möchte den materiellen Teil dieser Ehrung der Errichtung eines kleinen Denkzeichens an Alfred Delp zukommen lassen. Delp war mein Schüler, mein Studiengefährte und mein Freund. Ich meine, er, der doch in München lebte, verdiene es, daß er nicht vergessen wird."[34]

Der Hinweis auf A. Delp in diesem Zusammenhang knüpft an Widerstand und Martyrium an, die in diesen Jahren des Abschieds von München für Rahner bedrückend lebendig waren, wie oben ausgeführt ist. Insofern rundet sich mit dieser Preisverleihung das, was ihn innerlich und in seinem äußeren Suchen während dieser Jahre umtrieb. Mit der Erinnerung an Delp, für den gewissermaßen Rahner den Preis einsetzte, gab er ein Signal, welche Gestalt Münchens in besonderer Weise verkörpere, was ihm wichtig und entscheidend schien.

---

[33] Sonderdruck zur Verleihung des Kulturellen Ehrenpreises 1979, München, 9.
[34] Ebd. 23f.

31. Kapitel

Die Vollendung des 75. Lebensjahres

Bevor der Abschied von München im angedeuteten Sinne endgültig wurde, konnte Karl Rahner noch dort die Vollendung seines 75. Lebensjahres feiern. Solche Gelegenheiten haben zwar zunächst nur äußere Bedeutung und boten anderen Anlaß, Rahner und sein Werk hervorzuheben. Das war, als er 60 Jahre alt wurde, durch die große Festschrift „Gott in Welt" geschehen, die den Herausgeber des „Lexikon für Theologie" ebenso im Blick hatte wie den Konzilstheologen, im übrigen zugleich einer ersten Gruppe bekannterer Schüler den Rahmen bot, ihr Verständnis und ihre Weiterführung Rahnerschen Denkens einer größeren Öffentlichkeit vorzulegen. Umfang und Gewicht dieser Ehrung machen es verständlich, daß dann der 65. Geburtstag Rahners im Schatten blieb, während der 70. an Auseinandersetzungen um eine geplante Festschrift litt. Immerhin kam 1974 das „Rahner-Register" zu dieser Gelegenheit heraus und verwies mit Nachdruck auf Rahners eigene Äußerungen und Texte, die zum guten Teil durch dieses Instrument näher erschlossen werden sollten.

1979 begann für Rahner mit der Dogmatikertagung in München, die vom 2.–5. Januar über die „Gegenwart des Geistes" Aspekte der Pneumatologie zu erarbeiten suchte[1]. Er nahm an diesen Bemühungen Anteil, soweit es ihm möglich war. Ende des Monats war er nach Fribourg in die Schweiz zu einer Gastvorlesung und einem Vortrag geladen; einige Tage darauf hatte er ein Referat im Evangelischen Prediger-Seminar übernommen, gleichzeitig fanden Aufnahmen für eine Fernsehsendung statt. Vordergründig betrachtet ging sein Arbeiten in den eingespielten Bahnen weiter bis hin zur Bibelarbeit in einem Münchener Familienkreis. Anfang Februar ist er bei einem Akademieabend in München dabei; Mitte des Monats nimmt er an einer Sitzung des Seminars von Prof. Klinger in Würzburg teil. In Schloß Puchberg bei Wels spricht er dann zum Thema „Warum bin ich Christ?", Ende Februar ist er kurz in Rom. Es folgen die Feiern zum Geburtstag, zunächst in Freiburg, dann am 4. März mit einem Empfang durch die Katholische Akademie in Bayern. Die Laudatio hielt der Tübinger Dogmatiker W. Kasper; er stellte sie unter das Thema „Theologe in einer Zeit des Umbruchs"[2]. Dann ergriff der Münchener Erzbischof Josef Kardinal Ratzinger das Wort und trug eini-

---
[1] Vgl. Gegenwart des Geistes. Aspekte der Pneumatologie, Hg. WALTER KASPER, Freiburg i. Br. 1979.
[2] Text in: Zur Debatte 9 (1979) Nr. 3, 10–12.

ge persönliche Erinnerungen zu „Reichtum und Spannung in der Theologie Rahners" vor[3]. Da schon auf den kurze Zeit später lautgewordenen Konflikt wegen der möglichen Berufung von J.B. Metz nach München hingewiesen wurde, ist an dieser Stelle auf die Beziehung des Kardinals zu Rahner kurz einzugehen. „Es war an Ostern 1956," so Ratzinger, „als ich Ihnen, Pater Rahner, zum ersten Mal leibhaftig begegnen durfte. Damals hatte Michael Schmaus zu der ersten Dogmatiker-Tagung überhaupt nach Königstein gerufen ... Es war eine Zeit, in der es zweckmäßig war, beim Umgang mit deutschen Universitätsprofessoren, noch etwas die Spielregeln für den Umgang mit Gottheiten einzuhalten – aber bei Ihnen war davon überhaupt nichts zu spüren. Es war ein schönes Erlebnis, was ich dann immer wieder an Ihnen erfahren habe, daß Sie nicht gekümmert hat, wer etwas sagt und warum er das sagt, sondern daß Sie einfach der Sache zugehört haben. Gerade auch für junge Menschen waren Sie immer offen, waren selbst bereit zu lernen, zu fragen, zu geben."[4]

Ratzinger ging dann auf die Zusammenarbeit beim Konzil ein und erklärte u. a.: „Allerdings ist der Mythos, der jetzt in antikonziliaren Schriften aufgebaut wird, daß Rahner sozusagen das ganze Konzil manipuliert habe, nun halt doch ein Mythos", um schließlich auf die Spannungen der letzten Jahre zu kommen, die er nicht verschwieg. Zuletzt erwähnt die drei Wurzeln von Rahners Theologie, die ihm sehr verschieden zu sein scheinen. Und er nennt an erster Stelle die Herkunft aus der patristischen Tradition zusammen mit dem Bruder Hugo. Dann erwähnt er Thomas durch Maréchal eröffnet und als dritte die ignatianische, die mystische, die spirituelle Wurzel.

Daß Zeitschriften wie „America", „The Thomist" oder „Entschluß" damals Sondernummern zu Rahners Geburtstag veröffentlichten, sei nur angemerkt. Wichtiger sind zwei Publikationen im Verlag Herder Freiburg. Da ist einmal die eigentliche Festschrift „Wagnis Theologie – Erfahrungen mit der Theologie Karl Rahners", die Herbert Vorgrimler, der Nachfolger auf dem Lehrstuhl in Münster, besorgte, und dann das von Karl Lehmann und Albert Raffelt edierte Karl Rahner-Lesebuch „Rechenschaft des Glaubens", mit dem eine ganze Reihe von Anthologien eingeleitet wurde.

Im „Brief zur Einführung" hat H. Vorgrimler ausführlich dargelegt, was die Festschrift veranlaßt hat und welche Absicht sie verfolgt. Zunächst sei an eine Art Gesamtbilanz der Rahnerschen Theologie gedacht gewesen unter Berücksichtigung der bisher vorgebrachten Kritik. Doch sei dieser Gedanke angesichts der ungeheuren Arbeitsleistung und der vielfältigen Impulse weit über den Binnenbereich der Theologie hinaus in Form einer Festschrift nicht möglich gewesen. Das Projekt bedürfe der Kooperation mehrerer theologischer, philosophischer, ja auch naturwissenschaftlicher, so-

---
[3] Text in: ebd. 12.
[4] Ebd. 12.

ziologischer und anderer Seminare[5]. Statt dessen habe man sich auf die Erfahrungen konzentriert, „die andere mit dem gemacht haben, was ich abgekürzt einfach einmal ‚Deine Theologie' nennen möchte"[6] was voraussetze, daß Rahner theologisch einzuordnen sei, „das heißt, daß man noch eine gewisse Ahnung von den Axiomen und Thesen der früheren Schultheologie hat"[7]. Da allerdings der Kreis solcher unabsehbar sei, die entsprechende Erfahrungen gemacht hätten, habe man den Kreis auf Mitarbeiter und Schüler beschränken müssen, die „Jahre in Deiner Umgebung lebten, Dich kennenlernten, sich mit Deiner Theologie auseinandersetzten und so unvermeidlich in ihrem späteren Leben Erfahrungen mit Deiner Theologie machten, die zu einem Teil ihres Lebens geworden ist"[8].

Eine Würdigung des zu Ehrenden, eine Art Überblick über seine Leistungen wird auch als Einleitung nicht versucht, sondern gleich auf Texte Rahners hingewiesen, in denen er sich selbst als bester Interpret der Intentionen seiner Theologie darstellt. Daß es solche Zeugnisse gibt, ist wenig bekannt und noch weniger berücksichtigt worden. Erwähnt wird von Vorgrimler in diesem Zusammenhang auch die „Rede des Ignatius von Loyola an einen Jesuiten von heute", in der die grundlegenden Erfahrungen des theologischen Lebens Rahners ausdrücklich genannt sind. Es ist in der Tat dieses „Ich habe Gott erfahren, den namenlosen und unergründlichen, schweigenden und doch nahen, in der Dreifaltigkeit seiner Zuwendung zu mir", das in seiner ignatianisch-jesuitischen Konkretisierung Lebenszeugnis der Theologie Rahners ist. Man wird Vorgrimler heute mehr noch als damals nur zustimmen können, wenn er daraus den Schluß zieht: „Deine Theologie ist die Theologie mystischer Gotteserfahrung, und es hätte sie gründlich mißverstanden, wer ihr einen ‚transzendentalphilosophischen Ansatz' zuschreiben wollte."[9] Die Formulierung gehört schon mit in die Auseinandersetzung um eine sachlich entsprechende Rahnerdeutung, wie sie gerade um den 75. Geburtstag neu akut wurde. Aber niemand wird in Frage stellen, daß es stimmt, daß Rahner von der Möglichkeit der Vermittlung einer Erfahrung wie der angedeuteten aus seine unermüdlichen Anstrengungen unternahm, den Menschen zu begegnen, ihnen nicht nur von seiner Erfahrung zu sprechen, sondern ihnen die Wege zu ebnen, diese Erfahrung selbst auf je eigene Weise zu machen und daran zusammen mit anderen teilzuhaben. Diese Mystagogie ist nicht zufällig das weitere Thema von Vorgrimlers Einführung. Sie hat mit dem zu tun, was als Nachfolge des armen und demütigen Jesus bezeichnet wird und was sich immer wieder an ihm auszurichten hat. „Jeder kann Dein Schüler sein, der Dir auf dem Weg der Mystagogie folgt, er muß aber seine je eigene Erfahrung Gottes machen und seine je eigene Kon-

---

[5] Vgl. Wagnis Theologie, Freiburg i.Br. 1979, 11.
[6] Ebd. 12.
[7] Ebd.
[8] Ebd.
[9] Ebd. 13.

kretheit der Liebe praktizieren"[10] endet Vorgrimler die einführenden Hinweise, bevor er noch einige Dankesworte zur praktischen Verwirklichung dieses Buches anfügt.

Das Thema der Rahner-Rezeption, wenn auch in ganz anderer Weise und mit recht unterschiedlicher Auswirkung, steht ebenfalls im Hintergrund des „Rahner-Readers" von K. Lehmann und A. Raffelt, der als Gemeinschaftsausgabe der Verlage Benziger und Herder gleicherweise zum Geburtstag herauskam. Die Herausgeber fassen ihre Absicht zusammen: „Karl Rahner hat uns bereitwillig und großzügig sein Werk zur Auswahl und zur Bearbeitung der Texte überlassen. Zum 75. Geburtstag wollen wir ihm dadurch danken, daß wir viele an sein Werk heranführen möchten. Darum widmen wir ihm zum 5. März 1979 dieses ‚sein' Buch."[11] Den Sinn des Unternehmens hatten sie damit erläutert, daß Rahners Theologie schon in erheblichem Maße Geschichte gemacht habe; und die habe es in einer erinnerungslosen Zeit schwer. Das kaum überschaubare Werk drohe uns allen entzogen zu werden: „den Jüngeren, weil sie es in seinen Voraussetzungen oft kaum mehr verstehen, uns Älteren, weil auch wir uns oft lieber an kurzlebige und vielleicht bequemere ‚Wellen' halten"[12]. Diese Situation bedeute aber auch eine Chance, an viele verborgene und kostbare Schätze dieses Werkes zu erinnern, „den vielen Lesern, die in diesem großen literarischen Lebenswerk gleichsam nur einmal ‚blättern' möchten, eine Auswahl an die Hand zu geben. Vielleicht kann sie ein Zugang zum Gesamtwerk werden."[13]

Ob damit tatsächlich der erste Schritt einer Hinführung zu Rahners Werk getan wurde, muß angesichts der Tatsache offen bleiben, daß in der Folge eher weitere Sammlungen ähnlichen Typs aber geringeren Umfangs auf den Markt kamen, nicht aber das Werk Rahners als solches. Vielleicht war das auch nicht zu erwarten. Wichtig ist das Porträt Karl Rahners, das K. Lehmann dieser Sammlung vorangestellt hat[14]. Der Text geht von einer Fassung aus, die erstmals in H. Vorgrimler – R. Vander Gucht (Hrsg.), Bilanz der Theologie im 20. Jahrhundert. Bahnbrechende Theologen[15], erschienen war. Die Lebensgeschichte ist hier gleich mit der Werksgeschichte verbunden und steuert rasch auf „Grundgestalt und Profil"[16] zu, um dann „Philosophisch-theologische Ansatzpunkte"[17] zu thematisieren und zu diskutieren. Die Schlußbemerkungen betreffen die Benützung des Lesebuchs. Ohne Zweifel hat dieses Porträt das Verdienst, eine Reihe von Gegebenheiten zu integrieren, die bis dahin wenig Aufmerksamkeit gefunden hatten

---

[10] Ebd. 16.
[11] Rechenschaft des Glaubens, Zürich/Freiburg i.Br. 1979, 6*.
[12] Ebd. 5*.
[13] Ebd.
[14] Ebd. 13*-53*.
[15] Freiburg i.Br. 1970, 143–181.
[16] Ebd. 21*-29*.
[17] Ebd. 29*-46*.

und in manchen Deutungen direkt ausgeblendet waren. Doch schon vom Umfang her war es natürlich nicht möglich, den vollen Facettenreichtum des „ganzen" Rahner zu berücksichtigen.

Vor allem bleibt die ignatianisch-jesuitische Lebensform Rahners und ihr besonderes Profil in der Auswirkung auf sein Denken und Handeln über all die Jahre hin merkwürdig unbeachtet; Rahners Verständnis des Ordenscharismas, dem er sich verpflichtet wußte, trat nicht erst in der „Rede des Ignatius von Loyola an einen Jesuiten von heute" 1978 hervor, sondern hatte sich in einem langen, immer wieder aufgenommenen Bemühen, zum Teil zusammen mit seinem Bruder Hugo, und das auch praktisch im Geben der „Geistlichen Übungen" an Menschen fast aller Schichten und Gruppen artikuliert und bewährt. Doch dieser Hinweis verlangt eine eigene Darstellung. Im Zusammenhang der Vollendung seines 75. Lebensjahres ist die Frage nach der Bedeutung Rahnerschen Denkens, nach einem Zugang, nach weiterer Wirkung und deren Voraussetzungen unübersehbar. Damit ist ihm aber auch mehr oder minder deutlich von anderen nahegelegt, daß er sein Werk getan habe. Man behandelt ihn respektvoll, läßt dabei jedoch durchblicken, daß sein Beitrag wohl geleistet sei und jetzt anderen überlassen werden sollte. Rahner selbst hat sich dem nicht einfach entzogen, hat aber auch nicht ohne weiteres zugestimmt. Seine Reaktion ist bezeichnend.

Um sie zu erfassen, bezieht man sich am besten auf die Vorworte zu den Bänden XIII und XIV seiner „Schriften zur Theologie", die zusammen im Umkreis dieses Geburtstags erscheinen konnten[18]. Die Daten der Veröffentlichung sind weniger aussagekräftig als die folgenden Bemerkungen. Er schreibt im Juni 1978: „Die Auswahl und Folge der hier gesammelten Aufsätze ist durch den Umstand mitbedingt, daß ein 14. Band der ‚Schriften' im Manuskript fertig vorliegt. Deshalb sind die Aufsätze des 13. und 14. Bandes so geordnet, daß sie ein Ganzes bilden, wobei die Aufsätze des 14. Bandes sich mit ‚Kirche und Spiritualität' befassen werden. Voraussichtlich wird dieser Band Herbst 1979 erscheinen."[19] Rahner geht dann auf zwei Desiderate ein, die ihm von außen entgegengebracht wurden: der Wunsch nach einer Gesamtdarstellung der Theologie, den er – wenn auch mit Einschränkungen – im „Grundkurs" erfüllt habe, und die „ausdrückliche Auseinandersetzung mit den Theologen, die ... sich mit der Theologie des Verfassers beschäftigt und ihr in wichtigen Punkten widersprochen haben". Zur „Forderung nach einer ausdrücklichen und ausführlicheren Auseinandersetzung mit meinen ‚Gegnern' ... muß ich ehrlich sagen, daß mir zur Erfüllung dieser Aufgabe meine physischen Kräfte nicht mehr auszureichen scheinen. Schlimm ist das ja schließlich nicht – die katholische Theologie wird auch so weitergehen"[20].

---

[18] Zürich 1978 und 1980.
[19] Schriften zur Theologie XIII, Zürich 1978, 7.
[20] Ebd.

Da dieser Band mit dem folgenden zusammenzusehen ist, müssen die Gedanken um jene des dortigen Vorworts ergänzt werden. Der Band selbst trägt freilich nicht den angekündigten Untertitel „Kirche und Spiritualität", sondern etwas abgewandelt den „In Sorge um die Kirche". Dazu meinte Rahner im Januar 1980, er drücke „etwa das Klima in der Kirche und Theologie aus, in dem diese Aufsätze entstanden sind ... Der Käufer mag beruhigt sein: Aller Voraussicht nach wird kein weiterer Band sich mehr an diese 14 Bände anreihen. Mit dem Sachregister sind es ungefähr 7500 Seiten. Das scheint mir genug zu sein für mich – und den Leser"[21]. Ohne Zweifel war es die Vollendung von Rahners 75. Lebensjahr, die eine Veröffentlichung dieser Aufsatzbände ermöglichte. Es ließ sich ja nicht absehen, daß fünf Jahre später eine ähnliche Anstrengung zwei letzte Bände bringen würde.

Seine Aussage, der 14. Band der „Schriften zur Theologie" sei aller Voraussicht nach der letzte, weckte jedenfalls ein Echo, wie auch die Erklärung, für eine Auseinandersetzung mit den ‚Gegnern' reichten die physischen Kräfte nicht mehr, und der Titel „In Sorge um die Kirche" übersetze etwas vom gegebenen Klima. Das mußte wie ein Schwanengesang klingen. Rahner hatte dem in seinen Dankworten auf dem Empfang der Katholischen Akademie in Bayern schon Ausdruck gegeben, so daß diese Worte für jene keine Überraschung boten, die ihn näher kannten. Er sagte ziemlich unverblümt am Abend des 4. März 1979: „Natürlich bin ich kein Kirchenvater, natürlich habe ich keine epochale Theologie gemacht, sondern war ein ganz normaler Theologe, der seine Pflicht zu tun versuchte und das auch oft nicht besonders gut getan hat, sondern so als kleiner, armer Sünder durch die Weltgeschichte pilgerte und sich hinterdrein wunderte, was die Leute bei den Selbstverständlichkeiten alles fanden, die ich eigentlich zu sagen hatte."[22] Er sprach sich weiter für die Normalität der kirchlichen Existenz, für die Alltäglichkeit des Christlichen aus, empfahl aber zugleich in aller Bescheidenheit den Führern und Mentoren der Kirche, den Bischöfen und Päpsten, „bei ihrem Regieren immer auch daran zu denken, daß sie es mit Menschen und nicht mit Paragraphen zu tun haben; daran zu denken, wie schwer es unter Umständen neben anderen auch ein Theologe hat, seine Pflicht zu tun und zu sagen, was er denkt, empfindet, glaubt erkannt zu haben. Er hat eben auch ein gewisses Recht, das und jenes in der Kirche anders zu wünschen."[23] Und dann kommt seine beeindruckende Schlußüberlegung: „Es ist klar, daß man mit 75 Jahren mehr an den Tod als an das Leben denkt, mehr an das Unbegreifliche, was kommen soll, an jenes Unbegreifliche, wo das einzelne menschliche Leben mit seinen Banalitäten und sogar eigentlich die Kirche selber untergegangen sein werden in dem unbegreiflichen Leben Gottes. Darauf kommt schließlich alles an. Wenn ich dem und jenem in dieser Bezie-

---

[21] Schriften zur Theologie XIV, Zürich 1980, 7.
[22] In: zur debatte 9 (1979) Nr.3, 12f.
[23] Ebd.

hung in meinem Leben ein ganz klein wenig helfen konnte, den Mut zu haben, mit Gott zu reden, an ihn zu denken, zu glauben, zu hoffen und zu lieben, dann – meine ich – ist das Leben der Mühe wert gewesen."[24] Erwähnt werden schließlich Ernst und Nachdenklichkeit angesichts der jetzigen Verfassung und Konstitution des Geburtstagskindes, doch nur, um dann zu sagen: „Aber im Grunde bin ich als normaler Christ auch davon überzeugt, daß das Lachen, die Freude, das Unbeschwerte auch etwas ist und nicht nur der tiefsinnige Ernst, was in Gott und in seiner Ewigkeit geborgen sein wird."[25] Normaler Christ, normaler Theologe, der nur seine Pflicht zu tun versuchte ... Diese Selbstverständlichkeit wird von Rahner immer stärker betont und alles Besondere, Auffällige abgewiesen. Der Umgang mit manchem Lobredner macht ihm Schwierigkeiten, weil er instinktiv spürt, welche Gefahren für die Sache darin stecken. Rahner hat sich gewehrt, wenn man seine Leistung abwerten wollte, wie ihm das in Martin Honeckers Beurteilung von „Geist in Welt" der Fall gewesen zu sein schien. Nicht nur gegenüber Honecker, sondern in der Öffentlichkeit überhaupt bestand er darauf, daß diese Arbeit nach den gängigen Standards den Doktortitel gerechtfertigt hätte. So war es ihm eine Genugtuung, daß er mit dieser Untersuchung beachtlichen Erfolg hatte. Umgekehrt war ihm aber Wichtigtuerei und Hochstapelei zuwider. Hier wie dort schienen ihm Mauern zwischen Menschen errichtet zu werden, die kein Recht haben durften. Nicht Ausnahme und Unterschied macht den Wert oder Unwert des Menschen aus, sondern das Maß an begnadeter Menschlichkeit, das jedem geschenkt ist. Um das zu sehen und zutreffend einzuschätzen, ist die Gabe des Urteils entscheidend, die mit der ignatianischen Fähigkeit der Unterscheidung der Geister zusammenhängt. Auch dort, wo Wirklichkeiten unbegründet aufgewertet werden, ist das rechte Urteil verletzt. Nun wurde es Karl Rahner zunehmend klar, daß die moderne Mediengesellschaft eigene Regeln der Darstellung hat, die eine gewisse Vereinfachung einschließen. Die Ergebnisse sind nicht eigentlich falsch, haben aber eine Tendenz, rasch in Vorstellungen und Behauptungen abzuleiten, die nicht mehr stimmen. Um Menschen zu erreichen, war Rahner bereit, dieses Risiko einzugehen. Hätte er sich einfach versagt, dann wäre von vornherein manche Chance vertan gewesen, dem eigenen Auftrag in der gegebenen Welt nachzukommen. Gleichzeitig war aber sorgsam darauf zu achten, die Risiken möglichst klein zu halten und auszugleichen. Dazu gaben ihm Ehrungen willkommene Gelegenheit. Er nützte sie, um Dinge zur Sprache zu bringen, die das Publikum überraschten, ja herausforderten. Darüber konnte es sogar zum Eklat kommen, wie Bischof Ernst Tewes in seinen Erinnerungen „Gemeinsam mit den kirchlichen Amtsträgern"[26] anschaulich beschrieb. Rahner hatte bei einem sol-

---

[24] Ebd. 13.
[25] Ebd.
[26] In: Karl Rahner – Bilder eines Lebens, 118–122.

chen Anlaß der „Amtskirche" einiges vorgehalten. Das Wort „Amtskirche" aber empfand der anwesende Kardinal Döpfner als persönliche Beleidigung und als tiefgreifendes Mißverständnis seiner eigenen Person, weil er sich dadurch von den Menschen getrennt meinte. Es erregte ihn und ließ ihn so zornig werden, daß er nach Rahners Worten auf diesen zuging und seinem Unmut freien Lauf ließ. „Ich wünsche Ihnen, daß Sie mal zehn Jahre Bischof wären", endete Döpfners spontanes Statement[27]. Ähnliche Stimmen bekam Rahner immer wieder einmal zu hören, und er wischte sie weder weg, noch nahm er sie leicht, wenn er den Mahnern persönlich Hochschätzung entgegenbringen konnte.

Umgekehrt erwarb er sich gerade durch diese offene Sachlichkeit viel Sympathie, so daß die ihm entgegengebrachten Ehrungen meist die Frucht von Auseinandersetzungen waren, von nicht selten harten Diskussionen, in denen alle Beteiligten gewonnen hatten. Rahner war zeit seines Lebens Gott-Sucher, indem er ganz ernst den Menschen und die Menschen suchte. Verwechselt hat er dabei nichts; ist aber auch nie der Illusion erlegen, hier ließe sich säuberlich trennen.

Im Umkreis der Vollendung des 75. Lebensjahres gab es eine Reihe von Interviews, in denen Rahner ein wenig von dem an die breite Öffentlichkeit weitergab, was ihn besonders bewegte. Der zweite Band „Karl Rahner – Im Gespräch"[28] sammelt sieben unter dem Titel „Größe und Elend der Theologie". Der Westdeutsche Rundfunk (21.2.), der Süddeutsche Rundfunk (19.3. und 14.4.), der Norddeutsche Rundfunk und der Österreichische Rundfunk (2.3.), der Südwestfunk (13.11.) brachten solche Sendungen. Natürlich bestimmten zunächst Fragen der Reporter das jeweilige Gespräch. Punkte der gerade aktuellen Diskussion standen im Vordergrund. Rahner versuchte darüber hinaus, die Grundlagen des Christseins anzusprechen, etwa gegen Angsthaltung und Resignation anzugehen, ohne die Schwierigkeiten zu bestreiten, die es tatsächlich gab. Letztlich fordert er zum Christsein aus innerster Mitte der Existenz auf: Ich würde „vielleicht noch mehr betonen, daß nur dort, wo der Mensch wirklich dem absoluten Geheimnis Gottes gegenüber offen ist, sich ihm anvertraut, anbetend, liebend, auf Zukunft hoffend, – daß nur dort im Blick auf Jesus Christus, den Gekreuzigten und Auferstandenen, Christentum da ist und dieses Christentum der Anbetung des lebendigen Gottes nicht ersetzt werden kann durch einen noch so respektablen sozialpolitischen Humanismus"[29]. Die Gnadenerfahrung ist erwähnt, wie sie im Grunde genommen jeder Mensch macht, die angerufen, die interpretiert, verdeutlicht werden solle. Das freilich habe ständig zu geschehen, weil Christsein heiße: immer wieder Christ werden. Auf die Frage nach der eigenen Glaubenspraxis faßt er zusammen: „Ich hoffe, daß ich ein Christ

---

[27] Ebd. 122.
[28] PAUL IMHOF – HUBERT BIALLOWONS (Hrsg.), München 1983.
[29] Ebd. 69.

bin ... Sehen Sie, wenn ich einmal abziehe, was bei mir im Grunde genommen nicht so sehr die Entscheidung des letzten Kerns meiner Existenz ist, sondern Herkunft, Milieu, Erziehung, die seelischen Zwänge eines Berufes usw., wenn ich das alles abziehe und dann auf der anderen Seite bedenke, wie leicht ein Mensch sich über sich selber täuscht, wie er vielleicht ein schrecklicher Egoist ist und trotzdem meint, er strotze vor Menschenliebe und Selbstlosigkeit – wenn ich das alles bedenke, dann muß ich das ja nicht nur auf andere, sondern auch auf mich selber anwenden und dann sagen: Lieber Gott hilf mir, daß ich nicht nur meine, ein Christ zu sein, sondern wenigstens so langsam einer werde, dem es irgendwie gelingt, gewissermaßen in der verschlossenen Existenz, in dem Gefängnis seines Lebens ein kleines Loch zu entdecken, durch das er in die Freiheit der Liebe, der Treue, der Hoffnung, der Selbstlosigkeit hinausgelangt. Jeder ist doch im Grunde genommen als Mensch sehr in Gefahr, in sich selbst verschlossen zu bleiben und das auch noch als das Richtige zu empfinden und gar nicht zu merken, wie es einem Menschen zumute wäre, der in die Freiheit der Liebe, der Selbstlosigkeit und letztlich in die Freiheit Gottes aus seinem egoistischen Kerker durchgebrochen wäre."[30] Alles Christwerden ist letztlich eine Freiheitsgeschichte. Damit eröffnet sich selbst für den 75jährigen Rahner eine weitere Perspektive; er stellt sich ausdrücklich unter das Gesetz dieses Werdens und Suchens und damit unter die Pflicht, alles zu tun, was an ihm liegt, diesen Weg gehen zu können.

Rahners weitere Schritte nach diesem Geburtstag sind unter dieser Rücksicht zu würdigen, selbst wenn dies und jenes zweit- oder drittrangig ist. Das Bewußtsein des Nachlassens der eigenen Kräfte und damit von einem gewissen Wandel in dem, was von ihm erwartet werden konnte, ließ eine spürbare Gelassenheit wachsen, die bei Rahner indes nie mit Altersmilde verwechselt werden kann, die alles gelten läßt, weil sie nicht mehr so genau sieht, worum es geht. Auch hier bleibt das Urteil klar.

---

[30] Ebd. 94.

32. Kapitel

Deutung und Wirkung

Im Umkreis des älter werdenden Rahner lassen sich stärker Stimmen vernehmen, die im Sinne eines Aufgreifens und Weiterführens das von ihm Begonnene vorantreiben möchten. Bei einem Besuch in Freiburg wenige Jahre vor dem Tod der Mutter hatte diese einmal mit einem gewissen Schalk gesagt: „Karl, mußt Du Dich da noch in alles so einmischen?"

Zum Umfeld von Rahners Mühen gehört eben auch die von A. Raffelt gesammelte Liste der Sekundärliteratur, die Zustimmendes und Kritisches, Vertiefendes und Verallgemeinerndes, Biographisches und Thematisches, Kundiges und Banales, Wissenschaftliches und Populäres erfaßt, Arbeiten über Rahner und sein Denken. Das Ganze weitete sich immer mehr und ließ sich nur noch schwer in den Griff bekommen, geschweige denn wirklich überschauen. Beachtung fanden zunehmend kritische Stimmen und Auseinandersetzungen, wobei die Bekanntheit Rahners ihn spürbar zum Zentrum für Angriffe werden ließ, die ihn eigentlich gar nicht berührten. Doch die Notwendigkeit zu personalisieren, veranlaßte viele, ihn mit Vorgängen und Aussagen in Verbindung zu bringen, die weit von ihm entfernt waren. Gewiß, Rahner selbst konnte in manchen Fällen wenig zimperlich sein, aber er äußerte sich immer differenziert und mit nachvollziehbaren Gründen. Von seinen Gegnern ist das nicht durchgängig zu sagen. Unangenehmer noch waren ihm freilich jene, die ihn lobend für alles Mögliche zu vereinnahmen suchten, die mit seinem Namen geschmückt Dinge durchbringen wollten, die sonst kaum Beachtung gefunden hätten.

Die genauere Betrachtung des von Karl Rahner ausgelösten Echos ist unerläßlich, weil es um einen Teil seines Lebens geht, der die Optik zu verschieben geeignet war, in der sich seine Existenz zutreffend wiedergeben läßt. Die Deutungen – ganz abgesehen ob positiv oder negativ – trugen unvermeidlich Interessen in die Betrachtung, die der Wirklichkeit Rahners kaum entsprachen. Dennoch wurden Anstöße von ihm nicht selten in solch schiefer Gestalt wirksam, daß hier und da direkte Entstellungen und geradezu das Gegenteil dessen behauptet wurden, was er wirklich gesagt, geschrieben und geäußert hatte. Karl Rahner hat bald gespürt, daß ihn Gespräche oder Korrekturversuche nur von seiner Aufgabe abbringen würden, und hat sich zunehmend weniger um solche Stimmen gekümmert. Das heißt nicht, er sei nicht durch Unterstellungen, üble Nachrede, böswillige und manchmal unverkennbar haßerfüllte Angriffe verletzt gewesen; in einem gewissen Sinn war er gegen solche Un- und Mißverständnisse hilflos.

Unter dem Titel „Auseinandersetzung mit Karl Rahner" erschien erstmals 1969 eine Liste mit 55 Nummern und ein zweiter Teil „Bibliographisches und Interviews" mit 22 Nummern sowie dem Hinweis auf die Festschrift „Gott in Welt" als Anhang zur „Bibliographie Karl Rahner", die von R. Bleistein und E.Klinger herausgegeben war[1]. Die Zusammenstellung präsentierte sich als Versuch, der nur Anfang sein sollte. Dem folgte 1974 in der von R. Bleistein besorgten Fortsetzung der Bibliographie eine ähnliche Liste mit den Nummern 56 bis 129 und den Nummern 23 bis 46 für „Biographisches und Interviews"[2]. Darauf baute A. Raffelt auf, als er unter der Überschrift „Karl Rahner im Gespräch" die Sekundärliteratur zu Rahner und seinem Werk möglichst vollständig in chronologischer Reihenfolge auflistete[3]. Erfaßt sind 314 Nummern ohne die Glückwunschtexte zum 70. Geburtstag, die noch einmal 30 Nummern ausmachen. „Die Rezeption und die Diskussion des theologischen und philosophischen Werks von Karl Rahner nimmt immer größere Dimensionen an"[4], wird das Unternehmen begründet. Aber es sollte noch etwas dauern, bis die Bemühungen in sachlicher Weiterführung fruchtbar wurden. So war es sinnvoll, diese Liste nicht fortzuschreiben, sondern 1979 unter „Karl Rahner – Bibliographie der Sekundärliteratur 1948–1978" gründlich zu überarbeiten, zu ergänzen und auf den Stand von 1978 zu bringen[5]. Selbst die älteren Abschnitte wuchsen dabei um das Doppelte, so daß diese Übersicht 646 Nummern von Beiträgen zu Rahner und seinem Werk verzeichnet. Die intensivere und breitere Auseinandersetzung setzte mit dem Konzil ein. So bringt allein das Jahr 1963 mit 23 Nummern oder das Jahr 1964 mit fast 40 Nummern annähernd soviele Stimmen wie sie zuvor alles in allem gezählt wurden, da die Liste bis 1962 etwa 30 Beiträge anführt. 1966 ist ein Höhepunkt erreicht, doch dürfte der eng mit der unmittelbaren Berichterstattung über das Zweite Vatikanum zusammenhängen. 1969 finden sich allein 54 Nummern, 1971 sind es 45 und 1974 zusammen mit den Glückwunschbeiträgen zum Geburtstag über 80. In den Zwischenjahren verringert sich die Bilanz und geht anschließend wieder zurück. Dabei gewinnt man den Eindruck, daß nicht die Zahl entscheidend ist. Immerhin trägt die Fortschreibung von 1984[6] für den Zeitraum von 1944 bis 1979 noch weitere 130 Nummern nach. Das Jahr des 75. Geburtstags sieht über 50 zusätzliche Nummern, das Folgejahr fast 40 und das Jahr 1981 weitere 32. Die Auseinandersetzung entwickelt sich von Erfassung und Referat

---

[1] Vgl. Freiburg i. Br. 1969, 100–103.
[2] Vgl. ebd. Freiburg i. Br. 1974, 43–47.
[3] In: E. KLINGER (Hrsg.), Christentum innerhalb und außerhalb der Kirche, Freiburg i.Br. 1976, 275–294.
[4] Vgl. ebd. 275.
[5] Vgl. H. VORGRIMLER (Hrsg.), Wagnis Theologie, Freiburg i. Br. 1979, 598–622.
[6] Vgl. A. RAFFELT, Karl Rahner – Bibliographie der Sekundärliteratur 1979–1983 und Nachträge, in: E. KLINGER – K. WITTSTADT (Hrsg.), Glaube im Prozeß, Freiburg i. Br. 1984, 872–885.

weltweit zu einem echten und immer tieferen Dialog. Auf verschiedenen Ebenen wird nicht nur momentan über Rahnersche Ideen und Vorschläge gestritten; man diskutiert sie, wägt ab, sucht sich über Voraussetzungen und Einordnungen zu informieren, verschiedene Umstände zu berücksichtigen. Der Natur von Rahners Einsatz nach vollzieht sich ein beträchtlicher Teil auf akademischer und universitärer Ebene in den dort üblichen Formen[7], aber durchaus nicht nur. Da viele seiner Äußerungen bewußt auf christliche Lebensrelevanz abzielen und so aufgenommen werden, reicht das Gespräch über die Katholischen Akademien hinaus in Kreise von Gebildeten und Interessierten, unter denen sich mehr und mehr Menschen finden, die Christentum und Kirche fernstehen.

Es ist nicht ganz leicht, die Partner in Gruppen einzuteilen. Jedenfalls ist der kritische Teil beachtlich und an seiner Lautstärke wahrzunehmen. Rahner erfährt natürlich auch Anerkennung; mancher möchte Ansätze von ihm weiterführen und macht deswegen Ausfälle aus. Oft sind es Einzelpunkte, die Aufmerksamkeit finden, bisweilen auch Nebenbemerkungen oder Gelegenheitsäußerungen, denen Rahner selbst kein besonderes Gewicht geben mochte. Aber die Prüfung der Kohärenz und Stringenz seines Denkens kann ja auch anderswo als nur an zentralen Positionen erfolgen. Solche Fragen beherrschen angesichts der Vielfalt Rahnerscher Beiträge die Diskussion bis heute: Wie ist es möglich, daß er in all diesen Bereichen etwas zu sagen hat, das Beachtung verdient? Welcher Impuls erlaubt diese Weite, ohne sich in Banalität und Widersprüchlichkeit zu verlieren? Bei manchem ist deutlich die Überzeugung vorhanden, es könne doch nicht sein, was nicht sein darf; ganz gleich, was er konkret gesagt, geschrieben oder publiziert hat. Wachsend ist es ein „Phänomen Rahner", mit dem Bewunderer und Kritiker sich beschäftigen. Wie sich das international auswirkt, ist in einer Lebensbeschreibung nicht näher zu untersuchen. Wohl sind die lebensmäßigen Rückwirkungen anzudeuten, die solche Bekanntheit und Diskussion unvermeidlich hat. Karl Rahner nahm diese Stimmen selten direkt zur Kenntnis, einfach weil er seine Kräfte sammelte für die eigenen kirchlichen und theologischen Aufgaben, die von ihm erwartet wurden. Sein Lebensfeld wurde von solchen Stimmen dennoch berührt. Er mühte sich, z. B. Mißverständnisse auszuschließen und Probleme, die etwa durch seine Ausdrucksweise aufgekommen waren, zu klären. Rahners Sprech- und Schreibweise, beide unterscheiden sich wenig, machte vielen Schwierigkeiten, während andere sie aufnahmen und zu einer Art Jargon für sich selbst ausbildeten.

Bekannt ist der zitierte Ausspruch Hugos, er werde einmal in Pension die Schriften seines Bruders ins Deutsche übertragen. Es ließ sich Ende der 70er

---

[7] Es sind Arbeiten in Gestalt von eigenen Artikeln, Buchveröffentlichungen und Teilen monographischer Darstellungen erfaßt, nicht jedoch eigentliche Buchbesprechungen, die oft auch Beachtliches beitragen. Vgl. z. B. K. H. NEUFELD, „Die ‚Schriften zur Theologie' im Spiegel der Rezensionen", in: DERS., Beobachtungen im Umgang mit Karl Rahners „Schriften zur Theologie", in: DERS., Rahner-Register, Zürich 1974, 193–200.

Jahre gut erkennen, wie im Ausland zudem eine Gefahr darin gegeben war, daß Rahnersche Gedanken in einen unterschiedlichen geistigen Horizont gestellt und von dorther aufgefaßt wurden.

Je mehr Übersetzungen auf den Markt kamen, desto häufiger wurden auch Einwände laut, die sich nur auf eine übersetzte Fassung stützten. Rahner galt zeitweilig ja als der meistübersetzte deutsche Autor.

Abgesehen vom Latein und vom Französischen verfügte er selbst über wenig Fremdsprachenkenntnis. So fehlte ihm die Möglichkeit, selbst zu prüfen, was Übersetzer in anderen Sprachen aus seinen Gedanken und Beiträgen machten. Da er Kontakt zu Menschen liebte und in jüngeren Jahren gern ins Ausland fuhr, bekam er dennoch immer wieder etwas von dem Echo mit, das seine Schriften in Übertragungen auslösten. Sein ursprünglicher Wirkkreis über den deutschen Sprachraum hinaus war das westliche Europa. In Frankreich und Spanien hatte man sich früh daran gemacht, Rahner in den jeweiligen Sprachen wiederzugeben. Otto Bettschart, der für die Herausgabe der „Schriften zur Theologie" im Verlag Benziger die Sorge trug, berichtet von der Übersetzung der „Schriften" ins Italienische. „Natürlich kamen Ende der fünfziger Jahre Übersetzungsgesuche. Sie erhielten von mir die stereotype Antwort, die ich auch bei anderen Werken gab, daß ich nämlich schon genug Ärger mit den römischen Instanzen gehabt habe aufgrund von Übersetzungen ins Italienische (I. Herwegen z. B.) und daß ich deshalb grundsätzlich keine italienischen Übersetzungen mehr vergebe. Die stille (und wie ich später erfuhr, zu recht gehegte) Hoffnung war, daß diese Briefe zu Ohren der römischen Ämter kommen – auch dort gab und gibt es verschiedene Auffassungen. Natürlich war uns klar, daß ein Bekanntmachen der italienischen Kirche mit dem, was außerhalb geschah, notwendig sei, allein schon, um den theologischen Narzißmus an den römischen Fakultäten und Instituten etwas zu dämpfen. So griffen wir zu, als sich die Salesianer[8], die gute Kanäle zur Kurie hatten, meldeten. Aber wir ließen die Bände nicht einfach übersetzen. Wir stellten sie neu zusammen, mit dem Frömmsten und Harmlosesten beginnend. Rahner spielte mit. Daß diese Aufbauarbeit auf fruchtbaren Boden fiel, wird dadurch bewiesen, daß die Italiener heute wohl die höchsten fremdsprachigen Auflagen auf dem Gebiete der Theologie erreichen – nicht nur für Karl Rahner."[9] Ganz ohne Schwierigkeiten fand Rahner allerdings in die italienische Geisteswelt keinen Eingang. Das Buch „Geist in Welt" war auf Italienisch bis 1989 nicht greifbar, wurde aber schon früh zum Streitpunkt über eine Grundauffassung der thomistischen Scholastik, aus der sich dann alles Weitere bei Rahner als falsch erklärte. Der durchschnittliche Interessent hatte keine Möglichkeit, diese Behauptungen in seiner Sprache nachzuprüfen und zu beurteilen; eine Schräglage für die Diskussion war die Folge. Wenn Rahner nicht durch das Konzil in der italienischen Öffentlichkeit

---

[8] Es war in Wirklichkeit die Gesellschaft S. Paolo mit ihren Edizioni Paoline.
[9] Schriften zur Theologie – Rückbesinnung des Verlegers, in: Karl Rahner – Bilder eines Lebens, 1985, 55.

schon als seriöser Christ und engagierter Kirchenmann bekannt gewesen wäre, der sein Denken in den christlichen Dienst an Menschen und Welt stellte und darin glaubwürdig war, hätte aus diesen Angriffen, die sachlich kaum nachvollziehbar sind und in krass popularisierten Konsequenzen vorgetragen wurden, eine ernsthafte Behinderung für Rahner und seine Wirksamkeit werden können.

Kurz vor Rahners Tod wurde im Zusammenhang eines Studienseminars in Gallarate bei Mailand über „Teologia e cultura" – Karl Rahner war selbst dabei – versucht, die Begegnung zwischen seinem denkerischen Beitrag und Italien auf einen Nenner zu bringen[10]. Daß dieser Nenner im Miteinander von „Theologie und Kultur" liegt, hat ebenso seinen Grund in der italienischen geistigen Lage wie im Beitrag Rahners, der unter dieser Rücksicht hier besonders wirksam wurde. Anderswo kann der Akzent völlig verschieden sein.

In Frankreich und Spanien endete 1967 und 1970 schon das Unternehmen, die „Schriften" in Übersetzung herauszubringen, als es in der englischsprachigen Welt erst richtig losging. So ist nicht verwunderlich, daß die 70er Jahre vom Echo aus den USA bestimmt sind. Über die Rahner-Rezeption in Nordamerika und ihre Bedeutung ist mangels Vorarbeiten noch nichts Genaues festzustellen, doch verdient dieser Raum Aufmerksamkeit für das Aufbrechen eines etwas starren Horizonts auf die Dimensionen der Weltkirche hin, auf Herausforderungen der Neuzeit und auf Probleme, die den traditionell katholischen Lebenskreis der Amerikaner überstiegen und dennoch nicht abzuweisen waren. Eine Reihe treuer Schüler sorgte dafür, daß Rahners Denken dort vermittelt wurde.

Ihm selbst machte die Lage in den östlichen Nachbarländern Sorge, die Lage der Kirche und der Christen, die Lage der Theologie und die Bedrohungen eines Miteinanders, das wegen der räumlichen Nachbarschaft ein Imperativ war. Außerdem hatte Rahner vor dem Krieg und während der dunklen Jahre Studenten aus Ungarn und der Tschechoslowakei, aus den Ländern Jugoslawiens und aus Polen kennengelernt. Der „Eiserne Vorhang" hinderte den Kontakt. Konnten in Polen, in Kroatien und in Ostdeutschland auch immer wieder Texte von ihm erscheinen, so waren die Möglichkeiten in der Tschechoslowakei und in Ungarn außerordentlich eingeschränkt. Heute finden sich Samisdat-Ausgaben Rahnerscher Texte, die ihren Übersetzern und Besitzern vor noch nicht langer Zeit schwere Strafen eingetragen hätten. Die Wirkung auf offizieller und inoffizieller Ebene ist hier zu unterscheiden; werten läßt sie sich immer noch unzureichend, weil die Erfassung der tatsächlichen Übertragungen schwierig ist. Nach Rahners Tod hat Tamás Nyíri einen kurzen Bericht „Der Beitrag für die Kirche in Ungarn"[11] gegeben. Der Übersetzer des „Grundkurses", der 1983 nicht nur in französischer, sondern eben

---

[10] Vgl. Teologia e Cultura Moderna a confronto: Karl Rahner, Milano 1985, Heft 6 von „Fenomenologia e Società".

[11] In: Karl Rahner – Bilder eines Lebens, 111f.

auch in ungarischer Sprache erscheinen konnte[12], mußte sich noch allgemein halten. Was er zu sagen hatte, ist bislang der einzige derartige Hinweis auf den Einfluß Rahners in den Kirchen jener Länder geblieben, die unter dem kommunistischen Regime existierten.

Das Problem dieser Kirchen war ihm besonders seit dem Konzil ein persönliches Anliegen, und er litt unter den Schwierigkeiten und Behinderungen der Kommunikation. Ihm war klar, daß Kirche nur in selbstverständlicher Freiheit ihre auch kulturelle und gesellschaftliche Aufgabe wahrnehmen kann. Dazu bleibt eine tiefe Verwurzelung in der christlichen Überzeugung unerläßlich, die aber nur dort auf Dauer zu erwarten steht, wo lebendiger Austausch in Offenheit vor sich gehen kann. Unter dieser Rücksicht wartete er nach der Wahl des Krakauer Erzbischofs Karol Woityla zum Papst, dessen Gast er bei einer Polenreise einmal war, ab, welche Folgen dieses Pontifikat bringen würde. Ihm schien bald und trotz des Buches von Mieczyslaw Malinski[13], daß sich die seit einiger Zeit in Rom vorherrschende geistige Tendenz nicht ändern, sondern eher verstärken sollte. Rahner kannte Malinski, der 1966 an der römischen Dominikaner-Universität mit der Untersuchung „Das Leben der Kirche nach Karl Rahner" promoviert worden war. Malinski steuerte zur Rahner-Festschrift 1979 den Beitrag „Weltliche und religiöse Feste"[14] bei und wies in der ersten Anmerkung zu diesem Beitrag auf Querverbindungen ausdrücklich hin. Das waren Indizien einer gewissen Resonanz auf Rahners Werk in Polen, die dann in weiteren Doktorarbeiten junger polnischer Theologen greifbar wird.

Ähnlich ließe sich nach der Aufnahme Rahnerscher Theologie im sowjetisch beeinflußten Teil Deutschlands fragen. Unter den Dozenten des Theologischen Studiums in Erfurt wirkte u. a. Siegfried Hübner, der in Innsbruck einen Teil seiner Ausbildung erhalten hatte. Er gehörte dem Leipziger Oratorium an, zu dem Karl Rahner schon seit Vorkriegszeiten gute Beziehungen hatte. Das „Theologische Jahrbuch" des St. Benno-Verlags brachte immer wieder Rahner-Texte, die so in den ganzen östlichen Raum ausstrahlen konnten. Natürlich war die Kenntnis der deutschen Sprache Voraussetzung, was aber für die meisten Theologen dort auch sonst unerläßliches Erfordernis war, wenn sie mit der katholischen Theologie der Welt in lebendigem Kontakt bleiben wollten. Einzelheiten der Rezeptionsgeschichte sind hier nicht zu beschreiben; eine gewisse Einseitigkeit ließ sich nicht überwinden, solange die politischen Verhältnisse eine freie Meinungsäußerung nicht gestatteten. Das stellte sich in den westlichen Ländern anders dar, so daß dort von einer Auseinandersetzung mit Rahner die Rede sein kann, deren Dokumentation unschwer zugänglich ist. Darum scheint es unnötig, die Berichte über die Wirkungen Rahners nach Italien (Alfredo Marranzini), nach

---

[12] A Hit Alapjai, Budapest 1983.
[13] Vgl. Johannes Paul II., Freiburg i.Br. 1979.
[14] Vgl. H. VORGRIMLER (Hrsg.), Wagnis Theologie, Freiburg i. Br. 1979, 537–552.

Frankreich (Bernard Sesboüé), in die Niederlande (Piet Schoonenberg) oder die Vereinigten Staaten (John W. Padberg) hier zu referieren[15]. Selbst die Informationen über seine Bedeutung für die „Theologie der Befreiung" (Leonardo Boff), für die Ortskirchen Afrikas (René De Haes), die Religionen Indiens (Sebastian Painadath) und den Dialog mit dem Taoismus (Joseph H. P. Wong) oder mit Japan (Peter F. Momose) sind hier nicht eigens wiederzugeben[16]. Da diese Geschichte nicht abgeschlossen ist und in den einzelnen Ländern ihren besonderen Charakter besitzt, muß es mit dem Hinweis gut sein, der freilich nachdrücklich unterstreichen muß, was bislang noch gar nicht in den Blick und zur Sprache kam. Viele sachliche und geographische Bereiche fehlen, obwohl sich in ihnen Spuren Rahnerschen Wirkens entdecken ließen. Dem nachzugehen, überschreitet die Grenzen der Lebensgeschichte und setzt eine Kenntnis der jeweiligen Vorgegebenheiten und Eigenheiten voraus, in der sich die Begegnung mit Rahner und seinem Denken näher erklärt. Rahner selbst nahm diese Auswirkungen des von ihm Angestoßenen mit einer gewissen Verwunderung zur Kenntnis. Ihm wurde immer mehr bewußt, daß nicht nur seine Anregungen im Spiel waren, sondern zugleich Probleme, Fragen, Möglichkeiten und Grenzen, die unabhängig schon in den jeweiligen Kirchen und ihrer theologischen Reflexion vorlagen und die stark von der konkreten Situation mitbestimmt waren. Die Erfahrung der wachsenden geistigen Pluralität schloß die Entdeckung der innerkirchlichen Vielfalt ein, die durch das Zweite Vatikanische Konzil für jeden aufmerksamen Beobachter unübersehbar geworden ist. Die Rezeption theologischer Beiträge mußte unter diesen unterschiedlichen Vorzeichen von selbst Akzente bekommen, die dem ursprünglichen Autor und Anreger nicht vertraut, ja oft völlig neu vorkamen. Man verstehe das wiederholt geäußerte Verwundern Rahners darüber, was „die Leute alles so in den Selbstverständlichkeiten fanden, die er als Theologe glaubte vortragen zu müssen", in diesem Licht. Gerade vielfache Antworten auf seine Bemühungen ließen ihn sensibler werden für eigenständige Überlegungen und Darstellungen christlicher Wahrheit in verschiedenen Kulturen und Ländern.

Daß dies möglich geworden war, hatte sicher einen Grund darin, daß gerade Rahner eine allgemeine Basis für solche Vielfalt erarbeitet hatte, die keinen Auseinanderfall bedeutete und bedeuten sollte. Dieser Ausweitung entsprach jene Konzentration auf ein paar generelle Gegebenheiten, die den vielfachen Ausdruck trugen, und zwar aus der Mitte der christlichen Botschaft heraus. Man erinnere sich des so heftig umstrittenen Gedankens „der anonymen Christen". Das ist nicht eine literarische Formel oder ein wissenschaftlicher Begriff, sondern in erster Linie existentieller Hinweis auf eine Wirklichkeit und Möglichkeit von Gott her. Sie ist verkannt, zieht man daraus den Schluß, die Mission etwa sei überflüssig oder der Christ könne

---

[15] Vgl. diese Berichte in: Karl Rahner – Bilder eines Lebens, 101–111 und 114–117.
[16] Vgl. ebd. 146–157.

sich in seinem Auftrag bei diesem Gedanken beruhigen. Wenn Gott größer ist, als wir denken können, wenn sein Heilswille wirksam weiter reicht als unsere beschränkten Vorstellungen, dann nicht, um uns eine Entschuldigung oder einen bequemen Ausweg zu bieten, sondern ganz im Gegenteil um uns durch den Hinweis auf seine unabsehbare Großzügigkeit noch einmal anzuspornen, unsern Teil einzubringen.

Ähnlich und innerlich damit zusammenhängend ist die Rahnersche Rede vom „übernatürlichen Existential" – Hinweis auf das von Gott allgemein gegebene Fundament, das durch den Umgang von Menschen zu verschiedenen Zeiten und an verschiedenen Orten eine Fülle konkreter Ausprägungen nicht allein erhalten kann, sondern erhalten muß. Wenn Gottes Gnade in ihrer Wirksamkeit nicht vom Menschen abhängt, wenn sie jeden angeht und berührt – von vornherein vergebend und verändernd –, dann ist damit eine Grundlage angesprochen, die in ihrer Eigenart einen universalen Horizont für unendliche Möglichkeiten konkreter Art erschließt.

Rahners Plädoyer für die theologische Vielfalt und gegen unzulässige vorgängige Beschränkungen des lebendigen Ausdrucks von Glaube und Wahrheit, sein Eintreten für die Vielfalt also, wie es in seiner letzten Lebensperiode nachdrücklich hörbar wurde, hat eine Entsprechung in der Konzentration auf die Mitte gnadenhafter Vergebung und Neugestaltung von seiten Gottes im Blick auf Mensch und Welt. Das ist die transkulturelle, die transhistorische, die transnationale Wirklichkeit, der die Pluralität entspricht und entsprechen muß, soweit sie sich christlich zu legitimieren sucht. Es ist der Versuch einer Konzentration auf das mit Gottes Heilswillen immer und je schon Gegebene, dessen gnadenhafter Charakter gleichwohl nicht bedeutet, daß Gott am Menschen vorbei oder über ihn hinweg alles einfach in Ordnung brächte, daß er ihm gewissermaßen ein ihm (dem Menschen) fremdes Heil ungefragt überstülpte. Allerdings konzipiert Rahner nicht in den engen Schemata des Gnadenstreites zwischen Dominikanern und Jesuiten um das Jahr 1600. Im Rückgriff auf die biblische und kirchliche Tradition akzentuiert er die Gnade als siegreich vergebende und umfassender als neugestaltende, d. h. als eine solche, die überall dort, wo sie bewußt wirksam wird, als Offenheit und Buße schenkende, als umwandelnde also, in christliche Ausdrücklichkeit tritt.

33. Kapitel

Entschiedene Vertiefung der eigenen Herkunft – Die Zugehörigkeit zur Gesellschaft Jesu

Versucht man, Karl Rahners Leben selbst unter sein eigenes Betrachtungsmodell der „conversio ad phantasma", also eines Ausgangs in die Welt und Zeit, zu stellen, dann wäre ebenso nach der „reditio in seipsum", nach der Rückkehr zu sich selbst zu fragen. Das Modell scheint recht einfach, betrachtet man Rahners Leben und Wirken als Ganzes, es hilft aber zum Verständnis einiger Tatsachen, die in den abschließenden Lebensjahren unverkennbar hervortreten. Über seine Rückkehr nach Innsbruck bleibt unter diesem Blickwinkel eigens zu sprechen. Zunächst ist auf die schon eher bemerkbare ausdrückliche Hinwendung des älteren Karl Rahner zu seinem Orden und dessen Spiritualität einzugehen. Das war ein Bereich, zu dem er schon früh etwas zu sagen hatte, der aber all die Jahre und Jahrzehnte mehr als Selbstverständlichkeit behandelt und deswegen weniger in die Betrachtungen und Überlegungen einbezogen wurde. Das schloß gelegentliche Bemerkungen dazu nicht aus, konnte aber den verbreiteten Eindruck nicht in Frage stellen, eigentlich sei diese Zugehörigkeit zur Gesellschaft Jesu etwas Zufälliges, das letztlich für den denkerischen und theologischen Beitrag Karl Rahners bedeutungslos bleibe. Für beide Rahners stellte sich das Jesuitsein als täglicher Lebensrahmen dar, der einfach vorgegeben war, nachdem man einmal den Schritt in diese Gemeinschaft getan hatte. Sicher, man vergewisserte sich von Zeit zu Zeit seiner Identität. Aber sie wäre keine echte Identität gewesen, hätte man sie ständig problematisiert und beredet. Das Nachdenken über die Spiritualität des Ordens liegt so auf einer etwas anderen Ebene; denn es ergab sich aus der Wirklichkeit verschiedener Akzente innerhalb der Gesellschaft Jesu, das heißt aus dem Umstand, daß durchaus nicht alle Mitglieder vom gleichen Selbstverständnis getragen wurden. Das ist eine normale Erscheinung, wo verschiedene Generationen miteinander leben. Aber über diese Unterschiede ging die Lage hinaus, in der die Rahnerbrüder sich dem Orden anschlossen. Seit der Herausgabe der „Monumenta Historica SJ", der großangelegten Edition der Quellenschriften, war sich der Orden der Unterschiede bewußt geworden, über die es zu intensiven Diskussionen kam. Es ging um den genuinen Geist der Gründung, der

Lebensformen, der Einsätze. Hugo und Karl Rahner beteiligten sich entschieden daran[1].

Als Karl Rahner am 27. April 1982 das Gedenken an 60 Jahre Zugehörigkeit zum Orden begehen konnte – das war in Innsbruck zusammen mit den Patres August Silbernagl und Hermann Zeller, die auf 50 Jahre Jesuitsein zurückblickten –, unterstrich er, der hl. Petrus Canisius habe in Fribourg gegen Ende seines Lebens vorgemacht, „wie man – ein wenig auch kaltgestellt – still und friedlich sein Alter bewältigt und in die Unbegreiflichkeit Gottes hinein sich selig verliert". Er sprach vom Dank gegen Gott für den Beruf und für die Bewahrung in diesem Beruf. „Denn das können wir uns gewiß nicht selber zuschreiben, sind dafür aber von Herzen dankbar. Was ist in diesen Jahren alles geschehen an Kriegen und Umwälzungen, an Verfolgung der Kirche und unseres Ordens, an geistigen Umbrüchen, an Wandlungen des Ordenslebensstiles und an persönlicher Geschichte mit deren Wandlungen und Gefahren, an Erfolg und Mißerfolg, an Freudigem und Enttäuschendem. Und in allem sind wir Jesuiten geblieben. Gott sei Dank! ... es ist uns dreien gewiß recht, in der Gesellschaft Jesu zu sterben. Und darum haben wir allen Grund, Gott für die Gnade zu danken, in dieser Gemeinschaft leben und sterben zu können."

Das Thema der Treue, das mit diesen Worten angeschlagen ist, war Karl Rahner wichtig, enthielt sie doch eine Art Bestätigung für die Verläßlichkeit Gottes. Er führte das noch weiter aus, als er hinzufügte: „Im Dank gibt man sich dem ewigen Gott hin oder versucht es wenigstens ... diese Hingabe hat noch eine unheimliche Dimension, wenn man es genau bedenkt. Man dankt für sein Leben und empfindet so dieses Leben als gut und darum als dankenswert. Nur soll gewiß nicht verdunkelt werden, daß der gütige Gott in seiner Gnade, die gewiß nicht allen zuteil wird, uns nicht nur unsagbar viel Gutes erwiesen hat, sondern uns auch einiges zu seiner Ehre tun ließ, gab, daß wir geben können. Aber wenn wir nach so vielen Jahren auf unser Leben zurückblicken, dann wissen wir ja schließlich doch nicht, was wir alles versäumt haben, an welchen Aufgaben wir in schuldhafter Blindheit vorbeigingen und sie ungelöst ließen, an Aufgaben, die vielleicht nur in einer ganz anderen Gesinnung bestanden hätten, mit der wir die Taten und Leiden unserer Tage hätten bewältigen sollen. Wieviel Zeit, die hätte Ewigkeit zeugen können, haben wir leer gelassen? Was hätte alles werden können, was nicht geworden ist? Haben wir nicht oft feige geschwiegen, wo wir hätten reden sollen, oder laut geredet, wo Schweigen am Platz gewesen wäre?"[2] Rahner meint, noch vieles ließe sich auf diese Weise im Blick auf das eigene Leben fragen. Zuletzt sei es das Wort der Theresia von Lisieux von den leeren Händen, mit denen man Gott beim Gericht entgegengehe, das die hoffende

---

[1] Vgl. den erwähnten Text „Die aszetischen Schriften in den ‚Monumenta Historica SJ'", in: ZKTh 108 (1986) 422–433.
[2] Alle Zitate aus: Rahner-Worte und -Geschichten, in: Rundbrief Oberdeutsche Provinz SJ (1982) Nr. 2, 27.

Übergabe an die Unbegreiflichkeit Gottes und seiner Gerichte am besten aussage.

So wenig Rahner in früheren Jahren sein Leben zum Gegenstand des Überlegens und vor allem Sprechens gemacht hatte, seit 1977 finden sich – oft erbeten – Erinnerungen dieser Art. Ein erster „Lebenslauf" von ihm selbst erschien in der Wiener Zeitschrift „Der große Entschluß"[3]. Hier wurde der Orden als ein neuer Lebensabschnitt vorgestellt, im Vergleich zum vorherigen Leben in der Familie. Aufs ganze gesehen begann damit nicht ein Abschnitt, sondern das, was Rahners Leben wesentlich ausmachen sollte. Er denkt zurück an das sehr disziplinierte Noviziat. „Aber ich mindestens – ich glaube auch die meisten der Novizen, die in der damaligen Zeit eintraten – taten das mit einem irgendwie ungebrochenen Vertrauen, daß so etwas richtig, vernünftig ist, ergaben sich gewissermaßen in diese Schulung, in diese Zucht, in diesen Lebensstil, irgendwie unbefangen und vorbehaltlos hinein, und bei den meisten ist das dann auch ganz gut gegangen."[4] Daß es gut ging, hing nicht zuletzt mit Freiräumen zusammen, die der Orden in dieser äußeren Disziplin zu bieten wußte. Karl Rahner nahm sie – er geht gleich anschließend an die Bemerkungen über das Noviziat darauf ein – für eine ausgedehnte und anregende Privatlektüre in Anspruch, die ihn ein inneres offeneres freies Verhältnis zum geistigen Leben heute gewinnen ließ, wie es die Zeit prägt oder mitprägt. Er bekam den Eindruck, katholisch sein zu können und am Denken sich unbefangen beteiligen zu dürfen. Von den Zeiten des Antimodernismus an war damit ein Wandel im Katholizismus eingeleitet, der schließlich im Zweiten Vatikanum eine kirchenamtliche Sanktion gefunden habe. „Der Großteil meines Lebens hat sich in dieser Periode eines solchen Wandels abgespielt"[5]. Für ihn persönlich habe sich das nicht in einem radikalen Bruch vollzogen, sondern in einer Besinnung auf die Substanz katholischen Christentums. Deshalb wehrt er sich dagegen, „einfach als Schüler Heideggers abgestempelt zu werden"[6]. Davon könne schon deshalb nicht die Rede sein, weil der Thomismus seines Ordensgefährten J. Maréchal und „eine Spiritualität, die vom Orden her geprägt ist"[7], für ihn mindestens ebenso bedeutsam waren wie Einflüsse Heideggers.

Das ist höchst interessant. Verständlich ist noch, wenn Maréchal neben Heidegger genannt wird, weil er als Philosoph – wenn auch nicht nur – auftrat und wirksam wurde. Er kam aber auch von Forschungen zur Spiritualität her, die für seine philosophischen Beiträge nicht ohne Belang blieben. Und vollends merkwürdig bleibt auf dieser Ebene, wo es um das Denken und den geistigen Beitrag geht, daß im gleichen Atemzug die Ordensspiritualität er-

---

[3] Ebd. 32 (1977) Nr. 10, 30–34, heute heißt die Zeitschrift „Entschluß".
[4] Ebd. 30.
[5] Ebd. 31.
[6] Ebd.
[7] Ebd.

wähnt ist. Rahner wollte als Jesuit nicht Gelehrter werden, sondern Ordensmann und Priester, und diese Absicht war ihm sein Leben hindurch Selbstverständlichkeit. „Man sucht Gott zu dienen, man sucht zu beten, man sucht die Eucharistie zu feiern, man meditiert, man betet unter Umständen den Rosenkranz, man betet als Priester durch Jahrzehnte hindurch das lateinische Brevier, man sucht sich als Seelsorger der Kirche zur Verfügung zu stellen."[8] Auf dieser Basis ist sich Rahner selbst nach Jahrzehnten völlig bewußt, daß er als Missionar hätte nach Indien oder Südbrasilien geschickt werden können, daß er seinen Einsatz in einem Gymnasium hätte finden können „im Unterschied zu einem Weltpriester in einem Verband eines gemeinsamen Ordenslebens mit all den Dingen, die damit gegeben sind: eines gewissen Stils und Ordnung des äußeren Lebens mit seiner finanziellen Abhängigkeit von der Gemeinschaft, mit dem, was man Ordensgehorsam und Bereitschaft über sich, über sein Leben, über seine Arbeit verfügen zu lassen, nennt. Dazu kommt eine im engeren Sinne jesuitische Spiritualität. Unter einer solchen versteht man fälschlicherweise landläufig etwas wie eine Willensakrobatik, ein kühler reservierter Stoizismus u. ä. In Wirklichkeit ist die wahre, die echte ignatianische Spiritualität etwas ganz anderes, etwas zu dessen Neuentdeckung und Neuformulierung doch z. B. mein Bruder Hugo, der 1968 gestorben ist, erheblich beigetragen hat. Für uns ist Ignatius zunächst ein Mystiker, ein Mensch, der in einer geheimnisvollen, radikalen Weise mit Gott verbunden ist, eine mystische Unmittelbarkeit zu Gott erfährt und aus der Tiefe einer solchen Begegnung mit Gott, dem absoluten Geheimnis, in Unmittelbarkeit heraus eigentlich sein Leben gestaltet."[9]

Dieser Hinweis auf die ignatianische Spiritualität und ihre Bedeutung im Lebensgang der Rahners war von Karl schon einige Monate vorher in einer eher sachlich beschreibenden Weise durch ein kurzes Vorwort vorbereitet worden, das er der dritten Auflage des Buches „Der Bericht des Pilgers" des Ignatius von Loyola mitgab[10]. Mit vollem Akkord setzt Karl Rahner ein: „Ignatius von Loyola gehört zu den großen geschichtlichen Figuren in der Welt und in der Kirche. Seine Wirkungsgeschichte ist gewiß noch nicht zu Ende, zumal sie sich ja nicht nur durch seinen von ihm gestifteten Orden vollzieht. Ihn besser und in Begegnung mit unserer eigenen geschichtlichen Situation heute zu verstehen und zu würdigen, ist darum kein müßiges Geschäft."[11] Rahner begründet das auch an dieser Stelle damit, dieser Stratege des amtlichen Apostolats sei ein Mystiker gewesen, „für den die Erfahrung Gottes in Unmittelbarkeit nochmals allen rationalen Kalkül und allen Dienst in den kirchlichen Institutionalismen übergriff, bestimmte und befreite und doch auch selbst wieder gegenüber dem auch dagegen nochmals

---

[8] Ebd. 31f.
[9] Ebd. 32.
[10] Vgl. die Ausgabe Freiburg i. Br. 1977; das Vorwort ist vom Januar dieses Jahres.
[11] Ebd.

größeren Gott unter einem letzten Vorbehalt blieb."[12] Dieser Ignatius habe Studien nicht für überflüssig gehalten und sich zugleich mit Armen und Deklassierten solidarisiert. Er habe Kontakt und Frieden mit dem kirchlichen Amt nie aufgegeben und sich doch eine Sendung zuerkannt, „die er schon als Laie an der Basis der Kirche zu erfüllen suchte und deretwegen er konkrete Konflikte mit kirchlichen Amtsträgern gelassen riskierte und geschickt durchfocht"[13]. Sein Orden sei für ihn die vorher gar nicht klare Konsequenz „einer freien Gemeinschaft geistlicher Art von unten her" gewesen; er selbst habe die Gefährten entdeckt und ihnen seine mystische Erfahrung zu vermitteln gesucht. Er sei ein Christ mittelalterlicher Frömmigkeit und ein Mensch *der* Neuzeit, die auch noch morgen sein wird, in der die Einsamkeit des Menschen letztlich nur im Schweigen Gottes durch den Anteil am Geschick des Gekreuzigten geborgen ist und von daher auch die Kirche angenommen und geliebt wird[14].

Die Besinnung auf die spirituelle Herkunft der eigenen Ordensgemeinschaft hat bei Karl Rahner mit der Neuentdeckung des Ignatius zu tun, an der Hugo Rahner maßgeblich mitgearbeitet hatte. Seine Gestalt zeigte bei intensiver Betrachtung faszinierende Züge aktueller Bedeutung; einiges davon ist in den kurzen Nennungen ja schon angesprochen worden. Doch die Sache arbeitete weiter und drängte auf eine breitere und für viele zugänglichere Darstellung. Denn damit ließ sich manche Entscheidung und manches Verhalten erklären, die beim weithin vorherrschenden Bild vom Jesuiten auf Unverständnis stießen. Vorwürfe gegen Jesuiten waren an der Tagesordnung: sie seien nicht gehorsam, sie erfüllten nicht ihre Berufung, sie entsprächen nicht dem Charisma ihrer Gründung, sie ließen Kirchentreue vermissen und trügen zur Auflösung des Christlichen bei, statt sich ganz und vorbehaltlos für dessen Verteidigung einzusetzen, usw. Was ein Jesuit sei, was er zu tun und wie er sich zu verhalten habe, das glaubten sehr viele zu wissen. Nur war dieses Bild in vielen seiner Züge, wenn nicht ganz falsch, so doch viel zu vordergründig und oberflächlich.

Freilich lag für Karl Rahner nicht hier der eigentliche Grund für seine intensivere Beschäftigung mit den Ursprüngen und geistigen Motiven der Gesellschaft Jesu. Der ist in der Faszination der positiven Entdeckung selbst zu sehen, in der jeweils neuen Erfahrung von vorher nicht vermuteten Reichtümern und Perspektiven, darin, daß sich Ignatius immer stärker als Mann der Neuzeit herausstellte, so sehr er auch dem Mittelalter und seiner eigenen Zeit verhaftet war. Das betont er 1978 in einem kurzen Geleitwort[15] auch für die „Geistlichen Übungen", die in der nächsten Zukunft noch größere Bedeutung für das christliche Leben und die Kirche erlangen könnten,

---

[12] Ebd.
[13] Ebd. VI.
[14] Vgl. ebd.
[15] Zu: PETER KÖSTER, Ich gebe euch ein neues Herz, Stuttgart 1978, 7f.

als sie in der Vergangenheit gehabt haben. Sie leiten ja den Menschen an zu einer unmittelbaren Begegnung mit Gott. „Was aber könnte für einen Christen in dieser heutigen Zeit unerläßlicher sein als eine solche Erfahrung, in einer Zeit, die wenige oder fast gar keine äußeren stabilisierenden Elemente für ein christliches Leben aufweist, und in der der persönliche, in einer letzten Freiheit und Unmittelbarkeit zu Gott realisierte Glaube praktisch eher die Kirche tragen muß, als diese ihn trägt? Wenn man gesagt hat, der Christ der Zukunft sei ein Mystiker oder er sei nicht, und wenn an diesem Wort etwas Wahres ist, dann ist eigentlich diese Schule einer unmittelbaren Gotteserfahrung in ihrer Bedeutung für die Zukunft ohne weiteres deutlich."[16] Hinzu komme, daß das moderne Fragen und Suchen nach Gemeinschaft von diesen Übungen aus einen vielversprechenden Ansatz nehmen kann; in der Kirche sei solche Gemeinschaft nur möglich, „wenn sie nicht das Ergebnis großkirchlicher Dressur und Nivellierung ist, sondern die Gemeinschaft der Menschen, von denen jeder Gott unmittelbar gefunden hat und die Einsamkeit zusammen mit dem schweigenden Geheimnis Gottes nicht nur auszuhalten, sondern auch zu lieben gelernt hat. Das aber geschieht in den Exerzitien des Ignatius, und sie sind darum kein Dokument eines neuzeitlich religiösen Individualismus in einem schlechten oder jetzt überholten Sinn, sondern eine Anleitung, den Menschen in die Zukunft hinüberzuführen, ohne den die Zukunft der Welt und der Kirche nicht heil sein kann."[17] Die gleichen Gedanken führte Rahner in einem Gespräch mit Vertretern der Zeitschrift „Der große Entschluß"[18] weiter aus. Er erläuterte: „Es geht um eine Gotteserfahrung, die letztlich den Menschen von seinem gesellschaftlichen Milieu bis zu einem gewissen Grad unabhängig macht und ihn höchstens in Kirchlichkeit einweist, aber nicht eigentlich von traditioneller Kirchlichkeit her kommt."[19]

Die ausgearbeitete Zusammenfassung des vertieften Bezugs auf Ignatius wurde von Rahner in einem Text formuliert, der auch international bekannt geworden ist, nämlich in seiner „Rede des Ignatius von Loyola an einen Jesuiten von heute", die 1978 dem mit P. Imhof und H.N. Loose herausgegebenen Bildband „Ignatius von Loyola"[20] vorangestellt wurde. Dieser Bildband hat sein Gegenstück in dem Werk, das Hugo Rahner zusammen mit L. von Matt zum Ignatiusjahr 1956[21] ediert hatte und das zum Vergleich herangezogen werden muß. Im Vorwort vom Februar 1978 bemerkt Karl Rahner denn auch, an sich seien für den einführenden Text zwei Männer wirklich geeignet gewesen, weil beide sich als hervorragende Kenner Loyolas erwiesen hätten: „mein Bruder Hugo Rahner und mein Freund Burkhart Schneider. Mein

---

[16] Ebd.
[17] Ebd. 7f.
[18] Vgl. ebd. 32 (1978) Nr.5, 8–11.
[19] Ebd. 9.
[20] Ebd. Freiburg i.Br. 1978, 10–38.
[21] Vgl. DIES., Zürich 1955; Wien 1955; Würzburg 1955 (Echter Verlag)

Bruder starb aber schon 1968 und mein Freund 1976. So blieb die Aufgabe dieses Einführungstextes an mir hängen"[22]. Die Sache ist eine Art Erbe des Bruders, das er zu erfüllen sucht, indem er darüber etwas sagt, „was Ignatius heute noch bedeuten kann". Es geschieht in direkter Rede, die dem Gründer in den Mund legt, was Rahner wichtig war.

Und so setzt diese Rede – gar nicht überraschend – mit dem Auftakt „Unmittelbare Gotteserfahrung" ein. Die grundlegende Tatsache wird gleich in dem Imperativ „Anleitung zu eigener Erfahrung" weitergeführt, erst dann wird die „Ignatianische Spiritualität" selbst zum Thema. Deren Schwerpunkt im Verhältnis „Religiöse Institution und Erfahrung von innen" entfaltet sich in „Neigung Gottes zur Welt", „Mitvollzug des Abstiegs Gottes in die Welt", um dann zu „Jesus" und zu „Nachfolge Jesu" zu kommen. „Machtloser Dienst" ist der nächste Punkt der Rede, die dann „Geglückte und mißglückte Nachfolge" in ihr Betrachten einbezieht. Erst jetzt sind Charakteristika des Ordens daran: „Kirchlichkeit", „Jesuitischer Gehorsam", „Wissenschaft im Orden" und „Wandlungsmöglichkeiten des Ordens?". Die Rede endet mit einem „Ausblick in die Zukunft".

Der Inhalt dieser Rede ist nicht zu referieren und zu interpretieren; das ist Teil der literarischen Auswertung von Rahners Werk. Wohl verdient der Aufbau der Rede und die Abfolge der einzelnen Punkte einige Hinweise; denn sie sind von den Lebenserfahrungen Rahners im Orden gedeckt und angeregt. Daß die unmittelbare Gotteserfahrung – wie er formuliert – Grundlage ist in dem Sinn, daß sie missionarisch dazu drängt, jeweils wieder Anleitung zu eigener Erfahrung zu werden, macht die Absicht der „Geistlichen Übungen" aus, die in Methode gefaßte Erfahrung sind, d. h. auf Weitervermittlung angelegt. Daß dies so ist und möglich ist, nennt Rahner eine ganz simple und doch eigentlich ungeheuerliche Überzeugung. Vielleicht wird das anfangs nicht recht einsichtig, bis Möglichkeiten und Folgen dieses Ansatzes weiter bedacht werden. Es dauert nicht lange und die Konstellation zwischen Eigenerfahrung und offizieller Institution tritt vor uns hin. Ob Gegensatz oder Zuordnung, auf jeden Fall wird die Spannung spürbar, die sich in sehr unterschiedlichen Gestalten ausprägen kann. Für den Jesuiten kommt es dabei nicht nur auf das rechte Verhältnis an, sondern er hat gerade kirchlich so auf der eigenen Erfahrung aufzubauen, daß deren Zeugniskraft nicht verdunkelt wird. Dazu muß er wissen, worauf er im Geist des Ignatius entschlossen zu verzichten hat, um ohne ‚Macht', im reinen Vertrauen auf die Kraft des Geistes und der Torheit Christi den Menschen durch die Kirche hindurch zu dienen[23]. Wie das konkret aussehen könnte, ist nicht von vornherein ausgemacht und jedenfalls eine Aufgabe, die zu sehen und anzugehen ist. Leicht ist sie nicht. „Vielleicht müssen das einzelne unter euch zunächst für sich selber finden, bevor es im Orden als Ganzem deutlich werden kann. Aber flüchtet um

---

[22] Karl Rahner – P. Imhof – H. N. Loose, Ignatius von Loyola, Freiburg i. Br. 1978, 7.
[23] Vgl. ebd. 23.

Gottes willen nicht in bloße Gesinnung, die auch die Prälaten der Kirche haben können. Die in die heutige Situation hinein übersetzte Armut und Demut müssen gesellschaftspolitisch in der profanen Gesellschaft und in der Kirche einen kritischen Stachel, eine gefährliche Erinnerung an Jesus und eine Bedrohung des selbstverständlichen Betriebes der kirchlichen Institutionen bedeuten. Sonst taugt diese Übersetzung nicht. Das bedeutet aber gerade nur ein Kriterium, nicht aber das wirkliche Motiv für euch. Das Motiv ist Jesus, der in den Tod hinein Sterbende, – er, und nicht eine gesellschaftspolitische Berechnung. Er allein kann euch vor der Faszination der Macht bewahren …; er allein kann euch vor dem nur zu einleuchtenden Gedanken retten, man könne im Grunde eben doch nur den Menschen dienen, wenn man Macht hat; er allein kann euch das heilige Kreuz seiner Machtlosigkeit verständlich und annehmbar machen."[24]

Natürlich gibt es mancherlei Vorschläge, bisweilen sogar Forderungen, wie das umzusetzen sei. Auch von außen glaubt mancher zu wissen, was das heißt, und formuliert es in einer Weise, daß es wie eine Vorschrift klingt. Leider wird eben so oft deutlich, daß es nicht die von Ignatius gemeinte Grunderfahrung war, die solche Äußerungen letztlich trägt. Vielmehr sucht man sich der Jesuiten zu bedienen und sie auf etwas festzulegen, das ihrem eigentlichen Charisma widerspricht. Der Konflikt kann dann unausweichlich sein. Diese Möglichkeit wurde nicht immer nüchtern und unbefangen gesehen und zugegeben, weil die merkwürdige Meinung entstehen konnte, das dürfe nicht sein und könne deswegen nicht vorkommen.

Die Kriterien dessen, der diese Lebensform offen und ehrlich zu leben sucht, sind auch für die weitere Konkretisierung zunächst bei Ignatius zu finden. Und der hat z. B. nicht auf Institutionen verzichtet. Er hat bestimmte institutionelle Formen geschaffen, weil er sie für nicht ungeeignet hielt, die Grunderfahrung zu machen – so eben die „Geistlichen Übungen" – und auf Dauer zu leben, z. B. die Kollegien. Freilich waren diese Formen alles andere als exklusiv gemeint, schlossen aber ein paar Elemente ein, die in jedem Fall zu beachten sind. Ignatius war es klar, daß gewisse Grundlagen für das Leben und den Einsatz unerläßlich sind und daß es weder dem einen noch dem anderen dienlich ist, sich ständig wieder um die Schaffung solcher Grundlagen bemühen zu müssen. Das wäre eine Notwendigkeit, die es oft gar nicht zu dem kommen läßt, was eigentlich gesucht werden sollte. So haben weder Hugo noch Karl Rahner sich ein schlechtes Gewissen darüber einreden lassen, daß ihr Ordensleben die meiste Zeit unter Voraussetzungen stand, die nicht nur dieses oder jenes erleichterten, sondern als verläßliche Basis den Einsatz ermöglichten und trugen. Das Ordenshaus, die Fakultät, Veröffentlichungsmöglichkeiten, Beziehungen und manches weitere. Beide hatten durch das Naziregime und den Krieg bedingt zu beweisen, daß sie davon nicht abhängig waren, sondern unter äußerem Druck der

---

[24] Ebd. 23f.

Verhältnisse ihr Jesuitsein auch in äußerster Enge und selbst Bedrohtheit zu erfüllen wußten.

Diese Erfahrungen hat Karl Rahner in der letzten Phase seines Lebens auf einen ausdrücklichen Nenner zu bringen gesucht. Wiederholt zeigte sich, für wie aktuell er Ignatius und die Exerzitien hielt. Nicht um Nostalgie oder Rückblick war es zu tun. Einem möglicherweise nicht recht verstehenden Übergehen dieses Zuges im Leben und Werk der Rahnerbrüder ist zu begegnen. 1975 drückte es Karl Rahner im Vorwort zur dritten Auflage der „Geistlichen Übungen" in der Übertragung und Erklärung von A. Haas[25] so aus: „Die unter den einfachen Worten des Buches verborgene Theologie gehört zu den wichtigsten Grundlagen des abendländischen Christentums der Neuzeit, ja ist in der Schultheologie der Kirche und der üblichen Praxis der Frömmigkeit noch gar nicht völlig eingeholt, sondern hat noch eine große Zukunft."[26] Der Mensch solle bei allen christlichen Selbstverständlichkeiten eine radikale Unmittelbarkeit zu Gott erfahren, „die für Ignatius auch alles Christliche und Kirchliche letztlich trägt und umfaßt ... Diese Unmittelbarkeit zu Gott ist für Ignatius in einem gegenseitigen Bedingungsverhältnis in Einheit mit der Begegnung mit Jesus, dem Armen, Gekreuzigten und Auferstandenen ... bedeutet für Ignatius doch nicht (nur) ein mystisches Sichverlieren in der schweigenden Unbegreiflichkeit Gottes. Die ignatianischen Übungen sind vielmehr eine Logik der existentiellen Entscheidung, in der die Einmaligkeit des einzelnen Menschen und die Einmaligkeit des Willens Gottes über alle bloße Normativität allgemeiner Prinzipien hinaus zum Durchbruch kommt. Von seiner Freiheit in Gott und von Gott selbst her kehrt der Mensch zur konkreten Entscheidung, zur konkreten Aufgabe und Tat dieser Welt zurück, vollzieht er den schöpferischen und erlösenden Abstieg der Liebe Gottes zu seiner Welt mit, um Gott nicht nur in seiner weiselosen Unbegreiflichkeit, sondern in allem zu finden."[27]

Karl Rahner hätte es sicher gern bei diesen Zusammenfassungen seiner Erfahrung aus der Ordensexistenz belassen, doch fühlte er sich durch Entwicklungen zu konkreten Anwendungen herausgefordert, die den Orden von außen trafen. Am 7. August 1981 erlitt der Generalobere der Gesellschaft Jesu, P. Pedro Arrupe, einen Gehirnschlag, der ihn teilweise lähmte. Er hatte zwar in P. Vincent T. O'Keefe einen Vertreter eingesetzt. „Am 5. Oktober 1981 aber ernannte Johannes Paul II. in einem Brief an Arrupe den Jesuiten Paul Dezza zu seinem persönlichen Delegaten für den Orden mit allen Vollmachten eines höchsten Ordensoberen und berief den sardischen Jesuiten Josef Pittau (einen Missionar in Japan) zum Stellvertreter Dezzas in dieser seiner Funktion."[28]

---

[25] Ebd. Freiburg i. Br. 1975.
[26] Ebd. 9.
[27] Ebd. 9f.
[28] KARL RAHNER, Nachwort, zu: Pedro Arrupe, Mein Weg und mein Glaube, Ostfildern 1983, 135.

Was hier in fast zu nüchternen Worten beschrieben wird, löste trotz einer bewundernswerten Disziplin der Gesellschaft Jesu Diskussionen und Überlegungen aus, die dem eigentlichen Charakter der jesuitischen Berufung und Gemeinschaft klareres Profil zu geben trachteten. Karl Rahner bemühte sich, die Vorgänge in seine eigene Konzeption des Charismas der Gemeinschaft, in der er lebte, einzuordnen. Von der Ordensleitung in Rom kamen Erklärungen, die ihm mindestens mißverständlich zu sein schienen. Bei allem Verständnis für die schwierige Verantwortung dieser Männer, mochte er doch keine Verunklärung der Grundlagen und Prinzipien jesuitischer Existenz zulassen, soweit das an ihm lag. Solche Verunklärung meinte er zu spüren.

Seiner Art gemäß hielt er sich zunächst ganz zurück, beobachtete aber um so wacher, was gesagt und getan wurde, erwog die Äußerungen auf allen Seiten und nahm am 14. April 1982 vor einer Versammlung seiner Ordensprovinz in Freising Stellung. Diese Darlegungen sind im Band XIV der „Schriften zur Theologie"[29] unter dem Titel „Zur Situation des Jesuitenordens nach den Schwierigkeiten mit dem Vatikan" gedruckt und damit der Öffentlichkeit bekannt geworden. Dieser Text steht damit vor der ebenfalls in diesen Band als Abschlußtext aufgenommenen „Rede des Ignatius von Loyola an einen Jesuiten von heute"[30]; diese Zusammenstellung dürfte nicht ohne Bedacht vorgenommen worden sein.

Der konkrete Konflikt soll im Licht grundsätzlicher Einsichten angegangen werden. Anlaß ist ein Brief von P. Paolo Dezza an die Gesellschaft Jesu vom März 1982, der „Richtlinien zur Verwirklichung der Wünsche des Heiligen Vaters" vorlegt. Karl Rahner stellt seine Überlegungen zunächst in die größere geistige Situation, an die er mit konkreten Hinweisen erinnert und deren Schwierigkeiten er ernsthaft berücksichtigen möchte. Daran scheint es ihm „in den Erklärungen unserer Kurie" zu mangeln. Sie insistieren zu einfach auf allgemeinen Prinzipien, ohne mutig und deutlich die Widrigkeiten anzusprechen, die durch verbale Erklärungen nicht aus der Welt geschafft werden können. Vor allem setzt er seine Fragen bei dem Wort vom „totalen Gehorsam gegenüber dem Heiligen Stuhl" an und bei dem hinter solchen Erklärungen steckenden Kirchenbild, „das ich dogmatisch und menschlich und realistisch für falsch halte"[31]. Anschließend wird das Verhältnis zwischen Jesuitenorden und Lehramt behandelt, schließlich das Apostolat der Gesellschaft Jesu.

Rahner kritisiert, daß in der römischen Äußerung die Möglichkeit eines Dissenses zwischen Lehramt und Theologie einfach nicht zum Tragen komme und verdrängt werde und damit Folgerungen heraufbeschworen seien, die auch für den kirchlichsten Jesuitentheologen nicht wirklich annehmbar sind. Würde man darauf bestehen, müßte sich ein großer Schaden

---

[29] Ebd. Zürich 1983, 355–372.
[30] Ebenfalls in diesem Band zu finden 373–408.
[31] Ebd. 359.

ergeben, die Jesuitentheologie in der Öffentlichkeit unglaubwürdig werden und ein Klima der Unehrlichkeit entstehen. So problematisiert Rahner in acht Punkten die vorgetragenen Erklärungen wegen Ungenauigkeit und Einseitigkeit, immer bemüht, das Richtige und Wertvolle herauszustellen und gebührend zu würdigen. Dennoch meint er, vor einer allgemeinen Veröffentlichung der hier in Frage stehenden Richtlinien seien deren Punkte noch einmal mit Fachleuten zu beraten, „welche die ganze Differenziertheit und Schwierigkeit der anstehenden Fragen wirklich kennen und selber in ihrer Arbeit erfahren haben"[32].

Das Apostolat des Ordens hatte P. Dezza im Februar 1982 behandelt. Zwei Fragenkreise waren besonders betont: das Thema „Glaube und Gerechtigkeit", das von der 32. Generalkongregation des Ordens als dringlich formuliert worden war und über dessen Verständnis unterschiedliche Meinungen umgingen, dann die Tatsache des „Priesterordens", über die es schon mit Papst Paul VI. zu Spannungen und Mißverständnissen gekommen war. Es geht um Betonungen und Akzentsetzungen, die nach Karl Rahner zu Fehldeutungen und Fehlhaltungen führen können. Im Grunde ist es die Wahrscheinlichkeit konkreter Konflikte und die Frage, wie sie ehrlich angegangen und gelöst werden können, ohne daß aus formalen Gründen gar keine Prüfung der Sachaufgabe mehr erfolgt und diese darum schon im Ansatz verraten wäre, deren unerläßliche Klärung Rahner anmahnt; Frage des Umgangs miteinander und des Stils, in dem Menschen behandelt werden, die sich aus eigener Berufung in der Kirche engagieren und dafür christlichen Respekt erwarten.

Die intensivere Rückwendung zu den Wurzeln des ignatianischen und jesuitischen Charismas erhielt durch diese Auseinandersetzung eine Aktualität und ein Gewicht, das mancher in den positiven Hinweisen und Zusammenfassungen gar nicht bemerkt hatte. Zugleich präzisierte Karl Rahner, welche Anstöße seine theologischen Bemühungen im ganzen und im einzelnen der Spiritualität der Gesellschaft Jesu verdankten, mag auch das ausdrückliche Panorama manchen Punkt unerwähnt lassen. Bei dieser Betrachtung ist immer im Auge zu behalten, daß es sich mehr um gelebte Einflüsse als um theoretische Beschreibungen handelt, um Impulse also, die in einem über 60jährigen Ordensleben Tag für Tag gleichsam mit der Luft eingesogen wurden und die sich ganz selbstverständlich ausgewirkt hatten, ohne große theoretische Anstrengungen. Rahner hat dieses Feld seines Lebens – wenn man es so nennen kann – erst gegen Ende des Weges eingehender zu beschreiben, zu vertiefen und als Teil seines Denkens herauszustellen gesucht. Er war darin mit Bleibendem und Wandelbarem konfrontiert und erfuhr die Gemeinschaft des eigenen christlichen Lebens als Ausprägung von Kirche. Aus diesem Grunde glaubte er an die Pflicht, diese Erlebnisse vorsichtig für die Kirche in Anschlag bringen zu müssen. 1984 bemerkte er: „Wenn

---

[32] Ebd. 368.

man als alter Mann zurück- und in die heutige Zeit hineinschaut, dann fallen natürlich zunächst einmal sehr große Unterschiede im Lebens- und Studierstil auf. Es besteht zweifelsohne ein sehr großer Unterschied zwischen der ‚vorkonziliaren' Gesellschaft Jesu und der ‚nachkonziliaren', um es einmal so zu formulieren. Selbstverständlich kann und muß vielleicht sogar die Gesellschaft Jesu heute in vielen Dingen einen anderen Lebensstil praktizieren als früher. Das ‚Warum' wäre einer größeren geistesgeschichtlichen Untersuchung wert. Aber ich meine, auch die Generation der Jesuiten von heute und morgen muß im letzten die eigentliche Mentalität und den eigentlichen Geist der Gesellschaft Jesu, so wie er von Ignatius her gemeint war, bewahren und in den je neuen Formen realisieren. Darin liegt natürlich eine schwere Aufgabe. Unser letzter Generaloberer, P. Pedro Arrupe, hat sicherlich sehr viel unternommen, um einen solchen Übergang vorsichtig, aber auch mit den nötigen Experimenten zu vollziehen! Dennoch, es bleibt sehr viel zu tun."[33]

Für sich ging Rahner über diese Aufgaben und Fragen nicht einfach hinweg. Er glaubte es der Öffentlichkeit schuldig zu sein, den Aspekt deutlich zu nennen. So brachte er die Ordenstheologie in seiner großen Abschiedsrede an der Freiburger Katholischen Akademie vom Februar 1984 als eigenen Punkt zur Sprache. Das sollte sein Schlußwort zu dieser Seite nicht nur seines Denkens, sondern seiner Existenz werden[34].

Der Hinweis geht von den Ordenstheologien früherer Zeiten aus. Selbstverständlich prägt sich eine Spiritualität da im theologischen Denken aus, selbst wenn das meist in bestimmten Thesen geschah, deren Verbindung zum Charisma ein wenig äußerlich scheinen konnte. Rahner streift kurz die parteiisch geführten Streitigkeiten der Schulen, die sich aus einer strengen Vertretung solcher Theologien ergaben, und meint, so etwas habe heute seinen Grund verloren, weil die Fragestellungen, das theologische Material und die Ergebnisse der biblischen Theologie, der Dogmen- und Theologiegeschichte es unmöglich gemacht hätten, einfach nur Anhänger einer überlieferten Ordensschultheologie zu sein.

Diese Bemerkungen leiten die für ihn entscheidende Aussage ein, die er vorsichtig so formuliert: „Das bedeutet aber, so selbstverständlich es ist, noch längst nicht, daß die Theologie eines Ordensmannes nicht mit der Eigentümlichkeit des Lebens und der Spiritualität seines Ordens zu tun habe. Ich z. B. hoffe, daß mein großer Ordensvater Ignatius von Loyola mir zubilligt, daß in meiner Theologie so ein kleinwenig von seinem Geist und seiner ihm eigenen Spiritualität merkbar ist. Ich hoffe es wenigstens! Ich bin sogar der etwas unbescheidenen Meinung, daß in diesem oder jenem Punkt ich näher bei Ignatius stehe als die große Jesuitentheologie der Barockzeit, die

---

[33] Karl Rahner – Glaube in winterlicher Zeit, 36f.
[34] Vgl. Erfahrungen eines katholischen Theologen, in: K. LEHMANN (Hrsg.), Vor dem Geheimnis Gottes den Menschen verstehen, München 1984, 105–119; bes. 113–115.

nicht immer, aber in nicht unwichtigen Punkten einem legitimen Existentialismus des Ignatius (wenn man so sagen kann) nicht genügend gerecht geworden ist ... als Jesuit kann ich vielleicht ja daran denken, daß in dem nüchtern grandiosen Schlußgebet der Exerzitien dort, wo Ignatius sich ganz und restlos Gott anheimgibt, die Freiheit vor dem Augustinischen Trinar (Gedächtnis, Verstand, Wille) rangiert. Ich glaube nicht, daß dies nur ein Zufall der Wortwahl und der Rhetorik war, ..., daß die traditionelle Jesuitentheologie dies ganz ernst genommen habe, ich weiß auch nicht, ob dies in meiner Theologie wirklich besser geworden ist, aber ich habe es vielleicht doch auch ein wenig versucht"[35].

Eine neue Jesuitentheologie also, für die gerade die Hingabe der Freiheit zentral ist: das folgt aus diesen etwas zögernden und ein wenig unsicher sich gebenden Andeutungen. Eine Jesuitentheologie, die vom Geist und von der Spiritualität des Ignatius geprägt ist und eben in diesem oder jenem Punkt sich näher bei ihm findet als das, was in der Tradition Jesuitentheologie war und heißt. Es betrifft nicht nur inhaltliche Gegebenheiten, sondern offensichtlich die Art und Weise – Rahner spricht von legitimem Existentialismus. Im einzelnen wäre hier weiter zu fragen. Was dabei zu entdecken ist, läßt sich nicht prophezeien. Vermutlich dürfte aber gegenüber einem zu dürren Rationalismus und gegenüber einem zu sehr der mechanisch-mathematischen Ableitung verpflichteten Argumentationsmodell in diesem Reflektieren der Stellenwert der Anwendung der Sinne und der Affektivität ein anderer als bisher sein und doch eine grandiose Nüchternheit walten. Dem ein wenig vorgearbeitet zu haben, das hat Karl Rahner in aller bescheidenen Zurückhaltung für sich beansprucht.

---

[35] Ebd. 113f.

34. Kapitel

Innsbruck 1981–1984 – Herbst eines Lebens

Zur Rückkehr in die eigene Herkunft sollte für Karl Rahner auch zählen, daß er 1981 noch einmal seinen Wohnsitz wechselte: von der Hochschule für Philosophie in München an das Kolleg in der Sillgasse bei der Theologischen Fakultät der Universität Innsbruck. Rahner hat zeit seines Lebens oft den Wohnort ändern müssen. Als 18jähriger verließ er Freiburg und zog nach Tisis bei Feldkirch, von dort ging es nach Pullach bei München, dann wieder nach Vorarlberg. Die nächsten Jahre verlebte er im holländischen Valkenburg, danach verbrachte er ein Jahr in Sankt Andrä im Lavanttal. Bekannt sind die beiden zusätzlichen Studienjahre in Freiburg, dann der Anfang in Innsbruck zwischen 1936 und 1939, die Vertreibung von dort und das Leben in Wien während des Krieges. 1944–45 wohnte er in Arnstorf und Mariakirchen, dann in Pullach, danach in Innsbruck. Diese Zeit zwischen 1948 und 1964 hat er selbst als Zentrum seines Wirkens erlebt. Es folgten die Jahre in München und Münster, dann wieder in München, wo er 1973 vom Schriftstellerhaus in die Hochschule umsiedelte. Von dort kam er 1981 zurück nach Innsbruck.

Diese etwas nüchterne Zusammenstellung ist nicht nur die Konkretisierung einer Regel für Jesuiten, denen schon in der Grundausbildung mitgegeben wird, daß sie berufen seien, an verschiedenen Orten zu leben und zu wirken, sie ist für Rahner die Auflistung der örtlichen Voraussetzungen seines Werkes im Werden und im Ergebnis. Man denke nur an die jeweils ganz unterschiedlichen Bibliotheksverhältnisse, an die Mühen, die selbst dann mit einem Umzug verbunden sind, wenn man nicht viel mitzunehmen hat.

Karl Rahner kehrte also 1981 nach Innsbruck zurück, das er 17 Jahre zuvor verlassen hatte. Damit ist gesagt, daß ihm bei allem zwischenzeitlichen Wandel Ort und Raum vertraut waren. Immerhin hatte er vor dem Krieg mehr als drei Jahre und nach dem Krieg fast 16 Jahre hier gelebt und gearbeitet. Die entsprechende Entscheidung muß kurzfristig gefallen sein. Der Katalog des Ordens für 1982 verzeichnet die Wohnsitzänderung noch nicht, wenn er auch einen Hinweis auf die Innsbrucker Anschrift gibt. Dort war damals P. Josef Müllner Rektor. Von alten Bekannten fand Rahner die PP. Emerich Coreth, Paul Gaechter, Engelbert Gutwenger, Walter Kern, Josef Miller, Otto Muck und diesen oder jenen anderen vor. Aber der Charakter des Hauses war gegenüber jener Zeit ein völlig anderer geworden, als Rahner es verlassen hatte. Umfangreiche Renovierungsmaßnahmen hatten es wohnlicher und überschaubarer werden lassen. Es ließ sich zu dieser Zeit auch nicht als Studienhaus im klassischen Sinn ansprechen, da nur wenige Studenten zur Gemeinschaft zählten. Diese wirkte im ganzen weit familiärer als die Besatzung des Münchener Berchmanskollegs, weil es eine um die Hälfte kleinere Wohngemeinschaft war. Er teilte schlicht und einfach deren Leben und ging im übrigen jetzt von Innsbruck aus seinen Aufgaben nach. Die reduzierten sich, boten aber immer noch eine Fülle von Begegnungen und Herausforderungen, so daß er sich ausgelastet erfuhr. Er nahm sich mehr Zeit für Einladungen alter Freunde. Die freien Nachmittage liebte er, hinauszufahren, Besuche zu machen, etwas anzuschauen. Dazu suchte er Begleiter. Mancheiner kann sich an solch einen Nachmittag erinnern. Morgens hingegen diktierte er, wie er es sich seit längerem angewöhnt hatte, die anstehenden Texte für Vorträge und Veröffentlichungen. In Innsbruck galt es, eine neue Sekretärin zu finden und anzustellen. Ein jüngerer Mitbruder half dabei, indem er das Inserat aufgab und die Prüfung der Bewerberinnen leitete. Karl Rahner schaute zu und war beeindruckt, wie man so etwas macht. Mit Frau Elfriede Oeggl, die er sehr schätzte, arbeitete er die letzte Zeit zusammen, die im Frühjahr 1982 noch einmal durch die erwähnten Turbulenzen um die Leitung des Ordens eine hektischere Phase erlebte. Im übrigen jedoch stellte sich nach und nach ein ruhigerer Lebensgang ein. Auch das 60jährige Ordensjubiläum im Frühjahr 1982 und das 50jährige Priesterjubiläum im Sommer waren eher dazu angetan, besinnlich zurückzublicken. Von der Gesinnung der Dankbarkeit, wie sie Karl Rahner äußerte und theologisch vertiefte, war schon die Rede.

Ein wenig verwundert stellte er im Rückblick fest, daß ihm entsetzliche, qualvolle weltanschauliche Perioden erspart geblieben waren, „in denen ich massiv angefochten gewesen wäre von Pessimismus oder Agnostizismus oder gar Atheismus"[1]. Gerade angesichts vieler Begegnungen mit Zeitgenossen fiel ihm das auf, und er gab zu, „daß für mich und meine Theologie die Erfahrung Gottes als des Unbegreiflichen immer stärker in den Vordergrund – sowohl meiner eigenen Existenz wie auch meiner Theologie – getreten ist"[2]. Die Lage hat er in diesem Gespräch von 1982 ganz unbefangen ausgesprochen: „Ich bin Christ, ich möchte römisch-katholischer Christ sein, unbedingt und selbstverständlich, und gleichzeitig sehe ich, daß es soundsoviele Menschen gibt, die ich schätze, die eine andere Meinung, eine andere Lebensanschauung haben; und dann muß ich mich doch als katholischer Christ fragen: Wie ist es mit diesen anderen Menschen, die doch im Grunde genommen von der Liebe des einen und selben Gottes, dem ich zu dienen versuche, umfaßt sind."[3] Die Frage spielte in dieser letzten Lebensphase eine eigene Rolle. Neben sie trat die Frage nach der Zukunft der Kirche.

---

[1] Karl Rahner – Im Gespräch 2, 270.
[2] Ebd. 272.
[3] Ebd. 275.

Sie hatte Rahner schon früh beschäftigt, nahm aber jetzt besondere Dringlichkeit an gegenüber der Unabsehbarkeit der aufmerksam beobachteten vielfältigen Entwicklungen. So kann er fragen: Wissen Sie, „wie es in Afrika weitergeht? Wissen Sie, wie es in Japan, in Indonesien oder Südamerika weitergeht? Es entstehen offensichtlich Christenheiten, und zwar katholische, die in der einen katholischen Kirche unter dem Papst sein und bleiben wollen und natürlich auch immer von den übrigen katholischen Ländern und auch von Rom her Impulse, Direktiven usw. empfangen. Aber im Grunde handelt es sich um selbständige Kirchen sui generis, mit eigener Theologie, langsam auch mit eigener Liturgie und auch mit Variationen im Kirchenrecht."[4] Die Vielfalt des Christlichen im Blick auf einzelne und kirchliche Ausgestaltungen: diese Aussicht schob Karl Rahner nicht von sich weg. Auf dem vertrauten Boden und aus der eingeübten Perspektive der Konzentration auf das Wesentliche hatte er dazu die Kraft, weil er die Gestaltungsmöglichkeiten der göttlichen Gnade in ihrer ganzen Weite ahnen konnte. Anders hätte er den Blick wohl nicht ausgehalten. Aber die Gelassenheit des letzten Sich-Verlassen-Könnens in Hoffnung ließ ihn nüchtern und unbefangen die Wirklichkeit sehen und bedenken. Daß dabei Fragen wach wurden, die keine Antwort fanden, war ihm Auftrag zu tieferer Hoffnung und zugleich zu eigenem Engagement, wo sich eine Gelegenheit bot.

Häufig ging Rahner auf Bitten um Interviews und Stellungnahmen ein; in Salzburg lud ihn G. Ruis wiederholt zu solchen Gesprächen. Spontane Reaktionen auf präzise Fragen kamen ihm gelegen. Sie erreichten direkt ein größeres Publikum, das solche Anregungen gern aufnahm, sich selbst ein Bild und ein Urteil zu machen. Ein besonderes Dokument in diesem Rahmen war die mit Kardinal Franz König besorgte Herausgabe des Buches „Europa – Horizonte der Hoffnung"[5], das den ersten Besuch von Papst Johannes Paul II. in Österreich thematisch akzentuierte. „Dieses Buch will eintreten für die Überzeugung, daß Europa auch in der Zukunft in sich und für die ganze Völkerfamilie eine große Bedeutung und eine eigenartige und gewichtige Aufgabe habe."[6] Der Wiener Kardinal hatte darauf bestanden, daß Karl Rahner ihm bei diesem Projekt zur Seite stehe, obwohl der darauf hingewiesen hatte, daß er in Rom nicht als *persona grata* gelte. Der Imperativ, der ausdrücklich das Selbstbewußtsein Österreichs übersetzen sollte, christlich wie auch allgemein human, wurde in der Tat vom Erzbischof der Hauptstadt und seinem Konzilstheologen überzeugend vertreten. „Die europäischen Menschen müssen das Europa der Zukunft als ihre Aufgabe und Verpflichtung sehen und annehmen"[7], heißt es wider Resignation und Verdrossenheit. „Eine Erklärung, ‚es sei nichts zu machen', ist in den meisten

---

[4] Karl Rahner – Glaube in winterlicher Zeit, 18.
[5] Graz 1983.
[6] Ebd. 7.
[7] Ebd. 8.

Fällen auch eine freie Entscheidung, die verantwortet werden muß, und zwar eine schlechte, und nicht die ‚objektive' Feststellung eines bloßen Tatbestandes."[8]

Karl Rahner leitete die Sammlung mit der Überlegung ein „Die Frage nach der Zukunft Europas"[9], für die er sich auf geschichtsphilosophische und geschichtstheologische Argumente stützte. Was kann Zukunft sein, und wie können wir sachgerecht mit ihr umgehen? Müssen wir nicht nach ihr fragen? Wie stellt sich der Christ einer solchen Aufgabe? Diese Frage verdichtet sich in dieser letzten Lebensphase für Rahner auch in Richtung von Gefahren und Bedrohungen, die er zu erkennen glaubt. Neben der grundsätzlichen Gelassenheit steht das Wissen um die echte – wenn auch vorläufige – christliche Verantwortung oder um den Einsatz der geschenkten Freiheit, die sich angesichts von Einheit und Vielheit der Wirklichkeit zu bewähren hat. Man könnte auch von Kontinuität und Veränderung sprechen. Immer lautet Rahners erster Hinweis: sich auf den eigentlichen Kern besinnen, das Vorläufige und Äußerliche vom Bleibenden und Inneren unterscheiden lernen, für neue Möglichkeiten – und seien es überraschende – offenbleiben. Daß dies für Europa nur wenige Jahre später in einem unglaublichen Maß aktuell werden sollte, konnte Anfang der 80er Jahre noch niemand voraussehen. Es geht nicht um Prophezeiungen, sondern um Einstellungen, die nötig sind, den Kairos nicht zu verpassen und die eigene Aufgabe nicht zu verraten. Die Stellungnahmen zugunsten der Befreiungstheologen, zur Friedensbewegung und zu allerlei kleineren Schwierigkeiten, die diskutiert wurden, sind auf diesem Hintergrund einzuordnen. Zu ihm gehörte auch Innsbruck mit der naheliegenden Aussicht, das eigene Leben hier zu beschliessen. Unbefangen spricht Rahner von Alter und Tod. Freiheit ist kein unbegrenztes Immer-weiter-machen-Können, sondern Setzung des Endgültigen. Wie das konkret geschieht, darüber wissen wir nichts. Es wird Rahner zum Refrain vieler Beiträge, auf das hinzuweisen, was wir nicht wissen und nicht wissen können. Dabei betont er, dies sei gar nicht schlimm, sondern letztlich ganz recht ... „darüber wissen wir im Grunde genommen nichts, und das soll uns im Grunde genommen auch nicht beunruhigen"[10]. Rahner veranschaulicht sehr konkret, wie sich das im Alter für einen Jesuiten vermutlich ausnimmt: „Bei uns Jesuiten haben wir einen Katalog, der jedes Jahr erscheint und in dem wir verzeichnet sind, was wir tun und wie alt wir sind usw. Und da sind natürlich auch die ganz Alten und die Kranken aufgeführt, je bei ihrem Haus, in dem sie leben, und dann steht da nicht: ‚Er war Prediger' oder so etwas Ähnliches, sondern: ‚Er betet für die Kirche und die Gesellschaft Jesu'."[11] Diese praktische Verhaltensweise hängt mit dem

---

[8] Ebd.
[9] Ebd. 11–34.
[10] Karl Rahner – Im Gespräch 2, 127.
[11] Ebd. 128.

zusammen, was er „einen christlich legitimierten Skeptizismus" nennen konnte, „in dem sich eben der Mensch, ohne auf alles schon vorher Antworten zu haben, der Unbegreiflichkeit Gottes anvertraut – hoffend, liebend, wissend, daß gerade dieser Akt einer letzten Kapitulation vor der Unbegreiflichkeit Gottes sogar das Letzte ist, was dem Menschen abverlangt wird."[12] Es ist also alles andere als theologische Formel und Theorie. Gerade das häufige Erwähnen der Unbegreiflichkeit Gottes deutet ja die praktische und persönlich existentielle Aufgabe an, die entscheidender und wichtiger ist, als die Rede davon.

Der Innsbrucker Alltag, abgesehen von einem ruhigeren Rhythmus, unterschied sich äußerlich betrachtet wenig vom Münchener Tageslauf. Dennoch treten neue Akzente hervor, eher leise und verhalten, auch ein wenig unsicher und zögernd. Der Schritt war bewußt getan und deutete eine Rückkehr an, die nicht einfach der Versuch war, etwas Vergangenes zu repristinieren.

Rahner dürfte unterschwellig von der Frage begleitet worden sein: Wohin gehöre ich? Wo könnte ich – nach allem, was ich sehe und weiß – am besten leben, was in der Endphase nötig ist? Ein Innsbrucker erzählte, wie er beeindruckt war, Rahner an einem Nachmittag in der leeren Jesuitenkirche zu finden, wo er in aller Ruhe seinen Rosenkranz betete. Dieses Beten und die Möglichkeit dazu dürfte ein Grund für die Rückkehr gewesen sein, der vielleicht wenig beachtet wurde. Sollte er überhaupt registriert werden? Er mag einiges erklären, aber wichtiger ist, daß dieses Beten getan wurde – selbstverloren, dankend, hingebend, bittend, vertrauend ... Und dieses Tun hätte darunter gelitten, wäre es zu stark im Mittelpunkt der erkennenden Aufmerksamkeit gestanden.

Karl Rahner war im Laufe der Jahre immer wieder mit dem Tod konfrontiert worden. Vor allem das langsame Hinsiechen und Sterben Hugos hatte ihm innerlich zu schaffen gemacht, mochte er auch kaum je mehr als eine Andeutung darüber verlieren. Das Ende kann sehr schmerzlich und schwer werden. Und wer weiß, wie er selbst solche zugemutete Last besteht? In diesem Sinn war Innsbruck als Ort der Einübung gewählt. Am 20. Februar 1984 antwortete er auf die Frage: „Seit dem Jahr 1981 sind Sie wieder in Innsbruck. Fühlen Sie sich hier wohl?" mit einem einfachen und schlichten „Ja". Aber was steckt in diesem Ja? Weniger wohl, daß ein früher Vorfahre aus Tirol stammte, und mehr wohl als daß ihm Alpengegenden, also Tirol, oder der heimatliche Schwarzwald besonders gefielen. Anzuführen wäre vielmehr jene Frage und Antwort, die er als seine eigenen kurz vor dem Tod so zusammenfaßte: „Nun, eine Frage wüßte ich und zugleich eine Antwort darauf, nämlich: Worauf darf ich hoffen? Ich kann nur sagen, auf Gottes Licht, seine Ewigkeit, sein Erbarmen. Und: Ich hoffe, zusammen mit Teresa von Avila: ‚Nichts soll dich ängstigen ... Gott allein genügt', und mit Ignatius von Loyola: ‚Nimm, Herr, und empfange ..., gib mir deine Liebe

---

[12] Ebd. 131.

und Gnade, das ist mir genug', beten zu können. Hinter diesen beiden Gebeten stehen mehr als Worte, sie sind die Fülle eines ganzen Lebens."[13]

Heimkehr heißt in diesem Licht, den Ort entdecken und an ihm leben zu dürfen, wo Beten möglich wird und ist. Er kann sehr verschieden benannt sein; für Karl Rahner hieß er Innsbruck. Es wäre Spekulation, das länger erörtern und erhellen zu wollen, der Hinweis auf das ignatianische Schlußgebet der ‚Geistlichen Übungen' müßte genügen. Denn er enthält jene Erfahrung und jenen Vorgriff, der ein geglücktes Leben im christlichen Sinn ausmacht, das wir uns nicht machen, sondern das uns im wesentlichen nur geschenkt wird.

Am 19. November 1981 war es indes noch nicht ganz soweit. Die letzte Phase blieb mit Möglichkeiten und Versuchen gefüllt, die lebensmäßig eine Fülle von Aufgaben betrafen. Für eine Abrundung der Biographie sind davon die eine oder andere bezeichnend, weil sie belegen, wie wenig selbst Innsbruck Abschied von der Welt war. Dieser Abschied, seine Stunde und seine genauen Umstände blieben Gott überlassen.

---

[13] Karl Rahner – Glaube in winterlicher Zeit, 46.

35. Kapitel

Erneute Zuwendung zur Jugend

Der Punkt fügt sich der entschiedenen Vertiefung in die eigene Herkunft ebenso ein wie die Heimkehr nach Innsbruck. Doch der Sprung ist weitaus größer. Gewiß hatte Karl Rahner vor seinem Eintritt in die Gesellschaft Jesu am Aufbruch der Jugendbewegung durch sein Mittun beim „Quickborn" Anteil genommen. Aber all die Jahre danach war er mit jungen Erwachsenen, mit Studenten, und ebenso mit Intellektuellen konfrontiert. Das war seine Welt der Seelsorge und Bildung vor allem. Mit Kindern und Jugendlichen hingegen hatte er weniger zu tun gehabt. Daran ändern gelegentliche Äußerungen etwa zur Theologie der Kindheit, Mitarbeitern der SOS-Kinderdörfer vorgetragen, oder Überlegungen zur Mädchenschutzarbeit, zu Erziehung und Schule usw. nichts.

Niemand hätte es wundern können, wenn diese Ferne für den älteren Rahner geblieben wäre. Statt dessen brach bei ihm – durch Begegnungen und Anregungen in Wien wachgerufen – ein ganz neues Interesse an der Jugend unserer Zeit auf, an der Großstadtjugend und vielfach an solchen Jugendlichen, die sich mit dem Leben schwertaten und Probleme hatten. Am Ende stand ein kleines Buch. Doch kann es nicht um diese Veröffentlichung gehen, sondern um die lebendigen Erfahrungen, aus denen es erwuchs. Rahner beschreibt sie so: „Ein in der Jugendseelsorge einer großen Stadt tätiger Priester veranlaßte diese Briefe an mich … Er brachte mich mit sanfter Gewalt dazu, auf diese Briefe zu antworten oder es wenigstens zu versuchen … Was diese jungen Menschen schreiben, erstreckt sich auf das, was sie selber bewegt. Die Briefe werden hier unfrisiert wiedergegeben"[1]. Rahner ist von den Briefen überzeugt, geben sie doch Einblick in das, was Jugendliche heute bewegt. Das solle ernst genommen werden. Er hat es versucht, wenn er sich auch bewußt bleibt, mit seinen Antworten die vorgelegte Problematik nicht völlig zu bewältigen. „Jugendliche stellen eigentlich immer Fragen, die das ganze und eine Leben, das sie als junge Menschen führen, mit ins Spiel bringen. Solche Fragen können nie voll und ganz beantwortet werden."[2]

Man braucht nicht eigens zu begründen, wie er sich in diesem ständigen Fragen wiederfand, das die ganze Existenz ins Spiel bringt und keine volle Antwort findet. Immerhin bleiben ihm Zweifel, ob er der Mentalität dieser

---
[1] KARL RAHNER, Mein Problem, Freiburg i. Br. 1982, 5.
[2] Ebd. 6.

jungen Menschen auch nur annähernd gerecht geworden sei, doch wolle er als Christ antworten. In den Briefen und Antworten komme allerdings die letzte Tiefe der Botschaft des Christentums nicht wirklich zur Sprache, weil sie sich noch im Vorfeld dessen bewegten, was „Christentum in der Offenbarung des lebendigen Gottes in Jesus verkündigt"[3]. Die Ebene von Frage und Antwort gehört hier also zum Feld der weiten Fundamentaltheologie, die Zugänge zu erschließen und zu bahnen versucht. In diesem Bereich bewegte sich Rahner in diesen Jahren ganz besonders auffällig. Nicht weil ihm an einem horizontalen Humanismus lag. Er wollte von dort aus gerade die Öffnung mit schaffen, ohne die eine Botschaft wie das Evangelium gar nicht zu vernehmen ist. Karl Rahner schließt, er habe gern geantwortet, auch wenn die Briefe „zunächst einmal eher außerhalb des Kreises meiner normalen Berufsaufgaben zu liegen scheinen, und habe dabei etwas gelernt"[4].

Was ist im einzelnen „Mein Problem"? Dieser Titel der Sammlung umgreift Fragen nach dem Glück, nach dem Ärger, nach Gottes Wissen, nach dem Grund für Danken, nach dem Beten und der Qual des täglichen Lebens, nach der Kirche, der Angst vor Entscheidungen, einer ganz anderen Lebensweise, nach den Stimmungen und dem Risiko des Lebens, nach dem Kirchenbesuch und nach Vorsätzen, nach der Beichte und Schuldgefühlen, nach dem Sinn des Lebens und dem berufsmäßigen Reden von Gott, nach der Furcht vor Einsamkeit und nach Illusionen, nach dem Abschiednehmen und dem Denken an Gott, nach dem Tod, der unscheinbaren Nächstenliebe und dem bleibenden Kindsein. Die 24 Briefe und Rahners Antworten wurden geschrieben aufgrund seiner Kontakte zur Herausgebergruppe um die praktisch-geistliche Zeitschrift „Der große Entschluß" in Wien. In einem Sammelband von dort veröffentlichten kleinen Aufsätzen bemerkte der Herausgeber G. Sporschill nach Rahners Tod, dieser habe zur Zeitschrift ein besonderes Verhältnis gehabt. „Sieben Jahre lang konnten wir alle Themen mit ihm besprechen; meist hat er selbst einen Beitrag geschrieben."[5] Die Texte besäßen Reiz wegen ihrer Lebendigkeit; sie seien Zeugnis, das nicht am Schreibtisch, sondern im Gespräch entstanden sei als Antworten und Fragen im Blick auf Menschen von heute.

Das Büchlein „Mein Problem" belegt seine Lebensgebundenheit auf eigene Weise. Bis 1984 erschien es in sieben Auflagen und wurde ins Niederländische, Spanische, Italienische (mit sechs Auflagen), Portugiesische, Polnische und Slowenische übersetzt. Um Rahners Tod herum erschien im „Entschluß" sein Beitrag „Man kann letztlich nur Optimist sein – Über die heutige Jugend"[6]. Damit unterstreicht er noch einmal die Zuwendung zur Jugend, selbst wenn er gleich eingangs gesteht, von seiner eigenen Jugend

---

[3] Ebd. 6.
[4] Ebd.
[5] KARL RAHNER, Horizonte der Religiosität, Wien 1984, 7.
[6] Ebd. 1984, Heft 4, 30ff.

nicht mehr viel zu wissen. Immerhin erinnert er sich, „daß ich gar nicht gerne in die Schule ging und in den unteren Klassen der Mittelschule gar kein glänzender Schüler war, so daß mein Vater manchmal sagte, den müsse man vielleicht bald bei unserem Schuhmachermeister in die Lehre stecken."[7]

Und dann fragt er, was so ein alter Mann Jugendlichen von heute sagen solle. Vieles an ihnen sei ihm fremd, so daß er am liebsten fragen würde, was er sich selbst angesichts der heutigen Jugend sagen solle. Vieles sei ihm nach mehr als 60 Ordensjahren in der Jugendwelt unverständlich, und er habe keine Lust, in diesem Stil zu leben und zu handeln. Aber vielleicht müsse man sich darüber gerade unterhalten. Ihm scheine, die Jugend habe es in mancher Beziehung schwerer als früher, weil Selbstverständlichkeiten weggefallen seien. Um so mehr komme es darauf an, sich nicht einfach den ungefragten und ungeprüften Trends und Moden zu überlassen, sondern davon überzeugt zu sein, schon früh das eigene Leben verantwortlich in die Hand nehmen zu können. Resigniert nicht! Dazu ist kein Grund. Es gebe schon Wege und Möglichkeiten, wenn man mit einer gewissen Bescheidenheit voranzukommen suche. „Die heutige Jugend redet viel vom alternativen Lebensstil: ich sehe eigentlich relativ wenige Jugendliche, die mit Verzicht, Opfer und Bescheidenheit wirklich ernst machen. Man will sehr oft nur Veränderungen, die vielleicht die anderen, aber einen selbst nicht allzuviel kosten."[8] Der Gläubige solle auch als Jugendlicher den Spielraum wahrnehmen und nutzen, der ihm durch das Vertrauen auf Gott geschenkt sei. „Wer davon überzeugt ist, daß es die letzte Garantie des ewigen Lebens gibt, der hat schon als junger Mensch von seinen christlichen Grundüberzeugungen her ein größeres Manövrierfeld als ein anderer, der schon verzweifelt, weil das und das, was er als absolute Forderung für sein Leben setzte, sich nicht erfüllt."[9] Und dann schlägt er eine Art Pakt zwischen Jungen und Alten vor, um zu schließen: „Wenn beide Seiten, die Jungen und die Alten, sogar ein wenig füreinander beten und sich nicht nur in den offiziellen Fürbitten gegenseitige Vorwürfe machen, dann meine ich, können sie sich auch heute als Brüder und Schwestern in dem einen Herrn zusammensetzen und lachen."[10]

Rahner nimmt diese Zuwendung zur Jugend der Zeit seiner letzten Lebensphase nicht leicht; er weiß um die Schwierigkeiten der Begegnung und eines echten Gesprächs, weil von beiden Seiten mit Grund von Unverständnis geredet werden kann. Dennoch bleibt er überzeugt, daß ein solches Gespräch nötig und sinnvoll ist und daß es schlimm wäre, würde man sich nicht mehr darum mühen oder es käme nicht mehr zustande. Trotz allem gibt es eine Menge Dinge, die bleiben. Rahner ist in einem erstaunlich hohen Maß bereit, die Lebensformen der jungen Menschen gelten zu lassen und ihnen

---

[7] KARL RAHNER, Horizonte der Religiosität, Wien 1984, 201.
[8] Ebd. 204.
[9] Ebd. 205.
[10] Ebd. 206.

grundsätzlich Wert zuzubilligen, erwartet umgekehrt aber auch Bereitschaft zu Respekt und Wohlwollen von seiten der Jugendlichen für ältere Menschen. Das ist vielleicht das Interessanteste an diesem Austausch: Hier wird ganz selbstverständlich etwas erwartet und nicht nur alles hingenommen. Ja, Karl Rahner stellt in aller Umsicht sehr deutlich Forderungen und wird gerade so akzeptiert, so weit immer sich das erkennen läßt. Der Mut fehlt ihm nicht zu sagen, dies und das ist nicht einfach überholt, hat nach wie vor Sinn und ist auch künftig für ein menschliches Leben unerläßlich. Er spricht ohne Umschweife die Notwendigkeit von Verzicht, Einschränkung und Opfer an, gerade als Elemente dessen, was von vielen jungen Menschen als Ideal entworfen und verlangt wird. Es handelt sich da um Faktoren, ohne die ein gutes Stück der Existenz der Menschen von heute widersprüchlich bleibt. Die Beobachtung bestätigt das konkret und läßt die Unglaubwürdigkeit erkennen, die manchen Programmen von daher anhaftet und sie wirkungslos macht.

Zuwendung zur Jugend schließt Erinnerung an die eigene Jugendzeit ein, bedeutet in dieser Hinsicht Vergleich und Bereitschaft, der heutigen Jugend den nötigen Entfaltungsspielraum zu lassen. Doch muß das auch umgekehrt gelten. Rahner erwartet etwas von jungen Menschen. Letztlich mutet er der kommenden Generation dieser Zeit nicht weniger zu als früheren Generationen. Sie sollen und müssen die Erfahrung Gottes machen, selbst wenn das mit Schwierigkeiten verbunden ist. So sagt er 1984: „Wie nun ein Jugendlicher in eine solche Erfahrung, die er macht, auch reflex eingewiesen werden kann, wie man einem jungen Menschen beibringen kann, was das, was er unverbalisiert und unobjektiviert in seiner Transzendentalität als geistige und freie Person erfährt, wirklich im Grunde genommen ist, wie also – mit anderen Worten – der Mensch dazu gebracht werden kann, reflex zu merken, daß er schon immer und unausweichlich mit Gott zu tun hat, und wie er dann daraus weitere Konsequenzen in Form des Gebetes, der kirchlichen Liturgie usw. ziehen kann – das, so meine ich, ist eigentlich eine Frage, die man stellen sollte ..."[11] Der Jugendliche erfahre das Ja deutlicher als das Nein, unmittelbarer und selbstverständlicher als ein Erwachsener, weil er sich einsetze, ohne persönlich einen Vorteil zu suchen. Das seien spontane, positive, beglückende und begeisternde Erfahrungen, die ins Unendliche erweitert und radikalisiert eine Gotteserfahrung enthielten. Der Unterschied zwischen Alten und Jungen sei deutlich; dennoch gingen solche Erfahrungen ineinander über, so daß bei allem Vorherrschen eher negativer Akzente auch dem älteren Menschen immer wieder einmal etwas Großartiges widerfahre. Umgekehrt fänden sich bei Jugendlichen skeptische und düstere Züge. „Die negativ eingestellten Jugendlichen propagieren doch offensichtlich ihre Grundeinstellung in einer typisch jugendlichen Weise. Sie erheben beispielsweise ein großes Geschrei und fühlen sich selbst im Grunde doch noch einmal dadurch bestätigt, daß sie in einem massiven Sinn alles vernei-

---

[11] Karl Rahner – Glaube in winterlicher Zeit, 134.

nen! Und gerade diese Positivität der Begeisterung für das Negative bringt ein alter Mensch eben nicht mehr auf."[12]

In dem Interviewband „Glaube in winterlicher Zeit"[13], der nach Rahners Tod erschien und einiges aus seinen letzten Lebensjahren zugänglich macht – er ist immer wieder herangezogen worden –, findet sich ein eigener Teil zur „Begegnung mit der Jugend"[14], der drei Texte umfaßt: „Ermutigung zum Christsein", im Gymnasium Am Anger in München 1983 gegeben, „Der Glaube der Kirche und die Jugend" aus einem Gespräch in Augsburg 1984 und „Dialog mit der Jugend", den Rahner 1983 in St. Pölten mit Schülerinnen der dortigen Englischen Fräulein führte. In diesen Gesprächsnotizen wird vieles angesprochen; manches durch die gerade aktuellen Auseinandersetzungen bedingt, anderes tiefer reichend. Diese Beispiele belegen auf ihre Weise Rahners Hinwendung zu jungen Menschen in den letzten Lebensjahren. Was damit gemeint und angezielt war, geht besonders deutlich aus seiner Sorge um den Menschen in der konkreten Situation hervor: „Der Mensch von heute ist umgeben von einem Atheismus der Gleichgültigkeit, nicht einmal einer positiven Feindschaft gegen den Theismus, sondern umgeben von einer Indifferenz, einer Tabuisierung und Verdrängung der Frage nach Gott. Es reicht deshalb nicht, wenn man über Gott nur von außen belehrt wird. Wer in der Wüste einer säkularisierenden Tabuisierung der Gottessuche überzeugt und echt christlich leben will, muß deshalb aus der innersten Erfahrung der Person heraus etwas mit Gott zu tun haben wollen. Früher sagten alle: ‚Es gibt Gott.' Folglich mußte der einzelne sagen: ‚Dann ist es wohl so!' Woher aber bezieht ein moderner Mensch die absolute Festigkeit der Überzeugung von der Existenz Gottes, auf die hin er leben und sterben kann? Ich meine, der einzige Ausweg liegt darin, daß man versucht, die Quellgründe für eine solche Überzeugung im Menschen selbst bloßzulegen. Ob man aber eine solche personale, echte und aus der innersten Mitte seiner Existenz geschehende Gotteserfahrung ‚Mystik' nennt oder nicht, ist letztlich unwichtig."[15] Natürlich beziehen sich die Bemerkungen auf die allgemeine Lage, der niemand entgeht. Dennoch ist Rahner der Meinung, daß die Jugend einen solchen begründeten Aufruf zu einem selbständigen und eigenverantwortlichen Christsein besonders braucht, wohl weil sie in ganz anderer Weise geneigt ist, Trends und Strömungen zu folgen.

Ob der Theologe mit diesen Bemühungen Erfolg hatte und hat, ist nicht am Interesse oder an den Fragen abzulesen, nicht an den Briefen, die ihm geschrieben wurden, und nicht einmal an manchem Wort der Zustimmung, das ihm gesagt wurde. Letztlich muß das Leben ausweisen, ob er mit seinem Einsatz und mit dem daraus erwachsenden Zeugnis so glaubwürdig und be-

---

[12] Ebd. 135.
[13] Düsseldorf 1986.
[14] Ebd. 115–150.
[15] Ebd. 141.

eindruckend war, daß er den Lebensentwurf und die entsprechende Entscheidung wirklich mit prägen konnte.

Für ihn selbst bedeutete diese Wende eine bewußte Konfrontation mit eigenen Voraussetzungen seiner Herkunft, eine Klärung der zwischenzeitlichen Wandlungen und ein Erfassen der Vorgaben für heutiges und künftiges Christsein. Der Hinweis auf den Atheismus der Gleichgültigkeit hat besondere Bedeutung. Noch gab es ja den aggressiv unterdrückenden Atheismus des kommunistischen Regimes und den nicht minder nachwirkenden Antiklerikalismus eines westlich aufklärerischen Liberalismus im Namen des Menschen und seiner Rechte. Für ihn zeichnete sich dennoch die eigentliche Bedrohung in der nicht leicht zu greifenden Indifferenz, in der Tabuisierung und Verdrängung der Frage nach Gott ab. Mindestens die äußere Umgebung gibt sich ebenso selbstverständlich gott-los wie sie sich früher gottgläubig gab. Es heißt also: die Quellgründe im Menschen selbst aufdecken.

Das bekannte Stichwort „Mystagogie" braucht an dieser Stelle nur in Erinnerung gerufen zu werden. Es reicht, den Sitz im Leben für diese Wirklichkeit aufzuzeigen. Was sie in theoretischer Darstellung meinen und umfassen kann, läßt sich unschwer einschlägigen Ausführungen entnehmen. Nicht von ungefähr endete der Austausch in St. Pölten mit der Frage: „Was fasiniert Sie an Ignatius?" Rahner antwortete darauf, indem er verdeutlichend Franz von Assisi ins Spiel brachte: „Beide, Ignatius und Franz von Assisi, waren Menschen, denen die Nachfolge Jesu, und zwar des armen und gekreuzigten Jesus, zur entscheidenden Norm ihres Lebens geworden war. Sie lebten ein paar hundert Jahre nacheinander. Das macht kultur- und geistesgeschichtlich einen Unterschied, aber dennoch sind sie verwandter, als man manchmal meint."[16]

Zahlreiche Erinnerungen an die eigene Kindheit und Jugend kommen hinzu, weil er in Gesprächen immer wieder nach dem Elternhaus, den Schulen und Lehrern, der Jugendbewegung und der frühen Formung im Orden gefragt wird. Diese Fragen anderer lassen ihn an bestimmte Erfahrungen zurückdenken. Oft muß er bekennen, sich nicht mehr genau zu erinnern. Aber mit „Rahner im Gespräch", „Glaube in winterlicher Zeit", „Bekenntnisse", „Erinnerungen", „Stellungnahme" usw. sind Zeugnisse überschrieben, die Jugendreminiszenzen formulieren, wie es vorher nie der Fall war. Meist läßt er sich den Punkt vorgeben und gibt auch in der Antwort eine spürbare Zurückhaltung nicht auf. Bisweilen weitet er das Thema aus und gibt über das Erfragte hinaus Informationen, die Unbekanntes mitteilen oder überraschende Perspektiven auftun. Die Bereitschaft, mit heutigen Jugendlichen in Austausch zu treten, hat auch eine biographische Seite. Er selbst stellt sich Fragen in diesem Zusammenhang; etwas andere als sie die Neugier von Journalisten formuliert. So vieles ist anders seit damals. Was ist richtig? Vieles war selbverständlich, was jetzt fraglich scheint. „All diese Dinge, die

---

[16] Ebd. 150.

heute problematisch sind, die sozialkritische Haltung gegenüber der Gesellschaft und dem Staat, die Eheprobleme, die Probleme der Sexualmoral und so weiter, die ganze Bildungskrise gab es noch nicht"[17], kann er ein wenig erstaunt feststellen. Manches hat sich befreiend ausgewirkt, anderes bereitet eher Besorgnis.

Im ganzen bleiben es Blitzlichtaufnahmen, je nach der konkreten Situation. Kaum je finden sich Versuche, die größeren Zusammenhänge herauszustellen. Würde man sich selbst nicht zu wichtig nehmen, wenn man die Selbstverständlichkeiten des früheren Lebens ausbreitete? Rahner fragt sich bei den Informationen, die er gibt, unverkennbar nach deren Sinn und Gewicht. Er kann erbetene Antworten mit dem Hinweis ablehnen, das sei bedeutungslos. Seine Erinnerung wird von dieser Wertung mitbestimmt; sein Bericht ebenfalls. Die spontane Auswahl ist nicht ohne Interesse, vor allem wenn sie unbeschwert vom Interesse des Partners getroffen wird. Wie oft wird er nach Heidegger gefragt, ohne daß er selbst diesem Thema erkennbares Sondergewicht beimäße. Ihm geht es um die Grundeinstellung, die er folgendermaßen zusammenfaßt: „Man muß in seiner Zeit leben und mit seiner Zeit fertig werden, und ich glaube, daß die letzten Grundglaubenswahrheiten und Grundinspirationen des Christentums auch für heute noch absolut bedeutsam sein können, um mit diesem Leben, so wie es jetzt ist und nicht anders geführt werden kann, fertig zu werden"[18]. Das Fazit bleibt sachlich und nüchtern, und die Grundstimmung der eigenen frühen Jahre ordnet er so ein: „weniger emotional, gefühlsmäßig gestimmt, weniger auf intensive Erlebnisse, wie die heutige Jugend sagt, erpicht"[19]. In solcher Zuwendung zur eigenen wie fremden Jugend wird ein Suchen und Fragen greifbar, dem es auch um den Wert des eigenen Lebens und Tuns geht.

Rahner weiß, daß es hier keine letzte Antwort gibt, besser: daß sie Gott und der Ewigkeit gehört. Dennoch muß diese Frage gestellt werden, weil sie Aspekte umgreift, die für Verhalten und Lebensführung jetzt wichtig sein können.

---

[17] Karl Rahner – Erinnerungen, 23.
[18] Ebd. 29.
[19] Ebd. 30.

36. Kapitel

Der „Grundkurs" in Frankreich und Ungarn – Das Jahr 1983

Karl Rahners letztes Lebensjahr ist von zwei herausfallenden Momenten markiert: der Vorstellung der französischen Übertragung des „Grundkurses" in Paris – das war im April 1983 – und der Vorstellung der ungarischen Übertragung dieses Werkes in Budapest – das war gegen Jahresende. Beide Länder stehen symptomatisch für Teile unserer Welt, die nicht einfach als christlich gelten, sondern auf je ihre Weise den Atheismus der Gleichgültigkeit manifestierten. Dennoch gibt es Unterschiede. In beiden Fällen soll eine entsprechende Fassung der „Einführung in den Begriff des Christentums" als mögliche Anregung zur Aufdeckung innerer Quellgründe einer Gottesbegegnung im Menschen dienen. Das ist nicht zuerst Rahners Meinung, sondern die seiner Übersetzer und Herausgeber. Gleichwohl war es für ihn jeweils eine besondere Gelegenheit, über den eigenen Beitrag nachzudenken, seine Grenzen wahrzunehmen und die weitergehenden Intentionen zu verdeutlichen.

Letztlich dienen die Übertragungen dem gleichen Ziel wie die deutsche Ausgabe, die ja auch in niederländischer, englischer, italienischer und spanischer Fassung herausgekommen war, als Anregung und Einleitung jener „Mystagogie" in ein selbständiges Glauben und Christsein, wie es Rahner für unsere Zeit gefordert schien. Das Projekt sollte Hindernisse abbauen helfen, die sich durch die äußere Situation bedingt christlicher Solidarisierung in den Weg stellten. Neben ihnen gab es auch Hindernisse, die sich aus der historischen Lage des Christentums gewissermaßen von innen auf das Christwerden und Christsein blockierend auswirken. Einer dieser Umstände ist die Spaltung der Christenheit in verschiedene Kirchen und Gruppen. Dazu nahm Rahner in diesem Jahr zusammen mit Heinrich Fries in der „Quaestio disputata" 100 Stellung. „Einigung der Kirchen – Reale Möglichkeit" sollte die theologische Diskussion eine ganze Zeit beschäftigen, wurde doch nicht weniger behauptet, als daß grundsätzlich die theologischen Voraussetzungen für einen praktischen Schritt zur Einheit vorlägen. Ein evangelischer Zeuge wertet es so: Rahner habe „das ökumenisch brave, aber auch etwas fade Luther-Jahr 1983 durch einen praktischen Vorschlag gekrönt und die Leitungen aller Kirchen herausgefordert durch seine Behauptung einer realen Möglichkeit der Einigung der Kirchen. Er ist sofort gescholten worden (‚Kunstfigur theologischer Akrobatik'); das, wie die Resonanz zeigt, gespannter Erwartung begegnende Buch hat noch keine kirchenamtliche Unterstützung erhalten. Immerhin hat Eberhard Jüngel zugestimmt. Und ist das denn kein ökumenisches Ereignis, daß der Altmeister katholischer Theologie, Karl Rahner, und der Jungmeister reformatorischer Theologie, Eberhard Jüngel, sich gefunden und wechselseitig mit dem Feuer des Geistes angesteckt haben? Solange die Kirchen zögern, die empfohlenen Schritte zu tun, macht Karl Rahner weiter der Ökumene Mut – auch in dürftiger Zeit. Jetzt entscheidet sich, bei wem der ökumenische Gedanke nur ein Strohfeuer war. Die Sache des Glaubens und die Sache der Ökumene gehören zusammen."[1]

Wenn es richtig ist, daß Glaube und Ökumene zusammengehören, kann man das Jahr 1983 für Karl Rahner als großen Bogen erkennen. In ihm artikuliert sich unglaublich frei und sachbezogen der Dienst am Glauben, der zu leisten ist. Daß Rahner darin verstanden wurde, belegt die Tatsache der fünf Auflagen des Ökumene-Buches in wenigen Monaten. 1985 erschien eine Sonderausgabe, zu der H. Fries eine Bilanz „Zustimmung und Kritik" hinzufügte. Dort liest man, Ursprung und Idee stammten von Rahner, der in mehreren Beiträgen schon einige Grundthesen erarbeitet und erprobt hatte. Er lud Fries zur Mitarbeit ein. „Wir stellten gemeinsam die acht Thesen des Buches zusammen und verteilten die Arbeit der jeweiligen Erläuterung. Unsere Texte tauschten wir gegenseitig aus und in drei unvergeßlichen Tagen in Innsbruck brachten wir das Ganze zum Abschluß. Daß daraus die hundertste Nummer der Quaestiones disputatae wurde, war Karl Rahner eine besondere Freude."[2] Rahner habe im Zusammenhang dieser Veröffentlichung das Wort vom Notschrei geprägt; er habe sich über das große Echo gefreut und sei von manchen unfreundlichen Reaktionen tief betroffen gewesen.

Entsprechend der für die Biographie maßgebenden Grundlinien ist der Inhalt der Veröffentlichung nicht vorzustellen oder gar zu referieren. Der Beitrag besitzt klar erkennbar eine praktische Seite; offensichtlich drängt er darauf, entsprechende Schritte einzuleiten und sich nicht weiter nur mit theoretischen Studien zu begnügen. Das erscheint als der eigentlich springende Punkt des Vorschlags, der nicht auf sonderlich große Gegenliebe bei den Gemeinten stieß. Aus ihren Kreisen kam der Vorwurf von der akrobatischen Kunstfigur, der oben erwähnt ist. Er suchte den Ball zurückzugeben und den Theologen zu sagen, was ihre Aufgabe sei. Ob das nicht Ausflucht war?

Jedenfalls ist schwer zu sehen, wie dieser Vorwurf der ökumenischen Aufgabe selbst dienlich sein könnte und damit der Verantwortung entspräche, die nun einmal die unserer Zeit ist, damit die Welt glaube. Nur so nämlich, das heißt im Zusammenhang des Abschiedsgebets Jesu nach dem Johannesevangelium: „Alle sollen eins sein: Wie du, Vater, in mir bist und ich in dir bin, sollen auch sie in uns sein, damit die Welt glaubt, daß du mich gesandt hast"[3], ist die innere Verbindung offenkundig, in der

---

[1] H. LÖWE, in: Karl Rahner – Bilder eines Lebens, 145f.
[2] KARL RAHNER – HEINRICH FRIES, Einigung der Kirchen – Reale Möglichkeit, Sonderausgabe Freiburg i. Br. 1985, 157.
[3] Joh 17,21, vgl. Joh 17,23.

die Absicht des Grundkurses und die der ökumenischen Initiative zusammenhängen.

Alle Einsicht und alle theoretische Mühe stehen im Dienst christlichen Lebens und christlicher Gemeinde als Beginn jenes Heils der Welt, auf das Evangelium und Kirche angelegt sein müssen, wollen sie sich nicht selbst aufgeben. Die äußeren Begegnungen des Jahres 1983 sagen dazu einiges aus. Im Januar nahm Karl Rahner an einem Jubiläum Eugen Bisers in München teil, der auf seine Weise dem gleichen Ziel verschrieben seinen Weg ging. Im Februar sprach Rahner in Bad Camberg über „Utopie und Realität", ein Thema, dem besonderes Gewicht zukommt, wenn sich jemand auf Schritte einstellt, die Zukunft umgestalten sollen, ohne daß sich alles voraussehen oder kalkulieren ließe. Rahners Risikobereitschaft tritt in einem Maß zutage, das manche nicht mehr glaubten mithalten zu können. Damals gehen seine Gedanken mehr in die Richtung christlicher Vorleistungen, für die er das Beispiel und den Impuls in Gottes zuvorkommender Gnadenzuwendung meint erkennen zu können. Das ist nicht Naivität und Beschränktheit, sondern der einzige Weg, um in guter Weise mit anderen in ein Verhältnis zu kommen, das die Möglichkeit gemeinsamer Christlichkeit nicht verbaut. Die Wirklichkeit läßt sich gelassen nur leben, wo die Utopie nicht ausgeschlossen bleibt. Rahner entfaltet seine Zukunftsvorstellungen auch in Form von Traum und Entwurf, er denkt über Entscheidungen nach, für die es keine Garantien gibt und die dennoch zu treffen sind, über den Mut also, der trotz allem nicht Übermut werden darf. Es wäre verfehlt, diese Konzeptionen nur pragmatisch aufzufassen, so sehr die Einzelfälle ins Auge stechen mögen, in denen Rahner sich konkret mit diesem Denken engagiert hat.

Wohl kein Zufall ist der Vortrag „Vom irrenden Gewissen" in Wien während des März 1983. Unnötig zu betonen, wie sehr er ein entscheidendes Element der angedeuteten geistigen Auseinandersetzung thematisiert. Die Vorträge dieser Zeit haben äußerlich so gut wie nichts miteinander zu tun, und doch fügen sich ihre Themen zu einem erstaunlichen Komplex von Faktoren ein und desselben Aufgabenfeldes.

Darin situiert sich die Vorstellung der französischen Übertragung des „Grundkurs des Glaubens" in Paris. Von zu Haus aus war Rahner eine besondere Nähe zu Frankreich eigen. Seine frühen größeren theologischen Untersuchungen wurden zuerst in Frankreich veröffentlicht. Aber seine weiteren Beiträge nahm man jenseits des Rheins nur sehr auswahlhaft und ein wenig zufällig auf. Die „Schriften zur Theologie" erschienen lediglich teilweise in französischer Sprache: 1970 brach das Unternehmen ab. Zuvor schon – und das war Rahner immer ein Punkt besonderen Ärgers – war das Projekt einer Herausgabe des Lexikons „Sacramentum Mundi" auf Französisch gescheitert. Die vorgesehenen Herausgeber, deren Namen in den anderen Ausgaben durchaus eingedruckt sind, konnten den Plan nicht verwirklichen und verursachten so eine schwerwiegende Lücke in der Bereitstellung eines modernen theologischen Arbeitsinstrumentes auf internationaler Basis. B. Sesboüé bemerkte: „Rahner hat ziemlich stark darunter gelitten, daß die Franzosen sich von ‚Sacramentum Mundi' zurückgezogen hatten. Er sah darin so etwas wie eine stillschweigende Ablehnung seiner Gedankenwelt, obwohl die eigentlichen Gründe für dieses Scheitern bei Mißverständnissen rein editorischer Art lagen. Auch die verspätete französische Übersetzung seines ‚Grundkurs des Glaubens' hat Rahner zu schaffen gemacht. Aber damit war das letzte Wort noch nicht gesprochen. Der große Erfolg gerade des schwierigen ‚Grundkurses' in jüngster Zeit spricht eine ganz andere Sprache."[4]

Tatsächlich nahm Rahner 1975 am Abschluß des theologischen Doktorats des Autors dieser Biographie in Paris teil zusammen mit Henri Bouillard, Yves Congar und André Dumas. Bei dieser Gelegenheit hatte er einen Vortrag für Mitbrüder und ein Gespräch am Institut Catholique bestritten. Er mochte sich an Zeiten erinnern, als ihm die Universität Straßburg eines seiner ersten Ehrendoktorate verlieh. Aber dann wurde es für Jahre sehr still, während man anderswo durchaus nach Rahner und seinen Beiträgen fragte. So waren die Tage vom 10. bis zum 12. April 1983 für ihn eine besondere Genugtuung. Freilich begannen sie damit, daß er allein nach Paris fliegen mußte, weil keiner der damaligen Mitarbeiter ihn begleiten konnte. Sie kamen auf eigenen Wegen in die französische Hauptstadt. Karl Rahner kam zum Centre Sèvres, mußte dort aber – es war Sonntag – das große Gittertor öffnen lassen. Im Gegenlicht wirkte der alte Mann ein wenig schemenhaft, so daß der Mitbruder, der schließlich kam, ihn für jemanden hielt, der betteln wollte. „Sonntags ist hier geschlossen; da gibt es nichts", fuhr es ihm spontan heraus, um dann zu erkennen, daß er sich vertan hatte. Rahner selbst hat nicht davon erzählt.

Am 11. April fand ein Treffen mit Journalisten und Intellektuellen statt, mit denen es ein ausführliches Gespräch nicht nur über den „Grundkurs", sondern über grundlegendere und eben auch aktuellere Fragen gab. Die verschiedenen Interviews und Berichte brachten sehr Unterschiedliches. Am Abend fand eine akademische Veranstaltung im Centre Sèvres statt. Anwesend waren u. a. die beiden gerade kreierten Kardinäle Lustiger und de Lubac. Rahner sprach über „Die Geduld des Intellektuellen mit sich selbst" und versuchte so, dem *Genius loci* einen gewissen Tribut zu zollen. Er trug den Text in französischer Sprache vor, tat sich dabei aber nicht leicht.

In diesen Tagen machten wir einen Besuch bei Henri de Lubac. Der Kardinal mußte uns für einen Augenblick in seinem Arbeitszimmer warten lassen. Rahner blickte interessiert auf die Bücherregale und meinte ziemlich rasch konstatieren zu können: „Alles nur Balthasar". Es war jedoch sehr leicht, ihm an den Bücherrücken allein zu zeigen, daß es auch Fessard, Bouillard und sogar Rahner unter der Arbeitslektüre H. de Lubacs gab. Eine eigene Freude war ihm die französische Übersetzung der „Rede des Ignatius", die zu diesem Besuch veröffentlicht wurde. Dadurch bekam der „Grundkurs" ausdrücklich einen Bezug auf das Jesuitsein Rahners, woran ihm lag. Die Ge-

---
[4] In: Karl Rahner – Bilder eines Lebens, 108.

gebenheiten schienen sich nach und nach zu fügen. „La Croix" vom 13. April veröffentlichte ein Gespräch mit der Übersetzerin des Grundkurses, die jetzt danach fragte, ob „Das Christentum, eine Religion für die gesamte Menschheit?" sein könne[5]. Das Verhältnis von Pastoral und Dogmatik im Denken Rahners, die plurale kulturelle Lage und der ‚anonyme Christ' waren Fragepunkte. Rahner unterstrich jene Gedanken, die er in den letzten Jahren nachdrücklicher betont hatte: daß nämlich europäisch-nordamerikanische Glaubensreflexion künftig nicht mehr Exportartikel in andere Weltgegenden sein könne, daß sie eine unter vielen Gestalten des Gottdenkens sein müsse, ihrer besonderen Aufgabe und Rolle ebenso bewußt wie ihrer Grenzen und ihres beschränkten Dienstes.

Dieser Seite stellte er die andere gegenüber: daß es nämlich ein christliches Grundbewußtsein, ja eine fundamentale gemeinsame Erfahrung gebe, die in aller Vielfalt konkreter Spiegelungen und Entfaltungen dennoch tragend und einend sei.

Daß Gott unendliches Geheimnis ist, dem zu begegnen Wandlung und Erfüllung des Menschen und der Welt bedeute, hat er ohne Abschwächung auch beim Nachdenken über die uneinholbare Vielfalt der modernen Welt im Auge und stärker noch im Herzen behalten. So paßt sein Beitrag auf der Tagung der Katholischen Akademie in seiner Heimatstadt „Der eine Gott und der dreieine Gott. Das Gottesverständnis bei Christen, Juden und Muslimen"[6] (Freiburg i. Br. 13.–15. Mai 1983) durchaus in die charakteristischen Bemühungen dieses Jahres.

Zwischen Paris und Budapest liegt im Juni 1983 ein letzter Besuch in Rom, der allerdings einen familiären Anlaß hatte. Am 4. Juni assistierte er in der Kirche S. Francesca Romana am Forum der ewigen Stadt der Eheschließung eines seiner Neffen, so daß dieser Kontakt mit Rom von einem pastoralen Dienst gekennzeichnet war. Wie schon sein erster Besuch dort 1955 einem Exerzitienkurs diente, wie die Berufung zur Konzilsvorbereitung im Rahmen einer erneuerten Sakramentendisziplin erfolgte, so hatte auch der letzte Besuch seelsorglichen und freundschaftlich-persönlichen Charakter, eng verknüpft mit dem Priester Karl Rahner. Jedenfalls war es kein Auftritt in der großen Öffentlichkeit, der ihn zum letzten Mal nach Rom führte. Der Aufenthalt dauerte nicht lange. Am 11. Juni hielt Karl Rahner in Pforzheim ja seinen Vortrag „Dialog und Toleranz als Grundlage einer humanen Gesellschaft"[7], d. h. zu einer Frage, die er in diesem Jahr von verschiedenen Zugängen her lebendig umzusetzen suchte. Am 20. Juni sprach er in Köln zu „Buch Gottes – Buch des Menschen"[8] und versuchte, den Zusammenhang zwischen

---

[5] Vgl. Karl Rahner – Glaube in winterlicher Zeit, 200–205.
[6] KARL RAHNER (Hrsg,), Der eine Gott und der dreieine Gott. Das Gottesverständnis bei Christen, Juden und Muslimen, München 1983; darin von ihm Vorwort 7–8 und „Einzigkeit und Dreifaltigkeit Gottes" 141–160.
[7] Vgl. Schriften zur Theologie XIV 26–41.
[8] Vgl. ebd. 278–291.

der Wirklichkeitserfahrung des Menschen und seiner Begegnung mit Gott auf die Heilige Schrift als Konstitutivum der Urgemeinde sowie als Wort Gottes und Wort des Menschen auszuweiten, um schließlich zur Heiligen Schrift als Buch zu kommen. Das Unternehmen ist im Kontext dieser Zeit insofern aufschlußreich, als Rahner den biblischen Text in die Lebenspraxis einzubinden bemüht ist: von der Herkunft her und im Blick auf den Sinn. Er leugnet nicht den theoretischen Charakter des Textes, unterstreicht aber den Verweis auf etwas anderes. Eine einschlußweise Kritik bloßer Theorie ist nicht zu verkennen; sie hängt mit der Frage zusammen, was denn tatsächlich mit Denken und Forschen, mit Lehren und Predigen usw. zu erreichen ist, was denn die eigene Mühe durch all die Jahrzehnte erbracht haben könnte.

In unterschiedlicher Weise formuliert Rahner in diesen Monaten solche Fragen immer wieder, bisweilen so, daß er sie an sich richtet, bisweilen als anderen gestellt, letztlich und vor allem aber wohl als an Gott gerichtet. Der Sommer ist nach Ausweis seiner Notizen eine ruhigere Zeit. Erst im Herbst intensiviert sich seine Tätigkeit wieder. Hoffnungszeichen in unserer Welt werden gesucht, Mut, sich unbedingt auf etwas einzulassen, „Erfahrung des Geistes" und Rettung aller, aber auch die Todesstrafe und Vorbilder..., das bestimmt die Themen. Und sie werden oft verbunden mit dem Interesse an Rahners persönlichem Lebensweg, an seinem Glauben, an seiner praktischen Existenz. Im Kern antwortet er mit dem Hinweis auf Jesus. Aber verschwiegen werden auch die Gründe für die menschliche Ungewißheit nicht.

Für einen Frankfurter Vortrag vom November zu „Christlicher Pessimismus?"[9] hält sich Rahner an Paulus 2 Kor 4,8, um einer katholischen Akademie zu sagen, sie solle durchaus Stätte einer eingestandenen und durchgehaltenen pessimistischen Aporetik in allen Dimensionen des Menschen und der Kirche sein. Der wahre Aporetiker und Pessimist könne gerade tolerant und geduldig sein gegenüber einer bestehenden Situation. Letztlich heißt es: „Der Christ läßt sich von Gott selbst durch seine Gnade getrost in den Abgrund der Unbegreiflichkeit Gottes hineinfallen und erfährt, daß diese letzte und bleibende Aporetik der Unbegreiflichkeit Gottes selber seine wahre Vollendung, Freiheit und vergebende Seligkeit ist"[10]. Nur wenige Tage später spricht er in München „Zur Theologie der religiösen Bedeutung des Bildes"[11] und entfernt sich damit keineswegs von jenen durchgehenden Gedanken, die ihn gerade beschäftigen. Nicht nur, daß die Augen des Glaubens wieder wichtig werden und nach einer Theologie religiösen Sehens gefragt ist, sondern alles in allem geht es darum, mit der Erde zu Gott durchzubrechen.

Anfang Dezember kam die Reise nach Budapest zur Vorstellung der ungarischen Übertragung des „Grundkurses". Seit 1968 war er fünfmal in diesem Nachbarland Österreichs gewesen. Marxisten und Christen – davon

---
[9] Vgl. Schriften zur Theologie XIV 206–214.
[10] Ebd. 213.
[11] Vgl. Schriften zur Theologie XIV 348–363.

mußte er ausgehen – hatten dort miteinander zu leben. Ohne Patentrezepte zu haben, wollte er die nötigen Voraussetzungen so mitgestalten helfen, daß dieses Zusammenleben möglich sei. Er suchte mit seinen dortigen Hörern über den minimalen Grundkonsens Klarheit zu erarbeiten und den gemeinsamen Verstehenshorizont so zu bestimmen, daß ein Gespräch nicht von vornherein ausgeschlossen bleiben mußte. Er verlangte für seine Glaubensbrüder die Möglichkeit, in voller Freiheit des Gewissens leben und wirken zu dürfen.

Die Art und Weise Rahners stieß in Ungarn auf Sympathien, gerade auch außerhalb der christlichen Kreise. Und so ergab sich Ende 1983 der Plan zu einem neuen Ansatz für ein christlich-marxistisches Treffen, das von der Ungarischen Akademie der Wissenschaften einerseits und von Karl Rahner mit seinen Bekannten und Freunden anderseits getragen sein sollte. Rahner griff dieses Angebot auf, obwohl ihm klar war, welch große Last er sich damit einhandelte. Vereinbart wurde diese Tagung für Ende Februar 1984. Auf sie ist bei der Darstellung der letzten Lebensmonate Rahners zurückzukommen. Ihr Plan aber gehört noch in das Jahr 1983. Daß er bei der Vorstellung des „Grundkurses" genauer besprochen und endgültig festgemacht wurde, ist ein Umstand, dem insofern Interesse zukommt, als es Ziel dieses Kurses ist, eine verantwortlich intellektuelle Rechenschaft des Christseins in einer Welt zu ermöglichen, die nicht all das schon voraussetzt, was für den christlichen Glauben wünschenswert wäre.

Rahner sparte nicht mit Hinweisen auf sein Ende. Und doch gab es Pläne und Projekte, als sei nie ein Ende zu erwarten. Der Grundsatz des Ignatius, sich so zu verhalten, daß alles von Gott abhängt, und sich zugleich so einzustellen, als hinge alles von einem selbst ab, das Bewußtsein, ganz und gar von dem Geheimnis Gottes umfangen zu sein, und doch zu wissen, daß man selbständig und verantwortlich ist, das läßt sich immer klarer in Rahners Leben greifen. Mit László Zeley hatte er im Dezember 1983 ein Radio-Gespräch über den Dialog mit Atheisten[12]. Er endete dieses Gespräch mit dem Hinweis auf die Grundentscheidung des Lebens, die jedem von Gott ermöglicht sei und in der einer bereits sein könne, „wie ich armer Sünder zu sein hoffe"[13].

Natürlich kündete sich gegen Jahresende schon an, daß Rahner in wenigen Monaten sein 80. Lebensjahr vollenden würde. Die Vorbereitungen an einer Festschrift blieben ihm ebensowenig verborgen wie andere Bemühungen. Ihm gab das Anlaß, noch ernster über eine Bilanz nachzudenken. Die Jahreswende bot dazu Gelegenheit, wenn auch diese Tage ebenfalls der Vorbereitung auf Verpflichtungen dienten, die übernommen worden waren.

---

[12] Vgl. Karl Rahner – Glaube in winterlicher Zeit, 153–156.
[13] Ebd. 156.

37. Kapitel

Die Aktivitäten der letzten Monate

Bald nach Neujahr, nämlich für die Tage vom 9.-13. Januar, hatte Rahner das schon erwähnte Studienseminar im Zentrum seiner Mitbrüder in Gallarate unter dem Titel „Teologia e cultura" angenommen. Organisiert war dieses Treffen für Professoren und Assistenten durch die Gruppe „Fenomenologia e Società". Nach einer allgemeinen Einleitung in die recht freien, aber sehr intensiven Arbeiten, ging es gleich direkt um den „Atheismus", der durch Textlesungen, Interpretationen und Kritik als Erscheinung unserer Zeit geklärt werden sollte. Der zweite Tag war dem „Christentum und den nichtchristlichen Religionen" gewidmet und sollte den sachgerechten Unterscheidungen dienen. Am dritten Tag handelte man über „Die Kirche in der nachkonziliaren Zeit" und zum Abschluß dann über „Kirche (Christentum) und Kultur". Natürlich waren vom Publikum her italienische Wirklichkeiten unmittelbar im Spiel, die Karl Rahner nicht vertraut waren. Gerade dieser Unterschied ließ es zu sehr fruchtbaren Fragen und Antworten kommen.

Natürlich wurde des kommenden Geburtstags gedacht. Ein Ausflug an den Lago Maggiore und zu Stätten, die mit Carlo Borromeo zu tun haben – Namenspatron von Karl Rahner – rundeten den Aufenthalt in glücklicher Weise ab. Tat sich Rahner hier und da in diesen Tagen auch nicht ganz leicht, im ganzen machte er einen gelösten und zufriedenen Eindruck. Wegen des meist freien Gesprächs waren für das Seminar nur Skizzen der Themen vorbereitet. Alles, was wichtig war, ist später in einem eigenen Bändchen der Reihe „Fenomenologia e Società" veröffentlicht worden[1].

Es war eine Begegnung mit einer Kultur westlicher Prägung, die für das Christentum keine geringere, eher eine größere Herausforderung darstellt als der offizielle Marxismus der damaligen Ostblockländer. Und diese Welt präsentierte sich im Umbruch, mindestens seit 1968, ohne daß die Frage gemeinsamer Grundwerte gelöst war. Für eine Antwort darauf bekam das Christentum neues Interesse, wäre es nicht weithin mit sich selbst beschäftigt gewesen. Innere Auseinandersetzungen beherrschen weit mehr das Feld als ernsthaftes Nachdenken über die geistige Lage der Öffentlichkeit und über einen orientierenden Beitrag.

Karl Rahner konnte nicht wissen, daß ihm nur noch wenige Monate vergönnt waren, ein Jahresviertel gerade, das allerdings nicht nur mit Geburts-

---
[1] Teologia e Cultura Moderna a confronto: Karl Rahner, VII/6 Mailand 1985.

tagsfeiern gefüllt war. Und diese Gelegenheiten nützte der Theologe, um unermüdlich große und kleine Anregungen weiterzugeben. Seine Aktivitäten markierten einen überzeugenden Schlußpunkt, so offen letztlich sein Ende bleiben mußte.

Die Budapester Tagung stand unter dem Thema: „Die Verantwortung des Menschen in der heutigen Welt". Sie fand statt vom 28. Februar bis zum 2. März 1984. Die 61 Teilnehmer gliederten sich in die Gruppe der Glaubenden mit 29 Vertretern und in die der Marxisten mit 32 Vertretern, doch nicht alle, die gemeldet waren, erschienen. Als Tagungslokal diente die Zentralschule des Ungarischen Gewerkschaftsverbandes. Zur Eröffnung am 28. Februar sprach von der Ungarischen Akademie der Wissenschaften Prof. Dr. Josef Lukács über „Dimensionen der Verantwortlichkeit", bevor Karl Rahner seine Überlegungen „Gespräche im realen Humanismus"[2] vortrug. Er unterstrich das tatsächliche „Wir", das durch die Veranstaltung selbst einfach gegeben sei, und fragte, was denn in dieser Tatsache vorliege. Er beschäftigte sich mit den ersten Grundlagen eines solchen Treffens, nicht mit Einzelfragen. Immerhin kam er auch in diesem Rahmen rasch auf sein Bild vom Menschen und vom menschlichen Miteinander zu sprechen, er entwickelte Prinzipien des Dialogs, umsichtig und behutsam, um am Ende nach der realen Bedeutung solcher Gespräche zu fragen. Ihm lag nicht am Reden um des Redens willen. In seinen Ausführungen fühlte er sich gedeckt durch Papst Johannes Paul II., der kurz vorher in Wien den Satz formuliert hatte: „Mögen wir uns auch an verschiedenen Ufern aufhalten, so begegnen wir einander doch in der Frage nach dem Menschen und seiner Welt, in der Sorge um ihn und in der Hoffnung auf ihn. Wir tun dies in einer weltgeschichtlichen Situation, in der die Zukunft des Menschen radikal bedroht ist. In einer solchen Stunde sind alle schöpferischen, alle nachdenklichen und gutwilligen Menschen aufgerufen, ihre Kräfte mehr als je zu verbinden, damit der Weg der Menschheit nicht durch Katastrophen blockiert oder beendet werde." Mit diesem Zitat endete Karl Rahner in Budapest sein Einleitungsreferat.

Daß diese Tagung politisch und publizistisch ausgenutzt wurde, war den christlichen Teilnehmern von vornherein klar. Mancher den Karl Rahner nach Budapest gebeten hatte, hatte aus diesem Grunde eine Teilnahme abgesagt. Denen, die gleichwohl kamen, war es die Sache wert. Die Ungarische Bischofskonferenz empfing die Teilnehmer ebenso wie der Ökumenische Rat der Kirchen in Ungarn. Die Ungarische Akademie der Wissenschaften gab einen offiziellen Empfang am Abend des 29. Februar, und Kardinal Lekai war Gastgeber des Kongresses in Esztergom am 1. März. Neben den Verhandlungen schienen Information und Begegnung besonders wichtig. Spürbar bestanden Reserven, die z.T. von massiven Vorurteilen geprägt waren. Die Tage dürften mindestens soviel erreicht haben, daß ein gewisses Maß an Realismus über Absichten und Denkweisen der je anderen Seite Platz grei-

---

[2] Die Zitate sind aus dem vervielfältigten Text Karl Rahners entnommen.

fen konnte, daß ein Anfang für jenes Vertrauen geschaffen wurde, ohne das sich der Ablauf der Ereignisse zu Ende der 80er Jahre in den Ostblockländern nicht in der Weise hätte vollziehen können, wie es dann der Fall war.

1984 bereitete eine zweite Budapester Tagung 1986 vor, für die das Römische Sekretariat für die Nichtglaubenden als Mitorganisator auftrat. Daran ließ sich zwei Jahre früher nicht einmal denken. Rahners Pionierarbeit in einem schwierigen Augenblick sollte also Früchte tragen, die er selbst weder ahnen noch gar voraussehen konnte. Ihm wäre es schon genug gewesen zu wissen, daß die Machthaber in diesen Ländern den Christen etwas mehr Gewissens- und Gestaltungsfreiheit eingeräumt hätten. Sein Argument dafür war, daß im Christentum Werte gelebt werden, die auch einem kommunistischen Staat nicht gleichgültig sein können. Wie weit dieses Argument gehört wurde, war damals nicht zu erkennen. Mißtrauen bestand nicht nur zwischen den Gruppen, sondern auch in ihnen. Die Veranstaltung fand in Ungarn statt. Marxisten anderer Ostblockländer, Verantwortliche für die atheistische Erziehung der Jugend, taten sich mit den ungarischen Genossen und ihren Vorstellungen nicht leicht, gaben aber nebenher manche Probleme in der Erziehung bei sich daheim zu. Unter diesen Umständen war es schon ein Erfolg, daß in der englisch- und deutschsprachig in Budapest erscheinenden „Daily News" bzw. „Neueste Nachrichten" vom 29. Februar 1984[3] erwähnt wurde: „Following the opening by Prof. János Szentágothai, President of the Hungarian Academy of Sciences ... Jesuit Professor Karl Rahner of Innsbruck, Austria, dealt in his lecture with the ‚Examination of a realistic humanism', touching practically on the same topics as Academician Lukács, but from the standpoint of the church." In einem eigenen Kommentar sprach Iván Boldizsár einige Tage später von „A real dialogue"[4], indem er das Treffen vor allem auf dem Hintergrund der gerade aktuellen Debatte um die Nachrüstung politisch zu werten suchte. Daß dazu die Namen Rahners oder Pannenbergs weniger geeignet schienen, muß man zur Kenntnis nehmen.

Dieser Bericht ist etwas weiter gefaßt, weil außer ein paar Zeitungsmeldungen damals und später kaum etwas über dieses Treffen öffentlich bekannt wurde. Das war von den Teilnehmern so gewünscht, um politischer Vereinnahmung möglichst vorzubauen.

Am Abend des 1. März kam es in der Wohnung von Prof. T. Nyíri noch zu einer vorgezogenen Geburtstagsfeier für Karl Rahner im kleinen Freundeskreis. Es war keine der großen Ehrungen dieser Wochen, sondern ein gemeinsames Essen, bei dem u. a. auch Prof. Wolfhart Pannenberg mit Gemahlin und P. Yves Calvez, Paris, anwesend waren. Karl Rahner war locker und gelöst, wenn auch etwas müde; die Last der Tagung war von ihm genommen. Er konnte sich zwar ausrechnen, daß ihn diese Initiative noch Ärger kosten würde; aber dem ließ sich mindestens entgegenhalten, daß nichts ver-

---

[3] Ebd. Bd. 18 Nr. 42.
[4] Ebd. Nr. 45 vom 3.-4.3. 1984, 3.

tan worden war, daß im Gegenteil Ansätze zu einer gewissen Gemeinsamkeit in der Verantwortung für Mensch und Welt Stärkung erfahren hatten. Er war sich ja bewußt, daß außer Anstößen solcher Art für den Intellektuellen nicht viel übrig bleibt. Dieser hat dann geduldig zu warten, daß sie anderswo wirksam werden.

Daß Budapest Rahners letzter wissenschaftlicher Einsatz als solcher werden sollte, war jedenfalls nicht zu ahnen. Aber rückschauend mutet es providentiell an, da es hier vor einer Öffentlichkeit, die mit manchen Belastungen und mancher Fremdheit zu kämpfen hatte, um mögliche Verständigung und verantwortliches Miteinander ging. Die Gespräche hatten unter diesem Vorzeichen einen nicht selten mühsamen Verlauf genommen. Um so offener gab sich Karl Rahner bei der genannten kleinen Feier im einfachen und familiären Rahmen. Das Gespräch bei Tisch ließ alle Stichworte der kaum beendeten offiziellen Tagung ganz spontan wieder aufkommen, jedoch in anderer Atmosphäre und ohne jedes Pathos. Rahner fühlte sich an diesem Abend sichtlich wohl. Hier war ja nicht erst um Vertrauen zu werben, Vertrauen zu schaffen. Die eingeladenen Gäste waren allesamt Bekannte und Freunde, die P. Rahner durch persönliche Begegnungen zum Teil schon seit Jahren nahestanden. Und für die leiblichen Bedürfnisse des „Geistes in Welt" war bei dieser Gelegenheit ausgezeichnet gesorgt, wenn auch die ungarischen Spezialitäten, mit viel Liebe bereitet und angeboten, nicht zum ausdrücklichen Thema wurden.

Da war sehr bald die aktuelle Frage nach ungleichen Lebensbedingungen, nach Leid und Ungerechtigkeit, Schmerz und Fehlen echter Chancen. Warum ist das so? Hat es Sinn? Die alte Frage Hiobs als Last des Menschen unserer Zeit, unserer Welt stand im Raum. Gibt es da überhaupt Grund zum Hoffen, zu lebendiger Zuversicht? Grund, nicht aufzugeben, selbst wenn es unerträglich scheint? Karl Rahner erwies sich im Hin und Her von Fragen und Hinweisen, von Versuchen und Einwänden einmal mehr – einfach und bestimmt – als Anwalt der Hoffnung, gerade weil er die Härte und Brutalität der Wirklichkeit nicht verharmlosen wollte. Kann denn jemand ohne Hoffnung solchen Wirklichkeiten ins Gesicht schauen? Die Logik der Resignation vermöge ihn nicht zu überzeugen, sie sei ein Kurzschluß.

Das Auseinandergehen an diesem Abend war unkompliziert, einfach und doch herzlich. Er legte mir die linke Hand auf die Schulter, reichte die Rechte und sagte nur: „Mach's gut!" Offensichtlich war er zufrieden, wenn auch müde vom realen Humanismus dieses Abends.

Damit sind wir schon zu den Geburtstagsfeiern gekommen, die zwischen Januar und März eine besondere Rolle spielten. Die 80 Lebensjahre Rahners boten Anlaß, ihm in irgendeiner Weise ein Zeichen der Verbundenheit zu geben. Vorgesehen, aber seines Todes wegen nicht mehr realisiert, war die feierliche Verleihung der Würde eines Ehrenbürgers seiner Heimatstadt Freiburg. Ähnlich geplant, aber nach seinem Hingang nicht mehr möglich, war eine Feier der Katholischen Akademie in Bayern.

Anläßlich des Geburtstags begann die Katholische Akademie der Erzdiözese Freiburg mit einer Tagung. „Es wäre Karl Rahner nicht angemessen gewesen", so Karl Lehmann, „‚nur' eine Jubelfeier in der Heimatstadt zu planen, wenngleich der Anlaß zu Dank und Feier genügend groß ist. Von Anfang an sollten folgende Perspektiven die Tagung mitbestimmen:

1. Die wichtigsten Dimensionen der Theologie Karl Rahners sollten wie in einem Brennpunkt eingefangen werden.
2. Spiritualität und Kirchenerfahrung Karl Rahners sollten ebenso zur Sprache kommen wie seine dogmatische Theologie und seine Verdienste um andere theologische Disziplinen sowie seine wissenschaftsorganisatorischen Leistungen.
3. Dabei sollte der Versuch unternommen werden, die Wirkungsgeschichte dieses theologischen Denkens – wenigstens ausschnitthaft – zu erfassen.
4. Rahner sollte als innertheologischer und interdisziplinärer Gesprächspartner gewürdigt werden, einschließlich der ökumenischen Theologie und einer Theologie der Religionen.

Das Ganze sollte – vor allem für jüngere Teilnehmer – zu einer Einführung in das theologische Werk Karl Rahners werden.

Das Leitwort der ganzen Tagung, die am 11./12. Februar 1984 in Freiburg i. Br. stattfand, ‚Vor dem Geheimnis Gottes den Menschen verstehen' ... umreißt knapp die Mitte des Werkes."[5]

Der Neutestamentler Rudolf Pesch, der Naturwissenschaftler Wolfgang Wild, der katholische Theologe und langjährige Mitarbeiter Rahners, Herbert Vorgrimler, der evangelische Kollege Eberhard Jüngel würdigten in diesem Sinn den 80jährigen und sein Werk. Dieser selbst meldete sich anschließend mit seinen „Erfahrungen eines katholischen Theologen", meditativ theologischen Bemerkungen, in denen Erfahrungen großer Tiefe und Dichte zu Wort kommen.

Abschließend hat Karl Lehmann „Karl Rahner und die Kirche" in Form eines Dankes miteinander ins Bild zu bringen versucht. Rahner selbst richtete schließlich noch ein Nachwort an das zahlreich versammelte Auditorium, um für einen afrikanischen Priester ein neues Motorrad zu erbetteln. Die Texte der Freiburger Tagung konnten so rasch zum Druck gebracht werden, daß die erste Auflage des Bändchens schon am 5. März, dem eigentlichen Geburtstag, vorlag. Im Juli wurde eine zweite Auflage nötig, der auch Fotos von der Tagung beigegeben sind. Sie hatte wegen der hohen Teilnehmerzahl im Auditorium Maximum der Universität stattfinden müssen.

Doch das war erst der Auftakt. Die nächste Ehrung fand wenige Tage später ebenfalls in einem akademischen Rahmen am Heythrop College der

---

[5] K. Lehmann (Hrsg.), Einführung, in: Vor dem Geheimnis Gottes den Menschen verstehen, München 1984, 7–8.

University of London statt. Am 17. Februar 1984 hielt John Macquarrie (Oxford) seine große Würdigung „The anthropological approach to Theology". Da Karl Rahner nicht Englisch sprach, dankte George Vass in seinem Namen, doch kamen anschließend von Rahners Seite Fragen und Kommentare. Ein ganzes Heft von „The Heythrop Journal" (1984) ist dieser Ehrung gewidmet. B.R. Brinkman leitete sie ein mit „Theology present to itself: The tribute to Karl Rahner", es folgte J. Cawte mit „Karl Rahner's conception of God's self-communication to man". Abgedruckt ist ein Brief von Kardinal B. Hume von Westminster, der nicht persönlich anwesend sein konnte. Zwei weitere Studien zur Theologie Rahners runden das Heft ab, das mit „The English bibliographical aid to Karl Rahner" schließt.

Kaum in Innsbruck zurück, führte Rahner im Nachtstudio des ersten Fernsehkanals am 24. Februar ein Gespräch mit Walter Tscholl. Es stand unter dem Titel „Auch außerhalb der Kirche kann man Christ sein ..."[6] In den Fragen ging es so gut wie um das ganze Leben Rahners. Am Schluß kam unvermeidlich wohl die Frage nach dem Tod. Rahner antwortete u. a. mit diesen Worten: „Im Augenblick habe ich keine Angst vor dem Tod. Es kann aber Situationen geben, wo man das Ungeheure, Unbegreifliche eines Endes des Lebens sehr viel realer und realistischer empfindet, und dann stirbt man eben mit Jesus, der gebetet hat: ‚Gott, mein Gott, warum hast du mich verlassen?' und der am Ölberg Blut geschwitzt hat und gebetet hat: ‚Laß diesen Kelch an mir vorübergehen', und all das kann man – Angst und Zuversicht, Freude und Hoffnung und Verzweiflung sogar – zusammen annehmen und in einer letzten, sich selber lassenden Weise Gott anvertrauen."[7]

Den Schluß dieser Würdigungen bildete die akademische Feier in Innsbruck am Geburtstag Karl Rahners selbst. Dazu kamen im Kaiser Leopold-Saal der Universität am 5. März 1984 mehrere hundert Gäste zusammen. Nach der Begrüßung durch den damaligen Dekan der Katholisch-Theologischen Fakultät, Prof. Dr. Vladimir Richter, hielt Prof. Dr. Lukas Vischer, Bern, den Festvortrag unter dem Titel „Reformation – Ereignis in der Geschichte der Kirche"[8]. Der Beitrag erinnerte an die ökumenischen Initiativen Rahners, darüber hinaus aber auch an eine Figur in der Kirchengeschichte, die für eine Deutung von Rahners Rolle in der Kirche immer wieder einmal herangezogen worden war, in ihrem Sinn jedoch schillernd und vieldeutig bleiben mußte, solange nicht aus der Geschichte des Christentums selbst wesentliche Züge das Bild präzisierten. L. Vischer stellte auf die „testes veritatis", die Zeugen der Wahrheit ab, um das Ereignis Reformation zu interpretieren. Ohne Zweifel läßt sich in diesem Gedanken ein gemeinsamer Grund entdecken, um sehr gegensätzlich, ja widersprüchlich gewertete Erscheinungen in der Geschichte des Christentums und in sei-

---

[6] Der Text in: Tirol – Was ist das eigentlich?, hrsg. v. ORF Landesstudio Tirol, 110–129.
[7] Ebd. 129.
[8] Text in: ZKTh 106 (1984) 365–375.

nem Lebensprozeß mitten in der Welt auf den gemeinsamen Ursprung im Guten zurückzuführen und von dorther neu zu entdeken. Mit Vischers Worten: „Die Reformatoren haben oft darauf hingewiesen, daß sich die Kontinuität der Kirche in einer nicht abbrechenden Reihe von ‚Zeugen der Wahrheit' erweise ... Auch die einmal vereinigte Kirche wird darum beten müssen, daß sich diese Sukzession in ihrer Mitte fortsetzt.

Karl Rahner war einer jener Lehrer, in dem für uns alle die Stimme der Tradition aufgeklungen ist. Und er hat deshalb so viel zur gegenseitigen Annäherung beigetragen, weil er uns neu gelehrt hat, die Gegenwart Christi auch an unerwarteten Stellen zu vermuten und wahrzunehmen."[9]

Nach einer Reihe von Glückwunschadressen sprach Karl Rahner selbst ein Schluß- und Dankwort. Damit endete die Feier.

Feststellen kann und muß man, daß diese akademische Ehrung der letzte öffentliche Auftritt Karl Rahners war. Was folgte, entwickelte sich als Ausklang nicht ohne Aktivität, aber im Wissen um seinen baldigen Tod ganz anders, als es ihm selbst damals vorgekommen sein mag. Sein Wirken hatte mit den Anerkennungen zu seinem Geburtstag eine Abrundung erfahren, der kein neuer Bogen mehr folgen sollte.

Auch 1984 hat sich Rahner nicht geschont; in diesen Monaten hat er weitergemacht wie all die Jahre zuvor, soweit das die Kräfte erlaubten. Deren Nachlassen spürte er ja schon seit geraumer Zeit und hatte sich das auch nie verheimlicht. Eine Entschuldigung ergab sich daraus für ihn in keiner Weise; Arbeits- und Wirkmöglichkeit bedeutete einfach entsprechende Pflicht. Er selbst hat den großen Umfang seines Einsatzes gelegentlich damit zu erklären versucht, er habe kaum Hobbys gehabt und eben Kraft und Zeit, die andere für Liebhabereien brauchen, noch in die Arbeit gesteckt. Das ist aber nur jemandem möglich, dem seine Aufgabe wirklich Anliegen wurde und der daran Freude und Befriedigung erfährt. Erfolge haben Rahner zum Weitermachen ermuntert; Mißerfolge haben ihn angeregt, sich nach möglichen Verbesserungen zu fragen. Die große Anerkennung am Ende darf nicht vergessen lassen, daß sein Weg nicht einfach war und daß er mit Schwierigkeiten zu tun hatte, an denen ein anderer aufgesteckt hätte.

An harter Kritik hatte es in den letzten Jahren nicht gefehlt. Rahner hatte dazu ein zweifaches Verhältnis: er wollte sich einerseits nicht lähmen lassen in dem, was er als seine Aufgabe erkannte, er wollte aber auch berechtigten Einwänden und Anfragen Rechnung tragen. Manches nahm er sehr ernst, anderes konnte er nach kurzer Prüfung abweisen, an wieder anderem ging er ganz bewußt vorbei – nicht aus Hochmut, sondern aus guten Gründen. Bei einigen bitteren Erfahrungen hatte er lernen müssen, wie wenig gewisse Auseinandersetzungen einbringen, wie sehr sie anderseits hindern, was eigentlich zu tun wäre. Der Umgang mit Einwand und Kritik ist in unserem

---

[9] L. VISCHER, Ökumenische Gedanken zum 80. Geburtstag, in: Karl Rahner – Bilder eines Lebens, 141.

Jahrhundert aus verschiedenen Gründen zum eigenen Problem geworden; nicht jede Kritik ist hilfreich und aufbauend.

Karl Rahner suchte bestimmten Einwänden, deren Fruchtlosigkeit gleich zu sehen war, von vornherein zu entgehen, indem er Beiträge und Leistungen unter einen ausdrücklichen Vorbehalt stellte. Er erhob gar keine wissenschaftlichen Ansprüche; billigte jedem die Möglichkeit zu, es besser zu machen, ließ aber bei entsprechenden Bemerkungen oft ein wenig hintergründig durchblicken, das sei wohl doch nicht so einfach. Wenn Papst Johannes Paul II. mit dem Datum vom 22. Februar 1984 in seinem Glückwunsch an Karl Rahner dessen unermüdliches wissenschaftliches Wirken erwähnt, dann sprach sich darin der Eindruck aus, den der Einsatz Rahners nicht nur in Theologenkreisen hinterlassen hatte. Nimmt man den etappenreichen Weg seines Lebens hinzu, die Tatsache, daß er – der Berufung des Jesuiten gemäß – an recht verschiedenen und oft nicht gerade günstigen Orten und unter ähnlich vielfältigen Bedingungen sein Werk erbracht hatte, dann wird deutlich, was der Mensch Karl Rahner geleistet hat. Diese Umstände und Rahmenbedingungen zu kennen, ist für die Beurteilung des Werkes oft entscheidend. Unsere Beschreibung des Lebens soll das, besser als bislang möglich, erlauben. Natürlich hätte er selbst – ja er hat es immer wieder getan – Gott selbst die Ehre gegeben für alles, was ihm geschenkt wurde; er vergaß nicht die vielen anderen, die unbekannt und im Hintergrund ihren Anteil an dem hatten, was er tun konnte. Karl Rahner war auf seine Weise dankbar. Die Feiern im Frühjahr 1984 zur Vollendung seines 80. Lebensjahres hat er auch um des möglichen Dankes willen akzeptiert. So wie Menschen ihm gegenüber Dank bekundeten, konnte auch er Dank sagen. Sollen wir noch auf die Festschrift, auf eine ganze Reihe anderer Publikationen eingehen, die ihm bei dieser Gelegenheit gewidmet wurden? Es ist nicht nötig, da sich die Informationen in den Bibliotheken finden lassen. Nicht Bücher und Veröffentlichungen sind das eigentliche Vermächtnis Karl Rahners, sondern sein Versuch, verantwortlich in dieser Zeit Christ zu sein und anderen auf dem Weg dahin zu helfen. Sollen wir auf Nachwirkungen hinweisen? Es wäre eine Geschichte bislang ohne Ende. So scheint es besser zu schließen. Sein Lebenszeugnis endet.

38. Kapitel

Ostern, die Stunde des Glaubens

Am 7. März 1984, dem Aschermittwoch dieses Jahres, unternahm Karl Rahner mit einem der Gäste zu seiner Geburtstagsfeier noch einen Ausflug ins untere Inntal und ins Mittelgebirge: Schloß Tratzberg, wo er nach der gewaltsamen Aufhebung des Innsbrucker Jesuitenkollegs im Oktober 1939 einige Tage Aufnahme gefunden hatte, bevor er nach Wien umsiedeln konnte, Schwaz und Lans waren die Stationen dieser Fahrt.

Zwei Tage später, am 9. März, ging er ins Sanatorium der Kreuzschwestern nach Hoch-Rum, um eine spürbare Müdigkeit und Unregelmäßigkeiten des Kreislaufs kurieren zu lassen. Das war die vorösterliche Bußzeit dieses Jahres für ihn. Es wurde die Vorbereitung auf sein eigenes Ende.

Vom Betroffenen aus betrachtet gibt es keine passende Zeit für das Sterben. Der Tod kommt immer unpassend. Karl Rahner wurde – wenn auch anfänglich verhüllt – eine Zeit zum Sterben gegeben, die dem Christen als vorbereitendes Gedenken des Endes seines Herrn wichtig ist. Das letzte Wegstück von Karl Rahners Leben fiel zusammen mit der Bußzeit, die auf die Kar- und Ostertage ausgerichtet ist. In diesem Jahr lag nach dem Kalender das Osterfest ausgesprochen spät, so daß er seinen Geburtstag noch vor dem Aschermittwoch erlebte. Und was nach diesem Beginn der Bußzeit kam, war eben der Aufenthalt im Sanatorium. Dort besuchte ihn u. a. der Innsbrucker Bischof, Dr. Reinhold Stecher. In seiner Osterbetrachtung für das folgende Jahr 1985 hat dieser an die Besuche zurückgedacht und seine Erinnerungen unter die Überschrift „Ostern, die Stunde des Glaubens" gestellt[1].

„In diesen österlichen Tagen", so der Bischof, „wandern meine Gedanken immer wieder ein Jahr zurück, zu den letzten Besuchen bei Karl Rahner, wenige Tage vor seinem Tod. Diese Gespräche mit dem einstigen Lehrer sind mir unvergeßlich. Es war, wie wenn ein Menschenleben nach langer Reise einem Ziel zustrebte, so wie ein großer, breiter Strom zur Mündung kommt, der alle Windungen, Katarakte und Staudämme hinter sich gelassen und viele Schiffe und die Last der tausend Fragen getragen hat und der sich nun dem großen Meer nähert, wo alles einfach wird. Man saß am Krankenbett, konnte mit einem sehr gelösten, ja fast heiteren Menschen reden – und dabei mußte man an die Bücherstellage zu Hause mit der langen Reihe der Rahnerbände denken, an das gewaltige Wissen und das vielfache Ringen

---
[1] R. Stecher, Ein Singen geht über die Erde, Innsbruck 1993, 72–77.

mit den vielfältigen Problemen, die nun einmal diese Epoche dem wachen Glaubenden aufgegeben hatte. Und doch hatte man keinen müden Menschen vor sich, keinen problemzerriebenen, sondern einen sehr gefaßten, mit einer fast fröhlichen Distanz zu sich und seinem Werk (eine Haltung, die einigen seiner harten Kritiker abzugehen scheint).

Vielleicht war es das, was diesen großen Theologen so menschlich und sympathisch machte: Daß er zutiefst um die Schwierigkeit, die Mühsal, die Unsicherheit und die Gefährdung des Glaubens an Christus in unserer Zeit wußte, und zwar mit einem Wissen, das nicht nur aus einer professoralen Betätigung, sondern aus eigenem Erleiden und Erleben stammte, und daß er andererseits doch das Glück eines Menschen ausstrahlte, der mit seinem Glauben immer wieder nach Hause kommt."[2]

Der Weg in den Tod – Rahner ging ihn, und das sollte ebenfalls nicht vergessen werden, in den letzten Wochen der „winterlichen Zeit", die ja mindestens dem Kalender nach gegen Ende März in den Vorfrühling wechselt. Möglich, daß auch dies nicht voll bewußt wurde. Denn Karl Rahner ging diesmal ebenso ins Sanatorium wie schon bei früheren Gelegenheiten: mit der Erwartung, nach einigen Wochen in den Kräften wieder soweit hergestellt zu sein, daß er weitermachen konnte. Jedenfalls war er nach einigen Tagen der Ruhe an allem wieder interessiert. Die Sekretärin hatte zu schreiben und manches zu besorgen. Versuche, Spaziergänge zu machen, wurden aber rasch eingestellt, weil er sich zu schwach fühlte. Doch setzte er sich vom Krankenlager aus in einem Brief an Kardinal Landazurri Ricketts und die Bischöfe Perus für Gustavo Gutierrez und die Befreiungstheologie ein. Am 17. März konnte die Sekretärin einen im Sanatorium diktierten Text über das Leid abschicken, am 27. März Bemerkungen über das Gebet, die ebenfalls dort entstanden sind. Unter dem gleichen Datum ging das Dankwort an die Freunde für die Glückwünsche zum Geburtstag hinaus. Im Sanatorium erfuhr er von dem Entscheid seiner Heimatstadt, ihn zum Ehrenbürger zu ernennen und antwortete auf die Mitteilung dem Oberbürgermeister von Freiburg mit einem Dank am 21. März.

Dann schwächte sich sein Zustand zusehends. Am 29. März verlegte man ihn in die Medizinische Universitätsklinik Innsbruck unter die Obhut von Prof. Franz Dienstl, der Karl Rahner von früheren Konsultationen kannte. Am folgenden Tag mußte er dort auf die Intensivstation wechseln. Er ließ über sich ergehen, was man medizinisch für angezeigt hielt. Ein ruhiges Verlöschen der Kräfte brachte gegen Mitternacht des 30. März das Ende. In den letzten Stunden waren der Rektor des Jesuitenkollegs, P. Josef Müllner, und sein Schüler und Kollege, P. Walter Kern, mit einigen wenigen anderen bei ihm. Elfriede Oeggl, die Sekretärin der letzten Jahre, hat Erinnerungen an „Das Sterben" aufgezeichnet[3].

---

[2] Ebd. 72.
[3] Vgl. in: Karl Rahner – Bilder eines Lebens, 162–163.

Am 4. April 1984 feierte man das Requiem in der Innsbrucker Jesuitenkirche in Konzelebration um den Diözesanbischof Reinhold Stecher. Der Provinzial der Oberdeutschen Provinz der Jesuiten, der Karl Rahner angehörte, predigte. Die Einsegnung und das Begräbnis in der Krypta unter der Kirche vollzog anschließend der Bischof von Mainz, Karl Lehmann, der nach dem Konzil Rahners Mitarbeiter gewesen war. Bischof Stecher stellte später die Bedeutung so dar, daß einerseits Ostern den strahlenden Christus in die Mitte unseres Lebens setze und daß die Zeit ihn doch in eine Situation hineinverkünden lasse, in der das Glaubenkönnen schwieriger geworden sei. Und weiter: „darum will mir Karl Rahner nicht aus dem Sinn. Sein Name steht für mich wie ein Symbol für Dunkel und Licht, quälende Frage und bergendes Glück des Glaubens an Christus in unserer Zeit."[4]

Rahner sei gegen die Versuchung zur Resignation ebenso angegangen, die nur zu naheliegend sei angesichts von Vielfalt und Unübersichtlichkeit, wie gegen den Kopfsprung in die religiöse Phantastik, die so verlockend winke, und gegen die Privatisierung des Glaubens, der so viele erlägen. „Ostern, das den strahlenden Christus in die Mitte des Daseins stellt, möchte uns von allen Irr- und Seitenpfaden des religiösen Sehnens zurück in die Mitte holen. Es ist ein Fest, das sozusagen den Glauben auf das letzte Wesentliche, das kein Es, sondern ein Du ist, zentriert: Vor uns tritt der allumfassende Christus hin, der bei seinen Abschiedsreden so eindringlich gesagt hat: ‚Ihr glaubt an Gott, glaubt auch an mich!'

Und diese letzte Einfachheit ist es, die mich um Ostern an Karl Rahner erinnert. Das war ja bei ihm so beeindruckend, daß er geistig aus einer so komplizierten, problemüberfrachteten Welt voller Fragen und Auseinandersetzungen kam und doch zu dieser letzten persönlichen Schlichtheit des Glaubens fand. Ihm war zutiefst bewußt, daß heute viele Menschen auf dem Weg sind, manche näher, manche weitab. Aber er war auch zutiefst davon überzeugt: So vielfältig sich heute die Seitenarme des religiösen Tastens und Suchens verzweigen und verwirren mögen, es gibt doch eine geheimnisvolle Strömung in ihnen, die zum ewigen Meer drängt, eine Strömung, die wir Gnade nennen und die von jenem Ursprung ausgeht, der gleichzeitig das Ziel aller Dinge ist."[5]

Von Karl Rahner selbst ließen sich viele Worte zum Sterben und zum Tod anführen; er hat immer wieder und intensiv über das Thema nachgedacht. Aber entscheidender bleibt wohl sein Lebenszeugnis, wenn er auch bemerken konnte: „Für mein Leben? Ich weiß nicht, was mit meinem Leben ist. Ich habe kein Leben geführt. Ich habe gearbeitet, geschrieben, doziert, meine Pflicht zu tun und mein Brot zu verdienen versucht; ich habe in dieser üblichen Banalität versucht, Gott zu dienen. Fertig."[6] Dieses Wort erklärt,

---

[4] R. STECHER, Ein Singen geht über die Erde, Innsbruck 1993, 74.
[5] Ebd. 77.
[6] Karl Rahner – Bekenntnisse, 58.

warum er dem Lauf seiner Jahre und den Erlebnissen so wenig besonderes Gewicht beimaß, warum er nicht viel davon hielt, daraus etwas zu machen. Neben der Betonung der Selbstverständlichkeit war es freilich noch etwas anderes, das ihn in dieser Einstellung bestärkte: die Allgemeinheit des Ansatzes für die Entdeckung des verborgenen Wirkens Gottes in jedem Menschenleben. Die Alltäglichkeit als Ort des Glaubens ist doch allen gegeben. Und der Alltäglichkeit des Sterbens weicht niemand aus.

Die Nachricht von seinem Tod ging um die Welt; sie war nicht zuletzt deswegen beeindruckend, weil sein Sterben ganz zu seinem Leben und seinem Einsatz paßte. Trotz der vielen, die zum Begräbnis Karl Rahners noch einmal nach Innsbruck kamen ..., es war ein Zeugnis für jene Hoffnung, die ihn all die Jahre bewegt hatte. Er selbst hatte es einmal so formuliert, als er danach gefragt wurde: „... über alle möglichen materiellen, biologischen, auch geistigen Evolutionen hinaus, die durchaus dem Menschen vielleicht noch erreichbar sind, habe ich die Hoffnung des ewigen Lebens. Auch wenn ich mir nicht konkret vorstellen kann, wie das eigentlich aussehen wird. Aber daß der absolute, unendlich heilige, unendlich gute Gott sich selber mir als meine Zukunft verheißen hat, das weiß ich durch die Botschaft des Christentums, das nehme ich Jesus ab. Und deswegen habe ich eine gute, eine unbedingte Hoffnung, die natürlich, solange ich da unten bin und schlechte Erfahrungen mache mit meinem Leben, mit meiner Gesellschaft, mit meinem Volk und so weiter, immer auch eine angefochtene Hoffnung ist. Das ist selbstverständlich. Aber ich halte eisern – wenn ich so sagen kann – bis in die Nacht des Todes daran fest: es gibt ein ewiges Licht, das mir leuchten wird."[7]

Als Karl Rahner sein Leben in diese Hoffnung hineinfallen ließ, war es Frühling geworden. Am Tag seiner Beisetzung wehte freilich noch ein kalter Wind und ließ wenig von dem neu aufbrechenden Leben in der Natur spüren. Die Kar- und Ostertage standen noch aus. Dennoch lag über diesem Begräbnis etwas von Ostern als Stunde des Glaubens im angedeuteten Sinn. Karl Rahner hatte sich noch in seinem Freiburger Erfahrungsbericht gegen eine Verharmlosung des ewigen Lebens gewehrt und war für das Bemühen um ein besseres Vorstellungsmodell des ewigen Lebens als Aufgabe der Theologen eingetreten, das Verharmlosungen von vornherein ausschließt. Eine Antwort konnte er nur in der Frage andeuten: „Aber wie? Aber wie?"[8] Er sprach dann von all dem, was der Tod wegräume und wie er eine ungeheuerlich schweigende Leere errichte, die wir glaubend und hoffend als unser wahres Wesen anzunehmen hätten. Noch so langes menschliches Leben erscheine dann als einzige kurze Explosion unserer Freiheit, „in der sich Frage in Antwort, Möglichkeit in Wirklichkeit, Zeit in Ewigkeit, angebotene in getane Freiheit umsetzte."[9] Aber in ungeheurem Schrecken eines

---

[7] Karl Rahner – Erinnerungen, 125.
[8] K. LEHMANN (Hrsg.), Vor dem Geheimnis Gottes den Menschen verstehen, München 1984, 119.
[9] Ebd.

unsagbaren Jubels zeige sich dann diese schweigende Leere als in Wahrheit erfüllt vom Urgeheimnis, das wir Gott nennen, von seinem reinen Licht und seiner alles nehmenden und alles schenkenden Liebe. Und darin erscheine doch das Antlitz Jesu und blicke uns an, und diese Konkretheit sei die göttliche Überbietung all unserer wahren Annahme der Unbegreiflichkeit des weiselosen Gottes.

Karl Rahners Leben ließ nicht nur ihn, sondern auch seinen Beitrag zu Ende kommen, ohne daß damit dessen eigene Wirkung aufgehört hätte. Das Kommende bleibt in jedem Fall in jener Erwartung geborgen, die er in den Menschen unserer Zeit lebendig auf Gott auszurichten suchte. Das Kommende kann einer erwarten, indem er den Untergang des Todes selber schon als Aufgabe dessen erfährt, was kommt. 80 Jahre sind eine lange Zeit. Für jeden aber ist die Lebenszeit, die ihm zugemessen ist, der kurze Augenblick, in dem wird, was sein soll.

Material und Belege

Im wesentlichen stützt sich die Biographie auf Informationen, die öffentlich vorliegen und an verschiedenen Orten zugänglich sind, selbst wenn es sich um Material handelt, das nicht für den Handel gedruckt und verlegt wurde. Über den Begriff der Öffentlichkeit in diesem Sinn läßt sich natürlich diskutieren. Das ist jedoch an dieser Stelle nicht beabsichtigt. Es geht um Dokumente, die nicht im strengen Sinn als privat und einmalig gelten können, weil sie einem größeren, nicht von vornherein namentlich beschränkten Kreis zugänglich gemacht wurden. In erster Linie sind die offiziellen Kataloge der Deutschen bzw. Oberdeutschen und der Österreichischen Provinz der Gesellschaft Jesu zu nennen, die für den Dienstgebrauch erstellt werden. Diese Kataloge verzeichnen den Ort und die jeweilige Tätigkeit der Mitglieder, so daß sich aus ihnen ein erstes Gerüst des Lebens eines Jesuiten erstellen läßt. Nun ist die Situation dieser Auskunftsmittel aus politischen Gründen während unseres Jahrhunderts in Mitteleuropa nicht gleich gewesen. Während des Zweiten Weltkrieges fehlen diese Kataloge für die Oberdeutsche Provinz, während sie für die Österreichische Provinz – bis auf ein Jahr – in vereinfachter Form vorliegen.

Darüber hinaus wurden die verschiedenen ordensinternen, aber bis in die neuere Zeit gedruckten Mitteilungsblätter benutzt. Vor allem „Mitteilungen aus den Deutschen Provinzen der Gesellschaft Jesu" (bis 1921: Mitteilungen aus der Deutschen Provinz), Bd. 1–21 (1897–1967) (Druckorte: Roermond/Altötting/Paderborn/Köln). Auch hier ist für die Nazizeit und den Krieg mit Ausfällen zu rechnen.

„Aus der Provinz"
Gemeinsame Nachrichten aus (beiden/den drei) deutschen Provinzen, (Valkenburg/Ignatiuskolleg).

„Nachrichten der österreichischen Provinz SJ (Wien 1905–1962).

„Ignatiusbote" (Wien 1928–1955), dann
„Blätter der österreichischen Jesuiten" (Wien 1956–1985),
seither
„Jesuiten. Mitteilungen der österreichischen Jesuiten".

„Correspondenz des Priestervereines", Innsbruck 1869;
ab 1883 „Correspondenz des Priester-Gebetsvereines";
ab Juli 1938 „Vierteljahresbericht des Theologischen Konviktes zu Innsbruck";
seit 1951 „Korrespondenzblatt (des Canisianums) Innsbruck".

Mitteilungsblätter von Bildungshäusern und Akademien, Programme und Berichtshefte, Festschriften zu Einweihungen usw.

I. Schriften Hugo Rahners

Bibliographie, siehe: MÜLLER, A.
    (zusammen mit K. Rahner). Die aszetischen Schriften in den „Monumenta Historica S.J.", in: ZKTh 108 (1986) 422–433 (von 1922 und 1925).

Sacra Historia (zusammen mit K. Rahner als Festschrift zum 60. Geburtstag des Vaters) 1928 (Typoskript)

Geschichte der österreichischen Ordensprovinz der Gesellschaft Jesu, in: Ignatiusbote 2 (1929 Wien) 20–48.

Fons vitae. Eine Untersuchung zur Geschichte der Christusfrömmigkeit in der Urkirche (Diss. Ms. Universität Innsbruck 1930, Nr. 387).

Vom Montmartre nach St. Paul, in: Mitteilungen aus den Deutschen Provinzen der Gesellschaft Jesu 13 (1935) 389–398.

(zusammen mit Karl Rahner) Über die Gnade des Gebetes in der Gesellschaft Jesu, in: ebd. 399–411.

Die Gottesgeburt. Die Lehre der Kirchenväter von der Geburt Christi im Herzen der Gläubigen, in: ZKTh 59 (1935) 333–418.

Eine Theologie der Verkündigung, Freiburg i. Br. 1939 (2. Aufl.).

Zur Verkündigungstheologie, in: Vierteljahresbericht des theologischen Konviktes zu Innsbruck 73 (1939) Juni 13–15.

Theologie des Barocken, in: StZ 137 (1939/40) 82–88.

Christlicher Humanismus als Reife, in: Der große Entschluß 1 (1946) 5/6, 1–3.

Werte katholischer Geschichtstheologie, in: Jahrbuch des Österreich College, Salzburg 1946, 154–168.

Wege zu einer ‚neuen' Theologie, in: Orientierung 11 (1947) 213–217.

Theologische Reise nach Frankreich, in: Die Furche (1948 Wien) Nr. 49, 7.

Theologie von Paris aus, in: ebd. Nr. 50, 6.

Die Frankreichreise der Innsbrucker Theologen, in: Nachrichten der österreichischen Provinz S.J., 1948 Dezember 11–13.

Un Anniversaire, in: Journal et Feuille d'Avis du Valais 45 (1948 Sion) Nr. 139, 2.

Maria und die Kirche, in: Der große Entschluß 5 (1950) 99–103. 131–135. 163–166. 195–199. 227–230. 259–262. 292–296. 355–358.

P. Franz Xaver Mitzka S.J., in: Nachrichten der österreichischen Provinz S.J., 1950 September 11–13.

Hemmschuh des Fortschritts, in: StZ 147 (1950/51) 161–171, und Schweizerische Rundschau 50 (1950) 521–533.

Zur Theologie der Pfarre, Freiburg i. Br. 1956.

Die Geschichte eines Jahrhunderts, in: ZKTh 80 (1958) 1–65.

Rom – Borgo Santo Spirito, in: Blätter der österreichischen Jesuiten 31 (1958) März 1–4.
Mirabilis progressio. Gedanken zur Geschichtstheologie der Herz-Jesu-Verehrung, in: A. BEA – H. RAHNER U.A. (Hrsg.), Cor Iesu I, Rom 1959, 23–58.
Eucharisticon fraternitatis, in J. B. METZ – W. KERN U.A. (Hrsg.), Gott in Welt 2, Freiburg i. Br. 1964, 895–899.
Abendland. Reden und Aufsätze, Freiburg i. Br. 1966.
Hugo Rahner, in: Forscher und Gelehrte, W. E. BÖHM – G. PAEHLKE, Stuttgart 1966, 15 (Selbstbeschreibung).
Die Kirche ist immer jung, O. KARRER (Hrsg.), Innsbruck 1970.
Worte, die Licht sind, C. WINTERHALTER (Hrsg.), Freiburg i. Br. 1981 (Vorwort von K. Rahner).

II. Schriften Karl Rahners

Bibliographien

G. MUSCHALEK – F. MAYR, Das Schrifttum Karl Rahners, in: Gott in Welt II (FS Karl Rahner), Freiburg i. Br. 1964, 900–941.
Bibliographie Karl Rahner 1924–1969, R. BLEISTEIN – E. KLINGER (Hrsg.), Freiburg i. Br. 1969.
Bibliographie Karl Rahner 1969–1974, R. BLEISTEIN (Hrsg.), Freiburg i. Br. 1974.
Bibliographie Karl Rahner 1974–1979, P. Imhof – H. Treziak, in: H. VORGRIMLER (Hrsg.), Wagnis Theologie (FS Karl Rahner), Freiburg i. Br. 1979, 579–597.
Bibliographie Karl Rahner 1979–1984, P. Imhof – E. Meuser (Hrsg.), in: E. KLINGER – K. WITTSTADT (Hrsg.), Freiburg i. Br. 1984, 854–871.

Veröffentlichungen

Warum uns das Beten not tut, in: Der Leuchtturm 18 (1924/25) 310–311.
Vom Sinn der häufigen Andachtsbeichte, in: Zeitschrift für Aszese und Mystik 9 (1934) 323–335.
Worte ins Schweigen, Innsbruck 1938.
Geist in Welt. Zur Metaphysik der endlichen Erkenntnis bei Thomas von Aquin, Innsbruck 1939 (Vorwort).
(zusammen mit M. Viller) Aszese und Mystik in der Väterzeit, Freiburg i. Br. 1939 (Vorwort vom 13. Juni 1938)
Hörer des Wortes. Zur Grundlegung einer Religionsphilosophie, München 1941 (Vorwort).
Passion und Aszese, in: Geist und Leben 22 (1949) 15–36.
Der Gesetzesbegriff in der christlichen Offenbarung (zusammen mit L. Soukup u. G. Molin), in: S. MOSER (Hrsg.), Gesetz und Wirklichkeit, Innsbruck 1949, 247–254.
Zur Theologie des Symbols, in: A. BEA – H. RAHNER U.A. (Hrsg.), Rom 1959, 461–505.
Erbsünde und Monogenismus, in: K. H. WEGER, Theologie der Erbsünde (QD 44), Freiburg i. Br. 1970, 1976–223.
Gnade als Mitte menschlicher Existenz, in: Herder Korespondenz 28 (1974) 77–92.
Tradition im Wandel – 50 Jahre Hochschule für Philosophie, in: Hochschule für Philosophie München – Jahresbericht 1975/76, 3–10.
Lebenslauf, in: Der große Entschluß 31 (1977) 10, 30–34.
Geleitwort zu: P. KÖSTER, Ich gebe euch ein neues Herz. Einführung und Hilfen zu den geistlichen Übungen des Ignatius von Loyola, Stuttgart 1977, 7–8.

Der Kilian, in: Schulbeispiele. Nachdenkliches und Heiteres zum 50. Geburtstag von Hanna-Renate Laurien, M. SCHÄCHTER (Hrsg.), Mainz 1978, 41f.
Unmittelbare Gotteserfahrung in den Exerzitien, in: Der große Entschluß 32 (1978) 5,8–11.
Ein ganz normaler Theologe und Christ, in: zur debatte 9 (München 1979) 3,12.
Dankantwort, in: Verleihung des Kulturellen Ehrenpreises 1979, München 1979.
„Ich protestiere", in: Publik-Forum 8 (1979) Nr. 23, 15–19.
Worte und Geschichten, in: Rundbrief Oberdeutsche Provinz SJ (1982 München) 2,27–29.
Im Gespräch 1/2, P. IMHOF – H. BIALLOWONS (Hrsg.), München 1982/83.
Erinnerungen – im Gespräch mit M. Krauss, Freiburg i. Br. 1984 (2. Aufl.).
Bekenntnisse. Rückblick auf 80 Jahre, G. SPORSCHILL (Hrsg.), Wien 1984.
Horizonte der Religiosität, G. SPORSCHILL (Hrsg.), Wien 1984.
Erfahrungen eines katholischen Theologen, in: K. LEHMANN (Hrsg.), Vor dem Geheimnis Gottes den Menschen verstehen, München 1984, 105–119.
Karl Rahner – Bilder eines Lebens, P. IMHOF – H. BIALLOWONS (Hrsg.), Freiburg i. Br./Zürich 1985.
Grundkonsens: Den realen Humanismus bekennen und annehmen (Referat Budapest 27. Februar 1984), in: Karl Rahner, Politische Dimension des Christentums, München 1986, 219–229.
Der letzte Brief (an Kardinal Juan Landáruzi Ricketts) vom 16. März 1984, in: Karl Rahner, Politische Dimensionen …, ebd. 187–188.
Glaube in winterlicher Zeit, Gespräche mit Karl Rahner aus den letzten Lebensjahren, P. IMHOF – H. BIALLOWONS (Hrsg.), Düsseldorf 1986.
Sehnsucht nach dem geheimnisvollen Gott, H. VORGRIMLER (Hrsg.), Freiburg i. Br. 1990.

III. Weitere Sekundärliteratur

Acta Apostolicae Sedis (AAS) 83 (1991) 919–921 (P. G. Frassati)
ADAM, K.: Die geheime Kirchenbuße nach dem hl. Augustinus. Eine Auseinandersetzung mit B. Poschmann, Kempten 1921.
DERS.: Jesus Christus, Augsburg 1933.
ALÈS, A. D': L'édit de Calliste, Paris 1914.
ARRUPE, P.: Mein Weg und mein Glaube, Ostfildern 1983 (Nachwort K. Rahner 130–135).
AUER, A.: Einleitung und Kommentar zu „Gaudium et spes", III. Kapitel, in: LThK – Das Zweite Vatikanische Konzil 3, Freiburg i. Br. 1968, 377–397.
BALTHASAR, HANS U. V.: Rezension zu K. Rahner – M. Viller, Aszese …, in: StZ 136 (1939) 334.
DERS.: Größe und Last der Theologie heute. Einige grundsätzliche Gedanken zu zwei Aufsatzbänden von Karl Rahner, in: Wort und Wahrheit 10 (1955) 531–533.
DERS.: Cordula oder der Ernstfall (Nachwort zur dritten Auflage), Einsiedeln 1987 (4. Aufl.), 121–132.
DERS.: Unser Auftrag, Einsiedeln 1984.
BÉDARIDA, R.: PIERRE CHAILLET – Témoin de la résistance spirituelle, Paris 1988.
BLEISTEIN, R.: Alfred Delp – Geschichte eines Zeugen, Frankfurt a.M. 1989.
BOLDIZÁR, I.: A real dialogue, in: Daily News/Neueste Nachrichten (Budapest) No. 45 vom 3.–4.3.1984, 3.
BROX, N.: Hugo Rahner – ein christlicher Humanismus, in: Orientierung 52 (1988) 253–256.
CHAILLET, P.: L'Autriche souffrante, Paris 1939.
CONGAR, Y.: Erinnerungen an eine Episode auf dem II. Vatikanischen Konzil, in: Glaube im Prozeß (FS K. Rahner), Freiburg i. Br. 1984, 22–64.

DELP, A.: Tragische Existenz. Zur Philosophie Martin Heideggers, Freiburg i. Br. 1935.
EHRLE, F.: La figura e l'opera di S. Tommaso d'Aquino, in: L'Osservatore Romano 64 (1924, 11.03) No. 60, 2.
ERHARTER, H.: Das Österreichische Pastoralinstitut und sein Beitrag zur konziliaren Erneuerung, in: H. Erharter (Hrsg.), Prophetische Diakonie, Wien 1977, 80–96.
ERHARTER, H. – ZAUNER, W.: Dank an Karl Rahner, in: Diakonia 15 (1984) 276–278.
FARIAS, V.: Heidegger und der Nationalsozialismus, Frankfurt a. M. 1989.
FARRUGIA, E.: Aussage und Zusage. Zur Indirektheit der Methode Karl Rahners, veranschaulicht an seiner Christologie, Rom 1985.
FRASSATI, L.: L'impegno sociale e giudizi sul carattere, Rom 1953.
DIES.: La fede, Rom 1954.
DIES.: Das Leben Pier Giorgio Frassatis, Freiburg i. Br. 1961 (Vorwort von K. Rahner).
FRICK, C.: Logica, Freiburg i. Br. 1893 (7. Aufl. 1931).
DERS.: Ontologia, Freiburg i. Br. 1894 (6. Aufl. 1926).
FRIES, H.: Zustimmung und Kritik (Bilanz), zu: Einigung der Kirchen – reale Möglichkeit. Erweiterte Sonderausgabe (QD 100 zusammen mit K. Rahner), Freiburg i. Br. 1985.
GUARDINI, R.: Prinzipielles und Praktisches zur Organisation von Schülern höherer Lehranstalten, in: Monatsblätter für den katholischen Religionsunterricht an höheren Lehranstalten 20 (1919) 72–78.
GAISBAUER, H.: Lösche den Geist nicht aus. Typoskript einer ORF-Sendung vom 29.3.1989.
GÜLDEN, J.: In der „Krise der Liturgischen Bewegung 1942–1944", in: B. FISCHER – H. B. MEYER (Hrsg.), J. A. Jungmann – Ein Leben für Liturgie und Kerygma, Innsbruck 1975, 64–68.
HÖFER, L.: Otto Karrer, Freiburg i. Br. 1985.
HÖRMANN, K.: Gefährdung und Wiedererstarken 1938–1984, in: E. CH. SUTTNER (Hrsg.), Die Kath.-Theologische Fakultät der Universität Wien 1884–1984, Berlin 1984, 343–359.
HOFFMANN, H.: Die Tage auf Burg Rothenfels, Rothenfels/Main 1919.
HÜNERMANN, P.: Einleitung, zu: H. DENZINGER Enchiridion symbolorum ..., Kompendium der Glaubensbekenntnisse und kirchlichen Lehrentscheidungen, Freiburg i. Br. 1991 (37. Aufl.), 3–9 (zu K. Rahner 5).
Ignatius von Loyola – Der Bericht eines Pilgers, B. SCHNEIDER (Hrsg.), Freiburg i. Br. 1977 (3. Aufl.) (Vorwort von K. Rahner V–VI).
DERS.: Die Geistlichen Übungen, A. HAAS (Hrsg.), Freiburg i. Br. 1975 (2. Aufl.) (Vorwort von K. Rahner 9–10).
INAUEN, A.: Rezension zu J. Maréchal, Le point de départ ... cahier I et II, in: ZKTh 47 (1923) 432.
JANSEN, B.: Leibniz, erkenntnistheoretischer Realist, in: StZ 92 (1917) 160–177.
DERS.: Leibnizens Weltbild, in: DERS., Wege der Weltweisheit, Freiburg i. Br. 1924, 191–223.
DERS.: Transzendentale Methode und thomistische Erkenntnismetaphysik, in: Schol 3 (1928) 241–368.
DERS.: Der Kritizismus Kants, München/Rom 1929.
DERS.: Autobiographisch, in: Philosophen Lexikon 1, Berlin 1949, 589.
JUNGMANN, J. A.: Die Stellung Christi im liturgischen Gebet, Münster 1925.
DERS.: Die Frohbotschaft unserer Glaubensverkündigung, Regensburg 1936.
DERS.: Missarum Sollemnia. Eine genetische Erklärung der römischen Messe 1/2, Wien 1948 (Vorwort).
DERS.: In memoriam P. Hugo Rahner SJ, in: ZKTh 91 (1969) 76–78.

KAMPMANN, TH.: Rezension zu K. BORGMANN (Hrsg.), Die Pfarre, in: ThGl 35 (1943), 45–47.
KARRER, O.: Autobiographisches, in: M. ROESLE – O. CULLMANN (Hrsg.), Begegnung der Christen (FS Karrer) Stuttgart/Frankfurt a.M. 1959, 13–24.
DERS.: Streiflichter, Frankfurt a.M. 1976.
KASPER, W.: Theologe in einer Zeit des Umbruchs, in: ThQ 159 (1979) 263–271.
DERS. (Hrsg.): Gegenwart des Geistes (QD 85), Freiburg i. Br. 1979.
KLEBELSBERG, R. v.: Innsbrucker Erinnerungen 1902–1952, Innsbruck 1953.
KLINGER, E. (Hrsg.): Christentum innerhalb und außerhalb der Kirche (QD 73/FS K. Rahner), Freiburg i. Br. 1976.
DERS.: Glaube im Prozeß. Christsein nach dem II. Vatikanum (mit K. WITTSTADT/FS K. Rahner), Freiburg i. Br. 1984.
KÖNIG, F.: Karl Rahners theologisches Denken im Vergleich mit ausgewählten Textstellen der dogmatischen Konstitution „Lumen gentium", in: E. KLINGER – K. WITTSTADT (Hrsg.), Glaube im Prozeß, (FS K. Rahner), Freiburg i. Br. 1984, 121–136.
KROSE, H.: P. Karl Frick, in: Mitteilungen aus den Deutschen Provinzen der Gesellschaft Jesu 12 (1930/32) 438–444.
KÜHN, K.: Aus der Geschichte der Schule, in: 50-Jahr-Feier 1907–1957, Freiburg i. Br. 1957.
LAKNER, F.: Collegium Canisianum – Die große Krise, in: Festschrift zur Hundertjahrfeier des Theologischen Konvikts Innsbruck 1858–1958, Innsbruck 1958, 43–60.
DERS.: Der 60. Geburtstag von P. Hugo Rahner SJ – Ein Tag der Freude und des Dankes, in: Korrespondenzblatt des Collegium Canisianum 94 (1960) 4, 13–17.
LANGE, H.: De gratia, Friburgi (Freiburg i. Br.) 1929.
LEHMANN, K.: Karl Rahner. Ein Portrait, in: DERS. – A. RAFFELT (Hrsg.), Rechenschaft des Glaubens. Ein Karl-Rahner-Lesebuch, Freiburg i. Br. 1979, 13*–53*.
DERS.: Einführung, zu: Vor dem Geheimnis Gottes den Menschen verstehen. Karl Rahner zum 80. Geburtstag, München 1984, 7–8.
LEICHER, A.: P. Albert Steger, in: Mitteilungen aus den Deutschen Provinzen der Gesellschaft Jesu 19 (1960/62) 383–384.
LOIDL, F.: Die Katholisch-theologische Fakultät der Universität Wien während der nationalsozialistischen Ära 1938–1945, Wien (Ms) 1972.
LOTZ, J. B.: Freiburger Studienjahre (1934–1936), in: Karl Rahner – Bilder eines Lebens 26–27.
LUBAC, H. D.: Théologie dans l'histoire 2, Paris 1990.
MALINSKI, M.: Johannes Paul II., Freiburg i. Br. 1979.
DERS.: Weltliche und religiöse Fest, in: H. VORGRIMLER (Hrsg.), Wagnis Theologie. Erfahrungen mit der Theologie Karl Rahners, (FS Karl Rahner), Freiburg i. Br. 1979, 537–552.
MARÉCHAL, J.: Sur quelques traits distinctifs de la mystique chrétienne, Paris 1912.
DERS.: Étude sur la psychologie des mystiques 1/2, Paris 1924/1937.
DERS.: Réflexions sur l'étude comparée des mystiques, Löwen 1926.
DERS.: Le Thomisme devant la Philosophie critique (Le point de départ de la métaphysique, cahier V), Paris/Löwen 1926.
MATT, L. v. – RAHNER, H.: Ignatius von Loyola, Würzburg/Zürich 1955.
METZ, J. B.: Karl Rahner, in: H. J. SCHULTZ (Hrsg.), Tendenzen der Theologie im 20. Jahrhundert, Stuttgart/Olten 1966, 513–518.
DERS.: Karl Rahner – ein theologisches Leben, in: StZ 192 (1974) 305–316.
MUCKERMANN, FR.: Der Deutsche Weg. Aus der Widerstandsbewegung der deutschen Katholiken von 1930–1945, Zürich ²1946.

DERS.: Im Kampf zwischen zwei Epochen, Mainz 1973 (ebd. 435; „In Wien und Österreich" 640–651).
MÜLLER, A.: Das Schrifttum Hugo Rahners, in: J. DANIELOU – H. VORGRIMLER (Hrsg.), Sentire Ecclesiam, Freiburg i. Br. 1961, 794–828.
MÜLLER, M.: Zu Karl Rahners „Geist in Welt", in: Karl Rahner – Bilder eines Lebens, 28–31.
MÜLLER-SCHILLING, H.: Alte Photos erzählen Freiburger Stadtgeschichte 1840–1944, Freiburg i. Br. 1976.
NEDBAL, J.: Die theologischen Wissenschaften, in: F. KLOSTERMANN – H. KRIEGL U.A. (Hrsg.), Kirche in Österreich 1918–1965 I, Wien 1966, 119–127.
NEUFELD, K. H.: Unter Brüdern. Zur Frühgeschichte der Theologie K. Rahners aus der Zusammenarbeit mit H. Rahner, in: Wagnis Theologie (siehe Vorgrimler), Freiburg i. Br. 1979, 341–254.
DERS.: Mensch und Geschichte. Alfred Delps Idee der Geschichte, Rom 1983.
DERS.: Theologen und Konzil. Karl Rahners Beitrag zum Zweiten Vatikanischen Konzil, in: StZ 202 (1984) 156–166.
DERS.: Vorwort zur Neuausgabe von M. Viller/K. Rahner, Aszese …, Freiburg i. Br. 1989, 9*–16*.
DERS.: Theologiegeschichtliches zur Innsbrucker „Verkündigungstheologie", in: ZKTh 115 (1993) 13–26.
NYÍRI, TH.: Im Zeichen des „realen Dialogs", in: Diakonia 15 (1984) 321–323.
Österreichischer Katholikentag 1983, A. KRAXNER, E. PLOIER, W. SCHAFFELHOFER (Hrsg.), Graz 1984.
PACIK, R.: Josef Andreas Jungmann – Liturgiegeschichtliche Forschung als Mittel religiöser Reform, in: Liturgisches Jahrbuch 43 (1993) 62–84.
PADINGER, F.: Geschichte der Salzburger Hochschulwochen, P. GORDAN (Hrsg.), Christliche Weltdeutung –Salzburger Hochschulwochen 1931–1981, Kevelaer/Graz 1981, 23–58.
PFLIEGLER, M.: Seiner Zeit voraus – Michael Pfliegler, F. M. KAPFHAMMER (Hrsg.), Graz 1973.
PRÜMM, K.: Religionsgeschichtliches Handbuch für den Raum der altchristlichen Welt, Freiburg i. Br. 1943 (Vorwort).
PRZYWARA, E.: Kantischer und katholischer Geistestypus, in: StZ 107 (1924) 161–174.
RAFFELT, A.: Karl Rahner – Bibliographie der Sekundärliteratur 1948–1978, in: Wagnis Theologie (siehe Vorgrimler), Freiburg i. Br. 1979, 598–622.
DERS.: Bibliographie der Sekundärliteratur 1979–1983, in: Glaube im Prozeß (siehe Klinger), Freiburg i. Br. 1984, 872–885.
ROSENBERG, A.: Hugo Rahner, in: Tendenzen der Theologie im 20. Jahrhundert, H. HJ. SCHULTZ (Hrsg.), Stuttgart/Olten 1966, 447–453.
ROUSSELOT, P.: L'intellectualisme de S. Thomas, Paris 1908.
DERS.: Die Augen des Glaubens (Les yeux de la foi 1910), Einsiedeln 1963.
RUDOLF, K.: Aufbau im Widerstand. Ein Seelsorge-Bericht aus Österreich 1938–1945, Salzburg 1947.
RUSCH, P.: De non definienda illimitata insufficientia materiali Scripturae, in: ZKTh 85 (1963) 1–15.
DERS.: Mariologische Wertungen, in: ZKTh 85 (1963) 129–161.
DERS.; Die kollegiale Struktur des Bischofsamtes, in: ZKTh 86 (1964) 257–285.
DERS.: Waage der Zeit – Wege der Zeit, Innsbruck 1983.
SAUSER, E.: Inkarnation und Kirche. Hugo Rahner und ein Neuansatz in der nachkonziliaren Ekklesiologie, in: Trierer Theologische Zeitschrift 78 (1969) 110–114.

SCHAUF, H.: Zur Textgeschichte des 3. Kapitels von „Lumen gentium", in: Münchener Theologische Zeitschrift 22 (1971) 95–118.

DERS.: Zur Textgeschichte grundlegender Aussagen aus „Lumen gentium" über das Bischofskollegium, in: Archiv für katholisches Kirchenrecht 141 (1972) 5–147.

SCHMID, M.: Theologische Kurse für Laien. Ein Erfahrungsbericht über Werden und Zielsetzung dieses „Wiener Experiments", in: Lebendige Katechese 12 (1990) 150–155.

SCHNEIDER, B.: Hugo Rahner 1900–1968, in: Historisches Jahrbuch 89 (1969) 509–511.

SCHNEIDER, M. D.: Verfolgung, Widerstand und Emigration der Innsbrucker Jesuiten in den Jahren 1938–1939, in: Die Erfahrung der Fremde. Forschungsbericht DFG, Weinheim 1988.

SCHUSTER, J. B.: Soziallehre, Freiburg i. Br. 1935.

SIEWERTH, G.: Die Metaphysik der Erkenntnis nach Thomas von Aquin. 1. Teil: Die sinnliche Erkenntnis, München/Berlin 1933.

DERS.: Der Thomismus als Identitätssystem, Düsseldorf 1961 (Vorwort).

SORTAIS, G.: Le cartésianisme chez les Jésuites Français au 17e et au 18e siècle, Paris 1929.

STECHER, R.: Ein Singen geht über die Erde. Österliche Bilder und Gedanken, Innsbruck 1993.

STRICKER, A.: P. O. Danneffel, in: Mitteilungen aus den Deutschen Provinzen der Gesellschaft Jesu 20 (1963/65) 260.

STUFLER, J.: Divi Aquinatis doctrina de Deo operante in omni operatione naturae creatae praesertim liberi arbitrii, Oeniponte (Innsbruck) 1923.

SWIRIDOFF (P.): Porträts aus dem geistigen Deutschland (Band 14), Pfullingen 1965 (S. 185 K. Rahner).

SZENNAY, A.: Das Zeugnis der Praxis, in: Christentum innerhalb und außerhalb der Kirche (siehe Klinger), Freiburg i. Br. 1976, 264–274.

VILLER, M.: La Spiritualité des premiers siècles chrétiens, Paris 1930.

VISCHER, L.: Reformation – Ereignis in der Geschichte der Kirche, in: ZKTh 106 (1984) 365–375.

VORGRIMLER, H.: Mystische Innerlichkeit und weltoffene Humanität. Hugo Rahner S. J. 60 Jahre, in: Der Christliche Sonntag (1960) Nr. 18 (1. Mai).

DERS.: Karl Rahner. Leben – Denken – Werke, München 1963.

DERS.: Ein Brief zur Einführung, in: H. VORGRIMLER (Hrsg.), Wagnis Theologie, (FS K. Rahner), Freiburg i. Br. 1979, 11–17.

DERS.: Karl Rahner verstehen. Eine Einführung in sein Leben und Denken, Freiburg i. Br. 1985.

DERS.: siehe Rahner, K., Sehnsucht ..., darin 11–50: „Grundzüge der Theologie Karl Rahners".

VRIES, J. DE.: 1925–1975: Fünfzig Jahre Berchmanskolleg. Aus der Geschichte einer Philosophischen Hochschule, in: Hochschule für Philosophie München – Philosophische Fakultät S. J. – Rückblick 1925–1975 und Jahresbericht 1974/75.

WAGNER, G.: Um eine neue Verkündigung, gottbezogene Innerlichkeit und christliche Weltoffenheit, in: Religon, Wissenschaft, Kultur 13 (Wien 1962, III/IV) 227–248.

WAGNER, J.: Liturgie auf dem Vatikanum II, in: J. A. Jungmann – Ein Leben für Liturgie und Kerygma, Innsbruck 1975, 150–155.

WEBER, M.: Gelehrsamkeit und schlichte Frömmigkeit. Hugo Rahner zum 60. Geburtstag in: Badische Volkszeitung (1960) Nr. 105 (7. Mai).

WEGER, K. H.: Karl Rahner. Eine Einführung in sein theologisches Denken, Freiburg i. Br. 1978.

WEINZIERL, E.: Die österreichischen Bischöfe und das Zweite Vatikanum in ihren Hirtenbriefen 1965–1975, in: H. EHRHARTER U.A. (Hrsg.), Prophetische Diakonie, Wien 1977, 56–69.

WEISER, H.: Universitätsprofessor Dr. theol. et phil. P. Hugo Rahner S.J. 60 Jahre alt (Sendung Radio Tirol vom 3. Mai 1960).

WISSER, R.: Martin Heidegger im Gespräch, München 1970.

Anonyma

Im Wandel der Zeiten, in: Mitteilungen aus den Deutschen Provinzen der Gesellschaft Jesu 10 (1924/26) 76–78.

Ein neuartiges Scholastikat in Wien, in: Ignatiusbote 19 (1946) 15–16.

Heimatbuch des Marktfleckens und ehemaligen Flößerdorfes Hörden (FS 700 Jahre Hörden 1251–1951), Hörden 1951.

Festschrift des Verlages Felizian Rauch Innsbruck herausgegeben anläßlich der Hundertjahrfeier der Wiedererrichtung der Theologischen Fakultät Innsbruck (1857–1957) und der Gründung des Theologischen Konvikts „Canisianum" (1858–1958), Innsbruck 1958.

Karl Rahner 70 Jahre. Geburtstagsempfang im Verlag Herder am 7. März 1974. Vier Ansprachen als Manuskript gedruckt, Freiburg i. Br. 1974.